石狮年鉴

SHISHI YEARBOOK

(2017)

石狮市地方志编纂委员会办公室 编

Shishi Chorography Compilation Committee Compiled

方志出版社

Publishing House of Local Records

图书在版编目（CIP）数据

石狮年鉴 . 2017 / 石狮市地方志编纂委员会办公室编 . -- 北京：方志出版社，2017.10
ISBN 978-7-5144-2682-3

Ⅰ. ①石… Ⅱ . ①石… Ⅲ . ①石狮－ 2017 －年鉴
Ⅳ . ① Z525.74

中国版本图书馆 CIP 数据核字（2017）第 281834 号

石狮年鉴（2017）

编　　者： 石狮市地方志编纂委员会办公室
责任编辑： 王　俊
出 版 人： 冀祥德
出 版 者： 方志出版社
地　址　北京市朝阳区潘家园东里 9 号（国家方志馆 4 层）
邮　编　100021
网　址　http://www.fzph.org
发　　行： 方志出版社图书经销中心
电　话（010）67110500
经　　销： 各地新华书店
印　　刷： 福州奔翔包装用品有限公司
开　　本： 889×1194　　1/16
印　　张： 32
字　　数： 1032 千字
版　　次： 2017 年 10 月第 1 版　　2017 年 10 月第 1 次印刷
印　　数： 0001 ～ 1000 册
ISBN　978-7-5144-2682-3　　定价：260.00 元

ISBN 978-7-5144-2682-3

石狮市地方志编纂委员会

Shishi Chorography Compilation Committee

顾　　问：朱启平

主　　任：黄春辉

副 主 任：林希妍　陈拥军　林志鹃

委　　员：（按姓氏笔画为序排名）

丁聪岭　王文挺　卢荣斌　叶泽旺　刘南辉　许明忠

许海鸣　苏紫燕　苏金灿　李怀忠　李迎河　李毓熙

李秉源　连伟强　吴顺泰　吴雄聪　邱建申　邱建明

邱汉清　何迎新　余文革　张国钦　张子健　张辉程

陈增坛　陈国锋　陈殿魁　陈垂汉　周拥护　林志坚

林金场　郑文芳　洪孝心　洪志扬　黄松榆　黄子仁

黄文毅　黄明瑄　董立新　曾少嵘　曾国志　龚一士

龚金镇　蔡娃娃　蔡世鑫　蔡新群　蔡文博　廖闽欣

颜良伙　薛文华

《石狮年鉴》总编室

Shishi Yearbook Editor Office

主　　编： 李秉源

副 主 编： 林秀钦　王家超

编　　辑： 高晶璟　黄彬彬　林荣荣

英文翻译： 王家超

编辑说明

Editorial Instructions

一、《石狮年鉴》是中共石狮市委、石狮市人民政府组织编纂，石狮市地方志编纂委员会办公室负责编辑出版的地方综合性年鉴。《石狮年鉴》记载石狮市改革开放、经济发展、社会进步等方面的基本情况和最新成就，展示石狮市社会主义现代化建设崭新风貌。所载资料系统、翔实、准确，具有权威性，为国内外读者全面了解、研究石狮提供帮助，也为编修地方志书积累资料。

二、《石狮年鉴（2017）》以马克思列宁主义、毛泽东思想、邓小平理论、“三个代表”重要思想、科学发展观、习近平新时代中国特色社会主义思想为指导，实事求是记载2016年石狮市社会主义现代化建设的进程。记事时限为2016年1月1日 — 12月31日。

三、本年鉴的框架结构由类目、分目、条目、表格组成。主体内容有三个部分：1. 卷首设特载、专文、大事记、市情概貌。2. 主体部分为各行业、各部门工作和经济社会发展新貌。3. 卷末设人物、调研报告以及统计资料。反映各类事业发展的图片分列其中，图文并茂。目录和索引采用中、英文并列，方便中、外读者查阅。

四、本年鉴采用规范的现代汉语记述。文字、标点符号、计量单位（除统计资料部分照录外）均以国家现行规范为准。

五、本年鉴采编的资料（除特载、附录外），均由市直各单位、各镇（街道）提供，并由各参编单位的领导审定；某些类目的内容，编者亦采集有关资料编纂或融合成文；采用的统计数字属全市性的，均以石狮市统计局公布的资料为准，不属石狮市统计局统计的部门性资料，由主管单位提供。

石狮市地方志编纂委员会

2017年10月

石狮名片
Shishi City Card

亚洲最大服装城、福建综合改革试验区、著名侨乡

Asia's largest garment city, Fujian comprehensive reform pilot zone, famous home town of overseas Chinese

著名商贸、旅游、港口城市

Famous trade, tourism, port city

全国双拥模范城“五连冠”

National Double Supports model city "five successive championships"

获得里约残奥会金牌 1 枚

Won one gold medal in the Rio Paralympics

举办第 16 届全国大学生田径锦标赛

Hold the 16th national university athletics championships

“全国科技进步先进市”十二连冠

"National science and technology advanced city" 12 consecutive champions

全国中小城市新型城镇化质量百强县市第 23 位、全省首位

The new urbanization quality strong counties in China ranked at 23rd, the first in Fujian province

全国中小城市综合实力百强榜第 16 位

National medium and small city comprehensive strength 100 strong list number 16

“全国县域地区网购渗透率”排名第二

"Online penetration of online shopping in county areas" ranks second

“中国‘电商百佳县’榜单”第三位、全省第一

"China's e–commerce top 100 counties' list" number 3 and the first in Fujian province

“中国电子商务发展百佳县” 名列第四位

"Electronic Business Development in China" ranks fourth

中国十大活力县级城市

One of China's top 10 cities of vitality

中国大陆最佳商业城市

The best commercial city in mainland China

中国休闲服装名城

China leisure clothing famous city

中国休闲面料商贸名城

China leisure fabric trade famous city

国家义务教育发展基本均衡市

National obligation education development basic equilibrium city

国家计生优质服务先进市

National family planning quality service advanced city

国家级妇幼健康优质服务示范县

National maternal and child health quality service Demonstration County

全国文化先进市

National cultural advanced city

全国首批新农村建设特色县市

The first batch of new rural construction characteristic counties and cities in China

全国科普示范市

National science and technology popularization demonstration city

全国县级文明城市提名城市

Nominate cities at county level civilized cities of China

国家生态市

National ecological city

国家一级图书馆

National level library

国家一级档案馆

National level archives center

省级卫生城市

Provincial health city

省级园林城市

Provincial garden city

“海上泼水节”列为“福建省非物质文化遗产”

"Sea Water Plashing Festival" is listed as "intangible cultural heritage of Fujian province"

福建省知识产权强县

Fujian province intellectual property strong county

福建省历史文化名镇永宁镇

Yongning town, the historical and cultural famous town of Fujian province

3 所全日制民办大学

Three full-time private universities

祥芝镇水产品加工总量居泉州市第一位

Xiangzhi town the total amount of water product processing is the first in Quanzhou city

人均 GDP、人均财政收入、城镇居民人均可支配收入、农民人均纯收入、城镇化率、人均汽车保有量、城乡低保标准、城乡居民保标准、新农合标准等指标居福建省县市第一

Per capita GDP, fiscal revenue, urban per capita disposable income per capita, per capita net income of farmers, urbanization rate, per capita car ownership, urban and rural subsistence allowance standard, basic old-age insurance for urban and rural residents, new rural cooperative medical standards indicators are the first in Fujian province

数字石狮

Digital Shishi City

“海丝三宝”：姑嫂塔、六胜塔、林銮渡

“Three treasures of maritime Silk Road” :Gusao Tower, Liusheng Tower, Linluan Du

石狮市级以上文物：30 处

Cultural relics: 30

陆域面积：157.15 平方千米

Land area: 157.15 square kilometers

海域面积：968.5 平方千米

Sea area: 968.5 square kilometers

2016 年平均气温：22.0℃

Annual mean temperature: 22.0℃

空气质量优良率：97.8%

Excellent air quality: 97.8%

水质达标率：100%

Water quality: 100%

声环境质量达标率：100%

Acoustic environmental quality: 100%

户籍人口：33.2172 万人

Registered population: 332,172 people

常住人口：72.2249 万人

Permanent population: 722,249 people

华人、华侨及港澳同胞：46 万多人

Chinese, overseas Chinese and compatriots in Hong Kong and Macao: more than 460,000 people

祖籍石狮的台湾同胞：30 多万人

Taiwan compatriots: more than 300,000 people

华侨及港澳同胞历年捐赠：12 亿元

Donations from overseas Chinese and compatriots in Hong Kong and Macao: 1.2 billion Yuan

重点项目：177 个，总投资 820.85 亿元

Key projects: 177, total investment of 82.085 billion Yuan

石狮市生产总值：703.7 亿元

Total GDP: 70.37 billion Yuan

电商发展指数位居全国百强县第三、全省第一

The e-commerce development index ranks among the top 100 counties in China number three in China, number one in Fujian province

港口集装箱吞吐量：157 万标箱

Port container throughput: 1.57 million TEU

旅游收入：91 亿元

Tourism revenue: 9.1 billion Yuan

出口商品总值：22 亿美元

Total exports: $2.2 billion

公共财政收入：60 亿元

Public revenue: 6 billion Yuan

公共财政预算收入：38.5 亿元

Public finance budget revenue: 3.85 billion Yuan

全社会固定资产投资总额：408.3 亿元

Total social fixed assets investment: 40.83 billion Yuan

金融机构和准金融机构：47 家

Financial institutions and quasi-financial institutions: 47

银行贷款：760.29 亿元

Bank loans: 76.029 billion Yuan

金融机构本外币各项存款余额：683.21 亿元

The balance of all foreign currency deposits in financial institutions: 68.321 billion Yuan

社会消费品零售总额：435.3 亿元

Total retail sales of consumer goods: 43.53 billion Yuan

城镇居民人均可支配收入：47189 元

Per capita disposable income of urban residents: 47189 Yuan

农村人均可支配收入：19623 元

Rural per capita disposable income: 19623 Yuan

全市商品房销售面积：106 万平方米

Commercial housing sales area: 1.06 million square meters

美丽乡村示范村：10 个

Beautiful village demonstration village: 10

低保标准：630 元

Lowest insurance standard: 630 Yuan

全日制高校：3 所

Full-time college: 3

中等职业学校： 1 所

Secondary vocational school: 1

中、小学校及幼儿园： 236 所

Secondary schools, elementary schools and kindergartens: 236

在校生： 123712 人

Student: 123,712 students

教职员工： 7994 人

Faculty and staff: 7994

新农合人均筹资标准： 610 元

New rural cooperative medical care per capita funding standard: 610 Yuan

医疗机构：356 家

Medical institutions: 356

卫生专业技术人员： 2694 人

Health professionals: 2694

医疗机构床位数：1548 张

Hospital beds: 1548

客运车辆： 318 辆 /12755 座位

Passenger vehicle: 318/12755 seats

公路运输企业：21 家

Road transport enterprises: 21

海运船舶： 60 艘 ,75.68 万载重吨 /29377 标箱

Seaborne vessels: 60 ships, 0.7568 million DWT / 29377 TEU

全市年用电量： 36.73 亿千瓦时

Annual electricity consumption: 3.673 billion KWH

全市年用气量： 2140 万立方米

Annual gas usage: 21.4 million cubic meters

全市年供水量： 15346.13 万吨

Annual water supply: 153.4613 million tons

十大新闻

Shishi City Ten Big News

石狮确立“创新转型、实业强市”发展战略

石狮出台购首套房首改房财政补贴政策

石狮建成全省首个县级联合惩戒失信平台

石狮夺得中国电子商务百佳县“双料探花”

第 16 届全国大学生田径锦标赛在石狮举行

石狮市获得“国家生态市（县）”命名

石狮世茂摩天城开业暨旅游嘉年华举行

石狮正式启动海岸带规划建设

石狮启动市属国有企业实体化改革

石狮跻身中小城市综合实力百强榜第 16 位

十 大 经 济 新 闻

Shishi City Ten Big News of Economy

冶炼机器人生产线投产

石狮再蝉联“国字号”名城

石狮成为“互联网 +”试点

3 家印染企业获国家准入

轻纺城开业选料宝上线

银行支持实体经济有奖

省级创新型企业达 20 家

百家企业揽才超过二万

新增 25 家泉州龙头企业

15 个项目列省重点项目

十 大 人 才 工 作 新 闻

Shishi City Top Ten Talents Work News

石狮被确定为省人才强市试点

新市民参与积分建档破 10 万

“石狮籍”设计师斩获四奖项

V-WORKS 创客空间入选“国家队”

石狮设立人才一站式服务专窗

全国首个纺服大学生创业基地落户石狮

石狮举办首届电子商务技能竞赛

福建省青年创新创业大赛在石狮举行

厦大、川大与石狮共建研究中心

石狮承办泉州市场化人才工作机制研讨会

十 大 镇 村 新 闻

Shishi City Top Ten County-rural News

城管重心下移九镇办组建城管队伍

全力推进哘厝“海丝三宝”环境整治

两村入选省农村社区建设示范单位

红塔湾上榜全省首批海岸公园名单

曾坑村一基金半小时募集善款超百万元

仑后村“普度月”变成“文体活动月”

中共杆头村（平民）支部成立 70 周年

前埔村、伍堡村上榜“中国淘宝村”

“九十九间” 传统建筑修缮政府补助 140 万元

祥芝镇海产品踏上“一带一路”新征程

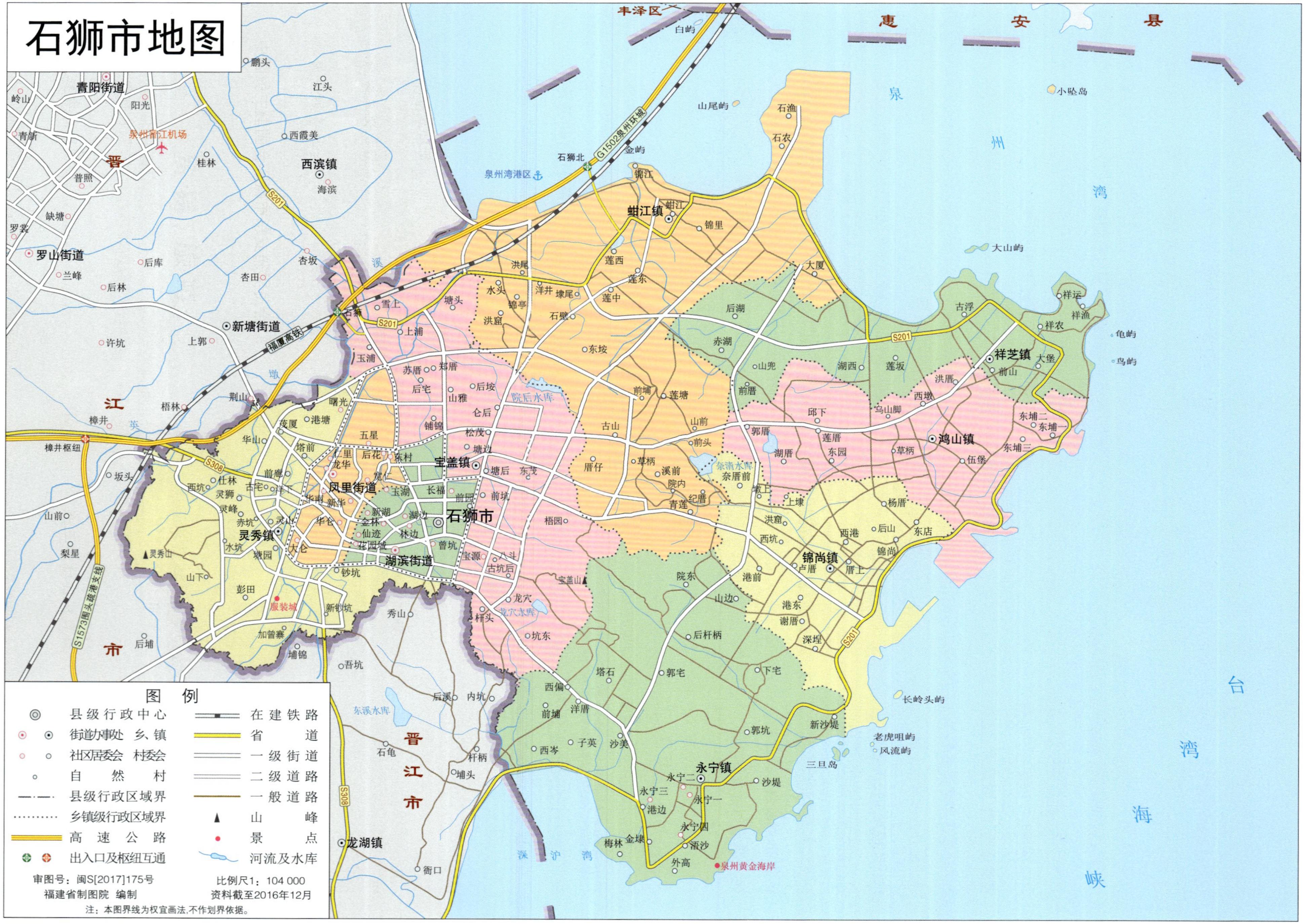
石狮市地图
惠 安 县
丰泽区
泉 州 湾
台 湾 海 峡
深 沪 湾
晋 江 市
石狮市
宝盖镇
凤里街道
湖滨街道
灵秀镇
蚶江镇
祥芝镇
鸿山镇
锦尚镇
永宁镇
西滨镇
新塘街道
罗山街道
青阳街道
龙湖镇
泉州晋江机场
泉州湾港区
石狮北
G1502泉州环城
S201
S308
S1573围头港支线
福厦高铁
樟井枢纽
泉州黄金海岸
服装城
宝盖山
灵秀山
院后水库
奈盾水库
龙穴水库
东溪水库
大山屿
小坠岛
龟屿
鸟屿
白屿
金屿
山尾屿
长岭头屿
老虎咀屿
风流屿
三旦岛
图 例
县级行政中心
街道办事处 乡、镇
社区居委会 村委会
自 然 村
县级行政区域界
乡镇级行政区域界
高 速 公 路
出入口及枢纽互通
在 建 铁 路
省 道
一 级 街 道
二 级 道 路
一 般 道 路
山 峰
景 点
河流及水库
审图号：闽S[2017]175号
福建省制图院 编制
比例尺1：104 000
资料截至2016年12月
注：本图界线为权宜画法,不作划界依据。

石狮

图说

SHISHI IN FIGURES

2016 年，石狮市加快编制全域一体空间统筹规划及海岸带、景观风貌、生态控制线等 18 个专项规划。全市商品房销售面积 106 万平方米，同比增长 53%。完成濠江北路、石狮大道提升工程，实施学府路、宝岛路、宋塘路、九二东路等改造。图为：狮标建筑群。 （图／颜华杰）

中国共产党石狮市第七届代表大会开幕

（图／颜华杰）

石狮市第七届人民代表大会第一次会议开幕　（图／叶忠惠）

中国人民政治协商会议第七届石狮市委员会第一次会议开幕　（图／市政协）

STCF
SHISHI INTERNATIONAL TEXTILE CITY
二届中国（泉州）海上丝绸之路国际品牌博览会 第十九届海峡两岸纺织
Maritime Silk Road International Brand Exposition
石狮国际轻纺城
业
典
2016
04.18
STCF

①

② ③ ④

① 繁忙的石湖港 （图 / 颜华杰）

② 渔港霞光 （图 / 庄灿枝）

③ 4 月 18 日，第二届中国（泉州）海上丝绸之路国际品牌博览会、第 19 届海峡两岸纺织服装博览会开幕仪式暨石狮国际轻纺城开业典礼在轻纺城举行 （图 / 颜华杰）

④ 4 月 20 日，“石狮青创城杯”首届中国网商时尚模特大赛总决赛暨颁奖典礼在石狮服装城举行 （图 / 颜华杰）

姑嫂塔

六胜塔

林銮渡

（本版图片 / 颜华杰）

2016年9月30日石狮市获得国家生态城市命名。全市建成国家级生态镇7个，省级生态村16个、泉州市级生态村83个，生态创建工作取得阶段性成效。以万寿塔（姑嫂塔）、六胜塔、石湖古码头（林銮渡）被列入“海丝世遗”考察点为契机，做好海丝申遗协调工作，启动“海丝三宝”本体修缮、保护工程。

6月9日，“我们的节日·端午”——第十届闽台对渡文化节暨蚶江海上泼水节在石狮蚶江举行　　（本版图片／颜华杰）

石狮市自行
车健身协会

闽南理工学院全貌　　（图／闽南理工学院）

泉州海洋学院一隅　　（图／泉州海洋学院）

泉州纺织服装学院图书馆　（图／泉州纺织服装学院）

2016年，石狮市围绕社会事业改革，与中国教育科学研究院开展合作，成为福建省唯一的国家级教育综合改革实验区；举办十多场文化惠民剧场及大型文化活动。获得“全国文化先进市”三连冠等荣誉。

7月15日，“石狮杯”第16届全国大学生田径锦标赛开幕式在闽南理工学院大操场举行

9月21日，石狮市第14届广场文化艺术节隆重开幕，在人民广场精彩上演

9月30日，第五届永宁古卫城暨城隍文化节在永宁镇开幕

（本版图片／颜华杰）

9 月 19 日，道德模范巡演举行

10 月 13 日，第二届海上丝绸之路国际艺术举行

纪念“5·8”第 69 个世界红十字日专家义诊、救护培训活动举行　　（本版图片 / 颜华杰）

目　录

CONTENTS

特　载
FEATURES

专 记
SPECIAL RECORDATION

大事记
Chronicle of events

市情概貌
City profiles

中共石狮市委员会
SHISHI MUNICIPAL COMMITTEE OF THE COMMUNIST PARTY OF CHINA

石狮市人民代表大会
SHISHI MUNICIPAL PEOPLE'S CONGRESS

石狮市人民政府
SHISHI MUNICIPAL PEOPLE'S GOVERNMENT

政协石狮市委员会

SHISHI MUNICIPAL COMMITTEE OF THE CHINESE PEOPLE'S POLITICAL CONSULTATIVE CONFERENCE

民主党派　工商业联合会

DEMOCRATIC PARTIES　FEDERATION OF INDUSTRY AND COMMERCE OF SHISHI

社会团体
SOCIAL ORGANIZATION

法治　武装
LEGISLATION　ARMED FORCES

工业 建筑业
INDUSTRY AND CONSTRUCTION

农业 渔业
AGRICULTURE AND FISHERIES

贸易 旅游
TRADE AND TOURISM

金 融
FINANCE

经济园区及港口
ECONOMIC ZONE AND PORT

经济行政管理
ECONOMIC ADMINISTRATIOM

财政 税务 审计
FINANCE TAX AUDIT

城镇建设与管理

URBAN CONSTRUCTION AND MANAAGEMENT

社会公共事业
SOCIAL PUBLIC UTILITIES

生态文明建设
CONSTRUCTION OF ECOLOGICAL CIVILIZATION

科学技术
SCIENCE AND TECHNOLOGY

教 育
EDUCATION

文 化
CULTURE

卫生体育
HEALTH AND SPORTS

社会民生
SOCIAL LIFE

镇（街道）概况
OVERVIEW OF TOWN (NEIGHBORHOOD)

领导名录
DIRECTORY OF PARTY POLITICAL LEADERS

先进集体与先进人物
Advanced Units and Individuals

统计表
STATISTICAL DATA

调研报告
RESEARCH REPORT

索 引
INDEX

（图/颜华杰）

2016 年石狮市重点建设竣工项目

KEY CONSTRUCTION PROJECT COMPLETION OF SHISHI IN 2016

【重点项目建设终身负责制 Key projects construction responsibility system for life】 石狮市委书记曾在市委常委会上强调，要高度重视方志工作，利用史志“存史、资政”作用，通过在《石狮年鉴》设立“特载”，把每年的重点项目相关建设情况载入《石狮年鉴》，专章记述每个重点项目建设的过程，项目建设单位、参建单位、项目负责人等信息，让建设工程经受历史的检验，让建设者记入石狮历史，体现项目建设“终身负责制”，增强重点项目建设者的责任感、使命感和荣誉感，采用“软约束”推动重点项目建设的质量、进度、投资、安全、廉政“五同步”。

《石狮年鉴》把重点建设项目部负责人、设计施工单位、工程监理单位等信息以“特载”形式编入年鉴，确保项目建设终身责任制得到有效落实。此项举措曾获省方志委、泉州市委书记肯定，这一创新做法得到广泛认同，新华网、《福建日报》《泉州晚报》先后加以报道推介。

【220 千伏青山变配套 110 千伏线路工程 220 KV and 110 KV line project of form a complete set】 该重点项目建设地点位于石狮市永宁镇院东村、下宅村；锦尚镇港东村、港前村等。建设内容：新建 110 千伏线路长度 5.415 千米（电缆 0.795 千米，架空长度 4.62 千米），钢管杆 39 基塔。总投资额 769 万元。该工程 2016 年 12 月全部竣工投产。

该重点建设项目责任单位系国网福建石狮市供电有限公司，责任人：林春木；设计单位系厦门市天劲电力设计有限公司，责任人：蔡国阳；施工单位石狮市电力工程有限责任公司，责任人：蔡跃群；监理单位福建闽能咨询有限公司，责任人：陈开荣；挂钩市领导：施汉杰。

【石狮 110 千伏城北输变电工程 Shishi city north 110 KV power transmission and transformation project】 该重点项目建设地点位于石狮市宝盖镇塘边村。建设内容：新建 63MVA 变压器 2 台，110 千伏线路长度 1.81 千米（电缆 1.61 千米，架空长度 0.2 千米），钢管杆 1 基塔。总投资额 6478 万元。该工程 2016 年 4 月竣工投产。

石狮 220 千伏青山 1# 主变扩建工程 （图/重点办）

该重点建设项目责任单位系国网福建石狮市供电有限公司，责任人：林春木；设计单位系福建亿兴电力设计院，责任人：吴星；施工单位石狮市电力工程有限责任公司，责任人：蔡跃群；监理单位系湖南电力建设监理咨询有限公司，责任人：周恩香；挂钩市领导：施汉杰。

【石狮220千伏青山1#主变扩建工程 Shishi 220 KV electricity for expansion project 】 该重点项目建设地点位于石狮市锦尚镇。建设内容：扩建240兆伏安变压器1台，110千伏线路6回。项目总投资4475万元。该工程2016年12月投产。

该重点建设项目责任单位系国网福建石狮市供电有限公司，责任人：林春木；设计单位系福建省电力勘查设计院，责任人：黄黎琴；施工单位系泉州市亿兴电力工程有限公司，责任人：李雄；监理单位系泉州亿盛电力工程监理有限公司，责任人：黄文生；挂钩市领导：施汉杰。

【石狮市排水防涝规划 Shishi city drainage and prevent waterlogging plan】 该重点项目建设地点位于石狮市区，全市排水防涝规划及石狮暴雨公式编制，总投资246万元。第一季度资料收集；第二季度提交中期成果；第三季度审查、修编完善；第四季度完成；该工程2016年12月完工。

该重点建设项目责任单位系生态环境保护局，责任人：蔡进强；设计单位系上海市政工程设计研究总院，责任人：张亮；挂钩市领导：蔡天守。

【石狮市容卿水库除险加固工程（续） Shishi city Rongqing reservoir reinforcement project (continue) 】 该重点项目建设地点位于石狮市灵秀镇灵山、灵峰村；建设规模：容卿水库位于石狮市灵秀镇容卿村（现为灵山、灵峰村）。容卿水库除险加固工程为石狮市2015年小型水库除险加固重点建设项目，建设内容主要包括大坝加固防渗工程、溢洪道加固工程、输水涵洞加固、清淤工程及新建水库管理房等，该项目总投资约300万元（其中中央投资90万元），该工程已完工验收并投入使用。该工程2016年5月完工。

该重点建设项目责任单位系石狮市生态环境保护局，责任人：邱于益；设计单位系泉州市水利水电勘测设计院，责任人：王庭思；施工单位系福建华城水利水电工程有限公司，责任人：李晓丽；监理单位系福建光正工程项目管理有限公司，责任人：芹建忠；挂钩市领导：张汉杰。

【市区雨污水管网改造工程（续）Urban rain and sewage pipe network transformation project (continue)】 该重点项目建设地点位于石狮市灵秀镇仕林村、华山村；该工程全长1205.34米，为配合石狮市整治提升水体环境、改善人居环境项目的实施，结合该片区周边地形以及污水管网现状，对该区污水进行切实有效的规范收集，在中溪水库泄洪渠（仕林村段）北侧实施对外排污、敷设管道系统工程，采取截流管（含沟中涵）的方式，完成两侧生活污水收集，就近接入下游狮城大道市政污水主管及下游村庄生活污水处理池进行集中处置。总投资4200万元。该工程2016年12月6完工。

该重点建设项目责任单位系石狮市生态环境保护局，责任人：王文雅；设计单位系石狮市规划设计院，责任人：郑伟斌；施工单位系武夷隆鑫集团有限公司，责任人：蔡玉山；监理单位系福建省建福工程管理有限公司，责任人：许庆良；挂钩市领导：张汉杰。

【雪上水沟拓宽整治工程（续） Xueshang gully broadening renovation project (continue) 】 该重点项目建设地点位于宝盖镇雪上、上浦村，西滨军垦部队，石狮市雪上沟拓宽整治工程整治全长3.4千米，其中主干流2.94千米，支流0.55千米。该工程是石狮市区及梧桉溪的唯一入海通道，雪上沟拓宽整治工程标准为Ⅳ等、堤防为四级堤防、防洪标准为20年一遇、排涝标准为10年一遇，主要建设内容为沟墙砌体、沟底清淤、防汛路建设等。该项目总投资5800万元。该工程2016年8月完工。

该重点建设项目责任单位系石狮市生态环境保护局，责任人：邱于益；设计单位系厦门仁铭工程顾问有限公司，责任人：李小松；施工单位系福建省江海工程咨询有限公司，责任人：卢俊杰；监理单位系丹江口汉江工程咨询有限责任公司，责任人：宁志云；挂钩市领导：张汉杰。

【永宁污水处理厂扩建工程 Yongning sewage treatment plant expansion project 】 该重点项目地点位于永宁镇西岑村，建设内容：综合楼一栋，1.5万吨污水处理设施一套，含水解池一座，AAO池一座，二沉池一座。总投资额1500万元。项目于2015年5月动工，2016年8月完工。

该重点建设项目责任单位石狮市生态环境保护局、永宁镇政府，责任人：谢真固、蔡文作；设计单位系湖南化工医药设计院，责任人：张远；施工单位系恒晟集团有限公司，责任人：庄强；监理单位系福州创实建设工程管理有限公司，责任人：刘以恩；挂钩市领导：张汉杰。

【石狮市东沟改造截污工程 Shishi city donggou sewage works 】 该重点项目建设地点位于湖滨街道。建设内容：排水工程、风景园林工程、电气工程、道路工程等施工图表明做法的所有工程内容。水沟全长约 1000 米，项目总投资额约 3500 万元，资金由市财政拨款解决。该工程 2016 年 12 月完工。

该重点建设项目责任单位系石狮市生态环境保护局，责任人：黄进成；设计单位系中国市政工程华北设计研究总院有限公司，责任人：王金亮；施工单位系福建省华正建设发展有限公司，责任人：黄少龙；监理单位系福建省建设工程管理有限公司，责任人：连进春；挂钩市领导：蔡天守。

【石狮市塘园溪改造截污工程 Shishi city Tangyuan brook sewage renovation project】 该重点项目建设地点位于石狮市凤里街道。建设内容：该项目建设内容包括截污工程、结构工程、水利工程、景观工程、照明工程、道路工程、桥梁工程等。水沟总长度 1029.7 米，项目总投资额约 3000 万元，资金由市财政拨款解决，该工程 2016 年 12 月完工。

该重点建设项目责任单位系石狮市生态环境保护局，责任人：黄进成；设计单位系中国市政工程西北设计研究院有限公司，责任人：李祖鹏；施工单位系福建省石狮市市政工程有限公司，责任人：蔡建新；监理单位系惠安建设监理有限公司，责任人：周惠川；挂钩市领导：蔡天守。

【市区雨污水系统检测及修复工程(续) Urban rain and sewage system testing and repair works (continue)】 该重点项目建设地点位于石狮市市区。建设内容：对北环路（石泉二路至福辉路段）、宋塘路（濠江路至学府路段）等部分市区主要道路的雨水管道、污水管道及排水沟进行清淤及检测。总投资额 800 万元。该工程 2016 年 6 月完工。

该重点建设项目责任单位系石狮市生态环境保护局，责任人：谢真固；设计单位系石狮市规划设计院设计，责任人：杨朝阳；施工单位系福州福光水务科技有限公司，责任人：赖荣延；监理单位系厦门兴海湾工程管理有限公司，责任人：缪海瑞；挂钩市领导：张汉杰。

【石狮市西区污水主干管采购项目 Shishi city west sewage main pipes procurement project】 该重点项目建设地点位于长宁北路西洋公园旁及长宁路与东西三路交叉口。建设内容：本工程的主要施工范围包括西区污水主管（WU83-WU84 及 WU89-WU90 段）经检测发现主要结构性缺陷的修复改造。采用开挖沟槽进行更换管道的修复方法；使用国际钢筋混凝土Ⅱ级管 DN1400 管替换原有污水管，以满足污水的过流要求，施工合同总价 137.7 万元。该工程 2016 年 12 月完工。

该重点建设项目责任单位系石狮市生态环境保护局，责任人：龚宗亮；设计单位系石狮市规划设计院，责任人：郑伟斌；施工单位系泉州市协胜工程建设有限公司，责任人：陈金凤；监理单位系厦门兴海湾工程管理有限公司，责任人：缪萧键；挂钩市领导：张汉杰。

【石狮市钞坑片区配套基础设施建设 Shishi city Chaokeng area supporting infrastructure construction】 该重点项目建设地点位于石狮市钞坑片区。建设内容：道路工程、供水设施、排水设施、供电设施、消防设施、路灯工程、交通工程、景观工程等。项目总投资估算人民币 8064 万元。该工程 2016 年 9 月完工。

该重点建设项目责任单位系石狮市城市投资建设有限公司，责任人：吴顺昌；设计单位系石狮市规划设计院，责任人：郑伟斌；施工单位系福建联泰建设工程有限公司，责任人：雷平华；监理单位系厦门圣德信工程管理有限公司，责任人：肖逢鑫；挂钩市领导：施汉杰。

【石狮市公共自行车服务系统 Shishi city public bicycle service system】 该重点项目建设地点位于石狮市中心市区。建设内容：共设置 88 个站点，每个站点配置自行车 30 辆，锁车位 40 个，投放自行车 2640 部，总投资 2396.98 万元，第一阶段的 70 个站点已于 2016 年 7 月投入运营，投放自行车 2100 辆。该工程 2016 年 6 月完工。

该重点建设项目责任单位系石狮市交通和城市建设局，责任人：李文东；

公共自行车服务系统 （图/重点办）

设计单位系中国市政工程西北设计研究院有限公司，责任人：殷美斌；施工单位系永安公共自行车股份有限公司，责任人：章巍巍；监理单位系福建华源阳光工程管理有限公司，责任人：王坤生；挂钩市领导：施汉杰。

【濠江北路建设 Haojiang north road construction 】 该重点项目建设地点位于石狮市环湾大道至濠江北路。建设内容：起点接环湾大道，终点接濠江北路，全长650米，双向6车道，红线宽度60米，工程建设内容包括对现有水泥路面进行白改黑、破损板块进行更换、完善非机动车道及人行道、抬升路沿石、封闭路段调头区、完善道路边沟、档墙等防护工程、增设港湾式公交车站、增设行人过街设施、完善地下管线、全线标线重新施划、全线路灯进行更换。合同价1361.0628万元。该工程2016年9月完工。

该重点建设项目责任单位系石狮市城市投资建设有限公司，责任人：邱清剧；设计单位系中国市政工程西北设计研究院，责任人：殷美斌；施工单位系福建恒峰建设工程发展有限公司，责任人：方传财；监理单位系惠安建设监理有限公司，责任人：张昆山；挂钩市领导：陈贤明。

【九二路东段“白改黑”工程 Road Jiu Er eastern "white to black" project】 该重点项目建设地点位于石狮市九二路东段（福辉路—濠江路）。建设内容：九二路东段是石狮市一条次干道双向4车道，全长621.849米，红线宽度26米，本次改造范围起点与福辉路相交，终点与濠江路相交。建设内容有：现有水泥路面进行白改黑、破损板块进行更换、路缘石利用抬升及更换、一中校门口增设人行天桥、给排水管线及新建、全线标线进行划分等项目总投资约2500万元。该工程2016年11月完工。

该重点建设项目责任单位系石狮市城市投资建设有限公司，责任人：吴旭旭；设计单位系中国市政工程西北设计研究院，责任人：殷美斌；施工单位系福建泉发建设工程有限公司，责任人：郭永彬；监理单位系福建天正监理咨询有限公司，责任人：欧国韶；挂钩市领导：陈贤明。

【九二路东段综合提升改造工程 Road Jiu Er eastern Comprehensive promotion project】 该重点项目建设地点位于宝盖镇回兴路至学府路段。建设内容：九二路东段（回兴路至学府路）长约700米，现状道路宽26米，道路按26米进行“白改黑”改造、雨污水管道改造、交通及景观提升等改造内容。项目总投资800万元。2015年进行前期工作，2016年第一季度完成施工招标工作；第二季度完成工程量的20%；第三季度完成至工程量的50%；第四季度完工。该工程2016年8月30日竣工，工程初验2016年10月20日。

该重点建设项目责任单位系石狮市交通和城市建设局、石狮市城市投资建设有限公司，责任人：张基明、吴顺昌；设计单位系中国市政工程西北设计研究院有限公司，责任人：殷美斌；施工单位系福建省方格建设发展有限公司，责任人：黄素凤；监理单位系郑州中兴工程监理有限公司，责任人：张俊杰；挂钩市领导：施汉杰。

【石永二路绿化工程 Shi Yong road 2 greening project 】 该重点项目建设地点位于石狮市永宁镇。建设内容：建设石永二路B标段绿化工程，全长3.2千米。项目总投资1000万元。该工程2016年12月竣工。

该重点建设项目责任单位系石狮市交通和城市建设局，责任人：蔡志坤；设计单位系厦门颖艺景观工程有限公司，责任人：罗来辉；施工单位系福建绿涛市政园林工程有限公司，责任人：李忠峰；监理单位系泉州市工程建设监理事务所，责任人：张程昌；挂钩市领导：施汉杰。

【沿海大通道路灯提升工程 Coastal thoroughfare street lamp project 】 该重点项目建设地点位于石狮市沿海大通道。建设内容：古浮外线：总长约2.4千米，拟在公路一侧绿化带安装80支12米单臂双火路灯，新装变压器2台，计划投资300万元；祥芝外线：建设长度约为6千米，拟单侧安装12米LED路灯，总投资约1000万元。该路灯工程总体设计、分段施工，一期建设祥芝溪口至斗尾段，二期建设祥芝斗尾至东埔段；锦尚镇至永宁镇：总长约5.5千米，前段长约2.8千米安装中央绿化带12米双臂单火路灯，后段约2.7千米安装两侧绿化带12米单臂单火路灯，部分路口安装中杆灯及高杆灯，计划投资900万元。项目实际总投资1400万元。该工程2016年12月完工。

该重点建设项目责任单位系石狮市交通和城市建设局，责任人：蔡志坤；设计单位系厦门市天劲电力设计有限公司石狮分公司，责任人：施雅云；施工单位系江苏盛坤交通设施有限公司、福建达宇景观建设集团有限公司、龙腾照明集团有限公司、江苏恩泰照明科技有限公司，责任人：汤安民；监理单位系福建省建福工程管理有限公司泉州分公司，责任人：卢玮明；挂钩市领导：施汉杰。

【永祥路建设工程 Yongxiang road construction 】 该重点项目建设地点位于石狮市永宁镇、祥芝镇。建设内容：一级公路兼具城市Ⅰ级主干道功能，全长6.25千米，路基宽度60米，双向六车道，设计速度60千米／小时。预算总投资39839.01万元，其中建安费24472.04万元，征地及拆迁补偿费10567.88万元。2016年项目总投资4000万元，该工程2016年12月完工。

该重点建设项目责任单位系石狮市交通和城市建设局，责任人：蔡志坤；设计单位系中交第二公路勘察设计研究院有限公司，责任人：陈来钱；施工单位系江苏镇路桥总公司，责任人：柯伟达；监理单位系东北林业大学工程咨询设计研究院有限公司，责任人：张熠；挂钩市领导：施汉杰。

【旅游公共服务配套设施 Tourism public service facilities】 该重点项目建设地点位于石狮市区。建设内容：全市旅游交通标志系统43面独立旅游交通标志牌，茂险王主题乐园、黄金海岸和郭坑休闲生态农庄6座旅游公厕，郭坑游客服务中心。实际完成投资418万元，该项目于2016年11月投用。

该重点建设项目责任单位系石狮市文体旅游广电新闻出版局、石狮市公安局交通管理大队，责任人：黄明瑄、戴元军；设计单位系西北综合勘察设计研究院，责任人：伍瑾蓉；施工单位系厦门市科发交通工程有限公司，责任人：黄永焕；监理单位系深圳市天致信息技术开发有限公司，责任人：刘波生；挂钩市领导：庄宝玲。

【石狮市世茂摩天城乐园 Park of Shimao skyscraper city】 该重点项目建设地点位于石狮市钞坑片区。建设内容：石狮世茂钞坑项目整体占地约133.33公顷，总建筑面积达300万平方米，投资200亿元。已完工的有低密度、高层、SOHO办公、大商业，现仍有超高层在建中，该工程2016年12月完工。

该重点建设项目责任单位系石狮世茂新城房地产开发有限公司、石狮世茂房地产开发有限公司，责任人：许世坛；设计单位系中元（厦门）工程设计研究院有限公司，责任人：蔡福锦；施工单位系五洋建设集团股份有限公司（责任人：戴双表）、中建三局第三建设工程有限责任公司（责任人：胡浩）、中建海峡建设发展有限公司（责任人：罗建辉）、江苏省建工集团有限公司（责任人：丁卫平）、中国建筑第八工程局有限公司（责任人：黄启权）、福建省闽南建筑工程有限公司（责任人：叶瑞锦），监理单位系浙江江南工程管理股份有限公司，责任人：张清；挂钩市领导：刘德旺、许赞成。

【石狮正源台湾水产品综合开发项目 Taiwan zhenyuan comprehensive development project of aquatic products】 该重点项目建设地点位于石狮市石永二路台商开发区永宁镇下宅村。建设内容：该项目总面积74288平方米，总建筑面积为163530.79平方米，引进水产鱼罐头生产流水线，冷冻鱼糜生产流水线等的共8条生产线，年生产能力5万吨。项目总投资1.5亿元，完成一期主体厂房建设，设备安装调试，该工程2016年12月完工。

该重点建设项目责任单位系永宁镇人民政府，责任人：王少勇；设计单位系武夷山建筑设计研究院有限公司，责任人：郑劲松；施工单位系厦门市环海华建设集团有限公司，责任人：王其仁；监理单位系厦门圣德信工程管理有限公司，责任人：黄炎；挂钩市领导：杜举胜。

【红塔湾整治项目（续）Hongta bay improvement project (continue)】 该重点项目建设地点为石狮市永宁镇红塔湾。建设内容：建设临时过渡经营房（含水、电、排污等管道铺设），拆除沙滩临时搭盖，并建设停车场、广场、海边木札道，烧烤区景观配套措施。总投资2500万元。该工程2016年12月完工。

该重点建设项目责任单位系永宁镇人民政府，责任人：蔡清墩；设计单位系北京中建建筑设计院有限公司，责任人：林萌新；施工单位系成煌实业集团有限公司责任人：陈慧芳；中平（福建）建设有限公司，责任人：黄景东；监理单位系福建中建恒源建设管理有限公司，责任人：王金良、张章斌；挂钩市领导：杜举胜。

【梅林国家一级渔港项目 Meilin a state-level fishing port project】 该重点项目建设地点位于石狮市永宁镇。建设内容：申请建设国家一级渔港规划建设防波堤950米，码头长180米，形成陆域面积14500万平方米。总投资

石狮世茂摩天城

（图/重点办）

红塔湾整治项目 （图 / 重点办）

5906万元。该工程2016年12月完工。

该重点建设项目责任单位系永宁镇人民政府，责任人：蔡文作；设计单位系福建海峡建筑设计规划研究院，责任人：刘春荣；施工单位系中港建设集团有限公司，责任人：钱伟民；监理单位系广州粤科工程建设监理咨询有限公司，责任人：吴坚源；挂钩市领导：林希妍。

【闽台民俗文化园广场 Fujian and Taiwan folk culture square】 该重点项目建设地点位于石狮市永宁第四社区城隍庙前。建设内容：位于城隍祭祀广场南北主轴线，南接神佑广场，北侧为永宁城隍庙，面积8140平方米；包括绿化、小品及相关配套建设。总投资1500万元。该工程2016年12月完工。

该重点建设项目责任单位系石狮市永宁镇旅游开发有限公司，责任人：丁思洪；设计单位系福建华景建筑设计院有限公司，责任人：汪琴；施工单位系福建荣冠环境建设集团有限公司，责任人：罗志鹏；监理单位系福建新时代项目管理有限公司，责任人：赖发霜；挂钩市领导：杜举胜。

【环保基材项目（续）Base material of environmental protection project (continue)】 该重点项目建设地点位于石狮市台商投资区永旭路。建设内容：现已完成项目一期建设，新建功能性环保多层共挤流延膜生产线一条，并配套进行厂房、配电、供水建设，项目总投资4250万元，该工程2016年10月完工。

该重点建设项目责任单位系永宁镇人民政府，责任人：王少勇；设计单位系中国建筑技术集团有限公司，责任人：黄强；施工单位系福建省闽福建设发展有限公司，责任人：陈清辉；监理单位系莆田市建诚建设监理有限公司，责任人：王锦彬；挂钩市领导：蔡天守。

【阿尔普尔采暖、制冷、热水一体化项目（续） Heating, refrigeration, hot water all-in-one project (continue)】 该重点项目建设地点位于石狮市永宁镇台商投资区。建设内容：阿尔普尔空气源系统（利用空气源向园区提供采暖、制冷、热水三联一体的功能）。该工程2016年12月完工。

该重点建设项目责任单位系永宁镇人民政府，责任人：王少勇；设计单位系福建省泷澄集团设计院有限公司，责任人：傅廷玉；施工单位系福建省和隆园林建设工程有限公司，责任人：张建伟；监理单位系厦门协诚工程建设监理有限公司，责任人：黄泉堂；挂钩市领导：蔡天守。

【机械装备园区主干二路A段 Mechanical equipment park road 2 A】 该重点项目建设地点位于石狮市高新区。建设内容：从机械园主干一路至五金印刷基地经一路，长400米，宽30米，双向4车道，配套建设排水排污管网。项目总投资250万元。该工程2016年12月完工。

该重点建设项目责任单位系石狮市高新区管委会，责任人：刘以欣；设计单位系石狮市规划设计院，责任人：吴霞蓉；施工单位系福建八融建设发展有限公司，责任人：杨雅红；监理单位系福建元品建设项目管理有限公司，责任人：许雪辉；挂钩市领导：蔡天守。

【机械装备园土石方平整 Mechanical equipment park soil and stone flat】

梅林国家一级渔港项目 （图 / 重点办）

永宁城隍庙前广场　　（图 / 重点办）

该重点项目建设地点位于石狮市高新区。建设内容：对机械装备园区内土地进行平整。总投资 3550 万元，该工程 2016 年 12 月完工。

该重点建设项目责任单位系石狮市高新区管委会，责任人：刘以欣；施工单位系福建省长汀县第一建筑工程有限公司，责任人：林华；监理单位系厦门山越民防工程建设监理有限公司，责任人：程平；挂钩市领导：蔡天守。

【机械装备园支路 1 东延伸段 Mechanical equipment park road 1 east extended section 】 该重点项目建设地点位于石狮市高新区。建设内容：从机械园支路一连接至五金园纬三路，长 420 米，宽 18 米，建设主道路临时沥青路面及排水边沟，投资 250 万元；该工程 2016 年 12 月完工。

该重点建设项目责任单位系石狮高新区管委会，责任人：刘以欣；设计单位系石狮市规划设计院，责任人：郑伟斌；施工单位系福建泉润建设工程有限公司，责任人：范春华；监理单位系福建元品建设项目管理有限公司，责任人：许雪辉；挂钩市领导：蔡天守。

【机械装备园配套工程（续）Mechanical equipment park supporting project (continue) 】 该重点项目建设地点位于石狮高新区机械装备园。建设内容：机械装备园主干一路北段及支路一配套建设人行道、弱电管道、绿化及路灯；机械装备园主干二路 A 段配套建设弱电管道及路灯，投资金额 400 万元。该工程 2016 年 12 月完工。

该重点建设项目责任单位系石狮市高新区管委会，责任人：刘以欣；设计单位系石狮市规划设计院、厦门市政设计院，责任人：吴霞蓉、蔡清辉；施工单位系福建省南平三建工程有限公司，责任人：石雷；监理单位系福建元品建设项目管理有限公司，责任人：许雪辉；挂钩市领导：蔡天守。

【锦东路（续）Jindong road (continue) 】 该重点项目建设地点位于石狮市宝盖山风景区。建设内容：从蚶江大道至公园路，建设长 0.52 千米，宽 30 米道路。包括排水排污管道、弱电管道、人行道、绿化及路灯等配套建设。项目总投资 550 万元。该工程 2016 年 12 月完工。

该重点建设项目责任单位系石狮市高新区管委会，责任人：刘以欣；设计单位系石狮市规划设计院，责任人：吴霞蓉；施工单位系福建中联建工有限公司，责任人：许治国；监理单位系福建固特新工程监理咨询有限公司，责任人：龚龙共；挂钩市领导：蔡天守。

【石狮大道与祥鸿大道交叉口改造 Shishi avenue and Xianghong avenue intersection rebuild 】 该重点项目建设地点位于石狮市高新区。建设内容：对石狮大道与祥鸿大道交叉口进行改造，改造交叉口转向车道，增设交通信号灯、摄像头、交通标志标线等。项目总投资 250 万元，该工程 2016 年 12 月完工。

该重点建设项目责任单位系石狮市高新区管委会，责任人：刘以欣；设计单位系中国市政工程西北设计研究院有限公司，责任人：凌毅；施工单位系福建省骏业市政工程有限公司，责任人：林鑫辉；监理单位系福建元品建设项目管理有限公司，责任人：许雪辉；挂钩市领导：蔡天守。

【鑫隆针织机械 Xinlong knitting machinery】 该重点项目建设地点位于石狮市高新区五金印刷园。建设内容：本公司项目位于石狮市高新区五金印刷园，建有厂房 1 层及办公楼 5 层，建设规模 16231.5 平方米，总投资 2500 万元，该工程 2016 年 1 月完工。

该重点建设项目责任单位系石狮市鑫隆针织机械有限公司，责任人：王军文；设计单位系福建超平建筑设计有限公司，责任人：冯鹄；施工单位系福建省银厦建设工程有限公司，责任人：蒋耀坤；监理单位系福建华源阳光工程管理有限公司，责任人：林少伟；挂钩市领导：张永安。

【讯源五金制品 Xunyuan metal products 】 该重点项目建设地点位于石狮市高新区五金印刷园。建设内容：项目位于石狮市高新区五金印刷园，建有厂房 4 层及办公楼 6 层，建设规模 14888 平方米，总投资 3000 万元，该工程 2016 年 10 月完工。

该重点建设项目责任单位系石狮市讯源五金制品有限公司，责任人：蔡芳明；设计单位系武夷山建筑设计研究院有限公司，责任人：吕国泉；施工单位系福建省华峰建设发展有限公司，责任人：高德潮；监理单位系福建省建诚工程咨询有限公司，责任人：庄如平；挂钩市领导：张永安。

【五金印刷园 3#、4# 开闭所 Metals and printing park 3#, 4# building】

该重点项目建设地点位于石狮市高新区。建设内容：土建及园区的管囊管线铺设。该项目总投资 500 万元，该工程 2016 年 12 月完工。

该重点建设项目责任单位系石狮市高新区管委会，责任人：刘以欣；设计单位系厦门天劲电力设计有限公司，责任人：蔡国阳；施工单位系石狮市电力工程有限责任公司，责任人：蔡跃群；监理单位系泉州亿盛电力工程监理有限公司，责任人：何荣耀；挂钩市领导：蔡天守。

【城北安置区 F 地块 North of city F land resettlement area】 该重点项目建设地点位于石狮市石泉二路南侧。建设内容：F 地块安置区：总用地面积 3.89 公顷，总建筑面积 153955.40 平方米，主要建设 8 幢 27—30 层安置楼、1 幢幼儿园、周围 2 层裙楼和 1 层地下室，以及相关配套设施。F 地块总投资 5.4 亿元，该项目 2016 年 12 月完工。

该重点建设项目责任单位系石狮市城北投资建设有限公司，责任人：邱尚齐；设计单位系上海中福建筑设计研究院有限公司，责任人：吴建舟；施工单位系中铁一局集团有限公司，责任人：马红社；监理单位系福建海川工程监理有限公司，责任人：潘志明；挂钩市领导：庄玉海。

【梧园安置区 Wuyuan relocation area】

该重点项目建设地点位于石狮市石锦大道南侧。建设内容：总用地面积 2.24 公顷，总建筑面积 78895.31 平方米，主要建设 5 幢 16—18 层安置楼、周围 1—2 层裙楼和地下室，以及相关配套设施，总投资预计 2.2872 亿元，资金来源构成由市级财政拨款统筹，该项目 2016 年 9 月完工。

该重点建设项目责任单位系石狮市城北投资建设有限公司，责任人：蔡加勉；设计单位系林产工业（厦门）设计院，责任人：黄永兵；施工单位系中铁一局集团有限公司，责任人：陈建仓；挂钩市领导：庄玉海。

【洋内亭安置区 Yangneiting relocation area】 该重点项目建设地点位于石狮市海宁路南侧。建设内容：总用地面积 2.21 公顷，总建筑面积 59575 平方米，主要建设 3 幢 22—28 层安置楼、周围 1 层商业裙楼和地下室，以及相关配套设施。总投资预计 2.3 亿元，资金来源构成由市级财政拨款统筹，该项目 2016 年 8 月完工。

该重点建设项目责任单位系石狮市城北投资建设有限公司，责任人：蔡鸿强；设计单位系深圳市建筑设计研究院有限公司，责任人：范慧敏；施工单位系中铁一局集团有限公司，责任人：陈建仓；监理单位系福建和盛工程管理有限公司，责任人：吴鸿忠；挂钩市领导：庄玉海。

【百宏·御璟天下 B 区 Baihong · Yujingtianxia area B】 该重点项目建设地点位于石狮市八七路南侧宝盖镇龙穴古坑后村。建设内容：本项目由百宏公司经公开挂牌竞得 2011-11-2 地块使用权，开发为商品房项目销售。项目地下室两层、8 栋 28—33 层塔式住宅楼、1 栋两层会所、1 栋商店组成，共 11 栋，总建筑面积为 126238.36 平方米，总投资 3.8 亿元。该项目 2016 年 12 月 15 日完工。

该重点建设项目责任单位系福建百宏房地产开发有限公司，责任人：苏文取；设计单位系福建省千亿建筑设计有限公司，责任人：郑伍超；施工单位系福建省第五建筑工程公司，责任人：李晟；监理单位系福州弘信工程监理有限公司，责任人：郭东海；挂钩市领导：张鸰翔、丁东福。

【中国移动宽带中国（续）China mobile broadband China (continue)】

该重点项目建设地点位于石狮各街道、乡镇。建设内容：2016 年立项投资规模 1554.46 万元，新增建设 434 个小区 52408 个端口，累计宽带端口已超过 20 万个，覆盖用户数 25.1 万户。其中 87 个光改小区 10112 个端口于上半年完成 100% 建设上线，实现各城区及农村移动光纤宽带接入满足客户高带宽需求，该项目 2016 年 12 月完工。

该重点建设项目责任单位系石狮市经济局，责任人：张子群；设计单位系中国移动通信集团设计院有限公司，责任人：周建新；施工单位系厦门纵横集团建设开发有限公司，责任人：张开扬；监理单位系北京煜金桥通信建设监理咨询有限责任公司，责任人：李宗明；挂钩市领导：张永安。

【中国移动 4G 建设（续）China mobile's 4G construction (continue)】

该重点项目建设地点位于石狮各街道、乡镇。建设内容：2016 年项目立项投资规模 2790 万元，新增建设 279 个 4G 站点，新增小区约 500 个，其中宏站 120 个，小微皮站 140 个，室分 19 个，实现各城区及农村广度覆盖及主要城区及镇区深度覆盖需求，该项目 2016 年 12 月完工。

该重点建设项目责任单位系市经济局，责任人：张子群；设计单位系中国移动通信集团设计院有限公司，责任人：周建新；施工单位系厦门纵横集团建设开发有限公司，责任人：张开扬；监理单位系北京煜金桥通信建设监理咨询有限责任公司，责任人：李宗明彦；挂钩市领导：张永安。

【石狮鹏泰科技项目 Shishi Pengtai science and technology project】 该

重点项目建设地点位于石狮市锦尚镇政和产业园区。建设内容：1 号厂房建筑面积 34942.25 平方米，5 层框架结构工程造价 2376.073 万元，资金来源构成由市级财政拨款统筹，该项目 2016 年 11 月完工。

该重点建设项目责任单位系泉州鹏泰服饰有限公司，责任人：洪秀碧；设计单位系福州翰思远见建筑设计有限公司，责任人：林永宁；施工单位系中建协和建设有限公司，责任人：陈自敏；监理单位系福建省建福工程管理有限公司，责任人：林洪聪、吴鸿忠；挂钩市领导：蔡天守。

【万祥商服小区开发项目（续）Wanxiang business services community development project (continue)】　该重点项目建设地点位于石狮市祥芝镇祥芝湾片区。建设内容：项目建设有 8 栋高层住宅、2 层商业服务网点、1 层地下室，总建筑面积 131110 平方米；项目总投资约 3 亿元，该项目 2016 年 11 月完工。

该重点建设项目责任单位系石狮市万祥房地产开发有限公司，责任人：王建春；设计单位系北京市建筑设计研究深圳院，责任人：陈知龙；施工单位系中建海峡建设发展有限公司，责任人：曾海龙；监理单位系福建省厦门长实建设有限公司，责任人：陈春晓、吴鸿忠；挂钩市领导：洪维陆。

【祥芝镇道路改造工程 Xiangzhi town road reconstruction projects】　该重点项目建设地点位于石狮市祥芝镇。建设内容：祥宝路、宝狮路、高克路、镇前路进行改造，改造内容包括人行道树池及上坡道改造、人行道护栏、交通标志线、雨水设施改造、破损水泥路面改造等，总投资 975 万元，该项目 2016 年 7 月完工。

该重点建设项目责任单位系石狮市祥芝镇人民政府，责任人：卢鸿利；设计单位系石狮市规划设计院，责任人：郑伟斌；施工单位系武夷隆鑫集团有限公司，责任人：叶学良；监理单位系福建宇宏工程项目管理有限公司，责任人：陈春晓、刘超铭；挂钩市领导：张鸰翔。

【祥芝古浮湾生态环境修复项目 Xiangzhi town Gufu bay ecological environment restoration project】　该重点项目建设地点位于石狮祥芝镇古浮村。建设内容：围绕打造休闲生态渔村目标，实施大山屿野生鸟类保护、沙滩修复、岸线景观提升、滨海休闲公园建设及发展渔家乐、紫菜文化等。预计总投资 1500 万元，该项目 2016 年 12 月完工。

该重点建设项目责任单位系石狮市祥芝镇人民政府，责任人：孙甜甜、邱志汉；设计单位系海口城市规划设计研究院泉州分院；施工单位系福建中锦腾建设工程有限公司，责任人：陈越；监理单位系福建省建福工程管理有限公司，责任人：陈颖；挂钩市领导：张翎翔。

【鸿山影视基地 Hongshan town film and television base】　该重点项目建设地点位于石狮市鸿山职工文体活动中心。建设内容：项目总投资 6000 万元，分三年建设，预计 2016 年投资 1200 万元，第二年投资 2000 万元，第三年预计投资 2800 万元。到 2016 年底预计将有省内 10 ～ 15 所高校挂牌进驻。每年将吸引 5000 人次高校大学生前来创作。基地将利用福建高校与台湾各大高校畅通的沟通渠道，建成海峡两岸微电影创作基地。同时，基地将开展培训、拍摄体验等多种运营方式聚集人气和商气，吸引影视产业上下游配套企业入驻，推动镇区商业服务的快速发展，形成一个集微电影前后期制作，影视教育于一体的文化创意产业园区。2016 年已投资 1600 万余元，建设完成四个摄影棚、培训教室、设备采购、集装箱创客空间、公园木栈道、华翔学生公寓等硬件设施，拍摄影片 24 部，该项目 2016 年 12 月完工。

该重点建设项目责任单位系石狮市鸿山镇人民政府，责任人：傅凉凉、邱志汉；设计单位系厦门宜星建筑装饰工程有限公司，责任人：汪美莲；施工单位系厦门市艺述集团有限公司，责任人：易天强；监理单位系厦门广正工程咨询有限公司泉州分公司，责任人：王佳宝；挂钩市领导：张桂森。

【鸿山路路灯工程 Hongshan town road lamp project】　该重点项目建设地点位于石狮市鸿山镇。建设内容：石狮市鸿山镇鸿山路路灯照明工程，起点鸿山镇政府圆盘，全长约 4.0 千米（桩号 K0+000-K2+920 段及支路 KZ0+000-KZ1+100 段），结构形式：市政路灯照明工程。合同总造价：455.2423 万元，合同工期60日历天，共安装路灯 226 杆。该项目 2016 年 11 月完工。

该重点建设项目责任单位系石狮市鸿山镇政府，责任人：吴金锁；设计单位系厦门市天劲电力设计有限公司，责任人：曾繁茂；施工单位系扬州市兴泰钢杆照明器材有限公司，责任人：华玲；监理单位系福建省建福工程管理有限公司，责任人：吴清水；挂钩市领导：施汉杰。

【石狮联通 LTE 网络工程 Shishi unicom LTE network engineering】　该重点项目建设地点位于石狮市鸿山镇。建设内容：石狮联通 LTE 网络工程，总投资 1600 万元，截至 2016 年完成 LTE 基站建设 170 个，布放光缆 94 千米，建设汇聚机房 1 个，实现城区及农村广度覆盖及主要城区及镇区深度覆盖需求。该项目 2016 年 12 月完工。

该重点建设项目责任单位系中国联合网络通信有限公司石狮市分公司，责任人：陈春泉；设计单位系中讯邮电咨询设计院，责任人：杨士奇；施工单位系西安汇龙网络科技有限公司，责任人：刘英智，中国通信建设第五工程局，责任人：肖拥军，中国通信建设第四工程局，责任人：吴林林，监理单位系厦门纵横建设监理咨询有限公司，责任人：刘永元；挂钩市领导：张永安。

【永宁中学学生宿舍楼及配套工程(续) Yongning middle school student dormitory building (continue)】 该重点项目建设地点位于石狮市永宁中学。建设内容：石狮市永宁中学学生宿舍楼及配套工程位于石狮市永宁镇永宁中学校内，建筑等级为二级，耐火等级为二级，抗震等级：学生宿舍框架抗震等级为二级、剪力墙抗震等级为一级，门厅等配套用房部分抗震等级为一级，抗震设防烈度为8度；占地面积为1952.12平方米，建筑面积为10760.31平方米；总投资额2600万元。该项目2016年11月完工。

该重点建设项目责任单位系石狮市永宁中学，责任人：蔡晓华；设计单位系厦门奉达建筑设计咨询有限公司，责任人：赖竞；施工单位系福建省腾众建设工程有限公司，责任人：胡昌鹏；监理单位系泉州市工程建设监理事务所，责任人：张达雄；挂钩市领导：李斌。

【厦门外国语学校石狮分校 Shishi branch school of Xiamen foreign language school】 该重点项目建设地点位于石狮市灵秀镇钞坑村。建设内容：厦门外国语学校石狮分校建设用地面积为91185平方米（9.13公顷、含架空层0.73公顷），建筑面积为150372平方米。学校拟建设规模为2400人的完全中学（48个教学班），1620人的小学（36个教学班），360人的幼儿园（12个教学班）。学校规划建设教学楼4栋：1栋4层幼儿园教学楼、1栋6层小学教学楼、1栋6层初中教学楼、1栋6层高中教学楼；1栋11层的办公楼及报告厅；2栋宿舍楼及食堂：1栋13层的教师宿舍和1栋13层的学生宿舍（学生宿舍楼一层裙房作为食堂将宿舍相连），1栋3层体育馆。立项资金为5.5亿元。该项目2016年8月完工。

该重点建设项目责任单位系石狮市教育局，责任人：陈晓东；设计单位系海口市城市规划设计研究院，责任人：何连德；施工单位系中建富林集团有限公司，责任人：郑杰鹏；监理单位系深圳市合创建设工程顾问有限公司，责任人：阚卓；挂钩市领导：杜举胜。

【石狮市第二中学礼堂、食堂综合楼(续) Shishi city the second middle school auditorium, canteens complex building (continue)】 该重点项目建设地点位于石狮市石狮二中校内。建设内容：此项目为三层综合楼，一层室内活动室，二层食堂，三层礼堂。投资规模950万元，占地1337.39平方米，建筑面积4422.39平方米。该项目2016年8月完工。

该重点建设项目责任单位系石狮市第二中学，责任人：张力勤；设计单位系福建超平建筑设计有限公司，责任人：冯鹄；施工单位系泉州诗山建设有限公司，责任人：叶加标；监理单位系厦门广正工程咨询有限公司，责任人：林爱清；挂钩市领导：李斌。

【新远辉化纤纺织项目(续) Xinyuanhui chemical fiber textile project (continue)】

该重点项目建设地点位于石狮纺织服装基地旁（石锦路南）。建设内容：项目一期完成加弹车间、织造车间投产，项目总投资6000万元，一期已开始生产中。该项目2016年11月完工。

该重点建设项目责任单位系石狮市新远辉化纤纺织科技有限公司，责任人：姚道锡；设计单位系中国建筑技术集团有限公司，责任人：庄亚山；施工单位系福建省闽福建设发展有限公司，责任人：李玉发；监理单位系莆田市建诚建设监理有限公司，责任人：王锦彬；挂钩市领导：龚志阳。

【石狮通达智能硬件项目 Shishi city Tongda brainpower hardware projects】

该重点项目建设地点位于石狮蚶江镇莲东村。建设内容：总建筑面积3万平方米，建设3栋厂房、1栋宿舍楼及生活配套区，引进2000台泉州嘉泰CNC生产设备，生产智能硬件、电子电器配件、手机外壳等产品。总投资1.5亿元。该项目2016年9月完工。

该重点建设项目责任单位系香港通达集团，责任人：王亚榆；设计单位系福建省超平建筑工程设计院，责任人：冯鹄；施工单位系厦门恒晟建筑工程有限公司，责任人：李志勇；监理单位系福建省恒建管理有限公司，责任人：汪苍松；挂钩市领导：施心新。

（林茂盛、林荣荣整理 张子群审）

（图／颜华杰）

聚焦换届

Focus on Change the Term of Office

创新转型 实业强市 加快建设宜居宜业滨海城市

——在中国共产党石狮市第七届代表大会上的报告

朱启平

（2016年7月28日）

Innovation Transformation and Build Entity Industries Powerful City, Speed up the Construction of Coastal City Livable and Appropriate Business

—— Work Report on the Seventh Congress of the CPC Shishi City Committee

Zhu Qiping

一、回顾过去，“质量石狮”迈出坚实步伐

市第六届党代会以来，在省委、泉州市委的正确领导下，市委认真贯彻落实党的十八大及其中央历次全会和习近平总书记系列重要讲话精神，团结带领全市广大党员干部群众，按照“质量石狮、二次创业”的总体部署，积极应对经济下行压力，克难求进、开拓创新，较好地完成了各项目标任务。全市地区生产总值、公共财政总收入、一般预算收入年均增长分别为12.2%、12.3%、14.9%，分别达到676.3亿元、59.3亿元、

中国共产党石狮市第七届代表大会　（图／市委办）

38.5亿元，经济综合实力从2011年全国中小城市百强第24位晋升到第17位，连续19年位居全省十强县（市）第2位。

——**产业质量提升**。着力稳增长、调结构，三次产业比重由4:56.5:39.5调整为3:56.7:40.3；工业总产值突破千亿元大关，年均增长14.6%。深入开展“五大战役”“三比一看”等活动，实施重点项目368个，完成全社会固定资产投资1464.1亿元，年均增长23.7%；港口货物、集装箱吞吐量分别增长40.9%、49%。大力帮扶企业发展，累计兑现惠企资金8.9亿元。成功举办每年一届的海峡两岸纺织服装博览会、石狮国际时装周和第二届中国（泉州）海上丝绸之路国际品牌博览会。平台载体日臻完善，纺织服装产业基地、轻纺城、辅料城、建材城、青创城、海西电商园等产业平台相继建成并投入运营；高新区跻身国家知识产权试点园区；海洋生物科技园被列入国家级农业高新技术园区；三个染整集控区实施污水处理提标改造，基本完成清洁能源替代。创新驱动步伐加快，成立全国首个县级服装设计师协会，集聚240名设计师人才；新增上市公司6家、挂牌企业49家、各级“两化融合”示范企业28家、省级以上科技项目78个、省级以上众创空间2个；成为国家信息消费试点、省级“互联网+”先行试点、省级人才强市试点；荣膺“全国纺织产业集群创新发展示范地区”“全国电商百佳县市”第2位以及“全国科技进步先进市”十二连冠等荣誉。

——**城市质量提升**。坚持规划引领，编制完成石狮X年发展战略规划，片区、交通等各类专项规划不断深化，全域一体规划管理体系初步形成。综合交通体系进一步完善，累计投入118.5亿元，推进水头外线、福辉路、环湾大道、蚶江大道等“外联、内通、疏港、滨海”4个层次、96条道路建设，晋石高速公路、泉州湾大桥建成通车，城市主次干道“白改黑”率95%；客运中心站建成投用；统筹推进“十大畅通工程”，试行路内停车收费管理，交通事故“四项指数”大幅下降。“五片区二小镇”建设有序推进，累计完成投资332亿元，钞坑片区、幸福新城等城市更新项目快速推进，世茂摩天城、泰禾广场等一批城市综合体、高端商住区拔地而起，城北片区、长福片区、镇中路二期等一批安置房项目竣工交房，建成区面积增加3.9平方公里、扩大至37.5平方公里，城镇化率78%。生态环境有效改善，推进宝盖山、灵秀山、龟湖公园、鸳鸯池公园等景观提升工程，建成区绿化覆盖率43.9%；实施东沟、塘园溪、灵山沟等水系环境综合整治项目48个，开展晋石跨境流域水环境污染治理，城乡垃圾无害化处理率100%，污水日处理能力37.3万吨；通过国家级生态市考核验收。

——**改革质量提升**。以新型城镇化建设为契机，大力推进重点领域改革，成为国家中小城市综合改革试点和福建省全域城市化发展改革试点，灵秀、宝盖、蚶江列入全省小城镇机构改革试点镇。围绕公共服务均等化，全面推行以“积分入住”为核心的新市民积分管理服务，努力吸引、留住城市发展需要的各类人才。围绕优化政务环境，突出“一件事情由一个部门负责”，顺利完成政府机构改革；推进土地、房产“两证合办”，率先实施“一照一码”工商登记制度改革，缩短审批时限50%以上，新登记各类市场主体4.7万户、增长3倍以上。围绕社会事业改革，与中国教育科学研究院开展合作，成为福建省唯一的国家级教育综合改革实验区；市医院被列入第二批国家县级公立医院综合改革试点；推行城管、公安联合执法，构建市、镇（街道）、村（社区）三级联动、重心下移的属地城市管理机制。围绕金融服务实体经济改革，在全国首创公益性金融服务中心，创新金融产品和服务，拓宽企业融资渠道；成为全国农民住房财产权抵押贷款试点。

——**民生质量提升**。落实各项惠民措施，新改扩建学校63所、增加学位超过1.2万个，市医院新院、厦门外国语学校石狮分校、农贸市场改造等一批重点民生项目加快推进，引水工程二期建成通水，日供水能力提升至64万吨。完成108万平方米石结构房屋改造审批，配租配售各类保障性住房14295套；低保、城居保标准和覆盖率保持全省县级市首位；城镇登记失业率控制在0.3%以下。构建“12345”便民服务体系，推行治安防控“百千万”工程和城乡社区网格化服务管理“1+1+N”模式，社会治安满意率逐年提升，连续五年实现“进京零非访”，获评“全国法治县创建活动先进单位”“全国平安渔业示范市”“全省平安先行市”。扎实推进“全国文明城市”“国家卫生城市”“省级教育强市”创建活动，开展十大“文明新风”行动，青商会、和促会等社会组织积极发挥正能量，获得“全国文明城市”提名、“国家义务教育基本均衡市”“全国百名慈善城市”“国家计划生育优质服务先进市”以及“全国文化先进市”三连冠等荣誉。

——**党建质量提升**。实施基层党委书记抓党建工作专项汇报、专项测评、专项评议，突出对“一把手”履行从严治党责任的考核。扎实开展党的群众路线教育实践活动、“三严三实”专题教育、“两学一做”学习教育以及“增强忧患意识 推动长远发展”大讨论活动，强化干部思想理论武装。坚持公正用人，加强干部平时培养、平时沟通、平时考察工作，强化镇（街道）干部队伍执行力建设，选拔了一批敢担当、善创新、能吃苦的好干部，重用了一批有发展潜力的优秀年轻干部，构建选人用人与事业发展良性互动格局。创新建立基层党建工作末位责任追究、村（社区）干部激励金等制度，推广非公企业党建“三五”工作机制和社会组织党建“双五”工作法，疏通党员队伍出口“126”工作机制被列入全省全面深化改革第一批可复制推广典型。完成镇级党委和村级组织换届工作。严格落实中央八项规定精神，市委常委班子践行转变作风“九项带头”，建立党风廉政建设巡查工作机制，严肃查办违纪违法案件298件，给予党纪处分271人、政纪处分68人。支持人大、政协各负其责，支持司法机关各司其职，工会、共青团、妇联、科协、工商联、侨联、文联、残联、台联、计生协会等群团工作做出了特色，统战、党史、党校、机要、老干、老龄、关心下一代等各项工作取得新的成效，国防动员、民兵预备役和双拥工作有力推进，荣获“全国双拥模范城”五连冠。

各位代表、同志们！这些成绩的取得，实属不易。这得益于省、泉州市的坚强领导、大力支持，得益于全市各级党组织、广大干部群众的同心创业、奋力拼搏，得益于各民主党派、工商联、无党派人士、各人民团体和港澳台同胞、海外侨胞的倾注心血、鼎力相助；得益于驻石部队、武警官兵、上级驻石单位、新闻界朋友和广大新石狮人的积极参与、默默奉献。在此，我代表市委，向所有关心支持石狮建设发展的同志们、朋友们表示衷心的感谢！

二、科学谋划，准确把握石狮新一轮发展方向

审视当前，我们正处在机遇与挑战并存的重要关口。中央支持福建加快发展，福建建设生态文明先行示范区、自贸区以及福厦泉国家自主创新示范区等重大历史机遇千载难逢；泉州建设海丝先行区，环湾向湾发展进程不断加快，环城高速、泉州湾大桥、有轨电车工程、福厦高铁、厦漳泉城市联盟路等一批重大交通基础设施建设、贯通，将使得石狮区位优势更加凸显。与此同时，我们也面临着创新转型的空前挑战，新常态下速度换挡、动能转换、结构调整的压力和动力交织叠加，区域竞争在产业、城市、民生等多领域展开，带来了城市空间、产业功能的加速重组；产业结构单一、分散、偏轻，结构调整阵痛显现，新经济增长点、新支撑力量还未生成，转型升级任务艰巨；城市空间布局忽视海岸带优质资源开发利用，“环海却不近海”，滨海岸线优势尚未充分发挥；部分企业“脱实向虚”，实业“空心化”、资金“热钱化”、资产“泡沫化”引发民间“标会”倒会、欠薪欠债等各种风险矛盾；城市功能不够完善，城市管理还比较粗放；优质教育医疗资源均等化、石结构危旧房改造、解决“回批地”历史遗留问题等民生工作与群众要求尚有差距；少数党员干部服务观念、担当意识不强，不正之风、腐败现象仍时有发生；个别基层党组织软弱涣散，执行力有待进一步提升，等等。

放眼未来，我们必须准确把握石狮新一轮发展方向。石狮的发展战略、城市定位，历届市委、市政府都精心谋划、持续推进，“质量石狮、二次创业”引领了石狮过去五年的发展，建设现代化工贸港口旅游城市一直是全市为之奋斗的目标。实践证明，这些战略思路科学可行、符合石狮实际。当前，石狮迎来了全新的发展阶段，这个阶段，改革创新是最鲜明的特征，转型发展是最紧迫的任务。因此，我们必须迎难而上，与时俱进，找准石狮发展新坐标，激活和释放出更多潜能，坚持走“创新转型、实业强市”之路，深入挖掘石狮积累的工业、商贸、海洋港口、文化旅游等资源优势和潜力，坚定不移地推进产业转型升级，做大做强实体经济，加快建设宜居宜业滨海城市。这是历届市委、市政府一系列战略思路的延伸和发展，是提升发展质量和效益的必由之路，是在更高水平上全面建成小康社会的实践路径。为此，要坚持“六个必须”：

——必须深化改革创新，再造发展新优势。石狮向来有改革的土壤和条件，石狮人向来有敢拼会赢、敢为人先的勇气和担当！没有改革开放，就没有石狮的今天。建市初期，我市在市场化进程中先行一步，赢得了第一轮发展的先机和动力，现在经济进入新常态，城市之间的竞争越发激烈。在这个“千帆竞发、不进则退”的重要关口，改革创新是唯一的最好的选择。广大党员干部一定要有自我革新的勇气，冲破思想观念障碍，突破利益固化藩篱，把全面深化改革作为推动“实业强市”的重要引擎，构建全域创新格局，为新一轮发展赢得新的动能。

——必须重塑“实业精神”，坚守实业不动摇。概括石狮的发展历程，实业一直是石狮经济社会发展的基石。实业兴，则石狮兴；实业强，则石狮强。因此，在新一轮发展中，必须强化实业对城市的支撑作用，进一步夯实实业基础。要大力倡导石狮企业家敢为人先、爱拼敢赢，懂经营、善管理、讲奉献的斗志与担当，共同克服当前经济发展中存在的困难和问题，进一步提振发展信心，培育精益求精的工匠精神，千方百计引导广大企业家和海内外乡亲坚守实业、回归主业、做精专业。鼓励产业资本投资实业，努力营造脚踏实地、勤劳创业、实业致富的社会氛围。

——必须注重协调融合，把握同城化发展机遇。主动融入厦漳泉同城化、泉州环湾城市建设以及晋江石狮同城化发展大局，结合石狮实际，在城市规划建设上，找准坐标、凸显优势，主动作为、抢占先机；在构建基础设施网络上，积极推动交通、水利、能源、通信与周边区域的共建共享；在产业转型升级上，探索产业要素与厦门、晋江等周边城市的跨区域重组，实现优势互补、合作共赢。

——必须注重生态建设，彰显滨海城市魅力。石狮生态环境优美、滨海岸线资源丰富，是非常宝贵的财富和优势。要牢固树立“绿水青山就是金山银山”的理念，以实现生产空间集约高效、生活空间宜居适度、生态空间山清水秀为方向，高标准、一体化做好海岸带规划，加强滨海岸线资源的开发与保护，延续

"海丝"历史文脉，美化城市"天际线"，让城市镶嵌在青山绿水之中，让城市拥抱碧海蓝天。

——必须坚持民生优先，共享改革发展成果。在全面建成小康社会进入决胜阶段之际，提高全体市民的生活质量和幸福指数，是我们义不容辞的职责。要把老百姓的小事当作党委、政府的大事，以群众呼声为第一信号，以群众利益为第一追求，以群众满意为第一标准，全面提升公共服务水平，更好地满足群众的物质文化需求，努力创造平安和谐、公平正义的社会环境，让群众安居乐业、幸福生活。

——必须坚持从严治党，激励干部干事创业。事业成败，关键在党，核心在人。要把抓好党建作为最大政绩，落实习近平总书记关于全面从严治党八方面要求，狠抓党建工作责任、狠抓思想政治工作、狠抓基层组织建设、狠抓党员队伍管理、狠抓正风肃纪，不断增强党的凝聚力、政府的公信力、干部的执行力和制度的约束力。大力营造鼓励改革创新、支持担当作为、允许试错的良好氛围，把敢闯、敢试、敢负责的党员干部推上前台，焕发"为官有为""敢于担当"的实干精神，努力形成风清气正、政通人和的政治生态。

三、创新转型，奋力开创石狮经济社会发展新局面

"十三五"时期，是实现创新转型、跨越发展的历史机遇期，也是调整结构、转换动力的重要窗口期。今后五年的指导思想是：深入贯彻落实党的十八大、十八届三中、四中、五中全会和习近平总书记系列重要讲话精神，坚持"四个全面"战略布局，践行"五大发展理念"，认真落实省、泉州市的各项决策部署，深入实施"创新转型、实业强市"发展战略，在更高水平上率先全面建成小康社会，把石狮建设成为更具发展质量、更富创新活力的宜居宜业滨海城市。

今后五年的奋斗目标是：

——经济实力实现新跨越。全市地区生产总值突破1000亿元，年均增长8.5%以上；财政总收入85亿元以上，年均增长7.5%以上；一般预算收入50亿元以上，年均增长6%以上；力争在全国百强县中赶超进位。产业结构更加优化，三次产业比重调整为2：53：45，发展质量和效益明显提升。

——城市功能得到新提升。交通、能源、市政、防灾减灾等基础设施更趋强化，城市综合服务功能更加完善，精细化管理水平进一步提高，城镇化率达到85%以上，城市更加宜居宜业。

——社会民生迈上新台阶。确保每年把公共财政支出的60%以上用于民生投入，并保持逐年增加。城乡居民收入稳步提高，居民年人均可支配收入达到5.6万元。基本公共服务实现均等化全覆盖，群众关注的学位、病床位、停车位、养老床位和就业岗位等需求得到较好解决。公共文化服务体系更加完善，市民素质和社会文明程度显著提高，力争获评全国文明城市。

——生态建设取得新成效。生态控制线得到落实，生产生活方式向绿色、低碳、循环转变。水、大气、噪声以及海岸带等各项污染得到有效控制，主要污染物排放总量大幅减少，生态环境进一步优化。

——改革创新形成新局面。国家中小城市综合改革试点、福建省全域城市化发展改革试点工作稳步推进，技术、人才、信息等创新要素加快聚集，力争若干领域的体制机制创新走在全省乃至全国前列。

实现上述目标，必须突出抓好以下四方面工作：

1. 发展壮大实体经济。注重从供给侧结构性改革发力，把创新作为第一驱动力，加快实施重点产业转型升级路线图，推进高端延伸和跨界融合，增品种、提品质、创品牌，着力强化实业支撑。

推动制造业提质增效。以优化纺织鞋服产业为重点，组建全产业链协会联盟，积极构建以技术研发、质量检测、产权保护、营销策划和信息服务等为主要内容的全产业链公共服务平台。抓住"面料研发、成衣设计、智能制造、品牌营销"等关键环节重点发力，以"泉州制造2025""数控一代""互联网+"引领技术创新和商业模式创新，突破低端加工制造模式，推进产业链全程协同，拉平"微笑曲线"。深入实施龙头带动计划，大力推进企业兼并重组，打造"小链条""小集群"协调发展模式，全面提升纺织鞋服产业的时尚品位、品牌质量和快速反应能力。积极培育高成长性产业，以高新区为核心，充分发挥通达等龙头企业的带动作用，延伸拓展上下游产业链条，加快打造智能硬件产业集聚区。做强食品饮料、装备制造和节能环保、新材料等新兴产业。

整合拉伸港区经济链条。以石湖港区和锦尚港区为重点，有序推动泊位航道拓展。着眼于产业、港口、城市联动发展，加快推进共富路、锦蚶路等疏港通道建设，打通港区断头路，提高港区集疏运能力。加强港后区用地控制，为培育和引进临港产业龙头项目留足发展空间。健全港后物流体系，加快推动安通物流、中外运等项目落地建设。完善港区"大通关"机制，加快联检场所建设，创造条件申报石湖港综合保税区，积极推进锦尚、梅林一类口岸申报工作。加快建设祥芝、东埔、梅林等渔港经济区，发展远洋捕捞、水产品深加工等现代渔业；提升海洋生物科技园集聚能力，培育发展海洋化工、海洋食品、海洋装备等新兴产业，打造新的经济增长极。

优化发展现代服务业。坚持生产性、生活性服务并重，新老业态、线上线下并举，加快建设集创意设计、金融服务、电子商务和"2.5产业"等新兴业态为一体的现代服务业聚集区。推动服务业与制造业融合发展，集聚服装城、轻纺城、辅料城、童装城、纺织机械城等专业市场资源优势，引导电商平台、

专业市场、生产企业无缝对接，打造具有全国影响力的纺织服装商圈。围绕饮食、购物、文化、娱乐等消费要素，繁荣世茂摩天城、泰禾广场、中骏商城等新兴商圈；培育发展“楼宇经济”“众创空间”等都市型产业。大力发展智能物流、第三方物流、供应链物流、冷链物流，加快规划建设服装城周边物流园区。围绕石狮“山、海、城”特色，科学规划旅游空间布局，充分挖掘“海丝三宝”、滨海岸线、宗教文化、乡村民宿等旅游资源，精心打造旅游集散地，以点带面，推动形成“旅游+”融合发展新格局。推进农业接二连三，大力发展设施农业、精致农业、观光农业等现代农业。

着力实施项目带动。以规划为引领，加强项目前期工作，做好项目策划、生成、管理，争取并用好国家重点建设专项基金。强化招商队伍建设，实行重点企业和项目“一个入口”的跟踪服务机制，针对企业不同需求精准帮扶。完善高新区、中小企业创业园、新型染整产业园、宝盖科技园、灵秀创业园等实业载体的公共服务和功能配套，增强园区承载能力。优化实业发展软硬环境，集聚海内外石狮人的资源，引导狮商回归，发展“总部经济”；借助“4·18”海博会、“6·18”项目交易会、“9·8”投洽会等平台，着力引进、培育更多科技含量高、带动力强的企业和项目。

2.建设宜居宜业城市。坚持同城化、全域城市化发展方向，突出环湾面海，从城市的关键节点、组团连线、重点片区入手，加快新城集聚，推动旧城提质，增加人口、聚集人气，不断提升城市功能和品质。

融入“系统”理念。以“多规融合、一张图作业”为抓手，系统研究城市功能发育，优化“双城双片、两核多廊”城市总体空间布局，推动形成中心城区、功能片区、产业组团融合互补、多点引领的发展格局。科学划定城市开发边界，完善重点区域控规和综合交通、景观风貌、市政设施等专项规划，高质量做好沿海五镇海岸带规划，推动城市“精明增长”。抓好灵秀、蚶江、宝盖三个省级小城镇综合改革建设试点以及蚶江、永宁两个镇级小城市培育试点。构建综合交通体系，优化城市片区、专业市场、产业园区、港口码头和沿海五镇的交通联系，重点抓好二重环湾快速路、厦漳泉城市联盟路石狮连接线、福厦高铁快速连接线、泉州现代有轨电车工程石狮段等区域互联互通项目。优化房地产开发用地供应，畅通商品房、安置房、保障性住房转换通道，加快房地产去库存。拓展城市“第三空间”，因地制宜建设一批社区绿地、市民公园等多元共享的开放空间，在新开发区域探索实施集商业、文化、体育、卫生、教育、养老于一体的“大社区”计划。提升配电网规划、建设水平，保持城市基础设施规划建设管理的整体性、系统性。推进地下管网和滞洪设施建设，抓好城市应急水源工程，建设“海绵城市”。

融入“文化”理念。坚持尊重自然、传承历史，深入挖掘、传承、保护石狮本土乡情、民俗文化、海洋文化，留住城市的“根”和“魂”。加强城市文脉规划和控制，延续原有山水格局，统筹建筑布局，协调景观风貌，稳步推进永宁古卫城、华山村、“八卦街”“四端堂”等古镇名村、传统村落、历史街区、名人故居的规划、整治和保护，推动生活方式、风俗习惯活态传承，培育发展特色业态，留住更多的“古早味”。深化“美丽乡村”建设，保护好乡村自然生态、田园风光，守住历史风貌、乡土气息，让市民望得见山，看得到水，记得住乡愁。

融入“精细”理念。坚持“为了人管好城”，既要“建好城”、更要“管好城”，既要“修好路”、更要“管好车”。从“智慧”入手，整合运行“数字城管”指挥平台，推动管理服务手段向科学精细转变；从“机制”入手，完善市、镇（街道）、村（社区）三级联动、重心下移的属地城市管理机制，探索城市管养市场化作业新模式；从“网格”入手，完善社区管理模式，加快中心市区社区重划，推动住宅小区纳入社区管理，探索建立家政服务与物业管理相结合的综合型物业管理模式，破解老旧小区、安置小区物业管理缺位难题；从“便利”入手，加快城市道路微循环系统规划和改造，优先发展公共交通，抓好公共停车场、公共自行车租赁系统等一批公共交通基础设施建设，推广路面停车收费管理，下大力气解决“停车难、乱停车”问题，让市民在城市生活得更方便、更舒心、更美好。

融入“生态”理念。以创建国家生态文明示范区、国家循环经济示范城市、国家园林城市为抓手，大力发展绿色经济。加快新型染整产业园循环化改造、鸿山热电三期项目建设，开展排污权、用能权、用水权、碳排放权交易试点。深入实施大气、水、土壤污染防治行动计划，抓好废弃石窟、蚶江红树林湿地和红塔湾、黄金海岸、古浮湾等海岸带的生态治理。严格落实生态红线管控制度，完善生态补偿机制，强化生态环境损害赔偿和责任追究，健全生态文明制度体系。坚持建管并重、增绿添彩并举，推动沿路、沿海、环城造林绿化和封山育林，加快宝盖山风景区、灵秀山森林公园的建设和保护，让森林走进城市，让城市拥抱自然，让市民亲近山海。

3.推动社会和谐发展。以居民幸福指标体系为指引，将更多的资源政策、资金项目、工作精力向民生倾斜，全力解决人民群众最关心、最迫切、最现实的利益问题。

完善社会保障体系。深化城乡居民养老保险改革，提高城乡居民医疗保障水平。健全公共就业服务体系，支持大众创业，促进更高质量就业，努力实现居民收入增长与经济发展同步。探索推进石结构房连片改造新模式，健全保障性住房建设、分配和退出机制，努力解决保障对象住房困难问题。健全新型社会救助体系，大力发展专业社会工作和慈善事业。认真做好人口和计划生育工作，促进人口结构优化和素质提高。积极应对人口老龄化问题，发展医养结合的养老服务模式，构建养老服务新格局。

优化公共服务供给。广泛吸引社会资本参与，加大政府购买公共服务力度。深化基础教育综合改革，构建五大项目体系，探索推进基层学校市级直管、学校建设项目代建。继续改善办学条件，集约资源、科学配置，努力构建与新增人口规模相适应的城乡学校布局，重点推动学前教育、义务教育、高中教育、职业教育等优质均衡发展，支持闽南理工学院、泉州纺织服装学院、泉州海洋学院发展壮大。深化医疗卫生体制改革，推进分级诊疗，加强基层卫生服务体系建设，促进优质医疗资源总量增加，进一步缓解群众看病难问题。增强公共文化设施供给能力，加快城市文化艺术中心、镇街综合文化场馆、公共数字文化服务平台等一批文化项目建设。倡导健康生活方式，大力发展体育事业，广泛开展全民健身运动，有序推动公共体育设施向社会免费开放。

创新社会治理体系。坚持以法治为引领，扎实推进“七五”普法和平安石狮建设，推行信访法治化，深化“网格化管理、组团式服务”，健全党委领导、政府主导、社会协同、公众参与、法治保障的社会治理格局，争创全省治安最好的县级市。加强公益性社会组织培育，进一步发挥“12345”便民服务平台、和谐社会促进会等积极作用，试点安全生产隐患排查整治社会化服务。注重金融风险防控，以政府诚信为先导，建立健全覆盖各类经济社会主体和公民个人的社会信用体系，加快打造联合惩戒失信平台，构建“一处失信、处处受限”的信用惩戒格局，让失信者寸步难行。深化全国文明城市创建，提高市民人文素质和社会文明程度，增强外来人口对石狮这个“大家庭”的认同感和归属感。

4. 激活改革创新动能。围绕构建良好的市场环境、生态环境、开放环境和社会环境，坚持问题导向、突出重点、大胆创新，破解体制机制障碍，激活改革创新“磁力场”，再造石狮改革发展新优势。

推进要素配置改革。创新土地保障机制，建立以亩产效益为导向的资源要素差别化配置机制，着力扶持产业层次高、投入产出比高、税收贡献率高的重点企业。改革“回批地”房产产权管理，解决“回批地”历史遗留问题，清理盘活低效、闲置用地，加快推进“退二进二、进二旺三”，优先保障新兴产业、高新技术产业和重点工程用地需求，提高土地资源利用效率。创新工业地产开发模式，利用现有工业用地，建设产权灵活分割、设施配套齐全、可售可租的园中园，实现工业企业项目从供地向供房转变，破解小微企业用地难问题。创新投融资体制，优化金融资源配置，大力发展直接融资，深入推进全国农民住房财产权抵押贷款试点，探索重点领域投资项目通过债券市场筹措资金，支持金融机构以适当方式依法持有企业股权，进一步拓宽融资渠道，盘活存量资产；加快国投、城投等国有企业以及园区管委会的实体化改革，支持国有资产证券化改革，促进国有资产保值增值，构建政府投资项目的抓手和载体。

推进行政服务改革。改革行政审批制度，试行市场准入负面清单制度，运用互联网思维创新政府服务管理，推动部门信息互认互通、开放共享，让数据“多走路”、群众“少跑腿”，降低制度性交易成本，全力营造有利于资源要素集聚、有利于实业发展的营商环境。改革政策供给制度，完善以实业发展为核心的产业政策引导机制，努力形成行政审批、项目用地、财政补贴、金融服务、产业基金、科技投入等多元组合的产业政策“洼地”效应。改革引才育才制度，深入开展省级人才强市试点，建立“柔性引才”和人才资源筛选机制，探索人才按技术、管理、贡献等参与分配的激励机制，完善人才创业创新、安家落户的优惠政策，精准引进城市和产业发展需要的人才。改革科技服务机制，引入高校科研院所创新资源，加快院士专家工作站建设，加强关键核心技术攻关，促进科研成果转化为现实生产力。

推进社会协同改革。突出企业主体作用，探索组建技术创新联盟，建立企业主导产业技术研发新机制，统筹推进管理、组织、商业模式等方面创新。完善政府和社会资本合作模式，用活产业引导基金，引导和规范更多社会资本进入基础设施建设、社会事业发展等领域，释放民间投资潜力。推进大众创业、万众创新，强化创新、创业、创投、创客“四创”联动，构建低成本、便利化、全要素、开放式的新型创业平台。鼓励各类主体开发新技术、新产品、新业态、新模式，鼓励发展众创、众包、众扶、众筹空间，让“精英”创业联动创新，“草根”创业带动就业。

四、不忘初心，推进全面从严治党

我们要认真学习习近平总书记在庆祝中国共产党成立95周年大会上的重要讲话精神，不忘初心，继续前进，坚持一心一意谋发展，聚精会神抓党建，激发干部干事创业精气神，筑牢全面从严治党的基层基础。

1. 加强干部队伍建设。强化思想引领，扎实推进党员干部教育培训工作，严肃党内政治生活，切实增强“四种意识”。切实加强各级领导班子自身建设，增强凝聚力和整体战斗力。坚持以实干论英雄，完善干部考核机制，注重从基层培养和选拔干部，健全年轻干部到农村（社区）一线、信访一线、招商一线、窗口一线锻炼的多岗位培养模式，树立重担当、重基层、重实绩、重公认的用人导向。加强优秀年轻干部、女干部、少数民族干部和党外干部培养选拔，进一步优化干部队伍结构。强化干部动态管理，推行干部调配工作常态化，进一步畅通干部能上能下渠道，激发干部队伍活力。坚持从严管理干部与正向激励相结合，探索试行干部“容错免责”机制，着力营造鼓励改革创新、干事创业的氛围。

2.提升基层党建活力。严格落实党建工作责任制，健全党建工作责任清单化、项目化驱动机制。推进市党代会常任制改革，全面实行镇党代会年会制，搭建党代表议党议政平台。创新服务载体和活动方式，注重典型培育，精心打造一批农村、社区、机关事业单位和“两新”组织等领域的优秀党建典型。突出抓好优秀村级党组织带头人培育，深化选派机关干部驻村蹲点工作，积极发展壮大村集体经济，提升村级组织治理能力。严把入口、畅通出口，提高党员队伍纯洁性。改进党员干部直接联系服务群众制度，打通服务群众“最后一公里”，不断增强党在全社会的影响力和凝聚力。

3.驰而不息正风肃纪。深入贯彻《中国共产党廉洁自律准则》、《中国共产党纪律处分条例》，教育引导广大党员干部守纪律、讲规矩。严格执行《中国共产党问责条例》，倒逼广大党员干部履职尽责、担当作为。强化派驻监督，支持纪委全面履行监督执纪问责职责。坚持挺纪在前、抓早抓小，把握运用监督执纪“四种形态”，以零容忍的态度惩治腐败，实现惩处极少数、教育大多数的政治效果和社会效果。严格落实中央八项规定精神，加强党员领导干部家风建设，打造“亲”“清”新型政商关系，以优良的党风带政风促民风。

4. 全面凝聚各方力量。坚持党建工作服务发展，充分发挥党委总揽全局、协调各方的核心作用，健全党委领导体制和工作机制，完善议事规则和决策程序，提高各级党组织凝聚力量、整合资源、推动转型的能力和水平。用感情做好老干部服务工作，落实好老干部各项政策待遇，发挥老干部积极作用。发挥人大、政府、政协职能作用，加强和改进党对统一战线和群团等工作的领导，推进军民融合深度发展，最大限度地凝聚海内外石狮人的智慧和力量，形成推动创新转型、实业强市的强大合力。

同志们，蓝图催人奋进，使命重于泰山。让我们紧密团结在以习近平同志为总书记的党中央周围，深入实施“创新转型、实业强市”发展战略，以更加振奋的精神、更加坚强的意志、更加扎实的作风，抢抓新机遇，谋求新跨越，为在更高水平上率先全面建成小康社会、建设石狮更加美好的明天而努力奋斗！

中共石狮市委七届一次全体会议召开

CPC Shishi City the Seventh Congress for the First Time Plenary Meeting Held

选举产生新一届市委常务委员会，朱启平当选市委书记，黄春辉、庄玉海当选市委副书记

7月29日下午，中共石狮市第七届委员会第一次全体会议召开。新当选的市委委员、候补委员出席会议，新当选的市纪委委员列席会议。会议应到市委委员34名，实到34名，符合规定人数。

会议选举产生了中共石狮市第七届委员会常务委员会，朱启平、黄春辉、庄玉海、林天虎、林振海、陈元生、张鸰翔、蔡天守、林希妍、方章成、杨德才当选为市委常委；选举朱启平为市委书记，黄春辉、庄玉海为市委副书记，选举结果向中共泉州市委报告。全会还表决通过了中共石狮市第七届纪律检查委员会第一次全体会议的选举结果。

朱启平代表新当选的石狮市第七届市委常委会在会上讲话。朱启平说，七届市委已经接过六届市委的“接力棒”，开始履行职责，这意味着责任和压力，意味着服务和奉献。从现在起，我们的作为将与石狮的发展、与石狮人民的民生福祉紧密联系在一起。我们一定要把党和人民的信任化作不竭动力，深入实施“创新转型、实业强市”发展战略，以更加坚定的信心、更加务实的作风，开拓创新，埋头苦干，加快发展，全面落实好本次党代会确定的各项目标任务，为建设宜居宜业滨海城市而努力奋斗！

就如何围绕市委七届党代会提出的奋斗目标和工作思路，团结和带领全市党员干部共同推进石狮新一轮发展，朱启平提出四点希望和要求：

一要加快发展，勤政为民。发展是当前石狮最大的政治、最大的民生。当前，石狮迎来了难得的发展机遇，我们要着力凝聚实业共识，积极应对经济下行压力，进一步提振发展信心，加快产业转型升级，做大做强实体经济；要坚持民生优先，把维护群众根本利益、帮助解决好群众的实际困难作为工作的出发点和落脚点，多办一些民生实事，靠实干赢得民心。

二要改革创新，破解难题。要以改革创新的思路谋划发展，把握改革发展的战略机遇期，用超前眼光、战略思维、时代意识谋划发展，让工作富有前瞻性和预见性，跟上全球化、信息化、区域同城化的浪潮；要以改革创新的举措破解难题，敢于打破常规，冲破束缚，在充分调研论证的基础上，敢闯、敢试、敢创新，着力破解体制机制障碍，激活改革创新“磁力场”；要以改革创新的氛围激发动能，把敢闯、敢试、敢负责的党员干部推上前台，真正给想干事的人以机会，给能干事的人以舞台，给干成事的人以激励，焕发“为官有为”“敢于担当”的实干精神；同时，旗帜鲜明地保护敢作为、勇担当的干部，严格区分改革创新中因缺乏经验出现失误与失职渎职的界限，保护党员干部改革创新、担当作为、敢于负责的积极性，全力营造鼓励改革创新、支持担当作为、允许试错的良好氛围。

三要团结协作，汇聚合力。团结就是力量，团结是班子的生命。大家能够在一起合作共事，是难得的缘分，也是事业的需要。大家要一切从大局出发，一切以事业为重，心往一处想，劲往一处使，既要按照分工，切实履行好自己的职责，又要顾全大局，站在全市的角度分析把握问题，互相支持，互相配合，做到分工不分家。班子成员之间要相互谅解、坦诚相见，大事讲原则，小事讲风格，在合作共事中加深了解，在相互支持中增进团结。在加强市委班子团结的同时，还要主动加强与人大、政府、政协班子以及各界人士、干部群众的沟通团结，全力营造风清气正、政通人和的政治生态。

四要清正廉洁，永葆本色。清正廉洁是当官从政最起码的要求。对待权力和名利，我们要有一颗平常心，想开一点、看淡一些，把权力看成一种责任，不为名利所累，不为物欲所惑，不为人情所扰，在任何时候、任何情况下都要抵得住诱惑、经得起考验。同时，要防微杜渐，管好分管的部门，管好家庭和身边的工作人员，争当廉洁自律的模范表率，努力做一个人民群众满意拥护的人，做一个同事下属敬佩的人，做一个家属子女引以为荣的人。

（记者 许小雄）

中共石狮市第七届代表大会胜利闭幕

CPC Shishi City the Seventh Congress Concluded Successfully

选举产生了中共石狮市第七届委员会、市纪律检查委员会和石狮市出席中共泉州市第十二次代表大会代表

通过了中共石狮市委工作报告和市纪委工作报告的决议，通过了中共石狮市第七届代表大会试行常任制的决议

7月29日下午，历时三天的中共石狮市第七届代表大会圆满完成了大会各项任务后，在庄严的国际歌声中胜利闭幕。大会选举产生了中共石狮市第七届委员会、市纪律检查委员会和石狮市出席中共泉州市第十二次代表大会代表，提交大会表决的各项决议顺利通过。

大会主席团常务委员会委员朱启平、黄春辉、庄玉海、林天虎、林振海、陈元生、张鸰翔、蔡天守、林希妍、方章成、杨德才、庄国阳在主席台前排就座。朱启平主持会议。大会应到代表343名，因事因病请假9名，实到代表334名，符合法定人数。

下午3点，大会宣读选举办法，通过大会选举总监票人、监票人名单，宣布大会选举总计票人、计票人名单。随后，与会代表以无计名投票方式选举产生了新一届市委委员34名，候补委员6名，市纪律检查委员会委员25名和石狮市出席中共泉州市第十二次代表大会代表29名。

其间，市委副书记黄春辉主持召开了市第七届党代会主席团第五次会议，主席团成员听取了大会选举结果的报告，通过当选人名单；推选朱启平为市委七届一次全体会议召集人，林振海为市纪委第一次全体会议召集人。

大会随后表决通过了第六届市委工作报告的决议和市纪律检查委员会工作报告的决议；表决通过了中共石狮市第七届代表大会试行常任制的决议。

大会对六届市委的工作给予充分肯定。大会认为，市第六届党代会以来，在省委、泉州市委的正确领导下，石狮市委认真贯彻落实党的十八大及中央历次全会和习近平总书记系列重要讲话精神，团结带领全市广大党员干部群众，按照“质量石狮、二次创业”的总体部署，经济社会发展朝着质量和效益的方向迈出坚实步伐，实现了产业质量提升、城市质量提升、改革质量提升、民生质量提升和党建质量提升。

大会指出，未来五年，机遇与挑战并存，实施“创新转型、实业强市”发展战略，加快建设宜居宜业滨海城市，是石狮发展的必由之路。必须深化改革创新，再造发展新优势；必须重塑“实业精神”，坚守实业不动摇；必须注重协调融合，把握同城化发展机遇；必须注重生态建设，彰显滨海城市魅力；必须坚持民生优先，共享改革发展成果；必须坚持从严治党，激励干部干事创业。

大会要求，要通过推动制造业提质增效，整合拉伸港区经济链条，优化发展现代服务业，实施项目带动，发展壮大实体经济；通过融入“系统”理念，融入“文化”理念，融入“精细”理念，融入“生态”理念，建设宜居宜业城市；通过完善社会保障体系，优化公共服务供给，创新社会治理体系，推动社会和谐发展；通过推进要素配置改革，推进行政服务改革，推进社会协同改革，激活改革创新动能。

大会强调，要认真学习习近平总书记在庆祝中国共产党成立95周年大会上的重要讲话精神，不忘初心、继续前进，加强干部队伍建设，提升基层党建活力，驰而不息正风肃纪，全面凝聚各方力量，筑牢全面从严治党的基层基础。

大会号召，全市各级党组织、共产党员和广大干部群众要紧密团结在以习近平同志为总书记的党中央周围，深入实施“创新转型、实业强市”发展战略，以更加振奋的精神、更加坚强的意志、更加扎实的作风，抢抓新机遇，谋求新跨越，为在更高水平上率先全面建成小康社会、建设石狮更加美好的明天而努力奋斗！

（记者 许小雄）

中国共产党石狮市第七届代表大会代表名单

Shishi City the Seventh Congress of the Communist Party of China on Behalf of the List

（代表 343 名，按姓氏笔画为序）

上官跃进	王春炜	王莉萍	王文挺	王名体	王经锵	王秀珍	王清茂	王元静	王文泽
王志雄	王荣雄	王衍冬	王清波	王丽萍	王夏玮	王明国	王香体	王秋琳	王松龄
王明义	王和平	王清洁	王建设	王和狮	王明瑜	王金德	王金块	王荣宗	王容俭
王雅凉	王瑞荣	方章成	邓丽美	卢文进	卢秀力	卢崎青	卢荣斌	卢连环	卢锦荣
左寅莹	叶泽旺	叶立锋	乔胜利	吕光前	吕仲谋	吕培榆	吕志新	阮新平	朱启平
朱　贤	庄绍伟	庄林议	庄文聪	庄国阳	庄玉海	许新新	许子君	许明忠	许海鸣
许文足	许栋培	许峰柏	许经昌	许荣荣	刘南辉	刘燕玉	刘星凤	刘艺波	刘福全
刘漂亮	刘小红	纪新民	孙进荣	孙甜甜	苏思远	苏金灿	苏响应	苏庆辉	李培德
李淑君	李小坤	李宝玉	李毓熙	李友厚	李典棋	李美蓉	李瑞杉	李才楠	李有接
李铭鐏	李怀忠	李文龙	李秀专	李国华	李明媛	李恒情	李迎河	李健腾	李　斌
李金星	杨国辉	杨婉园	杨福兴	杨清伦	杨艾茹	杨彬彬	杨　韬	杨丽娟	杨德才
杜振乐	杜举胜	连伟强	吴世纯	吴立志	吴育进	吴雄聪	吴一怀	吴宗顺	吴进金
吴彼得	吴晓萍	吴章建	吴茂瑜	吴育铠	吴鸿体	吴国钦	吴美暖	吴华供	吴金砖
吴荣华	吴　平	吴永韦	吴天灌	吴　新	吴天德	吴立新	余文革	佘雅容	沈庆辉
邱亚环	邱雪亮	邱国进	邱建明	邱国泉	邱瑜谊	邱丽意	邱仲勇	邱永丰	邱永乐
邱汉清	邱银河	邱天生	邱良茂	邱良彬	邱忠秋	邱金伍	邱雅双	邱静籽	邱华侨
邱宗钦	邱诗坤	邱荣胜	邱奕熙	佟淑荣	何怀海	张子健	张辉程	张　甜	张鸽翔
张永安	张美雪	张祖顶	张振耀	张宗飚	张汉杰	张迎新	张诗增	陈丽娜	陈少锋
陈殿魁	陈　林	陈文君	陈元生	陈清芳	陈惠盈	陈金江	陈晓钟	陈丽影	陈增成
陈　勇	邵　贤	茅罗平	林自育	林明容	林华东	林希妍	林雅琍	林文键	林志坚
林秀表	林金场	林菲敏	林清伟	林育明	林天虎	林志鹃	林丽娜	林德胜	林振海
林丽琼	林海燕	林敬显	林国栋	林金清	林建民	林康乐	林清佳	林曙燕	林佑小
林邦南	林再齐	郑芳沛	郑文芳	郑志谋	周拥护	周美容	周丽明	周玉蓉	钟永强
姚惠卿	施青苗	施汉杰	施隽扬	施金央	施凉凉	施养钞	施鸳鸯	胡连雄	胡选治
胡琼娥	侯远丕	侯泽艺	洪艳艳	洪志扬	洪茜稜	洪传民	洪丽鸳	洪清溪	洪子文
骆文杰	郭首政	郭绵绵	郭雅雅	郭善媚	郭小青	郭荣芳	郭德成	郭志猛	郭胜利
高德潮	高铭伍	高铭善	高燕泉	涂夏旭	曹军平	曹宝琴	黄春辉	黄红亮	黄雅霜
黄红军	黄连团	黄家鑫	黄汉阳	黄世雄	黄世波	黄丽育	黄明瑄	黄永忠	黄钦点
黄清急	黄金矿	黄建福	粘雅瑜	龚金镇	龚一士	龚春燕	龚纯华	龚万雄	龚英雄
曾少嵘	曾志忠	曾秀霞	曾水源	曾国志	董弘毅	董立新	董莹莹	程耕轮	程元信
谢建财	谢圣锥	傅　茂	傅凉凉	蔡小燕	蔡娃娃	蔡淑惠	蔡良梅	蔡永康	蔡文茹
蔡文博	蔡建省	蔡逸群	蔡艺珠	蔡泽潭	蔡经榜	蔡永和	蔡华伦	蔡金沃	蔡绍泽
蔡荣铁	蔡维禄	蔡挡栽	蔡天守	蔡世传	蔡扬峰	蔡桦榕	蔡上海	蔡水专	蔡发展
蔡明显	蔡忠白	蔡振宇	蔡超雄	蔡俊龙	蔡爱红	蔡攀峰	熊晓宝	廖闽欣	颜婉丽
颜鸿仪	颜志焕	戴清池							

政府工作报告

（2016 年 12 月 16 日在石狮市第七届人民代表大会第一次会议上）

石狮市人民政府代市长 黄春辉

Government Work Report

(December 16, 2016, Shishi City on the First Meeting of the Seventh People's Congress)

Acting Mayor Huang Chunhui

一、政府工作回顾

2016 年是本届政府履职的最后一年。面对经济下行压力和各种困难挑战，在上级党委、政府和市委的正确领导下，在市人大及其常委会的法律监督和工作监督、市政协的民主监督下，市政府主动适应经济发展新常态，全力推动经济社会持续平稳健康发展。预计（下同）全年实现生产总值 701.3 亿元、增长 7.6%，一般公共预算总收入 60 亿元、增长 1.2%，一般公共预算收入 39.2 亿元、增长 1.7%，全体居民人均可支配收入 43512 元、增长 7.5%。一年来，我们主要做好以下几项工作：

（一）力保经济稳定增长。出台实施加快推进实业强市、重点产业转型升级、信贷支持实体经济等一系列政策，全年兑现各项惠企补助资金 3.7 亿元。加强政司银企合作，新增贷款 70 亿元，帮助 150 多家企业协调银行信贷 130 多亿元；建立金融风险防控机制，积极化解不良贷款。全力稳住工业大盘，完成工业总产值 1237.7 亿元、增长 7%，其中纺织服装业产值 563.9 亿元、增长 5%；智能制造产业发展迅速，实现产值 113.4 亿元、增长 17%，成为新的增长点；强化产学研合作，新建四川大学先进高分子材料研究中心、厦门大学智能制造工程中心；新增驰名商标 2 枚、地理标志证明商标 1 枚。加快发展现代服务业，第三产业增加值 294.4 亿元、增长 8.6%，

2016 年 12 月 16 日，石狮市人民政府代市长黄春辉在市七届人大一次会上作政府工作报告 （图 / 叶忠惠）

社会消费品零售总额435.3亿元、增长10%，轻纺城、建材城等专业市场开业融市，电商发展指数位居全国百强县第三、全省第一；港口集装箱吞吐量157万标箱，增长2.8%；旅游总收入91亿元，增长7%。推动现代农业稳步发展，实现产值42.3亿元、增长4%。强化投资拉动，完成固定资产投资440.9亿元、增长8%；深化项目策划生成，全力推进项目建设百日大会战，全年开工106个、竣工70个，其中重点项目、工业技改、城市基础设施分别完成投资133亿元、95亿元和24亿元。切实抓好外经外贸，实现出口商品总值22亿美元、增长3%，实际利用外资1.96亿美元、增长3%，位居泉州前列。

（二）力抓城市建设管理。开展“多规合一”试点，加快编制全域一体空间统筹规划，及海岸带、景观风貌、生态控制线等18个专项规划。钞坑、长福、梧园、洋内亭等片区安置房完成交房、回迁，世茂摩天城建成营业。全市商品房销售面积106万平方米，增长53%。完成濠江北路、石狮大道提升工程，实施学府路、宝岛路、宋塘路、九二东路等改造。试行路内停车收费，建设公共自行车租赁系统，首期投放2100辆。推动城市管理重心下移，建成数字城管平台，推行道路及市政设施管养“1+N”模式；深入整治占道经营、“牛皮癣”、架空管线、“两违”等问题。加快中心区、高新区、永宁等污水处理厂提标扩建改造，东沟、塘园溪截污改造等18个水系环境综合治理项目及12个城市景观风貌提升项目有序推进；开展黄标车、海漂垃圾、畜禽养殖、“三无”船舶拆解等整治工作。荣获国家生态市正式命名。

（三）力促民生事业改善。投入3.8亿元实施34个教育重点建设项目，建成厦门外国语学校石狮分校、泉州师范附小石狮校区等一批学校；通过国家义务教育发展基本均衡市复核验收。新农合复合支付方式改革列为全省试点，继续实施药品零差率销售，全年为患者节约1800多万元；通过国家级妇幼健康优质服务示范县（市、区）省级复核，及新一轮全国计划生育优质服务先进单位评审。获得里约残奥会金牌1枚，承办海上丝绸之路环泉州湾国际公路自行车赛（石狮段）、第十六届全国大学生田径锦标赛，举办文化惠民剧场、书香狮城和全民阅读等群众文化活动。低保标准提高到630元，“救急难”力度不断加大。全力防抗“尼伯特”“莫兰蒂”“鲇鱼”等强台风袭击，出台“1+11”方案，迅速开展灾后恢复重建。加强社会治安综合治理和防控体系建设，刑事发案数下降14.9%；加大信访工作力度，依法依规化解各类矛盾纠纷。持续开展安全生产大检查大整治，企业安全生产标准化建设不断提升。强化市场监管，推进食品药品安全整治。加强国防动员、人民防空和后备力量建设，促进军民融合发展，荣获全国双拥模范城“五连冠”。统计、档案、供销社、侨台外事、老干老龄、民族宗教、关心下一代等各项工作均取得新进步。

（四）力推重点领域改革。制定和落实全面深化改革方案，统筹推进25项改革事项。全面推行权力清单、责任清单和公共服务事项清单制度。整合重点项目工作机构建设；加强财政投资项目评审管理，建立评审助审机构库。完成“营改增”试点和“五证合一”企业登记制度改革；启动市属国企实体化改革，筹建国投、城投、产投三大集团公司。启动印染污水处理厂管理体制和运营机制改革。推进社会信用体系建设，建成全省首个县级联合惩戒失信平台。打通历史遗留已建回批地、宅基地、企业厂房确权登记渠道，开展国家农民住房财产权抵押贷款试点工作。基础教育综合改革、公立医院改革、新市民积分管理等持续稳步推进，获批省人才强市试点。

2016年各项目标任务的顺利完成，为本届政府工作画上了圆满句号。五年来，我们坚持稳增长、调结构，经济实力持续提升。GDP、一般公共预算总收入、工业增加值、第三产业增加值分别年均增长10.9%、7.2%、11.2%、10.9%，三次产业比重由3.6:59:37.4调整为3.1:54.9:42，常住人口人均GDP由7.7万元增加到10.2万元、居全省县市前列。“质量石狮”建设取得显著成效，经济综合实力从全国中小城市百强第23位跃升至第16位，荣获“全国文明城市提名城市”。五年来，我们坚持抓城建、优环境，城市功能日益完善。投入390亿元改造7个片区，城市建成区面积增至37.5平方公里，城镇化率达78%、居全省县市前列。完成“四纵二横”道路改造工程，实施交通质量提升、水系环境综合治理、城市景观风貌提升行动，新建及改扩建道路97条、总长135.2公里，市区主次干道“白改黑”率达95%。供水能力达71万吨／日，供电能力达162万千伏安。实行热电联产集中供热，拆除染整集控区燃煤蒸汽锅炉和燃煤烟囱，区域空气质量明显改善。五年来，我们坚持解民忧、增福祉，民生事业繁荣发展。投入123.8亿元用于民生事业，占财政支出61%。完成120项为民办实事项目，推动石结构危房改造，新建及改扩建学校56所、新增学位超1.2万个，医改工作列为全国试点，低保、新农合、城居保标准和覆盖率保持全省县市前列。城乡居民人均可支配收入分别年均增长9.3%、10.7%。五年来，我们坚持强管理、促和谐，社会环境安定稳定。投入13.8亿元用于平安建设，治安防控“百千万”工程取得明显成效，群众安全感达93.76%。市公安局连续五届被公安部命名为全国公安机关执法示范单位。通过“六五”普法验收，荣获全省法治宣传先进县市；安全生产“四项指标”持续下降。五年来，我们坚持转职能、强服务，政府自身建设不断加强。落实党风廉政建设责任制，开展群众路线、“三严三实”“两学一做”教育活动。严格落实中央八项规定精神，狠刹“四风”，清理规范办公用房、公务用车，推行国库支付、公务卡改革，严控会议、接待、因公出国（境），“三公”经费下降52.7%。办理人大代表建议712件、政协提案1161件，办结率均为100%。完成新一轮政府机构改革，精简行政审批事项260项，12345便民服务中心受理群众诉求10.5万件、群众满意率达92.3%。行政监察、审计监督、绩效管理等持续加强。

各位代表，过去五年我们取得了丰硕成果，成绩极为不易，应该倍加珍惜。在此，我代表市人民政府，向全市广大干部群众，向人大代表、政协委员，向离退休老同志，向各民主党派、工商联、无党派人士、各人民团体，向驻石单位、驻石部队、武警官兵、企业界人士、新闻界朋友和新石狮人，以及广大港澳台同胞、海外侨胞、海内外朋友，表示衷心的感谢！

在肯定成绩的同时，我们也清醒地看到，当前经济社会发展中仍存在一些困难和问题。一是创新转型任务艰巨，稳增长与调结构压力叠加；占工业半壁江山的纺织鞋服产业进入结构调整的艰难时期，简单规模扩张和低端竞争难以为继；生产性服务业比重不高，与制造业融合互动发展不够；部分企业在融资、人才、市场等方面遇到较大困难；项目支撑不足，缺乏更多龙头项目带动。二是城市建设对经济的拉动力减弱，海岸带优势尚未充分发挥，对台贸易的潜力仍需挖掘，产城港融合发展亟待提升；城市功能不尽完善，管理不够精细，文明程度有待进一步提高。三是生态人居环境离宜居标准还有差距，环境容量小而环保欠账多，需要持续补齐短板；建设用地少而土地利用率低，回批地、闲置地亟需盘活。四是公共服务还不能满足群众的要求，特别是优质教育、医疗等资源供给不足，食品安全整治亟需加强。五是面对新形势新任务，政府个别部门工作效率不高，一些干部业务不强，责任担当和创新意识弱化，等等。这些问题都需要我们认真面对，采取有力措施加以解决。

二、新一届政府的总体要求和目标任务

未来五年是石狮创新转型、跨越发展的历史机遇期，也是调整结构、转换动能的重要窗口期。国家实施“一带一路”战略，福建省建设生态文明试验区、自贸区，福厦泉建设国家自主创新示范区，这些重大历史机遇千载难逢。“五个泉州”建设，环湾向湾、同城化进程不断加快；环城高速、泉州湾大桥，以及即将建设的福厦高铁、厦漳泉城市联盟路、现代有轨电车工程等一批重大交通基础设施贯通石狮，将使我市未来发展格局产生重大变化，区位优势更加凸显。我们坚信，石狮有深厚坚实的产业基础，有集聚繁荣的市场体系，有敢为人先的人文优势，只要拿出第一方阵的责任和担当，我们完全有基础、有条件先行先试，再创新一轮辉煌！

根据中共石狮市第七届代表大会精神，今后五年政府工作的总体要求是：深入贯彻落实党的十八大、十八届三中、四中、五中、六中全会和习近平总书记系列重要讲话精神，坚持“四个全面”战略布局，践行“五大发展理念”，认真落实省、泉州市的各项决策部署，加快推进创新驱动发展、供给侧结构性改革，深入实施“创新转型、实业强市”发展战略，全力打好“五大攻坚战”，在更高水平上率先全面建成小康社会，把石狮建设成为更具发展质量、更富创新活力的宜居宜业滨海城市。

主要目标是：在全面实现“十三五”规划目标的基础上，到2021年全市GDP突破千亿元大关，一般公共预算收入超50亿元，第三产业增加值占GDP比重超50%；产业结构向中高端迈进，公共服务实现优质均衡全覆盖，城市功能更加完善，生态环境更加优美，社会环境更加和谐，人民生活更加幸福。

实现五年发展目标，关键是全力打好“五大攻坚战”：

（一）打好改革争先攻坚战。“全国跑石狮、石狮跑全国”，我们曾经引以为豪！在新一轮发展中，我们更要弘扬敢为天下先的精神，持续发力推动改革开放，力争若干领域走在全省乃至全国的前列。要坚持市场驱动，大力降低实体经济企业税费、融资、人工、用地、用能、物流及制度性成本，完善便捷高效的营商环境和优质的教育、医疗环境深化投融资体制改革，激发民间资本活力，推动市属国企实体化运作。坚持以人为本，加快推进省级人才强市试点，大力实施“人才港”计划，打造区域人才集聚中心。坚持开放共享，深入推进企业、高校院所、服务机构、行业协会等主体之间的开放合作，提升在全国、全球范围内配置资源的能力。坚持重点突破，主动对接国家自主创新示范区建设，推进国家中小城市综合改革和循环经济示范城市、信息消费城市、农民住房财产权抵押贷款等试点工作，深化水务管理、行政审批制度改革。抓好灵秀、蚶江、宝盖三个省级小城镇机构改革及蚶江、永宁两个泉州市级小城市培育试点。

（二）打好产业升级攻坚战。产业是经济发展的支撑，创新是产业升级的必由之路。要深入实施重点产业转型升级路线图，创新产学研合作体制机制，巩固提升纺织鞋服产业，培育发展海洋经济、智能产业、电子信息、新型材料、节能环保等新产业，加快发展现代商贸、港口物流、电子商务、全域旅游、体育健康等现代服务业，依托“互联网+”等新技术新模式拓展创新平台，推动制造业与服务业融合发展，构建现代产业体系。力争全市纺织鞋服产业产值突破1000亿元，海洋经济产值超400亿元，智能产业产值超250亿元，第三产业增加值超500亿元；高新技术产业增加值

占 GDP 比重达 8%，R&D 经费占 GDP 比重 2.5%，产业核心竞争力进一步增强。

（三）打好全域统筹攻坚战。全域统筹是石狮城市建设的特色和优势。要加快推进福建省全域城市化发展改革试点工作，对接厦漳泉大都市区和泉州环湾同城化，推动实现城市规划建设衔接、基础设施共建共享、产业转型互补融合。优化“双城双片、两核多廊”的城市总体空间布局，全力推进海岸带开发建设，创造条件申报石湖港综合保税区，加快山海城联动和产城港融合，更加凸显滨海优势。深化“多规合一”，统筹地上地下空间利用，推广和应用低影响开发建设模式，完善城市基础设施和配套功能。整合智慧城市和数字城管，创新提升精细化管理水平。实施社区管理重划，全面推行“一定五化”社区治理机制，建成 50 个以上市级新型示范社区。

（四）打好生态宜居攻坚战。生态环境保护功在当代、利在千秋。要深化国家生态市建设，科学划定“三区两线”，明确生态空间管制分区，创新环境治理和生态修复保护模式，严格落实节能减排，完善生态文明制度体系，建成具有闽南特色的生态文明示范区。按照《宜居城市科学评价标准》全力推进宜居建设，系统分项实施，实现宜居指数达 80 分以上，城市空间布局更加合理，建筑密度适中，资源承载度较大提升，食品安全保障有效，基本建成宜居城市。

（五）打好幸福共享攻坚战。让全市人民共享改革发展成果是政府工作的出发点和落脚点。要完善社区公共服务设施，打造“15 分钟社区生活圈”；发展慈善事业，做好精准扶贫，让群众有更多获得感。构建与新增人口规模相适应的学校布局，率先基本实现教育现代化。建成三级医疗卫生服务网络，实现县域内就诊率达 90%，村卫生所全部回归公益性，规划建设中医院，构建多层次养老服务体系，普及健康生活方式，建设健康石狮。打造全省社会治安最好县级市。健全公共文化服务体系，传承海丝和闽南文化基因，更加关爱新石狮人，讲好石狮故事，营造幸福和谐石狮。

三、2017 年工作安排

2017年是新一届政府的开局之年。主要预期目标是：全市 GDP 增长 8%，一般公共预算总收入增长 5%，一般公共预算收入增长 5%，工业增加值增长 7.5%，第三产业增加值增长 9%，全社会固定资产投资增长 12%，出口商品总值增长 3%，实际利用外资增长 3%，社会消费品零售总额增长 11%，全体居民人均可支配收入增长 7.5%，居民消费价格总水平涨幅控制在 3% 以内。

围绕上述目标任务，重点要扎实推进 7 个方面工作：

（一）扎实推进项目落地建设

*强化项目带动。*把项目建设作为推动发展的强有力抓手，充分发挥政府投资项目的支撑引领作用，积极扩大社会有效投资。按照“五个一批”要求挂图作战，全力推进 321 个重点项目建设，确保完成年度投资 150 亿元以上，其中产业投资 98 亿元、道路交通投资 38 亿元、生态环保投资 9 亿元、教育医疗投资 5 亿元。实施一批企业技术改造项目，力争年度完成技改投资 100 亿元以上，推动产业创新转型升级。加强项目前期工作，健全保障服务协调机制，统筹调度用地、用林、用海、用水、用电、融资、环境容量等项目建设要素资源。深入开展项目“六比一创”竞赛活动，掀起新一轮比学赶超的热潮。

*着力招才引资。*建立引资、引智、引才同步推进机制，以人才、技术的引进，推动项目落地和产业发展。全面落实《人才强市试点工作实施方案》，推行“领军人才 + 创新团队 + 创新项目”的精准引才模式，开展项目研发、人才供求、成果转化“三对接”。创新人才激励模式，探索建立“研发团队分享技术股权、管理团队合法持有股权”的激励机制，重点培育高层次创新创业人才（团队）50 个、现代工匠 1600 名。加大人才公寓供给力度；完善新市民积分政策，力争创新创业人才和产业技能人才全部纳入积分建档管理。启动本地高校毕业生就业创业大本营计划，促进毕业生留石就业创业，推动人才与石狮共成长。重视项目策划，抓住“4·18”“6·18”“9·8”和厦门金砖国家领导人第九次会晤等契机，主动对接寻找商机。实施回归创业工程，鼓励引导侨亲乡贤项目回迁、资金回流、技术回援。建立招商项目库，定期公布招商信息，引进专业招商团队，发挥“石狮商帮”作用，开展产业链招商、“互联网 +”招商及赴长三角、珠三角等地定向招商。建立招商奖惩机制，落实招商责任，力争引进超亿元项目 20 个、总投资超 100 亿元。

*加强载体建设。*改革园区管理体制和运营机制，积极参与泉州高新区争先进位行动，加大石狮高新区、新型染整产业循环发展园、中小企业创业基地、宝盖科技园、宝盖鞋城、灵秀创业园、星期 Yi 服饰创意园等基础设施投入，完善员工生活服务配套功能，拓展产业发展载体。盘活闲置厂房和写字楼，在存量中挖掘增量，培育总部和楼宇经济，推进镇中路凤凰城、长福安置区商场开业融市。激发管理运营活力，推进服装城、轻纺城繁荣发展。

（二）扎实推进产业转型升级

*优化纺织服装产业链条。*成立纺织服装全产业链协会联盟，赋予政策、资金支持，推进跨界融合和无缝对接，发挥其在产业转型升级、抱团发展的核心引领作用。以“互联网 +”省级试点为契机，创新商业模式，推动纺织服装研发、设计、制造、营销和服务各环节全面对接互联网。提升现有产业公共服务平台功能，设立纺织服装和辅料产业石狮研究院，为产业升级提供技术支撑。开展“增品种、提品质、创品牌”专项行动，加强对品牌服装企业的扶持，设

立纺织鞋服产业基金，组建供应链管理公司，整合产业集群优势资源。加快推进60家染整企业技术设备改造和兼并重组。推进佳龙石化聚酯切片等项目，引进热塑性聚氨酯、气凝胶纺织新材料项目，促进面料功能品种多样化。办好第20届海峡两岸纺织服装博览会和国际时装周，引领时尚创意，推进产业与市场互动。

培育壮大智能产业。对接落实“泉州制造2025”，在高新区规划建设智能产业园，出台鼓励智能产业发展的意见措施，设立智能产业基金，做大做强通达、科达、富达、飞通、永信等企业，并争取引进上下游产业项目，形成具有核心竞争力的产业集群，力争完成产值超150亿元。借助闽南理工学院、厦门大学智能制造工程中心、高新区创新创业中心及科技孵化基地等智力平台，建立智能制造技术创新战略联盟，加强产业链研究。鼓励企业智能化改造，新增智能生产流水线2条、示范性数字化及智能化制造车间2个。鼓励企业参加北京世界机器人大会、深圳高交会等重点展会，进一步增加订单、引进项目。

提升发展现代服务业。启动建设37个现代服务业项目，加快培育港口经济、现代物流、电子商务、研发设计、金融服务、文化创意、信息服务、旅游休闲等领域的服务业集聚区，争创省级示范区。推动世茂摩天城、凤里童装城、益家建材城、海西电商园、青创城网批中心等集聚繁荣，规划建设城北汽车城，打造大市场商圈；引进新兴业态，促进传统临街店面、小型商品市场转型升级。加快发展跨境电商，推广“互联网+商贸”模式，继续与阿里、京东、苏宁、唯品会等知名电商平台对接合作，拓展童装、休闲裤等产品电商业务。建设石狮国际贸易服务中心、采购中心及北美服饰贸易中心，建成两岸海运快件监管服务中心，助力企业拓展“一带一路”市场，扩大面料辅料等产品自营出口。开展全市“服务业十强”评选表彰活动，新增限上商业和规上服务业企业超100家，力争限上销售额增幅超15%。

（三）扎实推进企业创新发展

培育企业创新主体。实施知识产权“双优”培育计划，争创国家知识产权试点强县；实施“科技小巨人跃升”计划，对连续三年营业收入在2000万元以上的科技小巨人企业实行“一企一策”扶持；实施高新技术企业倍增计划，设立创新创业资金，对企业的研发投入进行专项补助；力争新增专利申请1200件、高新技术企业2家、科技小巨人领军企业2家、省级众创空间1家。优化财政科技资金投入方式，支持科技型中小企业和创新创业团队发展。实施“创新型企业家培养”计划，推广青商会“抱团学习、引领新风”做法，致力培养企业家精神和建立现代企业制度，重点培育30位“创二代”企业家、50家优秀成长型企业。

政企合力共克时艰。石狮企业一贯反应很快，只要我们政策对头，就能在经济下行大背景下实现弯道超越！要大力落实各项惠企政策规定，降低企业生产经营成本，全年财政投入3.9亿元鼓励企业发展。加快推进“放管服”，整合提升行政审批服务，打造“指尖上的行政服务中心”；开展“比办事程序少，比办结速度快，看群众企业满意度”活动，不断优化投资环境。加强政司银企合作，创新金融服务模式，构建直贷平台，完善“二手房”、汽车金融服务，力争为实体经济发展新增贷款50亿元。拓宽民间资本进入实体经济、金融领域通道，降低企业挂牌上市成本，扶持企业挂牌上市。强化精准帮扶，大力扶持小微企业健康发展，推动负增长规上工业企业转为正增长、100家规下工业企业转为规上企业。

坚定不移推动国企改革。完成组建（重组）国投、城投、产投三大集团公司，整合现有70家市属国企，打造成为投资、融资、运营一体化的市场主体。推行政府性项目“代建制”，推动国企积极参与重点项目建设。优化国企管理体制、用人机制和薪酬制度，打通政企人才通道，集聚培养企业管理团队。坚持规范运作，严格资产监管和审计评估，确保国有资产保值增值。

（四）扎实推进海岸带开发建设

策划推动海岸带项目。主动融入海丝重要门户城市建设，把海岸带作为石狮未来发展的新增长区，完成海岸带开发利用控规编制。策划生成一批总投资超200亿元的项目，重点推进共富路交通快速廊道、沿海大通道生态景观工程、宝盖山双髻山峡谷路、石永二路东延伸段等项目建设，撑开海岸带发展骨架，推动山海城联动发展。优化沿海发展布局，支持沿海五镇开展镇区改造提升，盘活镇区周边用地，强化镇区服务功能与周边工业园区有效互补对接，大力打造产业社区、特色小镇。

加快港口大开发。推进石湖港5、6号泊位建设，启动7、8、9号泊位、石湖公用码头及口岸联检大楼等前期工作，力争石湖港列为进口肉类指定口岸。扩建华锦码头2、4号泊位及梅林码头、石湖油库码头，积极拓展内外贸航线和对台小额贸易。加快港后物流园建设，规范石材交易市场管理，推进安通、中外运、东南冷链、卡宾狮子湾等物流项目。提升海洋生物科技园区品质，设立海洋产业基金，加快推进省海洋经济创新发展区域示范项目建设，形成海洋生物医药产业集群。扩建祥芝国家中心渔港，规划建设液氨冷冻保鲜企业聚集区，支持建设祥芝、鸿山、永宁渔港经济区和锦尚湾产业综合服务区，发展远洋捕捞，推动渔业转型升级。

致力发展滨海旅游。以全域旅游的理念做好总体策划，持续加大旅游投入，完善旅游要素，强化旅游营销，加快培养导游人才；引进旅游战略投资者，争取一批旅游实体项目落地。做优以黄金海岸度假区、永宁古卫城为龙头的永宁文化旅游产业，启动永宁古卫城修复系列工程，修缮提升姑嫂塔、六胜塔、林銮渡等“海丝三宝”景点；融合闽台对渡文化节暨蚶江海上泼水节、永宁古卫城暨城隍文化节、祥芝渔民文化节等文化旅游节庆，扩大世茂茂险王主题乐园等旅游效应，打造石狮特色的滨海旅游精品和旅游休闲集聚区。

（五）扎实推进城市建设管理

提升城市空间品质。完成“多规合一”试点，编制城市单元控规及海绵城市、综合交通等一批专项规划。结合城市规划，做好整体层面、重要片区和特定地块的城市设计。推进旧城改造和新区建设，启动凤里八卦街、后花古民居、曾坑四端堂、华山古民居等保护整治，完成城北、加曾寨、灵山灵峰、黄金海岸、永宁城隍庙、镇中路二期等片区安置房建设和回迁工作；积极对接福厦高铁泉州南站建设，提前做好周边区域的规划设计、项目策划、招商引资及交通疏散等各项工作，精心打造新的增长区域。启动未建回批地处置工作，清理闲置土地，盘活土地资源。

完善城市基础设施。重点推进福厦高铁、现代有轨电车石狮段、蚶江大道东延伸段、永宁外线等项目建设，打通镇中路南段、宝岛路中段、金相路南段，完成学府路、宋塘路综合改造，做好泉州一重、二重环湾快速路石狮段、厦漳泉城市联盟路石狮连接线等前期工作。加快推进水头排涝枢纽、城市应急水源、上浦排洪道、梧垵溪下游河道、后宅溪等一批水利项目，抓好新一轮城市积水点整治。完善全域一体智能配电网络，扩大充电桩、光纤、4G通信网络、公共Wi-Fi的覆盖面。

争创全国文明城市。成立城市管理委员会，充分运用数字城管平台，构建高位协调、统一高效的“大城管”格局。厘清城管重心下移、社区交叉地带、安置房物业管理等方面存在的体制机制障碍，推广“物业+家政”服务模式，试推老旧小区物业管理有效机制。持续推进社区“牛皮癣”、线缆乱挂乱拉等“十个专项整治提升”，规划建设城市新区农贸市场，抓好长福、古宅、大仑等农贸市场综合整治。理顺公交管理体制机制，加大公交投入，优化公交线路；新投放公共自行车1500辆，新建智能立体停车场2个，提高停车泊位的使用效率，建设智能交通管理系统，营造便捷规范有序的交通秩序。深入开展十大“文明新风”行动，全面推行“八不”行为规范，弘扬传统美德，形成家庭文明新风尚；组建社会组织服务中心，擦亮志愿者服务品牌，健全共建共享的创城工作机制。

（六）扎实推进生态文明建设

加大环境治理力度。推进中心区污水处理厂尾水回用冲刷工程，综合治理蚶江镇流域、永宁西岑溪流域，协调晋江市联手整治晋石跨境流域污染，组织开展新一轮小流域“赛水质”活动。启动生活污水收集处理专项规划，完成中心区、永宁污水处理厂提标改造，新建生活污水配套收集管网8公里。严格落实海洋环境保护，确保海水水质达到或优于海洋环境保护责任目标考核标准。开展生活垃圾分类试点，创新海漂垃圾清理服务模式，严管建筑垃圾和工业垃圾，严厉打击“两违”。加大环保执法力度，加强对重点污染源的监管。

加强节能减排。完成鸿山热电超低排放改造，并实现稳定运行。开展集控区外燃煤锅炉改造提升和清洁能源替代，落实染整企业定型机废气净化治理任务，完成大堡、伍堡、锦尚印染污水处理厂管理体制和运营机制改革。持续开展黄标车清理淘汰，实施餐饮油烟、建筑工地扬尘专项治理。着力推进排污权、用能权、用水权、碳排放权交易试点。

强化生态保护和修复。启动废弃石窟综合治理修复计划，完善提升宝盖山生态公园、灵秀山森林公园，规划建设海湾湿地公园、厝上溪湿地公园，实施蚶江红树林湿地、黄金海岸、红塔湾、古浮湾沙滩等修复工程，并在有效保护的基础上实现合理开发利用。完成全市森林资源普查，建设和修复沿海绿色屏障“一带五山”生态公益林，及11座水库周边水源涵养林。深化“四绿”工程，提高植树造林实效，全年种树10万株。健全生态保护红线管控制度、生态资源监管机制，推行生态文明“一票否决”制。

（七）扎实推进民生和谐共享

提高群众生活质量。加快推进美丽乡村建设，完善村级便民服务中心，新增9个重点村（社区）示范典型；培育发展休闲、观光、体验农业。出台扶持薄弱村集体经济发展的意见，切实增强薄弱村的造血功能。基本完成农村承包地确权；落实粮食安全责任制，严格储备粮管理；深化供销合作社综合改革。开展住房困难户危旧房置换安置房试点，放宽保障性住房申请准入条件，组织编制新一轮村庄规划，加快推进石结构危房翻建，不断改善农村人居环境。提升居家养老服务工作，建成残疾人“福乐家园”，完善被征地农民社会保障制度，加强低保、城居保、新农合、医疗救助、临时困难救助等措施，织牢民生保障兜底网。

繁荣各项社会事业。年度投入2.6亿元，实施为民办实事项目7件27项。改扩建实小、大仑、五星、新湖等4所市区小学，新建第七实小、古卫城实小和5所公办幼儿园，续建石光中学、蚶江中学等26个学校项目；启动基层校市级直管、教师编制管理等改革；持续引进优质教育资源合作办学，加快高中教育扩容提质、职业教育产教融合。推动市医院新院基本建成投入使用，落实医疗、医保、医药联动改革任务，开展基层医疗卫生机构综合改革试点；完善“全面两孩”配套措施，提高计生服务管理水平。推进公共文化服务体系改革，提升文化惠民工程，深入开展文化下乡、书香狮城等活动；完善公共文化体育设施建设，有序推进向社会免费开放。加强非物质文化遗产保护，完成海丝申遗工作，迎接联合国教科文组织的现场考察评估。评选首届“醒狮”文艺奖，促进文艺精品创作。推动《石狮市志》（1998—2010）参评“中国志书精品工程”。举办世界石狮人恳亲大会，进一步做好新生代华侨工作，支持以亲情、友情、节庆、庙会等为纽带的民间交流活动，不断丰富港澳台侨文化交流内涵。启动创建全国双拥模范城“六连冠”，制定落实军民融合发展计划，推进国防动员建设创新发展。全面加强统计、人防、档案、民族宗教、妇女儿童、老干老龄等各项工作。

深化平安建设。积极创建安全发展示范城市，严格落实企业主体责任，实行第三方咨询排查服务政府采购，创新部门监管模式。重点整治港口大道、杆头灯控路口、水头外线连接线与石狮大道交叉路口、共富路与石锦路交叉路口等交通隐患点。完善气象防灾减灾预警中心、防汛综合系统，加强对消防设施、应急避难场所及自然灾害避灾点的建设管理，建成综合应急救援中心，强化应急预案动态管理和实战演练。按照“四个最严”要求，加强食品药品安全监管和执法，提高风险监测能力，构建食品药品安全综合治理体系。争创省级农产品质量安全市。加快诚信石狮建设，有力有序防控金融风险，依法打击恶意逃废债行为，确保金融安全。全面推进“七五”普法，持续加强信访工作，着力化解矛盾纠纷。深化公安改革，强化镇村治安防控，完善立体化社会治安防控体系，依法严厉打击违法犯罪，确保社会安定稳定。

四、全面加强政府自身建设

明年喜逢国务院批准石狮设市30周年！站在新的起点上，新一届政府最重要的是攻坚克难，带领全市人民抢抓机遇、加快发展，再创石狮新辉煌。这就要求政府全体公职人员必须具备强烈的责任心和坚定的意志力，加强学习，提升本领，齐心协力推动各项工作。

一要开拓创新。石狮今天的活力，来源于历届班子的担当作为，来源于广大干部群众和企业家的爱拼敢赢！我们要不忘初心、继续前进，以创新培育发展后劲，积极拓展发展空间，把“创新转型、实业强市、建设宜居宜业滨海城市”重大战略部署落到实处；以创新解决困难问题，全力破解产业升级、财源培植、金融风险防控等热点难点。建立正向激励和容错纠错机制，营造“大众创业、万众创新”的浓厚氛围，让全市干部群众和企业家干事创业的热情充分迸发。

二要为民服务。政府的一切权力都是人民赋予的。我们要坚持以人民为中心的发展思想，每年办成一批实事、落地一批项目、创造一批亮点。越是困难的时候，群众和企业对我们的要求越高。我们要及时回应群众关切，合理合法地解决涉及群众利益的问题，以满腔热情的工作赢得群众的信任和拥护。把握好“亲”“清”关系，理直气壮地与企业站在一起，主动为企业排忧解难。

三要依法行政。政府要自觉接受市人大及其常委会的法律监督和工作监督、市政协的民主监督，虚心接受群众监督和舆论监督。完善行政决策制度，推进政务公开标准化规范化，充分发挥各级各部门法律顾问作用，提高行政执法效率。加强对安征迁、工程招投标、土地房产管理、食品药品监管等领域法律法规的学习，提高政府公职人员的法律素养，做到既遵守法律程序又快节奏地推进工作，既用好法定权力又承担应尽义务。

四要廉洁高效。政府全体公职人员要牢固树立“四个意识”，落实中央八项规定精神，加强党风廉洁建设，清清白白做人、干干净净做事。政府各部门要抓好班子、带好队伍，形成整体工作合力。认真贯彻落实上级和市委的各项决策部署，对每项工作都要定出目标、排出进度、拿出举措、狠抓落实，做到“马上就办、办就办好”。严格控制行政开支，厉行勤俭节约，把有限的财力用在最需要的地方。

各位代表，奋斗才能赢得未来！让我们紧密团结在以习近平同志为核心的党中央周围，在中共石狮市委的坚强领导下，团结和依靠全市人民，同心同德、砥砺前行，为建设宜居宜业滨海城市、推动石狮各项事业再上新台阶而努力奋斗！

附 注

◆**“多规合一”**：将国民经济和社会发展规划、城乡规划、土地利用规划、生态环境保护规划等多个规划融合到一个区域上，实现一个市一本规划、一张蓝图。

◆**“1+N”模式**：“1”为道路清扫保洁，“N”为绿化管养、城管数字化信息采集等。

◆**“三无”船舶**：无有效渔业船舶检验证书、船舶登记证书、捕捞许可证的渔船。

◆**“1+11”方案**：制定《做好台风灾后恢复重建工作方案》，以及海洋渔业、交通运输业、水务设施、工业企业、卫生防疫防病、地质灾害、灾毁耕地复垦、通信业、电网、农村住房、农业等11个灾后恢复重建实施方案。

◆**“五证合一”**：营业执照、组织机构代码证、税务登记证、社会保险登记证、统计登记证等五证合一登记制度。

◆**四纵二横**：南洋路、濠江路、子芳路、西环路、香江路、南环路。

◆**治安防控“百千万”工程**：百支护村队、千名巡逻员、万个监控点。

◆**“四项指标”**：事故的发生起数、死亡人数、受伤人数、直接财产损失。

◆**“三严三实”**：严以修身、严以用权、严以律己，谋事要实、创业要实、做人要实。

◆**“两学一做”**：学习党章党规，学习习近平总书记系列重要讲话，做合格党员。

◆**“四风”**：形式主义、官僚主义、享乐主义和奢靡之风。

◆**“一带一路”**：“丝绸之路经济带”

和“21世纪海上丝绸之路”。

◆**“五个泉州”**：建设“创新、智造、海丝、美丽、幸福”的现代化泉州。

◆**“四个全面”**：全面建成小康社会、全面深化改革、全面依法治国、全面从严治党。

◆**“五大发展理念”**：创新、协调、绿色、开放、共享。

◆**R&D经费**：全社会研究与试验发展经费。

◆**“双城双片、两核多廊”**：中心城区、环湾新城，港口产业片区、休闲旅游片区，宝盖山、灵秀山两个绿核，多条绿色廊道。

◆**“一定五化”**：定发展目标，布局功能化、管理智能化、服务人本化、协作社会化、保障多元化。

◆**“三区两线”**：生态底线区、生态清退区和生态发展区，生态红线和生态控制线。

◆**15分钟社区生活圈**：在15分钟步行可达范围内，配备生活所需的基本服务功能与公共活动空间，形成安全、友好、舒适的社会基本生活平台。

◆**“五个一批”**：谋划一批、签约一批、开工一批、竣工一批、增资一批。

◆**“六比一创”**：比项目进度、比工程质量、比安全生产、比科技创新、比科学管理、比队伍建设，创优质工程。

◆**“6·18”**：中国·海峡项目成果交易会。

◆**“9·8”**：中国国际投资贸易洽谈会。

◆**“双优”**：知识产权优势企业，优质专利品牌。

◆**“放管服”**：简政放权、放管结合、优化服务。

◆**“十个专项整治提升”**：消防设施、农贸市场、物业小区、小型餐馆、城市“牛皮癣”及线缆乱拉、占道经营、停车难、交通违法、出租车、公益广告等专项整治提升。

◆**十大“文明新风”行动**：开展价值引领、书香狮城、文明出行、垃圾不落地、莫炫嫁妆、厚养薄葬、光盘行动打包有奖、美在旅途、小城大爱、诚信无价等10个行动。

◆**“八不”行为规范**：安全出行不违规、垃圾分类不落地、节俭用餐不浪费、红白喜事不奢办、言谈举止不粗俗、文明上网不低俗、旅游观光不任性、经济生活不失信。

◆**“一带五山”**：沿海基干林带、灵秀山、宝盖山、双髻山、将军山、五虎山。

◆**“四绿”工程**：绿色城市、绿色村镇、绿色通道、绿色屏障。

◆**“四个最严”**：最严谨的标准、最严格的监管、最严厉的处罚、最严肃的问责。

◆**“四个意识”**：政治意识、大局意识、核心意识、看齐意识。

石狮市人民代表大会常务委员会工作报告

（2016 年 12 月 17 日在石狮市第七届人民代表大会第一次会议上）

石狮市人大常委会主任 陈贻萍

Work Report
On Shishi City People's Congress Standing Committee
(December 17, 2016 in Shishi City on the First Meeting of
the Seventh People's Congress)
Chen Yiping

五年来主要工作回顾

2011 年换届以来，石狮市第六届人大常委会坚持党的领导、人民当家作主和依法治国有机统一，认真落实市委决策部署，依法履行宪法法律赋予的职责，积极发挥地方国家权力机关作用，协调推进石狮经济、政治、文化、社会和生态建设。五年来，共召开常委会会议 42 次、主任会议 61 次，听取和审议“一府两院”工作报告 69 次，做出决议决定和提出审议意见 65 项，开展执法检查 12 次、视察检查 36 次、专题调研 22 次，组织专题询问 2 项、专项工作评议 1 项，依法任免地方国家机关工作人员 310 人（次）。

一、监督与支持并重，力促“质量石狮”

持续推动经济平稳运行。依据监督法和预算法，13 次听取和审议市政府年度计划、预算执行情况的报告及决算、审计工作报告，提出 40 条审议意见，督促计划预算规范执行。对审计中发现

2016 年 12 月 17 日，市六届人大常委会主任陈贻萍在市七届人大一次会议上作人大工作报告　　（图 / 叶忠惠）

的170条问题跟踪督促整改，确保年度目标实现，推动预算“全口径”和审计“全覆盖”。组织经济运行情况调研，督促市政府提升经济质量和效益。认真开展调查研究，审议“十二五”“十三五”规划纲要，提出12条意见，督促政府科学编制规划，保证规划纲要顺利实施。

持续推动实体经济发展。对中小企业促进法实施情况进行执法检查，对电子商务发展、社会固定资产盘活、科技工作、台资企业发展、侨务工作等开展专题调研，走访42家中小企业，召开5场座谈会，提出实业强市的意见建议21条，督促市政府坚持发展实体经济，引导企业家坚守实业、做精专业，加快产业转型升级，做大做强实体经济。组织加快发展海洋经济、渔业生产及配套设施建设情况调研，督促市政府切实重视海洋科技创新，建设海洋生物产业基地，加快发展海洋产业。组织文化产业发展、旅游产业发展、公共文化服务体系和基层文化建设等专题调研，督促市政府深入挖掘文化旅游资源，加快实施文化产业发展工程、文化精品打造工程、文化事业惠民工程和文化人才建设工程，促进文化旅游融合，推动文化资源优势向经济发展优势转化。

持续推动“食有所安、病有所医、学有所教”。连续五年将食品安全列为重点建议，通过明察暗访、上下联动等方式，落实责任，完善监督管理长效机制。每年将新农合及公共卫生、医疗服务质量检查列为年度工作重点，督促市政府深化医药卫生体制改革，探索医疗管理服务新机制，推动基本公共卫生服务均等化，改进医疗服务质量。对质量教育、学前教育、校安工程更是持续关注，开展未成年人保护法、教师法、职业教育法贯彻实施情况执法检查，督促市政府优化教育资源配置，推动教育均衡发展，办好人民满意的教育。五年来，新建、改扩建教育项目67个，其中幼儿园新建12所，改扩建2所；中学新建1所，改扩建13所；小学新建9所，改扩建30所。荣获福建省级“教育先进市”“教育强市”“义务教育发展基本均衡市”和国家级“义务教育发展基本均衡市”等荣誉称号，纳入全国教育综合改革实验区。

持续推动危旧房改造。紧扣群众最关注的热点持之以恒抓落实，从2013年上半年起组织精干力量，围绕危旧房翻建改造问题，开展为期三个月的专题调研。进村入户倾听群众的呼声、了解其生活需求，先后走访1000多名干部、群众，召开各种形式座谈会30多场，发放问卷调查20050份，收集到意见建议110多条。在广泛深入调查研究的基础上，梳理出危旧房翻建改造的审批问题、翻建面积及层高的控制问题、户口不在本村的村民危旧房及华侨危旧房翻建问题等30多个问题，要求市政府放宽前置条件，还权乡镇审批权，分批分次加快改造等，提出10多条意见建议，并以呈阅件《加大危房改造力度，确保群众居住安全》向市委报告。时任市长张贻山在呈阅件上签批：“市人大常委会的调研意见很好！请住建局、国土局、新型社区办针对危改问题提出切实可行的实施意见”。2013年底，市委市政府高度重视危旧房改造工作，先后出台《石狮市危险房屋和居住危困户管理暂行规定》《关于进一步推进沿海五镇石结构及危险房屋改造工作的实施意见》等文件，使停滞十年之久的危旧房翻建改造工作得以重新启动。此后，常委会还持续进行调研、跟踪检查，形成《探索旧城区改造要注重历史街区保护的思考》的调研报告，持续呼吁市政府进一步放宽翻建改造条件，使户口不在本村的村民、华侨的危旧房翻建及中心城区危房的翻建等问题得到妥善解决。四年来，全市批准改造危旧房5100宗，涉及石结构房屋114.4万平方米，拆除3871栋，拆除石结构房屋90.9万平方米，使千家万户受益，密切了干群关系，提升了政府威信。

持续推动城市建设管理。石狮市城镇化率已达到75%以上，随着城市住宅规模不断壮大，人们开始要求更好的居住条件、居住环境以及优质的物业管理服务。常委会瞄准社会热点，连续三年开展《物业管理条例》实施情况执法检查，提出完善充实物业管理机构、落实责任强化协调配合、强化电梯安全管理等12条意见建议，督促市政府先后出台《关于进一步加强全市物业管理工作若干意见》《关于进一步加强石狮市三级物业管理协调体系工作的通知》等文件，启动绩效考评机制，组织全市性电梯安全检查，从根本上扭转对物业工作重视不够、管理人员配备不足、责任不清敷衍了事的被动局面，提升石狮市物业管理水平。开展城市建设与管理专题调研，对市民素质偏低、交通管理乱象、市容市貌时好时差、市政设施和绿化管理不到位等问题，提出市政府要明确责任、重心下移、属地管理，建立城市管理部门联动机制等4条意见建议，督促市政府强化城市管理，提升城市品位。组织对市区道路交通、路内停车试点进行视察检查，肯定试点工作在一定程度上缓解群众“出行难、停车难”问题，同时提出9条意见建议，要求市政府做好试点工作总结，不断规范路内停车，从法律层面推动城市管理立法，全面提升城市管理水平。聚焦城市生态建设，深入基层一线调查研究，正确评估石狮市生态建设的成绩和存在问题，建议市政府召开座谈会，邀请10多位专家为石狮市生态建设专项规划出谋献策，使《石狮市生态市建设“十二五”规划》审议工作得以通过。听取市政府环境保护专项工作报告，多次视察石狮市环境卫生管理工作，视察检查城市内沟河专项整治情况、飞灰处置情况、市区排洪道上浦段拓宽改造工程，提出30多条意见建议，督促市政府及时出台措施，加强环境综合治理，促进环保问题有效解决，2016年10月石狮市获得“国家生态市”命名。支持创建全国文明城市，着重加强对涉及“十大文明新风”的精

神文明建设领域开展监督，推动问题有效解决，引导文明习惯养成，提升城市软实力。

持续推动政府改革创新。秉承“改革要思想先行”理念，开展“继续解放思想、推动科学发展”课题调研，向市委提出对策建议，并组织检查贯彻落实情况，推动市政府大胆改革创新，破解发展难题，厚植发展优势，着力深化重点领域和关键环节改革，在审批改革、服务企业、要素保障、民生保障、工作机制等方面取得明显成效，推动行政大提速。以新型城镇化建设为契机，组织石狮市小城镇综合改革建设试点工作调研，提出规划谋镇、产业强镇、特色活镇、改革兴镇、功能立镇等五方面建议，推动灵秀、宝盖、蚶江列入全省小城镇机构改革试点镇。

二、民主与法治并进，力促依法治市

优化法治环境。依托国家“宪法日”，开展宪法宣传主题活动，弘扬宪法精神、树立宪法权威。举行新任职人员向宪法宣誓仪式，结合“六五”“七五”普法，推进全市法治宣传教育。开展治安管理处罚法、修改后的刑事诉讼法、禁毒法、环境保护法等15部法律法规实施情况的执法检查，推动有关法律法规较好实施；开展“六五”普法和依法治市工作检查，组织“醉驾入刑”实施情况视察、“三警合一”综合警务改革工作调研，推动依法治市进程；连续两年开展禁毒法检查，形成审议意见，责成市政府加快制定禁毒规划、计划，加大禁毒工作力度，健全预防宣教机制，遏制毒品问题蔓延。依法审查规范性文件132份，确保其合法有效。积极配合省、泉州市人大开展城乡规划法、档案法等12部法律法规实施情况的执法检查，不断优化法治环境。

推进公正司法。开展市人民法院立案信访工作视察、人民陪审员工作专题调研、法院执行难跟踪检查，破解执行难问题，促进法院司法水平提高。开展市人民检察院反渎职侵权工作、行政执法与刑事司法衔接工作、反贪污贿赂工作调研，推进有法必依、执法必严、违法必究。组织法律服务队伍管理情况调研，提升监督管理水平，推动司法政治效果、社会效果、法律效果有机统一。

回应群众诉求。坚持把信访工作作为知民情、察民意、解民忧的重要渠道和强化监督的重要内容，高度重视群众来信来访，努力使上访群众的合理合法诉求得到解决。共接待群众来访912人（次），受理群众来信406件，办理上级人大批转145件，均按规定及时处理，有效化解矛盾纠纷，促进社会和谐稳定。

三、探索与实践同步，力促人大工作创新

历史在发展，时代在前进。人大制度和人大工作不断面临着新形势新情况，只有不断回答新课题、应对新挑战、解决新问题，才能保持根本政治制度的生机和活力。常委会坚持创新引领，在泉州市率先设立市人大代表联系服务中心，为代表沟通交流、反映民情、建言献策、汇集民智打造一个新型履职平台，为“双联”工作构建一条新通道，为人大机关搭建一个新阵地。中心设立以来，参加活动的各级代表1812人（次），收集代表意见建议159条，得到省、泉州市人大的充分肯定。省市县各级人大前来参观学习20多批（次）。

开展专题询问是创新人大监督工作方式的生动实践，是人大常委会加大监督力度、增强监督实效的有效途径。常委会选择群众密切关注的危旧房改造和法院执行工作，启动专题询问，制定工作方案，开展40多次调研，梳理21项拟询问内容。共有普通群众、人大代表、政协委员及有关部门同志100多人参加和旁听。通过询问，问出了人民群众的心声，问出了深度，问到了要害；政府答复问题，答出了责任，答出了承诺，增进理解和支持，达到了共同推进危旧房改造和法院执行工作的目的。同时加强延伸跟踪监督，使询问成果得到较快转化。

实行中心发言人制度，改变以往常委会发言集中在分管领导或工委主任，缺乏广泛性的现象，进一步活跃常委会的气氛，开动委员们的脑筋，增强委员们的责任。每次常委会都提前确定2名以上委员作为审议议题中心发言人，会前深入开展视察、检查、调研，会上围绕议题畅所欲言、有的放矢，切实提高会议审议质量。

开展满意度测评工作。采用电子票决形式对“一府两院”52份专项工作报告进行满意度测评，现场公布测评结果，基本满意以上51份，对危旧房改造等1份不满意的报告，要求市政府予以整改，在下次常委会上重新报告。满意度测评是人大加强监督的一种方式，相对于一般程序更为严格，促使“一府两院”更加重视群众关心的问题，更好地推动相关工作，“倒逼”审议意见落到实处。

授予地方荣誉称号。出台授予地方荣誉称号和石狮市荣誉市民称号的规定，决定授予马万等6人第一批“石狮市荣誉市民”称号，激发“新石狮人”干事创业热情；经精心组织、严格评议，决定授予石狮市工商局“2013—2014年度人民满意单位”荣誉称号。

善于运用人大否决权。对市政府提交的《石狮市城市总体规划》《石狮市生态市建设“十二五”规划》《2015年度预算调整方案（草案）》《石狮市危旧房改造工作报告》等规划、方案、报告进行否决。责成市政府认真整改，重新组织专家论证，重新提交审议，确保规划、方案科学可行。

四、保障与服务并举，力促代表作用发挥

做好换届选举工作。按照中央、省委、泉州市委和石狮市委的部署要求，始终坚持党的领导、充分发扬民主、严格依法办事，确保市镇两级人大换届选举各项工作顺利有序进行。依法选举产生新一届市级人大代表181名、镇级人

大代表437名，妇女代表、非中共代表比例均有所上升，代表结构更趋合理，为市镇新一届人大依法履职打下坚实的基础。

提升代表履职水平。举办代表教育培训17期，参加人数1350多人（次）。发放《人民政坛》3300多份，定期通报工作动态，保障代表知法知情知政。邀请代表1875人（次）列席会议参加活动，为代表依法履职创造良好条件。组织代表223人（次）参与2667件案件诉讼调解，有效化解矛盾纠纷。组织代表118人（次）旁听法院庭审，促进司法水平提高。开展并完善代表向选民述职，组织67场（次）述职活动，增强代表履职的责任感、使命感。

加强与代表的联络。坚持常委会组成人员、各活动小组到市人大代表联系服务中心轮值制度，常态化听取民意、汇集民智。落实常委会组成人员联系代表、代表联系群众“双联”制度，开展集中走访联系代表活动，与代表零距离沟通，形成共识。不定期召开基层人大工作座谈会，总结交流经验，提升代表履职能力。

改进意见建议办理工作。指导代表多提意见、提好意见。对市六届人大代表提出的571件意见建议，及时分解交办，组织跟踪检查，督促抓好落实，提高群众获得感，办理满意率和基本满意率连年达100%。持续对市五届人大会议确定的议案办理情况进行跟踪检查，督促“防洪防潮排涝系统工程”“自来水一户一表改造”“小流域专项治理”“石狮国际轻纺城建设”等议案项目落实到位，把好事办好。

五、素质与形象齐抓，力促队伍自身建设

注重加强学习调研。建立健全学习制度，加强理论政策、法律法规和人大业务知识学习。出版发行《石狮市人民代表大会志》1500册，加强人大制度和民主法制宣传。坚持理论联系实际，深入调查研究，开展“加强县乡人大工作和建设”“在全面推进依法治国中发挥人大监督作用”等课题调研，完成调研报告36篇，提高人大理论研究水平。

注重加强作风建设。扎实开展群众路线教育实践活动、“三严三实”专题教育、“两学一做”学习教育，加强思想、组织、制度和作风建设。推进党风廉政建设，严格落实“八项规定”。深化机关文明创建、绩效管理、效能建设，与5个村（社区）结对共建，与16个困难家庭结对帮扶，努力为基层解难事、办实事。同时，服从市委工作大局，常委会领导和机关干部积极投身项目建设，挂钩市区道路“白改黑”、绿化景观提升、钞坑片区和城东片区拆迁改造等市重点项目，均圆满完成工作任务，为石狮发展尽一份力量，得到市委充分肯定，获得良好社会效应。

注重加强联系联动。正确处理党的领导与依法履职、监督与支持的关系，加强沟通联系，强化监督支持，推动工作落实。自觉接受上级人大监督指导，积极配合视察检查调研活动。加强对基层人大工作指导，健全常委会领导和各委（办）负责人联系挂钩各代表活动组工作制度，坚持邀请镇人大主席列席常委会会议，凝聚履职合力。

各位代表，成绩来之不易，经验弥足珍贵。回顾过去五年的工作实践，我们深深体会到，做好新形势下的人大工作，必须做到“五个坚持”：

一是坚持党的领导，坚定履职方向。五年来，我们坚决维护市委的领导核心地位，坚持重大事项向市委请示报告，带头贯彻落实市委的决策部署，不折不扣完成市委安排的工作任务，及时通过法定程序将市委的主张转变为全市上下的共同意志和自觉行动。实践证明，只有坚持正确方向，摆正位置，人大工作才能砥砺前行。

二是坚持围绕中心，把握履职要务。五年来，我们紧扣经济建设中心，围绕发展第一要务，精准选择议题，深入调查研究，依法开展监督，为促进全市经济社会发展保驾护航。积极引导人大代表自觉投身经济建设主战场，发挥带头作用，参与发展实践，汇聚发展合力。实践证明，只有围绕中心，服务大局，人大工作才能大有作为。

三是坚持以人为本，牢记履职之源。五年来，我们坚持密切联系代表、联系群众，深入了解民情，充分反映民意，广泛集中民智，把群众最关心关注的难点焦点作为人大监督的重点，真心实意为群众办实事、解难题、谋利益，使发展成果更好地惠及人民群众。实践证明，只有坚持依靠代表，以人为本，人大工作才能赢得民心。

四是坚持依法行权，找准履职定位。五年来，我们始终牢固树立依法用权意识，无论是决定重大事项，开展监督，还是任免干部，都严格按照民主和法定的程序办事，确保市委决策的贯彻执行，确保行政权、司法权的正确行使，确保公民合法权益的尊重和维护。实践证明，只有坚持发扬民主，依法办事，人大工作才能理直气壮。

五是坚持开拓创新，善谋履职举措。五年来，我们始终坚持用时代的要求审视人大工作，用发展的眼光研究人大工作，用改革的精神推动人大工作，在严格依照法律和有关程序开展工作的同时，积极探索、大胆实践，增强监督工作实效。实践证明，只有坚持与时俱进、勇于创新，人大工作才能永葆活力。

各位代表，过去的五年所取得的成绩，是市委正确领导、“一府两院”密切配合、市政协和社会各界大力支持的结果，也是全体代表和人大工作者团结奋斗、共同努力的结果。在此，我谨代表市六届人大常委会向各位代表、向关心支持人大工作的各位领导、各界人士、各位朋友，表示崇高的敬意和衷心的感谢！

由于年龄和工作变动等原因，本届人大常委会的大部分组成人员将不再提名连任。这些同志在本届任期内，恪尽

职守，兢兢业业，为石狮市人大及其常委会的工作，为推进民主法治建设作出了积极贡献。借此机会，让我们用热烈的掌声向他们表示衷心的感谢和美好的祝愿！

在总结成绩的同时，我们也清醒地认识到工作中还存在一些问题和不足，主要是：重大事项决定权的行使还不够充分；监督工作的刚性和实效性还有待增强；代表履职和服务保障能力还需提高；人大工作的宣传力度还要进一步加强等等。

今后五年及 2017 年工作建议

今后五年，是深入实施“十三五”规划和全面建成小康社会决胜的五年。新一届人大及其常委会要根据市委的决策部署，按照“总结、继承、完善、提高”的要求，围绕市委工作大局，认真思考谋划。一要以党的领导引领人大工作新征程。把市委的领导贯穿于人大依法履行职责的全过程，贯穿到决定、监督和任免的各个环节，使市委的主张通过法定程序成为全市人民的共同意志。二要以开拓精神适应人大工作新常态。继承发扬历届人大工作的好做法好经验好作风，及时研究解决人大工作的新情况新问题，贴近石狮市的实际。三要以务实举措创造人大工作新成效。按照宪法法律的规定，依法监督和支持“一府两院”采取得力措施推进经济社会发展。四要以聚集合力打造人大工作新亮点。健全和完善人大工作运行机制，带好班子队伍，争创工作特色亮点，推动人大工作不断跃上新台阶。建议新一届常委会 2017 年重点抓好以下工作：

一、紧跟市委步伐，在推动创新转型、实业强市中主动作为

坚持党的领导，根据市委决策部署，依法决定经济社会发展中带有根本性、全局性、长远性的重大事项，促进市委重大决策部署的贯彻落实和人民群众普遍愿望的实现。坚持党管干部和人大依法任免相统一的原则，行使好人事任免权，强化任前任后监督，为经济社会发展提供可靠的干部人才保障。

二、抓好监督工作，在推进依法行政、公正司法中担当尽责

坚持问题导向，选择若干事关改革发展稳定大局的重大问题、人民群众普遍关注的社会民生热点难点问题，有重点有计划地加强监督，重点对海岸带规划、防范打击电信网络诈骗、禁毒工作等方面开展视察检查调研，对食品安全法、民办教育促进法、民事诉讼法等开展执法检查，努力做到民有所呼、我有所应。

三、凝聚各方力量，在发挥代表作用、优化服务中提升水平

健全代表学习培训机制，提高代表为民立言、代民行权能力。坚持邀请代表列席常委会，参加常委会视察、检查、调研活动，拓宽代表参政议政渠道。继续发挥市代表联系服务中心作用，建设镇（街道）人大代表联系服务站，积极开展人大协商民主，扩大公民有序政治参与。

四、加强自身建设，在强化依法监督、履行职责中提质增效

坚持从严治党要求，深化“两学一做”学习教育，树牢“四种意识”，加强政治理论和业务知识学习，不断提升依法履职、服务发展的本领。继续完善常委会工作制度，认真做好专题询问、专项工作评议、满意度测评等，切实增强工作实效。

各位代表，新的征程承载新的使命。让我们在石狮市委的坚强领导下，紧紧依靠全市人民，以时不我待的责任意识、勇于担当的为民情怀和奋发有为的工作激情，努力推动人大工作与时俱进，为“创新转型、实业强市，加快建设宜居宜业滨海城市”再建新功、再造辉煌！

石狮市七届人大一次会议开幕

Shishi City the Seventh People's Congress for the First Time Plenary Meeting Held

朱启平出席　黄春辉作政府工作报告

12月16日上午，在庄严的国歌声中，石狮市第七届人民代表大会第一次会议隆重开幕。来自社会各界的市人大代表，肩负着全市人民的重托参加盛会，履行宪法和法律赋予的神圣职责。

本次会议应到代表181名，实到代表178名，符合法定人数。

朱启平、上官跃进、黄春辉、庄玉海、林振海、杨德才、施心新、吴清木、许赞成、林进全等大会主席团常务主席，市六届人大常委会主任陈贻萍，市领导李丽月、林自育、林天虎、陈元生、张鸽翔、蔡天守、林希妍、郭丽莲、陈贤明、丁东福等在主席台前排就座。石狮市人大常委会党组书记上官跃进主持第一次全体会议。

在主席台就座的还有：石狮市四套班子其他领导，上级驻石单位领导，大会主席团成员等。市人民法院、市检察院、市直有关部门和单位的负责同志等应邀列席会议。

石狮市人民政府代市长黄春辉在会上作政府工作报告。报告共分四个部分：一、政府工作回顾；二、新一届政府的总体要求和目标任务；三、2017年工作安排；四、全面加强政府自身建设。

黄春辉说，2016年，面对经济下行压力和各种困难挑战，在上级党委、政府和市委的正确领导下，在市人大及其常委会的法律监督和工作监督、市政协的民主监督下，市政府主动适应经济发展新常态，全力推动经济社会持续平稳健康发展。预计全年实现生产总值701.3亿元、增长7.6%，公共财政总收入60亿元、增长1.2%，公共财政预算收入39.2亿元、增长1.7%，全体居民人均可支配收入43512元、增长7.5%。2016年各项目标任务的顺利完成，为本届政府工作画上了圆满句号。五年来，我们坚持稳增长、调结构，经济实力持续提升；五年来，我们坚持抓城建、优环境，城市功能日益完善；五年来，我们坚持解民忧、增福祉，民生事业繁荣发展；五年来，我们坚持强管理、促和谐，社会环境安定稳定；五年来，我们坚持转职能、强服务，政府自身建设不断加强。

黄春辉指出，未来五年是石狮创新转型、跨越发展的历史机遇期，也是调

石狮市第七届人民代表大会第一次会议　（图/叶忠惠）

整结构、转换动能的重要窗口期。国家实施“一带一路”战略，福建省建设生态文明试验区、自贸区，福厦泉建设国家自主创新示范区，这些重大历史机遇千载难逢。“五个泉州”建设，环湾向湾、同城化进程不断加快；环城高速、泉州湾大桥，以及即将建设的福厦高铁、厦漳泉城市联盟路、现代有轨电车工程等一批重大交通基础设施贯通石狮，将使我市未来发展格局产生重大变化，区位优势更加凸显。我们坚信，石狮有深厚坚实的产业基础，有集聚繁荣的市场体系，有敢为人先的人文优势，只要拿出第一方阵的责任和担当，我们完全有基础、有条件先行先试，再创新一轮辉煌！根据中共石狮市第七届代表大会精神，今后五年政府工作的总体要求是：深入贯彻落实党的十八大、十八届三中、四中、五中、六中全会和习近平总书记系列重要讲话精神，坚持“四个全面”战略布局，践行“五大发展理念”，认真落实省、泉州市的各项决策部署，加快推进创新驱动发展、供给侧结构性改革，深入实施“创新转型、实业强市”发展战略，全力打好“五大攻坚战”，在更高水平上率先全面建成小康社会，把石狮建设成为更具发展质量、更富创新活力的宜居宜业滨海城市。主要目标是：在全面实现“十三五”规划目标的基础上，到2021年全市GDP突破千亿元大关，公共财政预算收入超50亿元，第三产业增加值占GDP比重超50%；产业结构向中高端迈进，公共服务实现优质均衡全覆盖，城市功能更加完善，生态环境更加优美，社会环境更加和谐，人民生活更加幸福。实现五年发展目标，关键是全力打好“五大攻坚战”：一要打好改革争先攻坚战；二要打好产业升级攻坚战；三要打好全域统筹攻坚战；四要打好生态宜居攻坚战；五要打好幸福共享攻坚战。

黄春辉指出，2017年是新一届政府的开局之年。主要预期目标是：全市GDP增长8%，公共财政总收入增长5%，公共财政预算收入增长5%，工业增加值增长7.5%，第三产业增加值增长9%，全社会固定资产投资增长12%，出口商品总值增长3%，实际利用外资增长3%，社会消费品零售总额增长11%，全体居民人均可支配收入增长7.5%，居民消费价格总水平涨幅控制在3%以内。实现上述目标任务，重点要扎实推进7个方面工作：一、扎实推进项目落地建设。要强化项目带动，着力招才引资，加强载体建设。二、扎实推进产业转型升级。要优化纺织服装产业链条，培育壮大智能产业，提升发展现代服务业。三、扎实推进企业创新发展。要培育企业创新主体，政企合力共克时艰，坚定不移推动国企改革。四、扎实推进海岸带开发建设。要策划推动海岸带项目，加快港口大开发，致力发展滨海旅游。五、扎实推进城市建设管理。要提升城市空间品质，完善城市基础，争创全国文明城市。六、扎实推进生态文明建设。要加大环境治理力度，加强节能减排，强化生态保护和修复。七、扎实推进民生和谐共享。要提高群众生活质量，繁荣各项社会事业，深化平安建设。

黄春辉强调，明年喜逢国务院批准石狮设市30周年！站在新的起点上，新一届政府最重要的是攻坚克难，带领全市人民抢抓机遇、加快发展，再创石狮新辉煌。市政府全体公职人员必须具备强烈的责任心和坚定的意志力，加强学习，提升本领，齐心协力推动各项工作。要开拓创新，不忘初心、继续前进，以创新培育发展后劲，积极拓展发展空间。要为民服务，坚持以人民为中心的发展思想，每年办成一批实事、落地一批项目、创造一批亮点，合理合法地解决涉及群众利益的问题，主动为企业排忧解难。要依法行政，政府要自觉接受监督，完善行政决策制度，提高行政执法效率。要廉洁高效，牢固树立“四个意识”，落实中央八项规定精神，加强党风廉洁建设，清清白白做人、干干净净做事。

会议还听取审议石狮市2016年国民经济和社会发展计划执行情况与2017年国民经济和社会发展计划（草案）、石狮市2016年财政预算执行情况和2017年财政预算（草案），通过大会选举办法。

（记者 许小雄、林富榕、颜华杰）

石狮市七届人大一次会议胜利闭幕

Shishi City the Seventh People's Congress for the First Time Plenary Meeting Concluded Successfully

市委书记朱启平出席；上官跃进当选为市人大常委会主任；黄春辉当选为市人民政府市长；施心新、吴清木、许赞成、林进全当选为市人大常委会副主任；蔡天守、杜举胜、张永安、施汉杰、李斌、张汉杰、林志鹃当选为市人民政府副市长；林明容当选为市人民法院院长；陈林被选举为市人民检察院检察长；黄春辉发表讲话

在完成预定的各项议程后，12 月 18 日上午，石狮市第七届人民代表大会第一次会议胜利闭幕。会议号召，全体代表要紧密团结在以习近平同志为核心的党中央周围，在中共石狮市委的领导下，深入贯彻党的十八大、十八届三中、四中、五中、六中全会精神和市第七届党代会精神，围绕“四个全面”战略布局，牢固树立“创新、协调、绿色、开放、共享”五大发展理念，坚持克难求进，着力振兴实业，全面深化改革，推进依法治市，为深入实施“创新转型、实业强市”发展战略，把石狮建设成为更具发展质量、更富创新活力的宜居宜业滨海城市而努力奋斗！

闭幕式前，市七届人大一次会议举行第三次全体会议。朱启平、上官跃进、黄春辉、庄玉海、林振海、杨德才、施心新、吴清木、许赞成、林进全等大会主席团常务主席，市六届人大常委会主任陈贻萍，市领导林自育、林天虎、张鸽翔、蔡天守、林希妍在主席台前排就座。朱启平主持会议。大会应到代表 181 名，因事因病请假 2 名，实到代表 179 名，符合法定人数。会议经代表无记名投票选举，产生了市七届人大常务委员会主任、副主任、委员；市政府市长、副市长；市人民法院院长，市人民检察院检察长及泉州市第十六届人民代表大会代表。上官跃进当选为市第七届人大常委会主任；黄春辉当选为市人民政府市长；施心新、吴清木、许赞成、林进全当选为市人大常委会副主任；蔡天守、杜举胜、张永安、施汉杰、李斌、张汉杰、林志鹃当选为市人民政府副市长；林明容当选为市人民法院院长；陈林被选举为市人民检察院检察长（须报经泉州市人民检察院检察长提请泉州市人民代表大会常务委员会批准）。会议同时选举产生市人大常委会委员 23 名，选举产生泉州市第十六届人大代表 29 名。随后，当选的国家工作人员向宪法宣誓就职。

新当选的市人民政府市长黄春辉在会上作了讲话。他说，大会选举我担任市人民政府市长，此时此刻，我深感责任无比重大，使命无比光荣。我深知每一张选票都饱含着各位代表对我们的支持、信任和莫大鞭策，更承载着全市人民对我们的殷切期望和真诚重托。我为自己能够被大家所信任，能够同大家一道为石狮服务，感到无上的荣光和由衷的自豪。当前，全市正深入实施“创新转型、实业强市”发展战略，加快建设宜居宜业滨海城市。在今后工作中，我将在市委的坚强领导下，在市人大及其常委会的法律监督和工作监督、市政协的民主监督下，带领市政府一班人，履行好政府的职责，全力推进石狮改革发展各项事业。一要始终坚持发展为先。把握稳中求进工作总基调，融入建设新福建和“五个泉州”大局，按照市党代会确定的战略目标和工作重点，全力打好改革争先、产业升级、全域统筹、生态宜居、幸福共享“五大攻坚战”。二要始终坚持执政为民。坚持财力向民生集中、政策向民生倾斜，争创全国文明城市、生态文明示范区，最大限度地满足群众关心的优质教育、医疗、住房、用水、环保、交通出行等需求，把实事办实、好事办好，让改革发展成果更多地惠及全市人民。三要始终坚持实干担当。弘扬石狮人爱拼敢赢的精神，雷厉风行、一心一意地推进工作；深入基层、深入一线、深入百姓，从石狮实际出发，决不搞花架子，决不做表面文章；直面发展中的困难和问题，敢于负责，依法行政，为石狮发展尽职尽责、尽心尽力。四要始终坚持廉洁自律。牢固树立“四个意识”，严守政治纪律和政治规矩，落实中央八项规定精神，遵守党纪国法政纪，清清白白做人，干干净净做事；做好表率，抓好班子，带好队伍，让广大干部与石狮事业共发展、同进步！

随后，石狮市七届人大一次会议举行第四次全体会议。会议听取了议案审查委员会关于议案处理意见的报告，通过确立大会议案的决定。经会议审查决定，本次大会不确立议案，转为建议办理。会议还通过了《关于石狮市人民政府工作报告的决议》《关于石狮市 2016 年国民经济和社会发展计划执行情况与 2017 年国民经济和社会发展计划的决议》《关于石狮市 2016 年财政预算执行情况和 2017 年财政预算的决议》《关于石狮市人民代表大会常务委员会工作报告的决议》《关于石狮市人民法院工作报告的决议》《关于石狮市人民检察院工作报告的决议》六份工作报告的决议。

（记者 许小雄 林富榕 颜华杰）

石狮市第七届人民代表大会第一次会议代表名单

Shishi City the Seventh Session of the People's Congress for the First Time the Meeting on Behalf of the List

（代表 181 名，按姓氏笔画为序）

上官跃进	王双燕	王文力	王佳泽	王忠钞	王培育	王金龙	王仁芳	王明亮	王春长
王丽珊	王春炜	卢荣斌	卢情根	卢真真	卢仁式	卢丽莉	田水籍	朱启平	许作伟
许国团	许赞成	许园园	许友志	许清煌	许自辉	许宝妮	许经杭	纪建生	纪世贤
庄玉海	齐建伟	刘贤恭	杨金明	杨嘉凤	杨志成	杨远瑜	杨德才	邱雪亮	邱汉清
邱亚环	邱灿飞	邱丰收	邱文力	邱清培	邱明黎	邱国林	邱连治	邱志强	邱明哲
邱清如	李培德	李少斌	李怀忠	李加胜	李灿辉	李非邦	李钦盛	李美珍	李天培
李迎河	李锦仪	李进太	吴丽婉	吴为霖	吴光奇	吴延固	吴永水	吴文楚	吴利芳
吴毓斌	吴丽聪	吴庆华	吴教盛	吴金旋	吴清民	吴清木	何敬雄	佘日建	佘日森
张婉婉	张育群	张传标	张辉贤	陈宏文	陈增辉	陈章彬	陈发展	陈健全	陈锡灿
陈丽月	陈垂汉	苏文露	郑文芳	林冬清	林丽娜	林　烟	林振海	林美芳	林进全
林世雄	林世雄	林明崖	林育英	林俊龙	林辉煌	林德雄	林再满	林建昌	林玉燕
周培祥	施雅心	施文革	施心新	洪天恩	洪维陆	洪少培	洪荣周	洪俭治	洪志愿
侯建阳	侯真真	俞金树	高文扬	郭震霆	郭晓锋	郭梅果	郭幼芬	徐梨苹	黄春辉
黄勇溪	黄明瑄	黄世波	黄明奎	黄其安	黄金山	章明丽	龚金镇	龚英雄	龚万雄
董发达	曾国志	傅胜伟	谢铭峰	谢建财	谢家享	蔡文博	蔡仁义	蔡文池	蔡自力
蔡丽永	蔡鹏程	蔡孝秋	蔡秀轻	蔡世进	蔡亚华	蔡清淳	蔡永胜	蔡鸿仪	蔡文焕
蔡德胜	蔡鸿强	蔡建五	蔡美冷	蔡丽明	蔡贤良	蔡建兴	蔡清墩	蔡清宗	蔡英展
蔡鸿玲	蔡跃殊	蔡祥山	蔡炳彬	蔡世榥	蔡加榜	蔡国世	蔡金顶	蔡凸纱	颜鸿瑜
戴小芬									

中国人民政治协商会议第六届石狮市委员会常务委员会工作报告

（2016 年 12 月 15 日在政协第七届石狮市委员会第一次会议上）

政协主席 李丽月

Chinese People's Political Consultative Conference
The Sixth Shishi City Committee of the Standing Committee
Work Report
Li Liyue

五年工作回顾

第六届市政协的五年，是全市上下同心同德、克难奋进，社会主义经济、政治、文化、社会和生态文明建设取得新成就、迈上新台阶的五年，也是我市人民政协事业蓬勃发展，工作全面推进，取得显著成果的五年。五年来，在中共石狮市委的领导下，市政协认真贯彻执行党的路线、方针、政策和省、市委重大决策部署，牢牢把握团结和民主两大主题，认真履行政治协商、民主监督、参政议政职能，动员组织各党派团体和各族各界人士，团结带领广大政协委员，齐心协力谋发展、尽心竭力惠民生、凝心聚力促和谐，共召开全体会议 6 次，常委会议 26 次，主席会议 50 次，形成主席建议案和社情民意专报件 90 份，委员提案立案 1161 件（其中重点提案 26 件），为推动石狮市经济发展、民生改善、社会和谐，为积极扩大公民有序政治参与、统筹推进社会主义民主政治建设作出重要贡献。

一、商以求同、守正出新，打造聚智政协

（一）紧扣核心，找准协商切入点

虚功实干，提高整体协商水平。聚众智“虚”功巧做，搭舞台“实”功真干。政协全会前，组织委员深入一线、把脉社情，会中，激励委员大胆发声、建言献策，会后，归纳委员意见建议，呈供专报。五年来，扣紧全市大政方针和全局重大问题等充分协商，围绕“转变发展方式、统筹城乡发展、改善生态环境”等广泛协商，借力“大会发言、分组讨论、对面交流”等建言协商，提出有价值的意见建议 500 多条，不少已被纳入市委决策。

精耕细作，加大专题协商力度。紧紧抓住党政亟待解决、群众普遍关注的问题，精准发力、精心谋划，有重点、有步骤地开展专题协商，先后就“经济运行、反腐倡廉、招商引资、交通建设、旅游发展”等专题展开热烈协商，所提的 200 多条意见建议多数被采纳。

同频共振，拓展对口协商领域。与市委、市政府联合印发《调整党政部门与政协对口联系的通知》。从全市改革发展的高度、部门创新治理的角度，与各单位在互相交流中达成明确共识、在知识互补中形成思维共振、在增强认同中实现科学决策；各专委会结合自身特点，组织“专家型”委员走访政府部门，确定解题发力点和破题支撑点；引导委员早知情、广知情、深知情，就“十三五”规划、七五普法、税收征管、质量监督、食品安全等与相关单位共谋篇、同议事；

2016 年 12 月 15 日，石狮市政协主席李丽月在政协第七届石狮市委员会第一次会议作常委会工作报告
（图 / 政协办）

市委、市政府就“召开民主生活会、人事调整、重点工程项目”等主动上门协商，政协领导利用市委常委会和重点工作督察之契机，合理建议、共话改革，实现协商纵深扩展。

（二）服务发展，找准议政立足点

深入实际，调研献策服务发展。求精品、重质量，精选市委市政府重视、人民群众关注、政协有能力做好的课题。五年来，相继开展“助推‘质量石狮、二次创业’”“美丽石狮”“助推石狮全域城市化发展”“顺应新常态，实现新跨越”“助力实业强市，推动跨越发展”等年度专题调研，并主动承担市委年度重点课题调研、泉州政协常委会专题调研任务，提交调研报告100余篇；各专委会彰显“小型、专题、实效”特色，组织委员开展调研50余次。其中，《关于石狮古民居保护的建议》《关于加大力度推进学前教育规范发展的建议》《规范小区物管服务　创新社会治理方式》等7篇文章刊登于《石狮研究》；《关于健全社会救助体系“四种机制”的几点建议》在泉州市政府与市政协协商会上做重点发言；《大力发展我市服装电子商务》被推荐为十一届泉州政协三次会议发言材料；《把握新常态　推动泉州纺织服装业转型升级》获市委朱启平书记重要批示，与《关于石狮全域城市化的思考》《关于推进司法公正提升公信力的探讨》等11篇调研报告在泉州政协常委会作出交流，为促进全市深化改革献计出力。

跟踪问效，视察资政促进发展。把听政、问政、资政作为协商民主的重要手段，资“政之制定”、资“政之实施”、资“政之问效”。鼓励政协委员带着“问题”出发，开展“监督”调查，对重点项目建设和重大民生工程进行专题视察与跟踪问效。五年来，扣准“主导产业培育、农贸市场整治、物质文化保护”等50余条线索，突显问题导向、强化短板意识、叩诊社情民事、寻求释惑良方。

主动融入，参与中心助力发展。坚持有为、有位、有畏，为促进科学发展、跨越发展鼓实劲、出实力、干实事。五年来，市政协领导累计挂钩32个重点项目和重点企业，在旧城改造、片区建设领导小组中担任重要职务；参与海博会、泼水节组织接待，帮助协调解决项目建设困难；政协机关干部积极投入旧城改造、文明创建、安全生产和防抗台风工作，出色地完成交付任务。切实做到市委市政府有决策、有部署，市政协就有呼应、有行动。

（三）开拓创新，找准履职突破点

完善委员履职管理办法。政协委员来自社会各方，闻道有先后、术业有专攻。五年来，我们致力于发挥委员龙头作用，以“各有所长、百花齐放”为方向，以“量力而行、尽心而为”为准则，对委员的知识结构、资源优势、个体素质和参政能力进行深度梳理和综合考量。2015年，创新出台石狮市政协《委员履职积分管理办法》，对委员参会视察、呈送提案、撰写调研、反映社情等量化计分并汇总排序，以此作为推荐提名的参考依据。2016年，又对该《办法》加以修订完善，进一步激发委员的使命意识、责任意识、担当意识，激励其正确履职、主动履职、高效履职。

建立委员联系群众机制。制定《关于建立政协委员联系群众制度的实施意见》，设立与群众联系的两条路径、三种方式和三项内容，旨在更好地发挥政协在加强和创新社会治理中的独特优势，“努力让群众感到政协离自己很近”，更好地协助党委、政府体民情、映民意、集民智，为百姓呼声、为群众谋福。

改进政协常委会议形式。预先组织调研、一看、二听、三议，切实做到常委会前扣准要害、知情明政，常委会中言之有物、言之有据。五年来，分别邀请市政府、市纪委、法院、检察院、公安局、教育局等20多个单位参与通报。围绕“提案办理、纪检监察、审案办案、教育教学”等主题展开讨论、商议，为委员提供发声、阐理平台。整理递交了《关于按实计征执行情况的反馈及建议》《扎实做好“七五”普法工作的几点建议》等，引起各级高度重视。

五年来，我们笃行务实、创新求变，把正方向、唱好新曲。2015年，石狮市政协多次代表基层政协组织在福建省政协主席学习培训会、泉州市政协主席会、泉州市委“协商民主”交流会上做典型发言。交流材料《优化政协智库　谋划区域发展》发表于省《政协天地》及《泉州政协》杂志，《借势“四轮驱动”助力“协商民主”》被泉州《侨区快讯》刊登，《协商民主新常态　谋划发展新作为》被节选刊发于《泉州晚报》。

二、以民为本、兼听纳谏，打造亲民政协

（一）关注民生，提案落地显民意

健全完善办理督办制度。以提案聚焦民生热度、丈量民意厚度、彰显民主深度。全会召开前，为委员选好题、开好篇、立好局，使提案更具针对性、实用性和操作性。通过出台“实施办法”、修订“考评细则”、列入“绩效考核”等规章方案，实行“主办单位评议协办单位、承办单位评议提案质量、提案人评议承办单位”等互评制度，采取“市政府副市长领办、政协副主席领衔督办重点提案，市政府督查室与政协专委办加强督办、‘回头看’跟踪督查”等创新举措，不断促进提案办理成效落实与成果转化。

健全完善联系沟通制度。融合部门共振力量，建立完善政协提案部门与承办单位联系沟通联动机制，为提案人和承办单位当面沟通创造条件。多次组织召开重点提案办理协商会，邀请市分管领导、政协领导，市直有关部门负责同志及部分政协委员四方共同参与，共同商榷，有力推动提案建议的督办落实。换届以来委员的一千余件提案，办复率、满意率均达100%。

健全完善激励表彰机制。通过开展优秀提案评选表彰活动，激发委员“言官”多发声、“笔官”勤挥墨，营造社

会广泛关注、积极参与、大力支持政协工作的良好氛围。市政协六届一次会议以来，《关于设立石狮市文化艺术精品创作“醒狮”奖的建议》《关于破解“停车难”问题的建议》《关于进一步采取措施,保护有价值的闽南古民居的建议》等重点提案的落实办理，推动了一大批民生问题的妥善解决。

（二）善集民智，反映社情唱民歌

拓宽收视渠道。围绕党政关注的重点、群众关心的热点、改革发展中的难点及未引各方注意的冷点，有意识地从委员提案、调研、视察、督查中收集信息，转化为社情民意；有目的地在全会现场、小组讨论、专题座谈和大会发言中发现信息，上报《委员建言》。开展了“规范提升物业管理”重点调研，聚焦“行政区划不适应发展需求，住宅小区成为社区管理服务盲区”的问题，提交主席建议案《关于调整中心市区行政区划 创建和谐居住小区的建议》，获市委重要批示并转办。

助力反馈到位。实行社情民意信息办理反馈责任制和追究制，为推动协商成果有效落地搭建平台。五年收集社情民意信息 300 多条，均得以批示采纳，并在实践转化中有力冲破阻滞点、有效化解触痛点。其中《关于切实解决血库“o”型血液“血荒”的建议》《关于切实解决外来人口子女就地参加高考的建议》等被泉州政协转报福建省政协。

推动掷地有声。联合市委、市政府印发《关于做好政协社情民意信息办理反馈工作的意见》，力争社情民意“件件有着落、事事有结果”。2013 年提交《关于进一步强化殡葬改革的建议》后持续给予关注。2015 年，组织政协常委会针对“厚养薄葬”协商建言，有力推动石狮文明办丧新风形成；2013 年，针对群众反映的上学难问题，分别召开十几场座谈会，深度调研后提交主席建议案《关于教育优先均衡发展的建议》，直指问题症结，上报多条建议。此后，政协常委会又专题听取教育通报，集合众智、多方协商，促使“招生制度、办学模式”改革新政实施，促成“联中”“凤里”两所学校更名。

（三）体察民情，广接地气惠民心

政协机关统筹协调，深入基层服务群众。秉承“坐而论道不如起而行之”的理念，发挥“联系面广、覆盖面大”的优势，组织开展 “履职为民、服务百姓”系列活动，为群众诚心诚意办实事、尽心竭力解难事、坚持不懈做好事，结对帮扶贫困户 66 户，每年组织义诊、助学、慰问、捐赠、文化下乡活动等 10 多场，为协助党委、政府化解矛盾、凝聚人心、维护稳定奉献一己之力。

扎实开展志愿服务，助推城市文明新风。分别成立政协机关志愿服务队和“阳光公仆志愿服务队”。组织机关党员参与交通劝导、清明祭英烈、赈灾募捐等志愿服务活动；六届一次、五次会议期间，开展“文明餐桌”倡议书签名活动，印发《厉行节约、热心公益倡议书》，引导与会人员简办喜事、破旧立新、移风易俗、回报社会；支持各界委员立足行业施展拳脚、躬身基层发挥特长，为增进民生福祉、促进社会和谐作出贡献。市政协委员蔡佳定 2013 年被省人民政府授予“福建省华侨捐赠公益事业突出贡献奖”，吴文广获泉州首届“社区最美助老志愿者”称号，蔡和平获评“泉州优秀农村实用人才”，洪香坛、蔡芳臻分获石狮市首届“劳动模范”和“先进工作者”。

一线组织发挥优势，扶贫救困积极奔走。五年来，各委员活动组结合本地实际，帮扶病灾病残、贫困学子、孤寡老人超 700 人次，累计发放各种慰问金 150 余万元；凤里活动组为辖区低保户送爱心年货，推动慈善工作常态化；湖滨活动组联合南音协会，与古浮慈爱养老院同庆七一、共颂党恩；灵秀活动组延续“金秋助学”优良传统，助贫困学子圆大学梦；蚶江活动组参与“石狮有爱・情系阿里”募捐，为西藏阿里巴嘎乡藏胞解决喝水难题；宝盖活动组爱心助读，为镇中心校赠阅图书传递书香力量；永宁活动组与佛教协会、洛伽寺联合开展“关爱残疾人”慰问，弘扬“行善济民”精神；祥芝活动组积极探索老年协会管理体制、为老谋福，敬老助老蔚然成风；鸿山活动组定期帮扶弱势群体，为孤寡老人和困难户雪中送炭；锦尚活动组情系辖区群众和外来人员，义诊活动有声有色。

三、兼容并蓄、聚合发力，打造和谐政协

（一）深化主题，经促联谊扣重点

围绕加强与各民主党派的联系做好工作。以政协会议为平台、以调研视察为载体、以界别活动为纽带，营造民主和谐履职环境。坚持市政协领导联系走访各民主党派制度，主动邀请民主党派和工商联成员参与提案督办、民主评议等活动，为其有效参政创造便利条件；鼓励党派界别委员多渠道开展“发展社会养老”“规范民间标会”“提升交通质量”“助力海洋渔业”“加快产业转型”等调研，为其明情议政提供更广空间。五年来，各民主党派共提交集体提案 710 件，大会发言材料 25 篇，为我市改革发展稳定提供智力参谋。

围绕促进民族团结与宗教和睦做好工作。充分发挥民族和宗教界委员的作用，切实维护民族团结、宗教和睦和社会稳定。通过走访民族宗教场所、看望民族宗教人士、参加宗教庆典等活动，加强联系沟通，帮助协调问题。台港澳侨民宗委为民族村经济建设尽心竭力，多次深入调研，撰写形成《郭坑回族村发展集体经济的实践与思考》，引起相关单位高度重视。

围绕增进做好港澳台侨胞情谊做好工作。多方创造侨亲交集、多面凝聚侨胞联谊，把广大海外侨胞、归侨、侨眷的智慧力量凝聚到城市建设和实业强市发展战略上来；组织香港、澳门委员活动组在我市召开座谈交流活动，与其共话和谐、共叙发展；协助开展参观视察、积极解决有关困难，为侨亲奉献桑梓、回报家乡提供优质服务。

（二）多方联合，对外宣传树亮点

增强宣传实效。与兄弟政协友好互往、资源互通、成果互享。配合全国、省、泉州市政协开展“高等教育质量建设”“健全社会救助体系”“完善泉州市生态文明建设体制改革”“减轻基层组织负担”等专题调研，接洽广东、江西、安徽等地政协学习考察活动；成功承办泉州市、县两级政协主席工作座谈会，使之成为宣传石狮科学发展、展示政协良好风采的平台。

搭建宣传载体。举办“喜迎党的十八大”书法作品展、知识竞赛等系列活动，充分反映建市以来石狮经济社会的巨大变化及各界政协委员的风采业绩；成立并依托石狮政协之友书画院，先后承办福建省首届“八闽丹青奖”获奖书法家作品邀请展、“全国第十一届书法篆刻展获奖作者暨福建省参展作者石狮精品展”、民主党派纪念“五一口号”65周年摄影展、“五洲杯”政协之友摄影展、石狮政协文史老照片展等；在福州、泉州、石狮等地参与主办“林景辉书法作品展”“任汉平书法作品展”“诗书影联辉—蔡宗程昆仲作品展”“灵秀风采”摄影作品展；市政协委员活动中心投入使用，为各参加单位、各位委员学习交流、开展活动、联络交友等提供更好平台。

突出宣传特色。横向开拓、纵向延展，积极探索新形势下政协宣传工作的新方法。借助媒体采访报道，反映政协“政治协商有方、民主监督有力、参政议政有为、团结合作有位”的履职担当；在《石狮日报》开设“政协之窗”专栏352期，多角度宣传政协组织和委员履职的工作成就；开通“政协之窗”公微号，使之成为联系委员、广纳群言的快捷通道；在各县市区中率先以“特别策划”形式推出《泉州政协》“石狮政协”专栏，集中展示参政议政丰硕成果；修订完善《政协宣传信息工作办法》，编发《石狮政协信息》38期。其中《下基层、解民忧》《石狮市出台政协提案办理工作评估考核实施细则》《弘扬闽台对渡文化 助推东亚“文都”建设》等多篇稿件被《人民政协报》、省《政协天地》等采用。

（三）精粹精集，文史研究有特点

优化资源，以文会友。在泉州地区率先成立县级政协文史资料室，收藏全国各地文史资料2000多册；融合新兴媒介与传统媒体，与市文体局、图书馆联合，扫描制作22册政协文史资料电子文本，即时即地在线传阅、有力提升传播频率。配合市纪委编辑出版《廉政灯谜评析》；配合有关部门出版石狮奥运选手杨丽婉夺冠历程书刊——《妈妈，我终于看到国旗升起来了》；支持文史委成员李天锡教授出版《石狮文史散论》；参与《石狮文化丛书》《石狮方志》《石狮导游词》等书编撰工作。

培养人才，以学促进。努力打造一支既有专业知识，又能沉静心怀的文史人才队伍。邀请泉州市政协文史委原副主任王明健就“政协文史资料编撰”进行传道授业；以“宗祠文化”为题，邀请泉州市文物研究中心原主任陈鹏鹏、石狮市博物馆馆长李国宏讲授“石狮宗祠编写要点”“修谱祭祖之祠堂文化”课程；邀请泉州市文联原主席陈日升开设“认识文化泉州”讲座，取得较好反响。

广泛征编，以史传情。充分发挥“存史、资政、团结、育人”作用，编撰出版《石狮侨影》《石台亲缘》《鳌城稽古》《石狮宗祠》（上、下册），保存石狮一批珍贵的政治、经济、文化和历史人物史料。其中，《石狮侨影》《石台亲缘》《鳌城稽古》等正式被中国国家图书馆、中国政协文史馆收藏。

四、筑牢支点、固本强基，打造效能政协

（一）强化政治引领，筑牢思想凝共识

始终把思想政治建设放在首要位置，加强政治理论学习，按照创建学习型组织的目标要求，组织开展主题鲜明、内容丰富、形式多样的学习培训和主题教育活动，引导广大政协委员深入学习中国特色社会主义理论体系和社会主义核心价值体系，深入学习中共十八大及其中央历次全会精神，深入学习习总书记系列重要讲话精神，努力在学深学透、落实见效上下功夫；通过集中座谈交流、撰写心得体会等方式，深刻领会各种新思想、新观点、新论断，尤其是深度理解关于完善协商民主制度和工作机制的新论述、新要求，进一步巩固共同思想政治基础，引导政协委员自觉把思想和行动统一到中共中央、省委和市委各项决策部署上来，确保政协事业沿着正确方向前进。

（二）强化业务学习，充实头脑勤履职

着力提升机关党建质量。扎实开展党的群众路线、“三严三实”“两学一做”学习教育实践活动，做到四有四落实：有学习计划、有学习资料、有学习记录、有学习体会。落实学习时间、学习内容、学习人员和学习效果；举办市政协党组学习教育实践活动和反腐倡廉警示教育活动15场，市政协领导带头发挥促学作用，到分管、挂钩单位上党课10余次；带头开展自我批评，深入查摆在思想境界、素质能力、作风形象等方面的不足，带头以严为尺、以实为标、以学促改。

着力提升政协委员素质。一是持续给委员“滋养”：邀政协领导为新一届政协委员作“政协基础知识”及“提案撰写”培训，引领智慧升级；请省《政协天地》杂志社主编许和农、泉州市委党校副教授林常颖等作《发挥“三个作用”，努力当好委员》《深入领会“四个全面”的战略布局》辅导，演绎头脑风暴；注重将集中学习与推动委员自学相结合，学习文件与组织报告会相结合，力求学习效果锦上添花；组织至先进地区企业学习取经，力增“委员智库”含金量值。二是充分让委员“知情”，把握“上情”：根据委员界别和研究方向，召开部门工作通报会议，形成部门为委员供给信息，委员给部门支招献策的良性互动；掌握“下情”：要求各委员活

动组制定联系群众方案，解决社情民意从群众到委员“最后一公里”问题；了解“外情”：长年为委员订阅《政协天地》《人民政协报》《泉州政协》《政协信息》等刊物，助其全方位知政事、清时事。

着力提升政协干部素养。坚持机关学习制度，一以贯之、持续给力，切实做到年初有计划、每季有专题、每月有安排；大力强化“本领恐慌”意识，大力倡导“终身学习”理念，借主席（党组）会议、常委会议、专委会议、委员活动组会议、机关例会之机，在学习中融会贯通、在工作中真抓强干。获“福建省政协信息工作先进单位、泉州市文明单位、石狮市先进基层党组织、石狮市党建工作先进单位、石狮市‘书香单位’”等荣誉，在石狮市年度绩效考核中多次取得“优秀”等次。

（三）强化队伍管理，内外联动立形象

转变机关工作作风。全面贯彻落实中央八项规定精神、厉行勤俭节约、反对铺张浪费，端正会风、文风、学风。将市政协六届三次会议议程结合于政协常委会、活动组例会和委员培训会议中，使会务灵活简便、规范有序，受参会人员和社会各界好评；将俭办会务、精简会议的经费用于扶贫济困、助医助学公益活动，持续传递正能量、凝聚爱能量。

科学规范工作方式。内强队伍、外塑形象，以改革创新精神谋划机关自身建设。主动向市委提出机构改革方案，把内设机构调整为5个正科级办公室，并配强各办人员；努力探索促进党派合作的有效途径，不断创新彰显界别特色的有效载体，深入拓展委员发挥主体作用的有效平台，积极尝试专委会展现基础作用的有效方法，推动政协工作不断向“制度化、规范化、程序化”迈进。

持续完善工作体制。抓好联络协调、优化后勤保障、创新服务载体、延伸服务渠道。修订完善“主席会工作规则、专委会工作规则、活动组管理规定、机关考勤规范”等十几项管理制度；严格执行“财务审批、物品采购、接待服务”等十二项业务制度，建立政务公开机制，强化机关工作目标责任管理，进一步提升干部队伍的执行力、战斗力与服务力。

回顾五年历程，成绩来之不易、经验弥足珍贵。这是中共石狮市委正确领导的结果，是市人大、市政府大力支持的结果，是全市各级政协组织协作配合的结果，是市政协各参加单位、全体政协委员和政协工作者团结奋斗的结果，是社会各界和广大人民群众积极参与的结果。在此，我代表六届市政协常委会表示衷心的感谢和崇高的敬意！

在看到成绩的同时，我们也清醒地认识到工作中存在的问题和不足：如，协商制度的落实有待强化；民主监督的实效亟待增强；成果转化的力度急需加大；部分界别的作用尚待发挥；委员履职能力和积极性亟须提升；机关服务水平仍需提高；与兄弟政协的联动合作还需加强等。这些，需要我们在以后的工作中加以重视、研究和改进。

主要工作体会

政协工作者是严谨细致的言官，也是胸怀大志的笔官。要发出政协好声音、用好政协好笔头，既要脚踏实地、埋头苦干、勤政廉洁，更要善于思考、勇于探索、敢为人先。五年来，我们紧密结合实际，创新创业创造，积累了一些经验，也收获了一些体会：

一、坚持党的领导，是政协创新发展的根本保证

只有自觉接受党的领导，围绕党委的重大决策和部署，充分发挥政协党组在政协组织中的领导核心作用，把握政协的独特地位，找准政协的工作方位，始终保持与市委目标同向、思想一致、工作合拍，方能认清使命、顺应民心，有为有位。

二、坚持围绕中心，是政协协商民主的基本原则

只有坚持紧扣中心、倾情履职，按照市委“创新转型 实业强市”战略，选准结合点、发力点和切入点，才能真正提升服务大局的成效，切实提升协商民主的实效；只有坚持以人为本、履职为民，把党的群众路线贯穿于政协一切工作之中，传民意、诉民愿、解民困，才能真正理顺情绪、促进和谐。

三、坚持团结民主，是政协薪火相传的永恒主题

团结民主是社会和谐稳定的基础，是改革发展的源泉。五年来，我们牢牢把握团结民主主题，坚持广开言路、集思广益、求同存异、兼容并包，不断扩大公民和社会各界有序政治参与，调动一切积极因素，积极搭建各种意见观点交汇、交流、交融平台，从而营造了团结民主、宽松和谐、奋发向上、生动活泼，心往一处想，劲往一处使的良好氛围。

四、坚持委员主体，是政协凝神聚智的关键所在

委员是政协的主体、是政协的智库、是政协的精气神。五年来，我们有目标地利用各界别独立性强、专业性强的特点，组织其对社会热点、难点、重点求良策；有针对性地利用各党派、各阶层、各团体、各条战线的特色，组织其对横向的规划性问题、纵向的长远性问题、深层的前瞻性问题作出理性分析；更大化地利用政协集体智慧形成合力的优势，深度思考、深度谋划，为全市经济社会发展提供了智力支撑。

五、坚持与时俱进，是政协永葆生机的引擎驱动

创新是民族进步的灵魂，是国家兴旺发达的动力，也是政协工作不断前进的活力。要切实做到继承与创新有机结合，既总结提炼过去的成功经验，又不断以思路创新、理论创新、方法创新、体制机制创新推动工作创新；要始终坚持以各专委会为“中心”，以各领域专家学者为“核心”，以全面深化改革为“准心”，在提出选题的深度、切中要害的程度、提案报告的质量上求新求变，继续为科学决策支新招、献真言、谋远略。

今后工作建议

各位委员，同志们，今后五年，是我市全面建成小康社会，全面实施“十三五”规划，加快建设宜居宜业滨海城市的关键时期。立足新起点、实现新作为、作出新贡献，是时代赋予七届市政协常委会的崇高使命和光荣职责。新一届政协要全面贯彻中共十八大及其中央历次全会和习近平总书记系列重要讲话精神，围绕市第七届党代会总体部署，不断夯实共同思想基础，不断提升议政建言能力，不断提高工作科学水平，更好发挥协调关系、汇聚力量、建言献策、服务大局的重要作用，以优异成绩向建市30周年奋进！

一、加强学习引导，在夯实思想政治基础上取得新成效

要把学习贯彻党的十八届六中全会精神作为人民政协的首要任务，牢固树立政治意识、大局意识、核心意识、看齐意识，要把学习贯彻十八届六中全会精神与政协工作实际相结合，充分发挥人民政协协商民主重要渠道作用，更好履行各项职能.要以高度的政治自觉，切实把思想和行动统一到中央和市委的决策部署上来，把智慧和力量凝聚到建设宜居宜业滨海城市的宏伟目标和各项任务上来，努力为我市的转型大业建睿智之言、献务实之策、尽精诚之意，进一步夯实同舟共济谋发展、团结奋进促转型的思想政治基础。

二、贯彻发展理念，在全面建成小康社会上展现新作为

要把促进科学发展作为根本任务，主动把政协工作融入全市发展大局，更好地为石狮市改革发展献计出力。一是着眼全局，增强议政建言的实效性。密切关注国际、国内形势变化对我市发展环境的影响，深入研究经济发展的结构性和产业特点，选择综合性、全局性的重大课题开展专题调研和协商议政，围绕促进我市产业转型升级协调发展、提升经济整体竞争力和可持续发展水平等重大问题提出建设性意见。二是突出重点，增强服务发展的针对性。把政协履职重点放在推动全市工作重点上，紧紧围绕我市总体工作布局，把握调结构、转方式、惠民生主攻方向，深入开展议政、建言，为全面提升我市经济社会发展水平作出积极努力。

三、紧扣两大主题，在促进社会和谐稳定上做出新贡献

团结民主是人民政协的本质属性，也是人民政协继往开来的重要使命。在新形势下，我们要积极承担增进团结、发扬民主的历史责任，充分调动社会各方面的积极性和创造性，共同为建设滨海新石狮而奋斗。一是关注民生，服务群众。要把实现好、维护好、发展好人民群众的根本利益作为政协工作的出发点和落脚点。紧紧围绕“教育普惠均衡发展、医疗卫生事业改革、食品药品质量安全”等事关群众切身利益的问题开展调研视察，积极向党委政府反映社情民意，努力让人民群众过上更加美好幸福的生活。要把促进民生改善作为提案工作的重点，选择与人民群众要求最迫切、利益最直接、覆盖面最广、操作性最强的问题做重点提案，加大协商办理力度。要加强对党委政府确定的民生实事落实情况的民主监督，协助党委政府做好保障改善民生工作。二是深化合作，促进和谐。充分发挥人民政协爱国统一战线组织作用，积极推进各党派团体和各族各界人士的团结合作，着力促进政党关系、宗教关系、阶层关系、海内外同胞关系和谐。积极促进公民有序政治参与，努力为各民主党派、各界人士协商议政创造条件。积极开展联合调研视察，加大党派提案督办力度，充分发挥各民主党派在政协工作中的优势和作用。三是完善制度，凝聚合力。建立和完善界别联系群众机制、社会舆情汇集反映机制。组织委员深入基层、深入实践、深入群众，围绕群众思想困惑点、利益关系交织点、社会矛盾易发点，深入做好政策宣传、解疑释惑、化解矛盾，努力营造和谐稳定社会环境，促进我市经济社会健康有序运行。

四、着力“三化”建设，在推进政协协商民主上创造新业绩

要以工作创新为动力、以自身建设为保障，进一步提升政协工作科学化水平。一是推动政协履职创新。要完善协商工作机制，着眼于发挥政协“协商民主”渠道作用，健全协商制度、丰富协商形式，深入推进专题协商、对口协商、界别协商、提案办理协商。要创新监督工作机制，积极探索民主监督的有效途径，寓民主监督于协商、调研、视察、反映社情民意等履职活动中，加大重点提案督办力度，提高合理化建议采纳落实率。要完善调研工作机制，对重点课题实行系统联动和内外联动，邀请党政有关部门共同参与，提高政协资政建言水平。二是激发委员队伍活力。要加强对委员的学习培训和服务管理，强化政协智库建设，打造一支高水平、专业化的政协智囊团。要不断激励广大委员以高度的政治责任感和历史使命感，积极投身本职工作和政协事业，切实履行职责，充分发挥作用。三是创优机关服务保障。着力增强大局意识、服务意识和责任意识，着力打造“政治坚定、作风优良、学识丰富、业务熟练”的高素质政协干部队伍，着力提升服务水平和统筹协调能力，为政协更好履职奠定坚实基础。

各位委员，海阔潮涌正当时，踏浪扬帆启新程！让我们更加紧密地团结在以习近平同志为核心的中共中央周围，在中共石狮市委的坚强领导下，高举中国特色社会主义伟大旗帜，凝心聚力、攻坚克难、锐意进取，为共同创造石狮人民更加美好的幸福生活，作出新的更大的贡献！

石狮市政协七届一次会议开幕

The First Session of the Seventh Shishi City CPPCC Municipal Committee Held

黄春辉发表讲话　　李丽月作工作报告

政协第七届石狮市委员会第一次会议12月15日上午在雄壮的国歌声中隆重开幕。受市委书记朱启平的委托，市委副书记、代市长黄春辉作了讲话。第六届市政协主席李丽月，第七届市政协第一次会议主席团常务主席林自育、郭丽莲、陈贤明、丁东福、陈东华，市领导陈贻萍、上官跃进、庄玉海、林天虎、林振海、陈元生、张鸰翔、蔡天守、林希妍、方章成、杨德才、施心新、吴清木、吕培榕等在主席台前排就座。

市政协七届一次会议应出席委员182人，因事因病请假10人，实到委员172人，符合政协章程规定。受市政协六届常委会委托，李丽月向大会作工作报告，吴清木作六届市政协五年来提案工作情况的报告。

黄春辉首先代表中共石狮市委，向大会的召开表示热烈的祝贺！向出席会议的新一届市政协委员，以及应邀出席、列席会议的同志们致以诚挚的问候！

黄春辉说，过去五年，面对严峻复杂的宏观形势，全市上下认真贯彻落实中央、省、泉州市的决策部署，统筹推进稳增长、促改革、调结构、惠民生、防风险各项工作，经济社会持续快速健康发展，“质量石狮”建设取得重大成就，经济综合实力跃居全国中小城市百强第16位，城市建设日新月异，社会事业繁荣进步，人民生活水平不断提升。这些成绩的取得，是全市上下团结奋斗的结果，也凝聚着市政协及各位委员的智慧和力量。五年来，市政协始终坚持党的领导，紧扣团结和民主两大主题，认真履行政治协商、民主监督、参政议政职能，为全市改革发展稳定作出了不可替代的重要贡献。特别是在充分发挥“人才库”“智囊团”优势，主动服务和参与市委、市政府中心工作；积极参政议政，围绕产业转型升级、供给侧结构性改革，深入开展调研、视察活动；创新提案工作机制，注重反映社情民意，积极参与行风政风评议；加强同各民主

中国人民政治协商会议第七届石狮市委员会第一次会议　（图/政协办）

党派、工商联、无党派人士以及社会各界联系，增进与港澳台同胞和海外侨胞交流合作等各个方面，都开展了大量工作，付出了辛勤汗水，取得了显著成效。对六届市政协的工作，市委是满意的，是充分肯定的。

黄春辉指出，市第七届党代会确立了今后五年全市工作的指导思想、奋斗目标和主要任务，提出了“创新转型、实业强市、建设宜居宜业滨海城市”的重大战略部署。全面落实党代会确定的目标任务，需要全市干部群众团结拼搏、励精图治。希望七届市政协和广大政协委员以昂扬向上的工作激情，积极参政、主动作为，共同推动石狮发展再上新台阶。一要服务大局，建功立业。今后五年是石狮创新转型、跨越发展的历史机遇期，也是调整结构、转换动力的重要窗口期。这个阶段，改革创新是最鲜明的特征，转型发展是最紧迫的任务。市政协和广大政协委员要进一步增强大局意识和责任意识，自觉服从和服务于全市工作大局，紧紧围绕上级的部署和市党代会提出的坚持“六个必须”和“发展壮大实体经济、建设宜居宜业城市、推动社会和谐发展、激活改革创新动能”等四大方面的工作，切实建真言、谋良策、出实招，找准履行职能与促进发展的结合点，立足本职、爱岗敬业，出色地完成各项工作任务，为奋力开创石狮经济社会发展新局面作出更大的贡献。二要团结联合，凝心聚力。在新一轮的发展中，市政协要倍加顾全大局，倍加珍惜团结，突出团结和民主两大主题，深入进行调研视察、协商议政，开展民主监督，加强民主协商，积极协助市委凝聚各方智慧和力量，共同为石狮事业打拼。要认真听取和反映社会各界人士的意见，做好增进共识的工作，使政协真正成为发扬民主的平台，寻求最大公约数，汇聚改革发展的强大正能量。三要振奋精神，增强素质。新一届市政协要主动适应新形势、新任务的要求，牢固树立“四个意识”，加强学习研究，加强自身建设，加强廉洁自律，不断提高政治把握、调查研究、联系群众、合作共事的能力。特别要在推动实体企业创新发展、金融风险防控、海岸带开发建设、全国文明城市创建、生态文明示范区建设、民生幸福共享，以及历史遗留问题的解决等方面，协助市委、市政府把民意了解得更真切，把政策制定得更确切，把工作做得更贴切，更好地推动全市重要工作的部署、重大项目的建设、重点任务的完成。

黄春辉强调，人民政协是党的工作的重要组成部分。市委将一如既往地重视支持政协工作，把加强政协工作作为总揽全局的重要内容，与中心工作同研究、同部署、同落实，确保人民政协政治有地位、建言有机会、出力有舞台。同时，积极支持政协开展调查研究和视察、考察活动，主动为广大政协委员知情明政、建言资政、参政议政营造良好环境。各级各部门要自觉接受政协民主监督，虚心接纳批评意见，切实改进工作作风，不断提高工作水平。

李丽月所作的工作报告分三部分：一、五年工作回顾；二、主要工作体会；三、今后工作建议。报告回顾总结了五年来的工作：一、商以求同，守正出新，打造聚智政协；　二、以民为本，兼听纳谏，打造亲民政协；三、兼容并蓄，聚合发力，打造和谐政协；四、筑牢支点，固本强基，打造效能政协。报告中指出，今后五年，是石狮市全面建成小康社会，全面实施“十三五”规划，加快建设宜居宜业滨海城市的关键时期。立足新起点、实现新作为、作出新贡献，是时代赋予七届市政协常委会的崇高使命和光荣职责。新一届政协要全面贯彻中共十八大及其中央历次全会和习近平总书记系列重要讲话精神，围绕市第七届党代会总体部署，不断夯实共同思想基础，不断提升议政建言能力，不断提高工作科学水平，更好发挥协调关系、汇聚力量、建言献策、服务大局的重要作用，以优异成绩向建市30周年奋进。为此，重点要抓好四方面工作：一、加强学习引导，在夯实思想政治基础上取得新成效；二、贯彻发展理念，在全面建成小康社会上展现新作为；　三、紧扣两大主题，在促进社会和谐稳定上作出新贡献；四、着力“三化”建设，在推进政协协商民主上创造新业绩。

会上，还进行了大会专题发言。

（记者 许小雄、谢　艳、颜华杰）

石狮市政协七届一次会议胜利闭幕

The First Session of the Seventh Shishi City CPPCC Municipal Committee Concluded Successfully

朱启平发表讲话　大会选举产生新一届市政协领导班子及常务委员会；林自育当选为市政协主席，郭丽莲、陈贤明、丁东福、陈东华当选为市政协副主席

在圆满完成预定的各项议程后，12月16日下午，政协第七届石狮市委员会第一次会议胜利闭幕。会议号召，全体政协委员和各界人士，要紧密团结在以习近平同志为核心的党中央周围，在中共石狮市委的正确领导下，坚定信心，振奋精神，精诚团结，开拓拼搏，合力谱写人民政协事业发展的新篇章，为在更高水平上率先全面建成小康社会，把石狮建设成为更具发展质量、更富创新活力的宜居宜业滨海城市作出应有贡献！

闭幕式前，石狮市政协七届一次会议先后举行了第三次、第四次全体大会。市委书记朱启平，市委副书记、代市长黄春辉，第六届市政协主席李丽月，第七届市政协第一次会议主席团常务主席林自育、郭丽莲、陈贤明、丁东福、陈东华，市领导陈贻萍、庄玉海、林天虎、蔡天守、杨德才等在主席台前排就座。

市政协七届一次会议应出席委员182人，因事因病请假8人，实到委员174人，符合政协章程规定。第三次大会审议通过大会选举办法，审议通过大会选举总监票人、监票人名单，宣布总计票人、计票人名单；进行选举；宣布选举结果。第四次大会听取提案审查委员会关于市政协七届一次会议提案初审情况的报告；通过政协第七届石狮市委员会第一次会议决议。

石狮市政协七届一次会议第三次全体会议进行大会选举，经到会的174名政协委员采取无记名投票方式，选举产生中国人民政治协商会议第七届石狮市委员会主席林自育，副主席郭丽莲、陈贤明、丁东福、陈东华及常务委员31名。

朱启平在闭幕式上发表讲话。他表示，过去五年，市政协及全体委员主动服务市委、市政府工作大局，通过开展视察检查、建言献策、提案督办、联络联谊等活动，为促进石狮市经济社会发展作出了不可磨灭的贡献，政协团结民主的“朋友圈”不断拓展，委员履职为民的“好声音”更加响亮，赢得干部群众纷纷“点赞”。

朱启平指出，明年恰逢石狮建市30周年，在改革开放的历史机遇中，石狮开启了华丽蜕变的新纪元，直接从镇级升格为省辖县级市，从一个沿海边陲集镇发展到今天的成就。当前，石狮正处在转型升级的重要关口，全面深化改革、加快产业升级、提升城市品位、保障改善民生、创新社会治理等任务艰巨而繁重。为此，市第七届党代会提出了“创新转型、实业强市，加快建设宜居宜业滨海城市”的重大战略部署，这次市“两会”进一步描绘了我市“十三五”发展的美好蓝图。在这关键时刻，石狮要在“新福建”和“五个泉州”建设中继续打头阵、走前列，需要全体海内外石狮人同舟共济、同频发力！

政协人才荟萃、精英云集，是经济社会发展的重要“人才库”和“智囊团”，有条件、有责任发挥更大作用、作出更大贡献。希望市政协和广大政协委员更有担当、更有作为，不断释放更强能量。要深入学习贯彻党的十八届六中全会精神，牢固树立“四种意识”，强化政治定力，切实把党的决策部署贯彻到政协的各项工作中去，使党的主张和重大决策部署成为各民主党派、人民团体和各界人士的自觉行动，最大限度增进和凝聚共识，汇聚各方面智慧和力量。要主动服务改革发展大局，围绕经济社会发展的重点领域和关键环节，开展深层次的调查研究，努力在推动实体经济发展、加快宜居宜业滨海城市建设等方面，多建务实、睿智、真挚之言。要主动聚焦民生，把老百姓的冷暖作为工作出发点和落脚点，围绕教育均衡、医疗卫生、城市管理、公交提升、社会治理等民生问题，开展专题研究和协商议政活动，真正做到人民政协为人民。要积聚发展正能量，充分发挥政协大团结、大融合的优势，多做联系人、团结人的工作，切实加强对海外侨胞、港澳侨亲、归侨侨眷，特别是侨二代的联谊联系，弘扬祖地文化，增强文化认同，努力动员全世界石狮人建设石狮。同时，切实加强党派、界别、专委会、委员、机关“五位一体”自身建设，积极完善政治协商、民主监督、参政议政机制，找准协商民主与党委、政府中心工作有效衔接的新坐标，不断提高新常态下“政治把握、调查研究、联系群众、合作共事”的履职能力和水平，树立政协委员和政协工作人员良好形象。市委将一如既往地支持市政协开展工作，及时研究解决政协工作中遇到的实际困难和问题，积极营造党委高度重视、政府大力支持、政协积极作为、各方协同配合的工作格局。各级各部门要自觉接受政协的民主监督，全力支持政协开展调研视察活动，对政协提案尤其是意见建议，要虚心接受采纳，认真办理，为政协履行职能、开展工作创造条件、提供方便。

新当选的市政协主席林自育在讲话中强调，新一届市政协一定要把历届市政协的好传统、好作风、好经验传承好、坚持好、发扬好，在市委的领导下，紧紧依靠市政协领导班子的集体智慧，紧紧依靠全体政协委员的民主力量，尽心竭力、不负重托！希望各位委员按照《常委会工作报告》的具体要求，在各自的工作岗位上，勤勤恳恳干事业、一心一意谋发展，向全市人民交出一份满意的答卷。为更好完成今后工作任务，提四点要求与全体委员共勉：一、树政治坚心，做“守规矩”的明白人，把“讲政治”作为最根本的履职遵循；二、下学习恒心，做“懂政协”的内行人，把“勤学习”作为最基本的履职要求；三、秉参政初心，做“会协商”的践行人，把“聚合力”作为最真切的工作主题 四、持为民公心，做“善议政”的实干人，把“助发展”作为最核心的价值追求。

（记者 许小雄、谢 艳、颜华杰）

政协第七届石狮市委员会委员名单

The Seventh Shishi City CPPCC Committee Members List

（委员 182 名，按姓氏笔画为序）

丁东福	王汉滨	王莉萍	王明志	王熊熊	王荣柏	王克锰	王进步	王佳铁	王 足
王名用	王美满	王伟锋	王华宁	王世炎	王金响	王永权	邓灵勇	叶心凤	叶雅莉
叶立锋	卢祖明	卢文革	卢丽雅	吕 锜	吕光前	许雄飞	许文煜	许世煌	许华强
许昭挺	许天坑	许聪海	许自旭	许宝龙	刘永盼	刘德芳	华丕长	庄婉瑜	纪安心
孙文添	杨国潮	邱华民	邱建平	邱仲猛	邱华培	邱国庆	邱尚棍	邱宗煌	邱今堤
邱清雄	邱国南	邱尚坤	邱志雄	李苍墀	李灿新	李圣阳	李宗晓	李栋梁	李宗伟
李大杰	李聪颖	李 莎	吴宗顺	吴曙军	吴小锦	吴尔德	吴友金	吴荣枢	吴聪辉
吴光淼	吴立志	吴文广	吴清专	吴婉婉	吴丽欣	吴新艺	吴清清	辛炳煌	辛辉跃
佘英杰	佘圣尧	苏荣灿	苏榕榕	何世宁	张子健	张永传	陈贤明	陈东华	陈小秋
陈文豹	陈汉河	陈建设	陈健康	陈文程	林自育	林晓晖	林清丛	林景辉	林诗体
林金文	林顺建	林晓文	林 传	林志成	林鹏集	林荣银	林雅琍	林天生	林贞千
林金盾	林宏钧	林志强	柳水扬	柯建成	施剑峰	施文坛	施明晓	施宝健	施约限
施永周	施清积	施碧溪	施养谊	洪志向	洪少迎	洪建树	洪凤媚	洪香坛	洪英塔
洪志杰	洪祥棋	洪聪海	胡海荣	姜盈艺	郭丽莲	郭梅展	郭景专	郭滨滨	龚建闽
龚诗康	龚纯良	傅金镇	傅金城	章海木	黄梅跃	黄 刚	黄达生	黄灿铭	黄波泥
黄世集	黄作影	黄清锋	蔡进强	蔡少文	蔡国庆	蔡小玲	蔡世界	蔡世群	蔡良球
蔡明显	蔡青峰	蔡剑锋	蔡国钟	蔡胜利	蔡慰问	蔡洪泽	蔡东红	蔡茂庆	蔡清栋
蔡佳定	蔡乃安	蔡加鹏	蔡民权	蔡伟松	蔡有进	蔡明哲	蔡荣展	蔡清静	颜福瑜
颜胜利	鞠智刚								

大事记
MEMORABILIA

（图/颜华杰）

1月
January

3日　福州市石狮商会成立暨第一届理监事会就职典礼在福州市举行，傅金镇任理事会会长。

5日　福建省工商局局长叶木凯率领有关人员，深入石狮市星期YI广告创意产业园开展调研工作，副市长林旺强陪同调研。

6日　政协第六届石狮市委员会第六次会议开幕。

7日　石狮市第六届人民代表大会第五次会议开幕。

10日　石狮市公民警校揭牌仪式暨“110”宣传日活动在石狮第一中学启动，市人大常委会副主任许赞成、副市长杜举胜出席活动，27家“110”联动单位及市公安局等单位现场开展宣传。

13日　“同一条血脉，同一个梦想”——石狮市菲华归侨经济促进会举行第二届理事会就职仪式暨“一会一路”经济共建平台成立庆典，蔡青峰任会长。

15日　航空航天部原部长林宗棠与中国工程院院士卢秉恒一行5人，在副市长林旺强陪同下，到星期YI众创空间，考察入孵企业云尚三维科技有限公司的纺织服装3D打印科技创新项目。

21日　省残联副理事长王秀丽一行到石狮，在副市长陈元生陪同下，走访慰问残疾人。

25日　福建省妇联党组副书记、副主席王秋梅到石狮调研妇联工作并慰问部分困难妇女，市委常委、组织部部长上官跃进陪同调研。

28日　阿里巴巴B2B事业群副总裁余涌等一行到石狮，与市政府洽谈“互联网＋实力产业群”合作项目，市委常委、常务副市长刘德旺，副市长杜举胜参加座谈并出席签约仪式。

30日　公安部党委委员、副部长黄明到市公安局凤里派出所视察调研，公安部治安管理局局长刘绍武、福建省公安厅巡视员张洪德、石狮市委书记朱启平陪同调研。

是月　石狮市城乡居民最低生活保障执行新标准，由原来的户月人均收入580元提升到630元，在全省实行城乡低保标准一体化的县市中位居前列。

2月
February

2日　中共石狮市第六届纪律检查委员会第六次全体会议举行。

3日　永宁镇金埭村两委、老年协会在石狮市殡葬管理所工作人员的指导配合下，举行集体海葬仪式，将385位逝者的骨灰撒入大海。

7日　石狮市第15届“四海一家·欢度除夕”——迎春影视通宵联欢晚会在市职工活动中心举行，市委常委、组织部部长、总工会主席上官跃进及相关部门负责人与500多名新石狮人共度除夕。

10日　漳平市市委书记陈论生率该市四套班子领导一行10人，到石狮参加知青春节座谈会，感谢石狮知青为漳平所做的贡献。

11日　由北京石狮商会、上海石狮商会、福州市石狮商会、厦门市石狮商会联合主办的“狮商合力·聚赢未来——京沪榕厦石狮商会2016年新春联谊会”在石狮绿岛国际酒店举行，市有关领导、海内外人士近500人出席。

15日　由省经济和信息化委员会副主任严效东带领的省政府调研组，在泉州市委常委、常务副市长林伯前陪同下，到石狮调研经济运行、协调推进产业发展和项目建设情况。

19日　石狮市祥芝中心渔港扩建工程获省政府批复，批准用海面积13.7886公顷，其中填海造地7.3235公顷，港池6.4651公顷，用于建设防波堤、码头泊位、堆场以及渔港综合服务大楼等渔港基础配套设施。

同日　“精准引才·实业强市”2016年石狮市新春大型人力资源公益招聘

会在市人力资源大厦开幕，活动吸引近120家企业进场招聘，3000余人入场求职。

21日　首届石狮籍大学生灯谜联谊赛在石狮灯谜传习中心举行。宁德师范学院蔡东晓、福建江夏学院林秋萍获一等奖，福州大学纪奕钒、泉州师范学院黄哲贤、青岛大学林慧莹、中山大学侯心元获二等奖，安徽财经大学张玉婷、山东大学许阳杨、福州大学蔡少鑫、湖南科技大学蔡琼鹏、福建师范大学蔡晓奇获三等奖，在个人笔猜赛中，蔡东晓、黄哲贤获“十佳射手奖”。

22日　福建东南（冷链）仓储项目奠基仪式在石湖港区举行。

29日　由阿里巴巴集团主办、市政府协办，市电子商务协会、海西（石狮）电子商务园区、石狮淘工厂联盟承办的“源头好货”石狮阿里巴巴1688实力产业群示范园区推介会在石狮淘工厂联盟总部举行。

3月
March

2日　石狮市“推动转型升级、实业强市”专题研讨班开班典礼在深圳市北京大学汇丰商学院举行。北京大学汇丰商学院院长海闻，石狮市领导朱启平、陈贻萍、李丽月、林天虎、林自育、林振海、龚志阳、方章成、陈元生、杜举胜、庄宝玲、蔡天守及70多名研讨班学员参加典礼。

3日　2016年学雷锋“邻里守望·情暖石狮”志愿服务行动启动仪式在步行街举行。市委常委、宣传部部长张桂森，市人大常委会副主任郭丽莲参加活动。

5日　“惜缘公益基金”首届公益书画展在市博物馆开幕。市委常委、宣传部部长张桂森，海峡两岸（中国）书画艺术交流协会秘书长贾金升，中央国家机关工委紫光阁理事会理事林圣尊等出席开幕仪式。

7—8日　中国纺织工业联合会党委副书记陈伟庚带领专家组，到石狮开展节能减排与循环经济调研活动。副市长张永安陪同调研。

8日　福建省贸促会副会长傅健一行到石狮调研第二届中国（泉州）海上丝绸之路国际品牌博览会、第19届海峡两岸纺织服装博览会筹备情况，副市长杜举胜陪同。

同日　妇女儿童爱心基金正式成立。

9日　福建省高级人民法院党组成员、副院长林卫里带领该院调研组，在泉州市中级人民法院党组成员、副院长沈毅青陪同下，到石狮法院调研工作，市委常委、政法委书记林天虎参加调研。

同日　由省教育厅、省教育工委副书记刘剑津带领的省政府考核组到石狮考核2015年消防工作，副市长杜举胜及相关部门负责人陪同考核。

同日　市委书记朱启平会见由江西省井冈山市委常委、宣传部部长邓红带领的井冈山市“三联”活动对接考察团。市委常委、党校校长龚志阳，市委常委、人武部政委方章成参加座谈。

16日　由福州市人大常委会副主任、福清市委书记陈春光带领的福清市考察团，到石狮参观考察。市委书记朱启平，市委常委、常务副市长刘德旺，市委常委、党校校长龚志阳陪同考察。

17日　泉州市副市长陈荣洲率相关部门负责人到石狮，调研“第二届中国（泉州）海上丝绸之路国际品牌博览会”“第19届海峡两岸纺织服装博览会”筹备工作情况。福建省贸促会联络部部长蔡立红参加调研。副市长杜举胜陪同调研并汇报展会筹备情况。

同日　省总工会基层组织建设部部长聂裔光到石狮调研工会基层组建、职工服务、维权帮扶、企业民主管理等工作，并为获得“全国模范职工之家”的富贵鸟股份有限公司工会委员会授牌。

18日　市委书记朱启平带领市访问团，拜访菲律宾那牙市政府，受到那牙市市长约翰·波恩加特的热情接待。菲律宾石狮市同乡总会决策委员蔡友铁、卢祖荫，名誉理事长林金山，理事长李良灿，石狮旅菲乡亲等参加座谈会。

同日　菲律宾那牙市科学中学纪念林炳智教育中心举行落成仪式，市委书记朱启平致辞。那牙市市长约翰·波恩加特，那牙市科学中学校长奴娜正兰，旅菲侨亲蔡友铁、卢祖荫、林金山、李良灿等参加活动。

同日　2016年泉州市新农合工作暨支付方式改革现场会在石狮召开，副市长庄宝玲参加会议。

19日　中国大学生体育协会田径分会第六届委员会第四次常委会在闽南理工学院召开，福建省教育工委副书记刘剑津、泉州市副市长周真平、石狮市副市长杜举胜以及中国大田协主席、清华大学党委副书记史宗恺等高校领导参加会议。这是该赛事首次由民办高校承办，也是福建高校的首次承办。

20日　菲律宾石狮市同乡总会成立25周年暨第13届理监事会、第五届妇女组、青年组职员就职典礼，菲律宾石狮商会成立揭牌仪式在马尼拉市举行。中华人民共和国驻菲律宾大使馆参赞兼总领事邱公式，泉州市人大常委会主任陈万里，石狮市委书记朱启平，菲律宾菲华商联总会理事长张昭和，菲律宾菲华各界联合会主席许中荣，菲律宾华侨善举总会董事长吴荣祥，菲律宾中华总商会副理事长戴晖青，菲律宾石狮市同乡总会决策委员蔡友铁，及海内外石狮乡亲出席大会。蔡章作任新一届理事会理事长。

同日　石狮市商界推进“一带一路”走进菲律宾座谈会在马尼拉市举行。市委书记朱启平，菲律宾石狮市同乡总会决策委员、商会指导员蔡友铁，菲律宾有关社团，中国香港、澳门、台湾的石狮同乡总会，北京、上海、厦门、福州的石狮商会代表等参加会议。

22日　港澳石狮容卿同乡会成立暨首届理监事会就职典礼在香港举行。

市委书记朱启平为会长授印。福建省委统战部副部长李家荣，中央人民政府驻港联络办协调部处长李文慎、社联部处长陈晓林等参加典礼。蔡华谈任首届理事会会长。

24日 泉州师范学院附属小学石狮校区、泉州幼儿师范学校附属幼儿园石狮校区合作办学签约仪式在石狮古浮秉晖小学举行。市委副书记、市长张贻山，副市长杜举胜等参加活动。

同日 万祥集团股份有限公司教育捐赠签约仪式在万祥祥芝湾举行。市委副书记、市长张贻山，副市长杜举胜，万祥集团股份有限公司董事长蔡友平等参加活动。

22—25日 市委书记朱启平带领市代表团走访市旅港同乡总会、澳门石狮同乡总会，并拜访部分旅港、旅澳乡亲。市委常委、统战部部长林自育参加活动。

25日 石狮市第二实验小学举行教育促进会成立大会暨首届理事会就职典礼，蔡世芳任首届理事会会长。

27日 福建省食品药品监督管理局局长林凤祥一行到石狮，开展执法检查和调研指导。副市长林旺强陪同检查。

28日 由福建省政协委员、香港泉州市同乡总会会长蔡建四担任荣誉团长的香港泉籍社团中青年骨干培训班到石狮，受到市领导林自育、张永安、施心新的欢迎。

30日 省总工会副主席郭立新、省基层组织建设部部长聂裔光到石狮调研基层工会组建、职工维权和服务农民工工作。副市长陈元生陪同调研。

31日 阿里巴巴实力产业群生态峰会在北京人民大会堂举行，副市长杜举胜在会上作《“互联网+实业强市”之石狮服装产业整合与创新》的主题演讲，海西（石狮）电商园被确定为阿里巴巴首批实力产业群示范园区，阿里巴巴集团副总裁吴敏芝为石狮授牌。

同日 石狮市反诈骗中心举行揭牌仪式，市公安局局长刘南辉，市银行业协会会长、工商银行石狮支行行长庄文聪参加仪式。

4月 April

1日 “陶醉石狮”光泽商周印纹陶特展在市博物馆开展，展出近百件商周时期的印纹陶展品，副市长庄宝玲出席开幕仪式。

5日 灵秀镇塔前村一位王姓农民用自己的住房作抵押，从农行石狮市支行贷到85万元作为企业流动资金。这是全省首笔农民住房财产权抵押贷款。

同日 石狮市银江华侨中学教育促进会第二届理监事就职典礼举行。全国政协委员、信义集团董事局主席李贤义，菲律宾宋庆龄基金会创会会长陈著远，市委常委、党校校长龚志阳，副市长陈元生等参加典礼。王正远任会长。

8日 《福建华侨史》侨乡篇课题组在福建省侨联副主席谢小建带领下到石狮调研，市委常委、统战部部长林自育陪同调研。

9日 由中国文化遗产研究院副总工程师、研究员沈阳率队的该院“海丝”申遗专家组到石狮调研泉州海上丝绸之路申报世界文化遗产事宜。市委常委、宣传部部长张桂森参加调研。

12日 复旦大学附属儿科医院与石狮市医院签订先天性心脏病筛查合作协议，双方建立应急处置联系机制和危急重症患儿转诊绿色通道。副市长庄宝玲参加活动。

13日 中国侨联副秘书长兼经济科技部部长赵红英，在福建省侨联副主席翁小杰陪同下，到石狮调研侨资企业和新侨创新创业情况。市委常委、统战部部长林自育陪同调研。

14日 福建省贸促会会长张秋带队到石狮，调研“第二届中国（泉州）海上丝绸之路品牌博览会、第19届海峡两岸纺织服装博览会”筹备情况，副市长杜举胜参加调研。

同日 最高院司改办副主任王会伟带领调研组，到石狮法院调研司法改革工作情况。省法院副院长谢开红，市委常委、政法委书记林天虎陪同。

16—17日 市委组织部、人社局组织大帝集团、富星云仓物流园、感创精密机械、广汇龙环保科技和云尚三维科技等5家科技型重点企业参加在深圳举办的中国国际人才交流大会。

17日 “海丝情”2016年石狮国际时装周举行开幕式。中国纺织工业联合会会长王天凯、副会长夏令敏，中国贸促会投资促进部部长林舜杰，台湾纺拓会副董事长翁茂钟，福建省贸促会副会长傅健，泉州市副市长陈荣洲，石狮市领导朱启平、张贻山、陈贻萍、李丽月等参加开幕式。

同日 第二届中国（泉州）海丝国际品牌博览会、第19届海峡两岸纺织服装博览会、2016年石狮国际时装周新闻发布会举行。市委副书记、市长张贻山，市委常委、宣传部部长张桂森，副市长杜举胜等参加会议。

同日 “石狮杯·福建省第二届十佳服装设计师”大赛评选终评在石狮服装城举办，任艺获最佳设计师。

同日 2016年石狮国际时装周开幕，并举行“石狮青创城杯”首届中国网商时尚模特大赛启动仪式。

同日 市委副书记、市长张贻山会见到访的泰国国会上议院议员、上议院劳工部第二副主席、海之价上市有限公司总裁陈培强一行。副市长庄宝玲等参加活动。

18日 第二届中国（泉州）海上丝绸之路国际品牌博览会、第19届海峡两岸纺织服装博览会开幕仪式暨石狮国际轻纺城开业典礼在轻纺城举行。中国纺织工业联合会会长王天凯，中国贸促会投资促进部部长林舜杰，泉州市委副书记周银芳，泉州市副市长陈荣洲，斯洛伐克经济部议员杜桑·诺维汤尼，英中贸协首席代表张烽，意大利Loro Piana面料分公司亚太区总裁柯

第二届中国（泉州）海上丝绸之路国际品牌博览会、第 19 届海峡两岸纺织服装博览会开幕仪式暨石狮国际轻纺城开业典礼在轻纺城举行（图／颜华杰）

拉多，石狮市委书记朱启平，市委副书记、市长张贻山参加开幕式。

同日　第八届中国·海峡项目成果交易会——石狮纺织服装产业专场对接会在海西（石狮）电商园举行。服饰商标吊卡全自动烫压机器人研发、佳龙石化 PTA 装置技改项目等 6 个项目举行签约仪式，总投资 32.18 亿元。副市长张永安出席活动。

同日　青创城 2016 年战略发布会暨青创网 2.0 正式上线发布会在青创城国际网批中心举行。副市长杜举胜，青创城董事长林志成等参加活动。

同日　海上丝绸之路产业对接会暨第七届纺织企业家活动日在石狮爱乐酒店举行。中国纺织工业联合会会长王天凯、副会长夏令敏，斯洛伐克—东南亚双边贸易合作部部长杜桑•诺威汤尼，市委常委、常务副市长刘德旺，副市长林旺强等出席活动。

同日　第五届“石狮杯”全国高校毕业生服装设计大赛决赛在闽南理工学院宝盖校区体育馆举行。中国工程院院士石碧、中国纺织教育学会会长倪阳生，市领导陈元生、吴清木，闽南理工学院董事会董事长许景期等出席。来自江西服装学院的秦泰和北京服装学院的黄峻恺等 12 位同学分别获得金、银、铜奖。

同日　海丝海博会互联网 +“实业强市”暨第四届海西（石狮）电商大会在海西（石狮）电商园举行。

21 日　福建东方高尚电子商务有限公司于深圳前海股权交易中心成功挂牌。

22 日　省政府办公厅副主任、金融办主任付朝阳率调研组到石狮金融服务中心开展调研工作。副市长张永安参加调研。

同日　宽仁小学“特殊教育随班就读基地”（简称“随班就读基地”）通过泉州市教育部门的检查验收、评估确认。这是石狮市第一所开设“特殊教育随班就读基地”的试点学校。

同日　由石狮市文体旅游广电新闻出版局、市体育总会、市足球协会联合主办的 2016 年石狮市七人制足球联赛开赛。这是石狮市首次开展的正式夜间足球比赛。

24 日　财政部、国家海洋局考核组到石狮，对石狮市 2015 年海洋经济创新发展区域示范工作的项目实施单位进行抽查。

27 日　深圳泉州商会回归创业扶贫公益考察团一行 88 人，到石狮参观考察。

同日　“青春成长法护航”专题法制教育活动在“石狮市未成年人帮教中心”举行。市委常委、政法委书记林天虎，副市长杜举胜出席启动仪式。

28 日　《石狮市人民政府办公室关于进一步促进房地产市场平稳健康发展的通知》印发。根据通知，自文件执行之日起 6 个月内，市民购买一手商品房作为家庭首套房、首改房，可享受购房款总额 2% ～ 3% 的财政补贴。

5 月
May

1 日　福建石狮“弘宇建筑设计杯”全国业余乒乓球公开赛在市体育馆开幕。副市长庄宝玲出席开幕式。

2 日　“手拉手儿童现场绘画‘百米画卷’公益募捐活动”在人民广场举行，市委常委、统战部部长林自育出席活动。该活动募捐的资金献给贫困山区寿宁的儿童教育基金。

4 日　石狮法院召开执行工作协调领导小组工作会议暨石狮市联合惩戒失信平台开通仪式，标志着石狮市失信联合惩戒系统平台正式启动，这是福建省建立的首个联合惩戒失信被执行人平台。

同日　“声动灵秀　音为有你”首届企事业职工歌唱比赛举行。副市长庄宝玲出席活动。

6 日　“我们的根•我们的梦”2016 年“中国寻根之旅”夏令营福建石狮营暨第 23 届菲华石狮市青少年夏令营开营仪式在国侨办举行，国务院侨务办公室文化司司长雷振刚参加开营式。

同日　香港兰芳妇女会一行 53 人到石狮交流访问。

7 日　2016 年第六届“海丝情”福建省国际标准舞公开赛在石狮举行。

8 日　团市委在灵秀镇港塘小学举行泉州市少先队陈燕平名师工作室揭

牌仪式。这是泉州市首批成立的8个少先队名师工作室之一。

10日　“我们的根·我们的梦”2016年海外华裔青少年“中国寻根之旅”夏令营福建石狮营暨第23届菲华石狮市青少年夏令营欢迎仪式在石狮举行，市委书记朱启平为夏令营授营旗。

11日　由福建省教育厅副厅长张程远和来自全省九地市教育局负责人参加的2016年全省教育法治工作会议暨依法治校现场会议全体与会人员，到石狮第一中学调研工作。

12日　“石狮市2016年全国防灾减灾日宣传活动”在德辉广场举行，该活动主题是“减少灾害风险，建设安全城市”。

13日　石狮市留学人员暨归国创业人员联谊会“扶贫济困、你我同行”慈善拍卖会举行。福建省委统战部副部长陈飞，省委副秘书长陆开锦，市委书记朱启平，副市长林旺强，石狮市旅港同乡总会会长蔡建四等出席慈善晚会。

14日　“狮城青商·卡飒杯石狮青年健行马拉松”活动举行。此次活动有800多名健行爱好者参与，特别邀请马拉松世界冠军孙伟伟到现场领走。

16日　在城东新区（幸福新城）御璟天下A区里，宝盖镇龙穴村古坑后自然村整村改造项目回迁仪式如期举行，市领导丁东福、张鸽翔，宝盖镇主要领导、龙穴村两委与古坑后村民们共同见证这一历史时刻。

18日　泉州创客活动周（石狮专场）暨2016年石狮科技活动周启动仪式在星期YI服饰创意博览园星光广场举行。市委书记朱启平，省科学技术厅高新处副处长林秋，市委常委、宣传部部长张桂森，副市长林旺强等参加仪式。

同日　厦门大学（石狮）智能制造工程中心揭牌仪式举行。市委书记朱启平，省科学技术厅高新处副处长林秋，市委常委、宣传部部长张桂森，副市长林旺强等参加仪式。

同日　四川大学（石狮）高分子研究中心揭牌仪式在石狮海峡两岸科技孵化基地举行。市委书记朱启平，市委常委、宣传部部长张桂森，副市长林旺强等参加仪式。

同日　富星云仓众创空间揭牌仪式在蚶江镇举行。市委书记朱启平，省科学技术厅高新处副处长林秋，市委常委、宣传部部长张桂森，副市长林旺强，富星云仓公司董事长邱华培等参加仪式。

19日　石狮市纪念“5·19”中国旅游日主题系列活动在德辉广场举行，副市长庄宝玲出席活动。

25日　石狮籍军旅作家白刃（原名王寄生）追悼会在北京八宝山革命公墓举行。中国作协主席铁凝，军委政治工作部、中国文联、中国侨联等部门有关负责人参加活动。

27日　市残联举行泉州市2016年残疾人手工艺品义卖活动。副市长陈元生参加活动。该次活动征集的残疾人艺术作品涵盖书法、绘画、陶艺、木雕、钩针等，总价值5万多元。

29日　由阿里研究院发布的“2015年中国‘电商百佳县’榜单”上，石狮再次位居省第一、全国第二，继续担当电子商务领域里的“领跑者”角色。

同日　长180米、4万吨级的“巨无霸”集装箱船“刺桐1”轮靠泊在石湖港泊位上，并于当日首航天津，正式投入运营“泉州—天津”航线。这是泉州安通物流继“海丝1”轮后，又一艘取得EEDI（船舶能效设计指数）设计能效附加标志入级证书的船舶，也是国内屈指可数的内贸集装箱绿色船舶。

31日　“我们和留守流动儿童在一起”——2016年关爱留守流动儿童结对仪式在鸿山小学举行。副市长庄宝玲参加活动。

同日　关爱新石狮青少年“六一”圆梦行动暨“四点钟课堂”开班仪式在玉湖社区举行。这是首个由政府相关职能部门与专业社工服务机构共同建立的“四点钟课堂”，首期接收学生50名。

6月
June

1日　福建省贸促会会长张秋一行在副市长杜举胜陪同下，深入调研企业“走出去”及开拓境外市场工作情况。

2日　省环境保护厅厅长朱华带领省环保厅相关处室负责人到石狮，调研小流域水质监测与治理工作。市委书记朱启平、副市长蔡天守陪同调研。

同日　石狮市开展鱼苗增殖放流活动，共放流104.1万尾真鲷鱼苗。副市长林旺强参加活动。

同日　旅菲石狮市第八中学校友会成立大会暨首届职员就职典礼在马尼拉举行，蔡华读任首届会长。

6日　国家文物局副局长宋新潮带领调研组，在泉州市副市长周真平的陪同下，到石狮“海丝”申报世界文化遗产考察点进行调研。

同日　中国纺织服装教育学会正式在石狮市设立“中国纺织服饰专业大学生实训创业基地”。该基地系中国纺织教育学会在全国设立的首家大学生实训创业基地，是石狮市产学研平台建设的又一成果。

9日　“我们的节日·端午”——第十届闽台对渡文化节暨蚶江海上泼水节在石狮蚶江举行。

13日　石狮市祥芝渔港义务救援协会暨石狮市民兵海上义务救援分队成立仪式在祥渔村举行，省见义勇为人员奖励和保护工作委员会副主任傅镛堃，市委常委、人武部政委方章成，副市长陈元生、蔡天守，市人民武装部部长曹军平等参加活动。

同日　石狮市纪念“6·5”世界环境日“美丽石狮·生态家园”生态环保主题摄影大赛颁奖仪式暨影展揭幕仪式在石狮日报社举行，《白鹭家园》等69件（组）摄影作品分获各奖项。副市长蔡天守、市生态环境保护局局长王文挺参加活动。

同日　石狮市六届人大常委会召开第35次会议。任命施汉杰、李斌为石狮市副市长。

15日　历时三个月的石狮市第八届海峡两岸青年辩论赛迎来巅峰对决，两岸优秀辩手们围绕辩题“青年创业，应立足于自身优势还是市场需求”展开激烈思辩。团省委统战部正处级调研员陈超扬，市委常委、组织部部长上官跃进等参加活动。石狮代表队再次摘得桂冠，蝉联三连冠。来自台湾代表队的温朗冬获得最佳辩手。

16日　石狮市六届人大常委会召开第36次会议，审议有关人事任免事项。经会议审议，任命张汉杰、林志鹏为石狮市副市长。

17日　石狮市第八届渔民文化节在祥芝国家中心渔港开幕，副市长庄宝玲参加开幕庆典。

19日　第四届婚博会在石狮万佳国际酒店开幕。

20日　市委书记朱启平会见菲律宾总统中国特使、菲律宾宋庆龄基金会董事长、上好佳（国际）有限公司名誉董事长施恭旗及其家族成员。副市长张鸰翔、张永安等参加会见。

25日　“蜗牛杯”2016年福建省成人游泳锦标赛在石狮山游泳馆开幕，来自全省各地的40支游泳队400多名运动员参赛。

同日　市政府经研究同意，合并锦尚镇复光小学与锦尚镇第二中心小学，创办为石狮市第三实验小学复光校区，以进一步发挥优质教育资源的辐射、带动作用，实现教育发展的高位均衡。

27日　石狮市灵秀山森林公园管理处、泉州市森林公安局灵秀山警务室揭牌仪式在灵秀山举行。副市长张鸰翔、蔡天守参加活动。

29日　石狮市举行欢迎澳门石狮同乡总会回乡访问团座谈会。

30日　石狮市第六届人大常委会召开第37次会议，审议有关人事任免事项。经会议审议，接受张贻山辞去石狮市市长职务的请求，任命黄春辉为副市长、代市长。

同日　石狮市不动产登记中心举行石狮市首本不动产权证书颁发仪式，市电力公司有关负责人从市国土规划和房产管理局局长陈殿魁手中接过编号为“闽（2016）石狮市不动产权第0000001号”的不动产权证书。这标志着石狮市实施不动产统一登记制度已初见成果。

7月
July

4日　《石狮姓氏志》首发仪式在市博物馆举行，该书由武汉大学出版社出版，首印一万册。

6日　2016年中国纺织创新年会石狮峰会召开。中国纺织工业联合会副会长孙瑞哲，市委副书记、代市长黄春辉，副市长张永安等出席活动。

7日　省人大常委会副主任、总工会主席张广敏一行到石狮考察职工夜校培训工作。泉州市委常委、组织部部长孔繁军等陪同考察。

8日　市检察院召开全面深化服务非公有制企业“四个一”机制推进会，挂牌成立全省首家“服务非公有制企业办公室”。泉州市检察院副检察长樊美清，石狮市领导张鸰翔、杜举胜到会指导，并为石狮市检察院非公有制企业办公室揭牌。

11日　石狮市召开四川大学（石狮）先进高分子材料研究中心第一届理事会。市委副书记、代市长黄春辉，副市长张永安，四川大学常务副校长、高分子材料工程国家重点实验室主任李光宪，四川大学高分子学院党委书记张熙等参加会议。

同日　四川大学（石狮）高分子材料研究中心项目推介会在石狮海峡两岸科技孵化基地举行。

13日　由省人大常委会教科文卫委主任宋闽旺带队的调研组，在泉州市人大常委会副主任张建生陪同下到石狮，就高等教育情况展开调研。市人大常委会副主任郭丽莲、副市长李斌参加活动。

同日　石狮城市公共自行车租赁系统正式启动。副市长施汉杰出席启动仪式。

15日　“石狮杯”第16届全国大学生田径锦标赛开幕式在闽南理工学院举行。福建省政协副主席张燮飞，泉州市人大常委会副主任张建生、副市长周真平、政协副主席李冀平，石狮市委书记朱启平，市委副书记、

“石狮杯”第16届全国大学生田径锦标赛　（图／颜华杰）

代市长黄春辉，中科院院士田中群，闽南理工学院董事长许景期等参加开幕式。

同日 福建省拉链同业商会六届一次会员大会暨执委会监事会全体成员就职典礼在石狮举行，中国五金制品协会、中国拉链协会、省工商联负责人到会指导。市领导林天虎、张永安出席大会。

同日 “狮城爱心茶站”首发授牌仪式在德辉广场举行，主办方向50家网点单位授牌，并向环卫工人代表赠送防暑降温物资。

20日 经过五天紧张激烈的比赛，第16届全国大学生田径锦标赛在闽南理工学院圆满闭幕。石狮市人民政府获得“特别贡献奖”。

同日 石狮市私立鹏翔幼稚培育中心建园20周年暨办学成果展庆典大会举行。

22日 “海上看石狮——爱海养海增殖放流”活动在永宁镇梅林海域举行，共放黄鳍鲷鱼苗9万尾，鱼苗由爱心组织及企业认捐。

同日 石狮市惠安泉港台商区商会首届会员大会暨首届理事会就职典礼在石狮举行，萧惠扬当选首届会长。

25日 由赛迪顾问股份有限公司发布的“赛迪百强榜——县域经济100强”排行榜，福建省7个县（市）上榜，石狮市名列百强榜单第5位。

28日 中国共产党石狮市第七届代表大会开幕。

29日 中共石狮市第七届委员会第一次全体会议召开。会议选举产生中共石狮市第七届委员会常务委员会，朱启平、黄春辉、庄玉海、林天虎、林振海、陈元生、张鸰翔、蔡天守、林希妍、方章成、杨德才当选为市委常委；选举朱启平为市委书记，黄春辉、庄玉海为市委副书记。

本月 2016年全国传统武术比赛于18—21日在江西省九江县举行。石狮市取得5金、22银、13铜。

8月
August

2日 香港青少年红色之旅福建行访问团200人抵达石狮参观访问，市委常委、统战部部长林天虎，副市长林志鹍陪同。

同日 石狮市668艘拖网、刺网作业渔船扬帆启航，正式结束该年度休渔。

7日 石狮市第七届老年人健身大会在市老干活动中心拉开帷幕。市人大常委会副主任许赞成、副市长林志鹍参加开幕式。

8日 石狮市在人民广场开展以“全民健身促健康，同心共筑中国梦”为主题的体育健身展示活动。

10日 “与石俱进 狮至名归——石狮首届跨境电商生态论坛暨阿里巴巴合作伙伴跨境电商石狮区域启动仪式”在石狮举行。副市长杜举胜参加活动。

同日 第三届“创青春”福建省青年创新创业大赛启动仪式暨第六届“福建青年创业奖”颁奖仪式在石狮举行。团省委常委、城工部部长陈文伟，市委副书记、代市长黄春辉，市委副书记庄玉海，副市长李斌等出席仪式。

12日 石狮赛特医院举行“世纪骨伤名院”揭牌仪式，同时举办首届“疼痛诊疗新技术”学术沙龙。

15日 2016年蔡友铁助学金颁发仪式举行。市委书记朱启平，市委副书记、代市长黄春辉，市委常委、宣传部部长林希妍，副市长李斌，菲律宾福建总商会名誉理事长吴光级，菲律宾旅菲各校友会联合会主席施纯程等出席仪式。

同日 23条路（巷）名称经市政府研究同意，正式命名。

17日 福建省高级人民法院院长马新岚带领该院调研组，在泉州市委副书记陈奕辉、泉州市中级人民法院院长欧岩峰的陪同下，到石狮法院调研。

17—18日 团省委组织部副部长李强一行到石狮，就《非公企业共青团工作条例》课题进行为期两天的调研。

18日 澳门立法会议员、澳门民众建澳联盟主席施家伦带领澳门福建同乡总会泉州访问团到石狮访问。

19日 以省安监局二处处长张建进为组长的省道安办第五督查组到石狮，对第二季度道路交通安全综合整治工作情况进行专项督查。副市长施汉杰参加活动。

23日 石狮市蔡友玉教育基金会2016年助学座谈会在市教育局举行，洪淑佩带领家族成员专程回乡参加活动。副市长李斌等参加座谈会。

同日 “大美永宁”诗书画名家写生创作活动启动仪式在永宁古卫城文化驿馆举行，市委常委、宣传部部长林希妍为活动揭牌。

25日 石狮市慈善总会2016年“慈爱学子工程”助学金颁发仪式举行。

同日 市总工会举行2016年“金秋助学”助学金发放仪式，向81名品学兼优的困难职工子女发放助学金，资助金额为243500元。

同日 2016年石狮市新市民及民办高校人才“积分入住”凭证发放仪式在市人力资源大厦举行。245名新市民及民办高校人才接受凭证。副市长李斌参加仪式。

26日 市关工委爱心助学座谈会暨助学金发放仪式举行，为全市20名寒门学子发放助学金6万元。市委常委、组织部部长杨德才参加仪式。

28日 第13届全国武术之乡武术套路比赛在江苏省徐州市落下帷幕，石狮市代表队夺得5金、11银、6铜。

30日 市不动产登记中心举行首批购房补贴发放仪式。

31日 福建省首批海岸公园名单正式出炉，石狮红塔湾海岸公园等30个海岸公园最终入选。

9月
September

2日 市首张养老机构设立许可

证正式颁发，市慈爱老人福利院成为第一家拿到养老机构设立许可证的养老机构。

3日　厦门外国语学校石狮分校竣工暨揭牌仪式举行。市委书记朱启平，市委副书记、代市长黄春辉，副市长杜举胜、李斌，厦门市教育局副局长郭献文、厦门外国语学校校长谢志强等参加仪式。

5日　福建省科学技术厅公布第三批福建省级众创空间名单，石狮市闽南理工学院创客园名列榜单，被正式备案为2016年福建省众创空间。至此，石狮市已备案三家省级众创空间，另外两家为星期YI创客空间及V-WORKS创客空间。

6日　石狮市庆祝2016年教师节暨蔡友玉教育基金会第26届颁奖大会举行。市委常委、宣传部部长林希妍，市人大常委会副主任郭丽莲，副市长李斌，旅菲侨亲洪淑佩及其家族成员参加大会。

同日　宽仁小学系列工程落成剪彩。副市长李斌、石狮著名侨领蔡友玉之妻洪淑佩，菲律宾石狮市同乡总会回乡庆贺团、旅菲石狮宽仁同乡会回乡庆贺团参加活动。省侨办主任杨辉致贺电。

7日　由福建省总工会巡视员江孝善、海南省总工会副主席郭奕秋等人组成的全国厂务公开第八互检组，到石狮调研检查企业厂务公开民主管理工作。市委常委、组织部部长杨德才陪同调研。

8日　全国总工会女职工部副部长张天文带队，在省总工会党组成员、副主席张彩珍陪同下到石狮，就全面二孩政策下生育保障制度的实施情况进行调研。市委副书记庄玉海参加调研。

9日　市举行2016年新兵入伍欢送大会。

同日　国家中医药管理局国际合作司司长陈伟组成的调研组，对石狮中医院规划建设情况进行调研。

15日　第14号台风“莫兰蒂”于该日3时5分在厦门翔安沿海登陆，登陆时中心附近最大风力15级，这是2016年全球最强台风，也是1949年以来登陆闽南最强台风。“莫兰蒂”登陆后给石狮带来狂风暴雨，造成直接经济损失8246.60万元，造成9个镇（街道）1.6041万人受灾，倒塌房屋166间，农作物受灾面积523.27公顷。

16日　永宁鳌声阁南音社正式成立，永宁旅港乡贤李贤义及信义集团全体董事捐资50万元作为南音社活动资金。

17日　中共杆头（平民）支部成立70周年纪念大会、宝盖镇老促会第五届理事会成员就职典礼和杆头革命历史纪念馆石狮市爱国主义教育基地揭牌仪式在该村举办。

18日　2016年石狮市“全国科普日”启动仪式暨石狮市青少年科技创新成果展在市博物馆举行。市委副书记庄玉海、副市长张永安参加仪式。

19日　以国家质检总局党组成员、国家标准委主任田世宏为组长的国务院第九督查组，在省政府副秘书长詹志洁，省质监局局长郑建闽，泉州市委副书记、市长康涛的陪同下，视察石狮通达智能公司。

20日　石狮市启动宗教慈善周系列活动，市委常委、统战部部长林天虎，副市长林志鹏，政协副主席施心新出席活动并为石狮市4个慈善捐赠项目揭牌。

21日　央视新闻频道大型节目《我的祖国》摄制组，走进石湖港、六胜塔及祥芝国家中心渔港，通过镜头记录石狮历史文化和港口经济发展成就，实地采访石湖港口码头繁忙作业情景，感受石狮“海丝”文化魅力。

同日　石狮市第14届广场文化艺术节开幕。市委常委、宣传部部长林希妍，市人大常委会副主任郭丽莲，副市长林志鹏观看演出。

22日　石狮市中小企业服务中心设立，同时加挂“石狮市节能监察中心”牌子，撤销市企业改制上市服务中心、经济技术协作办公室，将其人、财、物划入市中小企业服务中心。

同日　石狮市总工会召开六届四次全委会。通过选举杨德才为市总工会主席、王春炜为常务副主席，黄梅跃为副主席。同时，市总工会为富贵鸟公司、富兴包装公司、鹏山工贸学校、淘宝大学4个职工培训基地授牌，并表彰12个省“五小”创新大赛获奖单位。

24日　中国关工委常务副主任武韬带领调研组，到石狮调研第三届“关爱明天、普法先行”主题教育活动开展情况。

28日　第17号台风“鲇鱼”于凌晨4时40分左右在惠安县沿海登陆，登陆时中心最大风力12级。受台风登陆影响，石狮市出现强降雨过程，直接经济损失349.2万元，8个乡镇（街道）受灾，紧急转移人口14269人。

30日　第五届永宁古卫城暨城隍文化节在永宁镇开幕。市领导林希妍、杜举胜、林志鹏及来自内地和中国香港、澳门、台湾地区以及菲律宾的上千名嘉宾出席开幕式。

10月
October

4日　市农村合作经济组织联合会成立。

6日　市跆拳道协会第一届理事会就职典礼举行。市金太阳国际教育机构负责人仝俊昆当选为会长。

9日　石狮市举行离退休干部集体祝寿仪式。市委书记朱启平致词，市委副书记、代市长黄春辉主持仪式，市委副书记庄玉海、副市长李斌参加仪式。

10日　市委书记朱启平会见由蔡建四带领的香港泉州市同乡总会福建商务考察团。

同日　石狮市委党校与中共中央学校合作，成为中共中央学校远程教育网络基地，将永久享有中央党校教学视频的自主点播权。

11日　石狮·中国流行面料入围企业授牌仪式暨2017/2018秋冬时尚休闲面料流行趋势发布会在上海国家会展中心举行。市委书记朱启平，副市长杜举胜、张永安出席仪式，并为入围企业授牌。

同日　位于城北片区的宝盖镇第三中心幼儿园举行揭牌仪式。

13日　由中国戏剧家协会、福建省文化厅和泉州市政府主办的第二届海上丝绸之路国际艺术节——中外戏剧展演（文化之都城市艺术团石狮专场演出）在石狮音乐厅举行，韩国光州东区艺术团、日本横滨岸根囃子连、泉州歌舞剧团带来精彩的表演。市领导张鸰翔、李斌、吴清木等参加活动。

14日　福建省人民政府对石狮籍旅港乡贤蔡衍善立碑表彰仪式在鹏山工贸学校举行，香港新华社原副社长兼对外发言人张浚生，福建省关心下一代工作委员会常务主任陈旭，市委常委、宣传部部长林希妍，副市长林志鹃参加庆典活动。

15日　由国家督学、中国教育装备行业协会会长王富，国家督学、特级教师阎立晋等专家组成的教育部义务教育发展基本均衡复检组，到石狮进行"县域义务教育基本均衡"复检。市委书记朱启平，市委常委、宣传部部长林希妍，副市长李斌等陪同检查。

16日　石狮音乐家协会理事会就职典礼暨音乐会举行，吴丽欣当选为会长。

18日　省国有资产管理有限公司副董事长、总经理陈小林带领省国有资产管理公司考察团，到石狮考察投资环境。市委书记朱启平，市委常委、统战部部长林天虎，市委常委、常务副市长蔡天守，副市长施汉杰参加考察。

同日　石狮市政府与海峡股权交易中心签约暨石狮企业专场挂牌仪式举行，副市长张永安，海峡股权交易中心总经理张赞松参加签约仪式。

21日　泉州港石湖港区5号和6号泊位工程开工仪式在石湖码头举行。泉州市委副书记、市长康涛，市委书记朱启平，市委副书记、代市长黄春辉，中远海运港口有限公司董事局副主席、执行董事、总经理张为，中远海运港口有限公司副总经理陈铿等共同启动开工推杆。

同日　"2016年石狮市象棋国际邀请赛暨第二届亚洲象棋嘉年华系列推广活动中国·石狮站"开幕式举行。亚洲象棋联合会副会长邱家辉，市人大常委会主任陈贻萍，副市长林志鹃参加开幕式。

23日　"安通物流"第三届石狮市马拉松徒步活动举行，1200名爱好者徒步42公里，以实际行动感受红军长征之艰辛。

25日　由福建省旅游局局长吴贤德率领的调研组到石狮，就世茂茂险王主题乐园创建国家AAAA级旅游风景区展开专题调研。泉州市委副书记陈奕辉，石狮市委副书记、代市长黄春辉，副市长杜举胜参加调研。

27日　"缘聚狮城·恩爱永恒"2016年石狮市集体文明婚礼在世茂·摩天城喷泉广场举行，46对身穿凤冠霞帔、状元袍的新人喜结连理。

29日　香港特区政府举行2016年授勋典礼，香港特区行政长官梁振英在礼宾府为受嘉许人士颁授勋章或奖状。三位石狮籍旅港乡贤获此荣誉（卢文端获金紫荆星章、卢金获香港太平绅士勋衔、杨华勇获得香港太平绅士勋衔）。

11月 November

1日　自该日起，石狮法院将依职权对未结执行案件被执行人为港澳台籍人士，及被执行人单位法定代表人为港澳台籍人士采取边控（限制出境）措施。

同日　石狮市医院召开建院60周年总结大会。市委常委、宣传部部长林希妍，副市长林志鹃，华侨代表吴子文、黄明顶、王丽莉等参加总结会。

4—7日　第九届海峡两岸（厦门）文化产业博览交易会在厦门国际会展中心举行，石狮市有世茂摩天城·茂险王主题乐园、赛尔家家居饰品、伊柏工艺品、明达印刷包装、新湖通草画等5家从事文化创意产业及其延伸产品的企业参展。

10日　石狮市教育基金会陈著远奖学金首届颁发仪式在银江华侨学校举行。菲律宾宋庆龄基金会创会会长陈著远及其家族成员，市政协主席李丽月，市委常委、宣传部部长林希妍，市人大

2016年石狮市集体文明婚礼　（图/颜华杰）

常委会副主任郭丽莲，副市长李斌等参加仪式。

11 日　石狮市石光中学建校 70 周年成果展暨第四届董事会就职、教育基金会成立仪式举行。林玉燕任校董会董事长，杨华鸿任教育基金会理事长。

同日　石狮市王审知学术研究会成立 15 周年、石狮市太原堂理事总会成立85周年暨第四届理监事就职庆典、第五届闽王文化节举行。市委常委、统战部部长林天虎参加活动并为连任会长王清源授牌授印。

同日　石狮市海岸带规划建设指挥部及其办公室成立，此举标志着石狮市海岸带规划建设正式启动。

12 日　福建省人民政府授予旅菲侨领林玉燕“福建省捐赠公益事业特别贡献奖”立碑表彰暨龙渊学校综合楼 A（玉燕楼）、塘边林维秀教育基金楼剪彩庆典仪式在宝盖镇塘边小学举行。省侨办副主任郑惠文为林玉燕颁发奖牌和证书。

同日　石狮市二中教育促进会第五届理监事就职典礼暨张辉贤爱心教育基金成立仪式举行。王文庆任理事会会长。

13 日　中国中小城市经济发展委员会、中国中小城市发展战略研究院、中国中小城市科学发展指数研究课题组等单位联合发布第 12 届中国中小城市科学发展指数研究成果，公布 2016 年全国综合实力（科学发展）百强县市名单，石狮名列第 16 位，比 2015 年上升 1 位。

14 日　石狮市管乐协会成立暨第一届理事会就职庆典举行。王良军当选为会长。

16 日　全国总工会法律工作部副部长张瑞玲、省总工会法律保障部部长孙勤一行到石狮宝盖镇职工法律维权一体化基地开展调研工作。

17 日　安通控股股份有限公司（股票简称“安通控股”，股票代码：600179）在上海证券交易所成功更名上市，成为福建第一家民营集装箱物流上市企业。

同日　福建飞通通讯科技股份有限公司（证券简称“飞通科技”证券代码：839390）在全国中小企业股份转让系统中心举行新三板挂牌敲钟仪式。

22 日　中国国民党革命委员会泉州市石狮总支部第二次党员大会召开。施汉杰当选为主委。

同日　中国民主同盟石狮市总支部第二次盟员大会召开。蔡进强当选为主委。

同日　泉州市科技型创客企业专场挂牌仪式举行，石狮两家企业挂牌展示板，分别为福建省广汇龙环保科技有限公司和福建省创企信息科技有限公司。

23 日　中国民主建国会石狮市总支部第二次会员代表大会召开。吕锜当选为主委。

同日　中国民主促进会石狮市总支部第二届委员会第一次会员代表大会召开。林晓晖当选为主委。

同日　中共石狮市社会组织综合委员会第一次党员大会召开，选举产生第一届党委成员。汪华晔任党委书记。

24 日　中国农工民主党石狮市总支部第二次党员大会召开。李灿新当选为主委。

同日　中国致公党石狮市总支部第二次党员大会召开。施文坛当选为主委。

同日　《石狮年鉴（2016）》由方志出版社正式出版发行。该年鉴特地把条目全部翻译成英文，极大方便外商查阅相关信息，更好地了解石狮，促进外贸发展，发挥年鉴效益，让年鉴活起来，走出国门，支持经济建设。

25 日　九三学社石狮市基层委员会第二次社员大会召开。黄刚当选为主委。

同日　台湾民主自治同盟石狮市支部第四次盟员大会召开。叶心凤当选为主委。

28 日　第三届“创青春”福建省青年创新创业大赛决赛暨创业项目投资对接会在石狮举行。市委副书记、代市长黄春辉出席活动并向“硅谷顶级孵化器”Founders Space 创始人 Steve Hoffman（斯蒂夫·霍夫曼）授石狮青商会青商创业导师牌匾。市委副书记庄玉海，市委常委、宣传部部长林希妍参加活动。

29 日　第三届“创青春”福建省青年创新创业大赛颁奖仪式及优秀项目展示在石狮举行。福建团省委书记宿利南、省经信委副主任谢超雄，市委副书记庄玉海、副市长李斌等出席活动并为获奖者颁奖。

同日　由福建省高级人民法院副院长许先丛带领的福州市省十二届人大代表一行，在福州市人大常委会副主任陈建平陪同下，到石狮市视察。

30 日　石狮市农产品质量安全监督管理站正式揭牌，副市长张汉杰出席揭牌仪式。

12 月
December

2 日　2016 年市镇两级人大换届选举，全市共选出市人大代表 181 名、镇人大代表 437 名。

3 日　霞泽小学办学 100 周年教育教学成果展暨霞泽第二届教育基金会理监事就职典礼举行，同时举行下宅村系列侨捐工程落成仪式、下宅村综合文体活动中心奠基仪式。省政府为蔡登錬立碑表彰揭碑仪式。市领导林希妍、李斌出席仪式。

4 日　省委统战部副部长李家荣、省委统战部民宗处处长翁雄宇一行在泉州市委统战部副部长王庆祥陪同下，到石狮调研宗教工作，副市长林志鹍陪同调研。

7 日　由省妇幼保健院副院长宋一一带队的专家组，对石狮市 2016 年农村妇女宫颈癌 HPV 检测试点项目进行督导。

同日　2016 年石狮市新石狮人优秀子女表彰大会召开，共有 100 名被表彰为“百佳学生”。副市长李斌参加表彰大会。

8日 全国政协常委、香港太平绅士、石狮一中永远荣誉董事长杨孙西到石狮一中参加访谈会。副市长李斌参加访谈会。

9日 “永宁太平洋牡蛎”被国家工商总局授予地理标志证明商标，这是继“古浮紫菜”后石狮市新增的又一枚地理商标。

同日 石狮华宝新材料工程有限公司院士专家工作站举行揭牌仪式。福建省科协学会部部长、院士办主任沙中然，市委副书记庄玉海等参加揭牌仪式。

11日 以石狮著名乡贤杨孙西命名的“杨孙西文化馆”落成典礼在曾坑社区芙蓉园举行。

15日 政协第七届石狮市委员会第一次会议开幕。

16日 石狮市第七届人民代表大会第一次会议开幕。

同日 石狮市政协七届一次会议第三次全体会议进行大会选举，林自育当选主席，副主席郭丽莲、陈贤明、丁东福、陈东华及常务委员31名。

同日 石狮市世茂首届旅游文化嘉年华活动暨科普教育基地、钞坑历史变迁陈列馆授牌仪式举行。省侨办主任冯志农，省侨联主席陈式海，省侨办副主任林泽春，世茂集团董事局主席许荣茂，市委书记朱启平，市委副书记、代市长黄春辉等参加仪式。

同日 省禁毒委副主任、公安厅副厅长薛祺安率省禁毒委督导组到石狮督导禁毒工作，市禁毒委主任、副市长杜举胜陪同督导。

18日 市七届人大一次会议举行第三次全体会议。上官跃进当选为市第七届人大常委会主任；黄春辉当选为市人民政府市长；施心新、吴清木、许赞成、林进全当选为市人大常委会副主任；蔡天守、杜举胜、张永安、施汉杰、李斌、张汉杰、林志鹃当选为市人民政府副市长；林明容当选为市人民法院院长；陈林被选举为市人民检察院检察长。

19日 石狮市通达智能硬件制造二期项目开工仪式在市高新区举行。泉州市委副书记、市长康涛，泉州市委常委、常务副市长张永宁，泉州市政协副主席李冀平，石狮市委副书记、市长黄春辉，市委常委、常务副市长蔡天守，市人大常委会副主任林进全，市政协副主席陈贤明等参加仪式。

21日 石狮市消防大队举行石狮市综合应急救援中心暨消防特勤站工程封顶仪式。

22日 《石狮日报》与菲律宾《联合日报》正式签署两家报纸合作协议，从23日起在菲律宾正式出版发行《石狮日报·菲律宾版》。

26日 石狮市社会科学界联合会成立暨第一次代表大会举行，孙文添当选为主席。

同日 石狮七中教育基金会高领专项基金成立暨高领专项基金2016年颁奖典礼、上海石狮商会“心天地”互动阅读教室捐赠仪式在石狮第七中学举行。

31日 石狮市设立“醒狮”文艺奖并开展首届评奖活动。

本月 经中共石狮市委机构编制委员会办公室批复同意，在市市场监督管理执法大队加挂“石狮市药品不良反应（ADR）监测中心”牌子，石狮成为福建省首个成立药品不良反应中心的县级市。

（王家超、黄彬彬整理　李秉源审）

亮点
BRIGHT SPOT

2016年石狮十大新闻
Shishi City Ten Big News in 2016

石狮确立“创新转型、实业强市”发展战略

【新闻事件】 2016年7月28日，中共石狮市第七届代表大会举行。石狮市委书记朱启平代表中共石狮市第六届委员会在开幕式上作题为《创新转型　实业强市　加快建设宜居宜业滨海城市》的工作报告。这标志着石狮正式确立“创新转型、实业强市”发展战略。

【背景意义】 当前的石狮正处在机遇与挑战并存的重要关口，面临着创新转型的空前挑战。在新的发展阶段，石狮必须迎难而上，坚持走“创新转型、实业强市”之路，坚定不移地推进产业转型升级，做大做强实体经济，加快建设宜居宜业滨海城市。“创新转型、实业强市”战略也是历届市委、市政府一系列战略思路的延伸和发展，是提升发展质量和效益的必由之路，是在更高水平上全面建成小康社会的实践路径。

石狮出台购首套房首改房财政补贴政策

【新闻事件】 2016年4月28日，石狮市政府出台关于进一步促进房地产市场平稳健康发展的通知。根据通知，自文件执行之日起6个月内，市民购买一手商品房作为家庭首套房、首改房，可享受购房款总额2%～3%的财政补贴。2016年10月26日，市政府决定将购房财政补贴政策继续延长六个月。

【背景意义】 购房财政补贴政策有力地促进石狮房地产市场平稳健康发展。据统计，2016年1—11月，石狮商品住房累计销售面积76.73万平方米，同比2015年增长40.53%，销售金额59.72亿元，同比2015年增长59.72%，销售均价与2015年基本持平，商品住房销售呈现出价稳量增的好势头。

石狮建成全省首个县级联合惩戒失信平台

【新闻事件】 2016年5月4日，石狮市失信联合惩戒系统平台正式启动，这是福建省首个县级联合惩戒失信被执行人平台。该平台建立后，石狮首批24个部门和单位可通过该系统获取

失信被执行人信息，并执行或协助执行实施惩戒措施。平台运行仅一个月，就在联动部门的协助努力下，拘留被执行人 49 人，查扣被执行人车辆 27 辆。

【背景意义】 早在 2014 年，石狮市法院就建立较为完善的失信被执行人公开曝光工作机制。2016 年，石狮在全省率先建立联合惩戒失信平台，对失信被执行人的惩戒力度再升级，真正形成“一处失信、处处受限”的联合惩戒局面。

石狮夺得中国电子商务百佳县“双料探花”

【新闻事件】 2016 年 5 月下旬，由阿里研究院发布的“2015 年中国‘电商百佳县’榜单”出炉，石狮再次位居全省第一、全国第三。同时，在“2015 年中国大众电商创业最活跃的 50 个县”排行榜中，石狮市再夺“探花”席位。

【背景意义】 石狮是国家级信息消费试点城市，电子商务发展势头足。据统计，石狮现有注册电子商务企业 1398 户，同比增长 124%；石狮企业及个人网店超过 3 万家。2016 年 3 月 28 日，石狮市更在福建省电子商务大会上获得“第一批福建省电子商务示范县”。电子商务、“互联网 +”在石狮产业创新转型中正发挥越来越重要的作用。

第 16 届全国大学生田径锦标赛在石狮举行

【新闻事件】 2016 年 7 月 15—20 日，“石狮杯”第 16 届全国大学生田径锦标赛开幕式在闽南理工学院举行。在为期五天时间里，来自全国 188 所高校的近 2800 名运动员在石狮比赛。本届赛事系首次在全国民办高校举办，也是首次由福建省高校承办。

【背景意义】 全国大学生田径锦标赛是目前国内规模最大、时间最长、参赛学校和人数最多的全国性大学生田径赛事，仅次于全国大学生运动会的高校体育盛会，是国家选拔田径选手的重要途径。该赛事确定在石狮市举行，再次彰显石狮的城市魅力和品牌影响力。同时，也进一步提升石狮的知名度和美誉度。

石狮市获得“国家生态市（县）”命名

【新闻事件】 2016 年 10 月 8 日，环境保护部办公厅发布公告，授予浙江省杭州市等 40 个市、县、区“国家生态市、县、区”称号，石狮市名列其中。公告指出，上述 40 个市、县、区积极开展国家生态市、县、区创建，目前已经达到国家生态市、县、区考核指标要求。根据《国家生态建设示范区管理规程》等规定，决定授予“国家生态市、县、区”称号。

【背景意义】 2013 年，石狮获得省级生态市命名；2014 年，石狮通过国家生态市技术评估；2015 年 9 月，石狮顺利通过国家生态市考核验收。此次石狮正式获得国家生态市（县）命名，是石狮生态文明建设的一个重要阶段性成果。

石狮世茂摩天城开业暨旅游嘉年华举行

【新闻事件】 2016 年 12 月 16 日，石狮世茂摩天城开业庆典、世茂首届旅游文化嘉年华活动暨科普教育基地、钞坑历史变迁陈列馆授牌仪式举行。

【背景意义】 世茂摩天城是石狮最大的城市综合体，也是石狮建市以来最大规模、最大体量的片区改造项目。该项目历时四年建成，创造旧城改造的“石狮速度”和“石狮模式”。项目集购物、娱乐、休闲、旅游、文化、社区、运动等于一体，是国内新一代文旅商业综合体的代表之作。项目建成带动周边片区发展，是对石狮城市建设的贡献；同时，项目着力发展现代旅游业，符合石狮“创新转型、实业强市”发展战略。

石狮正式启动海岸带规划建设

【新闻事件】 2016 年 12 月 26 日，石狮市委、市政府发文，成立石狮市海岸带规划建设指挥部及其办公室，此举标志着石狮市海岸带规划建设正式启动。

【背景意义】 石狮对海洋资源的利用还较为粗放，特别是对海洋岸线

石狮世茂摩天城开业，不仅意味着石狮建市以来规模最大的片改造项目获得成功，也极大地带动石狮的旅游业发展
（图／颜华杰）

资源的利用，可以说还处于初期阶段。石狮启动海岸带规划建设，将首先在交通、生态等核心因素上向区域发达城市看齐，为将来承接区域发达城市产业转移做好准备。今后若干年，石狮有望呈现与厦门相似的海边风光。另外一个方面，从石狮内部看，海岸带规划建设将让未来石狮真正形成“山、海、城”协调联动发展的新局面。

石狮启动市属国有企业实体化改革

【新闻事件】　2016年11月7日，石狮市委、市政府出台《石狮市深化市属国有企业实体化改革实施方案》，明确石狮将推进市属国企的整合重组，成立国投、城投、产投三大集团公司，于2017年3月前完成集团公司组建并开始运行。

【背景意义】　长期以来，石狮市属国有企业小、散的问题突出，管理水平、投融资能力不高。整合重组成立三大集团公司后，石狮市将争取到2020年使国企资产总额达到500亿元以上，总投资能力在200亿元以上，总融资能力在200亿元以上。这将进一步释放国企发展活力，提升石狮市国有资本投融资能力和运营效率，更好地服务保障经济社会发展。

石狮跻身中小城市综合实力百强榜第16位

【新闻事件】　2016年11月中旬，中国中小城市科学发展指数研究课题组等单位联合发布第12届中国中小城市科学发展指数研究成果，其中公布的2016年全国综合实力（科学发展）百强县市中，石狮名列第16位，比2015年上升1位。

【背景意义】　2016年，石狮市委、市政府大力实施“创新转型、实业强市”战略，采取一系列措施，不断发展壮大实体经济，加快建设宜居宜业城市，在人均GDP、人均财政收入、城镇居民年人均可支配收入、农村居民年人均可支配收入等社会、经济、民生指标中，均名列全国和全省前列。百强县市榜单再晋一位，是对石狮科学发展的充分肯定。

采写：记者 吴汉松

2016年石狮十大经济新闻

Shishi City Ten Big News of Economy in 2016

冶炼机器人生产线投产

【事件】　2016年2月，经春节前数月的调试和试生产后，国内第一条工业机器人在线浇铸生产线，春节开工后已在龙翌集团正式投产。

【背景】　以前一条锌合金浇铸生产线需17～18个工人，现仅需7～8人，节省人工10人，工人从繁重的劳动中解放出来，工人的劳动强度大为降低，生产率还提高一倍多。同时，彻底改变以前煤烟粉尘溢满车间，锌锭由水降温致使污水横流，劳动环境脏、乱、差的旧面貌；现在是生产全程由计算机中央控制，电磁炉加热控温，锌合金锭风冷，浇铸线上吸尘器去除高温气化金属粉尘，生产过程不产生废气和废水，做到污染“零”排放，成为环境友好型生产车间。

【意义】　这是工业机器人在冶炼生产上的典型应用，是中国制造4.0和泉州制造2025的突出成果。

石狮再蝉联“国字号”名城

【事件】　12月，在北京举行的2016年全国纺织产业集群复评工作总结会上，石狮再度蝉联“中国休闲服装名城”“中国休闲面料商贸名城”称号，其中，蚶江镇、灵秀镇、宝盖镇、凤里街道、鸿山镇也分别通过纺织特色小镇复评。

【背景】　石狮是中国重要的纺织产业集群地区，是中国纺织工业联合会2002年首批命名的中国休闲服装名城。2013年又被中国纺织工业联合会授予石狮“中国休闲面料商贸名城”称号，成为全国首个获此荣誉的城市。

【意义】　纺织产业集群复评工作每三年开展一次，2016年进行第三次复评工作。本次复评成功蝉联两个“国字号”名城称号，表明石狮大力提升纺织鞋服企业生产能力，力推纺织鞋服产业商业模式创新，进一步提升智能化水

石狮再度蝉联“中国休闲服装名城”“中国休闲面料商贸名城”称号。图为第19届海博会期间中国时装周颁奖典礼后设计师与模特合影（图／颜华杰）

平，具有明显的产业集群优势。

石狮成为“互联网 +”试点

【事件】 石狮市拓展“互联网 +”领域，致力打造区域性互联网示范基地，电商普及率 90% 以上，获省发改委批复，成为福建省“互联网 +”先行试点。

【背景】 石狮市突出政策引导，围绕产业链、创新链、价值链等关键环节，加强平台载体建设，推动移动互联网与传统品牌连锁终端、传统电子商务快速结合，电子商务业态快速成长，线上年交易额超 600 亿元。

【意义】 “互联网 +”先行试点为石狮电子商务的进一步发展打开门户，随后，石狮在淘宝商城创建石狮馆，与阿里巴巴联合开设“中国质造·石狮好服装”平台，打造“休闲服装石狮购”新局面。

3 家印染企业获国家准入

【事件】 11 月，工信部公布符合《印染行业准入条件（2010 年修订版）》企业名单（第五批），石狮市 3 家印染企业列入，也是目前为止，福建省仅有的 3 家列入准入名单的印染企业。

【背景】 为规范印染行业发展，防止低水平重复建设，切实减少污染，保护环境，促进纺织结构调整，实现协调和可持续发展，国家出台《印染行业准入条件》，符合标准的企业列入准入名单，同时也起到标杆示范作用。

【意义】 石狮市在实施“创新转型、实业强市”过程中，着力促进印染行业转型升级和节能减排，提升印染产业质量和附加值，此次准入的 3 家印染企业，不但是石狮印染行业中的标杆企业，也是福建省印染行业的示范企业。

轻纺城开业选料宝上线

【事件】 4 月 18 日，第二届中国（泉州）海上丝绸之路国际品牌博览会暨第 19 届海峡两岸纺织服装博览会开幕。当天，石狮国际轻纺城 580 家企业满铺融市，同步开业，由其和石狮市闽派信息咨询有限公司联手打造的“石狮国际轻纺城线上面料采购平台”（简称“选料宝”）紧随上线。

【背景】 石狮国际轻纺城，总建筑面积 82 万平方米，是国内最大的连体式专业市场，将打造成为以纺织品批发及商务办公为主，兼具展览、电商、信息、设计、金融等配套服务的现代化专业市场。

【意义】 整合之后的石狮服装城、国际轻纺城、世茂摩天城将连成一片，成为石狮“中央商务区”。未来的石狮服装城区域将逐步实现人流、物流、资金流、信息流的聚集，形成一个年交易额超千亿元的“财富商圈”。

银行支持实体经济有奖

【事件】 10 月，市政府出台《关于大力推进银行加强信贷支持实体经济若干措施的通知》，对银行支持实体经济达到一定数额给予奖励，同时，设立信贷风险资金，激励约束考评，建立金融风险防控机制，以推进银行加大信贷支持实体经济力度，进一步完善金融服务，促进信贷投放。

【背景】 石狮市着力重塑“实业精神”，鼓励产业资本投资实业，引导广大企业家和海内外乡亲坚守实业、回归主业、做精专业。在此基础上，鼓励引导银行支持实体经济发展。

【意义】 实体经济的发展离不开资金的支持，政府出台有力措施，强力扶持实体经济，支持银行对优质小微企业的扶持，积极支持企业技术改造、产品升级、转型转产、压减产能、淘汰落后、破产重组、扭亏脱困，为实体经济注入了一针强心剂。

省级创新型企业达 20 家

【事件】 2016 年 1 月 25 日，石狮新增 10 家省级创新型企业，至此，石狮已有省级创新型企业 20 家。12 月，又新增 5 家福建省高新技术企业，33 家企业上榜泉州智能制造示范企业。

【背景】 2016 年，石狮市实施“创新转型实业强市”战略，把创新作为第一驱动力，加快实施重点产业转型升级路线图，推进高端延伸和跨界融合，增品种、提品质、创品牌，着力强化实业支撑，实体经济不断增强，一批高新

已有省级创新型企业 20 家，2016 年，又新增 5 家福建省高新技术企业，33 家企业上榜泉州智能制造示范企业。图为富达精密智能生产线 （图／颜华杰）

技术企业脱颖而出。

【意义】　石狮市实施“创新转型、实业强市”发展战略，积极培育高成长性产业，以高新区为核心，充分发挥龙头企业的带动作用，延伸拓展上下游产业链条，加快打造智能硬件产业集聚区。为在更高水平上把石狮建设成为更具发展质量、更富创新活力的宜居宜业滨海城市打下坚实基础。

龙头企业华宝明祥食品有限公司生产线　（图／郭雅霞）

百家企业揽才超过二万

【事件】　2016 年以来，石狮市全力打造“引才专列”，在本地开展春、夏招聘活动的基础上，先后组织 100 多家企业远赴陕西、云南、贵州、重庆、江西等地开展异地招聘和劳务洽谈活动，引进各类产业工人 2 万多名。

【背景】　城市发展对产业工人的需求日益增大，特别是急需上手快、技术熟练的技术工人。此外，用工短缺是每年春节过后企业面临的最大难题。

【意义】　用工可以靠招聘会等形式解决，引进人才则需要更多的方式，既为纺织服装企业壮大人才队伍，也解决企业用工和人才培养问题。

新增 25 家泉州龙头企业

【事件】　11 月，石狮有 25 家企业上榜泉州市级产业龙头企业名单，是泉州市上榜市级产业龙头企业较多的一个县（市）。

【背景】　《泉州制造 2025 发展纲要》提出推动要素驱动向创新驱动转变，从低质低效生产向质量品牌转变，从生产型制造向服务型制造转变，从资源消耗型制造向绿色制造转变，以九大产业集群的转型升级为需求，扶植新兴产业发展壮大，推进产业结构升级。

【意义】　泉州市级产业龙头企业正是《泉州制造 2025 发展纲要》目标中的佼佼者，起到龙头标杆示范作用。同时，也表明石狮市在贯彻《泉州制造 2025 发展纲要》过程中，实体经济不断增强，从过去较为单一的产业形态发展为百业并举，产业结构进一步优化。

15 个项目列省重点项目

【事件】　2016 年年初，石狮市有 15 个项目被列入省级重点项目，总投资额达 106.9 亿元。10 月，总投资约 17.6 亿元的 10 万吨级集装箱泊位石湖港 5 号、6 号泊位开工。

【背景】　项目建设是扩大有效投资的重要途径，能够有效发挥投资对稳增长的关键作用。石狮市着力实施项目带动，在百日攻坚大会战期间，石狮重点项目新开工 56 个，完成重点项目投资超 60 亿元，技改项目投资超 95 亿元。全年完成投资超过 150 亿元。

【意义】　在一批省级重点项目投资带动下，石狮市以规划为引领，加强项目前期工作，做好项目策划、生成、管理，争取并用好国家重点建设专项基金，确保完成全年固定资产投资工作目标，促进全市经济稳定增长。

采写：记者 杨朝楼

重点项目永宁古卫城城门城楼景区鸟瞰　（图／颜华杰）

2016 年石狮十大人才工作新闻

Shishi City Top Ten Talents Work News in 2016

2016 年是“十三五”开局之年，也是深化人才体制机制的关键一年。这一年，石狮市深入实施“人才强市”战略，围绕特色主导产业引进人才，优化人才发展环境，促进人才创新创业，着力打造人才集聚高地，走出一条具有自身特色的引才、留才、用才之路，为推进“创新转型 实业强市”发展战略提供强有力的人才支撑和智力支持。这一年，石狮市以被确定为人才强市试点为契机，以市场化为导向，全面实施“人才港”计划，着力打造人才资源有效保障、充分流动、高度集聚的县域人才集聚中心。

石狮被确定为省人才强市试点

2016 年 6 月，中共福建省委组织部正式发文，确定石狮市为福建省人才强市试点。到 2018 年，石狮全市高层次人才队伍总量有望位居省内各县(市、区）前列，培育 3 ～ 5 支适应产业转型升级要求的产业特色人才队伍，跻身国内人才强市行列。

根据《石狮市出台人才强市试点工作实施方案》要求，石狮将以市场化为导向，紧扣产业发展需求，大力实施“人才港”计划，推进人才发展体制机制创新，用 2 ～ 3 年时间，打造具有石狮特色的人才工作模式，培养、造就一支与实施创新驱动发展战略和推进供给侧结构性改革需求相匹配，数量充足、结构优化、布局合理、素质优良的人才队伍；在推进人才管理体制改革方面，将有序地推动政府职能转变，围绕产业人才需求和人才创新创业需求，大力发展专业性、行业性人才市场，积极培育各类专业社会组织和人才中介服务机构，多渠道提升人才服务共建能力。

新市民参与积分建档破 10 万

自 2014 年石狮市推出新市民积分管理以来，新市民积分信息系统建档人数与日俱增。截至 2016 年年底，石狮市新市民积分建档人数达 104067 人。

2016 年，石狮市在全市 9 个镇（街道）的 168 家规模以上企业和 8 家酒店开展新市民积分政策实施情况调查的基础上，进一步梳理新市民积分评分标准，优化政策受惠范围，提供更多人性化服务。有力兑现 2016 年积分服务指标，其中，兑现 2016 年积分入学学位 222 个；兑现 2016 年积分入住购房补助人员 138 名，发放购房补贴 1533 万元，兑现公租房 10 人；兑现积分入医 36 人、兑现积分荣誉 3 人。新市民积分管理工作经验不仅被泉州市予以推广，而且由石狮市选送的《新政惠“候鸟”共享促融入——石狮市推进新市民积分管理典型案例》，在“2016 年（第二届）全国基层人才工作创新案例”征集评选活动中，被评为“优秀案例”。

“石狮籍”设计师斩获四奖项

2016 年 11 月 2 日晚，“梅赛德斯—奔驰中国国际时装周闭幕式、中国时尚大奖 2016 年颁奖典礼”在北京太庙举行。来自石狮市服装设计师协会的 4 位“石狮籍”设计师斩获四个奖项，其中，刘勇获第 20 届中国时装设计“金顶奖”。

参加本季时装周的 60 余位国内设计师中，包括 8 位“金顶奖”设计师及 15 位“十佳”设计师，全面展示中国的服装产业基础和品牌实力。本次时装周，石狮市服装设计师协会共有 7 名会员设计师参加，分别是杨紫明、曾凤飞、陈闻、刘勇、张义超、许馨尹、任艺，累计举办 8 场专场发布会。其中，刘勇获第 20 届中国时装设计“金顶奖”；迪尼姆 d'nim(陈闻)、卡宾 Cabbeen(杨紫明）、曾凤飞 ZengFengfei 获中国国际时装周时尚品牌奖；张义超获 2016 年最佳女装设计师提名。

V-WORKS 创客空间入选“国家队”

2016 年 3 月，科技部公布第二批 362 家国家级众创空间名单，石狮狮城青年创新创业孵化中心的 V-WORKS 创客空间名列榜单，成为石狮市首个国家级众创空间。

V-WORKS 创客空间由石狮狮城青年创新创业孵化中心负责运营，是石狮团市委、石狮市人力资源和社会保障局、石狮青商会为整合社会资源、服务青年微小创业企业而建设的，旨在通过为青年创业企业提供物理空间、配套设施和创业资金扶持，帮助青年创业企业成长发展，该众创空间先后被评为泉州市级众创空间、福建省级众创空间。V-WORKS 创客空间是专为具有创新项目的早期创客团队打造的，以“3+1”（信息化云服务、创业辅导培训服务、投融资服务 + 一系列优惠政策）的创业全要素、全链条孵化体系，帮助入驻创客团队降低创业风险和创业成本，提高创客团队的成活率和成长性。目前，V-WORKS 创客空间已有 10 多个青年创业团队带项目入驻。

石狮设立人才一站式服务专窗

2016 年 12 月初，前来石狮市人力资源大厦办理相关业务的市民朋友们会发现，在位于二楼服务大厅的左侧壁柱位置，一块标有“人才一站式服务专区”的引导牌十分醒目。这就是石狮市“一站式”人才服务专窗入口处。

根据《石狮市人才强市试点工作实施方案》要求，石狮市将创建“一站式”人才服务专窗，汇总整合全市涉及人才资金补助、住房保障、出入境、子女入学、学历认证、配偶就业、优惠政策申报等各项服务，实施“人才服务办理清单”制度，实行“专窗受理、专人转送、专人跟踪、专窗反馈”的服务模式，打造全方位服务链。“一站式”人才服务专窗依托新市民积分服务中心设立，为人才打造从“落地”到“居住”、从“创业”到“成长”、从“生产”到“生活”的全方位服务链。

全国首个纺服大学生创业基地落户石狮

中国纺织服装教育学会于2016年6月正式在石狮市设立“中国纺织服饰专业大学生实训创业基地”。该基地系中国纺织教育学会在全国设立的首家大学生实训创业基地。

近年来，石狮市与中国纺织服装教育学会合作连续成功举办五届“石狮杯”全国高校毕业生服装设计大赛；先后与清华大学美术学院、北京服装学院、天津工业大学、西安工程大学等多家国内纺织服装高校建立战略合作关系，其中，西安工程大学、武汉纺织大学、江西服装学院、中国美术学院上海分院等4所高校分别在石狮市设立建制研究院。中国纺织服饰专业大学生实训创业基地设立后，将有效促进石狮市与国内各纺织服饰高校间的“产学研”深度合作，加快推进人才培养、产品研发、技术服务和资源共享，为社会输送真正亟需的复合应用型人才，为石狮市纺织服装产业转型升级、提质增效，推进“创新转型 实业强市”发展战略提供有力的人才保障。

石狮举办首届电子商务技能竞赛

石狮首届电子商务技能竞赛于2016年8月26日圆满落幕。大赛吸引100多位来自全国“电商人”角逐。

2016年，石狮作为全省电子商务师（三级）职业资格考试试点城市，单独设立培训点和统考点，学员在本地就能完成电子商务师的培训和考试。该

赛事由石狮市人力资源和社会保障局、石狮市总工会主办，淘宝大学泉州机构、泉州市创意产业协会承办，其目的是进一步促进多个电商发展相关要素的互相交流，促进电子商务专业人才培养同社会需求接轨，为石狮市的电商行业发展夯实基础。竞赛分为理论考试和操作技能，比赛除根据个人获奖情况颁发荣誉证书、奖牌及奖金外，还将推选参评“十佳金牌工人”“金牌工人”。

福建省青年创新创业大赛在石狮举行

2016年11月28日，第三届“创青春”福建省青年创新创业大赛决赛暨创业项目投资对接会在石狮举行。经过三个多小时比赛，最终“诗情木意”“县域农产品网络整合销售”“豪猪养殖产业化＋互联网数据服务平台”等8个项目分别获得各个小组的第一名。

在国家大力实施创新驱动发展战略、加快推进“大众创业、万众创新”的背景下，石狮成为第三届“创青春”福建省青年创新创业大赛的承办单位，本届大赛历时3个多月，经过报名、初审、复赛等系列环节之后，40个项目从140多个入围项目中脱颖而出，按商工创意组、商工初创组、商工成长组、现代农业初创组、现代农业成长组、农村电子商务组、互联网创意组和互联网初创组8个小组进行最后对决。

厦大、川大与石狮共建研究中心

厦门大学（石狮）智能制造工程中心将以创新驱动发展战略为指导，力图通过校企合作，实现厦门大学的人才智力、研发能力以及先进制造技术与石狮市的产业需求对接，促进厦门大学在先进制造领域相关重大成果的落地和产业化，推动石狮市制造业企业的技术转型与升级。四川大学（石狮）高分子研究中心成立后，则将通过“政产学研”模式，依托四川大学雄厚的教育、科研及人才优势，以及石狮的区位、产业、资源优势，在高分子新材料、新一代信息技术及新能源与节能环保、生物技术及健康医疗、食品深加工等领域推动政校企实现深度合作与共赢发展。

石狮承办泉州市场化人才工作机制研讨会

2016年11月30日，泉州市学习贯彻全省深化人才发展机制体制改革座谈会精神暨“市场化的人才工作机制”研讨会在石狮举行。会前，与会人员先后参观了石狮市新市民积分服务中心、狮城青年创新创业孵化中心、通达集团、石狮市服装设计师协会。

近年来，石狮大力实施人才强市战略，以发展集聚人才，以人才驱动发展，通过做优城市环境吸引人才、以项目引进吸引人才、以产学研合作吸引人才，并率先实施新市民积分管理，加快推进产业工人本地化，取得一定成效，有力地促进石狮经济社会发展。此次研讨会在石狮举行，是一次很好的学习、交流机会。

（记者 周进文 通讯员 颜长品）

2016年石狮十大镇村新闻

Shishi City Top Ten County-rural News in 2016

城管重心下移 九镇办组建城管队伍

【新闻事件】 4月8日，市城市管理局举办培训会，为全市九个镇办新招聘的城管协勤人员进行岗前业务培训，为下一步即将启动的城管执法、劝导活动做好准备。参加此次培训的城管协勤人员达到260余名，这意味着9个镇办城管协勤人员招聘都已基本满员。

【背景意义】 全面推行城市管理重心下移是石狮市2016年的一项重点改革措施。市委、市政府专门出台《关于推进城市管理重心下移的实施意

见》后，各镇办都高度重视，迅速成立城管机构，启动协勤人员招聘工作，部分镇办探索以政府购买服务的方式组建队伍。各镇办城管协管队伍在整治“六乱四摊”等城市乱象中发挥出积极的作用，市容市貌发生显著的变化，城市越来越整洁美丽。

全力推进咱厝“海丝三宝”环境整治

【新闻事件】 2016年4月，泉州市第15届人民代表大会常务委员会第33次会议初次审议《泉州海上丝绸之路史迹保护条例（草案）》。作为获得立法权之后的首部实体法，该条例聚焦泉州地区海丝文化保护、发掘和传承，咱厝的姑嫂塔、六胜塔、林銮渡码头等“海丝三宝”有望列入保护名单。

【背景意义】 姑嫂塔、六胜塔和林銮渡码头并称为石狮“海丝三宝”。2016年，石狮市委、市政府高度重视“海丝三宝”的保护，积极参与泉州“海丝”申报世界文化遗产工作，设立工作小组，并成立申遗办公室，启动并快速推进“海丝”遗迹周边环境整治工作。法律法规的实施与环境的整治，“海丝三宝”将焕发出更大的“光芒”，在促进经济发展，加强国防建设，扩大国防教育，秉承革命精神等方面都具有重要意义。

两村入选省农村社区建设示范单位

【新闻事件】 为充分发挥典型引路和辐射带动作用，提升农村社区建设水平，2016年，福建省确定100个村为第一批农村社区建设省级示范单位，石狮市永宁镇郭坑村、祥芝镇前山村榜上有名。

【背景意义】 近年来，石狮市加大投入，推进“新型社区”建设，各村居也因此发生翻天覆地的变化。永宁镇郭坑村、祥芝镇前山村就是其中两个典型代表。两个村结合美丽乡村建设，着力打造管理有序、服务完善、文明祥和的社区。不仅村部建有一处综合性、多功能的农村社区服务站，设有“一站式”服务窗口，还建设多功能文体活动中心、生态文化公园等休闲场所和完善的公共服务配套设施。正是因为积极推进“新型社区”建设，所以郭坑和前山入选首批省级农村社区建设示范单位。

红塔湾上榜全省首批海岸公园名单

【新闻事件】 4月初，省海洋与渔业厅以“海岸公园”创建为抓手，组织开展海岸公园评选活动。期间，各地行政主管部门认真组织，经筛选、择优，推荐上报，最终由专家依据相关评审标准评选出30个海岸公园。石狮红塔湾海岸公园上榜。

【背景意义】 得益于天然的海岸资源优势，红塔湾可谓是石狮最美丽的海岸线，每年吸引不计其数的市民与游客前来观光、休闲、戏水。为保护好红塔湾自然生态海岸线资源，2016年，石狮市启动红塔湾滨海生态整治行动，多部门合力持续推进红塔湾滨海生态整治行动，整合规范停车场、拆除违章搭盖、安装自来水管道、补种防护林等，力求全面提升红塔湾滨海风景娱乐区环境水平与管理水平。退摊还沙，守护海滩，红塔湾将越变越美。

曾坑一基金半小时募集善款超百万元

【新闻事件】 4月5日，湖滨街道曾坑社区蓉园五美基金成立。在成立庆典大会上，海内外的蓉园五美堂族亲踊跃捐款，不到半个小时便募集到善款112万元，这些资金将用作曾坑社区蓉园五美“救急扶助、敬老尊贤、关爱奖学、团结族人”的慈善专款。

【背景意义】 曾坑社区蓉园五美基金半个小时筹集112万元善款，这是石狮基层公益事业建设的一个缩影。近年来，石狮市各镇办、村居大力推进移风易俗，倡导喜事新办、丧事简办，厉行节约、捐资公益成为全市各地的文明新风。过去一年里，还有很多公益佳话，如《蚶江移风易俗成效大 全镇半年捐资公益超300万元》《郑厝村民厉行节约、捐资公益蔚然成风 近年来捐资金额逐年递增》等。

仑后“普度月”变成“文体活动月”

【新闻事件】 在宝盖镇仑后村党支部、村委会、老年协会、和促会和校董会的大力倡导下，“普度月”期间，该村海内外乡亲厉行节约，踊跃捐资，共筹集200多万元，支持村落举办民俗文化节和今后公益事业建设，“普度月”

2016年，石狮市大力开展红塔湾滨海生态整治行动，红塔湾滨海风景娱乐区的环境得到显著改善 （图／颜华杰）

也因此变成“文体活动月”。

【背景意义】 在闽南不少地方，农历七月有“普度”的习俗。2016年，仑后村迎来12年一次的“大普”。为营造文明、和谐的社会环境，在农历七月到来之前，该村大力推进移风易俗，通过入户分发移风易俗倡议书，倡导文明新风。同时，举办“锦峰民俗文化节”，以此转变群众的思想观念，改变办普形式。此举得到海内外乡亲和辖区企业的支持和响应。将“普度月”办成“文体活动月”，既丰富群众的生活，又树立文明新风。

中共杆头（平民）支部成立70周年

【新闻事件】 9月17日，中共杆头（平民）支部成立70周年纪念大会在杆头村举办。社会各界以简朴、庄重的形式，纪念中共杆头（平民）支部成立70周年，共同追忆革命历史，缅怀革命先贤。

【背景意义】 中国共产党成立95周年、红军长征胜利80周年，2016年是值得纪念的一年。在石狮，也有一些地方、一群人为革命斗争做出积极贡献。杆头是石狮市6个革命基点村之一，早在20世纪30年代末，这里就燃起革命火种，一大批地下革命党员先后来到这里开展革命活动。杆头（平民）支部成立，成为石狮成立较早、党员人数较多的一个党组织。牢记历史，不断前进。举办杆头（平民）支部成立70周年纪念大会，目的在于追忆革命历史，弘扬革命精神，激发爱国热情。

前埔、伍堡两村上榜“中国淘宝村”

【新闻事件】 10月29—30日，第四届中国淘宝村高峰论坛在江苏沭阳隆重举办。会上，阿里研究院和阿里新乡村研究中心共同发布《中国淘宝村研究报告（2016）》。2016年淘宝村名单中，石狮永宁镇前埔村、鸿山镇伍堡村上榜。

【背景意义】 近年来，石狮先后获得“2013年中国电子商务发展百佳县”第四位、“全国县域地区的网购渗透率”排名第二位、全国“最喜欢上淘宝购物的县级城市”居福建省第一位等荣誉，并成为福建省唯一入围首批国家信息消费试点市的县级单位。可以说，石狮电子商务走在全省前列。2016年，除前埔村外，石狮又多伍堡村上榜“中国淘宝村”。由此可见，石狮电商发展越来越好。

“九十九间”修缮政府补助140万元

【新闻事件】 传统建筑修缮，政府给予补助。2016年，石狮市知名的传统建筑永宁“九十九间”启动修缮加固工作。这是石狮市石结构房屋改造新政策出台后首宗进行保护性修缮的传统建筑。根据修缮加固的实际面积，“九十九间”修缮可获得泉州、石狮两级政府补助资金140万元。

【背景意义】 根据泉州市有关文件，对纳入石结构房屋改造规划（计划）的传统建筑加强保护，泉州与石狮两级补助累计为210元/平方米。此次“九十九间”修缮的面积6700余平方米，两级政府将补助约140万元。泉州与石狮两级的资金补助为传统建筑的修缮与保护提供保障，永宁“九十九间”进行保护性修缮或许可为其他传统建筑的修缮与保护提供样本，具有很强的借鉴意义。

祥芝海产品踏上“一带一路”新征程

【新闻事件】 10月27日，石狮市华宝明祥食品有限公司投资4000万美元的鱼罐头项目在祥芝镇正式投入生产，两条线日产20万罐的鱼罐头产品将由泰国海之价上市有限公司负责销售。从安装到调试，仅仅3个月时间，日产10万罐鱼罐头的生产线就上线投产。

【背景意义】 近年来，石狮市着力壮大海洋经济。作为渔业重镇，祥芝镇现有水产品加工总量居泉州市第一位，祥芝海洋科技园区也是石狮市唯一的一个水产品加工基地。泰国海洋渔业比较发达，泰国海之价上市有限公司是泰国知名的鱼罐头生产商。位于祥芝的鱼罐头项目正式投入生产，是“一带一路”倡议提出后，石狮企业与东南亚企业深度合作的具体体现，此举也将助推石狮海产品开拓更为广阔的市场，具有标志性意义。

采写：林智杰

市情概貌

CITY PROFILE

（图/颜华杰）

历史与发展
History and Development

【地名考 Place name textual research】

石狮历史悠久。从出土的新石器时代石刀石斧等文物的考古中查明，在7000年前，石狮就有人类活动。春秋战国时期，古越人在这里繁衍生息、路耕海渔。周代以后，北方汉人入迁。西晋末年永嘉之乱，中州动荡不安，士族衣冠南渡入闽，定居石狮境内晋江流域的滨海平原，或从事农耕，或从事近海捕捞。据《西山杂志》记载，隋代，蚶江、永宁、石狮、祥芝等地，均有中原移民南迁定居。永宁岑兜一带建有盐场，先民从事海盐生产已成规模。

史载，凤里庵始建于隋朝，庵前有石雕狮子，凤里庵前有官道从沿海通往泉州。因当时人们常约定在庵前石狮子处碰头、聚会，庵前石狮演变成中转站，加上外来商人在此贸易，日益繁荣，于是，石狮便渐成地名。此乃石狮由来与得名。

【海外交通贸易 Foreign trade transportation】

石狮山川毓秀，人文荟萃，素有"滨海邹鲁"美誉，境内有市级以上文物保护单位30处。晋人南迁后，中原文化即在石狮土地上扎根、衍化。石狮依山面海，拥有67.6千米海岸线，港湾众多，是"海上丝绸之路"起点之一，海外交通贸易发达，姑嫂塔、六胜塔是"东方第一大港"泉州港的"航标"。

【多元文化 Diverse culture】 繁荣发达的海外贸易让石狮人走向海洋、走向世界，也吸引世界各地商人到石狮，带来多种宗教文化、信仰习俗。传统的古闽越文化、中原古老文化和多元的外来文化经过千百年融合交汇，形成石狮独具特色的包容开放、急公好义、团结互助、勇于拼搏冒险的海洋文化，造就石狮人爱拼敢赢、开拓创新的精神与强烈的商业意识、竞争意识、开放意识和创业意识。

【著名侨乡和台胞祖籍地 Overseas Chinese and Taiwan compatriot ancestral home】 石狮市是福建著名侨乡、台湾同胞的主要祖籍地之一。全市旅居海外的华侨及港澳同胞46万多人，祖籍石狮的台湾同胞30多万人。海外石狮人主要分布在世界40多个国家和地区，近90%居住在东南亚各国，其中又以菲律宾最多。石狮市有港澳同胞9万多人，归侨、侨眷12万多人，占全市总人口约39%，9个镇（街道）均是重点侨乡。广大侨胞和港澳台同胞素有爱国爱乡的优良传统，热心于家乡事业地建设和发展，积极兴办教育、文体、医疗卫生等公共设施，设立各类教育、慈善基金会，据统计，全市旅外华人华侨及港澳同胞捐赠教育、卫生、文化等公益的资金近12亿元，建立各级各类奖教奖学基金近70个，基金总额上亿元，为石狮市经济发展和社会进步做出重大贡献。200多人次获省政府和泉州市政府捐资兴学金、银、铜奖章、荣誉证书和奖匾。其中，17人捐资在千万元以上，获福建省人民政府"捐赠公益事业突出贡献奖"，并予以立碑表彰；在福建省第三届世界闽商大会表彰会上，8人获得"省华侨捐赠公益事业突出贡献奖"，2人获得"闽商建设海西突出贡献奖"，5人获得"省非公有制经济人士捐助公益事业突出贡献奖"；15位个人捐资超2000万元的海外乡亲在泉州市政府华侨捐赠公益事业表彰大会上受到表彰。

【石狮建市 Shishi founded the city】

石狮建市前隶属于晋江县1269年。1987年12月17日，经国务院批准，析晋江县石狮、蚶江、永宁3个镇和祥芝乡，置石狮市，为省辖县级市（由地级泉州市代管）。1988年9月30日，举行建市挂牌仪式。1998年，石狮市辖2个街道、5个镇。1999年7月15日，祥芝镇一分为三，增设2个镇。

2002年10月，街道居委会辖地开始改为社区，其后各镇（街道）所辖村或改社区，或析出增设或合并减少。2016年，石狮市下辖7个镇2个街道，共25个社区、102个建制村。

（王家超撰　李秉源审）

【人口现状 Population】　2016年，全市常住人口72.2401万人，比2015年减少4.07%；全市登记在册流动人口39.0229万人，户籍总户数9.3244万户，户籍总人口为33.2172万人，比2015年净增长4573人。其中城镇人口24.4308万人，占总户籍人口的73.55%，比2015减少6825人。全市出生人口5282人，出生率15.9‰，死亡人口1525人，死亡率4.59‰，人口自然增长率11.39‰。人口以汉族为主，还有回族、满族、畲族等少数民族，通闽南方言。

（洪志真撰　刘锦添审）

行政区划
Administrative Divisions

【地理位置 Geographical position】

石狮市位于福建省东南沿海，泉州湾南部，处于厦门经济特区与泉州文化古城之间。石狮陆域地处北纬24°39′52″～24°48′48″，东经118°33′46″～118°46′51″。东濒台湾海峡，南临深沪湾海域与晋江围头湾海域相接，西与晋江市接壤，北隔泉州湾与惠安县、丰泽区相望。北距泉州市区21千米，距福州市区221千米，西距晋江市区14千米，南距厦门市区97千米。

【区域面积 Region areas】　石狮三面临海，市域东西长20.9千米，南北宽16.8千米，海岸线长67.6千米。2016年，全市陆域面积157.15平方千米，滩涂面积20.54平方千米。行政管辖毗邻海域面积968.5平方千米。

【区划变更 Changing of administrative divisions】　石狮早在旧石器时代晚期（距今2万余年），境内即有先民栖息，考古发现石狮附近海域出水的古人类肱骨化石，经科学鉴定为更新世晚期智人骨骼化石，被考古界命名为“海峡人”。秦汉南北朝隋及至唐初，石狮属南安县境。自唐开元六年（718年）始直至清初，隶属于晋江县境。清乾隆三十一年（1766年），晋江县设石狮分县，以晋江县贴堂县丞驻石狮街，代管安海。乾隆三十五年，石狮县丞移驻安海旧通判署，嗣后，改设安海分县，其后石狮境域事务仍归晋江县，历民国。1949年9月2日，石狮解放。同年9月9日，石狮境域属福建省第五行政督察专员公署辖区的晋江县。中华人民共和国成立后，石狮境域属晋江县。1987年12月17日，国务院批复同意福建省《关于设置石狮市建制设置》和《关于设立石狮市的补充报告》的请示，设立石狮市（县级）。此后至2016年，石狮市政区建置隶属未再变更。

【镇（街道）区划 Town (Neighborhood) districts】　1998年，石狮市辖凤里、湖滨2个街道，蚶江、祥芝、永宁、宝盖、灵秀5个镇，共15个居委会、100个建制村。

1999年7月15日，经省民政厅批准，从祥芝镇划出西墩、东埔一、东埔二、东埔三、伍堡、洪厝、莲厝、郭厝、东园、邱下10个建制村增设鸿山镇；从祥芝镇划出锦尚、东店、厝上、杨厝、西港、深埕、谢厝、卢厝、港前、奈厝前10个建制村增设锦尚镇。划出20个行政村后，新的祥芝镇辖祥农、祥渔、古浮、垵海、大堡、赤湖、后湖、莲坂8个建制村。

2016年，石狮市下辖7个镇、2个街道。其中，蚶江镇辖19个建制村；祥芝镇辖10个建制村；永宁镇辖4个社区、20个建制村；宝盖镇辖1个社区、19个建制村；灵秀镇辖1个社区、12个建制村；鸿山镇辖11个建制村；锦尚镇辖11个建制村；凤里街道辖10个社区；湖滨街道辖9个社区。

【村（社区）区划 Village (Community) districts】　2000年4月13日，经石狮市人民政府批准，祥芝镇前山自然村从大堡村析出，设立前山村；湖西自然村从莲坂村析出，设立湖西村。4月15日，灵秀镇茂厦自然村从塔前村析出，设立茂厦村；鸿山镇湖厝自然村从东园村析出，设立湖厝村。同年7月27日，宝盖镇山雅自然村从后垵村析出，设立山雅村；在宝盖镇辖区的市安居工程小区设立宝源居委会；撤销宝盖镇龟湖村，设立铺锦、后宅、郑厝、苏厝4个村。

2001年9月12日，撤销湖滨街道新湖村委会，设立玉湖居委会。9月27日，撤销凤里街道的新华、大仑、五星3个村委会，相应设立龙华、大仑、五星3个居委会。同年10月19日，撤销湖滨街道的长福、林边、曾坑3个村委会，相应设立长福、林边、曾坑3个居委会。

2002年5月28日，祥芝镇垵渔村更名为祥运村。10月13日，原湖滨街道玉湖居委会辖地设玉湖社区。同年10月31日，湖滨街道原花园城、长福、曾坑、林边、仙迹、金林、新湖7个居委会辖地相应设立花园城、长福、曾坑、林边、仙迹、金林、新湖7个社区；湖滨街道原湖东、湖南2个居委会辖地，合并设立湖边社区。11月7日，凤里街道原东村、后花、五星、龙华、新华、华南、华仑、大仑8个居委会辖地相应设立东村、后花、五星、龙华、新华、华南、华仑、大仑8个社区；凤里街道原宽仁、仁里、馆顶3个居委会辖地合并设立宽仁、仁里2个社区（上述原居委会辖地更名为社区后，原城市基层群众性自治组织——居委会更名为社区居委会）。

2009年8月13日，锦尚镇港东自然村从谢厝村析出，设立港东村。

2010年9月28日，灵秀镇港塘村辖地联邦商业城、佳豪小区、金丘阳光城区域设立曙光社区。

2011年，永宁镇永宁居委会析分为4个社区。

（王家超撰　李秉源审）

生态环境
Ecological Environment

【自然条件 Natural conditions】

石狮市位于福建省东南沿海，三面临海，濒台湾海峡，临北回归线，属亚热带海洋性季风气候。夏长无酷暑，冬短无严寒，秋温高于春温。石狮季风气候显著。冬季刮大陆南下强劲的北风，夏季盛行来自海洋的偏南风，两者的强弱、进退、更替影响气温、降水等气候要素及天气现象变化。石狮雨水充沛，但时空分布不均，春夏多雨、秋冬少雨，降水量年际和季节变率大。台风、暴雨、低温、干旱等气象灾害时有发生。

【年度气候 Annual climate】　2016年，石狮市主要气候特点：年平均气温显著偏高；年降水量异常偏多。主要气象灾害有台风、暴雨、强对流天气、大雾、高温、低温连阴雨，以台风和暴雨造成的气象灾情为重。2016年，石狮市气象灾害偏重，属偏差年景。

【气温 Air temperature】　2016年，年平均气温为22.0℃，与常年相比偏高1.2℃。年极端最低气温0.9℃，出现在2016年1月25日。

【降水量 Precipitation】　2016年（2015年12月—2016年11月），降水量1898.3毫米，异常偏多。年降水日157天，最长连续无降水日16天，出现在2016年10月25日—11月9日，最长连续降水日10天，出现在3月16—25日和4月9—18日。

冬季（2015年12月—2016年2月）降水量404.5毫米，与常年相比异常偏多。2016年前冬多雨，后冬相反，2015年12月和2016年1月还出现少有的冬季局域性暴雨过程。

春季（3—5月）降水量620.3毫米，与常年相比偏多。季内西南暖湿气流较强，3—4月强降水天气偏多；5月开始西南气流逐渐加强，对流性天气较为频繁，雷暴天气频繁。其中，由于前期冷空气活跃，强度较强，3月10—14日出现低温阴雨天气。4月13日石狮市进入前汛期后，雨日明显增多，强度明显增强。2016年石狮市春季初雷出现时间为3月14日，与常年相比属正常。季内有3天出现暴雨，其中3月2天，5月1天。

夏季（6—8月）降水量339.2毫米，偏少。6月19日前汛期结束（与常年相比属偏早）。主要降水过程出现在：7月9—11日受“尼伯特”登陆影响，石狮市出现台风暴雨，其中9日全市普降暴雨到大暴雨，10—11日受尾流偏南气流影响，普降中雨到大雨；8月11—13日受接连两个热带扰动影响，石狮市出现持续性强降水过程。

秋季（9—11月）降水量534.3毫米，与常年相比显著偏多。主要降水过程出现在9月先后受“莫兰蒂”和“鲇鱼”正面影响，石狮市出现连续性暴雨——大暴雨天气，其中9月15日降水量150.2毫米，为2016年最大降水量。

【热带气旋 A tropical cyclone】

2016年，4个热带气旋影响石狮市。影响的热带气旋分别是：1601号台风“尼伯特”、1604号台风“妮妲”、1614号台风“莫兰蒂”和1617号台风“鲇鱼”。

【强冷空气 Strong cold air】　2016年，冷空气过程主要出现在：2015年12月15—18日、2016年1月23—25日、1月30日—2月2日、2月13—16日、10月9—11日、11月8—11日、11月22—25日。

【暴雨 Rainstorm】　2016年，石狮市出现9次暴雨过程，其中冬季暴雨有2次，历史上较为少见；春季暴雨有3次；夏、秋季暴雨4次，以台风暴雨为主。

【强对流 Strong convection】　2016年，雷暴天气24天，主要发生在3—9月。3月14日，石狮市出现初雷，与常年相比属正常。

【大雾 Heavy fog】　2016年，雾日主要出现在冬、春季。能见度≤500米的大雾天气主要出现在3月16—19日；4月1—2日、4—5日、18—20日。其中，4月5日5时左右出现能见度不足200米的浓雾天气。

【高温 High temperature】　2016年，石狮市≥35℃高温日数有25天，其中6月1天，7月12天，8月12天，年极端最高气温出现在7月29日，37.9℃。

【低温连阴雨 Continuous rainy days at low temperature】　2016年3月9—12日，石狮市受强冷空气影响，过程降温达10℃左右。10—13日出现连续性降水，且日平均气温低于12℃的低温阴雨天气过程。

（陈志泉撰　唐会荣审）

【大气质量 Air mass】　2016年，石狮城市环境空气质量保持良好。主要污染物指标二氧化硫、二氧化氮、可吸入颗粒物（PM10）、细颗粒物（PM2.5）、一氧化碳和臭氧年均浓度分别为0.012毫克/立方米、0.026毫克/立方米、（PM10）0.056毫克/立方米、（PM2.5）0.026毫克/立方米、0.7毫克/立方米、0.08毫克/立方米，均达到《环境空气质量标准》（GB3905-2012）

的二级标准。城市环境空气污染指数（AQI）年均值为56，空气质量优良率为97.8%，较2015年下降1.1个百分点，首要污染物为可吸入颗粒物（PM10）。

【声环境质量 Sound environment quality】

2016年，石狮市声环境质量符合《环境噪声监测技术规范 城市声环境常规监测》（HJ640-2012）声环境质量等级划分“二级”标准。城市道路交通噪声呈“较好”水平，城市区域环境噪声呈“较好”水平，城市功能区噪声昼间达标率100%，功能区噪声夜间达标率100%。

【水环境质量 Water environment quality】

2016年，石狮市地表水断面沟下坂水质符合《地表水环境质量标准》（GB3838-2002）的Ⅳ类标准，龟背闸水质符合《地表水环境质量标准》（GB3838-2002）的Ⅴ类标准，达标率为100%。集中式生活饮用水源地水质和地表水水质达标率100%，近岸海域监测水质有所下降。

（谢安乐撰　苏传贤审）

城市竞争力
Urban Competitiveness

【年轻之城 City of Youth】　石狮市是一座富有魅力的年轻城市。建市29年来，石狮得益于改革开放的好机遇、综合改革试验区的新机制，发挥爱拼敢赢的人文精神，综合经济实力位居全国中小城市科学发展百强第17位、保持全省第2位；人均GDP、人均财政收入、城镇居民人均可支配收入、农民人均纯收入、城镇化率、人均汽车保有量、城乡低保标准、城乡居民保标准、新农合标准等指标居全省县市第一。先后获得中国十大活力县级城市、中国大陆最佳商业城市、中国休闲服装名城、中国休闲面料商贸名城、国家义务教育发展基本均衡市、国家计生优质服务先进市、全国科技进步先进市、全国文化先进市、全国双拥模范城、全国首批新农村建设特色县市、全国科普示范市，省级卫生城市、园林城市、知识产权强市等，获得全国县级文明城市提名城市，跻身全国中小城市新型城镇化质量百强县市第23位、全省首位，通过国家生态市验收，成为海西最具活力和竞争力的投资热土之一。

【改革之城 City of Reform】　2016年，石狮市制定和落实全面深化改革方案，统筹推进25项改革事项。全面推行权力清单、责任清单和公共服务事项清单制度。整合重点项目工作机构建设；加强财政投资项目评审管理，建立评审助审机构库。完成“营改增”试点和“五证合一”企业登记制度改革；启动市属国企实体化改革，筹建国投、城投、产投三大集团公司。启动印染污水处理厂管理体制和运营机制改革。

2016年，石狮市推进社会信用体系建设，建成全省首个县级联合惩戒失信平台。打通历史遗留已建回批地、宅基地、企业厂房确权登记渠道，开展国家农民住房财产权抵押贷款试点工作。基础教育综合改革、公立医院改革、新市民积分管理等持续稳步推进，获批省人才强市试点。

【发展之城 City of Development】

2016年，石狮市入选福建省重点项目15个，总投资106.89亿元，其中在建项目9个，总投资67.20亿元，年度计划投资30.55亿元；入选泉州市重点项目36个，总总投资458.33亿元，年度计划投资91.52亿元；石狮市级重点项目177个，其中在建项目129个，总投资820.85亿元，年度计划投资143.67亿元。

重点项目建设终身负责制。把每年的重点项目责任人信息载入《石狮年鉴》，体现项目建设“终身负责制”。

2016年，石狮市实现生产总值703.7亿元，同比增长8.1%；公共财政总收入60亿元，公共财政预算收入38.5亿元；自营出口213762万美元；全社会固定资产投资408.3亿元，分别同比增长18.2%；城镇和农村居民人均可支配收入分别为47189元、19623元，同比增长8.1%、9.6%；经济综合实力位居全国中小城市百强县市第17位、全国中小城市新型城镇化质量百强县市第23位。

高新企业富永信生产线　（图/颜华杰）

第二届中国（泉州）海上丝绸之路国际品牌博览会、第 19 届海峡两岸纺织服装博览会开幕仪式暨石狮国际轻纺城开业典礼在轻纺城举行　　（图 / 颜华杰）

石狮市出台实施加快推进实业强市、重点产业转型升级、信贷支持实体经济等一系列政策，全年兑现各项惠企补助资金 3.7 亿元。加强政司银企合作，新增贷款 70 亿元，帮助 150 多家企业协调银行信贷 130 多亿元；建立金融风险防控机制，化解不良贷款。全力稳住工业大盘，完成工业总产值 1237.7 亿元、同比增长 7%，其中纺织服装业产值 563.9 亿元、同比增长 5%；智能制造产业发展迅速，实现产值 113.4 亿元、同比增长 17%，成为新的增长点；强化产学研合作，新建四川大学先进高分子材料研究中心、厦门大学智能制造工程中心；新增驰名商标 2 枚、地理标志证明商标 1 枚。加快发展现代服务业，第三产业增加值 294.4 亿元、同比增长 8.6%，社会消费品零售总额 435.3 亿元、同比增长 10%，轻纺城、建材城等专业市场开业融市，电商发展指数位居全国百强县第三、全省第一；港口集装箱吞吐量 157 万标箱，同比增长 2.8%；旅游总收入 91 亿元，同比增长 7%。推动现代农业稳步发展，实现产值 42.3 亿元、增长 4%。强化投资拉动，完成固定资产投资 440.9 亿元、同比增长 8%；深化项目策划生成，推进项目建设百日大会战，全年开工 106 个、竣工 70 个，其中重点项目、工业技改、城市基础设施分别完成投资 133 亿元、95 亿元和 24 亿元。抓好外经外贸，实现出口商品总值 22 亿美元、同比增长 3%，实际利用外资 1.96 亿美元、同比增长 3%，位居泉州前列。

2016 年，石湖港海上运输完成集装箱吞吐量 130 万 TEU，完成散杂货吞吐量 253 万吨，其中荒料石业务完成 223 万吨。推进海洋经济重点项目建设，11 个项目列入省级海洋经济重大项目盘子，其中在建项目 7 个，前期项目 4 个，投资 20.6 亿元，重点支持远洋渔船更新改造、海洋新兴产业以及服务平台等方面项目建设。

【科技之城 City of Technology 】

2016 年，石狮市获“全国科技进步先进市”十二连冠，被列为福建省知识产权强县。石狮市拥有国家星火计划龙头企业技术创新中心 2 家、国家级示范生产力促进中心 1 家、国家众创空间 1 家、国家高新技术企业 20 家；省级企业工程技术研究中心 9 家、省级创新型企业 21 家、省级创新型试点企业 9 家、省科技小巨人领军培育企业 16 家、省级星火行业技术创新中心 12 家、省知识产权优势企业 5 家、省科技孵化器 3 个，省众创空间 3 家；泉州市产业技术创新战略联盟 4 个、泉州市行业技术开发中心 20 个，泉州市工程技术研究中心 11 个，泉州市科技孵化器 5 家，泉州市众创空间 5 家，泉州市知识产权工作试点单位 22 家，泉州科技小巨人企业 59 家。

【宜居之城 City of Livability】

2016 年，石狮市开展“多规合一”试点，加快编制全域一体空间统筹规划，及海岸带、景观风貌、生态控制线等 18 个专项规划。钞坑、长福、梧园、洋内亭等片区安置房完成交房、回迁，世茂摩天城建成营业。全市商品房销售面积 106 万平方米，同比增长 53%。完成濠江北路、石狮大道提升工程，实施学府路、宝岛路、宋塘路、九二东路等改造。试行路内停车收费，建设公共自行车租赁系统，首期投放 2100 辆。推动城市管理重心下移，建成数字城管平台，推行道路及市政设施管养“1+N”模式；深入整治占道经营、“牛皮癣”、架空管线、“两违”等问题。加快中心区、高新区、永宁等污水处理厂提标扩建改造，东沟、塘园溪截污改造等 18 个水系环境综合治理项目及 12 个城市景观风貌提升项目有序推进；开展黄标车、海漂垃圾、畜禽养殖、“三无”船舶拆解等整治工作。获国家生态市正式命名。

2016 年，石狮市以 10 个美丽乡村示范村、27 个环境综合整治村建设为主要载体的新型社区建设，启动 76 个建设项目，重点抓好环境整治、村庄绿化、古树名木保护、文化传承与保护、污水治理、渔家乐项目建设。永宁镇被福建省人民政府公布为第五批福建省历史文化名镇。

【人文之城 City of Humanity】

2016 年，石狮境内有全日制民办大学 3 所，其中本科院校 1 所，高职高

宝盖山木栈道　　（图 / 颜华杰）

专 2 所。有中等职业学校 1 所。全市有幼儿园 155 所，小学 63 所，特殊教育学校 1 所，九年一贯制学校 4 所，初级中学 7 所，完全中学 6 所学校。

2016 年，石狮市民生事业投入 3.8 亿元实施 34 个教育重点建设项目，建成厦门外国语学校石狮分校、泉州师范附小石狮校区等一批学校；通过国家义务教育发展基本均衡市复核验收。新农合复合支付方式改革列为全省试点，继续实施药品零差率销售，全年为患者节约 1800 多万元；通过国家级妇幼健康优质服务示范县（市、区）省级复核，及新一轮全国计划生育优质服务先进单位评审。获得里约残奥会金牌 1 枚，承办海上丝绸之路环泉州湾国际公路自行车赛（石狮段）、第 16 届全国大学生田径锦标赛，举办文化惠民剧场、书香狮城和全民阅读等群众文化活动。

2016 年，石狮市低保标准提高到 630 元，“救急难”力度不断加大。全力防抗“尼伯特”“莫兰蒂”“鲇鱼”等强台风袭击，出台“1+11”方案，迅速开展灾后恢复重建。加强社会治安综合治理和防控体系建设，刑事发案数同比下降 14.9%；加大信访工作力度，依法依规化解各类矛盾纠纷。持续开展安全生产大检查大整治，企业安全生产标准化建设不断提升。强化市场监管，推进食品药品安全整治。加强国防动员、人民防空和后备力量建设，促进军民融合发展，获全国双拥模范城“五连冠”。

第 14 届广场文化节　　（图 / 颜华杰）

【文化之城 City of Culture】　2016 年，石狮市举办十多场“音为你”文化惠民剧场。承办第 14 届广场文化艺术节“中秋月　中华情”专场晚会、纪念红军长征胜利 80 周年石狮专场演出等大型文化活动。国庆期间举办“送戏下乡”活动。举办第十届民间戏剧展演周、第 18 届侨乡谜会、第 13 届中小学南音演唱演奏比赛、第六届少儿舞蹈比赛、第八届少儿钢琴比赛、“学习宣传中共十八大六中全会精神”灯谜比赛等群众文化活动。石狮市举办蚶江镇、永宁镇、祥芝镇第十届闽台对渡文化节暨蚶江海上泼水节、第五届永宁古卫城文化节、第八届渔民文化节。

万寿塔（姑嫂塔）、六胜塔、石湖古码头（林銮渡）被列入“海丝世遗”考察点，做好海丝申遗协调工作。编制《石狮市蚶江镇文化生态保护专项规划》。编辑出版《闽台对渡海上泼水》等文化丛书。4 月 30 日—5 月 2 日，石狮市代表队参加第三届中华灯谜文化节，第二实验小学、华侨中学分别获得国际校园灯谜精英赛小学组、初中组团体和个人冠军；12 月，石狮市海百合艺术团参加中国舞蹈家协会 2016 年教学成果展演暨福建省首届“舞蹈美育之星”电视春晚舞蹈比赛，《弄堂记忆》《妞啊扭》获一等奖，《喜鹊喳喳喳》获三等奖；石狮市图书馆（包括文林图书馆和万祥图书馆）获得福建省十佳图书馆，在全国公共图书馆第三、四、五次评估定级中被评为国家一级图书馆；石狮市内有省级文物保护单位宝盖山姑嫂塔、石湖六胜塔、永宁李子芳烈士故居、城隍庙、虎岫寺、金相院、塘园塔。

举办石狮市第六届“关羽杯”羽毛球比赛、龙腾狮跃闹元宵活动和2016年石狮市元宵节国际元老足球邀请赛；举办石狮市首届乒乓球双打比赛、泉州网球大型联赛、石狮市七人制足球联赛、第七届村级男子篮球赛、石狮青年健行马拉松、祥芝镇海泳邀请赛和龙舟赛、五人制足球赛、建党95周年党员篮球赛和气排球赛、夏季足球联赛、企业篮球联赛、“8•8”全民健身日体育健身展示等系列赛事。

2016年，石狮籍运动员林倩麟在全国蹦床冠军赛暨里约奥运会选拔积分赛上获得女子网上团体决赛冠军。石狮籍运动员杨丽婉获得里约残奥会F54铅球比赛冠军。

【海上泼水节 Sea Water Splashing Festival】 2016年6月9日，“我们的节日•端午”——第十届闽台对渡文化节暨蚶江海上泼水节在石狮市蚶江举行。台湾民间踊跃组队参加“海上龙舟竞渡邀请赛，午后的泉州湾正值海浪高潮，在辽阔的海面上，一组组龙舟竞渡，锣鼓喧天，呐喊声、加油声响成一片，热闹非凡；龙舟赛前、后，几十艘来自各地的渔船，满载着民众和特地从台湾赶来的同胞们，男男女女竞相用各种勺、桶，盛满海水，开船相互追逐，尽情倾泼。人们视此水为“吉祥水”“幸福水”，要让这圣水情雨淋个透，以图吉祥、幸福、兴旺。成百上千人的泼水声、欢呼声、嬉笑声，伴随着海涛天风，汇成一支悠扬动人的“思亲曲”，响彻海峡；血浓于水的蚶江端午海上泼水节，泼出真情、激情、海峡情！

据考证，蚶江和台湾鹿港对渡泼水活动，最早见于明，盛行于清，是蚶江与台湾鹿港对渡的产物，是福建，台湾的汉族传统民俗节日。清朝年间的《对渡碑》记载：“蚶江为泉州总口，与台湾鹿仔港对渡，大小商、渔，往来利涉。”当时，蚶江成为大陆与台湾通商、通航的中心码头，对渡贸易繁荣兴盛。

特殊有趣而又有纪念意义的汉族民俗活动，就这样延续几百年，成为石狮市乃至海峡西岸重要文化品牌、全国乃至世界一绝。弘扬海峡两岸传统对渡文化的蚶江端午海上泼水节，被国台办列为对台交流重点项目，被文化部列为重点支持项目，并被中共中央文明办列入“我们的节日•端午”主题活动。“海上泼水节”被列为“福建省非物质文化遗产”，石狮市积极推动“海上泼水节”申报“国家级非物质文化遗产”。

竞渡泼水闹端午 （图/颜华杰）

海丝三宝
Three treasures of maritime Silk Road

【美丽传说姑嫂塔 Beautiful legend Gusao Tower】 宝盖山姑嫂塔是侨乡石狮的重要标志。始建于南宋绍兴年间（1131—1162年）的关锁塔就耸立于宝盖山顶，登之可远眺沧海，俯视石狮全景，为“泉州八景”之一，号称“关锁烟霞”。关锁塔高21.65米，花岗岩建造，结构奇特，实为四层，外观五层，为空心楼阁式建筑。置身其上，风吹双鬓，眼界开阔，令人心旷神怡。

《八闽通志》记载：“永宁有石塔，甚宏丽，商舶自海还者指为抵岸之期。”民间有个美丽的传说：很久很久以前，哥哥随着海上丝绸之路的船队出海经商，久未返航。姑嫂思念心切，天天结伴登上宝盖山眺望，大海茫茫，望眼欲穿……久而久之，情深意切的姑嫂化身为宝盖山上的姑嫂塔，千古传颂。

【海上航标六胜塔 AIDS to navigation at sea Liusheng Tower】 石湖的地标性建筑是六胜塔，又名万寿塔、日湖塔，俗称“石湖塔”。建于北宋政和三年（1113年），由蚶江人薛公素、僧人祖慧、宗什募资兴建，比泉州开元寺东塔（石塔）还要早100多年。六胜塔屹立于泉州湾入海处的石狮市蚶江镇石湖村金钗山上，是东方第一大港——刺桐港的重要航标、海上丝绸之路的第一座灯塔，2006年作为泉州港古建筑的一部分被列为第六批全国重点文物保护单位。

【千年码头林銮渡 Ancient wharf Linluan Du】 林銮渡就是以“林銮”命名的渡口。位于石狮市蚶江镇石湖村西北。林銮，字安东，唐代泉州东石人，世

六胜塔公园　　（图/文体旅游广电新闻出版局）

代以航海为业，是著名航海家，曾首航勃泥（加里曼丹岛），是泉州晋江与南洋（东南亚）群岛航线的开拓者。古渡头的引堤又称“通济桥”，建于二座天然岩石间，全长113.5米，末端向东，呈曲尺状。主体长70米，宽2.2米，高2.41米，为长石纵横筑砌而成，上横石板，现保存完好，是研究泉州海外交通历史及海上丝绸之路的重要实物资料。来到林銮渡，古老的码头面对茫茫大海，紧依在天然的岩石上，石坡上凿有数条石级阶梯。遥想当年“香舶”靠岸时，各国商贾、水手们是从这里上岸，而海上丝绸之路就是从这里延伸出去的。

（王家超撰　李秉源审）

林銮古渡　　（图/文体旅游广电新闻出版局）

（图/颜华杰）

市委重要会议

Municipal Committee of the Important Meeting in 2016

【市党代会 Municipal Party congress】 2016年7月28日，中国共产党石狮市第七届代表大会召开。大会选举产生中共石狮市第七届委员会、市纪律检查委员会和石狮市出席中共泉州市第12次代表大会代表；通过中共石狮市委工作报告和市纪委工作报告的决议；通过中共石狮市第七届代表大会试行常任制的决议。

【中共石狮市委七届一次全体会议 The 1st plenary meeting of the 7th Shishi municipal committee of Communist Party of China】 2016年7月29日，中国共产党石狮市第七届委员会第一次全体会议召开。会议选举产生中共石狮市第七届委员会常务委员会，朱启平、黄春辉、庄玉海、林天虎、林振海、陈元生、张鸽翔、蔡天守、林希妍、方章成、杨德才当选为市委常委；选举朱启平为市委书记，黄春辉、庄玉海为市委副书记。全会表决通过中共石狮市第七届纪律检查委员会第一次全体会议的选举结果。

【中共石狮市委七届二次全体会议 The 2nd plenary meeting of the 7th Shishi municipal committee of Communist Party of China】 2016年12月18日，中国共产党石狮市第七届委员会第二次全体会议召开。会议深入学习贯彻中共十八届六中全会精神，学习贯彻省第十次党代会、省委十届一次全会、泉州市委十二届二次全会精神，听取市委书记朱启平代表市委常委会所作的报告。会议审议通过《中共石狮市委七届二次全体会议决议》。

重要决策和工作部署

Important Decisions and Work Deployment

【综合改革试点城市 Comprehensive reform pilot city】 石狮市市第七届党代会就今后五年发展作出“创新转型、实业强市，加快建设宜居宜业滨海城市”的战略部署。要找准石狮发展新坐标，激活和释放出更多潜能，坚持走“创新转型、实业强市”之路，深入挖掘石狮积累的工业、商贸、海洋港口、文化旅游等资源优势和潜力，坚定不移地推进产业转型升级，做大做强实体经济，加快建设宜居宜业滨海城市。要坚持“六个必须”：必须深化改革创新，再造发展新优势；必须重塑“实业精神”，坚守实业不动摇；必须注重协调融合，把握同城化发展机遇；必须注重生态建设，彰显滨海城市魅力；必须坚持民生优先，共享改革发展成果；必须坚持从严治党，激励干部干事创业。

【市委重点工作 Municipal committee key work】 石狮市致力于稳增长、调结构，三次产业比重调整为3.1:54.9:42。出台实施加快推进实业强市、重点产业转型升级、信贷支持实体经济等一系列政策，全年兑现各项惠企补助资金3.7亿元。加强政司银企合作，新增贷款70亿元，帮助150多家企业协调银行信贷130多亿元；建立金融风险防控机制，化解不良贷款。全力稳住工业大盘，完成工业总产值1237.7亿元、同比增长7%，其中纺织服装业产值563.9亿元、同比增长5%；智能制造产业发展迅速，实现产值113.4亿元、同比增长17%，成为新的增长点；强化产学研合作，新建四川大学先进高分子材料研究中心、厦门大学智能制造工程中心；新增驰名商标2枚、地理标志证明商标1枚。加快发展现代服务业，第三产业增加值294.4亿元、同比增长8.6%，社会消费品零售总额435.3亿元、同比增长10%，轻纺城、建材城等专业市场开业融市，电商发展指数位居全国百强县第三、全省第一；港口集装箱吞吐量157万标箱，同比增长2.8%；旅游总收入91亿元，同比增长7%。推动现代农业稳步发展，实现产值42.3亿元、同比增长4%。强化投资拉动，完成固定资产投资440.9亿元、同比增长8%；深化项目策划生成，全力推进项目建设百日大会战，全年开工106个、竣工70个，其中重点项目、工业技改、城市基础设施分别完成投资133亿元、95亿元和24亿元。抓好外经外贸，实现出口商品总值22亿美元、同比增长3%，实际利用外资1.96亿美元、同比增长3%，位居泉州前列。

钞坑泰亭新城　（图/市委办）

【石狮市推进城市建设 Promote the urban construction】　2016年，石狮市开展"多规合一"试点，加快编制全域一体空间统筹规划，及海岸带、景观风貌、生态控制线等18个专项规划。钞坑、长福、梧园、洋内亭等片区安置房完成交房、回迁，世茂摩天城建成营业。全市商品房销售面积106万平方米，同比增长53%。完成濠江北路、石狮大道提升工程，实施学府路、宝岛路、宋塘路、九二东路等改造。试行路内停车收费，建设公共自行车租赁系统，首期投放2100辆。推动城市管理重心下移，建成数字城管平台，推行道路及市政设施管养"1+N"模式；深入整治占道经营、"牛皮癣"、架空管线、"两违"等问题。加快中心区、高新区、永宁等污水处理厂提标扩建改造，东沟、塘园溪截污改造等18个水系环境综合治理项目及12个城市景观风貌提升项目有序推进；开展黄标车、海漂垃圾、畜禽养殖、"三无"船舶拆解等整治工作。获国家生态市正式命名。

【石狮市民生事业 Cause of people's livelihood of Shishi city】　2016年，石狮市投入3.8亿元实施34个教育重点建设项目，建成厦门外国语学校石狮分校、泉州师范附小石狮校区等一批学校；通过国家义务教育发展基本均衡市复核验收。新农合复合支付方式改革列为全省试点，继续实施药品零差率销售，全年为患者节约1800多万元；通过国家级妇幼健康优质服务示范县（市、区）省级复核，及新一轮全国计划生育优质服务先进单位评审。获得里约残奥会金牌1枚，承办海上丝绸之路环泉州湾国际公路自行车赛（石狮段）、第16届全国大学生田径锦标赛，举办文化惠民剧场、书香狮城和全民阅读等群众文化活动。低保标准提高到630元，"救急难"力度不断加大。全力防抗"尼伯特""莫兰蒂""鲇鱼"等强台风袭击，出台"1+11"方案，迅速开展灾后恢复重建。加强社会治安综合治理和防控体系建设，刑事发案数下降14.9%；加大信访工作力度，依法依规化解各类矛盾纠纷。持续开展安全生产大检查大整治，企业安全生产标准化建设不断提升。强化市场监管，推进食品药品安全整治。加强国防动员、人民防空和后备力量建设，促进军民融合发展，获全国双拥模范城"五连冠"。统计、档案、供销社、侨台外事、老干老龄、民族宗教、关心下一代等各项工作均取得新进步。

【市委党建 Municipal Party construction】

2016年，石狮市落实全面从严治党政治责任，深入学习贯彻中共十八届六中全会精神，推动《关于新形势下党内政治生活的若干准则》《中国共产党党内监督条例》在石狮落地。

严格主体责任，落实党建工作责任制，加大力度推进党建项目化管理。严守思想阵地，精心组织好"两学一做"学习教育，加强和规范党内政治生活，推动全面从严治党向基层延伸。严树导向，坚持公正用人，严肃换届风气，完成换届人事工作。严筑基层基础，巩固提升社会组织党建工作品牌，进一步理顺和规范社会组织管理体系。落实"五抓五看"要求，支持纪委全面履行监督执纪问责职责。试行市委巡察工作制度，把管党治党落实情况纳入巡察内容，进驻市交通和城市建设局完成第一轮巡察。落实中央"八项规定"精神，查处违反中央八项规定精神问题15个，下发通报6期，对9起典型问题进行通报。严肃纪律查处，全年立案86件，给予党纪处分79人、政纪处分17人、党政纪双重处分11人，移送司法机关处理5人。

（陈　静撰　苏龙锽审）

中共石狮市委办公室工作

Office work of Shishi Municipal committee of Communist Party of China

【概 况 Generals】 2016年，市委办公室全面贯彻落实中共十八大和十八届五中、六中全会精神，及时传达部署市委决策，深入调研当好参谋，加强督查督办问效问责，注重上下联动形成合力，承上启下，协调各方。全年组织服务省、市各级领导到石狮活动安排70人次，服务市委主要领导到基层调研80余次，全年精简办会，协调完成150多场会议组织工作，高质量完成1次党代会、4次市委全委会、39次市委常委（扩大）会及市委工作会议等全市性重要会议的服务保障工作。执行《党政机关公文处理工作条例》，全年发文384份，其中以市委名义发文238份，以市委办公室名义发文146份，办理上级机关来文400份，本级机关来文500多份，自觉践行“三短一简”理念。

【为市委科学决策服务 Services for municipal Party committee decision-making】 围绕市委领导关注的重点、经济社会发展的难点、群众反映的热点问题，突出问题导向，深入实际、深入基层、深入群众，为市委科学决策服务，发挥出谋划策作用，形成一批有分量、有价值、有见地的决策参考。开展有针对性的专题调研，先后形成《关于城市管理中心下移改革工作开展情况的调研报告》《关于提升石狮市学前教育的几点思考》《以供给侧结构改革推动石狮纺织服装产业转型升级》《石狮市智能制造行业调研报告》等多项调研成果。2016年，起草领导讲话稿和汇报材料180多篇，编发会议纪要35期、狮办通报5期，其他市委领导材料20篇。

【政策研究 Policy research】 围绕石狮市经济社会发展和市委市政府中心工作，确定年度调研课题，开展调研咨询。2016年，编发《石狮研究》24期。向省委、泉州政研室等上级部门报送优秀调研文章，10篇政研稿件文章被省、泉州市采用。在《石狮日报》开辟“石狮改革进行时”宣传专栏，推出聚焦城市管理重心下移、漫议石狮改革等具有针对性的系列报道，产生较好的社会反响，得到领导的肯定。开展专题调研和政策建议，根据领导指示和工作热点，牵头组织调研并撰写调研文章。参与推进“十三五”规划工作，制定《中共石狮市委关于制定石狮市国民经济和社会发展第十三个五年规划的建议》。

【推动市委决策落到实处 Promote municipal party committee decision into effect】 贯彻落实省委、泉州市委抓落实的要求，结合决策落实中的难点问题和薄弱环节，实行多种模式相结合的督察督办，在抓好内部工作落实的同时推动全市中心工作的落实。制定督查方案，逐一分解细化确保工作落实。做好中央、省委和泉州市委重大决策、重要工作部署的督促检查和反馈工作。抓好市委工作要点、重要工作会议及市委重要文件的分解立项和贯彻落实。严格按照上级督查部门的要求，做好专项查办和专报工作。对各级领导批示件的办理流程进行重新梳理、简化，并严格按照程序办理，做到事事有落实，件件有反馈。2016年，受理上级领导批示件4件，办结4件；受理本级领导批示件38件，办结21件，持续督查中17件。编发《落实与反馈》20期。

【强化信息服务意识 Strengthen the awareness of information service】

信息是决策的基础和依据，市委办历来强调重视信息综合、分析和研判，全面、及时掌握市委工作重点、热点，在做到信息内容全面的同时，进一步理顺信息收集报送机。坚持把加强调查研究作为挖掘深层信息、提高信息质量的有效途径。通过整合资源，组织力量，协同调研，做到信息报送有情况，有分析，有建议，为领导层决策提供参考。2016年，编发《石狮快讯》正刊61期、增刊20期、党建专刊5期。上报信息700多条，其中，被泉州市《侨区快讯》采用106条，被省《八闽快讯》采用65条，得到泉州市委、市政府领导批示6次。

【强化制度管理 Strengthen the management of system】 细化完善有关制度，制定《石狮市党政机关国内公务接待管理规定》等更加具体的配套措施办法，做好办公用房的整改工作，有力推动中央八项规定的落实。在机要工作方面，贯彻落实上级工作部署，保障机要经费投入，落实密码安全保密责任制，发挥密码工作“生命线、保障线、指挥线”作用，开展保密宣传教育，加强保密监督检查力度。在全市开展机关、单位互联网门户网站保密检查，年度保密自查自评督查，重点骨干网络保密管理检查等专项检查。开展机关单位工作人员保密责任书签订工作，全市涉密人员确定、审查和备案工作。在全省2016年业务考核中，全员均取得“优秀”名次，获得泉州市2016年密码业务技术比赛团体第四名。

【加强机关作风建设 Strengthen work style construction】 抓作风建设，坚持问题导向，巩固拓展党的群众路线教育实践活动、“三严三实”专题教育成果，结合当前正在开展的“两学一做”学习教育，党员领导干部按照“带头学、带头做、带头查、带头改”的要求，查找在严肃党内政治生活、加强党的监督方面存在问题和不足，建立台账，自觉对照查找问题，带着问题学，针对问题改，形成解决问题的长效机制。学习贯彻落实《中国共产党党和国家机关基层组织工作条例》和中共福建省委《关于贯彻〈中国共产党党和国家机关基层组织工作条例〉实施办法》文件精神；组织开展十佳“好党课”、十佳“微故事”、十佳“微体会”等活动；立足岗位实际，开展“我心中的合格党员”、围绕总书记习近平在学习《胡锦涛文选》报告会上的讲话精神以及程耕轮先进事迹专题探讨活动。

（柯其彬撰　苏龙锃审）

纪检监察
Discipline Inspection and Supervision

【重要会议 Important Meetings】　**中共石狮市第六届纪律检查委员会第六次全体会议**　2月2日，召开中共石狮市第六届纪律检查委员会第六次全体会议。市委书记朱启平讲话，市委常委、纪委书记林振海传达中央、省和泉州市纪委全会精神，并代表市纪委常委会作工作报告。陈贻萍、李丽月、林天虎、林自育、上官跃进、刘德旺、张桂森、龚志阳、方章成等市四套班子领导，以及市纪委委员，市各单位、镇（街道）、高新区、村（社区）、市各公立医院、市直各学校、中心校的负责人，市党风廉政监督员等参加会议。会上颁发2016年党风廉政建设责任状，并对各镇（街道）、高新区的党委（党工委）书记的述廉述责报告进行测评。

中共石狮市第七届纪律检查委员会第一次全体会议　7月29日，中共石狮市第七届纪律检查委员会第一次全体会议，选举中共石狮市第七届纪律检查委员会常务委员会委员、书记、副书记。经选举，林振海、王莉萍、洪志愿、杨鸿波、陈拥护、蔡德森、颜安妮等7位同志当选为中共石狮市第七届纪律检查委员会常务委员会委员，林振海当选为中共石狮市第七届纪律检查委员会书记，王莉萍、洪志愿等2位同志当选为中共石狮市第七届纪律检查委员会副书记。选举结果提请中共石狮市第七届委员会第一次全委会通过，并向泉州市委报告。

【率先开展县级巡察 Take the lead in conducting the inspector at the county level】　**党风廉政建设责任制**　按照“落实党风廉政建设责任制，党委负主体责任，纪委负监督责任”要求，抓住“明责、评责、追责”等环节，推动“两个责任”落实到位。组织制定《石狮市委、市纪委落实党风廉政建设“两个责任”清单》等制度，明确落实“两个责任”的具体要求、分工和清单。2016年初，召开市纪委六届六次全会，与全市74个单位签订以落实“五抓五看”为主要内容的《党风廉政建设责任状》。首次组织镇（街道）党委（党工委）、高新区党工委等10名书记向市纪委全会述廉述责，接受民主测评，测评结果计入各单位责任制考核和绩效考评成绩。改进责任制检查考评办法，16名市领导分别带队开展2015年落实党风廉政建设责任制情况“回头看”检查，实行“三清单一评议”办法，形成检查结果和考评成绩。针对群众反映问题较多、责任制工作落实不够到位的8个单位，由市纪委领导约谈单位主要负责人。对落实主体责任不到位的实施责任追究13人，其中党政纪处分3人、组织（适当）处理11人。

行政监察　2016年，石狮市保持惩治腐败高压态势，立案93件，同比增长38.81%，其中科级干部17人，同比增长30.77%，给予党纪处分84人、政纪处分17人、党政纪双重处分11人，移送司法机关处理5人。

问题线索办理程序　2016年，制定《石狮市纪委监察局机关重要问题线索管理暂行办法》，对问题线索管理适用原则、接收与分流、办理、监督检查及纪律要求等方面进行规范。实行问题线索集中管理，机关各室（部）和基层纪检监察组织每月报送问题线索，加强与公检法、审计部门的对接，开展线索专项清理，确保线索不流失。建立问题线索台账，逐一移交，动态管理。

案件审查　2016年，石狮市突出纪律审查重点，紧盯重点人群和重点领域，查处林某飞、杨某铿、蔡某达、林某金等十八大后不收敛不收手的严重违纪案件。开展扶贫资金管理使用专项检查和涉农资金“最后一公里”专项督查，查处侵害群众利益的不正之风和腐败问题10个。注重查办新类型违纪案件，查处公款供奉“土地公”的违反政治纪律案件、镇村违规发展党员的违反工作纪律案件等。开展涉刑涉诉党员和国家工作人员专项清理，确保不出现纪律处分的“空白地带”。

紧盯重要节点，先后成立10个专项巡查组，对全市各单位落实党风廉政建设和中央八项规定精神情况开展巡查，涉及单位36个次，延伸到22个下属单位，并针对社会关注度高、群众反映较大的教育、医疗卫生等重点领域开展专项巡查，责令12个单位作出书面检查，退出违规金额136.35万元，分级约谈61名单位主要负责人。部署开展“1+X”专项督查，全市11个部门按照职责范围对落实中央八项规定精神和“四风”问题进行督查，开展检查75次，检查单位277个（次）。针对检查发现的问题线索，市纪委组织相关部门进行核查。查处违反中央八项规定精神问题15个，党政纪处分10人，对9起典型问题进行通报曝光。

开展党风廉政建设巡查　2016年，石狮市坚持纪严于法、纪在法前，制定《石狮市纪检监察机关谈话函询实施办法》，对信访初核和纪律审查过程中发现的轻微违纪违规行为，通过批评教育、诫勉谈话、组织处理等方式，将问题消灭在萌芽状态。推行信访举报办理“零暂存”，受理信访举报529件，检控类初信初访件113件。开展廉政谈话函询150人、组织（适当）处理144人、轻处分58人，占处理总数的90.49%，初步体现“四种形态”的内在要求。对严重违纪违法需移送司法机关的，在移送前均依纪依规先行党纪处分。

严肃换届纪律。会同市委组织部组建2个巡回督查组，盯住换届各个环节，加强换届纪律监督检查。组织观看《镜鉴》《承诺》等电教片，利用网站、微信公众号、短信等开展换届风气宣传教育。分层次进行谈话提醒，有针对性的约谈“四必谈”对象，并派员参加各镇（街道）换届工作，对各镇（街道）领导班子开展集体谈话。严把“党风廉政意见回复”关，否决拟提拔使用干部4名，暂缓任用干部1名。配合做好党代表、人大代表、政协委员人选征求意见反馈，为选对配好“两代表一委员”提供参考。

加强反腐倡廉宣传教育。抓住重要节点和换届敏感时刻，通过发送廉政短信、重申廉洁自律规定、反面案例警示教育等形式，增强党员干部廉洁自律意识。实施任前廉政法规知识测试，131名拟提任科级职务、214名拟提任股级职务的干部参加并通过测试。持续推进“每月一文思勤廉”读书活动，利用“石狮反腐倡廉网”同步宣传党风廉政建设和反腐败工作新举措、新成效，密切跟踪网络舆情热点，及时进行引导回应。借力微信平台试水廉洁微广播，打造图、文、声俱全的《笑谈拒贿》。推动廉政文化建设，以纪念红军长征胜利80周年为契机，开展多场富有教育意义的廉政文化活动。在市政府多媒体发布系统滚动播放廉洁主题图文，营造机关廉政文化氛围。每月推出一期的反腐倡廉谜语、格言、漫画，将鲜活的廉政文化“套餐”送进全市127个村（社区）。会同市委宣传部举办“学党史讲廉政”专题灯谜竞猜，引导党员干部从党史、国史中感受廉政文化的魅力，进一步提升廉政文化的感染力和吸引力。

率先开展县级巡察　作为泉州市开展县级巡察的唯一试点，石狮市委高度重视，市纪委、市委组织部全力以赴，从搭建机构、选配人员，建章立制入手有序推进，11月25日启动首轮巡察。

组建工作机构　成立市委巡察工作领导小组，领导、组织、实施全市巡察工作。组建市委巡察办作为市委工作部门，核定行政编制5名，负责市委巡察工作领导小组的日常工作，承担巡视巡察工作联络组办公室工作。设立2个市委巡察组，在巡察工作领导小组领导下承担具体巡察任务。选取熟悉纪律审查、组织人事、财会审计、农村经济管理、工程管理、土地执法等6类业务骨干83人建立巡察工作人才库，邀请省巡察办派员培训巡察业务，储备适量适任的兼职巡察人员。

建立工作制度　制定《中共石狮市委巡察工作试点方案》和《中共石狮市委巡察工作暂行办法》，理清试点工作总体思路，明确市委巡察工作基本规则。建立问题线索处置、信访办理、工作日记、保密纪律、请销假纪律、工作流程图等6项配套制度，规范巡察操作。汇编《巡察工作手册》，为巡察人员提供简便实用的工作指南。

启动首轮巡察　制定《中共石狮市委第一轮巡察工作实施方案》，组建七届市委第一轮巡察组、由一名市纪委常委任组长，确定首轮巡察市交通和城市建设局党组。11月24日，市委召开全市巡察工作动员部署会。11月25日，市委巡察组进驻市交建局参加巡察工作动员会，正式开展巡察。

强化成果运用　首轮巡察形成一份巡察情况报告、一份问题线索情况报告和5份问题线索专报件，发现问题92个。按照市委“五人小组”会议决定，及时向市交建局党组反馈巡察意见，向市纪委移交问题线索16件。根据市委主要领导批示，在全市机关单位内部通报首轮巡察情况，明确要求各级各部门举一反三、对照检查，有则改之、无则加勉。

纪检监察干部队伍建设　完成市纪委监察局内设机构改革，保持机构、人员、编制不变，深化“三转”要求，细化机构职责，强化监督执纪力量。改革后，市纪委监察局内设机构调整为10个，其中专司监督执纪职责的内设机构数达8个，占总数的80%。制定镇（街道）纪委（纪工委）书记副书记、市直派驻纪检组长副组长、市管企业纪委书记副书记三个提名考察办法，新一届镇（街道）纪委（纪工委）书记一律不再兼任党委（党工委）副书记，不再分管镇（街道）的其他工作。

加强市纪委常委会领导班子建设，深入开展“两学一做”学习教育，严格党内政治生活。组织编印《纪检监察干部应知应会手册》，举办纪检监察干部业务培训班和廉洁从政专题培训班，通过座谈交流、跟班锻炼、抽调办案等多种方式，提高干部学思践悟能力。发挥纪检监察干部监督机构作用，加强内部管控，在全市纪检监察系统开展借款、出借资金和融资担保专项清理工作。印发《关于加强纪检监察干部队伍管理有关事项的通知》，加强对监督执纪问责权力运行的制约和监督。

（颜安妮、陈鲲森、蔡佳默、颜增炜、林再炎撰　陈拥护审）

组织工作
Organizational Work

【干部思想政治建设 Cadres ideological and political construction】　注重抓好换届后领导班子和干部队伍思想政治建设，采取中心组学习、专家学者辅导、观看电教片、上党课等方式，抓好中共十八届五中、六中全会和总书记习近平系列重要讲话精神的学习，加强理想信念教育、党性教育和法治教育。组织召开2场集体谈心、谈话会议，引导干部进一步统一思想，正确对待“进退留转”。组织部部长深入各镇（街道）逐一走访、约谈干部，及时掌握思想动态，做好疏导和鼓劲工作。落实领导干部任职前廉政法规知识测试、撰写廉政对照检查材料和任前廉政谈话等规定，筑牢廉洁从政思想防线。

【干部人事制度改革 Reform of the cadre and personnel system】 坚持“敢为事业用人才”“干多干少不一样，干好干坏不一样”的用人导向，加强镇（街道）之间、镇（街道）与市直单位之间的干部交流。采取单列推荐30岁以下年轻干部和党外干部副科级干部人选，以及事业干部调任镇（街道）行政领导岗位、选派担任镇（街道）科技副职、提拔市直事业单位领导岗位等措施，大胆提拔使用年轻干部、党外干部和事业干部，基本实现镇（街道）和市直单位领导班子应配尽配、人岗相适、优势互补，换出心齐、气顺、力强的好面貌。

【干部日常监督管理 Cadres daily supervision and administration】 执行领导干部个人有关事项报告、任期经济责任审计、因公出国（境）管理、述职述廉、请销假等制度，组织对科级干部及副科级后备干部《个人有关事项报告》进行抽查核实。畅通“12380”举报电话、组织部部长信箱、来信来访等信访渠道，及时调查核实干部信访举报件，妥善处理原“社教”人员的利益诉求和息访工作。

【干部队伍宏观管理 Cadres of macro management】 做好党群序列公务员考录和事业单位工作人员招聘，并逐步推行政府雇员工作。推行公务员职务与职级并行制度，做好符合职级晋升公务员（参公管理人员）的审批。做好选调生和大学生村官分配安排、教育培训、调动管理、期满考核、分流安置等日常管理服务。做好到石狮挂职干部的接收服务和副团职军转干部的安置工作。加强公务员管理系统信息库建设和维护，推进干部人事工作信息化。有序推进干部人事档案专项审核，提升干部档案规范化管理水平。

【干部教育培训 Cadres education and training】 制定《2016年全市干部教育培训计划》，发挥党校、行政学校的主渠道主阵地作用，通过办小班、办异地班、办专题班等形式，强化干部教育培训。办好2期“推动转型升级、实业强市”专题研讨班，组织市四套班子领导、市直部门主要负责人、镇（街道）党政正职赴深圳研讨交流，进一步凝聚发展实业的思想共识，提升推动发展的能力水平。举办科级干部培训班、廉洁从政专题研讨班、初任事业干部培训班等主体班和专题班14期，多层面提升干部队伍从政能力。创新“掌上课堂”教学模式，完善“手机党校”教学平台建设，丰富教学内容，实现培训、考核一体化。

（蔡志荣撰　余日森审）

【市委非公企业党工委工作 Non-public enterprise Party work】 研究制定《关于理顺和规范社会组织党组织管理体系的若干意见》，率先成立市委非公企业和社会组织工委，依托市委社会工作部成立市社会组织综合党委，指导各镇（街道）企业党委更名为企业和社会组织党委，泉州市民政局转发石狮市相关文件给各县市区参考借鉴。扎实推进“两个覆盖”专项工作，全年新成立两新组织党组织24个。开展两新组织特色党建创建活动，集中培育26个两新组织典型示范点，采取年初制定创建方案、年中开展拉练检查、年底公开展示评选的办法，涌现出市外来党员教育管理服务中心党委“轮值书记”、富贵鸟股份有限公司党委“民主管理议事日”等一批特色党建项目。重点推动石狮高新技术产业开发区、海西（石狮）电子商务园、石狮市纺织服装产业发展基地、宝盖镇鞋业工业园区等7个园区党建工作，建立党员领导干部挂钩联系走访登记制度，推动建设园区党群活动中心，联合市直党群系统开展“红色文化进园区”活动。健全两新组织党建工作保障制度，实行党费全额返拨制度、重点两新组织党组织基本工作经费保障制度、新建党组织经费补助制度、党建项目专项经费补助制度、党组织工作经费预算列支制度等。2016年，两新组织党建经费保障80万元；“双选聘”两新组织党务干部35人；从市直单位选派39名优秀机关干部担任两新组织党建工作指导员（联络员），由各镇（街道）党（工）委为每个两新组织党组织确定1名村务（社区）专职工作者作为党建工作联络员，进一步壮大党务工作力量。市经济中介行业党委获评省先进基层党组织，市外来党员教育管理服务中心党委、海西（石狮）电子商务园区党支部获评泉州市先进基层党组织。

（王礼谦撰　许宏图审）

【党组织建设 Party organization construction】 2016年，石狮市党组织建设坚持创新提升，完善基层责任落实体系，制定基层党建责任清单，成立市领导月工作绩效点评、党建季例会、党建工作巡查等3项制度，实行基层党建末位责任追究制度，推进基层党建提质增效。以市镇换届为契机，选好配强9个镇（街道）党委（党工委）和市直系统（局）党委领导班子成员，配强基层党务干部。开展基层党建七项重点任务专项排查检查，分类施策推动153个未按期换届基层党组织全部完成整改，全市补缴党费372.023万元、涉及党员7165名。加大经费保障力度，把党建工作经费和基层组织运转经费纳入财政预算，市镇两级财政拨付村级运转经费8000多万元，平均每村63万元，同时实行“基本工资＋激励金＋误工补贴”村干部报酬发放模式。

【村级组织建设 Village-level organization construction】 2016年，石狮市完成第一批驻村任职、驻村蹲点干部期满考核，组织选派第二批39名机关干部软弱涣散村、经济薄弱村开展驻村任职和驻村蹲点。持续抓好23名优秀村级党组织带头人的培养提升，组织到厦门、南安等地开展异地观摩学习。先后接收两批 80 名外地贫困村党组织书记到石狮市基地村挂职锻炼。出台《关于扶持薄弱村集体经济发展的实施意见》，市财政每年安排 1000 万元扶持资金，加大对薄弱村政策资金扶持。以湖滨街道为试点，深化以基层党组织为核心、网格党员为骨干、多元群体为支撑的“1+1+N”社区党建服务网络模式。在鸿山镇莲厝村、湖厝村等两个地域相近的村试行“跨村联带”，推动新农村建设经验传帮带。

【党员队伍建设 Party member troop construction】 2016 年，石狮市落实发展党员工作“五制”，把好党员队伍入口关，全年发展党员 203 名。深化提升疏通党员队伍出口“126”工作机制，将试点范围扩大到国有企业党组织，全年处置不合格党员 42 名（限期改正 38 名、劝退 3 名、除名 1 名），倒逼基层党组织完善党员日常管理制度，推动落实管党治党责任。试点建设组织生活管理系统和“村村通”党员微平台，通过抓责任、抓规范、抓创新，进一步加强和规范党内政治生活，经验做法得到省委办公厅《八闽快讯》专题刊载和泉州市委书记郑新聪批示肯定。修订出台市党代会常任制试行办法，全面推行镇党代会年会制，经验做法得到中组部《组工信息》刊载报道。召开纪念中国共产党成立 95 周年大会，集中表彰励先进基层党组织优秀共产党员和优秀党务工作者。做好元旦、春节和“七一”期间慰问困难党员、老党员工作，发放慰问金 100 余万元。办好“石狮先锋”和“石狮外来党员之家”微信平台，持续制播《石狮党建》节目，推广建设广电网络党员干部现代远教平台终端站点，进一步强化党员培养教育。

（蔡慰玲撰　许宏图审）

【机关党建 Party construction in administrative departments】 召开全市机关党建工作会议，梳理制定机关党建责任清单，签订责任书，压实党建责任。开展党组（党委）书记抓机关党建工作述职评议，并实行基层党建工作末位责任追究制度，推动机关党建责任到位。着力推进“两学一做”学习教育，制定《关于推动市直机关党组织在“两学一做”学习教育中走前头、作表率、树标杆的指导意见》和《基层党支部“两学一做”学习教育重点任务清单》，抽调骨干成立督导组，指导机关党组织运用多种形式组织开展学习，并选树市法院程耕轮作为全市学习教育典型，确保学习教育扎实推进。贯彻执行《条例》，指导有关职能部门、各党委对照《我省贯彻落实〈中国共产党党和国家机关基层组织工作条例〉情况督查报告》涉及县（市、区）存在问题，制定整改方案，督促抓好整改落实。开展“机关党旗红，‘实业强市’走前头”主题实践活动，实施看齐对标、创牌亮旗、示范表率、正风提效、固本强基“五项行动”，力促机关实现思想认识、党建品牌、工作业绩、队伍形象、基层基础“五个提升”。

2016 年，培育“阳光公仆”志愿服务品牌，组建 15 支“阳光公仆”志愿服务队、108 支志愿服务分队，开展 1300 多次志愿服务活动。推动机关在职党员到社区报到为群众服务活动，组织机关各党组织与村（社区）签订 148 份结对共建协议，引导 3042 名机关党员认领服务，结对帮扶困难群众 700 余名，为村（社区）办好事实事超 2000 件。开展“心系灾区·重建家园”赈灾募捐活动，共募得捐款 220927 元，支援灾区建设。组织开展纪念中国共产党成立 95 周年诗歌创作评选、“红色基因·我们传承”演讲比赛、机关篮球赛等活动，强化党员理想信仰教育。举办第 24 期入党积极分子培训班和机关党务干部研讨班，编印《党务干部应知应会知识手册》。制定《关于进一步加强和改进党的群团工作的若干措施》，开展党群组织联动联推园区非公有制企业和社会组织党建工作。集中培育基层服务型党组织典型，筛选确定 9 个市级典型培育点，初步培育出交通警察大队党总支“打造红黄绿党建综合体”等服务品牌。开展机关特色党建竞赛活动，评选出法院党总支“新市民维权之家”等一批特色项目，选送的刑侦大队党总支“以党员为本，驱党建动力”项目获泉州特色党建竞赛评选三等奖。评选机关党建重点课题调研文章，从各党委提交的 30 篇调研课题中评选出 11 篇获奖调研文章，并选送 7 篇调研文章至泉州机关工委参评，市委办公室课题组获泉州评比二等奖，市委组织部课题组和市人民法院课题组获三等奖。

（许　春撰　蔡娃娃审）

深化行政审批制度改革

Deepen Reform of the Administrative Examination and Approval System

【行政管理体制改革 Administrative system reform】 2016 年，石狮市行政审批制度改革工作通过上级多次检查，获得肯定。依法清权确权，不断完善清单制度建设。动态调整市直部门权责清单，经调整，全市保留行政权力事项 3789 项，比首次公布减少 36 项。保留公共服务事项 301 项，比首次公布减少 154 项。编制公布全市 9 个镇人民政府（街道办事处）权责清单，实现市镇两级权责清单管理全覆盖。精准编制出台灵秀、宝盖、蚶江三镇第一批委托行政权力事项（各 17 项）。

优化政务服务，开展清理规范工作。2016 年 1 月和 2016 年 10 月分别清理规范前置审批和行政审批中介服务事项，并向社会公布调整。调整规范后，全市保留前置审批事项 133 项，精简率 13.6%；保留行政审批中介服务事项 89 项，精简率 8.2%。推进审批服务申报材料“瘦身”，25 个部门 744 项行政审批和服务事项共保留申报材料 7794

件，取消申报材料 244 件。清理规范编制政府内部审批事项，共保留 13 个市直部门政府内部审批事项 62 项。优化缩短审批流程，确保进驻行政服务中心所有审批事项的审批环节均控制在 2—4 个，“一审一核”项目达到 90% 以上。审批时限控制在法定时限的 60% 以内，即办件达到 83.3%。

坚持放管结合，推动完善事中事后监管机制。部署开展全市“双随机一公开”监管工作。2016 年 12 月，全市除 4 个部门在与上级对口部门沟通后确认没有建立“双随机”机制的条件外，其余 25 个部门均制定“双随机”实施方案，建立“一单、两库、一细则”，并组织开展实施随机抽查工作。

【完善政府管理体系 Improve the Government management system】2016 年，健全市委巡察工作体制机制。在泉州率先组建市委巡察工作领导小组办公室（简称巡察办），为市委工作部门，设在市纪委，下设 2 个市委巡察组。

优化公安机关交通管理职能，推动加强巡特警队伍建设。市公安局交通管理大队更名为“交通警察大队”，设立市公安局巡特警反恐大队，并相应调整有关职责配置和内设机构设置，加强城市交通专业化管理，全面提升反恐防暴和应急处突能力。

优化整合妇幼保健和计生技术服务资源。在市级层面，整合市妇幼保健院与市计划生育服务站，在市妇幼保健院加挂“市计划生育服务站”牌子，原市计划生育服务站的职责、编制和人、财、物等划转到市妇幼保健院。在镇级层面，将镇（街道）计生服务所调整设立为镇（街道）卫生计生服务中心，原镇（街道）计生服务所人员、编制划转到镇（街道）卫生计生服务中心；将镇（街道）计生办更名为卫生计生办。

完善人才工作体制机制。进一步充实市委人才办领导力量，核定人才办领导职数和行政编制，在市委组织部内部调剂。进一步理顺党委和政府人才工作职能部门职责，将市人社局的博士后管理制度的组织实施、海外智力引进的综合管理等职责划转给市委人才工作领导小组办公室。整合设立“市高层次人才发展服务中心”。

理顺行政服务便民服务体制机制。将市行政服务中心管理委员会由市人民政府办公室下属事业单位调整为市政府派出机构。重新整合设立市便民服务中心，加挂市公共资源交易中心牌子，进一步厘清行政审批服务、便民服务和投诉督办职责关系。

加强重点项目工作机构建设。厘清市经济局、商务局的招商和重点项目方面的职责，将招商和重点项目方面的职责整合到市经济局；将市招商投资服务中心的相关职责划转给市重点项目建设办公室，市重点项目建设办公室加挂“市招商投资服务中心”牌子。

不断完善党政群管理体系。调整完善市纪委监察局内设机构调整。将社科联调整为单独设置的群团机关，并向上级申请正科级领导职数 1 名。将市人民检察院内设机构“监所检察科”更名为“刑事执行检察局”。

【推进小城镇机构改革试点 Promote the reform of town institutions】2016 年 11 月，石狮市第三批小城镇机构改革试点工作通过省委编办评价督查，并获得上级肯定，改革经验在全省推广。

建立健全工作机制。成立小城镇机构改革试点工作领导小组，由市委书记担任组长，定期研究解决改革试点工作。分别出台灵秀、宝盖、蚶江小城镇机构改革试点实施意见，并将其细化分解成 22 项工作任务，明确责任单位、协办单位和完成时限，且纳入各单位年度绩效考核内容。

完善政府职能配置。制定出台灵秀、宝盖、蚶江三个试点镇权责清单和公共服务事项清单（灵秀镇、宝盖镇各 280 项，蚶江镇 285 项）。编制出台 2016 年市级部门委托灵秀、宝盖、蚶江三镇行政权力事项（各 17 项）。制定公布首批委托小城镇行政执法权限共 11 项，主要涉及市容市貌、环境卫生等领域。

强化人员编制保障。在现有行政编制总额内调剂增加灵秀、宝盖、蚶江事业编制各 2 名，使其编制总数分别为 50 名、50 名、59 名，均高于全市镇（街道）编制平均数。

【事业单位改革 Reform of public institutions】2016 年，持续整合规范事业单位机构设置。调整市农产品质量安全监督管理站机构设置，整合市林业管理处和灵秀山森林公园管理处，变更水禽保种中心机构名称和经费渠道。整合国库支付中心和会计核算中心，调整内设机构设置。调整市老干部活动中心、广播电视台、运输管理所等单位的内设机构设置。整合组建市中小企业服务中心、市机关事务管理服务中心。

持续梳理规范事业单位职责。完成妇幼保健院、便民服务中心、国库支付中心、文物保护中心、固体废物与化学品环境管理技术中心、农产品质量安全监督管理站、水禽遗传资源保护研究中心、药品不良反应监测中心、广播电视台等 19 个事业单位职责梳理规范工作，进一步明确事业单位功能定位，不断推进政事分开、事企分开。

继续做好事业单位分类上报工作。根据事业单位分类原则和方法，梳理上报 38 个事业单位的分类意见，其中公益一类 34 个、公益二类 4 个（广播电视台和 3 所幼儿园）。

【加强机构编制管理 Strengthen the management of establishment】2016 年，规范机构编制管理。执行“三个一”审批制度、“五不准”“七个严禁”的规定和《石狮市机构编制管理工作审办程序》，按规定设置机构、配备人员编制和领导职数，控制公检法司等使用政法专项行政编制的公务员调入党政机关，控制外县市工作人员调入市机关事业单位，审核全市人员招考招聘方案，人员进口关。落实机构编制季度、年度统计工作。全面加强实名制管理，及时更新系统数据，坚持动态分析，发挥实名制数据作用，为领导决策提供数据参考。

进一步规范全市调配审办程序。进一步规范全市机关、事业单位（含教育系统各学校）调入和调配工作人员审办程序方案。持续推进控编减编工作。围绕“财政供养人员只减不增”目标，确保到2017年人员编制总额不突破2012年底的基数，严控机构编制增量，加强机构编制增长源头控制。除党中央、国务院和省委、省政府另有规定外，不新增机构、不新增编制、不提高机构规格。对事关中心工作、全局工作和重大民生事项，确需设置机构、配备编制的，原则上机构实行“撤一建一”、编制实行“增一减一”。

加强推进雇员管理。科学核定检察院、农产品质量监督管理站、工程审计结算中心、财政投资评审中心等单位雇员员额39名，探索“占编不用编、养事不养人”的实现途径，进一步推动实现机构编制资源效用最大化。

强化机构编制监督检查。发挥全市绩效评估牵头单位的职能，建立健全部门履职情况、执行机构编制政策情况监督惩戒机制，审核把关各职能部门（单位）绩效评估常规职能工作指标和具体目标任务，推动各部门（单位）全面、科学、高效履职，推动营造机构编制政策紧、权威高、管理严的良好工作氛围。

（蔡德谋撰　许志民审）

2016年石狮市新年音乐会暨“音为你”文化惠民剧场　（图/宣传部）

宣传工作
Propaganda and Ideological Work

【舆论引导 Public opinion guidance】

2016年，石狮市宣传工作围绕中心、服务大局，把好导向，为“创新转型　实业强市”营造氛围，鼓劲造势。意识形态方面，制定石狮市党委（党组）意识形态工作责任制实施细则，明确党委（党组）领导班子、领导干部的工作责任和各职能部门的工作职责；开展意识形态专项督查，摸底各镇（街道）、各职能部门的意识形态工作开展情况，确保落实到位。

理论学习方面，围绕全国两会、“七一”讲话、《中国共产党问责条例》等主题举办14场市委心组专题学习会；2016年底组建中共十八届六中全会宣讲团，深入全市各系统宣讲《中国共产党廉洁自律准则》《中国共产党纪律处分条例》，参加泉州市“两学一做”微宣讲比赛获一、二等奖及优秀组织奖。

舆论引导方面，围绕市委市政府中心工作，组织“两学一做”学习教育、中国共产党成立95周年、中共十八届六中全会等主题宣传，深化成就宣传，在全市营造贯彻落实的氛围；强化经济形势正面宣传，以供给侧改革为切入点，《福建日报》头版头条刊发《“要素依赖”迈向“创新驱动”》《压缩低端产能，提升中高端产能和现代服务业比重》等，省台推出《供给侧改革八闽行之石狮经验》系列报道；强化责任意识，以早部署、快行动、强服务为准则，及时做好“莫兰蒂”“鲇鱼”等强台风的预警预报工作；正式建立新闻联络员、新闻发言人、网络阅评员队伍，提高各级各单位善用媒体的能力。

城市营销方面，组织海丝海博会、闽台对渡节、城隍文化节等主题活动，刊载报道4500余条（次），2016年闽台对渡文化节获得央视三次连线直播；借力重大赛事，大田赛、环湾赛期间，邀请新华社、央视、中新社等51家媒体到石狮采访；每年向《香港商报》等媒体投放宣传版面20余个，菲律宾《联合日报》“石狮新闻版”于11月创刊；配合央视《我的祖国》《国宝档案》《江山多娇》等节目的拍摄，策划举办的《行进在“一带一路”上》大型系列活动获中国报业新闻社会活动案例评选二等奖。

网络宣传方面，成立市委网络安全和信息化领导小组，由市委书记任组长，开展对全市政务类网络宣传主体发展情况的摸底建档工作；开辟微贴、H5页面、微视频、网络图文直播等网络宣传手段，以接地气的潮语传递重要会议、政策精神。

10月17日，开展“不忘初心 长征精神”红军长征胜利80周年演出 （图/宣传部）

文明创建方面，持续以“十大文明新风”行动和十个专项整治提升为抓手，争创全国文明城市；涌现出“全国学雷锋活动示范点”凤里派出所、全国“最美志愿服务社区”湖滨街道新湖社区等一批先进典型；在市区重要路段创新制作文化和公益主题墙绘；建设“志愿服务城市展馆”、诚信展馆、“文明旅游”行前教育中心、“清风美德润狮城”家风家训展示中心等四大主题场馆。在2016年全国文明城市的年度测评中，石狮市继续排名全省第一。

文化服务方面，围绕中国共产党成立95周年、社会主义核心价值观、红色文化等主题，开展文艺演出、书法美术摄影展、灯谜竞猜、诗歌创作、主题演讲、知识竞赛等活动；开展“三下乡”集中服务，推动农村精神文明建设；举办以“实业强市谱新篇”为主题的第14届广场文化艺术节；推进高校“牵手”鸿山微电影创作基地，建设茂险王精品主题游乐园等。

社科工作方面，正式成立市社科联，确定27个学术性社会科学团体作为团体会员；组织开展社科普及周活动，开展“2016年福建省百场社会科学专题报告会”、社科讲坛（讲座）等。

【文明石狮宣传活动 Civilization Shishi city propaganda】 2016年，石狮市宣传思想文化工作坚持本土化创作思路，启动“讲文明树新风”公益广告原创作品征集评选活动，鼓励、指导广播电视台、广告经营单位、社会公众创作一批优秀公益广告。活动收到各类参赛作品124件。

发挥公园、街区的开放、聚集功能，在人流量较大、群众开展活动较多的龟湖公园和西洋公园、新湖社区和湖边社区、商业步行街、九二路东段等打造主题公园、主题社区、主题街道，成为宣传社会主义核心价值观的重要阵地。邀请优秀美术团队，在环湾大道仑后村路段制作海丝文化主题墙绘，实验中学围墙绘制核心价值观、中国传统美德等图案，在环湾大道洪窟村段两处墙体和福辉路塘边村段的墙体上设计创作社会主义核心价值观和市民文明公约的公益广告墙绘。创作设计公益广告版面，涵盖社会主义核心价值观、市民文明公约、中国梦、遵守“八不”行为、关爱未成年人等内容，在市区重要路段设置13宗33块大型户外公益广告牌，八七路、振兴路、狮城大道和石狮大道设置路灯灯杆广告200余面。在各机关、企事业单位的中国移动多媒体信息发布平台上常态化刊播公益广告。

市广播电视台引进各类公益广告，在电视台新闻综合频道、都市频道和广播电台每天循环播出，自制“好家风”“陪伴”“垃圾回家”“不剩”等7个“新风公益广告”，每天播出6～7条（次）。石狮日报社抓好文明专刊出版，重点围绕创建全国文明城市、“十大文明新风”行动等主题，创作刊登公益广告，每个月刊登公益广告4个整版以上，提高传播效果。利用中国石狮网及主流媒体的微信公众号、微博、视频网站和手机APP等，不断丰富网络文明传播形式，扩大创城宣传的影响力。

持续开展“十大文明新风”行动，每季度对十项行动牵头单位进行考评，全面深化十个专项整治提升，以测评体系为导向，逐一补缺、落实整改。在《石狮日报》、石狮电视台、中国石狮网和“12345”便民服务热线开设“不文明行为曝光台”，倡导健康文明生活方式。深入开展移风易俗活动，持续推进“村规民约”工作执行，倡导简办红白喜事，捐赠公益事业，确定12村（社区）作为第二批“村规民约（居民公约）”工作先进村（社区）。“文明办丧”推行以来，2498例丧事均控制在5天以内，节约资金超亿元，捐资公益6000万元。

推进四大主题场馆建设，依托世贸摩天城新建“志愿服务城市展馆”，依托市金融服务中心建设诚信展馆，依托假日旅行社建设“文明旅游”行前教育中心，依托市博物馆建设“清风美德润狮城”家风家训展示中心。

【文化惠民 Culture benefits common people】 2016年，石狮市宣传思想文化工作以创建基层思想文化示范乡镇为抓手，推进基层公共文化服务建设。祥芝镇、鸿山镇分别获评2015年福建省、泉州市基层宣传思想示范乡镇。

开展多种形式的文化活动，丰富干部群众文化生活，培育社会主义核心价值观。举办《中国共产党廉洁自律准则》

《中国共产党纪律处分条例》知识竞赛与灯谜比赛，引导党员干部深入学习宣传《中国共产党廉洁自律准则》《中国共产党党纪处分条例》，进一步强化党员干部的党规党纪意识。开展2016年“三下乡”集中服务活动——祥芝·古浮专场，推动农村精神文明建设。举办“四海一家·欢度除夕”迎春影视通宵联欢晚会，让留在石狮过年的外来员工感受到党委政府的关怀。举办“锦峰杯”第18届（宝盖）侨乡谜会，吸引众多灯谜爱好者参与。举办第九届“唱响石狮”歌手大赛，历经五个多月，近300名选手参赛参与角逐。举办海洋文化摄影大赛，陆续收到来自省内多地摄影爱好者发来的参赛摄影作品90多幅。成功策划11场“音为你”文化惠民10元剧场，并掀起抢票热潮。组织第11届中国摄影艺术节开设《海上丝绸之路——中国·石狮》摄影主题展，反映海上丝绸之路人文景观等，宣传石狮城市建设、精神风貌。

结合纪念中国工农红军长征胜利80周年活动，考核命名李子芳烈士纪念馆等5个新一批爱国主义教育基地；举办“红色印记薪火传”纪念红军长征胜利80周年专题展览，吸引20多所学校、6000多名学生接受革命传统教育和爱国教育；组织红色主题巡回宣讲20余场；开展“长征”诗词经典诵读、“长征故事我来讲”演讲活动等“学长征精神，做红色传人”系列教育活动；市老年大学精心编排“长征颂”历史舞台剧；以《书馨》《石狮文艺》为阵地出版红色特刊、开设石狮红色文化专栏；在《石狮日报》重要版面推出“红色印记薪火传”“石狮先锋谱”专栏，并在“悦读”专版推出红色专题，推荐红色图书，提高宣传效果。

以“实业强市谱新篇”为主题，精心策划石狮市第14届广场文化艺术节，有五场文艺专场，依次是“宜居宜业 魅力狮城”实业强市文艺专场、“幸福家庭 关爱女孩”家庭婚育专场、“中秋月 中华情”狮港台文化交流专场、“春华秋实”教育事业宣传展示专场、“长征颂”红军长征胜利80周年专场，于9月21—25日连续五晚在市人民广场上演，以不同主题的特色节目诠释石狮市老牌公益性文化艺术节的内涵和宗旨。

【大讲堂活动 Lecture hall activities】

2016年，石狮市推进全民阅读，依托文化讲堂、青少年读书讲堂、绿洲读书社等平台办好“狮城新风”讲堂，举办纪念世界读书日暨“胡汉民经典作品演诵会”，开展“你荐书我买单”活动，开展“成长从阅读开始”系列公益阅读讲座，推出百日阅读计划。组织业余讲师团深入基层、深入群众开展宣讲活动。深化“书香机关”建设，鼓励企事业单位开设读书角。开展24期“流动图书车阅读在身边”服务活动，在《石狮日报》开设每周半个版的“悦读”专版。

持续办好“乡贤开讲”，邀请在海内外各行各业、各领域有所建树的石狮乡贤到家乡开讲举办6场，邀请中国书法家协会培训中心教授康耀仁、暨南大学文学博士蔡益怀、石狮著名侨领邱季端、绿洲读书社社长蔡友谋、著名物理化学家吴新涛、香港文联主席蔡丽双作“书画家与人生际遇”“漫谈文学修为”“文物收藏的苦与乐”“老蔡聊读书”“传统文化与科技创新”“天地有情 大爱无私——让诗歌净化人们的灵魂”等主题讲座。

2016年，举办14次市委中心组专题学习会，多次将学习会参加范围扩大到副科级以上干部。邀请中共中央党校杨秋宝、罗平汉，福建师范大学郑又贤，泉州市委党校林常颖等多位知名专家教授到石狮解疑释惑，开设“中国‘十三五’发展的战略纲领——2016年两会精神解读”“学七一讲话，讲党性，做合格党员”“新时期加强社会主义意识形态建设的新思路”“《中国共产党问责条例》解读”等专题讲座，提高领导干部政治理论水平和执政能力。

开展“每月精读一本书”“学习文选每周一文”推荐工作，利用政务网站、中国石狮网微信公众号扩大推送。全年推荐“每周一文”47期、“每月精读一本书”11批，精选《守住中国人的底线》《小官大贪警示录》《供给侧改革》等热门书籍上千册提供给市委中心组全体成员阅读。

【网络建设 Network construction】

4月18—20日，第二届中国（泉州）海上丝绸之路国际品牌博览会、第19届海峡两岸纺织服装博览会（简称海丝海博会）在中国休闲服装名城举办　（图/宣传部）

2016年，《石狮日报》完成历史报纸数字化建设，微信端推出“每日早点新闻”，石狮日报社主办的石狮新闻网获评“2016年全国地方网络媒体十大最具创新力品牌”。石狮市广播电视台对新媒体全台网络媒体资源集中梳理，着手打造基于云计算技术搭建的开放应用平台、信息发布平台、电子商务平台的“融媒体”云平台。中国石狮网进行制度深度改革，以促进提升新媒体策划营销能力，逐渐开辟以巧妙解构新闻事件、政务信息为特色的内容生产模式，先后制作《未来石狮这些产业将爆发洪荒之力》等单篇阅读过万的精品微贴。“中国文明网”联盟石狮分站率先在全省县级会员网站中进行大批量更新，全年创作150多篇批原创稿件，其中23篇精品被中国文明网、福建“文明风”网站采用。

成立市委网络安全和信息化领导小组，由市委书记任组长，加强对网信工作的统筹协调。对全市政务类网络宣传主体发展情况开展摸底建档工作，汇总各类宣传主体376个。

依托石狮市互联网新闻信息服务中心日常网络巡查机制和网安大队互联网信息监控中心“五级巡控”机制，加强网络安全工作。2016年，编写上报《一周舆情报告》43期，《网络舆情专报》10期，《网络舆情提示》2期。

编撰出版《脚印（石狮人的故事系列⑤）》《大海的襟怀》《许火狮文集1品诗论史》《许火狮文集2哲理文萃》等。出版季刊《书馨》以及特刊《纪念万里长征胜利80周年》《石狮文艺》等。出版《石狮诗词》《石狮楹联》《石狮国际标准舞协会》等文联系列丛书，推广各文艺协会及各文艺人才。

【文明新风专题调研 New civilization fashion special research】 2016年，石狮市将学习调研活动融入中心、参与决策、服务发展，围绕党建与“书香狮城”、学习型党组织建设的推进，深入了解各级党组织在建设学习型党组织方面的工作现状、工作难点，查找存在问题，就常态、创新、长效地推进“书香狮城”提出对策措施，撰写调研文章《打造“书香狮城”，建设学习型党组织》。

【企业文化 Enterprise culture】 2016年，石狮市宣传思想文化工作以泉州市开展优秀互联网企业文化推选展播活动为契机，进一步推动“培育企业创新文化”工作，培育和践行社会主义核心价值观，并推荐福建省我答答信息科技有限公司、石狮市闽派信息咨询有限公司两家互联网企业参加。重点培育卡宾服饰（中国）有限公司、国网福建省石狮供电有限公司、富贵鸟股份有限公司、泉州加顺彩印有限公司、石狮市富兴包装材料份有限公司等企业文化，开展主题传播等内容，推进企业文化建设。

深入推进“职工素质建设工程”，培育更多的“石狮工匠”。重点推行“菜单式”选课培训。根据职工选课情况先后深入企业举办电子商务、会计、汽车修理工、服装制作工、纺织针织染色工、家政服务员、幼儿园育婴师和保育员等八大类“菜单式”培训，深化“送师资送培训进企业”，共培训300多人次职工。培育职工培训基地示范点。分别是富贵鸟公司、富兴包装公司、鹏山工贸学校、淘宝大学等4家，采取职工夜校、周末学校的形式组织开展企业职工培训，全年举办培训30多场次，2000余人参加。

举办第六届产业职工技能大赛。办好闽菜厨艺、青年医师、临床教学查房、邮政职业、反洗钱业务、叉车司机、电力行业、纤维分析工、警务技能、氨机工以及电子商务等11大项的特色行业职工岗位练兵、技能竞赛，500多名专业技术人员参与技术比拼。开展“名师带高徒”帮学活动，在各行各业特别是非公企业中选拔、推荐400对“名师”与“徒弟”结成师徒对子，通过签定师徒传帮带协议，进行定期目标化培养，促进职工岗位成才。

推出“供需对路”的专项服务，提高服务职工精准化水平。精准关爱帮扶职工子女。开展“学长征精神、做红色传人”中小学生暑期电影展映活动；联合组织20对（40人）企业优秀员工古卫城亲子一日游；组织30名职工子女开展夏令营暑假作业辅导、健身趣味活动、社会实践等；联合洪窟警务室、闽南理工学院志愿者为近百名外来工子女开展暑期义务助教活动；为100多名农民工子女开办五祖拳暑期培训班。精准服务新生代农民工。致力打造“缘在工会”职工婚恋服务品牌，继续被列入市“文明新风”十大行动项目之一，在市广播电视台开办“缘在工会”电台栏目，建立“缘在工会”交友微信群，每月由各镇（街道）总工会轮流开展“缘在工会”未婚职工联谊活动，并于10月27日在世茂·摩天城举行“缘聚狮城·恩爱永恒”2016年石狮市集体文明婚礼，46对新人在市领导的证婚下喜结连理，为新生代农民工线上线下相识、相知、相恋搭建平台。抓好“安康杯”培训教育活动保安全。以“教育培训强基础隐患排查保安康”为主题的“安康杯”竞赛活动，有效融入到安全生产工作当中，广泛开展安全管理培训、维权宣传、安全知识网络问答送流量、安全隐患随手拍等各项安全文化活动，不断增强职工安全的健康意识和技能素质。

深入开展职工教育和文体活动，精心打造职工精神文化乐园。把企业文化、职工文化作为优化石狮市发展软环境的重要工作来抓，精心推出一系列企业文化、职工文化品牌活动。倡导“中国梦·劳动美”职工文化。除夕夜邀请500名留石狮过年外来工同吃年夜饭、共赏贺岁大片、免费拨打长途电话等一系列活动；在星期YI创意园举办职工婚恋主题摄影展，并邀请知名书法家现场书写春联、赠送农民工。庆“五一”纪念表彰大会，表彰20个石狮市先进职工之家（小家）以及100名企业优秀员工，开展表彰先进、举办职工歌唱、文艺汇演和趣味游戏等活动。弘扬劳模精神和“工匠”精神。6月，泉州广播电视台播放《兵来“匠”挡——服装设计师篇》，通过竞技比试展示石狮市服装设计师的特殊技艺。“五一”期间，在《石狮日报》开辟专版《秉承工匠精神 深耕班组建设》，宣传石狮市先进基层工会（班组）和优秀职工，以及企业班组长的成长成才故事。在福辉路两侧13个公交站牌打造“劳模宣传一条街”，作为劳模精神常态化宣传平台，每年5月、10月等重要时间节点不断更新劳模精神主题宣传。倡导“书香工会·职工悦读”活动。重点培育4家“职工书屋”示范点，市总工会开通网页版和手机版“职工书屋”，并添置电子书借阅机，向企事业单位职工赠送近400册图书；发起好书征集活动，购置推荐人气较高的280本（套）新书，丰富工会图书馆藏书、供职工借阅，在职工中传播阅读新理念，养成乐读书、多读书、读好书的良好习惯。

【新闻报道 News reports 】 2016年，石狮市围绕中心工作，组织做好中共十八届六中全会、“两学一做”学习教育、中国共产党成立95周年、项目百日大会战、“十大文明新风”行动、生态环境保护等宣传报道工作。以供给侧改革为切入点，强化全市经济形势正面宣传报道，在《经济日报》《福建日报》等主流权威媒体刊登《“要素依赖”迈向“创新驱动”——从供给侧改革角度看石狮县域经济转型路径》《压缩低端产能，提升中高端产能和现代服务业比重——石狮纺服，模式重构》等50余篇重头文章。11月，东南卫视《福建卫视新闻》播出迎接省党代会专题成就报道石狮篇，介绍石狮公共文化服务亮点。组织第三届中国（泉州）海上丝绸之路品牌博览会、第19届海峡两岸纺织服装博览会、2016年石狮国际时装周、第16届全国大学生田径锦标赛、泉州环湾国际公路自行车赛、第十届闽台对渡文化节、第五届永宁古卫城暨城隍文化节等经贸文化活动宣传报道，刊载报道达4700条（次）。开展石狮企业大会、第八届海峡两岸辩论赛、石狮青年健行马拉松比赛、泉州创客活动周（石狮专场）、第八届渔民文化节等17个主题活动进行集中采访报道。

以早部署、快行动、强服务为准则，启动新闻宣传应急预案，及时做好“莫兰蒂”“鲇鱼”等强台风预警预报。台风过境后，集中力量做好灾后重建宣传报道。石狮日报社、石狮市广播电视台推出涵盖警报信息、台风路径、官方辟谣等内容的全媒体直播平台，在线观看、直播人数分别高达37.2万、34万人次，合计更新推送“抗台”新闻稿件3260多条。

鼓励精品创作，表彰15件2016年优秀新闻作品。健全新闻采编和舆情引导机制，出台规范新闻采编、规范重特大事故信息发布、规范群体性事件舆情处置引导工作的三份实施意见，把公共突发事件的新闻处置、网络舆情引导工作纳入年度绩效考评。

【加强媒体交流活动 Strengthen the media exchange activities 】 2016年，石狮市加强媒体交流活动。向境外媒体投放宣传版面20余个。加强与《台湾商报》的合作版面，《收藏快报》和《东方收藏》杂志落地台湾，推进两岸新闻和文化交流合作。推动《收藏快报》《东方收藏》杂志登上菲律宾航空公司航班，让中华文化漂洋过海。契合“海博会”、对渡文化节等大型活动，邀请《香港商报》《澳门日报》和《台湾商报》等港澳台媒体到石狮采访。

2016年10月，省外宣办专文批准“菲律宾《联合日报》石狮新闻版”开办；12月底，《石狮日报》与菲律宾《联合日报》签署两家报纸合作协议，《石狮日报》在菲律宾正式出版发行《石狮日报·菲律宾版》，每天刊出一个整版报道石狮经济、文化、商贸信息。中国驻菲大使赵鉴华专门为创刊特刊题写标题，这在菲律宾华文传媒界尚属首次。

2016年，石狮市在甘肃、澳门、菲律宾等“一带一路”沿线国家和城市策划举办《行进在“一带一路”上》大型系列活动，获第二届中国报业新闻社会活动案例评选二等奖。与陕西卫视合作拍摄大型人文历史全媒体穿越真人秀《丝绸之路万里行第三季 丝路上有你》，配合央视新闻频道拍摄《我的祖国》大型鸟瞰节目，进一步展示石狮“海丝三宝”的文化魅力。

（陈珊婷撰 黄松榆审）

精神文明建设
Construction of Spiritual Civilization

【文明城市创建 Civilized city creating】

2016年，石狮市推动落实《石狮市推进全国文明城市创建工作常态化实施方案》，深入开展“十大文明新风”行动和十个专项整治提升，组织开展媒体暗访，坚持创城常态长效。7月，组织人员精心组稿，向省委文明办报送7篇石狮创建国文明城市巡礼宣传工作特色材料，其中《多方联动 严惩失信——石狮市在全省率先建成失信联合惩戒平台》被选送至中央文明办，并拍摄巡礼宣传片《让失信者寸步难行》。8—9月，根据人事变动和工作需要，先后调整创建全国文明城市工作指挥部成员、市领导、部门包街包社区安排表、石狮市精神文明建设指导委员会成员及成员单位工作职责，进一步明确各职能组、市领导、各镇（街道）、市直单位在创城工作中的工作职责，确保创城工作扎实推进。8月11日，通过福建省委文明办组织的模拟测评，督查组一行实地查看石狮市社区、农贸市场、街巷、小型餐馆、医院、汽车站等备检点，对石狮市发动社会组织参与文明城市创建工作给予肯定。9月23日，以第14届广场文化艺术为契机，石狮市在泉州各县市区

"情暖定西"爱心物资发车仪式　（图/文明办）

中率先启动"推行'八不'行为规范、做文明公民"活动，以此深化文明城市创建，持续提升公民素质。

10 月 18 日，印发《2016 年创建全国文明城市迎检测评亟需解决项目责任分解表》，进一步梳理创城存在的问题，把创建工作抓在平时、抓在基础，把问题短板解决在平时、化解在基层。11 月 18 日，召开全市创建全国文明城市工作推进会暨精神文明建设先进表彰会。市四套班子领导，以及市直各单位、镇（街道）、中小学校、酒店、网吧、大型商场（超市）、农贸市场、餐饮企业负责人等 800 余人参加会议，市长黄春辉作部署讲话，全市掀起新一轮创城热潮。12 月 5—6 日，石狮市通过省文明委组织全国文明城市县级提名城市年度测评，以 93.194 分的成绩蝉联全省 8 个县级提名城市第一。

【公民道德建设 Citizen moral construction】

2016 年，石狮市进一步落实《关于推动"村规民约"修订和执行的若干措施》，持续督促全市 127 个村（社区）以"喜事新办、丧事简办、文明殡葬"为重点，深化移风易俗工作。自 2015 年 7 月 1 日推行文明办丧以来，全市近 3000 例正常死亡案例的办丧时间均控制在 5 天以内，累计节约资金超亿元，捐资公益 6000 余万元。9 月 5 日，评选表彰大仑社区等 12 个第二批"村规民约（居民公约）"工作先进村（社区），各奖励 5 万元。

8 月 31 日，泉州市启动第五届泉州市道德模范评选表彰活动，石狮市"夕阳红"公共文明引导志愿服务队队长连秀凤获评"助人为乐"道德模范、外来务工人员周万勇获评"见义勇为"道德模范。组织开展"我推荐、我评议身边好人"活动。2016 年，石狮市程耕轮登中国好人榜并参加中国文明网"好人 365"微访谈节目，与 1288 名网友在线交流；林谋国、施明晓、傅文忠、庄敬清登福建好人榜。石狮市共有中国好人 18 名、福建好人 19 名，人数均位居全省县市前列。5 月，湖滨街道林边社区获评首批省级"五古丰登"示范点。落实《石狮市礼遇和帮扶"石狮好人"实施办法》，为 2 人申请廉租房、55 人办理人身意外险、50 人提供免费体检，2 名"石狮好人"子女落实优先就读市直公办学校。市委文明办获 2016 年福建省"我推荐、我评议身边好人"活动优秀组织奖。

在商业步行街、九二路东段，新湖社区、湖边社区以及龟湖公园、西洋公园等地分别新建社会主义核心价值观主题街道、社区和公园；协调市交建局在 56 辆公交车车身喷绘公益广告；并在八七路、九二路、南洋路等主次干道的公交候车亭增设 82 座公益广告牌；在图书馆、文化馆、博物馆设立"石狮好人"事迹专题展览；持续举办公益广告原创作品征集评选，择优报送 36 幅作品参评省赛，其中 3 幅获三等奖，在全市营造崇德向善的浓厚氛围。

9 月 19 日，举办泉州市"道德模范故事汇"基层巡演石狮专场暨石狮市道德模范、身边好人现场交流会，1000 余人参加观看演出。

【群众性精神文明创建活动 Create activities of spiritual civilization of mass character】

春节、元宵节期间，举办全国未成年人网络春晚福建石狮专场、"四海一家·欢度除夕"迎春联欢晚会、全国"龙腾狮跃闹元宵"大联动等民俗文化活动，并获"2016 年全国未成年人网络春晚"优秀组织奖。清明节期间，开展网上祭英烈、中华经典诵读、参观爱国主义教育基地等活动，累计 3 万余人次参与。端午节期间，举办第十届闽台对渡文化节暨蚶江海上泼水节，央视各频道多次专题报道，吸引 5 万余人次参与。中秋节期间，先后组织开展"中秋经典诵读""红色印记薪火传"等纪念红军长征胜利 80 周年系列活动。

开展"城乡携手、文明共进"行动，组织全市 117 家文明单位与 383 户困难户结对帮扶，慰问资金累计达 80 余万元；组织 55 家泉州市级文明单位（学校）和 37 个村（社区）、6 家乡村学校少年宫结对开展"结对子　种文化"活动。10—12 月，组织指导公安局、检察院、祥芝镇、灵秀镇、玉湖社区等 5 个全国文明单位、文明村镇及培育对象接受以及 60 家 2015—2017 年省级文明村镇、文明单位（学校、社区、风景旅游区）申报对象接受初评。12 月，组织开展2016—2018年石狮市级文明村镇、文明单位（文明学校、文明社区）创建申报工作。

【完善志愿者服务机制 Improve the mechanism of volunteers service】

打造志愿服务品牌。组建水上安全宣教、海上渔业救援、幸福家园助学志愿者协会、福慧行扶贫助困志愿者协会等专业志愿服务组织，指导“阳光太太”志愿者协会、“夕阳红”公共文明引导队等品牌队伍、“美丽海岸”“阳光公仆”“阳光少年”等志愿服务组织，常态化开展志愿服务活动。2016年，先后涌现出“全国最佳志愿服务组织”——“阳光太太”志愿者协会、“全国学雷锋活动示范点”——凤里派出所、“全国最美志愿服务社区”——新湖社区、全省首批“志愿服务驿站”——“爱心银行”志愿驿站、“福建省最佳志愿服务项目”——公共文明引导、“首届全国志愿服务项目大赛银奖”——美丽海岸清理海漂垃圾项目，第11届中国志愿者优秀个人王东育，泉州市首届“社区最美助老志愿者”吴文广、许奕家等一批先进组织和个人。

完善志愿服务机制。下拨100万元经费支持社区志愿服务工作开展，推广使用“志愿云”系统，完善志愿者招募注册、发布活动、奖惩等机制，为全市1500位志愿者骨干免费办理保险，为51名公共文明引导员提供健康体检，将志愿服务时间纳入新市民积分管理体系，实行志愿服务与干部使用挂钩，开展第二届石狮市志愿服务系列先进评选表彰活动，筹建石狮市志愿服务城市馆。

深化网络文明传播。组建109支网络文明传播志愿服务队，人数达440人，开通网络文明传播志愿者QQ群，借助论坛、新浪微博，微信等公众平台，组织网络文明传播志愿者参与文明网络传播系列活动。2016年，全市网络文明传播志愿者发表博客3000篇，转发评论3.5万条，论坛发贴17.1万余篇。

11月18日，召开石狮市创建全国文明城市工作推进会暨精神文明建设先进表彰会（图/文明办）

常态化开展各类志愿服务活动。2016年，全市各类志愿服务队297支，注册志愿者17468名，全年人均志愿服务时长超过36小时。3月5日，举行“邻里守望 情暖石狮”志愿服务活动图片展、情暖定西爱心物资发车仪式、便民利民志愿服务一条街活动，来自市法院、市公安局、市工商局等20个文明单位参与，募集价值30万元的爱心衣物送往甘肃定西贫困留守儿童；持续开展第11届返乡大学生、高三毕业生暑期体验营活动，128名学子参与；组织各专业志愿服务队1000余人次先后深入25个社区开展志愿活动。持续开展文明交通劝导活动，在市区主要交通路口开展文明引导，纠正不文明交通行为。市委文明办、湖滨街道玉湖社区、“阳光太太”志愿者协会共同选送的社区节目登上全国社区网络春晚舞台与全国观众进行互动。

【推进未成年人思想道德建设 Promote the minors ideological and moral construction】 5月12日，召开全市未成年人思想道德建设联席会议暨“石狮市发动青少年参与‘文明新风’行动大会”。2016年，市委、市政府继续将乡村（城市）学校少年宫项目列入为民办实事项目，财政投入160万元新建8所乡村（城市）学校少年宫，再投入115万元补助23所已建成的石狮级少年宫。4月28日、6月13日，分别召开学校少年宫成果才艺展演，全面展示石狮市乡村（城市）学校少年宫的工作成效。组织全市中小学校开展纪念中国工农红军长征胜利80周年系列主题活动，9月13日、9月23日，在青少年校外活动中心分别开展中秋经典诵读暨长征精神诵读活动和“长征故事我来讲”演讲比赛；在清明节、“六一”暑假期间，举行“清明祭英烈”“美德少年展示”“向国旗敬礼”等网上签名寄语，“童心向党”合唱比赛、“优秀童谣征集评选”、暑期电影展映等主题活动，全市8万余人次的中小学生参加。5月，评选表彰石狮市第二届美德少年，评选出五个类别15名美德少年。

（陈 峰撰 许振洪审）

统 战
United Front

【支持民主党派加强自身建设 Support the democratic Parties strengthening their own construction】 2016年，石狮市统一战线贯彻落实《中国共产党统一战线工作条例（试行）》和省委《条例》实施细则，以开展“两学一做”学习教育为契机，围绕中心、服务大局，发挥优势、争取人心。支持民主党派加强自身建设，协助各民主党派基层组织按程序做好换届。

11月，各民主党派召开成员大会，选举产生新一届领导班子，完成政治交接，各民主党派换届结束。各民主党派坚持和发展中国特色社会主义学习实践活动，以学习会、座谈会、主题报告会等形式，组织学习中国特色社会主义理论，继承和弘扬民主党派优良传统，组织成员参政议政，开展各具特色的社会服务活动。

12月28日，石狮市委副书记、市长黄春辉看望民主党派班子成员并举行党外人士情况通报会（图/统战部）

【加强党外干部培养选拔 Strengthen the training and selecting non-Party cadres】 泉州市委组织部、统战部在石狮市设立党外代表人士锻炼实践基地，选派4名党外干部到石狮市凤里街道、湖滨街道、灵秀镇、宝盖镇挂职锻炼。6月27日，举办石狮市委党校统战理论培训班，邀请省委统战部副部长陈飞解读《中国共产党统一战线工作条例（试行）》和省委实施细则。

【落实多党合作制度 Carry out the system of multiparty cooperation】

7月15日，市委常委、统战部部长林天虎主持召开第七届党代会工作报告征求意见会，听取党外人士意见。11月27日，召开政协石狮市第七届委员会委员初步人选民主协商会，就政协委员初步人选征求各民主党派意见和建议。11月29日，市政府副市长施汉杰主持召开会议，就《政府工作报告》征求民主党派意见。12月28日，石狮市委副书记、市长黄春辉看望民主党派班子成员并举行党外人士情况通报会，市长黄春辉通报2016年全市经济社会发展情况，并听取各民主党派意见。12月1日，市委常委、统战部部长林天虎主持召开党风廉洁建设和反腐败工作情况通报会，市委常委、纪委书记林振海向党外人士通报党风廉洁建设和反腐败工作并听取意见。进一步落实政府部门与民主党派、工商联对口联系制度及特约人员工作制度，支持党外人士参政议政、参与民主监督。

（陈明英撰　洪孝心审）

【非公有制经济领域统战工作 United front work in non-public economy】

组建异地商会。指导商会加强自身建设。1月3日，福州市石狮商会举行成立庆典暨首届理监事会就职仪式，傅金镇任福州市石狮商会第一届理事会会长。5月28日，石狮市安溪商会第二届会员代表大会暨理（监）事会就职仪式在石狮举行，大会选举产生石狮市安溪商会第二届理（监）事会成员，林金文当选为商会第二届会长。6月13—18日，统战部、工商联举办基层商会、行业商会秘书长培训班，组织学员赴重庆考察学习重庆市在新兴产业发展、传统产业转型升级、现代商务模式创新等发展经验。7月22日，石狮市惠安泉港台商区商会首届会员大会暨首届理事会就职典礼在石狮举行，萧惠扬当选首届会长。8月18日，石狮市电商务协会第二届理事会召开，汪建聪连任会长。12月10日，举行石狮市工商业联合会（总商会）六届会员代表大会，选举产生新一届执委会班子，建德国际控股有限公司总裁蔡建四当选为新一任（总商会）主席（会长）。

【开展联谊活动 Carry out fellowship activities】 2016年，石狮市开展海内外联谊工作。1月30日，市统战部、工商联参加由世界石狮同乡联谊会主办的石狮市海内外乡亲新春座谈会，与世界各地的石狮乡会乡贤欢聚一堂，共贺新春、共叙乡情、共话商机。加强与在外企业家的联系，鼓励在外企业家回乡创业，共同建设家乡经济。3月28日，香港泉籍社团中青年骨干培训班一行95人到石狮市联谊交流。4月3日，市委、市政府邀请清明节期间回乡的石狮籍侨亲、港澳台胞及异地商会代表举行座谈会。6月28—30日，澳门石狮同乡总会会长王永权带领澳门石狮同乡总会、澳门石狮城隍宝殿回乡团一行200人到石狮市开展回乡访亲活动。8月2日，香港国民教育促进会举行“香港青少年红色之旅福建行”活动，200多位香港青年学生到石狮参观访问。8月18日，澳门福建同乡总会泉州访问团一行7人在泉州市委统战部领导陪同下到石狮市进行座谈。10月10日，香港泉州市同乡总会会长蔡建四带领香港泉州市同乡总会商务考察团一行100人到石狮市参观访问。11月11日，石光中学建校70周年成果展暨第四届董事会、教育基金会成立仪式在石光中学举行。12月4日，石狮市旅港同乡总会成立26周年庆典暨第14届董事就职典礼在香港举行，余英杰当选新一届会长，市委市政府组团参加庆典。12月14日，香港福建同乡会福建访问团一行54人在福建省委统战部联络处处长廖长桂陪同下到石狮市造访市领导。

加强基层侨联组织建设。灵秀镇灵狮村、宝盖镇杆头村侨联小组升格为侨联会，继凤里街道大仑社区、湖滨街道玉湖社区、永宁镇下宅村侨联会后，石狮市村级侨联会达5个。

鼓励支持为侨服务和贫侨帮扶工作。2月16日，石狮市法院与市侨联联合举行涉侨纠纷特邀调解员聘任仪式，聘请9名镇（街道）侨联主席担任涉侨纠纷特邀调解员，进一步维护归侨侨眷、海外侨胞的合法权益，促进社会和谐稳定。协助建设南洋华裔族群寻根谒祖综合服务平台，市彭田村试点“小平台”，由中国、省、泉州、市侨联多级联合建设。3月8日，举行南洋华裔族群寻根谒祖综合服务平台彭田村“小平台”试点项目启动仪式。12月30日，举行南洋华裔族群寻根谒祖综合服务平台石狮彭田“小平台”试点验收评审会。

（刘　欢撰　施剑峰审）

党校
Shishi City Party School

【概 况 Generals】　2016年，石狮市委党校以中共十八大及十八届三、四、五、六中全会精神，总书记习近平系列重要讲话精神为指导，贯彻落实全国、全省、泉州市党校工作会议精神，坚持党校姓党根本原则，以“深化改革、服务大局”为主线，围绕市委“两学一做”学习教育实践活动要求，发挥党校意识形态教育阵地作用，全面推进干部教育培训、理论宣传、科研咨政等各项事业新发展，打造与新形势下石狮市经济社会发展要求相适应的优秀县级党校。

【干部培训 Cadres training】　2016年，石狮市委党校举办各类培训班次17期，培训干部1108人次。举办主体培训班3期，其中科级干部培训班2期、廉洁从政专题培训班1期，每期均为40人。

联合市委办、组织部举办2期“推动转型升级　实业强市”专题研讨班，培训对象为市四套班子领导、市委市政府工作部门主要领导、各镇（街道）党政主要领导、部分企业家代表等。1月17—23日举办第一期，由清华大学深圳研究生院承接异地培训，3月1—7日举办第二期，由北京大学汇丰商学院承接异地培训，安排清华、北大的知名专家、教授以及广东省的党政干部进行专题授课，并组织学员到华为集团、腾讯集团、怡亚通集团、前海梦工厂、天安云谷等知名企业和重点项目进行现场教学，重点学习深圳市在实体经济发展、产业转型、人才培育、投融资体制、科技创新、城市建设等方面的前沿知识及发展经验，提升市领导干部经济工作能力和服务实业发展能力。

短期培训班、研讨班与其他部门联合举办，课程设置结合学员岗位和专业需求，主要突出“短期性、专业性、针对性”的办学特点。全年举办12期短期培训班、研讨班，采用课堂理论培训、异地现场教学、本地实践调研的方式，分层次分类别培训石狮市群团干部、公务员、事业干部及党外人士等。

【市党校服务基层培训 Service at the grass-roots level training】　2016年，市委党校安排教师在凤里街道党工委、党委综合系统党委、党群系统党委、人仑社区、中国建行石狮分行、湖西村、莲板村、铺锦村、松茂村、祥运村、玉浦村、宝盖镇、众和集团等单位讲授《学习贯彻十八届六中全会精神》《学习贯彻省十次党代会精神》《信仰的力量——“两学一做”专题》《坚定理想信念　增强信仰定力》《培育四种意识　坚定政治方向——“两学一做”专题学习》《学党章　用党章——“两学一做”专题》《守纪律　讲规矩——学习习总书记讲话精神》等专题学习辅导课程，下基层上党课20多场次，培训基层党员近700人次，较好地发挥“流动党校”的宣讲作用，加强基层党员群众的意识形态教育，为营造良好的基层舆论氛围提供助力。

【市党校探索干训新模式 Explore new mode of cadres training】　市委党校深化改革创新，探索干训新模式，实施

市委党校春季开学典礼仪式　（图/市委党校）

多元教学，增强干训实效性。在总结近几年探索的基础上，完善主体班学员培训方案，实现干部教育形式和手段的多样化，让学员理论联系实际，树立起正确的世界观、人生观、价值观，增强干部培训的实效性和针对性。2016年，市委党校举办第12次科级干部培训班首次引进“结构化研讨”教学方式，让学员们发挥分组讨论的思维发散优势，围绕主题并结合自身工作实际，通过“提出问题——分析原因——找出对策”研讨模式，达成共识并分组汇报研讨成果，激发学员自主学习的积极性，该课程得到学员的高度评价，并作为一堂精品课程延续到随后举办的各个培训班，突破传统教学模式，收到良好的培训效果。

用好“手机党校”平台，拓展干部培训渠道，发挥“手机党校”微课平台在干部培训中重要作用。从3月开始，市委党校便在各培训班和研讨班次为学员开通“手机党校”平台，并根据各个培训班次的不同特点优选包括中央精神、政治理论、中共党史、文化修养等内容的党性教育微课程（每堂微课一般在10分钟以内）让培训班学员进行自主学习，让学员利用空闲时间完成线上课程问答、做笔记、做作业等一系列学习任务，适应新常态下干部学习时间碎片化取向，合理利用微时间进行理论课程学习，将党性教育融入党员干部的日常生活中，为广大党员干部搭建空中教育平台。

推进“网上党校”建设，适应县级党校干训需求。2016年，市委党校为推进“网上党校”创建进程，主动联系中共中央党校信息处，并在远程网络教育项目上获得中央党校信息处的支持，在市委党校干部培训基地创建中央党校远程网络教育基地。

【市党校科研学术成果 City Party School of scientific research and academic achievements】 2016年，市委党校增强对党建党史理论的研究力度，开展党建课题调研，生成《加强主业主课研究 提升党校党性教育水平》（获得2016年泉州党校系统优秀课题三等奖）《新常态下石狮市供给侧改革的路径选择》等泉州市党校系统重点课题，均收录在泉州《市情调研》中，并以课题为基础形成《学习贯彻十八届六中全会精神》《信仰的力量》《坚定理论信念 增强信仰定力》《要素流动与石狮供给侧改革》等专题课程，并在第13期科级班、机关事业干部综合业务研讨班等班次试讲，促进市委党校教学、教研相互融合。

【市党校作风建设 Work style construction of City Party School】 加强市党校作风建设，拓展现场教学资源，根据干部教育培训的实际，转变工作作风，制定现场教学方案。与培训主管部门沟通、协调，科学合理地设计学习计划。建立现场教学点工作档案，收集整理异地（泉州地区以外）办学以及本地现场教学点资料信息，并与其他兄弟党校讨论、交换各现场教学点学习考察的意见建议，形成制定现场教学方案的重要依据。与甲骨文创新发展云、海西电商城、钞坑综合体、中骏黄金海岸、富贵鸟集团等十多个单位建立较为稳定的现场教学合作关系，并新开发永宁古卫城、永宁老街等传统文化现场教学点，进一步丰富市委党校现场教学资源，为承接其他地区异地培训，宣传石狮城市形象打好现场教学基础。

【改善党校办学条件 Improve Party school conditions of running school】 2016年，市委党校加强新校建设，提升党校硬件水平。按六届市委第106次常委会通过的建校方案组织实施，完成项目勘察设计招投标、项目设计方案会审、可行性研究报告编制评审、环评报告编制审批、节能报告编制审批、项目建议书编制评审、送达征地告知书，推进新校建设工作，提升党校硬件建设水平。

（洪常颖撰 叶泽旺审）

老干部工作
Work of the Old Cadre

【关心老干部政治生活 Take good care about old cadres political life】 2016年，石狮市离退休干部1954人，其中，离休干部10人、“5·12”退休干部5人、厅级退休干部2人、处级退休干部44人、科级退休干部293人。

老干部工作组织领导。市委换届后及时调整充实市委老干部工作委员会以及市老教委、老年大学、关工委、离退休干部党校等涉老组织领导班子成员，确保涉老工作的持续性和稳定性。专门召开常委会研究成立中共石狮市委离退休干部工作委员会，明确作为市委派出机构，挂靠在市委组织部，与市老干部活动中心合署办公，全面加强对全市离退休干部党建工作的统筹指导。加大老干部工作队伍建设力度，重新核定市老干部活动中心“三定”方案，增设综合股和业务股2个股室。市老干部活动中心吴辉谊获评“全省老干部工作先进个人”。

老干部政治待遇。提升市委、市政府半年、新春通报会规格，明确半年工作通报会由市长进行通报，由市委常委、组织部部长主持；新春通报会由市委书记进行通报，由市长主持。参照泉州做法，结合石狮市实际，规范原任县处级退休干部排序原则，进一步明确原任县处级退休干部的各项待遇。组织老干部参加市委党建工作会议、全市换届风气监督座谈会等重要会议和重大活动，在研究制定重大决策或重大改革措施时向老干部征求意见。发挥市干部活动中心、市离退休干部党校、市老年大学等学习活动阵地作用，坚持每月政治学习例会、每季度科级以上离退休干部读书班等制度。加大离退休干部党建调研力度，摸清全市老干部党员分布情况，采取邀请专家学者讲学、安排老少结对帮学、编发学习要点辅学等办法，抓好老干部党员“两学一做”学习教育。

【提升老干部生活质量 Improve quality of old cadres life 】 转发省委组织部等五部门联合下发的《关于组织离退休干部开展活动有关事项的通知》文件，指导基层规范开展离退休干部活动。组织开展中共十八大以来老干部政策落实情况自查，按时足额发放离休费、医疗费及生活补贴。经市委研究同意，从2017年起将县处级离休干部公务费标准从1600元提高到3000元、县处级以下离休干部和“5·12”退休干部公务费标准从1500元提高到2500元。持续开展解困帮扶和“医疗保健服务月”活动，多渠道了解掌握老干部日常动态，及时组织入院探望、上门走访。2016年，发放解困帮扶补助金6.8万元。坚持举办重阳节集体祝寿，市委书记朱启平，市委副书记、代市长黄春辉，市委副书记庄玉海，副市长李斌，为老同志祝寿。指导花园城和玉湖社区老干部服务站争创社区服务老干部省级示范点，花园城社区被泉州市委老干部局评为利用社区资源做好离退休干部服务工作示范点。

【老年教育纳入国民教育体系 Old age education into the national education system 】 深化“文化养老”模式。市教育局印发《关于支持老年教育工作的通知》，助力提高基层老年学校办学水平。2016年，全市开设基层老年学校140所、老年远程教育接收站点125个，基本实现村居全覆盖。2016年5月，泉州市老年远程教育现场推进会在石狮举办；11月，全省老年大学声乐精品课程教学研讨会在石狮市召开。突出“文娱养老”，继续结合元宵、中秋、重阳节等重要节日，举办大型游园、集体祝寿和离退休干部文化艺术节等活动，展示老干部老有所乐的良好精神风貌。突出“文体养老”，全年全市建成村级老年人活动中心127座，其中省、泉州市级“老年人健身康乐家园”27个。举办石狮市第七届老年人健身大会，组织柔力球、地掷球、木兰扇等30多场竞赛展演，吸引全市近4000名老同志参加。

【老干部发挥作用 Retired veteran cadres play a role 】 开展“正能量”主题活动。聚焦“展示阳光心态”，举办第十届离退休干部文化艺术节，融合舞台剧、文艺汇演、文体展演、书画诗词摄影展等多种老年人喜闻乐见的文体文艺表现形式，展现石狮老干部热爱生活、崇尚文化、追求和谐的阳光心态。

【提升服务老干部水平 Improve service level of retired veteran cadres】 聚焦“体验美好生活”，提升服务老干部水平。组织3批次400多名离退休干部，参观考察飞通航海科技研发基地、国际轻纺城、郭坑村现代休闲农庄、海峡两岸纺织服装博览会，感受石狮建设发展取得的成就，不断增强对幸福生活的认同感。组织120多名科级以上离退休干部到台商投资区考察调研，体验泉州湾跨海大桥的快速便捷，详细了解台投区特色文化产业发展及城市规划建设情况。聚焦“畅谈发展变化”，创老干部学习模式，推动市离退休干部党校启动“学员—讲师”模式切换，邀请优秀学员代表站上市离退休干部学习教育大课堂的讲台，为其他老干部学员讲述心得体会，畅谈发展变化。

（蔡嘉荣撰 王汉滨审）

（图/颜华杰）

概述
Generals

【市人大促进依法治市 Promote rule by law】 2011年换届以来，石狮市第六届人大常委会坚持党的领导、人民当家作主和依法治国有机统一，落实市委决策部署，依法履行宪法法律赋予的职责，发挥地方国家权力机关作用，协调推进石狮经济、政治、文化、社会和生态建设。五年来，共召开常委会会议42次、主任会议61次，听取和审议“一府两院”工作报告69次，做出决议决定和提出审议意见65项，开展执法检查12次、视察检查36次、专题调研22次，组织专题询问2项、专项工作评议1项，依法任免地方国家机关工作人员310人（次）。

优化法治环境，依托国家“宪法日”，开展宪法宣传主题活动，弘扬宪法精神、树立宪法权威。举行新任职人员向宪法宣誓仪式，结合“六五”“七五”普法，推进全市法治宣传教育。开展《中华人民共和国治安管理处罚法》、修改后的《中华人民共和国刑事诉讼法》《中华人民共和国禁毒法》《中华人民共和国环境保护法》等15部法律法规实施情况的执法检查，推动有关法律法规较好实施；开展“六五”普法和依法治市工作检查，组织“醉驾入刑”实施情况视察、“三警合一”综合警务改革工作调研，推动依法治市进程；连续两年开展禁毒法检查，形成审议意见，责成市政府加快制定禁毒规划、计划，加大禁毒工作力度，健全预防宣教机制，遏制毒品问题蔓延。依法审查规范性文件132份，确保其合法有效。积极配合省、泉州市人大开展《中华人民共和国城乡规划法》《中华人民共和国档案法》等12部法律法规实施情况的执法检查，不断优化法治环境。

2016年12月18日，市委书记朱启平（中）、市六届人大常委会主任陈贻萍（左三）与新当选的市人大常委会领导合影 （图/叶忠惠）

【市人大推进司法公正 Promote judicial justice】 开展市人民法院立案信访工作视察、人民陪审员工作专题调研、法院执行难跟踪检查，破解执行难问题，促进法院司法水平提高。开展市人民检察院反渎职侵权工作、行政执法与刑事司法衔接工作、反贪污贿赂工作调研，推进有法必依、执法必严、违法必究。组织法律服务队伍管理情况调研，提升监督管理水平，推动司法政治效果、社会效果、法律效果有

2016 年 12 月 18 日，石狮市七届人大一次会议期间，市人大代表上官跃进投下选票 （图 / 叶忠惠）

机统一。

回应群众诉求。坚持把信访工作作为知民情、察民意、解民忧的重要渠道和强化监督的重要内容，高度重视群众来信来访，努力使上访群众的合理合法诉求得到解决。

【市人大坚持创新引领 Insist on innovation leading】 在泉州市率先设立市人大代表联系服务中心。为代表沟通交流、反映民情、建言献策、汇集民智打造一个新型履职平台，为“双联”工作构建一条新通道，为人大机关搭建一个新阵地。中心设立以来，参加活动的各级代表 1812 人（次），收集代表意见建议 159 条，得到省、泉州市人大的充分肯定。省市县各级人大前来参观学习 20 多批（次）。

开展专题询问。人大常委会选择群众密切关注的危旧房改造和法院执行工作，启动专题询问，制订工作方案，开展 40 多次调研，梳理 21 项拟询问内容。共有普通群众、人大代表、政协委员及有关部门同志 100 多人参加和旁听。加强延伸跟踪监督，使询问成果得到较快转化。

实行中心发言人制度。改变以往常委会发言集中在分管领导或工委主任，缺乏广泛性的现象，进一步活跃常委会的气氛，开动委员们的脑筋，增强委员们的责任。每次常委会都提前确定 2 名以上委员作为审议议题中心发言人，会前深入开展视察、检查、调研，会上围绕议题畅所欲言、有的放矢，提高会议审议质量。

开展满意度测评。采用电子票决形式对“一府两院”52 份专项工作报告进行满意度测评，现场公布测评结果，基本满意以上 51 份，对危旧房改造等 1 份不满意的报告，要求市政府予以整改，在下次常委会上重新报告。满意度测评是人大加强监督的一种方式，相对于一般程序更为严格，促使“一府两院”更加重视群众关心的问题，更好地推动相关工作，“倒逼”审议意见落到实处。

授予地方称号。出台授予地方称号和石狮市荣誉市民称号的规定，决定授予马万等 6 人第一批“石狮市荣誉市民”称号，激发“新石狮人”干事创业热情；经精心组织、严格评议，决定授予石狮市工商局“2013—2014 年人民满意单位”称号。

善于运用人大否决权。对市政府提交的《石狮市城市总体规划》《石狮市生态市建设“十二五”规划》《2015 年预算调整方案（草案）》《石狮市危旧房改造工作报告》等规划、方案、报告进行否决。责成市政府认真整改，重新组织专家论证，重新提交审议，确保规划、方案科学可行。

市人大重要会议
Important Meetings

【市七届人大一次会议 Shishi City the First Meeting of the Seventh People's Congress】 市七届人大一次会议于 2016 年 12 月 16 日在市公务大厦附楼大会议室召开，181 名代表出席会议。会议的议程：一是听取和审议石狮市人民政府工作报告；二是听取和审议石狮市 2016 年国民经济和社会发展计划执行情况与 2017 年国民经济和社会发展计划（草案）的报告；审查、批准石狮市 2016 年国民经济和社会发展计划执行情况的报告与 2017 年国民经济和社会发展计划；三是听取和审议石狮市 2016 年财政预算执行情况及 2017 年财政预算（草案）的报告；审查、批准石狮市 2016 年财政预算执行情况的报告与 2017 年财政预算；四是听取和审议石狮市第六届人民代表大会常务委员会工作报告；五是听取和审议石狮市人民法院工作报告；六是听取和审议石狮市人民检察院工作报告；七是选举石狮市第七届人民代表大会常务委员会主任、副主任、委员；八是选举泉州市第十六届人民代表大会代表；九是选举石狮市人民政府市长、副市长；十是选举石狮市人民法院院长；十一是选举石狮市人民检察院检察长；十二是通过有关决议。

【人大常委会会议 The standing committee meeting of the people's congress】

表 1

会次	时间	会议内容
第三十二次	2016 年 1 月 20 日	审议有关人事任免事项
第三十三次	2016 年 2 月 25 日	1. 审议通过《石狮市人大常委会 2016 年工作要点》 2. 审议有关人事任免事项
第三十四次	2016 年 3 月 30 日	审议有关撤职事项
第三十五次	2016 年 6 月 13 日	1. 听取和审议市人民政府关于《中华人民共和国职业教育法》实施情况的报告及市人大常委会执法检查组的检查报告 2. 审议有关人事事项
第三十六次	2016 年 6 月 16 日	1. 审议有关人事任免事项 2. 举行宣誓仪式
第三十七次	2016 年 6 月 30 日	1. 审议有关人事任免事项 2. 举行宣誓仪式
第三十八次	2016 年 7 月 26 日	1. 审议有关人事任免事项 2. 举行宣誓仪式 3. 听取和审议市人民政府关于石狮市 2015 年财政决算草案的报告、关于石狮市 2015 年财政预算执行和其他财政收支的审计工作报告，审查和批准石狮市 2015 年财政决算
第三十九次	2016 年 8 月 26 日	1. 听取和审议市人民政府关于 2016 年上半年国民经济和社会发展计划、财政预算执行情况的报告及市人大常委会财经工委的审查报告 2. 审议有关人事任免事项 3. 举行宣誓仪式
第四十次	2016 年 9 月 23 日	1. 听取和审议市人民政府关于《福建省物业管理条例》执行情况的报告及市人大常委会执法检查组的检查报告 2. 审议通过石狮市市镇两级人大换届选举有关事项 3. 审议有关人事任免事项 4. 举行宣誓仪式
第四十一次	2016 年 11 月 23 日	1. 听取和审议市人民政府关于 2016 年环境保护工作的报告及市人大常委会视察组的视察报告 2. 听取和审议市人民政府关于禁毒工作开展情况的报告及市人大常委会检查组的跟踪检查报告 3. 听取和审议市人民政府关于市六届人大五次会议代表建议办理情况的报告及市人大常委会视察组的视察报告 4. 听取和审议市人民政府关于提请审议 2016 年国民经济和社会发展计划主要经济发展预期目标调整方案（草案）的议案及市人大常委会财政经济工委的初审报告 5. 听取和审议市人民政府关于提请审议 2016 年财政预算调整方案（草案）的议案及市人大常委会财政经济工委的初审报告 6. 审议通过石狮市人大常委会关于召开石狮市第七届人民代表大会第一次会议的决定（草案） 7. 听取和审议市人大常委会代表资格审查委员会关于代表资格的审查报告 8. 审议 2015 年财政预算执行和其他财政收支审计存在问题整改情况的报告（书面）
第四十二次	2016 年 12 月 9 日	1. 听取和审议市人民政府关于《石狮市开展公民法治宣传教育第七个五年规划》的报告及市人大常委会内司工委的说明；审议通过《石狮市人大常委会关于开展第七个五年法治宣传教育的决议（草案）》 2. 审议通过市七届人大一次会议的日程安排（草案）及各项建议名单 3. 审议《石狮市人大常委会工作报告（征求意见稿）》 4. 审议有关人事任免事项 5. 举行宣誓仪式

2016年12月18日，市七届一次人大会期间，新当选的市人民政府市长、副市长向人大代表宣示　（图/叶忠惠）

【市人大常委会主任会议 Director of the standing committee meeting】

表2

会次	时间	会议内容
第五十一次	2016年3月30日	1. 研究有关人事任免事项 2. 研究确定市六届人大常委会第34次会议召开的时间及建议议程
第五十二次	2016年6月7日	1. 听取市人大常委会执法检查组关于《中华人民共和国职业教育法》实施情况的检查报告 2. 研究有关人事任免事项 3. 研究市六届人大常委会第35次会议的召开时间和建议议题
第五十三次	2016年6月12日	1. 研究有关人事任免事项 2. 研究确定会议召开时间及有关安排
第五十四次	2016年6月30日	1. 研究有关人事任免事项 2. 研究市六届人大常委会第37次会议的召开时间和建议议题
第五十五次	2016年6月30日	研究有关人事任免事项
第五十六次	2016年7月26日	1. 听取市人民政府关于城市管理（路内停车收费试点）工作情况的报告及市人大常委会调研组的调研报告 2. 听取市人民政府关于侨务工作情况的报告及市人大常委会调研组的调研报告 3. 听取市人民政府关于电子商务培育发展情况的报告及市人大常委会调研组的调研报告 4. 听取市人大常委会财经工委关于2015年财政决算（草案）的初步审查报告 5. 研究有关人事任免事项 6. 研究市六届人大常委会第38次会议的召开时间和建议议题
第五十七次	2016年8月26日	1. 听取市人民政府关于改善医疗服务质量的报告及市人大常委会调研组的调研报告 2. 听取市人大常委会财经工委关于石狮市2016年上半年国民经济和社会发展计划及预算执行情况的调查报告 3. 研究有关人事任免事项 4. 研究市六届人大常委会第39次会议的召开时间和建议议题

续表 2

会次	时间	会议内容
第五十八次	2016 年 9 月 23 日	1. 听取市人大常委会执法检查组关于《福建省物业管理条例》执行情况的检查报告 2、研究市镇两级人大换届选举工作的有关事项 3. 研究有关人事任免事项 4. 研究市六届人大常委会第 40 次会议的召开时间和建议议题
第五十九次	2016 年 11 月 11 日	研究市人大代表候选人辞去市镇选举委员会职务事项 决定各镇选举委员会代理主任人选
第六十次	2016 年 11 月 23 日	1. 听取市人民政府关于法律服务队伍管理工作情况的报告及市人大常委会调研组的调研报告 2. 听取市人大常委会检查组关于禁毒工作开展情况的跟踪检查报告 3. 听取市人大常委会财经工委关于 2016 年国民经济和社会发展计划主要经济发展预期目标调整方案（草案）的初审报告 4. 听取市人大常委会财经工委关于 2016 年财政预算调整方案（草案）的初审报告 5. 听取市人大常委会视察组关于市六届人大五次会议代表建议办理情况的视察报告 6. 听取市人大常委会视察组关于 2016 年环境保护工作的视察报告 7. 审议通过石狮市人大常委会关于召开石狮市第七届人民代表大会第一次会议的决定（草案） 8. 听取市人大常委会代表资格审查委员会关于代表资格的审查报告 9. 研究市六届人大常委会第 41 次会议的召开时间和建议议题
第六十一次	2016 年 12 月 9 日	1. 听取市纪委关于 2016 年党风廉洁建设和反腐败工作情况的通报 2. 听取市人大常委会内司工委关于《石狮市人大常委会关于进一步加强法制宣传教育的决议（草案）》的说明 3. 研究市七届人大一次会议的日程安排（草案）及各项建议名单 4. 讨论石狮市人大常委会工作报告（征求意见稿） 5. 研究有关人事任免事项 6. 研究确定市六届人大常委会第 42 次会议的召开时间和建议议题

主要工作
Main Work

【市人大监督工作 The supervision work】

2016 年，市人大常委会依据《监督法》听取和审议市政府年度计划、预算执行情况的报告及决算、审计工作报告 13 次，提出审议意见 40 条，跟踪并督促整改审计中发现的各种问题 170 多个，确保年度目标实现，推动预算“全口径”和审计“全覆盖”。认真开展调查研究，审议“十二五”“十三五”规划纲要，提出 12 条意见，督促政府科学编制规划，保证规划纲要顺利实施。在推动政府改革创新方面，继续秉承“改革要思想先行”理念，开展“继续解放思想、推动科学发展”课题调研，向市委提出对策建议，并组织检查贯彻落实情况，推动市政府大胆改革创新，破解发展难题，厚植发展优势，着力深化重点领域和关键环节改革，在审批改革、服务企业、要素保障、民生保障、工作机制等方面取得明显成效，推动行政大提速。以新型城镇化建设为契机，组织石狮市小城镇综合改革建设试点工作调研，提出规划谋镇、产业强镇、特色活镇、改革兴镇、功能立镇等五方面建议，推动灵秀镇、宝盖镇、蚶江镇列入全省小城镇机构改革试点镇。

【市人大信访工作 Work as ombudsman】

2016 年，石狮市人大常委会按照全国人大关于人大信访工作有关要求，认真受理人民群众来信来访，按规定及时登记、交办、督办和回复，综合分析信访件中反映较普遍的问题，跟踪突出信访件，促进部分老大难信访得以息访息诉。坚持常委会领导下基层接访和定期约访群众制度，加强跟踪督办热点、难点信访问题，有效调处和化解矛盾，维护人民群众合法权益。全年接待群众来访 912 人（次），受理群众来信 406 件，办理上级人大批转件 145 件，有效化解矛盾纠纷，促进社会和谐稳定。

【市人大代表工作 Work of representatives of the people's congress of Shishi city】

2016 年，做好换届选举工作。按照中央、省委、泉州市委和石狮市委的部署要求，坚持党的领导、发扬民主、依法办事，确保市镇两级人大换届选举各项工作顺利有序进行。依法选举产生新一届市级人大代表181名、镇级人大代表437名，妇女代表、非中共代表比例均有所上升，代表结构更趋合理，为市镇新一届人大依法履职打下基础。提升代表履职水平。依托代表活动服务中心这个平台，举办代表教育培训17期，参加人数1350多人（次）。发放《人民政坛》3300多份，定期通报工作动态，保障代表知法知情知政。邀请代表1875人（次）列席会议参加活动，为代表依法履职创造良好条件。组织代表223人（次）参与2667件案件诉讼调解，有效化解矛盾纠纷。组织代表118人（次）旁听法院庭审，促进司法水平提高。开展并完善代表向选民述职，组织67场（次）述职活动，增强代表履职的责任感、使命感。

加强与代表的联络。坚持常委会组成人员、各活动小组到市人大代表联系服务中心轮值制度，常态化听取民意、汇集民智。落实常委会组成人员联系代表、代表联系群众“双联”制度，开展集中走访联系代表活动，与代表零距离沟通，形成共识。不定期召开基层人大工作座谈会，总结交流经验，提升代表履职能力。

改进意见建议办理工作。指导代表多提意见、提好意见。对市六届人大代表提出的571件意见建议，及时分解交办，组织跟踪检查，督促抓好落实，提高群众获得感，办理满意率和基本满意率达100%。持续对市五届人大会议确定的议案办理情况进行跟踪检查，督促“防洪防潮排涝系统工程”“自来水一户一表改造”“小流域专项治理”“石狮国际轻纺城建设”等议案项目落实到位，把事办好。

【市人大自身建设 Own construction】

加强学习调研。建立健全学习制度，加强理论政策、法律法规和人大业务知识学习。出版发行《石狮市人民代表大会志》1500册，加强人大制度和民主法制宣传。坚持理论联系实际，深入调查研究，开展“加强县乡人大工作和建设”“在全面推进依法治国中发挥人大监督作用”等课题调研，完成调研报告36篇，提高人大理论研究水平。

注重加强作风建设。开展群众路线教育实践活动、“三严三实”专题教育、“两学一做”学习教育，加强思想、组织、制度和作风建设。推进党风廉政建设，严格落实“八项规定”。深化机关文明创建、绩效管理、效能建设，与5个村（社区）结对共建，与16个困难家庭结对帮扶，努力为基层解难事、办实事。服从市委工作大局，常委会领导和机关干部积极投身项目建设，挂钩市区道路“白改黑”、绿化景观提升、钞坑片区和城东片区拆迁改造等市重点项目，均圆满完成工作任务，为石狮市发展尽一份力量，得到市委充分肯定，获得良好社会效应。

注重加强联系联动。正确处理中共领导与依法履职、监督与支持的关系，加强沟通联系，强化监督支持，推动工作落实。自觉接受上级人大监督指导，积极配合视察检查调研活动。加强对基层人大工作指导，健全常委会领导和各委（办）负责人联系挂钩各代表活动组工作制度，坚持邀请镇人大主席列席常委会会议，凝聚履职合力。

【诉讼调解工作 Litigation mediation work】 2016年，石狮市人大常委会继续支持法院开展邀请人大代表参与经济纠纷、婚姻家庭纠纷、邻里纠纷、劳动争议等诉讼案件调解。2016年，组织223人（次）人大代表参与2267个涉法涉诉案件的调解，成功调解各类案件，化解社会矛盾。另组织代表118人（次）旁听法院庭审，促进司法水平提高，培养一批具有较高法律和政策素养的调解员，为法院节约诉讼成本，和谐社会关系，为石狮稳定和发展做出积极贡献。部分代表接受法院邀请成为人民陪审员，参与案件审理工作，提高法院审判工作透明度。

【关注民生 Pay attention to the livelihood of the people】 推动实体经济发展。对中小企业促进法实施情况进行执法检查，对电子商务发展、社会固定资产盘活、科技工作、台资企业发展、侨务工作等开展专题调研，走访42家中小企业，召开5场座谈会，提出实业强市的意见建议21条，督促市政府坚持发展实体经济，引导企业家坚守实业、做精专业，加快产业转型升级，做大做强实体经济。组织加快发展海洋经济、渔业生产及配套设施建设情况调研，督促市政府切实重视海洋科

石狮市委书记朱启平向代表介绍候选人情况 （图/叶忠惠）

技创新，建设海洋生物产业基地，加快发展海洋产业。组织文化产业发展、旅游产业发展、公共文化服务体系和基层文化建设等专题调研，督促市政府深入挖掘文化旅游资源，加快实施文化产业发展工程、文化精品打造工程、文化事业惠民工程和文化人才建设工程，促进文化旅游融合，推动文化资源优势向经济发展优势转化。

推动“食有所安、病有所医、学有所教”。将食品安全列为重点建议，通过明察暗访、上下联动等方式，落实责任，完善监督管理长效机制。将新农合及公共卫生、医疗服务质量检查列为年度工作重点，督促市政府深化医药卫生体制改革，探索医疗管理服务新机制，推动基本公共卫生服务均等化，改进医疗服务质量。对质量教育、学前教育、校安工程更是持续关注，开展《中华人民共和国未成年人保护法》《中华人民共和国教师法》《中华人民共和国职业教育法》贯彻实施情况执法检查，督促市政府优化教育资源配置，推动教育均衡发展，办好人民满意的教育。五年来，新建、改扩建教育项目 67 个，其中幼儿园新建 12 所，改扩建 2 所；中学新建 1 所，改扩建 13 所；小学新建 9 所，改扩建 30 所。获福建省级“教育先进市”“教育强市”“义务教育发展基本均衡市”和国家级“义务教育发展基本均衡市”等称号，纳入全国教育综合改革实验区。

推动危旧房改造。围绕危旧房翻建改造问题，开展专题调研。进村入户倾听群众的呼声、了解群众需求，在广泛深入调查研究的基础上，梳理出危旧房翻建改造的审批、翻建面积、层高控制、户口不在本村的村民危旧房及华侨危旧房翻建问题等问题，要求市政府放宽前置条件，还权乡镇审批权，分批分次加快改造，提出意见建议，并以呈阅件的形式向市委报告，使处于停滞状态的危旧房翻建改造工作得以重新启动。此后，常委会还持续进行调研、跟踪检查，形成《探索旧城区改造要注重历史街区保护的思考》的调研报告，持续呼吁市政府进一步放宽翻建改造条件，使户口不在本村的村民、华侨的危旧房翻建及中心城区危房的翻建等问题得到妥善解决，千家万户因此受益，密切干群关系，提升政府威信。

在市七届人大一次会议主席团对相关决议进行表决　（图/叶忠惠）

推动城市建设管理。常委会紧扣石狮城镇化率高这个市情，连续三年开展《物业管理条例》实施情况执法检查，提出完善充实物业管理机构、落实责任强化协调配合、强化电梯安全管理等 12 条意见建议，督促市政府先后出台《关于进一步加强全市物业管理工作若干意见》《关于进一步加强市三级物业管理协调体系工作的通知》等文件，启动绩效考评机制，组织全市性电梯安全检查，从根本上扭转对物业工作重视不够、管理人员配备不足、责任不清敷衍了事的被动局面，提升市物业管理水平。开展城市建设与管理专题调研，对市民素质偏低、交通管理乱象、市容市貌时好时差、市政设施和绿化管理不到位等问题，提出市政府要明确责任、重心下移、属地管理，建立城市管理部门联动机制等 4 条意见建议，督促市政府强化城市管理，提升城市品位。组织对市区道路交通、路内停车试点进行视察检查，肯定试点工作在一定程度上缓解群众“出行难、停车难”问题，提出 9 条意见建议，要求市政府做好试点工作总结，不断规范路内停车，从法律层面推动城市管理立法，全面提升城市管理水平。聚焦城市生态建设，深入基层一线调查研究，正确评估市生态建设的成绩和存在问题，建议市政府召开座谈会，邀请 10 多位专家为市生态建设专项规划出谋献策，使《石狮市生态市建设“十二五”规划》审议工作得以通过。听取市政府环境保护专项工作报告，多次视察市环境卫生管理工作，视察检查城市内沟河专项整治情况、飞灰处置情况、市区排洪道上浦段拓宽改造工程，提出 30 多条意见建议，督促市政府及时出台措施，加强环境综合治理，促进环保问题有效解决。2016 年 10 月，石狮市获得“国家生态市”命名。支持创建全国文明城市，着重加强对涉及“十大文明新风”的精神文明建设领域开展监督，推动问题有效解决，引导文明习惯养成，提升城市软实力。

（叶忠惠撰　龚金镇审）

（图／颜华杰）

政务纪要
Government Minutes

【综 述 Generals】 2016年是全面实施"十三五"规划的开局之年，石狮市经济社会持续平稳健康发展。全市完成生产总值703.7亿元、同比增长8.1%；公共财政总收入60亿元、同比增长1.2%；公共财政预算收入40.3亿元、同比增长4.8%；社会消费品零售额400.1亿元，同比增长11.3%；固定资产投资（不含农户）449.1亿元，同比增长10%；全体居民人均可支配收入43518元，同比增长7.5%；农村居民人均可支配收入21097元，同比增长7.5%，城镇居民人均可支配收入50730元，同比增长7.5%；经济综合实力从2015年全国中小城市百强第17晋升到第16位。

【市政务会议 Government affairs meetings】 全年召开2次市政府全体成员会，分别于7月20日和12月18日召开，主要内容是传达学习上级重要文件精神，回顾总结市政府2015年工作和对2016年工作重点再作部署；市政府各位领导分别就各自分管范围，着重围绕产业转型升级、创新驱动发展、供给侧结构性改革、重点项目、安全生产、党风廉政建设、效能建设等方面提出具体意见和要求，市长黄春辉就做好当前工作作出具体强调。

2016年，召开市政府常务会议12次，市长办公会议20次，研究讨论内容涉及经济社会发展规划、重大项目建设等各方面问题。根据责任分工，全年召开专题会议100多场，形成专题会议纪要157份。

（王清彬撰　杨秋东审）

全面深化改革
Comprehensively Deepen Reform

【综合改革试点 Comprehensive reform pilot】 石狮市被国家发改委确定为国家中小城市综合改革试点，经省政府和国家发改委同意印发《石狮市开展国家中小城市综合改革试点实施方案》，经省政府和国家发改委同意印发《石狮市开展国家中小城市综合改革试点实施方案》。

【重要会议和决策 Important meetings and decision-making】 2016年4月21日，石狮市召开国有企业实体化改革专题会，会议对明确改革方向、开展清产核资、整合国企功能、促进良性发展、推进人事薪酬改革、加强组织领导等方面进行讨论。

9月20日，石狮市召开改革专题讨论会，听取教师编制使用效益改革试点项目进展情况汇报，讨论《石狮市"提升教师编制效益改革试点"工作方案(送审稿)》。听取做实做强市属国有企业改革项目进展情况汇报，讨论《石狮市属国有企业实体化改革工作方案（征求意见稿）》。

【新市民积分管理服务 New citizens integral management services】

2016年，石狮市深化新市民积分管理服务改革。组织评估积分政策实施效果，形成《石狮市新市民积分管理工作调查报告》。公布2016年积分服务政策，针对高校新增科研项目补助、挂职积分项目，进一步修改完善积分管理信息系统。自积分管理实施以来，共有10万余人参加积分管理，发放积分入住凭证759人，兑现积分入住人员361人、发放购房补贴款4089万元，兑现积分入学人员449人，兑现积分入医82人，全市新增产业技工5600多人，高级技工1700多人。

【司法改革 Judicial reform】 石狮市进行法院司法改革。推进以审判为中心的诉讼制度改革，开展庭审规范化、实质化大讨论活动，规范庭审程序，推行要素式审判和类案裁判标准化改革，促进"简案简办、繁案精办、类案庭审规范化、裁判标准化”。创新纠纷解决工作机制，初步建立起横向覆盖部门、行业，纵向覆盖市、镇、村三级的诉调对接服务网络，组建专兼结合的调解队伍，形成多元化纠纷解决机制。2016年，实现诉前调解1286件，各类纠纷案件796件在诉前分流、化解或罢诉。构建网格化司法送达机制，建立“一格、一册、一账”的基础平台，实现精准送达，首次成功送达率达97.32%。

【财政投资项目评审改革 Fiscal investment project evaluation reform】

2016年，石狮市实施财政投资项目评审改革。组建财政投资项目评审助审机构库，以政府购买服务方式充实评审力量。建立双评审机制，转变财政部门独立负责项目评审的方式，改为财政部门与审计部门配合完成项目预、结算评审的机制，有效缓解技术人员少、历年积压件多等难题。改革以来，完成工程评审项目62个，工程造价核减率达9.36%，节约财政资金8313.06万元。

【重点项目机构建设 Institution building of key projects】 2016年，石狮市加强重点项目工作机构建设。整合前期办、招商办等工作力量和职能，划归市重点项目建设办公室，加挂招商投资服务中心牌子，实行“一个入口”的重点企业和项目跟踪服务机制。紧扣项目策划生成、建档、管理、审批等关键环节，全面提速前期工作，推进项目落地建设，全年增量投资项目14个，涉及金额56亿元，在建的34个国家专项建设基金项目以及其他各级重点项目加快推进。

【行政管理体制改革 Administrative system reform】 2016年，石狮市深化行政管理体制改革。全面推行“三张清单”制度，建立市、镇两级行政权力、责任、公共服务事项清单动态调整机制，保留行政权力3789项，精简率15%；保留公共服务事项301项，精简率33.8%；确定政府部门责任事项5157项，多部门监管责任事项94项。开展政府内部审批事项清理工作，梳理744项行政审批和服务事项，保留申报材料7794件，取消申报材料244件。基本建立“双随机”抽查机制，有效规范事中事后监管制度。全面推行“五证合一”，发放“一照一码”营业执照1.7万份，新增市场主体4.7万户。启动企业简易注销改革，简化商事主体注销程序，畅通市场主体退出机制。

【优化科技服务机制 Optimize science and technology service mechanism】

2016年，石狮市优化科技服务机制。落实“双创”战略，打造创新驱动主载体，引导组建印包、海洋、物流、染整4个产业技术创新战略联盟。与厦大、川大共建“厦门大学航空航天学院（石狮）智能制造工程中心”和“四川大学(石狮)先进高分子材料研究中心”。引导民营企业为主体建立3家省级院士专家工作站，推动行业内共性、关键性的核心技术协同攻关。实施“众创狮城”计划，培育众创空间石狮市级10家、省级2家、国家级1家。

【基础教育综合改革 Basic education comprehensive reform】 2016年，石狮市推进基础教育综合改革。与中国教育科学院签订合作协议，成为福建省唯一的国家教育综合改革实验区。出台《石狮市教育专项规划》，优化教育资源配置。推行市直实验学校集团化办学、城乡中学联办、强弱校委托管理、优质学校一校多园等办学模式，建立优质学校辐射联动机制。引入厦门外国语学校、山东“二七一”教育集团等优质教育资源合作办学。推进招生制度改革，重新划定市区小学招生区域范围，实行小升初“免试、划片、对口直升”方式。

【公立医院综合改革 Public hospital comprehensive reform】 2016年，石狮市全面深化公立医院综合改革。成为泉州市深化基层医疗卫生机构综合改革试点。出台《石狮市深化医药卫生体制改革工作方案》。在全省创新建立基于绩效考核的财政投入机制。推进医疗联合体建设，选择30个病种（组）试行分级诊疗差别化补偿。全省首创组建市医学影像检查中心，建立“基层检查、市级诊断”的影像服务模式。开展家庭医生签约服务，组建家庭医生签约团队66个，与6.2万户家庭20.8万人签订服务协议，有效促进基层首诊。

【改革亮点 Reform bright spots】

2016年，石狮市深化提升社会组织党建“双五”工作机制。出台《关于巩固和提升社会组织党的建设工作的实施意见》，创新提出社会组织党建“双五”工作法。采取“发动—筛选—实施—验收”的项目化运作方式推进社会组织党建典型培育工作。率先建立全省首个县级社会组织党工委和社会组织党建文化展示馆。

开展农民住房财产权抵押贷款试点工作。2016年，石狮市建立800万元抵押贷款风险补偿基金。引导辖区内7家试点银行采取“一次核定、余额控制、周转使用”方式提高审贷效率，探索创新“两权抵押+第三方保证”等组合担保模式。简化抵押贷款手续，取消第二套居住证明要求。拓展农民住房财产权抵押物处置的方式和渠道，一定程度上扩大受让人范围。试点以来，新增农民住房财产权抵押贷款197笔，发放金额2.69亿元，贷款余额5.40亿元。

推进解决回批地问题。对建市以来，回批地批准情况进行梳理，将所有经市政府批准的回批地整理成册。出台安置房、已建历史遗留征地后安置地及地上房屋权属登记工作方案，拟定《未建回批地处置办法》，分层次、按计划逐步推动集体产权登记办证、回批地历史遗留问题解决，盘活土地与房产资源。

推进城市管理重心下移。2016年，石狮市印发《关于推进城市管理重心下移的实施方案》，成立城市管理委员会、城市管理工作领导小组。以两镇两办“热点”地区为管理重点，在全市范围内初步构建市、镇（街道）、村（社区）三级联动的城市管理机制，形成“大城管”工作格局。依托“数字城管”信息平台，从被动处置向主动发现整改转变，提高执法力度与效率。

做实做强市属国有企业。2016年，石狮市以市场化为导向，科学整合国有资本和公共服务资源，围绕“融资发展、城市建设、产业投资”三大运营方向，按照“3+N”构架，组建国投、产投、城投三大集团公司，下设若干家专业子公司，构建政府投资项目的抓手和载体。

2016年，石狮市实施印染污水处理厂管理体制和营运机制改革。按照国有企业参与控股并作为污水处理厂建设、管理、运营主体的思路，对大堡、伍堡、锦尚等3家污水处理厂进行清产核资、财务审计、资产评估，推动股权改制、技术改造。成立改制综合协调组和三个改制工作协调组，并选派专门人员进驻污水厂进行过渡期间监管。

开展福建省级人才强市试点工作。启动“人才港”计划，以外来人才积分管理制度为基础，以市场化为导向，建立“柔性引才”和人才资源筛选机制。实施“人才+”系列工程，引进城市和产业发展需要的人才。

【政策研究 Policy research】 2016年，石狮市围绕经济社会发展和市委市政府中心工作，确定年度调研课题，开展调研咨询，编发《石狮研究》24期。向省委、泉州政研室等上级部门报送优秀调研文章，10篇政研稿件文章被省、泉州市采用。在《石狮日报》开辟“石狮改革进行时”宣传专栏，推出聚焦城市管理重心下移、漫议石狮改革等具有针对性的系列报道，产生较好的社会反响，得到领导的肯定。开展专题调研和政策建议，根据领导指示和工作热点，牵头组织调研并撰写《关于城市管理重心下移改革工作开展情况的调研报告》《关于提升石狮市学前教育的几点思考》《以供给侧结构改革推动石狮纺织服装产业转型升级》《石狮市智能制造行业调研报告》等调研文章。参与推进“十三五”规划工作，制定《中共石狮市委关于制定石狮市国民经济和社会发展第十三个五年规划的建议》。

（林　恺撰　邱志雄审）

石狮市人民政府办公室工作

Shishi City People's Government Office

【综 述 Generals】 2016年，石狮市人民政府办公室继续发挥省级文明单位先锋模范作用，围绕服务工作大局，发挥参谋辅政作用，加强机关自身建设，先后有5位同志获泉州市、石狮市的各类表彰。机关党建工作得到石狮市委的肯定，市政府办公室机关支部委员会获石狮市2015—2016年先进基层党组织。

【市政府办政务保障 Government affairs ensure the complete】 加强理论业务学习。组织做好政治理论学习，带头发挥党员干部影响作用。2016年，鼓励全体干部职工参加继续教育，全办人员教育2815学时。加强对政府序列单位文电处理、信息公开等的指导督促。

完善信息报送制度。全年上报政务信息224条，被采用72条，其中省《今日要讯》采用11条，《泉州要讯》采用61条。

【市政府办提升电子政务建设 Promote e-government construction】 2016年，完善电子政务办公网和数字福建专网管理、建设和维护工作，落实网络巡检日常化工作，确保网络安全畅通，实现电子政务办公系统、行政执法信息平台、行政审批系统、市政府门户网站、国库支付系统、政务网视频会议系统和全省应急视频会商指挥系统等正常运行。规范各单位接入政务网的程序，实现有序管理。

优质高效办文办会。减少发文，压缩篇幅、提高文件针对性和实效性，全年以市政府、市政府办公室名义印发正式文件696件，数量比2015年进一步减少。规范执行会议审批制度，做好会议“压、并、减”，做好全年会议保障工作，不断提升会议质量和效率，及时在政务网公开领导活动安排。完善市长办公会、市政府常务会议题提交流程，将审查关口前移，提高议题会签速度，使会前协商更充分。主动将公文办理导入绩效考核体系，促进政令畅通。

办好各种大型活动。调动全班力量参与办好第19届“海博会”和时装周、闽台对渡文化节暨蚶江海上泼水节、永宁古卫城暨城隍文化节、祥芝渔民文化节等大型活动。做好上级到石狮调研、视察、检查、参观等活动安排。安排重要节假日及年终岁首慰问走访等活动。

【市政府参谋协调 Staff and coordination】 开展调查研究。9月中下旬至10月中旬，市政府办公室分6个工作组，通过召开座谈会和实地考察，组织深入政府各部门、各镇（街道）、上级驻石狮单位等70多个单位开展《政府工作报告》征求意见。

提升文字写作水平。全年负责撰写市长在一系列全市性重要工作会议上的讲话稿；省、泉州市领导到石狮考察调研时的综合汇报材料；“两学一做”学习教育系列材料；“海博会”、时装周等重大活动材料；年度重点课题调研报告等各种各类文字材料100多份、数十万字。围绕经济社会发展大局和社会所关心热点难点，报送有质量、有价值的政务信息，为各级领导提供决策参考。

加强值班应急工作。加强紧急信

息报送工作，全年向泉州市委市政府报送紧急值班信息28条，及时将市政府领导批示传达到各部门单位。优化带班值班机制，特别是节假日、台风暴雨等重要时段的值班。在德辉广场组织“安全生产月”咨询活动、在祥芝镇后斗美港举办祥芝镇渔船安全突发事故应急救援演练。强化对应急法规和工作业务的学习，组织应急管理工作培训，提高研判能力、文字综合能力、沟通能力和协调能力等综合素质。加大值班改革力度，实行办公室领导参与、各处室轮流值守、24小时负责制，确保值班责任落实到位。

【市政府办便民利民 Convenient for people and beneficial to common people】

2016年，深入协调信访事项，做好群众来信来访接待服务工作，全年转办群众环保投诉、养老保险待遇落实、特困群体帮扶等各类信访件69件。做好越级集体上访事件的劝返调处工作。

【市政府办口岸海防管理 Ports of coastal management】 2016年，深化口岸海防管理。完善“一站式查验”关检合作新型通关模式，提高口岸通关服务水平，推动关检合作“三个一”协调机制和工作制度，实现关检“一次开箱、一次查验和检验检疫”。推进口岸联检大楼、中油石化码头的改扩建项目建设，做好海防基础设施建设项目迎检准备。

【市政府办依法行政 Administration by law】 2016年，依法行政，参与驻京信访维稳、全国文明城市创建、国家生态市创建，以及渣土车整治、“三无”船舶清理、食品安全等工作。配合征兵、国动委和预备役有关工作。协调做好道路交通安全工作，2016年道安综合整治工作成效考评成绩在泉州市区考评第一名，受到上级的肯定。

严肃效能纪律。加大投诉件查办力度和社会监督力度，落实效能投诉处理限期责任制、到期催办制、逾期说明制。全年组织专项督查34次，形成督查通报15期。加强对公职人员违反交规的督查，发出督查整改通知书50份，责令诫勉教育30人次、通报批评34人次、效能告诫16人次，辞退1人。组织机关效能建设监督员、新闻媒体到窗口单位、群众投诉多的单位开展明察暗访6次，发现11个单位存在14个问题，发出整改通知书11份。

【市政府办督查督办 Supervise and handle】 抓好重大工作督查督办。及时分解办理各级人大建议、政协提案，抓好2016年初决定的7件18项为民办实事项目责任分解落实，对市六届人大五次会议141件代表建议和257件市政协六届六次会议提案进行分解交办，人大建议141份反馈意见表全部收齐，办理满意率达100%，政协提案反馈表257份，满意率98.8%。

【市政府办政务公开 Make government affairs public】 持续推进政务公开。修订出台《石狮市政务公开工作量化考核办法》《石狮市人民政府办公室关于印发2016年政务公开工作主要任务分解表的通知》，统一规范政务公开工作的组织机构、内容、形式、时间、程序、监督和保障等；坚持对镇（街道）每月、市直单位每季度开展一次公开工作量化考核，发现问题督促整改落实，并将考核结果纳入单位年度绩效管理考评指标体系。2016年，组织公开工作量化考核13次，形成情况通报13份。

（王清彬撰　杨秋东审）

行政服务
Administrative Service

【深化行政审批制度改革 Deepen reform of the administrative examination and approval system】 2016年，石狮市行政服务中心落实全域城市化发展改革的工作部署，深化行政审批制度改革，压缩审批时限。行政审批和服务事项办理环节压缩到5个以内，办理时限控制在法定时限的60%以内，推行“一审一核”，对79个事项的审批时限进行压缩，减少256个工作日。2016年，市行政服务中心共受理各类办件72465件，办结71872件，其中当场办结58705件，当场办结率81.68%，实现“审批零耽搁、办件零超期”，群众满意度达99.6%。

减少审批事项。坚持清单动态调整机制，四次发文对行政权力和公共服务事项进行动态调整，严控新设许可，全面取消“非行政许可审批”类别，规范行政审批行为。经过四轮调整，保留行政权力事项3789项，比首次公布减少36项。保留公共服务事项301项，比首次公布减少154项。

优化审批程序。分类梳理裁量权限。对行政审批和服务事项按鼓励允许类、限制类、禁止类3个类别进行梳理，鼓励允许类项目部门领导审批的比率由20.4%下降到11.7%。规范前置审批和前置中介服务。石狮市保留17个市直部门的前置审批事项154项、调整20项，取消42项；保留18个市直部门前置中介服务事项97项、调整26项，取消16项。

【优化创新行政服务方式 Optimization and innovation of administrative services】 2016年9月1日，石狮市全面实行“五证合一、一照一码”登记模式，原本需要跑五个部门的流程只需一张证，进一步推动企业设立的便利化。

加强审批项目前期辅导。项目前期辅导办公室进一步优化工作机制，全力服务百日大会战，实现在最短的时限内为项目建设提供最优质的审批服务。2016年，中心项目前期辅导室为石狮市投资建设项目涉及行政服务审批事项提供前期咨询、审批跟踪、协调解决等审批服务累计590多件（次），其中涉及重点项目审批177个。

【规范行政服务标准 Further standardize administrative service standards】

2016年，石狮市推行行政权力清单和公共服务事项清单制度，进一步规范行政服务标准，落实一个窗口受理。市直各部门的行政审批和公共服务事项原则上统一进驻市行政服务中心集中办理，1252项行政审批和服务事项进驻行政服务中心，并动态调整实时更新。

规范行政审批和公共服务事项办事服务指南，统一文本格式，增加审批决定证件、年检要求、注意事项等3项内容，统一按标准编制服务指南，并对外公布。

【升级电子行政服务 Upgrade the electronic administrative service】

2016年，石狮市进一步应用“互联网+”，提升行政服务水平，建设网上办事大厅。加强电子审批平台建设，推进传统审批向网上审批转变。进驻中心的24个部门1252项行政审批和服务事项全部进驻省网上办事大厅。

开展县级中心电子证照试点建设。以县级中心电子证照试点建设为契机，实现在线调用、在线录入和生成电子证照，逐步取消纸质材料的收取，持续完善电子档案建设，实现部门间数据共享，进一步方便群众。

（蔡春乔撰　邱尚定审）

便民服务
Handy Service for the Public

【概况 Generals】 2016年，石狮市便民服务中心秉持“聆听民声，服务民生”的工作宗旨和“将心比心，以心换心，用心感动心”的服务理念，通过“12345”便民服务系统受理群众诉求件38255件，同比增长21.7%，办结38108件，办结率99.6%，群众回访满意率93.8%，回复率100%。其中咨询件19184件，占50.1%，投诉举报件8458件，占22.1%，建言类2776件，占7.3%，其他件7837件，占20.5%。

【便民服务网站 Service network】

2016年，便民服务网站加强民生信息传播，及时处理群众网上诉求，受理网络诉求1052件，网站点击量已超过190万人次。新增“石狮市便民服务中心”微信公众号微信诉求渠道，市民可通过微信直接反映民生诉求。2016年，中心微信平台推送105期，总点阅量近34万人次。

【社会服务大厅 Social service hall】

2016年，石狮市社会服务大厅33个服务窗口接待办事群众近7万人次，受理各类服务事项69809件，日均办理群众业务约300件。石狮市民政局婚姻登记处进驻社会服务大厅，科学设置候登区、结婚登记区、离婚登记室、婚姻家庭辅导室、颁证大厅等区域，为广大市民提供更温馨、更人性化的服务；增设公共自行车办卡窗口，满足群众对于公共服务的需求，落实便民利民措施；强化大厅管理能力，加大效能巡查力度，及时通报窗口情况，进一步提升服务质量，让群众办事更方便、更快捷、更舒心。

（张天景撰　王丽云审）

外事
Foreign Affairs

【加强外事工作管理 Strengthen the management of foreign affairs】 严格因公出国（境）管理。2016年，全年全市上报因公出国（境）团组29批58人次，批次比2015年增加7%，人次比2015年下降18%，其中上报市领导带队的因公出国（境）团组12批36人次，批次比2015年增加20%，人次比2015年下降14%，上报科级及以下团组17批22人次，批次与2015年持平，人次比2015年下降24%，实际成行23批38人次，其中市领导带队的团组实际成行8批21人次，科级及以下团组实际成行15批17人次，总成行批次、市领导带队团组成行批次、科级及以下团组成行批次均与2015年持平，总成行人次、市领导带队团组成行人次、科级及以下团组成行人次均比2015年下降32%。根据各团组出访后缴交的护照及出访报告等，无发现擅自改变行程、超期、绕道、借机公款旅游等违规违纪现象。

继续服务石狮市企业“走出去”，全年为企业申办APEC商务旅行卡22批32人次，办理企业申办人员简化政审85人次。

【对外友好往来 Foreign friendly intercourse】 3月17—21日，中共石狮市委书记朱启平应邀率团赴菲律宾参加菲律宾石狮市同乡总会成立25周年暨菲律宾石狮商会成立庆典，并前往石狮市友好城市——那牙市访问，出席石狮市与菲律宾石狮市同乡总会联合捐建的那牙市科学中学纪念林炳智教学中心落成仪式，商谈友好交流合作。

3月18日，石狮市委书记朱启平带领石狮市访问团一行，在菲律宾石狮市同乡总会主要负责人陪同下，访问菲律宾那牙市，受到那牙市市长约翰·波恩加特等政府官员的热情欢迎，并召开交流座谈会。菲律宾石狮市同乡总会决策委员蔡友铁、卢祖荫，名誉理事长林金山，理事长李良灿，以及那牙市议会、警察局、商会等部门负责人，石狮旅菲乡亲等参加座谈会。下午，菲律宾那牙市科学中学举行菲律宾石狮市同乡总会、石狮市政府联合捐建的纪念林炳智教育中心落成仪式，石狮市委书记朱启平在仪式上致辞。那牙市市长约翰·波恩加特，那牙市科学中学校长奴娜正兰，旅菲侨亲蔡友铁、卢祖荫、林金山、李良灿等，以及石狮市访问团成员、那牙市有关部门负责人等参加仪式。

20日，代表团参加菲律宾石狮市同乡总会成立25周年庆典暨第13届理监事就职典礼、菲律宾石狮商会成立暨首届职员就职典礼。朱启平作为监誓员，为同乡总会新一届全体理监事监誓，并发表讲话。

20日下午，石狮市委书记朱启平率石狮市访问团与菲律宾石狮市同乡总会暨菲律宾石狮商会、菲律宾菲华商联总会、菲律宾中华总商会、菲律宾菲华工商总会、菲律宾中国商会、菲律宾菲华联谊总会等菲律宾有关社团以及香港、澳门、台湾的石狮同乡总会、泰国石狮同乡总会暨泰国石狮商会，北京、上海、厦门、福州的石狮商会代表等共同出席石狮市侨商界推进“一带一路”走进菲律宾座谈会。朱启平在座谈会上发言，与参会人员围绕如何融入“一带一路”建设、共享发展商机畅所欲言，谈认识，说感想，建言献策。

5月中下旬，菲律宾那牙市科学中学选派的9名优秀学生代表在1位老师的带领下随团参加第23届菲华石狮市青少年夏令营。

6月27日—7月4日，中共石狮市委常委、宣传部部长张桂森带领石狮市纺织服饰创意设计人才参访洽谈团前往英国和西班牙进行实地交流访问、洽谈合作，探讨合作领域和项目，达成多项合作协议和意向。

9月14—18日，中共石狮人大党组书记上官跃进带队前往泰国参加泰国石狮同乡总会暨泰国石狮商会成立两周年庆典活动，并开展对佛统府三攀县的友好访问。

（杨仲谋撰　李志雄审）

侨　务
Overseas Chinese Affairs

【加强联络联谊活动 Strengthen the contact and fellowship activities】　2016年，市侨台外事局以乡情、亲情为纽带、以活动为平台，抓住涉侨、涉外接待工作及联谊活动，有针对性地推介市重点领域、重要产业、重点项目。邀请春节、清明节期间回乡的石狮籍侨亲举行侨商座谈会；走访看望回乡探亲的重要侨领和重点侨亲，共叙乡谊，增进感情；做好旅外社团到石狮访问考察的接待服务，全年接待旅外重要团组20批658人次。

福建省人民政府授予旅菲侨亲林玉燕“福建省捐赠公益事业特别贡献奖”

（图/侨台外事局）

2月5日，石狮市委市政府举办新春团拜会。市委书记朱启平在会上致辞。张贻山、陈贻萍、李丽月、林天虎、林自育、林振海、上官跃进、刘德旺、张桂森、龚志阳、方章成等市四套班子领导出席座谈会，邀请菲律宾石狮市同乡总会李良灿，泰国石狮市同乡总会蔡孝强、蔡明楚等。

4月3日，石狮市委市政府举办石狮籍侨亲代表座谈会，侨商代表有菲律宾石狮市同乡总会蔡友铁、林金山、李良灿；泰国石狮市同乡总会林嘉南、蔡孝兴等。

6月20日，市委书记朱启平会见菲律宾总统中国特使、菲律宾宋庆龄基金会董事长、上好佳（国际）有限公司名誉董事长施恭旗及其家族成员一行。市政府副市长张鸰翔、张永安，以及市有关部门负责人陪同。

9月5日，菲律宾石狮市同乡总会访问团一行41人，在理事长蔡章作率领下访问石狮，市领导接见访问团。9月16日，菲律宾中国商会回国考察访问团一行35人，在团长王长沙的率领下访问石狮，市领导黄春辉、施汉杰接见该访团。

【持续开展凝聚华裔新生代行动 Carry out overseas Chinese new generation action】　5月5—16日，举办第23届菲华石狮市青少年夏令营活动。本届夏令营突出“文化寻根”内涵，安排营员学习汉语、了解中华文化、华侨文化、闽南文化和石狮风土人情，组织寻根谒祖、探亲访友，增进华裔青少年对中华民族的认同感和对故乡石狮的感情。该活动得到上级侨务部门和菲华侨界的肯定和赞赏，被誉为“华夏第一营”。

【维护侨胞合法权益 Protect the legitimate rights and interests of overseas Chinese】

2016年，开展侨界困难群体摸底调查工作，为8户贫困归侨建立档案；申报7户贫困归侨病灾补助、2户低保贫困归侨困难户，走访慰问贫难归侨及侨眷72人次；做好石狮籍旅外华侨回国定居申办工作，全年受理申请228份，为122位符合条件华侨办理回国定居手续；做好“三侨”子女就学服务，出具升学证明材料12份，由教育部门安排照顾入学；通过“侨法宣传角”、分发侨法宣传材料、开辟《石狮日报》“咱厝人、赤子心”专栏、为归侨侨眷提供侨法咨询服务等形式，开展群众喜闻乐见的普法活动；助力危旧侨房改造工作，经多方努力，市政府出台相关政策，允许旅居国（境）外的华侨华人在家乡危旧房屋的改造翻建申请，留住乡情根魂；依法处理、协助解决、及时反馈涉侨来信来访。

【加强华侨捐赠引导和管理 Strengthen overseas Chinese donate guidance and management】 2016年，在全市范围内开展侨胞捐赠项目信息资料库建设，采集2473个捐赠项目，累计金额11.6亿元。组织上报3位侨亲参加第五届世界闽商大会，并获得“福建省捐赠公益事业特别贡献奖”。2016年，福建省人民政府对石狮籍旅菲侨领林玉燕、旅菲乡贤蔡登鍊立碑表彰。

（高思明撰 李志雄审）

港澳事务
Hong Kong and Macao Affairs

【走访港、澳同胞 Visited Hong Kong, Macao compatriots】 2016年，石狮市为企业申办因公往来港澳通行证多次往返签注31批43人次，办理简化政审45人次。

3月22—25日，中共石狮市委书记朱启平带领市访问团先后走访石狮市旅港同乡总会、澳门石狮同乡总会，参加港澳石狮容卿同乡会成立暨首届理监事就职典礼，由石狮市旅港同乡总会会长蔡建四、澳门石狮同乡总会会长王永权等旅港、旅澳乡亲陪同拜访部分旅港、旅澳乡亲。

12月3—6日，中共石狮市委常委、统战部部长林天虎率团前往香港参加石狮市旅港同乡总会在香港举行庆祝成立26周年暨第14届董事就职典礼活动，并应邀往澳门拜访旅澳乡亲，商谈经贸合作项目。

【旅港同胞爱故乡 Trip to Hong Kong compatriots loved home town】 旅港乡贤心系桑梓，热心公益。6月16日，旅港乡贤、知名企业家邱季端应邀赴石狮“狮城新风讲堂·乡贤开讲”，主题为“文物收藏的苦与乐”，市政府副市长张永安出席活动。

12月27日，旅港乡贤、石狮著名才女、博士蔡丽双应邀赴石狮“狮城新风讲堂·乡贤开讲”，为市民们带来“天地有情 大爱无私——让诗歌净化人们的灵魂”专题讲座。本次讲堂，蔡女士以诗歌为媒，以文字搭桥，与现场众多市民、学生、文学爱好者们畅谈文学之道、创作心得。

10月14日，福建省人民政府授予石狮籍旅港乡贤蔡衍善“福建省捐赠公益事业特别贡献奖”授奖及立碑仪式在鹏山工贸学校“蔡衍善大礼堂”举行。

福建省人民政府对石狮籍旅港乡贤蔡衍善立碑表彰揭碑仪式 （图/侨台外事局）

台湾事务
Taiwan Affairs

【石狮对台湾经贸合作持续推进 Continue to promote economic and trade cooperation】 2016年，石狮市对台经贸合作。4月18—21日，举办“第19届海峡两岸纺织服装博览会暨第二届泉州海丝品牌博览会”。台湾纺拓会及其属下的22家企业及泉州台资企业协会石狮联谊会的4家企业共86个展位参展。此次活动彰显石狮的时尚潮流、纺织服装产业集群特色，发挥石狮的海峡两岸纺织服装交流合作基地与平台作用，进一步推进石狮乃至泉州地区与台湾的产业对接，促进石狮产业行业协会与台湾相关协会的交流，对台经贸合作持续深化。

服务台轮停泊点，做好对台小额贸易。向停靠台轮推出“绿色通道”“24小时报关预约热线”“微信、微博申报台”等服务措施，简化台轮进港手续，加速通关速度，促进对台贸易发展。2016年，接待台湾轮船停靠62航次、台胞659人次，完成对台小额贸易533.31万美元。

【石狮与台湾文化双向交流持续活跃 Culture two-way exchange continuously active】 发挥项目品牌优势。6月9—10日，举办“第十届闽台对渡文化节

第五届永宁古卫城暨城隍文化节活动现场　（图 / 侨台外事局）

暨蚶江海上泼水节”。此届活动以“非物质文化遗产保护及闽南文化生态保护”为主线，突出闽台文化交流，弘扬传统文化，宣传海丝文化史迹，促进文化和旅游融合，展示闽台多远民俗文化魅力和非物质文化遗产保护成果。该活动成为石狮以及海峡西岸重要文化品牌，连续3年被国台办列为对台交流重点项目。

推动青少年交流。5—6月，石狮团市委及相关部门联合举办“第八届两岸青年辩论赛”，正反双方辩手紧扣“青年创业应立足于自身优势还是市场需求”这一辩题，展开激烈辩论，石狮代表队获本届辩论赛决赛冠军。该活动成为福建省海峡两岸青年交流的唯一县域品牌；7月24—31日，举办第七届“孝道感恩”夏令营，该活动由台湾高雄仁光慈济会与石狮第四实验小学共同举办，来自台湾的义工和学校百余名学生互动，以“学会感恩、孝敬父母”为主题，向下一代传播优良传统文化。

丰富文化交流内容。7月23—24日，举办志愿者骨干培训班，邀请台湾中华青少年教育协会秘书长郑惠芬、台湾明道大学极伟活动企划中心主任宋俊伟到石狮指导志愿服务团队的构建及成长，分享志愿服务经验，推动两岸志愿者群体间的文化交流。9月30日—10月2日，举办第五届永宁古卫城暨城隍文化节活动，延续“弘扬传统文化、重振古卫雄风、促进交流合作、再铸永宁辉煌”的主题，吸引千余名嘉宾和信众，其中有10多个来自台湾的团组参加盛会。

推进民间交流。6月14日，接待160多名到闽参加第八届海峡论坛活动的台湾基层人士访问石狮，参观石狮服装城，展示石狮中国休闲服装名城及著名纺织服装产业基地、集散地的崭新风貌；7月17—20日，石狮青商会与台湾新竹青年商会、大墩青年商会缔结友好联盟，双方就青年商会的运营理念、经贸交流、企业管理方面进行交流学习，增进两岸青年企业家的感情，推动两岸商贸发展。

宗亲交流活跃。5月27日，台湾新北市张氏宗亲一行近50人到石狮，与石狮张巡学术研究会的张氏宗亲相聚一堂，祭拜先祖，共叙亲情；6月13日，第八届海峡论坛“两岸同名同宗村文化论坛”专家参访团分别到灵秀镇容卿拜访蔡氏乡亲和蚶江镇锦里村吴氏宗祠，举行闽台同名同宗村座谈会，海峡两岸的专家学者进行交流座谈并实地走访参观石湖六胜塔、蚶江镇水头吴氏祖墓、灵秀镇灵峰蔡氏家庙、灵秀山金相院等，加深对闽台宗族渊源的认识，交流研究成果；6月17日，台湾台南蚵寮保安宫王靖仁一行到蚶江镇水头村寻根谒祖，与村里对接族谱，两村同宗同族，两岸一家亲；8月5日，台南蚵寮保安宫王靖仁一行26人，再次访问蚶江镇水头村。

2016年，石狮组织赴台交流团组8个；接待到石狮市从事文化交流、恳亲谒祖、宗教交流的台胞31团687人。

【优质服务台胞台属 High quality service our compatriots for Taiwan and their families】　密切联系台胞台商。2月11日，邀请回乡的石狮籍台胞和在石狮的台商参加市政府组织举办的春节团拜会、商会联谊座谈会；3月11日，协助泉州台资企业协会石狮联谊会做好第五届理监事换届就职工作；落实台资企业服务联系点制度，经常走访台资企业，了解生产经营情况，帮助协调解决遇到的问题和困难。

维护台胞台商权益。加强台商在石狮从业生活的服务保障，协调解决台商子女在石狮就学问题，协调照顾台商子女入学3人，办理台湾学生升学身份证明13份。

【加强涉台宣传教育 Strengthen publicity and education involving Taiwan】

深入沿海各镇、各船舶管理站及重点渔村开展涉台宣传教育活动，编印涉台宣传知识手册《沿海渔船民涉台教育》2000册，并在祥芝中心渔港出版涉台宣传教育专栏，维护台海安定稳定；在《石狮日报》《石狮侨报》开辟“闽台缘·石狮情”专栏，加强涉台宣传；向上级台办报送信息专报70篇。

【台商助学活动持续开展 Taiwan businessmen help difficult students

activities 】 2016年9月7日，泉州台资企业协会石狮联谊会第11届“两岸情·同胞心”奖学助学金颁赠仪式在市教育局举行。泉州台资企业协会石狮联谊会会长王爱群、捐资台商代表、石狮市侨台外事局、教育局等部门领导出席颁赠仪式。此届奖学助学发放7万元，来自石狮多所中学以及高等院校的23名品学兼优、家庭贫困的学子得到资助。

（许聪荣撰 方黎红审）

民族宗教事务
Ethnic and Religious Affairs

【概 况 Generals 】 2016年，石狮市贯彻中央、全省民族、宗教工作会议及泉州宗教工作会议精神，围绕“共同团结进步、共同繁荣发展”的民族工作主题，加快民族村社会经济发展，保障少数民族群众的合法权益，不断巩固和发展平等、团结、互助、和谐的民族关系，民族团结进步事业稳步推进；注重引导宗教与社会主义社会相适应，注重依法管理宗教事务，注重解决宗教领域突出问题，注重调动广大信教群众的积极性，创造和谐稳定的社会环境。

【少数民族构成与人口 Composition and population of ethnic minorities 】

2016年，石狮市户籍总人口33.22万人，其中少数民族人口7786人，占全市人口的2.34%少数民族成份26个，主要为回族，回族人口6983人，其他少数民族成份人口803人。

石狮市4个回族行政村总人口数8883人，其中回族人口5184人，占58.36%。蚶江镇石渔回族村总人口2938人，其中回族人口1795人，占总人口61.10%；石农回族村总人口2483人，其中回族人口1368人，占总人口55.09%；宝盖镇前坑回族村总人口2559人，其中回族人口1404人，占总人口54.87%；永宁镇郭坑回族村总人口数903人，其中回族人口617人，占总人口68.33%。

【支持民族村发展 Support the development of ethnic villages 】

2016年，民族村申报少数民族特色村寨建设及扶贫项目4个，上级下拨专项经费95万元；本级财政安排少数民族工作经费24万元，并按上级下拨经费比例1:1配套，全年安排少数民族经费119万元支持民族村发展。9月，第五届“宗教慈善周”石狮市佛教协会、道教协会、基督教“两会”共捐资20万元为少数民族贫困家庭安装光伏发电设备。石狮市对口挂钩帮扶宁德霞浦崇儒民族乡，2016年财政安排100万元专项资金支持崇儒乡发展特色产业，崇儒乡在霞浦县年度经济量化和责任状综合考评中居于首位。

民宗局全年为少数民族群众办理民族成份变更审核1件，出具中考加分和高考优先录取证明79件；慰问少数民族困难户24户，发放慰问金2.4万元。8月，市回促会举行第六届奖学金表彰颁发仪式，发放4.2万元奖励14名少数民族应届大学生。4月27日，厦门市民族与宗教事务局党组书记、局长黄娇灵一行参观石狮市永宁镇郭坑回族村和蚶江镇石渔回族村，交流探讨民族村发展经验。郭坑回族村、石渔回族村平安建设工作成效显著，被石狮市综治委授予石狮市第三轮首批平安村称号。

【支持爱国宗教团体 Support the patriotic religious groups 】 依法管理宗教事务，支持爱国宗教团体加强自身建设和民族宗教界慈善活动。1月22日，市佛教协会在洛伽寺举行第四届“法喜充满”慰问低保户慈善捐资发放仪式，捐资25万元慰问各镇（街道）和德化大溪畲族村低保户以及慈爱老人院、社会福利院，支持永宁边防派出所爱民固边事业。5月15日，市佛教协会开展以“关爱孤残儿童，让爱洒满人间”为主题的献爱心活动，为永宁镇的10户孤残儿童、贫困残疾人士送上慰问金。9月13日，慧源禅寺举行爱心捐赠仪式，分别向石狮佛教慈善会、石狮婷婷社会福利院、石狮市慈爱老人院、群英慈善会、郭坑老年会、石狮老年大学捐献42万元爱心善款，向全市1588户低保户各发放大米10公斤、花生油2.5公斤、爱心现金100元，捐资总额80万元。

9月20日，第五届“宗教慈善周”各宗教团体筹集70万元开展慈善活动，市道教协会石狮城隍庙捐资20万元建

石狮市佛教协会慈善委员会20周年感恩宴会 （图/统战部）

设宽仁实验小学校雕；市基督教“两会”与佛教协会共捐资30万元建设永宁中心小学、沙堤小学两所学校“心天地”多媒体互动阅读教室；市佛教协会、道教协会、基督教“两会”共捐资20万元为少数民族贫困家庭安装光伏发电设备。9月23日，市佛教协会慈善委员会举行“善行所至 情暖石狮”20周年感恩斋会，捐资40多万元，用于扶贫救灾、奖教助学、基础设施建设。10月8日，龙海寺举办万佛殿开光暨爱心慈善捐资仪式，向古浮老年协会捐资3万元，向市慈爱老人福利院捐资1万元，并资助祥芝镇56户60岁以上的低保户每户300元。2016年，市宗教界公益慈善捐资达961万元。

【宗教人士学习培训活动 Religious people learning and training activities】 9月27—29日，石狮市佛教协会组织领导班子成员参加全省佛教寺院负责人培训班。6月23日，石狮市民族与宗教事务局在朝天宫举办宗教活动场所消防安全建设工作培训会，各镇（街道）统战委员、统战干事，各宗教团体领导班子成员，各宗教活动场所负责人及管理人员近百人参会。

【上级调研宗教工作 Research work related to religions】 9月27日，国家宗教局政法司副司长吴国生到龙海寺参观调研。11月9日，福建省民宗厅副厅长林致知带队到石狮清净寺敬老院考察调研宗教养老。12月4日，省委统战部副部长李家荣带队到石狮调研宗教工作，走访石狮城隍庙、石狮基督教堂、永宁城隍庙、洛伽寺、蚶江五王府等宗教场所，了解石狮市宗教场所管理的具体做法及宗教工作在和谐社会建设中所取得的成效。

【召开宗教界会议 Hold religious meetings】 3月24日，市民族与宗教事务局在公务大厦兴业厅召开2016年宗教工作暨安全建设工作会议，各镇（街道）统战委员，各宗教团体、宗教活动场所负责人近百人参会。

10月27日，石狮市道教协会举行第三届理事会就职典礼，商庭烟当选为石狮市第三届道教协会会长。

（赵　轶撰　许新新审）

信访
Complaint Reporting

【概要 Summary】 2016年，市信访局加强基础规范化建设，全面实施“路线图”和七项机制两条主线，将“阳光信访、责任信访、法治信访”贯穿于信访工作的始终，推动信访工作取得新进展、新突破，全市信访态势持续保持总体平稳，呈现“四下降一提升”的良好局面，市信访局受理群众来访量持续下降。受理群众来访（含重访）302批次2860人次，同比批次、人次下降4.1%、3.1%；重信重访下降。重信重访数量31件，同比下降36.8%。集体访下降。集体访（含重访）101批次2472人次，同比批次、人次下降30.3%、12.3%；各类主要信访问题下降。反映各类信访问题267批次2616人次，同比批次、人次下降10.7%、13.2%；初信初访化解率提升。初信初访化解率从91.6%上升到94.8%。信访秩序持续向好的良好局面。2016年，福建省人力资源和社会保障厅、福建省委省政府信访局授予石狮市信访局局长陈国锋2012—2015年“全省信访系统先进工作者”称号。

【完善接访机制 Improve the mechanism of petition work】 2016年，市信访局做好每季度市领导干部接访活动安排和接访工作。督促、指导各镇（街道）每周一和每月15日相应安排领导干部接待群众来访。通过市、镇（街道）两级领导干部接待来访群众，面对面加强政策宣传、释疑解惑，逐件纳入“路线图”办理、答复，同时充分发挥市联席办、信访局督促督查作用，确保领导干部接访的每一件信访事项都能在法律范围内得到满意的答复。2016年，市、镇（街道）两级领导2594人次参加接访，接待群众来访399批次2788人次，受理信访事项388件，当场解决信访事项212件，落实责任单位176件。其中市级领导共有204人次参加接访，接访53批150人次，当场解决2批次，发函交办49件，按时办结答复49件。重点约访9批次，带案下访15批次，专题约访5批次。

石狮市委书记群众来访接待日　（图/信访局）

继续推行网上信访、阳光信访。运用福建省网上信访信息系统，把信访事项办理的触角延伸到各单位、各部门，提升各职能部门处理信访事项过程中的法治意识和责任意识。让群众反映的信访事项、受理流转、办理结果在网上公开，降低群众信访成本，接受人民群众和社会各界的监督。2016年，石狮市接收各级来信来邮583件（重件无效诉求件较多），受理137件来信来邮，其中，人民网网民留言28件，省长信箱来邮25件，泉州市长信箱来邮9件，石狮市长信箱来邮56件，来信19件。对每一件来信来邮都详细登记，及时转交办到职能部门，督促指导职能部门依法规范答复。到12月底，按期办结122件，按期办结率100%，做到“件件有着落，事事有回音”。

【提升初次信访办理实效 Ascension first complaint reporting to deal with results】 2016年，市信访局做好初信初访。全年信访局对每一起初信初访的受理、办理、督查、依法化解工作进一步压实责任，落实首办责任和初访分析，从实体和程序上严格要求，明确各职能部门、有权办理机关的责任，督促承办部门严格按照“三到位一处理”要求办理，提高初信初访办结率和满意率。严格执行省、泉州市联席办、信访局要求，重视信访事项及时受理率、按期办结率和群众满意率（包括参评率），将“三率”纳入2016年绩效、综治工作考评范围，督促各承办单位落实“三见面、四联系”，提升群众满意度评价的参评率。

2016年，信访事项办理“三率”取得成绩。市信访局受理初信初访282件，及时受理率100%，按期办结率100%，化解266件，化解率94.3%，纳入群众满意度评价的信访事项24件，评价15件，评价满意10件，参评率为62.5%，满意度为66.7%。引导信访人依法申请复查复核办理23件，22件复查完毕，1件在办理。

【信访纳入法治化 Complaint reporting included in the rule of law】 2016年，市信访局不断提升信访工作法治化水平，加大法治宣传力度。市信访局不断收集、整理一系列信访法律法律资料，联合相关单位制定《信访法规服务手册》1600本，并结合日常接待群众来访工作，结合突出矛盾纠纷调处工作，结合下基层协调、化解工作，通过现场发放、LED多媒体滚动，办公场所释疑解惑，使群众依法合理信访的意识不断提高，引导群众采取合法理性的方式反映诉求、维护合法权益，营造依法文明上访的社会氛围。联合市人民法院、司法局制定《关于建立律师参与化解信访事项和代理涉法涉诉信访案件制度的实施办法（试行）》，填补石狮市第三方参与化解信访事项的空白落实诉访分离。2016年，信访局坚持严格按照中共十八届三中全会提出涉法涉诉信访从普通信访中分离，导入法治轨道解决的要求，对涉及涉法、涉诉的信访问题，依法律程序办理，对于部分群众不理解、不认可的行为，信访局做好解释和宣传，开具不予受理告知单。全年接访涉法涉诉信访事项39批242人次，按诉访分离工作要求，做好疏导教育工作，开具不予受理告知单39张，引导信访人向司法机关反映诉求。

推进依法定途径分类处理信访投诉请求试点工作。石狮市在依法定途径分类处理信访诉求试点工作成效的基础上，进一步完善组织领导，成立市委副书记庄玉海、市联席会议总召集人为组长，市委常委、政法委书记张鸰翔、市委常委、组织部部长杨德才、市政府副市长杜举胜等召集人为副组长的试点工作领导小组，下设办公室挂靠市联席办（市信访局），联席办主任、信访局局长陈国锋为办公室主任，制定印发试点工作方案和实施细则，严把受理关口，依法分清性质，规范登记、录入，做好信访人的分流、告知和思想疏导；对导入法定途径的诉求，及时做好提示，形成相互衔接、协调联动的分类处理工作机制，推动信访问题的有效化解，并全程记录每件信访诉求的甄别、引导、分流过程。市联席办坚持定期和不定期开展专项督导检查，对试点单位市公安局、市人社局等单位人员配置，责任落实、权力清单整理、文书规范、跟踪办理等方面进行检查督导，并明确落实责任工作的主体是各有权处理的职能部门；严肃责任追究，在督导检查过程中，对不认真履行职责，工作落实不到位的单位或个人，经市试点领导工作小组研究决定，以市联席会议予以通报批评并责成相关单位对责任人给予问责；对推诿扯皮，导致信访人越级上访或引发群体性上访的相关责任单位和责任人，由市联席办（市信访局）将情况报送市效能办核实后进行效能问责；因不履行工作职责导致社会舆论炒作、进京非正常上访的单位和责任人，将根据国务院《信访条例》、中纪委《关于违反信访工作纪律适用〈中国共产党纪律处分条例〉若干问题的解释》及监察部、人力资源和社会保障部、国家信访局《关于违反信访工作纪律处分暂行规定》等有关法规党纪，交纪检监察机关或主管部门追究责任。在不断加强内部制度建设、程序不断规范的前提下，市联席办通过召开试点工作推进会和个别培训的方式，对各部门、镇（街道）分管信访工作的领导和具体经办人员开展业务培训12次，并牵头各职能部门联合编辑《石狮市依法法定途径分类处理信访投诉请求宣传册》和相关单位《信访法规服务手册》；坚持与市“依法治市办”联合开展信访法规宣传周和宣传月活动，加强与主流媒体、新媒体合作，宣传介绍逐级走访和依法分类处理信访请求等信访制度改革内容，引导群众依法就地逐级表达诉求。2016年，全市开展法定途径分类处理81件，按照相关程序规定办结化解81件，未发生因处理不当引发的群众越级上访事件。11 月 16 日，市信访局局长陈国锋在全省信访工作业务推进会上，代表全市信访工作作典型发言。

【依法化解突出问题 Resolve outstanding questions by law】 2016 年，信访局发挥职能，梳理历年来涉及市政道路建设改造、新农村建设等情况征用群众民宅但至今未安置到位的问题 11 件，作为解决群众实际问题的有力抓手，以市委办公室、市政府办公室行文下发文件，要求相关镇（街道）在 12 月 15 日前推动解决到位，并把解决情况列入 2016 年综治考核内容。在市联席办（信访局）的推动下，各相关镇（街道）明确责任领导、责任人，组织召开专题研究会 5 次，深入探讨 12 次，与信访人面对面座谈 15 次。2016 年，息诉息访 3 件，息诉息访率 27.3%。其余 8 件仍在推进解决中。

【解决信访积案问题 Resolve complaint reporting backlog questions】 化解信访积案是解决信访存量的有效途径。2016 年，省、泉州市信访局交办石狮市 5 件信访积案，其中省级 1 件、市、县级各 2 件。石狮市联席办、市信访局按照上级工作部署，将积案化解列为 2016 年重点工作，认真分析、研究每一件信访问题的症结点和化解措施，深入排查职能部门是否存在实体性和程序性办理缺陷，坚持及时排查交办、落实领导包案、综合施策化解、加强督查督办和强化考评问责“五步骤”化解积案。信访局局领导多次带队到凤里街道、灵秀镇、宝盖镇、锦尚镇等镇办，走访、电话约谈信访人，提出工作整改建议，协调推动信访积案化解，督促各有权处理机关切实做好诉求合理的解决问题到位、诉求无理的思想教育到位、生活困难的帮扶救助到位。对凤里街道李某某、宝盖镇尤某某信访积案处理难度大、案情复杂、久拖未决，已经三级行政办理完毕但仍未息诉息访的情况，及时指导承办单位召开专案评审和公开听证评议推动化解。在信访局、国土规划和房产管理局、宝盖镇政府的共同努力下，信访人尤某某在信访事项公开听证评议会上，当场签订息访息诉协议。通过各单位、各部门的共同努力，5 件信访积案均按时限息诉息访。8 月 3 日，市委副书记、市政府代市长黄春辉代表市委、市政府在全省信访积案推进会上作“创新源头治理，强化积案化解”典型发言。

【完善信访考核机制 Improve the mechanism of assessment of complaint reporting】 2016 年，市信访局开展“三无”镇（街道）、村（社区）创建活动。“三无”镇（街道）、村（社区）创建工作是国家信访局布署的一项信访基础性重点工作。市联席办结合石狮市实际，制定“三无”镇（街道）、村（社区）具体活动实施方案，成立由信访工作联席会议牵头，联席会议总召集人任组长，联席会议各召集人任副组长的创建领导组，各镇（街道）、村（社区）成立由主要负责同志任组长的“三无”创建工作小组。加大创建活动的人力、物力、财力投入，形成一级抓一级、层层抓落实的工作格局，并将“三无”镇（街道）、村（社区）评选活动纳入 2016 年石狮市综治考核（18 分）和绩效考评（7 分）进行检查，对实现“三无”目标的镇（街道）、村（社区），作为文明镇（街道）、村(社区)评选的一个先决条件;作为“美丽乡村”评选的加分项目；提请上级信访工作联席会议审核，逐级参加申报“三无”镇（街道）、村（社区）评选。对未实现“三无”目标的镇（街道）、村（社区），学习借鉴先进典型，制定整改措施。大仑社区参评泉州市级文明单位，蔡某逐因 2016 年非访问题被综治一票否决，取消参评资格。截至 2016 年年底，全市 9 个镇（街道）、126 个村（社区）达到“三无”标准。

【多元化解机制建设 Multivariate resolution mechanism construction】
2016 年，市信访局结合“大调解”工作机制，完善行业、专业调解组织建设。市联席办（市信访局）根据市委政法委平安建设工作部署，加强矛盾纠纷多元化解机制建设，结合“大调解”工作机制，发挥行业调解、专业调解在矛盾纠纷化解工作中的作用，强化与市“12345”便民服务中心、和谐劳动关系服务中心、渔业协会、医疗纠纷调解委员会、交通事故和谐调处中心的指导和衔接工作，并根据石狮市突出信访问题，及时与市国土规划和房产管理局、交通和城市建设局、生态环境保护局沟通，协助做好物业管理、建设领域、环境保护等领域矛盾纠纷调解工作，努力协助市委政法委综治办构建“一站式”“一条龙”化解矛盾纠纷平台。2016 年，“12345”热线受理各类群众诉求件 38261 件，办结 38002 件，办结率 99.3%，群众回访满意率 93.8%；和谐劳动关系服务中心立案受理劳动保障监察案件 73 起，其中结案 72 起，通过责令企业整改并补发工资，为 1038 名劳动者追回被拖欠的工资 1643.53 万元，劳动仲裁接案 883 件，办结案件 861 件，当期结案率 97.51%，涉及劳动者 2322 人，涉案金额 2715.65 万元；渔业纠纷调解发生 56 起渔业安全生产纠纷，均调处成功，金额 541.738951 万元；医患调委会共调解医疗纠纷 10 件，结案率 100%，金额涉及共 51.02 万元；交通事故和谐调处中心交通庭新收案件 256 件，旧存 43 件，合计收件 299 件，结案 255 件，其中调解结案 187 件，撤诉 15 件，按撤诉处理 5 件，调撤率为 81.18%；调处中心共收案 534 件，2015 年旧存 229 件，合计收案 763 件，结案 530 件（其中调解达成结案 393 件，调解率为 74.15%）。使大量民生问题，邻里纠纷等矛盾第一时间得到回应和有效解决，从源头上预防和减少信访问题的产生。

【改进信访工作作风 Improve petition work style】 2016年，进一步深化队伍建设改进信访工作作风。细化党风廉政责任制清单，进一步筑牢党风廉政建设。坚持“打铁自身要硬”“作风建设永远在路上”，倡导“改革、创新、法治”新理念，严格落实中央“八项规定”精神，制定信访局党风廉政建设承诺书，落实各股室党风廉政建设责任制，不断提高廉洁自律意识，切实履行岗位职责，不断践行“四讲四有”、增强“四个意识”和全心全意为人民服务的宗旨意识。

开展“两学一做”，提升党性修养。完成党支部布置的各专题学习课题的讨论和撰写心得，组织观看《勇士》《知心法官》等电教片，发挥先锋模范作用。

加强队伍建设，争创文明单位。2016年，信访局继续坚持以“泉州市级文明单位”的标准严格要求，开展一系列活动，如慰问退休老干部、开展“清明祭英烈”活动缅怀革命先烈、举办道德讲堂、重视双拥共建、成立信访局工会等活动，及时总结、报道，不断提升精神文明创建水平。

（蔡宗凯撰　陈国锋审）

新年音乐会　（图／颜华杰）

政协石狮市委员会

综述 Generals

【市政协设置委员会 CPPCC establishment council】 2016年，石狮市政协常委会围绕全市发展大局，全面履行政治协商、民主监督、参政议政职能，发挥协调关系、汇聚力量、建言献策、服务大局重要作用，为全市经济社会平稳健康发展做出贡献。

政协第六届石狮市委员会有委员249名，设置30个界别，正主席1名、副主席4名、常委44名（含正副主席）；设置提案法制委员会、经济资源委员会、教科文卫委员会、文史学宣委员会、台港澳侨民宗委员会。

中国人民政治协商会议第六届石狮市委员会第六次会议　（图/市政协）

【市政协分设活动组 Set up activity groups】 2016年，根据石狮市各镇（街道）政协委员的分布情况分设9个活动组和香港、澳门2个活动组；市政协机关内设办公室、提案法制办公室、经济资源办公室、教科文卫史办公室和台港澳侨民宗办公室。六届六次会议以来，委员提交提案270件，审查立案257件。2016年，召开5次常委会，全年编发《政协信息》4期、《主席建议案》2期、《社情民意专报件》10期。

市政协重要会议 Important Meetings

【市政协全体会议 Plenary session】 市政协六届六次会议于2016年1月5—7日在石狮市公务大厦附楼大会议室举行，来自30个界别的249名委员出席会议。

会议期间，全体委员听取中共石狮市委书记朱启平代表中共石狮市委所作的重要讲话；听取并审议李丽月所作的政协第六届石狮市委员会常务委员会工作报告、吴清木所作的市政协六届五次会议以来提案工作情况报告；列席市人大六届五次会议，听取并讨论市政府工作报告；听取大会发言、市法院和检察院工作通报、提案初审报告；举行大会选举；通过政协第六届石狮市委员会第六次会议决议。

市政协七届一次会议于2016年12月14—16日在石狮市公务大厦附楼大

会议室举行，来自29个界别的182名委员出席会议。开幕式上，市委副书记、代市长黄春辉在代表市委作重要讲话；闭幕式上，市委书记朱启平作重要讲话。会议期间，全体委员听取并审议通过李丽月所作的政协第六届石狮市委员会常务委员会工作报告、吴清木所作的政协第六届石狮市委员会常务委员会关于提案工作情况的报告；听取大会发言、市法院和检察院工作通报、市政协七届一次会议提案初审情况报告，列席市七届人大一次会议，讨论市政府工作报告和其他报告；选举产生政协第七届石狮市委员会主席、副主席、常务委员；通过政协第七届石狮市委员会第一次会议决议。

【政协常委会 Standing Committee Meeting】

表3

日期	次数	会议主要内容
2016年3月25日	第二十二次	听取石狮市旅游产业工作情况通报；学习全国“两会”精神；协商通过市政协2016年工作要点和工作计划；讨论市政协2016年协商工作计划；部署2016年政协专题调研工作；通报委员履职积分情况
2016年6月29日	第二十三次	听取石狮市学前教育情况通报；协商通过有关人事任免等
2016年7月25日	第二十四次	听取石狮市普法工作情况通报；协商通过有关人事任免等
2016年11月8日	第二十五次	听取市政府关于政协六届六次会议以来提案办理情况通报；听取商务局关于石狮市发挥台港澳侨优势，加大招商引资力度以及开拓海外市场的工作情况通报；协商通过《石狮市政协委员履职积分管理办法（修订稿）》；协商通过相关人事任免
2016年12月2日	第二十六次	听取纪委监察工作通报；听取中共石狮市委统战部关于政协第七届石狮市委员人选建议名单的说明，审议、协商决定人选建议名单；协商通过市政协七届一次会议有关安排；协商通过市政协六届常委会工作报告、提案工作报告等

【政协主席会 Chairmen Meeting】

表4

日期	次数	会议主要内容
2016年1月25日	第三十六次	研究2016年春节慰问有关事宜；研究大仑个别村民困难补助事宜
2016年3月10日	第三十七次	研究市政协六届22次常委会事宜；研究相关文件；研究《石狮年鉴》（2017卷政协部分）工作分工等事宜
2016年3月16日	第三十八次	研究政协委员活动中心修缮事宜；研究办公室秘书股人员挂钩各专委会事宜
2016年4月28日	第三十九次	研究政协委员活动中心四、五楼启用修缮相关事宜
2016年6月8日	第四十次	研究市政协六届23次常委会事宜；研究召开机关全体人员会议事宜
2016年6月13日	第四十一次	研究“两学一做”学习教育活动事宜；研究《政协之窗》专栏及“石狮政协之窗”公微号事宜；关于办公室及各专委、办人员分工情况
2016年6月27日	第四十二次	研究市政协六届23次常委会事宜；研究“政协之窗”专栏事宜；研究委员活动组下拨经费使用管理事宜
2016年7月13日	第四十三次	研究市政协六届24次常委会事宜

续表 4

日期	次数	会议主要内容
2016 年 8 月 5 日	第四十四次	研究从市政协办公室党建经费中拨付款项支持林边社区开展创建文明城市工作事宜
2016 年 8 月 19 日	第四十五次	研究委员活动中心公共设施维修事宜
2016 年 9 月 21 日	第四十六次	研究将做好“七五”普法工作的建议列入主席建议案事宜；研究推荐留任第七届政协委员事宜；研究开展创建全国文明城市专项视察活动事宜；研究政协委员活动中心四、五楼中央空调招标及部分场所修缮事宜；研究关于文明单位挂钩帮扶慰问事宜
2016 年 10 月 27 日	第四十七次	研究七届一次会议分工事宜；研究《石狮市政协委员履职积分管理办法修订稿》事宜；研究政协办公室修缮事宜；研究六届 25 次常委会事宜
2016 年 10 月 31 日	第四十八次	研究政协委员活动中心七楼租赁合同变动事宜
2016 年 11 月 23 日	第四十九次	研究七届一次会议大会发言材料
2016 年 12 月 6 日	第五十次	研究七届一次会议事宜
2016 年 12 月 9 日	第五十一次	研究第七届政协委员事宜；研究提案工作修改事宜

市政协重要工作
Important Work

【市政协重点课题调研 Key subject research】 2016 年，石狮市政协将“学前教育”议题列入市重点课题。6 月，市政协组成调研组先后深入到湖滨镇、宝盖镇、永宁镇等公办、民办幼儿园，通过实地考察、听取通报、召开座谈会等形式对学前教育发展情况及存在问题进行调研，形成调研报告《关于加大力度推进学前教育规范发展的建议》。

石狮市政协围绕“助力实业强市，推动跨越发展”专题，制定调研方案，组织由各专委会、委员活动组、党派人士等组成的调研组，深入调查研究，召开多种类型座谈会，广泛听取各方面意见，考察相关城市吸取经验，认真起草调研报告，形成高质量的调研报告 20 余篇，报送市委、市政府及相关部门，为促进全市深化改革献计出力。

【市政协委员集中视察 The commissioners on inspection】 2016 年，石狮市政协突显问题导向、强化短板意识、叩诊社情民事、寻求释惑良方。根据常委会的工作部署，制订视察计划和方案，鼓励政协委员带着“问题”出发，开展“监督”调查，组织委员先后对“疫苗管理安全、农贸市场整治、物质文化保护”重点项目建设和重大民生工程进行专题视察。

【市政协开展民主评议活动 Carry out democratic appraisal activities】 2016 年，石狮市政协党组以“学

2016 年组织对石狮市疫苗监管使用情况开展专题视察活动 （图/市政协）

习贯彻中共十八届六中全会精神”为主题，研究制定《石狮市政协机关召开2016年党员干部民主生活会方案》，明确民主生活会会前安排、会议程序和有关要求。会前，通过召开专题座谈会，听取各镇（街道）统战委员、活动组负责人、机关党员代表的意见；书面及通过政务网向有关单位、机关干部印发征求意见函（表）等形式收集梳理6个方面的意见建议，向党组成员和处级党员干部反馈。

2016年开展“清明祭英烈”活动 （图/市政协）

【市政协参与创建全国文明城市 Participate in establishing national civilized city】 2016年，石狮市政协响应市委、市政府的号召，投身到创建全国文明城市的行动。身体力行，争当创文活动的践行者，参加志愿服务，投入创建行动。注重发挥机关党员服务群众、服务基层、服务社会的先锋模范作用，成立政协机关“阳光公仆志愿服务队”，开展一系列以“在职党员进社区、志愿服务在行动”为主题的活动，组织机关党员参与关爱老人、扶贫帮建、政策宣传、矛盾调处等公益实践活动，参加文明交通劝导、文化卫生下乡、清明祭英烈、“心系灾区·重建灾园”赈灾募捐等志愿服务活动。通过结对帮扶、走访慰问和基金关怀等举措，进一步加强对贫困户的关怀激励。7月1日，市政协领导李丽月、施心新、吴清木带领机关党员，走访慰问永宁镇后杆柄村困难党员和困难户，送去慰问金，把党组织的关怀和祝福送到他们的心坎上。8月22日，机关支部与政协灵秀委员活动组联合开展“金秋助学”帮扶活动，资助多名贫困大学生。9月13日，市政协党组书记林自育、副主席吴清木带领机关党员深入机关挂钩帮扶困难户家中，开展中秋节慰问活动。机关支部党员发动所挂钩的政协活动组开展走访基层，帮助群众解决生产生活困难。

积极发声，争当创文活动的传播者。发挥政协委员人才荟萃的资源优势，发动委员捐资公益、助学扶贫济困，组织界别中有专长的委员开展文化、科技、法律下乡活动，发挥委员社会影响力，引导他们参与市文明城市创建工作，倡导“十大文明新风”并发挥表率作用。

敢于担责，争当创文活动的推动者。全市各级政协组织发挥人才智力优势，围绕创建活动中的重点工作和社会热点问题，组织开展多层面、多视角的专项调研和视察活动，针对创建活动中出现的新情况，以及各界群众关心的问题，履行政协职责，为党委政府出好主意、当好参谋，以实际行动为创建全国文明城市工作提供智力支撑。

【市政协发挥党派团体作用 Play a role of parties and people's organizations】 2016年，石狮市政协围绕加强与各民主党派的联系做好工作。以政协会议为平台、以调研视察为载体、以界别活动为纽带，营造民主和谐履职环境。坚持市政协领导联系走访各民主党派制度，主动邀请民主党派和工商联成员参与提案督办、民主评议等活动，为其有效参政创造便利条件；鼓励党派界别委员多渠道开展“发展旅游经济”“提高教育质量”“健全社会救助”“推广运用PPP模式”等调研，为其明情议政提供更广空间，为市改革发展稳定提供智力参谋。发挥民族和宗教界委员的作用，维护民族团结、宗教和睦和社会稳定。通过走访民族宗教场所、看望民族宗教人士、参加宗教庆典等活动，加强联系沟通，帮助协调问题。做好侨、港澳台联络工作。在市政协领导带领下，走访侨、港澳台委员及委员投资的企业，关心、协助在石狮的侨、港澳台企业，解决发展中的实际困难。依托华侨、香港、澳门委员活动组，为促进经济社会发展献计。围绕如何进一步调动和挖掘侨、港澳台侨资源优势，加大招商引资力度，开拓海外、境外市场，为发展壮大实体经济，开展专题调研。召开常委会听取相关部门有关工作的专题报告，会后及时形成调研报告——《充分发挥港澳台资源优势 发展壮大实体经济》，把广大侨、港澳台的智慧力量凝聚到城市建设和实业强市发展战略上来。

【市政协反映社情民意 Reflect the public opinions】 拓展信息搜集渠道，不断深入实际，倾听群众呼声，体察群众情绪，反映群众愿望。2016年，报送主席建议案2件、社情民意专报件10件。其中，社情民意专报件《关于龟湖公园健身步道铺设塑胶跑道的建议》《关于统一归集全市拆迁档案的建议》《关于简化拆迁户入户手续的建议》等，在得到市委、市政府主要领导批示后分别转送相关部门办理。

【加强市政协工作研究 Strengthen the city political consultative work research】 2016年，石狮政协根据社会主义协商民主建设的新理念、新思想、新要求，围绕市政协《2016年工作要点和工作计划》，探索完善工作体制机制，进一步提高履职科学化水平。不断推进各项工作制度化、规范化、程序化建设。加大反映社情民意信息工作力度，搭建发挥委员聪明才智、自身潜力和专业特色的平台，强化委员履职管理，对《委员履职积分管理办法》加以修订完善，进一步激发委员的使命意识、责任意识、担当意识，激励其正确履职、主动履职、高效履职。

专门委员会
Special Committee

石狮市政协常委会下设5个专门委员会，各专委会根据年度工作计划，加强与对口部门的沟通联系，参与对口部门的重要会议和重大活动，就专业领域与对口部门开展协商活动。

【提案法制委员会 Proposal and legal committee】 提案工作。石狮市政协六届六次会议以来，征集提案270件，参加提案的人数334人次，其中团体提案162件、占60%。经审查立案257件，其中涉及经济城建等方面的提案98件、占38%；涉及科教文卫体等方面的提案93件、占36%；涉及政治法律社会保障等方面的提案66件、占26%。另有13件转为委员来信。经石狮市政府办公室分解后，分别交给53个市直单位和9个镇（街道）进行办理，并要求各单位在3个月内办理完成（2016年4月20日—7月20日）。各承办单位在办理中主动与委员沟通，征求意见，解决具体问题，均在规定时间内办理答复，办复率100%。收到委员反馈表257份，其中表示满意的254份、满意率98.8%，基本满意的3份，基本满意率1.2%，没有出现不满意件。

从答复类型来看，对能解决及正在解决的类型（A+B类）占总数的90.7%，相比2015年的89.37%提升1.3个百分点，对所提问题留作参考的类型（D类）下降1.2个百分点。从反馈情况来看，满意率增加5个百分点（2015年为93.7%）。

社会法制工作，开展调察研究。夯实基本民生保障基础，健全社会救助体系，形成专题调研报告“关于健全社会救助体系四种机制的建议”，在泉州市政府与市政协协商会上做重点发言。了解石狮市实施“精准引才”的工作成效，组织对石狮市“精准建议”。在“七五”普法启动之际，通过走访、听取介绍和座谈等方式，了解石狮市法院、检察院、公安局、司法局、教育局等在“六五”普法中取得成绩、存在问题，形成调研报告“关于石狮市七五普法规划调研报告”，为石狮市委、市政府“七五”普法规划提供参考依据。

围绕千家万户的热点问题，市政协提案法制委多次组织部分委员进行视察走访，召开座谈会听取介绍，与会人员都积极建言献策，提出许多好的建议。组织视察检察院的预防职务犯罪警示教育基地、办案工作区。组织视察公安局的指挥中心、办案中心、训练基地、公民警校、交通事故快速处理中心、和谐处置中心。组织视察司法局的法律援助中心、社区矫正中心、石狮三中、鸿山镇东铺三村及大仑客运中心等普法点。组织视察星期YI创意园的服装设计人才中心、校企合作中心、人才大厦的人才引进培训中心、新市民积分管理中心。

加强对口协商、推进工作开展。市政协提案法制委坚持“走出去”与“请进来”的方式，组织委员参加市法院、检察院、公安、司法、市委社会工作部、人社局等对口联系部门单位开展的各项活动，并与他们进行工作沟通、信息交流。对存在的问题提出意见和建议，并通过有关渠道呼吁帮助解决他们工作中存在的具体困难。2016年，组织开展以下几项活动：协调市纪委（监察局）、法院、检察院、市公安局、市委工作部、人社局等单位向市政协常委会通报工作情况；听取市人社局深化“精准引才”服务“质量石狮、实业强市”建设的情况通报并协商调研视察安排；听取市司法局“七五”普法前期工作准备及工作部署并协商调研视察安排。

【经济资源委员会 Economy and resources committee】 2016年，市政协经济资源委员会加强沟通联系，提升履职水平。通过走访市农办、经济局、商务局、财政局、国土规划和房产管理局、市场监督管理局、海洋与渔业局、生态环保局等对口联系单位，了解单位的工作情况，征求对开展年度专题调研、视察活动安排的意见和建议，增强履职实效。加强与企业界委员的沟通联系，提高委员的履职意识和责任感。2016年，先后走访通达、大宏科技、酷瑞电气、华联、富贵鸟、华飞等委员企业，了解企业生产经营情况和发展中遇到的问题，引导委员为石狮市经济社会发展建言献策，提高委员履职的积极性。组织开展政治理论学习，提高委员素质和参政议政能力。针对2016年换届年，新进入经济资源委的成员较多的情况，组织经济资源委成员参加各种形式的培训、讲座，增强委员的大局意识以及责任感和使命感，提高委员的履职能力。

组织调研视察，围绕经济社会协调发展建言献策，组织开展印染产业转型升级专题调研。7—8月，通过召开通报座谈会、深入冠兴、华宝、港溢、三益等重点印染企业调研、走访染整同业公会和相关镇（村）等形式，围绕产业科技转型、绿色转型、智能转型、品质转型、营销转型、管理转型等进行讨论，建言献策，形成专题调研报告《推进供给侧结构性改革，加快印染产业转型升级》，报送泉州市政协作为石狮市政协参与泉州市政协“推动产业创新转型提升发展”专题调研课题并在泉州政协常委会会议上作专题发言交流。组织视察商贸市场运营情况。6月28日，市政协副主席施心新带领部分经济资源委成员，实地视察石狮国际轻纺城、服装城、服装网批中心的营运情况，并听取情况通报，与相关人员围绕如何进一步促进商贸市场繁荣与发展进行座谈，提出意见建议。

组织开展2016年重点项目视察活动。11月17日，党组书记林自育、副主席施心新带领政协机关及经济资源委部分成员视察加曾寨片区改造、厦门外国语学校石狮分校建设、石狮市综合应急救援中心暨特勤消防站、鹏泰科技等重点项目，并听取市经济局、灵秀镇、永宁镇、锦尚镇工作通报。

参政议政，及时反映社情民意。深入农村、社区了解群众关心的热点难点问题，向市有关部门反映社情民意。2016年，市政协经济资源委向有关部门反映4件社情民意：《关于龟湖公园健身步道铺设塑胶跑道的建议》《关于统一归集全市拆迁档案的建议》《关于简化拆迁户入户手续的建议》《关于照顾厦门外国语学校石狮分校教师团购钞坑村安置房的建议》，其中《关于统一归集全市拆迁档案的建议》和《关于简化拆迁户入户手续的建议》得到石狮市委书记朱启平批示，市政府重视，分别召开专题会议进行部署落实。

开展对口专题协商，履行民主监督职能。围绕企业公共服务平台建设情况，组织对口专题协商；围绕推动重点提案办理落实情况进行督办和专题协商；围绕产业智能制造工作开展情况，组织对口专题协商。

【教科文卫委员会 Education, science, culture and health committee】 强化学习，增强委员履职能力。12月7日，组织新一届委员进行“学习政协知识，履行委员职责”专题培训，帮助委员深入学习领会中共中央和省委、市委关于加强新时期统一战线和人民政协工作的重要方针政策，进一步增强做好政协工作的责任感和使命感，提高政治理论素质和参政议政能力，发挥好委员主体作用，推进政协事业发展，为实现石狮市创新转型、实业强市做出新的贡献。

对口协商，加强委员与部门的知情互动。2016年初，召开对口单位联席会议，邀请市文体旅游广电新闻出版局、卫计局、科技局、教育局等对口联系单位向本委成员通报工作思路及需要教科文卫委帮助协调的事项。参照各对口单位的工作重点，确定教科文卫委2016年的工作计划。通过召开对口单位联席会议这种工作方式，一方面有利于教科文卫委成员了解对口单位的工作概况，使参政更有针对性。有利于对口单位了解政协工作特点，使对口单位主动支持配合教科文卫委开展工作，使工作更有实效。

视察调研，不断推动社会事业发展。教科文卫委发挥文化、教育、科技、卫计、体育等界别委员人才荟萃的优势，围绕石狮市委、市政府的中心工作，关注民生，针对社会事业的发展情况，开展视察调研活动，提出具有适度超前的、可操作性的对策建议，形成好的调研报告提供给党委、政府作为决策参考，促使石狮市各项社会事业得到长足的进步。开展调研，撰写有质量的调研报告。6—7月，开展“石狮市学前教育专题调研”，组织对市区、城乡结合部、乡镇进行多场专项调研，石狮市政协领导率调研组召开3场大型的座谈会，重点围绕学前教育现状、存在的主要问题、如何推进学前教育规范发展进行深入探讨，形成《关于加大力度推进学前教育规范发展的建议》的“主席建议案”。

9月8日，根据泉州市政协年度专题调研课题的安排，石狮市政协党组书记林自育率调研组先后实地走访石湖码头（林銮渡）、六胜塔、永宁古卫城驿站和大闽府，围绕物质文化遗产保护工作进行专项调研，形成《保护海丝史迹，助推古城复兴》调研报告，报送泉州市政协。

服务重点，开展专题视察。8月9日，石狮市政协组织委员开展都市休闲农业旅游专题视察活动。委员们围绕如何做大做强石狮休闲农业旅游进行交流探讨。委员们建议，石狮市要继续扶持大规模休闲农业发展，加大配套景区及文化内涵的建设，鼓励高科技投入，比如物联网技术、无土栽培等，引导社会资本因地制宜、因时制宜，走向多元化发展的道路。

加强督促，促使重点提案承办得到落实。对政协常委会确定的2016年重点提案《关于调整石狮市学前教育发展规划，加快发展学前教育的建议》，紧密关注跟踪提案办理进展情况，深入提案承办单位，做好催办督办工作，促使重点提案尽快转化为成果。之后，石狮市政府相继出台一系列学前教育优惠政策。在“十三五”规划中，将新建和改扩建20所公办幼儿园，使全市每个镇（办）都拥有3所以上的公办幼儿园。鼓励集体幼儿园办成公办幼儿园，有2所集体幼儿园改制成公办幼儿园。加强师资培训，对在职的民办幼儿教师加强岗位培训，落实持证上岗，基本培训费用由财政支出。发挥公办园辐射作用，落实“公办带民办”的片区教研、结对互动、支管支教等活动。

加强信息工作，及时报送社情民意件。撰写、报送政协活动信息，每次考察调研工作在《石狮日报》作报道。及时了解民意，倾听群众呼声，撰写社情民意件《关于恢复开通石光中学学生晚自修公交车接送专线的建议》，以期望缓解晚自修后学校门口和东港路相关路段的拥堵，减少学生上下学的安全隐患，解除家长的后顾之忧。

创新载体，开展活动。石狮市政协教科文卫委工作涉及教育、科技、文体、卫计、旅游等，坚持和落实科学发展观，发挥委员的主体作用，把促进发展作为履行职能的第一要务，开展丰富多彩的活动。1月26日，组织“文化、卫生、科技”三下乡活动，携手石狮市文联、政协之友书画院、华侨医院、市图书馆、市书法家协会、政协永宁委员活动组，组成义诊服务队、书写春联队和流动图书车队，开展“下基层、解民忧、送温暖、办实事”活动，将文化、卫生送进永宁镇塔石村，并慰问当地困难户，走访永宁镇洋厝村的结对帮扶困难户，向他们送上慰问金，并致以新春祝福。5月，举办委员蔡宗程兄弟诗书画影联辉作品展。6月，与市文联等单位联合举办“庆祝中国共产党成立95周年诗歌创作大赛颁奖仪式暨吟诵会”。9月，与相关单位联合举办“灵秀风采”摄影展，并对优秀作品进行表彰，助推“创新转型，实业强市”发展战略，宣传“中国运动休闲服装名镇”，展示政协委员艺术风采，弘扬中华民族先进文化，不断向全市人民奉献文化盛宴。

【文史学宣委员会 Cultural relics, historical science and literature committee】 提高政协委员综合素养。4月15日，邀请泉州市文联原主席、泉州民族民间文化保护协会会长、泉州市南音协会主席陈日升作《闽南文化》《认识文化泉州》专题辅导讲座，让大家了解泉州的过去、今天和未来，对于指导撰写文史资料起到重要辅导作用。

完成《石狮宗祠》(下册)文史资料。陆续征集67篇《石狮宗祠》文稿和数百张珍贵照片，编辑《石狮宗祠》(下册)，保持政协文史资料编撰工作的连续性。

丰富政协文史资料馆藏。2016年，收到各地政协惠赠文史资料，向各地政协和有关单位赠送《石狮宗祠》等文史资料。收藏石狮有关地方文史资料。收集台湾23个县市赠送的地方志400多本。

开展文史学术交流。文史委成员通过文史资料调查、征集、编撰等活动，利用外出考察、学习、参加培训等机会，开展与厦门、南平等地的文史学术交流活动，拓宽文史资料为经济社会、精神文明建设服务渠道。

【台港澳侨民宗委员会 Hong Kong, Macao, Taiwan, overseas Chinese and religious committee】 强化学习意识，提高委员知情参政能力。把学习作为一项重要的任务，通过不断组织学习，提升政协委员的政治素养、政策水平、专业知识和履职意识。视察学习制度，开展集中视察活动，组织委员视察郭坑民族村，通过讨论交流，并结合学习体会形成民族村经济社会发展情况视察报告。组织委员到对口职能部门市侨台外事局、民宗局、侨联、台联等单位走访学习，了解新一年度工作任务和存在的问题，提高参政议政针对性。结合政协例会，组织委员围绕石狮市政府工作报告、市政协工作报告畅所欲言，提出意见建议，为有效履行职能、做好政协工作奠定基础。

强化发展意识，为经济社会民族宗教发展献策。利用台港澳侨民宗委政协委员人才荟萃、联系广泛的条件优势，协商议政，开展民主监督。组织委员深入农村、深入企业、深入群众，察民情、解民意，及时向石狮市委、市府提出合理化建议。反映经济社会发展的问题，组织委员先后走访视察服装城、轻纺城、青创城、大帝实业、富贵鸟鞋业、木林森鞋业、华飞制衣等公司，了解企业生产经营情况和存在问题，听取委员们对石狮各产业发展的意见和建议，形成视察报告提交市委市政府作为决策参考。推动解决侨、民、宗等问题，组织委员走访视察市佛教协会、洛伽寺、慧源禅寺等宗教活动场所以及郭坑民族村，将宗教活动场所及民族村建设中存在的问题向有关部门反馈建言，推动加于解决。参与协调解决征地拆迁中遇到的困难和问题，镇中路南段拆迁，发挥港澳台委员的作用，配合拆迁指挥部做好个别群众思想工作，完成征地拆迁任务。2016年，台港澳侨民宗委委员们建言献策，就经济发展、旧城改造、发挥港澳台资源优势、保障改善社会民生问题、民族宗教工作等方面提出一些具有参考价值的意见建议。

强化责任意识，注重发挥委员主体作用。组织台港澳侨民宗委政协委员开展“四个一”活动。2016年，组织委员有针对性地开展调研，撰写调研报告《关于充分发挥港澳台资源优势，发展壮大实体经济的思考与建议》给有关部门和领导作为决策参考依据。台港澳侨民宗委委员共提交提案58件，涉及经济、城建、文化、教育、旅游、民族宗教等方面，其中《关于做实旅游产业助推石狮市新一轮经济发展的建议》《关于调整石狮市学前教育发展规划，加快发展学前教育的建议》两篇重点提案在大会发言，《关于加大“海丝”景点、文化古迹保护和建设的建议》等提案得到石狮市政府有关部门的重视和采纳。出一个点子，收集群众诉求，向党委、政府反应社情民意。提交《关于石湖村公共活动场所老房子存在安全隐患》《关于彻底整治龟湖公园噪音扰民的建议》《关于人民广场西侧污水管污水外流问题的反映》和《关于石狮公共场所遛狗问题的反映》等社情民意专报件。办一件实事，鼓励政协委员关注弱势群体，奉献爱心，先后组织港澳委员到古浮慈爱老人福利院、永宁社会福利院捐款献爱心；参与统战部组织的“海西春雨助学”、低保户和残疾人士等扶贫助弱活动。开展“政协委员结穷亲”活动，委员们捐款捐物为社会弱势人群尽一份爱心。委员蔡佳定多年为社会各届捐款累计逾千万元，被省人民政府授以“福建省华侨捐赠公益事业突出贡献奖”；吴教盛等多位委员长期热心慈善活动，为社会公益事业做贡献，受到社会各界的广泛好评。组织一次文明活动，组织委员及对口单位侨联走访慰问贫困归侨侨眷，了解他们的生活情况并送去慰问金。

强化联谊意识，拓宽内外联络工作渠道。加强联谊，发挥专委会作用，加强与港澳委员的联络，为招商引资穿针引线。参与做好海峡两岸纺织服装博览会、闽台对渡文化节暨蚶江海上泼水节、永宁古卫城暨城隍文化节等筹备和接待工作。配合接待菲律宾青少年夏令营工作，参加台湾石狮同乡会、香港泉州同乡会换届和澳门石狮同乡会换届。加强与石狮旅外社团和专业人才的联系，宣传推介石狮经济社会发展情况和投资环境，鼓励参与家乡建设，推进引资引智引才。落实侨捐，参与帮助落实侨捐项目，健全侨捐项目资料库，推动石狮经济社会各项事业的进一步发展。通报情况，定期向台港澳侨委员通报经济建设和社会发展情况及其他有关信息动态，使他们了解党委和政府在各个时期的中心工作，做到知情出力，建言献策。维护权益，采取灵活多样方式方法宣传《中华人民共和国归侨侨眷权益保护法》《中华人民共和国台湾同胞投资保护法》。落实侨台胞子女升学优惠政策，帮助办理升学证明，帮助石狮籍旅外华侨取得回国定居证明。走访重点侨台资企业，为企业排忧解难。通过联谊，加强委员们之间的沟通，增进相互了解，激发委员爱国爱乡、奉献的热情。

强化创新意识，激发工作活力，坚持把创新作为开创政协工作新局面的源泉。坚持理念创新。树立“政协也是一线，政协更要作为”的理念，确保政协工作“宽松不放松、履职不越位、参政不添乱、议政有质量”。坚持制度创新，建立激励约束机制，将委员出席会议、撰写提案、视察调研、反映社情民意、参加联谊活动等履职信息进行数据化考核，防止“挂名委员”“哑巴委员”现象。坚持方法创新，利用移动公司短信平台、组建微信群等办法，将阶段性工作要点、上级精神等形式及时发送到委员手机上，提高工作时效性。

（蔡晴芸撰　蔡　菁审）

中国人民政治协商会议第七届石狮市委员会第一次会议开幕　（图/市政协）

中国国民党革命委员会石狮市总支部

The General Branch of the Revolutionary Committee of the Chinese Kuomintang of Shishi City

【概 况 Generals】 2016年，发展新党员4人，现有党员111人，其中女党员20人；本科及以上学历55人（硕士5人），高级职称12人，中级职称42人；上海普陀区政协委员1人，石狮市人大代表4人（常委1人），石狮市政协委员6人（常委1人），石狮市党风廉政监督员1人，石狮市机关效能建设监督员2人，泉州市机关效能建设监督员1人，石狮市人民法院陪审员2人。副处级干部1名，正科级干部1名，副科级干部5名。

【民革自身建设 Self construction】

2016年，总支部继承发扬民革“爱国、革命、不断进步”的优良传统，组织骨干党员8人次参加省、市社会主义学院的学习培训。连续多年为党员们订阅《团结报》各一份。在民革泉州市委组织的纪念孙中山诞辰150周年征文及书画摄影展中，王济民、粘国民、许雄飞、杨帆、杨扬帆、王秋鸿、尤小菊等人参与。

11月22日，总支部在召开第二次党员大会，会上选举产生民革石狮总支部第二届委员会领导班子，实现政治交接，提高总支部和各支部组织生活的质量和实效。

总支部及下属三个支部，坚持做到活动经常化、多样化，是党员们互相学习、经验交流的重要平台。使大家感受到民革组织“大家庭”的团结温暖，激发党员的参与热情。民革党员来自各行各业，创业于各自行业。2016年6月，施汉杰被任命为石狮市人民政府副市长；蔡清淳当选为石狮市工商联第六届副主席、被聘为石狮市外国语学校爱心教育基金会常务副理事长、石狮市第八中学董事会常务副董事长等；2016年5月，陈垂汉被任命为石狮市鸿山镇镇长候选人，11月，转任为石狮市科技局局长；陈冬凝被任命为石狮市进修学校副校长（副科）；蔡文作被调整为石狮市永宁镇副镇长；邱淑明被评为石狮市精神文明建设工作者；颜胜利、洪世泽、董发达三人被聘为石狮市工商联第六届执行委员会委员；许雄飞当选为泉州市中医药学会中药分会委员；高建群、李章锟、蔡乾坤三位晋升为高级职称；在民革泉州第15次代表大会上，施汉杰当选为民革泉州第十四届市委会常委，蔡清淳、许雄飞当选为市委会委员。民革党员忠于职守，爱岗敬业。在抗击“莫兰蒂”台风中，施汉杰、陈垂汉、蔡文作、杨扬帆、苏伟江、高建群、施纯键、林张旗等坚持战斗在抗灾第一线。

【民革参政议政 Political participation】

调研报告《关于加快养老事业发展的几点建议》，被编入石狮政协六届六次会议发言材料。施汉杰《关于继续打通市区几条断头路的建议》及《关于适当调低石狮市工业地价，促进招商引资的建议》得到市委书记朱启平的重视并批示。2016年，各级两会提交提案建议37件，很多提案建议得到各相关部门的重视和关注，有的转化为成果。现宝岛路、镇中路建设在实施中。2016年3月，市政府出台《关于加快推进实业强市八条措施的通知》，工业用地每公顷最多可降225万元，为招商引资提供支撑。

加强信息的报送。2016年，3件被《福建民革》采用，17件被《福建民革网》采用，33件信息被《泉州民革》采用，石狮电视台、《石狮日报》对民革石狮总支部及个人报道14次。

【民革主要活动 Main activities】 6月，第一支部一行23人，前往宁化、石城参观考察；7月30日，第三支部在大闽府举行庆“八一”座谈联欢会，喜迎中国人民解放军建军89周年；教

民革石狮总支部委员会到石狮市婷婷儿童福利院慰问关心孤儿

（图／民革石狮总支部）

师节和中秋节期间，第二支部举行中秋座谈会，对支部的教师致于问候；10月15日，民革石狮、惠安总支部联合举办民革兄弟县市支部互相学习、经验交流活动。 12月24日，第三支部召开2016年工作总结暨迎新春座谈会，会上新老班子进行工作交接；12月31日，第一支部召开支部党员大会，对2016年工作进行总结。

【民革服务社会 Serve the society】

民革石狮总支部继续响应民革中央“伸出博爱之手——民革基层组织牵手困难群众”的号召，发挥自身优势和特点，深入推进社会服务工作。1月20日，民革石狮第三支部组织部分党员到祥芝莲坂慰问低保困难党员。5月14日，主委施汉杰带领骨干党员连续第二年走进“五老”人员家中。在石狮市老促会相关负责人的陪同下，慰问、看望两名革命“五老”，给他们送去总支部的关心和慰问金。5月，民革石狮总支部收到石光中学及石狮一中十名学生的感谢信，表达对民革石狮总支部的谢意，深表感恩。

6月11日，民革石狮总支部联合石狮市华侨医院体检科，连续第四年到石狮市婷婷儿童福利院慰问关心孤儿。6月25日，民革石狮总支部连续第八次举行“心系困难学子，热心金秋助学”募捐活动。此次款项捐给石狮第三中学刚被大学院校录取的、家庭贫困的10位高三应届毕业的外来生。11月5日，民革石狮党支部连续第四年走进石狮市慈爱老人院，为老人们送去温暖和慰问金。民革石狮总支部副主委蔡清淳连续第12年为灵秀镇灵峰村全体村民缴纳新农合保险，并捐资教育事业，捐资老年福利等。总支部委员花伟磊所负责的福建博广律师事务所对弱势群体的法律援助50余件。总支部委员林旭日创办的蚶江村前垵福利会，为全村65岁以上老人发放养老费，全年发放约65万元。

【为祖国统一大业作贡献 Make contributions for the reunification of the motherland】　党员林清阔继续为一年一度的闽台对渡文化节暨蚶江海上泼水节不遗余力捐资出力。党员董发达创办的永宁古卫城驿馆，为每年一届永宁城隍庙文化节的主要活动场所，并定期举办海峡两岸书画展。参与“海丝”文化建设，落实“丝绸之路经济带”和“21世纪海上丝绸之路”的“一带一路”倡议。4月12日，民革党员蔡清淳、洪世泽等创办经营的海峡两岸文化创意产地石狮“大闽府”内设立第二个“文化联系点”，民革石狮总支部将以此作为窗口，搭建文化交流桥梁，继续推介闽南文化和推动祖统工作。

（许雄飞撰　施汉杰审）

中国民主同盟石狮市总支部委员会

The General Branch Committee of China Democratic League of Shishi City

【概况 Generals】　2016年，中国民主同盟石狮市总支部委员会盟员130人，其中男盟员78人、女盟员52。本科以上学历61人，大专学历48，中专、高中学历21人。高级职务46人，中级职称44人。担任泉州市人大代表1人，石狮市人大代表1人，石狮市政协常委1人，政协委员7人。受聘各类特约人员、监督员18人次。总支部委员会下设六个支部委员会。

【民盟自身建设 Self construction】

2016年，盟总支部组织盟员加强自身的思想、组织、制度特别是领导班子建设，不断提高政治把握能力，合作共事能力。按年度工作计划召开盟员学习会、组织生活会、调研活动。4月18—29日，副主委蔡进强到泉州市社会主义学院，参加“民主党派基层组织负责人培训班”学习。6月27日，盟总支部全体委员参加“中共石狮市委党校统战理论培训班”学习。10月28日，副主委谷晋青、支委李苍墀、盟员谢奎宗到民盟泉州市委会参加“民盟泉州市委会2016年信息工作暨培训会”。

1月10日，民盟石狮市总支部召开2015年工作总结会暨提案工作表彰大会，民盟泉州市委会秘书长黄金电到大会指导。5月9日，民盟石狮市总支部召开委员扩大会议，传达学习《中共石狮市委2016年政党协商计划》的通知精神。

【民盟参政议政 Participation in Politics】 民盟石狮总支部参政议政、建言献策。在2016年石狮市政协七届一次会上，盟总支部提交集体提案22件、政协大会发言交流材料《关于石狮市如何发展滨海休闲旅游产业的建议》。

注重社情民意、开展调研。盟总支部就“挖掘石狮优势蓝色产业、拓展石狮海洋经济”“石狮市众创空间建设发展情况”调研课题，分别在7月5日、7日、22日，到祥芝镇、永宁镇、锦尚镇、石狮市海洋与渔业局、石狮市文体旅游广电新闻出版局、石狮市科学技术局进行调研，形成调研报告上报中共石狮市委统战部、石狮市政协。

盟总支部重视收集基层动态、盟务信息、盟员风采上报，2016年，谷晋青在《泉州民盟》发表刊登报道、简讯、信息13条。在石狮市《民主党派工作月刊》发表刊登报道、简讯、信息55条。

【民盟主要活动 Main activities】 盟总支部制度化地开展盟务活动，组织建设健康有序地发展。按月、季度召开总支部全体委员会、扩大会、盟员组织生活会、学习会，开展盟务活动，指导下属各支部开展活动，建全组织工作。

盟总支部重视遵老敬老、做好老盟员工作，盟总支部重视老盟员工作尊重老盟员，发挥盟内老同志的作用。春节前，盟总支部组织支委看望盟内老领导、老盟员，倾听老同志对盟务工作的意见和建议，并走访和慰问因病住院的盟员。

2016年1月，民盟福建省委会表彰副主委谷晋青为“民盟福建省组织建设工作先进个人”。

11月2日，民盟石狮市总支部召开第二次盟员大会进行换届选举，蔡进强当选为新一届总支部委员会主任委员，完成新老交替，政治交接任务。大会对2011—2016年热心盟务、参政议政、在社会服务和本职工作等方面表现突出的盟员进行表彰，授予王瑛等23位盟员为“优秀盟员”。

11月22日，中国民主同盟石狮市总支部委员会召开第二次盟员大会进行换届选举，蔡进强当选为主任委员。

【民盟服务社会 Serve the society】 2016年，民盟发挥优势，展现风采。盟员立足本职，服务社会，做出佳绩岗位获奖：

5月1日，盟员洪少培被石狮市总工会评为“爱职工优秀老总”称号。7月，盟员蔡鸿鹏获“石光中学2016年优秀教师”。12月，盟员李金莎获石狮市鹏山工贸学校“2015—2016年师德之星”。12月，盟员李苍墀获中国工商银行泉州分行“2016年优秀工会工作者”，盟员黄尧被泉州晋江国际机场股份有限公司评为“2016年先进个人”。

1月8日，盟员洪少培任石狮市青年商会第三届理事会会长。1月27日，盟员吴东洋的石狮市通草画坊，被泉州市非遗保护工作领导小组办公室授予“闽南文化生态保护区展示点”。3月，盟员王小育的企业石狮市天宏金属制品有限公司的钢质防火门、防盗安全门，被福建省人民政府评为“2015年福建省名牌产品”。

文艺获奖：12月，盟员李苍墀摄影作品《我们的节日——端午》，入选第二届“嘉兴杯”全国端午文化摄影大展。12月21日，盟员蔡智祥国画作品《明天出天山》入选福建省美术家协会举办“意之大者”第三届福建省写意画大展。12月，盟员谷青青获福建省收藏家协会泉州分会“2016年收藏活动积极分子”。

（谷晋青撰　蔡进强审）

中国民主同盟石狮市总支部委员会第二次盟员大会　　（图/民盟石狮市总支部）

中国民主建国会石狮市总支部委员会
The General Branch Committee of China Democratic National Construction Association of Shishi City

【概 况 Generals】 石狮市总支部下设5个支部，各支部配备完善领导班子，独立开展组织生活。2016年，有会员116人，其中女会员31人。会员中，大专以上学历80人，平均年龄48岁，会员中担任各级人大代表2人、政协委员11人。

【民建自身建设 Self construction】

2016年，发展会员4人。2016年11月23日，召开第二次会员代表大会，大会选举吕锜为主委，施鸿滨、王熊熊、杨文峰、蔡少文为副主委，实现政治交接。在民主党派活动中心召开学习中共十八届六中全会精神会议，传达贯彻中共各级党代会和民建各级会议精神，贯彻统战部提出的同心工程，抓好会员对民建会章、会史的学习，把践行社会主义核心价值体系学习活动引向深入，奠定思想政治基础。

【民建参政议政 Participation in Politics】

在市政协七届一次会议上，总支部提交提案20件，内容涉及经济、教育、城建、交通、环保、文化、体育等领域。泉州市委会领导到石狮调研，对总支部组织建设和参政议政等方面的工作给予肯定。

【民建服务社会 Serve the society】

总支部把服务社会作为一项重要工作和优良传统，鼓励会员主动承担社会责任，参与公益事业。2016年，会员捐资扶贫及捐献教育、卫生、体育、文化等各种社会事业善款达400余万元。

（王熊熊撰　吕　锜审）

中国民主促进会石狮市总支部

The General Branch of China Association for Promoting Democracy of Shishi City

【概况 Generals】　2016年，中国民主促进会石狮市总支部有会员139人，下设6个支部，即综合支部、文化支部、教育第一支部、教育第二支部、教育第三支部、教育第四支部。会员中有第六届民进泉州市委会常委1人，第十二届泉州市政协委员1人，第七届石狮市政协委员4人，其中政协常委1人。全会取得中高级职称会员人数占比55%；大专以上学历占会员总数占比87%。

【民促自身建设 Self construction】

民进石狮市总支部组织会员参加由民进福建省委2016年新阶层参政议政骨干会员培训班、《开明讲坛》——漫谈文化建设讲座；由民进泉州市委会主办的“会员读书班培训活动”及由石狮市委统战部主办的“统战知识讲座”等活动。7月，民进石狮总支部被民进泉州市委会授予“2014—2015年参政议政工作先进集体”。副主委刘永康、会员李兴斌获民进泉州市“先进会员”称号、支委邱建平、邱尚辉、林清丛获为社会服务“先进个人”称号，会员蔡洪泽、徐伟强获民进泉州市委会授予的“参政议政先进个人”称号。

11月23日，中国民主促进会石狮市总支部第二届委员会第一次会员代表大会召开。会议以投票方式选举产生民进石狮市总支部新一届领导班子：主委林晓晖，副主委陈飞跃、刘永康、邱尚辉、彭玉琪，支委邱建平、蔡志培、周荣胜、林清丛、蔡洪泽。会员陈华阳、董翠琴、施振华、黄连照、卢秀媛、朱国斌、杨雅志、李珊珊、林清丛、绳勇、陈莉玲、施建立、林文通、戴秀荣、刘海燕获民进石狮市总支部“2014—2015年优秀会员”称号。泉州市委统战部系统党委专职副书记黄子榕，民进泉州市委主委张锦川，泉州市政协正处级调研员庄宝玲，石狮市委常委、宣传部部长林希妍，石狮市政府副市长张永安，石狮市政协副主席施心新等出席会议。

【民促参政议政 Participation in Politics】

2016年1月5—7日，石狮市召开“两会”，民进石狮总支部作为参政党履行参政义务，召开总支部会议安排部署政协提案的调研和撰写工作，总支部提交石狮市政协10件提案，均被市政协采纳立案办理。

总支部会员受聘各级各单位特约人员，发挥民主监督职能。2016年，总支部担任行业监督员、行风评议员、人民法院调解员6人。在行业监督和行风评议中，敢于表达看法，提出建议，履行职责。

12月20—21日，石狮市教育局、审计局、文体旅游和广电新闻出版局同总支部在民主党派中心开展对口联系座谈会，双方对如何促进石狮教育、全民健身运动、旅游等方面进一步发展展开讨论。

【民促服务社会 Serve the society】

2016年，总支部以各支部为单位开展各项活动，发挥各支部的优势开展活动，促进会员的交流。春节期间，民进石狮市总支部开展系列慰问活动。总支部领导和下属各支部负责人分别拜访、慰问民进石狮总支部的退休老同志和走访、看望民进石狮总支部分患病会员。

综合支部、教育第一支部教育第二支部、教育第三支部、教育第四支部分别举办“五一节”“教师节——中秋节”庆祝活动。教育第四支部在总支部副主委、教育第四支部主委刘永康的带领下，参入企业调研活动，慰问孤儿等活动。教育第一支部、第二支部和综合支部开展与外校进行教育教研活动，得到学校的认可。

由会员蔡友课等人创办的绿洲读书社是党派的文化阵地，以出版书籍、组织开展读书活动为主。民进石狮总支部会同绿洲读书社，每年做好《书馨》编印和刊发，为会员展现文化风采创造平台，全面提高会员的整体素质。

【民促会员风采 Member elegant demeanor】　2016年，会员在各自的岗位上做出可喜的成绩。会员吴晓慧录制的录像课《我爱这土地》获第六届全国课程标准《语文》“优秀录像课”评选一等奖。会员吴纯良撰写的《基于GeoGebra探究高考中函数零点问题》论文在福建省中小学教师优秀课例包征集评选第二期活动中获二等奖、论文《基于GeoGebra开展高中数学实验教学的时间与思考》获福建省第12届“新理念、新资源、新探索”信息技术与课程整合三优联评论文类三等奖，会员刘文角被泉州市人事局授予“泉州市十佳财务总监”称号。

（彭玉琪撰　林晓晖审）

中国农工党石狮市总支部委员会
The General Branch Committee of Chinese Peasants and Workers Democratic Party of Shishi City

【概况 Generals】　2016年，中国农工党石狮市总支部委员会发展到101人，其中女党员41人，本科及以上学历72人，大专18人，高中（中专）10人。11月24日，完成换届，新一届领导班子由主委李灿新、副主委邱清雄、王荣柏、洪志向等组成。党员中有正高职称4人，副高职称26人，担任石狮市人大代表2人，石狮市政协常委1人，政协委员6人。在农工党成立85周年之际，组织党员赴广东惠州邓演达、叶挺烈士纪念馆等地，接受革命再教育，进一步了解党史，更激发党员们强烈的爱国热忱。

【农工自身建设 Self construction】

2016年2月，党员何晖炯加入福建省书法家协会；连毅端的《必修5的两个有趣数列》发表在《中学数学杂志》上，洪琴被评为石狮凤里社区卫生服务中心优秀工作者，尤雅丽被选为泉州市人大代表，李灿新、王荣柏在农工党泉州市委换届中，被选举成为新一届常委。石狮市医院多名党员撰写多篇学术论文，发表在相关的医学刊物上。

【农工参政议政 Participation in Politics】

总支部在市政协七届一次全会期间报送提案23篇，内容涉及环境保护、旅游医卫、城乡建设、公共交通、教育等。李灿新、林其波、邱清雄、林秀钦、李秉隽、洪志向、王荣柏、尤雅丽等党员分别受聘为石狮市公安局、教育局、人力资源和社会保障局、市政府办公室、市财政局等单位的党风廉政监督员、机关效能监督员、行风评议员；邱清雄、洪志向等被市人大聘为石狮市法院人民陪审员。

【农工服务社会 Serve the society】

第27届国际科学和平周期间，中国农工党石狮市总支部委员组织党员到鸿山福能热电厂参观学习，并到其宿舍区开展义诊和扶贫活动，到新湖社区进行义诊送药，取得良好的社会反响；在“国际环境保护日”期间，与市志愿者协会联合到宝盖山进行清扫垃圾及相应的宣传活动。开展每年的金秋助学活动，捐资帮助石狮实验中学、石狮五中四名品学兼优的贫困学子。

（邱清雄撰　李灿新审）

中国致公党石狮市总支部
China Zhi Gong Party Shishi City General Branch Committee

【概况 Generals】　致公党石狮市总支部党员75人，由7人组成总支部委员会。成员中男40人、女35人；研究生学历3人、本科学历42人，大专学历13人；具有高级职称15人，中级职称26人。担任泉州市人大代表1人，泉州市政协委员1人，石狮市政协委员5人（其中常委1人），受聘为各级机关特约人员6人。担任镇侨联主席1人、副主席1人。

【致公党自身建设 Self construction】

1月29日，主委施文坛参加致公党泉州十届七次全委会议，总结致公党泉州市委会2015年工作取得的成绩和存在问题并提出今后的工作目标。

5月7—8日，致公党石狮市总支部组织党员赴宁德霍童开展爱国主义教育并赶赴福鼎市赤溪村开展精准扶贫的考察。为期两天的考察活动，党员们重温光荣的革命历史，感受深厚的文化底蕴，收获颇丰。11月24日，致公党石狮市总支部在豪富华酒店附楼三楼召开总支部第二次党员大会，大会完成各项议题，选举产生第二届委员会委员7名，施文坛当选主委，吴曙军、何世宁、姚道锡当选副主委，吴丽欣、翁育珊、曾建美当选委员。

【致公党参政议政 Participation in Politics】

围绕市委市政府中心工作履行参政党职能。2016年，调研报告《关于坚守实业促转型　推进实业强市的建议》《关于让“营改增”更接地气　促进旅游业发展的建议》报送市政协。

3月25日，石狮市政协确定的重点提案共4件，其中的两件是由致公党总支部提交的《关于做实旅游产业助推石狮市新一轮经济发展的建议》和《关于建立石狮市革命烈士纪念馆（陵园）的建议》，总支部提案共17件，提案质量明显提高。12月14日，政协七届一次会议上总支部提交《关于积极推广运用PPP模式创新财政投融资机制的建议》等24件提案，内容涉及教育、旅游、环境保护、城乡建设等方面，其中《关于积极推广运用PPP模式创新财政投融资机制的建议》在本政协会上作大会发言，得到与会领导的肯定，参政议政工作上新台阶。6月29日，总支部主委施文坛及政协提案委就总支部重点提案《关于建立石狮市革命烈士纪念馆（或陵园）的建议》与石狮市委社会工作部部长进行沟通，详细了解提案的承办情况。

【致公党服务社会 Serve the society】

3月4日，“情暖定西”爱心行动是为甘肃省定西市留守儿童募集保暖衣物和物品的活动，致公党石狮市总支部提供价值6000元156套书包文具。

4—5月，石狮市留学人员暨归国

创业人员联谊会会长、致公党副主委姚道锡牵头成立石狮市留联定点扶贫工作小组，开展寿宁县下党村精准扶贫计划，通过爱心募捐、慈善拍卖等多种形式筹集善款和物资，为下党乡的贫困儿童及教师送去爱心。8月25日，致公党石狮总支部与石狮百德业主委员会高岗委员商谈“致公学校”进百德活动的相关事宜。“致公学校”将通过开展教育倡导、文化娱乐、公益服务等多种形式的社会服务活动，丰富居民业余生活、满足居民生活需求，收集社情民意，并通过一定渠道反映居民诉求。

【致公党海外联谊 Contact overseas friendship 】　总支部拓展海外联谊工作，与“五侨”有关单位开展《中华人民共和国归侨侨眷权益保护法》及福建省实施办法的宣传。在政协会议上提交《关于落实旅居华侨房屋翻建的建议》，得到上级相关主管部门的肯定，并为福建省制定侨务政策提供参考意见，为广大的华侨及归侨侨眷争取权益提供保护。

利用“4•18”海博会活动平台，参与海外侨亲的接待工作，宣传石狮市良好的投资环境。2月27日，应菲律宾致公党中吕宋支部换届的邀请，致公党石狮市总支部发贺信祝贺换届取得成功。3月14日，法属波利尼西亚中国和平统一促进会会长、大溪地洪门致公总堂副主席、海外致公联谊会（大溪地）会长萧桂芳访问致公党石狮市总支部，总支部主委施文坛与萧桂芳进行友好交谈。萧桂芳对拜访致公党石狮市总支部感到十分高兴，并诚挚邀请施文坛主委及致公党党员访问大溪地洪门致公总堂，希望今后双方能进一步加强交流与合作。4月2日，以陈兴艺为团长的菲律宾中国商会纳卯分会回国考察访问团一行15人访问石狮市，并与致公党石狮市总支部主委施文坛、副主委孙白薇、委员吴丽欣、吴为永进行友好交谈。

（施文坛撰、审）

九三学社石狮市委员会

The Shishi Municipal Committee of Jiusan Society

【概况 Generals】　2016年，九三学社石狮市基层委员会发展新社员3名，现有社员53名，其中女社员14名。社员中正高职称5名，副高16名，中级31名，本科1名；主要由从事医学卫生、工程技术、电子技术，教育、艺术、经济等行业人员组成。其中泉州市人大代表1名，泉州市政协委员1名，受聘泉州市人民检察院党风监督员、人民监督员各1名，泉州市人民检察院刑事申诉案件公开审查听证员1名，泉州市农经委咨询委员1名；石狮市政协常委1名，政协委员3名，石狮市人民政府机关效能监督员1名，受聘于石狮市人民法院党风廉政监督员1名，石狮市人民检察院人民监督员1名，石狮市人民政府机关效能监督员1名，石狮市人民法院、环保局、住房和城乡规划建设局特约人员各1名，统战部党风廉政监督员1名，石狮市监察局特约监察员1名，石狮市食品药品监督员1名。林辉煌社员当选为石狮市第七届人民代表大会常务委员。

【九三学社自身建设 Self construction】　2016年，九三学社石狮市基层委员会发挥参政党的独特优势和作用，为助推“创新转型，实业强市，加快建设宜居宜业滨海城市”发展战略建言献策。为社员征订《民主与科学》和《福建九三》等刊物，通过九三纪念日、新春座谈会、播放九三楷模录像等及与兄弟党派学习交流等多种形式，让社员了解形势，熟悉政情，提高参政议政的积极性。注重推荐社员骨干参加省市各级培训学习，选派副主委王克锰、支委李庆洪参加泉州社会主义学院举办的民主党派基层组织负责人、骨干培训班学习。

2016年1月23日，九三学社石狮市基层委员会在民主党派机关服务中心会议厅召开全体社员学习讨论会。贯彻实施人才强社战略，将发展高素质社员作为工作重点，发展新社员3名（研究生、硕士、大专各1名）。

11月25日，九三学社石狮市基层委员会第二次全体社员大会在石狮豪富华附楼三楼召开，完成第二次换届全部议程。大会选举产生以黄刚为主任委员，郑海滨、王克锰、戴鹏章为副主任委员，邱筑江、李庆洪为委员的第二届基层委员会。

【九三学社参政议政 Participation in Politics 】　2016年，九三学社石狮市

九三学社石狮市基层委员会向永春县坑仔口魁斗小学捐助电脑10台

（图／九三学社石狮市基层委员会）

基层委员会坚持围绕中心，服务大局的原则，运用政协提案、调研报告等形式，组织社员开展课题调研，反映社情民意，在2016年石狮政协六届六次会议上，递交团体提案25篇，个人提案5篇，调研报告1篇及泉州人大建议1篇，共34篇，主要反映城市建设、旅游资源开发、物联网智能产业发展、医疗卫生、食品安全、交通安全及发展新能源等领域的政协提案及调研报告。其中由社员吴少游主笔《关于健全石狮市社会救助体系的几点建议》的调研报告，经石狮政协报送泉州政协，并在泉州市各级领导参加的政协专题协商会上由市政协副主席吴清木在会上作为发言材料。2016年7月21日，副主委王克锰撰写的《关于加快整合石狮沿海旅游资源 打造滨海景观走廊的建议》提案，在《石狮日报》第二版政协之窗委员访谈篇刊出采访篇“整合石狮旅游资源，打造滨海文化景观走廊”。这些提案和调研报告对推动石狮经济发展、促进社会和谐起到积极作用。

2016年，九三学社石狮市基层委员会上报九三学社泉州市委员会、中共石狮市委统战部信息13篇，其中，《关于新建医院周边预留养老院用地的建议》被九三学社中央采用。

【九三学社服务社会 Serve the society】

2016年，利用社员自身优势，参与专家服务团进社区、进乡村、进学校等义诊咨询、健康讲座活动；参与“文化、卫生”下乡等活动，为群众送文化献爱心。社员王克锰参加石狮市政协机关组织的每年一次深入农村、文化扶贫的慈善爱心行动，前往永宁镇塔石村开展“2016年迎春文化卫生下乡活动”，向村民现场写赠春联、义诊送药、流动图书车送书、慰问困难群众等活动。

在九三学社泉州市委主委王祖耀带领下，主委黄刚，副主委王克锰代表九三学社石狮市基层委员会在九三学社泉州市委会大厅向永春县坑仔口魁斗小学捐助电脑10台，提升学生的学习平台，促进贫困乡村小学教学事业发展。

（王克锰撰　黄　刚审）

台湾民主自治同盟石狮市支部委员会

Taiwan Democratic Self-Government League Shishi City Committee

【概 况 Generals】　2016年，台湾民主自治同盟石狮市支部有盟员19人，其中女盟员9人。盟员中具有高级职称3人，中级职称10人，主要由从事医药、卫生、教育、金融等行业人员组成。盟员中有泉州市政协常委1人，石狮市政协常委1人，政协委员1人，受聘担任泉州、石狮各部门特约监督员4人。

【台盟自身建设 Self construction】

2016年，支部以中共十八届五中、六中全会精神传达学习为重点，先后召开“总书记习近平对台工作重要讲话精神学习会”“总书记习近平七一重要讲话精神学习会”“中共中央关于加强政党协商的实施意见学习会”“石狮市党代会精神学习会”等八场专题学习会。支部组织骨干盟员参加台盟泉州市委举办的盟员暑期培训班，听取省社科院台湾研究所所长吴能远、省政协信息处副处长廖建江等四位专家、学者的专题讲座，支部组织骨干盟员参加中共石狮市委党校统战理论培训班的学习培训，使盟员的整体素质得到很大的提升。2016年11月，支部召开第四次盟员大会，选举第四届支部委员会，完成政治交接，叶心凤当选为新一届支部委员会主委。

【台盟参政议政 Participation in Politics】

在石狮市政协六届六次会议上，支部提交政协提案36件，政协大会发言1件，其中由盟员叶铿铿执笔的《调整石狮市学前教育发展规划、加快发展学前教育的建议》被确定为重点提案。支部全年向上级部门提交调研报告4篇，反映社情民意信息5件。上报支部活动信息13条，其中由盟员叶铿铿执笔的《加快闽台电子商务交流与合作的思考》的调研报告被收入泉州市党外人士建言献策论坛文集，并被台盟泉州市委转化为泉州政协党派提案。2016年，支部领导班子成员及担任各类特约监督员的盟员参加市委、市政

石狮市第26次“全国助残日”义诊活动　　（图/台盟石狮市支部）

府及各部门的征求意见会、情况通报会、座谈会、民主协商会及各种视察、调研、重点提案回访等15场次，多次组织骨干盟员参加台盟泉州市委举办的社情民意信息工作会、台情研讨会和盟员议政日活动。

【台盟主要活动 Main activities】　支部发动全体盟员参加台盟泉州市委开展的“纪念孙中山先生诞辰150周年”征文活动，盟员叶铿铿、陈文标、叶心凤、姜琪琪四篇征文分获一、二、三等奖，盟员叶雅莉、洪静波、颜蕴宜获征文优秀奖。组织盟员到厦门通士达光影体验馆参观学习，组织盟员参加台盟泉州市委举办的读书报告会等多项活动。

【台盟服务社会 Serve the society】

2016年，支部组织医务界盟员二次参加市残联、市中医药学会等组织的爱心义诊活动，深入石狮灵秀港塘村、锦尚卢厝村为老年人和残疾人免费检查身体，诊疗疾病，赠送药品及开展卫生保健知识讲座，以实际行动关爱社会弱势群体，为社会和谐做出自己的贡献。2016年，14号强台风“莫兰蒂”给泉州地区造成严重损失，支部响应台盟泉州市委号召，发动盟员向德化地区捐资2000元，支援灾区灾后重建工作，支部响应台盟福建省委关于向政和县石屯镇文化馆图书室捐书的倡议，发动盟员向台盟福建省委对口帮扶点捐赠首批图书。

（叶铿铿撰　叶心凤审）

市工商联（总商会）
Association of Industry and Commerce of Shishi City

【执委会换届 Executive committee change】　2016年，市工商联紧扣“两个健康”主题，进一步理清发展思路，服务民营经济发展大局，服务会员，较好履行工商联职责，取得一定成效，被省工商联评为全省“五好”县级工商联。

做好执委会换届工作。为使工商联执委会更具代表性、广泛性，本次执委会根据基层商会、行业商会（协会、公会）、异地商会及市行业经济发展现状，确定执委会名单，市工商联（总商会）第六届执委会有正副主席（会长）34名，常委83名，执委251名。12月10日，举行石狮市工商业联合会（总商会）六届会员代表大会，选举产生新一届执委会班子，建德国际控股有限公司总裁蔡建四当选为新一任（总商会）主席（会长）。

12月10日，举行石狮市工商业联合会（总商会）六届会员代表大会　（图/工商联）

【行业商会 Set up industry chamber of commerce】　2016年，市工商联引导到届的行业商会（协会、公会）、异地商会做好换届工作。5月28日，石狮市安溪商会第二届会员代表大会暨理（监）事会就职仪式举行，林金文当选为商会第二届会长。7月22日，召开成立大会，成立石狮市惠安泉港台商区商会，萧惠扬当选为首届会长。8月18日，石狮市电商务协会第二届理事会召开，汪建聪连任会长。

【反映企业情况 Reflect the enterprise situation】　2016年，市工商联参政议政与调查研究，反映行业、企业呼声。8月16日，召开市工商联（总商会）主席（会长）会议，现场向与会嘉宾征求对政府服务、经济发展、创新转型、实业强市等方面的有关意见和建议，并及时反馈市委市政府和相关部门。引导会员与相关部门互动。推荐企业家担任党风廉政监督员。配合检察院建立知识产权联系点、非公联系点。2016年，分别建立电商协会“知识产权司法保护工作室”和布料同业公会的“服务非公经济联系点”。

【服务企业会员 Service enterprise members】　深化企业服务事务所工作，为中小企业提供从注册登记到开业等全程免费代办服务。2016年，石狮市企业服务事务所全年免费为全市1581家企业协助完成公司设立等手续（已办结），平均每个工作日办结5家。该事务所从创办之初的第一年，日均办结1家，到2016年日均办结5家，成为石狮市重要的中小微企业公共服务平台。

举办基层商会、行业商会秘书长培训班。6月13—18日，组织基层商会、行业商会（协会、公会）秘书长及联络员赴重庆大学开展异地培训，学习重庆市在新兴产业发展、传统产业转型升级、现代商务模式创新等发展经验，参观高新科技企业京东方、重庆综合保税港区等先进企业和园区，提升市基层商会、行业商会秘书长的发展观念、管理理念，增强改革创新意识，提升服务地方经济、行业经济发展的能力。

2016 年，市工商联协助开拓市场。发挥商会资源作用，各行业商会（协会、公会）、异地商会、会员企业开拓市场。组织石狮市在外异地商会会员参加 418 海博会。组织各地商务考察团深入会员企业考察，探寻合作良机。8 月 9—11 日，组织会员企业赴兰州考察，了解“丝绸之路经济带”建设产业调整、规划，及兰州的投资环境、政策、项目等方面的情况。

1 月 21 日，市工商联到市慈爱老人福利院慰问居院老人　（图 / 工商联）

【公益活动 Public welfare activities】

2016 年，市工商联开展光彩事业，“精准扶贫”活动。组织宝盖商会、锦尚商会、鸿山商会、祥芝商会、蚶江商会、永宁商会、湖滨商会等 7 家商会与永春县东关镇东关村、岵山镇磻溪村、锦斗镇洪内村、桂洋镇新岭村、蓬壶镇联星村、玉斗镇白珩村、蓬壶镇丽里村等 7 个贫困村结对，对结对村的贫困户开展助学、助困等帮扶行动。参与石狮市“光伏发电”扶贫项目。组织北京市石狮商会、厦门市石狮商会、上海市石狮商会、福州市石狮商会、石狮市金银珠宝首饰同业公会等 5 家商会参与石狮市“光伏发电”扶贫项目。

以各商会组织为载体，引导企业家献爱心。1 月 21 日，携泉州市染整清洁生产技术创新战略联盟、石狮市安溪商会等到市慈爱老人福利院探望 60 多位居院老人，并送上慰问金。

【加强与商会联系 Strengthen the contact with the chamber of commerce】　2016 年，市工商联加强与异地商会、兄弟商会联系，组织与外地商会对接。接待四川双流工商联、贵州毕节市工商联、江西赣州工商联等各地商务考察团，组织企业家与考察团座谈，交流两地产业发展情况，探寻合作良机。为深入开展闽宁合作，加强区域经济交流。12 月 11 日，市工商联与宁夏同心县工商联（总商会）缔结为友好商会。加强与外地商会联系，参与金华市泉州商会、钦州福建商会、四川省闽南商会、江苏省吴江区泉州商会等异地商会的成立与换届庆典，了解当地市场环境，开展招商引资、回归工程。

市工商联加强驻外异地商会建设。2016 年 1 月 3 日，成立福州市石狮商会，傅金镇任首届会长。发挥驻外异地商会作用，多次联合驻外异地商会举办活动。春节期间举办京沪厦石狮商会新春联谊座谈会，邀请世界各地的石狮精英欢聚一堂，共叙乡情、共话商机。

（谢鸿波撰　陈伟祥审）

（图/颜华杰）

工 会

Shishi Municipal Federation of Trade Unions

【保障职工权益 Safeguard the rights and interests of the worker】 2016年，石狮市总工会服务改革发展、服务职工群众。2016年1月6日、6月10日，《工人日报》头版头条专题报道石狮市职工维权“一体化”基地、非公企业工会主席轮值制的经验做法；11月10日，04版以“用真心赢得职工情”为题整版专题报道石狮市总工会以职工需求为导向实施精准服务。2016年3月、9月，石狮市总工会服务农民工工作分别在省总工会全委（扩大）会议和困难职工解困脱困工作会议上作经验交流。7月8日，全省法院、工会推进职工维权工作现场推进会在石狮召开，交流推广石狮市“一体化”基地建设经验。

【工会四季送温情 Four seasons send warmth】 “春送岗位”：农民工可随时走进各级工会服务中心（站），接受就业培训、指导和职业介绍等服务；锦尚镇等总工会与相关单位联合举办企业用工招聘会，帮助失业职工、农民工提供更多的就业机会。“夏送清凉”：石狮市总工会安排10万元经费，为高温作业的一线职工开展“送清凉”（凉茶、蜂蜜等）慰问活动；补助支持基层工会开展防暑降温活动，凤里街道总工会送出350份爱心水杯，宝盖镇、永宁镇、祥芝镇总工会分别各送出200多份防暑降温药包、防暑降温保健药品和加多宝凉茶。市、镇两级总工会分别设立100多个凉茶饮水点。“秋送助学”：8月下旬举行“金秋助学”助学金发放仪式，向81名品学兼优的困难职工子女，发放24.35万元助学金，帮助他们跨进高等院校继续深造。“冬送温暖”：制定困难职工档案管理工作制度和帮扶专项资金管理使用办法，把日常帮扶工作与两节集中送温暖活动有机结合起来。2016年，市职工服务中心帮扶253名病困职工，金额达60.75万元。第十期职工医疗互助组织528家单位63173名职工参加，期间补助患病职工741人次，发放补助金151万余元，并向48名大病职工发放近5万元大病补助金。

【职业培训 Vocational training】 石狮市总工会深入企业，了解企业和职工学习需求，组织开展职工技能培训、技能竞赛、技能帮带、技能晋级和创业帮扶“五位一体”的职工素质提升活动。2016年7月，省人大常委会副主任、总工会主席张广敏一行考察石狮日报社职工夜校，对石狮市职工夜校培训和职工再教育工作给予肯定和表扬，认为值得在全省进行推广。

重点推行“菜单式”选课培训。根据职工选课情况先后深入企业举办电子商务、会计、汽车修理工、服装制作工、纺织针织染色工、家政服务员、幼儿园育婴师和保育员等八大类“菜单式”培训，深化“送师资送培训进企业”，共培训300多人次职工。培育职工培训基地示范点有富贵鸟公司、富兴包装公司、鹏山工贸学校、淘宝大学等4家，采取职工夜校、周末学校的形式组织开展企业职工培训，全年举办培训30多场次，2000余人参加。

【产业职工技能大赛 Industry workers skills competition】 举办第六届产业职工技能大赛。与人社局联合办好闽菜厨艺、青年医师、临床教学查房、邮政职业、反洗钱业务、叉车司机、电力行业、纤维分析工、警务技能、氨机工以及电子商务等11大项的特色行业职工岗位练兵、技能竞赛，共有500多名专业技术人员参与技术比拼。

开展“名师带高徒”帮学活动，在各行各业特别是非公企业中选拔、推荐400对“名师”与“徒弟”结成师徒对子，通过签定师徒传帮带协议，进行定期目标化培养，促进职工岗位成才。推动职工技能晋级和学历教育，与泉州市纺织服装职业学院联合开办服装与服饰设计专业；与泉州市形象设计协会、万众商学院联合开办高级形象设计师国家职业资格认证班，发动企业在职职工报名学习、培训，并考取专科毕业证书和职业资格证，培养一批服装行业（企业）发展所需的技术人才。

【扶持农民工创新创业 Support the rural migrant workers in innovation and entrepreneurship 】 根据泉州市总“农民工创业扶助工程”，确立电子商务、制造业、农业等领域5家农民工创业扶助项目，在分别给予每家5万元（共计25万元）经费补助的同时指导各创业扶助基地实施创业，组织开展创业培训和交流活动，以创业带动就业。

【职工婚恋服务 Worker's love and marriage service 】 石狮市总工会致力打造“缘在工会”职工婚恋服务品牌，继续被列入市“十大文明新风”行动项目之一，在石狮人民广播电台开办“缘在工会”电台栏目，建立“缘在工会”交友微信群，每月由各镇（街道）总工会轮流开展“缘在工会”未婚职工联谊活动。10月27日，世茂·摩天城举行“缘聚狮城·恩爱永恒”2016年石狮市集体文明婚礼，46对新人在市领导的证婚下喜结连理，为新生代农民工线上线下相识、相知、相恋搭建平台。

【帮扶救助 Helping hard workers 】

石狮市各级工会纷纷组织开展形式多样的暑期职工子女关爱、帮教活动，市总工会与市委文明办、教育局联合开展“学长征精神、做红色传人”中小学生暑期电影展映活动，组织全市14所中小学校学生免费观看红军长征题材的优秀电影；与永宁镇总工会联合组织20对（40名）企业优秀员工暑期“古卫城亲子之旅”。凤里街道总工会组织30名职工子女开展夏令营暑假作业辅导、健身趣味活动、社会实践等；蚶江镇总工会联合洪窟警务室、闽南理工学院志愿者为近百名外来工子女开展暑期义务助教活动；锦尚镇总工会与卢厝村工会联合为100多名农民工子女开办五祖拳暑期培训班。

【开展职工教育和文体活动 Carry out staff education and entertainment 】

举办第15届“四海一家亲”活动，除夕夜邀请500名留石狮过年外来工同吃年夜饭、共赏贺岁大片、免费拨打长途电话等一系列活动；在星期YI创意园举办职工婚恋主题摄影展，并邀请知名书法家现场书写春联、赠送农民工。石狮市总工会召开庆“五一”纪念表彰大会，表彰20个石狮市先进职工之家（小家）以及100名企业优秀员工，各镇（街道）总工会纷纷组织开展表彰先进、举办职工歌唱、文艺汇演和趣味游戏等活动。从11月起，举办第四届职工运动会，陆续开展游泳、钓鱼、羽毛球、围棋、太极拳、足球等6项赛事。

【职工书屋 Reading room for workers 】

2016年，石狮市基层工会重点培育4家“职工书屋”示范点，在市总工会网站开通电子“职工书屋”，并上线运行手机版“职工书屋”。组织开展“书香工会·职工悦读”活动，市职工活动中心图书馆添置电子书借阅机；向企事业单位职工赠送近400册图书；并发起好书征集活动，购置推荐人气较高的1000种新书，丰富工会图书馆藏书、供职工借阅，在职工中传播阅读新理念，养成乐读书、多读书、读好书的良好习惯。

【安全生产培训与教育 Production safety training and education 】 在石狮市非公企业、职工中发起以“教育培训强基础 隐患排查保安康”为主题的“安康杯”竞赛活动，将“安康杯”竞赛活动有效融入到安全生产工作当中，广泛开展安全管理培训、维权宣传、安全知识网络问答送流量、安全隐患随手拍等各项安全文化活动，不断增强职工安全的健康意识和技能素质。

【劳动法律宣传咨询 Labor law publicity and consultation 】 总结推广职工法律维权“一体化”经验。石狮市总工会2016年1号文下发《关于推广宝盖镇

9月21日，石狮市总工会在星期YI服饰创意博览园举行《我的城市·我的家》新书首发仪式
（图/总工会）

职工法律维权“一体化”基地建设经验的通知》，指导各工业园区设立职工法律教育培训中心和职工服务中心，劳动争议调解室、仲裁室、劳动法庭和法官工作室，以及青少年帮教点，把维权服务送到农民工“家门口”。在总结推广“一体化”经验的基础上，培育一支具有专业知识的劳动关系协调师队伍，在各镇（街道）职工服务中心建立劳动关系协调师工作室以及探索购买社会法律服务助力职工依法维权。7月8日，全省法院、工会推进职工维权工作现场会在石狮市召开。省人大常委会副主任、省总工会主席张广敏在全省法院、工会推进职工维权工作现场推进会对石狮市职工法律维权“一体化”给予肯定。

【我的城市我的家 My city my home】

9月21日，石狮市总工会在星期YI服饰创意博览园举行《我的城市·我的家》新书首发仪式，作家现场谈创作体会，并签名赠书。该书是由省总工会党组书记、副主席丁文清带领省内知名作家到石狮实地采风，历时大半年编撰而成。《我的城市·我的家》通过生动的文字、翔实的数据，将石狮工会组织精准服务农民工与外来务工者、创业人员在石狮成长奋斗的故事巧妙结合起来，艺术再现外来人员在石狮落地生根、安居乐业的情景。

【关怀职工新举措 Take care of employees】

针对职工工作压力大需要排解，以及职工子女课后照顾不过来等现实情况，石狮市总工会致力于打造职工心理健康服务中心和职工子女4点半活动中心等精准服务关怀职工项目，职工心理健康服务中心形成建设方案，并向全国、省、泉州市总工会分别作汇报；职工子女4点半活动中心试点建在回兴路与嘉禄路东路交叉口卡都广场三楼，并试行接收第一批（31名）职工子女。这两个项目被列为2017年为民办实事项目，届时在市职工活动中心三楼创建职工心理健康服务中心，为广大职工开展心理健康知识普及，心理健康测试、评估和疏导等工作；推广职工子女4点半活动中心试点建设经验，成熟一个，建立一个，面向附近小学的职工子女提供放学接送、作业辅导、书香伴读、兴趣培训等服务内容。

【职工服务体系建设 Worker service system construction】　推进职工服务卡“普惠”服务。石狮市总工会职工服务卡发行近3万张，市总工会与工商银行石狮支行（职工服务卡合作银行）联合在全市9个镇（街道）辖区企业陆续开展下企业激活职工服务卡，对职工身份证、指纹等信息进行录入，激活后可以让职工服务卡用起来。职工服务卡功能得到进一步凸显，职工凭卡可享受工会法律援助、困难帮扶、就业创业培训、图书借阅等免费服务，以及购买、充值公交卡8折，职工医疗互助床位补贴从30元/天提高到50元/天等公共服务普惠政策和一批特约联盟商家优惠折扣。

【弘扬劳模精神和“工匠”精神 Carry forward the spirit of labor model and the "craftsman" spirit】　2016年6月，泉州广播电视台播放《兵来“匠”挡——服装设计师篇》，通过生动活泼的竞技比试展示石狮市服装设计师的特殊技艺较量，发扬精益求精的工匠精神。“五一”期间在《石狮日报》开辟专版《秉承工匠精神　深耕班组建设》，宣传石狮市先进基层工会（班组）和优秀职工，以及企业班组长的成长成才故事，再现各行各业“石狮工匠”平凡美、力量美和技术美。在市区主要道路（福辉路）两旁13个公交站牌建设“劳模宣传一条街”，作为劳模宣传常态化平台，首批选登10位事迹突出、代表性强的劳模以及各1家劳模创新工作室、全国“五一”劳动奖状、全国工人先锋号，展示其风采、介绍其精神；在每年5月、10月等重要时间节点不断更新劳模精神主题宣传，通过树立亲和、鲜活的新时期劳模形象、在全社会营造学习劳模、关爱劳模、崇尚劳模、争当劳模的良好氛围。

【工会经费专项督查 Labor union funds special examination】　根据《石狮市开展“1+X”专项督查、推动中央八项规定精神深入落实的工作方案》要求，市总工会组成审计组对市工会经费管理使用情况进行督查，实地核查9个镇（街道）总工会及其机关工会和15个市直系统工会、13个市直单位机关工会2016年的会计凭证、账簿、银行对账单、工会会员名册等有关工会财务会计资料。推动市直各系统工会对下属机关事业单位工会和国有企业工会进行专项督查，确保中央八项规定精神在工会系统落实到位。

【市政府与市总工会联席会议 Hold the meeting of municipal government and municipal labor union】　2016年12月14日，市政府代市长黄春辉在公务大厦1001会议室主持召开2016年市政府与市总工会联席会议。会议议定以下六方面内容：关于按一定增长幅度计提工会经费问题。由市财政拨款的普遍建立工会组织的机关事业单位每年计提工会经费增加至370万元，拨至市总工会（再由市总工会逐级上缴至上级工会）。关于各镇（街道）普遍建设职工活动阵地问题。在旧城改造过程中，经市政府同意后把部分余留的房产优惠转让、出租给工会，建设职工活动场所。关于分级补助职工医疗互助参保费用问题。由市财政补贴非公企业职工缴纳12元职工医疗互助参保费用（每期参保约6万人），每期（从当年10月1日到下一年9月30日）所需经费约72万元（届时按实际参保数计算），形成“市财政补贴12元、市总工会补贴12元，企业为职工缴纳12元”的非公企业职工免费参保模式。关于将关怀职工精准服务项目纳入为民办实事项目问题。将市总工会打造职工心理健康服务中心和职工子女4点半活动中心等关怀职工精准服务项目纳入2017年为民办实事项目。关于争取全省工会港澳台交流工作试点问题。请公安局、侨台外事局依法为市总工会与港澳台工会交流工作予以支持、提供便利。关于推广职业安全卫生防护“工具包”问题。由市总工会与市安监局等职能部门合作，形成推广合力，选取若干典型企业开展试点，并逐步在市非公企业中广泛推广。

【基层工会干部集训 Primary trade union cadres training】 石狮市总工会把基层工会干部培训作为一项重要战略任务来抓，与市委党校联合举办以“如何做好新形势下工会工作”为主题的工会主席、工会专干研讨班。2016年11月18—30日，通过脱产集中授课和异地现场教学的培训方式，组织近40名基层工会干部进行为期13天的集中培训、深入研讨；先后举办工会劳动保护、职业病防护知识以及工会财务与经审业务等培训活动；组织120多名企业工会主席参加泉州市总工会举办岗位知识网络培训班，并分批组织岗位知识考试，不断提升基层工会干部的工作水平和履职能力。

（吴斌儒、王文霞撰 王春炜审）

共青团

Shishi Municipal Committee of the Communist Youth League of China

【概 况 Generals】 2016年，团市委围绕党政中心和上级团委工作要求，推进各项工作，并承办省青年创新创业大赛，获团省委书记宿利南肯定。在各项工作中，涌现出一批创先争优的典型单位和个人，获泉州市级以上97个，其中省级以上30个，团市委、青商会负责运营的狮城青年创新创业孵化中心获评石狮首个国家级“众创空间”并入选泉州市首批“台湾青年就业创业基地”，团市委常委、青年志愿者分会会长王东育获“第11届中国青年志愿者优秀个人奖”，公安局团委书记蔡海炳获评“中国青年好网民”优秀故事。被各级媒体报道137次，其中国家级媒体2次，省级媒体7次，泉州级媒体40次；其中头版36次。

【团市委送温暖活动 Carry out activities to send warm】 2月3日，组织电力公司团委、青商会团工委慰问欠薪青年工人，团市委书记邱雪亮参加活动，《中国青年报》进行专题报道。3月8日，组织近40名“阳光太太”志愿者专程前往永春县石鼓镇分别到东安小学、文明中学开展“阳光照他乡”爱心慰问行动，发放爱心衣物370件（套），慰问金3万元。5月8日，联合“阳光太太”志愿者协会发起设立泉州师范学院“助困圆梦基金”，泉州师范学院党委副书记高云程、副校长陈亚兵，石狮团市委书记邱雪亮、副书记李斌，“阳光太太”志愿者协会会长林丽娜出席活动。

5月28日，团市委组织18名青商党员开展“走进苏区瑞金·筑梦留守儿童”主题活动，党员们为万田乡井陇小学留守儿童送“六一”慰问金并签订15名留守儿童结对帮扶协议，提供连续五年资助。党员们重走苏区路，参观“一苏大”会址。9月21—23日，联合青商会举办“米兰计划·育苗工程”结对助学行动走访，新增助学对象10名。截至2016年发放112万元助学金资助56名学生。

11月3日，举办相约“星梦缘”关爱星星的孩子活动，志愿者们通过趣味游戏的形式与星梦缘里的20多位自闭症孩子进行零距离互动。11月4日，联合青商会在祥芝大堡小学举办第三届“爱心图书馆”征文比赛，本次征文比赛以“我最喜爱的一本书”为题，吸引全校学生的共同参与。经过层层筛选，有99篇优秀作文脱颖而出，其中一等奖9名、二等奖18名、三等奖27名、优秀奖45名。

11月18日，举办主题为“我们离星星的孩子这么远，这么近”的关爱自闭症儿童活动，共有20多名自闭症儿

“第四所爱心图书馆——塘园小学”揭牌仪式 （图/团市委）

"狮城青商·卡飒杯"青年健行马拉松活动 （图/团市委）

童家长参与。通过案例分享、情景角色扮演的形式让家长们进一步走进自闭症儿童的世界。

12月30日，联合青商会举行"第四所爱心图书馆——塘园小学"揭牌仪式，市政府副市长张汉杰出席揭牌仪式，此次活动捐献图书1万册、配套12台电脑以及20万册电子图书软件。四年来，"爱心图书馆"公益项目累计筹资64万元，购得6万册图书、30台电脑、60万册电子图书，使近5000位学生受益。

【辅导学校青少年活动 Tutoring teenagers school activities】 5月4日，举行泉州市少先队陈燕平名师工作室揭牌仪式。团市委书记邱雪亮、教育系统党委专职副书记涂夏旭、团市委副书记李斌出席活动。5月25日，联合市委政法委、市检察院、市教育局、关工委、综治办和市综治协会举办石狮市第二届中学校园心理情景剧大赛。团省委权益部部长苏贻堆，石狮市预防青少年违法犯罪工作领导小组组长、市人大常委会副主任许赞成，石狮市政府副市长杜举胜出席大赛。部长苏贻堆做指导讲话，副主任许赞成致辞。

6月26日下午，联合市委政法委、市禁毒委、市公安局、教育局、妇联举办"让青春在禁毒中出彩"主题公益晚会。市委常委、政法委书记林天虎，市政府副市长杜举胜出席活动。7月23日，石狮市心理咨询师志愿服务队和石狮市青年禁毒志愿者服务队成立。7—9月，对全市五类重点青少年群体进行排查并开展走访工作，实地走访27名五类重点青少年群体，其中5名服刑人员子女，11名留守儿童，11名不捕不诉青少年。其中，4名受访家庭提出希望得到物质帮助的诉求，10名个案候选。

9月，开展2015—2016学年石狮市"优秀少先队员""优秀少先队辅导员"评选活动。该活动评选出78名"石狮市优秀少先队员"和49名"石狮市优秀少先队辅导员"。

9月20日，由石狮市关工委、司法局、综治办、教育局、总工会、团市委、市妇联联合举办的石狮市第三届"关爱文明·普法先行"——青少年普法教育活动在市第一中学杨孙西纪念大楼举行，石狮市政府副市长李斌、原市政协副主席王有官、市关工委常务副主任孙进荣、市总工会副主席黄梅跃、团市委副书记陈曦、市教育局副局长涂夏旭及近300人参加本次活动。10月11日，召开"2016—2017学年秋季石狮市中学共青团工作会议"，团市委副书记陈曦、教育系统团委书记李涌出席会议，各中学团委书记分别汇报本校共青团工作情况并提出建议。团市委副书记陈曦传达群团工作会议精神及泉州市的贯彻意见，部署2016年石狮市控编团员工作，会上下发《关于做好2016年全市发展团员调控工作的通知》。

10月18日，举办"传承红色基因 争当先锋少年"石狮市少先队新队员入队仪式观摩活动。团市委副书记李斌、市教育系统党委专职副书记涂夏旭出席活动；同日，召开"石狮市2016—2017学年少先队工作会"，团市委副书记李斌，教育系统团委书记李涌、副书记蔡丽锦，泉州市少先队名师、塔前小学校长陈燕平出席会议。会议安排部署全市少先队工作内容，要求各以"一节、两课、三活动"为载体，深入推进"先锋行动"之"红色先锋创建年"系列活动。

10月24—27日，团市委副书记李斌和教育系统党委专职副书记涂夏旭组织全市部分优秀少先队辅导员赴大连观摩学习，学习《少先队活动课的实践与思想》课程，观摩全国十佳大队辅导员孙明湖指导的少先队活动课《少年心向党·唱响中国梦》和中队辅导员杨巍的说课展示，实地考察玉华小学和昌平小学的少先队文化、阵地建设。12月15日，泉州市少先队督查小组到石狮市开展专项督查工作，对第三实验小学、实中附小东明校区、锦峰实验学校、中英文实验学校的少先队工作进行督查。

【纪念五四运动主题活动 Memory of May Fourth Movement theme activities】

团市委主办纪念"五四运动"系列活动。4月17—20日，团市委承办2016年石狮国际时装周。本届时装周以"创意石狮·时尚互联"为主题，举行13场发布秀、5场设计师微论坛，吸引4000多位媒体、名人、自媒体进行宣传，新浪微博阅读量突破1100万次。

5月3日，联合永宁镇党委组织永宁镇党政机关、村社区团员近50名青年在李子芳烈士纪念馆举办“高举团旗跟党走·红色基因代代传”青年瞻仰烈士活动。5月14日，开展“狮城青商·卡飒杯”青年健行马拉松活动，邀请马拉松世界冠军孙伟伟领走，组织1200名青年健走爱好者挑战42.5千米徒步活动，纪念“五四运动”97周年和迎接第6个中国旅游日开展的健行体验。

6—7月，联合市委组织部举办“红色基因·我们传承”石狮市机关青年主题演讲比赛，来自全市各镇（街道）党委（党工委）、市直各系统（局）党委、供电公司党委的25名选手参赛。在6月29日的初赛中，有12位选手脱颖而出进入决赛。来自市公安局党委的吴晖岑获得一等奖，祥芝镇党委的骆铮婉和市直政府综合系统党委的高苗苗获得二等奖，市直教育系统党委的李巧宝、市直机关党群系统党委的王芬芬、市市场监督管理局党委的蔡莹获得三等奖，市宣传系统党委的张昊雯以8920票获得本场比赛的最佳人气之星。本次比赛通过微信对获奖选手的作品进行展示，有8万人参与观看。

【开展大学生暑期实践活动 Carry out college students' summer practice activities】 7月23—24日，团市委联合青年志愿者分会、“阳光太太”志愿者协会举办志愿者骨干培训。特邀台湾中华青少年活动教育协会秘书长郑蕙芬、台湾明道大学极伟活动企划中心主任宋俊伟到石狮，教授志愿服务的团队构建及成长知识，分享志愿服务经验。8月25日，指导石狮市青年志愿者分会举办的青年之声——石狮市暑期志愿服务体验营环保志愿服务行动。50余名第11届暑期志愿服务体验营营员和社会志愿者参加活动。8月25日，指导石狮市青年志愿者分会在石狮市人力资源大厦11楼举办2016年石狮市青年志愿者表彰大会暨第11届暑期志愿服务体验营闭营仪式。

【青商会活动 Activities of youth chamber of commerce】 1月8日，指导青商会召开第三届理事大会暨就职典礼，福建金苑服饰有限公司董事长洪少培当选新任会长。省青年闽商服务中心主任叶周玲，泉州团市委书记林培新、副书记李毓文，朱启平、张贻山、陈贻萍、李丽月等石狮市四套班子领导出席大会，共同启动“青商智慧谷”。2月25日，石狮青商会第30期青商学苑、2016年第一课《互联网领域创业与投资》正式开课。此次课程特别邀请石狮青商会创业导师、著名天使投资人、美图秀秀公司董事长蔡文胜，为百余名石狮青商分享互联网创业投资领域的先进经验与理念。石狮市政府副市长杜举胜、庄宝玲参加活动。

7月20日，指导青商会召开第三届理事会第二次会长联席（扩大）会议，市委副书记庄玉海出席会议并作指导讲话。同日，邀请市委副书记庄玉海调研青商会、狮城青年创新创业孵化中心。

9月21日，海南省委宣传部副部长、海南省文明委秘书长朱寒松带领海南省各县市宣传系统领导到青商会调研，市委常委、宣传部部长林希妍，市委文明办主任黄子仁陪同。

12月14—18日，石狮市召开“两会”。团市委推动政企交流，搭建互动桥梁，共推动青商会会长洪少培，副会长邱文力，常务理事陈健全，理事王佳泽、林世雄等5位青商成为市人大代表；青商会常务副会长洪建树、林荣银，副会长许文煜、邱尚棍、王世炎、林宏钧、黄世集，常务副秘书长蔡国庆，常务理事林清丛、王伟锋、施明晓、吴光淼、刘永盼、李大杰，理事王佳铁、王名用、蔡青峰、蔡洪泽、许昭挺、李栋梁等20位青商成为市政协委员。

12月19日，石狮市市长黄春辉调研青商会，召开关于“创二代青年企业家培养”主题座谈会。市委常委、组织部部长杨德才，市府办主任龚一士、人社局局长廖闽欣、科技局局长陈垂汉、经济局副局长邓莲珍陪同调研。

【青春家园 Youth home】 3月12日，联合市委农办举办石狮市全民义务植树活动暨石狮市青年志愿者植树节活动，朱启平、张贻山、陈贻萍、李丽月

石狮青商会第三届理事大会暨就职典礼 （图/团市委）

狮城青年创新创业孵化中心与泉州师范学院签订产学研共建协议 （图/团市委）

等市四套班子领导，带领市直机关干部、驻石狮部队官兵、市青年志愿者等，到梧园水库开展义务植树活动。3月12日，联合高速公路泉州分公司团委、石狮市第三实验小学组织各镇街、系统团组织及市第三实小的家长和学生们等近千人，在位于石狮北高速路口处的高速公路稽征所内举办2016年“青春家园·魅力石狮”共创青年生态园活动。

6月15日，举办石狮市第八届海峡两岸青年辩论赛总决赛，团省委统战部正处级调研员陈超扬，泉州工商局副局长王新新，泉州团市委副书记李毓文，石狮市委常委、组织部部长上官跃进出席活动。两岸辩手围绕“青年创业，应立足于自身优势还是市场需求”辩题展开激烈的辩论。6月16日，举办“学讲话·话改革·谋发展”石狮团市委机关开放日专题活动，团市委书记邱雪亮、副书记陈曦、副书记李斌，市边防大队副大队长蔡伟荣参加活动。

8月22日，团中央统战部港澳台工作处处长李雪梅到石狮市调研青年统战工作，参访嘉育吉的堡幼儿园、童画少儿美术教育机构、鸿峰环保生物工程有限公司、狮城青年创新创业孵化中心，与港澳台、境外创业青年进行交流座谈。

8月23日，举办石狮市青年文明号创建工作培训，全市各行业青年文明号创建单位负责人共40人参加培训。9月，开展共青团“走转改”下基层调研行动，深入蚶江、鸿山等乡镇街道20余个基层团组织，详细了解基层共青团工作。9月，开展共青团“走转改”下基层调研行动，深入蚶江、鸿山等乡镇街道20余个基层团组织，详细了解基层共青团工作。10月15日，组织328名青年志愿者服务“2016年海上丝绸之路环泉州湾国际公路自行车赛”。

10月28日，泉州团市委书记杨凤翔、副书记李毓文到石狮市调研共青团工作并召开团干部座谈会，石狮团市委书记邱雪亮、副书记李斌陪同。杨凤翔一行参观玉湖社区“石狮市青少年帮教中心”和“四点钟课堂”、市第三实验小学、蚶江供电所、狮城青年创新创业孵化中心。

【“12·5”国际志愿者日"12·5" International Volunteer Day】 12月5日，团市委开展“七彩少年的烦恼”心理健康讲座，近200名学生参加。通过案例分享、情景角色扮演，帮助学生更好的解决青少年时期常见的心理健康问题。

【建设青年创新创业孵化中心 Construction of the youth innovation incubation center】 5月8日，狮城青年创新创业孵化中心与泉州师范学院签订产学研共建协议。石狮青商会常务副会长洪建树与泉州师范学院科研处处长袁建军代表双方签订协议。泉州经信委主任黄国富，泉州发改委副主任傅少明，泉州经信委副主任王春阳、系统党委专职副书记曾钟远等出席活动。

7月17—24日，组织泉州师范学院海洋与食品学院实践队队员共同走访四家石狮海洋生物企业——石狮海星食品有限公司、石狮正源水产科技开发有限公司、福建省八达龙水产有限公司、石狮市瑞兴冷冻食品有限公司。泉州师范学院海洋与食品学院党委书记蔡英卿，石狮团市委书记邱雪亮，石狮团市委副书记、泉州师范学院石狮产学研工作站站长李斌，泉州师范学院化工与材料学院教授谢晓兰、副教授翁文婷，海洋与食品学院团委负责人张晓琳参加活动。

8月10日，团省委副书记陈涛调研青商会、狮城青年创新创业孵化中心。8月18日，团省委组织部副处级调研员李强调研青商会、狮城青年创新创业孵化中心。9月5日，泉州师范学院科研处处长戴聪杰调研狮城青年创新创业孵化中心。10月31日，联合泉州师范学院科研处、石狮市科技局举办“国家千人”教授罗水源纺织服装新技术座谈会，与多位企业家达成合作意向。会后，团市委副书记陈曦、李斌带队走访青商企业，深入了解青商的合作需求。11月11日，泉州市科技局副调研员、重点办主任李成思调研狮城青年创新创业孵化中心。

11月29日，团省委副书记兰明尚，团省委常委、城工部部长陈文伟，泉州团市委书记杨凤翔调研石狮市非公团建工作，石狮团市委书记邱雪亮陪同，参观金苑服饰团委、狮城青年创新创业孵化中心。

【倡导文明新风 Advocate civilized new fashion】 4月27日，举办“文明出行·利家宜业”新闻发布会暨第四届“青商杯”全年无交通违法车辆（车主）抽奖活动，泉州市公安局党委委员、交警支队支队长庄金山，石狮市委常委、政法委书记林天虎，市人大常委会副主任陈贤明，市政府副市长杜举胜，市政协副主席吴清木出席活动。10月13日，举行第四届全年无交通违法车辆（车主）颁奖仪式暨“石狮市百佳司机”表彰奖励活动，泉州市公安局党委委员、办公室主任陈建新，石狮市委常委、政法委书记张鸰翔，市人大常委会党组成员林进全，市政府副市长李斌，市政协副主席吴清木出席活动。本次活动一等奖获得者获得价值2万元大礼包。四年来，石狮市全年无交通违法车辆从3349辆增加至15383辆，增幅达359%。该项活动纳入石狮市“十个专项整治提升”项目。

12月17日，动员青商会常务理事林伊莎与其先生带头践行“莫炫嫁妆”文明新风，得到林伊莎父亲、石狮市青创城电子商务园区有限责任公司董事长林志成的支持，简办女儿婚礼，向青商会“爱心图书馆”公益项目捐款10万元。

【青年之声 Voice of the youth】 6月27日，“青年之声——石狮”互动社交平台正式上线。更加快速、专业、便捷、有效地回应青年诉求，实现“听一答”向“听一答一办”的转变。使“青年之声——石狮”平台在“凝聚青年、服务大局、当好桥梁、团要管团”四维工作格局中发挥出独特重要作用，服务最广大青年的根本需求，把青年团结凝聚在党的周围。7月4日，召开全市“青年之声”互动社交平台工作推进会，来自全市各镇（街道）团委（团工委）、市直系统团委、国有企业团委、中学团委及青年志愿者分会等53名青年团干参加本次会议。泉州团市委宣传部部长黄华君，石狮团市委书记邱雪亮、副书记陈曦、副书记李斌，泉州农商银行石狮支行行长刘春生出席会议。“青年之声——石狮”互动社交平台从6月27日上线到7月7日浏览量突破130万人次。

【青年创新创业大赛 Youth innovation entrepreneurship competition】 8月10日，举办第三届“创青春”福建省青年创新创业大赛启动仪式暨第六届“福建青年创业奖”颁奖仪式。大赛以“创新引领未来·创业成就梦想”为主题，由团省委、省委网信办、省经信委、省人社厅、省农业厅、省商务厅、省广播影视集团、泉州师范学院主办，石狮市政府、泉州团市委承办，石狮团市委、石狮青商会执行。团省委副书记陈涛，石狮市委副书记、市政府代市长黄春辉，团省委常委、城工部部长陈文伟，团省委城工部副部长周睿，泉州团市委副书记李毓文，石狮市委副书记庄玉海，石狮市政府副市长李斌出席会议。团省委副书记陈涛，石狮市委副书记、市政府代市长黄春辉分别讲话。团省委副书记陈涛，石狮市委副书记、市政府代市长黄春辉，泉州团市委副书记李毓文共同启动第三届“创青春”福建省青年创新创业大赛，点亮青春梦想。

11月28—29日，举办第三届“创青春”福建省青年创新创业大赛决赛，本次决赛共有分组决赛、创业项目投资对接会、颁奖及优秀作品展示三部分。团省委书记宿利南、副书记兰明尚，省经信委副主任谢超雄，省委网信办副主任林仙元，泉州师范学院党委副书记林伟等活动主办单位领导；泉州市政府党组成员吕刚；泉州团市委书记杨凤翔，石狮市委副书记庄玉海、市政府副市长李斌等活动承办单位领导出席活动并为一、二、三等奖获奖者颁奖。在28日的创业项目投资对接会上，邀请美国福布斯榜首孵化器 Founders Space 创始人 Steve Hoffman（斯蒂夫·霍夫曼）做创业分享，狮城青年创新创业孵化中心与达晨创投、盛景嘉成母基金、原链资本等八家投资机构达成战略合作意向，现场40个参赛项目及各地青年创业项目与投资机构面对面交流，有领界智能手机投影仪、飞灰资源化利用、周波脉冲等16个项目与创投机构达成合作意向，有芯创科技等10个项目意向签约狮城青年创新创业孵化中心。本次大赛新浪微博话题量超过900万次。

（蔡辉能撰　陈　曦审）

第三届“创青春”福建省青年创新创业大赛决赛　　（图/团市委）

市妇联
Woman's Federation of Shishi City

【家庭文化建设 Family culture construction】 2016年，市妇联围绕市委、市政府

工作大局，强化妇女思想教育引领，做好家庭工作、全面深化巾帼建功、维权、建家、帮扶四项行动，团结引领广大妇女参与“创新转型 实业强市”发展战略，妇女儿童各项工作取得成效。

深耕家庭文化建设，启动“家风力量 幸福守望”家庭文化季系列活动，举办“我爱我家”家庭才艺秀、“游古厝 寻家风”亲子公益活动、第八届巾帼灯谜邀请赛暨第六届家庭谜会、“我爱我家 品味书香”亲子阅读活动和“涵养女德 幸福人生”大型公益讲座等系列活动，弘扬健康文明时尚的生活方式。开展“好家风 促作风 树新风”主题活动，组织举办家风故事会、道德讲堂和干部“家访”等系列活动，党建特色项目《深耕厚培家文化 良好家风端党风》获2016年石狮市机关党建特色项目评选活动三等奖。持续推进“寻找最美家庭”活动，举办“最美家庭”事迹宣讲会、表彰十佳狮城好婆媳，运用石狮电视台、《石狮日报》、妇联微信公众号等媒体平台的作用，推出“最美家庭故事”“平安家庭”专栏。全市107户家庭获评全国、省、泉州、石狮市“最美家庭”“五好文明家庭”称号。郭坑村、后杆柄村、华南社区等获评泉州级“美丽家庭”、先进妇女之家示范社区，并在“和谐家庭文化”创建工作中取得显著成效。

【巾帼建功行动 Woman's meritorious actio】 2016年，市妇联引领妇女创业创新，召开“巾帼创新业 实业促发展”纪念大会，表彰各行各业优秀创业女性20名，开展“三八”红旗手、优秀创业女性等优秀妇女典型评树宣传活动，激励引领各行各业妇女立足岗位建功成才。举办各级巾帼文明岗负责人培训班，31个单位（岗位）申报创建石狮、泉州级巾帼文明岗，并组织对石狮市新市民积分服务中心等11个新申报市级“巾帼文明岗”进行考核验收。培育保丰果蔬种植专业合作社、青创城网批中心、富星电子商务物流园等一批市巾帼示范基地、巾帼创客孵化中心。促推萌芽蔬菜种植专业合作社入选省巾帼示范基地。举行“互联网＋巾帼创业”电商培训沙龙，扶持一批女性创客和创业带头人。促推石狮市两位巾帼巧匠参与“2016年泉州市巾帼巧匠工艺美术精品展”。举办村级家政技能培训班，促进农村待就业妇女提升综合素质和掌握专业技能。联合多部门举办石狮市第二届纤维分析技能竞赛，并授予一等奖获得者“巾帼建功”先进个人称号。

【保障妇儿合法权益 Safeguard legitimate rights and interests of women and children】 2016年，市妇联开展维权月活动，宣传反家庭暴力法，举办“反对家庭暴力·共建和谐家庭”专题讲座，联合多单位举行“反对家庭暴力 共筑和谐狮城”大型法治宣传活动，深入开展“建设法治石狮·巾帼在行动——维权服务进社区、进农村、进家庭、到身边”系列活动，组织到禁毒家庭开展面对面关爱、到省未管所开展面对面帮扶活动，举办“阳光天使无毒天空”“让青春在禁毒中出彩”主题公益晚会、“不让毒品进我家”禁毒宣传、“关爱母亲 珍爱生命”禁毒防艾知识宣传活动，共举办普法宣传活动24场次，发放宣传资料万余份。联合市法院召开家事纠纷诉调对接座谈会，建立家事纠纷特邀调解员和家事调查员制度，下发《关于构建家事纠纷诉调对接工作机制的实施意见》，建立家事纠纷化解日常工作联系制度和联动调解机制，为维护妇女儿童合法权益提供司法保障。组织引导137个妇女儿童维权服务站、127个基层妇女议事组织、368个妇女互助组开展维权调处、互助帮扶。2016年共接待妇女来信来访来电62件次，妇女群众诉求得到及时回应。

【关爱弱势群体 Care for the disadvantaged】

2016年，市妇联设立首个扶助弱势妇女儿童的“妇女儿童爱心基金”，启动“为困难单亲母亲圆梦行动”项目，为20名困难单亲母亲购买1年份的“女性安康保险”，资助总计10万元的爱心基金，并开展专业心理辅导活动，为她们扶贫扶志。持续开展“冬日暖阳”活动，进村入户慰问全市困难妇女儿童家庭328户，发放慰问金累计18.4万元；组织“母亲健康1+1”募捐活动，筹集爱心善款21余万元，

石狮市“家风力量 幸福守望” 家庭文化季启动仪式 （图／妇联）

累计筹集近50万元，累计发放43.8万元“两癌”救助款资助石狮市135名患病妇女。常态化持续开展“关爱空巢老人”“邻里守望”、岗位学雷锋、关爱外来务工妇女等巾帼志愿服务，打造妇字号公益品牌。开展“我们和流动儿童在一起”特色关爱活动，招募40名“爱心妈妈”与鸿山小学留守流动儿童牵手结对，通过互动环节拉近彼此距离，进一步增进双方情感。327对“爱心妈妈”与石狮市留守流动儿童结对。

【未成年人思想道德建设 Minors' ideological and moral construction】

在全市村（社区）、学校、企业持续建立示范家长学校123所，“儿童之家”示范点31家，春蕾爱心书屋15个。推出新湖社区、湖边社区、鸿山小学、第五实验小学等一批新典型示范单位。开展“护卫春蕾”关爱行动、“青春成长法护航”专题法制教育、“我的未来我的梦”少年儿童图文创作大赛等系列活动，图文创作由来自11所学校的90位参赛学生获奖，作品数量与获奖人数都突破历年记录。持续开展“家教进万家”大型家庭教育巡回讲座基础上，并创新家长分享会、亲职讲座等创新家教互动新模式，2016年，开展各类家教讲座、沙龙30场，近万名家长受益。

【实施妇女儿童发展纲要 A program for woman's and children's development】

推动“两纲”示范项目创建工作，古洋小学和新湖社区“儿童之家”被纳入泉州市“儿童之家”为民办实事项目，开办“四点钟”学校、心灵驿站和“家长进课堂”等活动项目。开展2015年“两纲”年度统计工作，做好监测统计数据的收集、汇总、上报工作。梳理石狮市重难点指标发展情况。做好迎接国务院妇儿工委“两纲”中期评估督查工作，落实两纲督查备检点，制定“两纲”中期评估问题指标的整改方案。通过“两会”建议提案、“两纲”监测评估及时反映妇女儿童发展和维权重点难点问题，及时反映妇女群众的呼声和诉求。

【妇联基层组织建设 Woman's basic-level organization construction】

加强学习培训，开拓妇联干部的思路和视野。联合市委党校于浙江大学举办妇女干部素质提升培训班，转变石狮市基层妇女干部的发展观念。组织基层妇干赴厦门市湖里区金安和金尚两社区参观基层组织建设和学习观摩创新好做法，接待河北省秦皇岛市妇联到石狮，参观交流美丽家庭示范村创建。出台《深化“争六好、创特色”活动工作方案》，开展“进万家门、访万家情、结万家亲”走访调研活动，选优培育先进妇女之家示范点、妇女维权工作示范点、和谐家庭文化示范点等12个妇联特色工作项目创建点。印发《关于做好2016年镇妇联换届工作的通知》《开展村妇联建设工作的意见》等指导文件，做好2017年镇妇联换届、村妇代会改建妇联前期工作。做好第12次省妇代会代表候选人的推荐和市“两会”换届、有关工作，指导促推市直社会保障系统和市场监督管理局成立妇委会。开通市妇联“头条号”及腾讯企鹅媒体平台，活跃推进妇联微信公众号的宣传推广工作，加强“两学一做”学习交流群、爱心妈妈群、巾帼电商创业服务群、巾帼文明岗创建群等妇联干部主导，联系服务妇女群众的微信群矩阵建设。

【妇联加强联谊活动 Strengthen fellowship activities】 2016年，市妇联接待香港兰芳妇女会一行53人到石狮市交流访问，就加强石港两地妇女联谊、共促妇女事业发展作深入探讨。面向全市驻石狮部队举办暑期军属亲子公益活动，通过组织23对军属亲子家庭近80多人亲历多项具有闽南特色活动内容，帮助军属亲子们认识闽南传统文化，丰富军属暑假生活，受到部队及军属的欢迎与好评。与解放军某驻石狮部队开展军民共建活动，组织纺织服装商会女商部捐赠部队篮球架，丰富官兵的业余生活。

【妇女儿童活动中心建设 Woman and children's activity center construction】

2016年，全方位为妇女儿童提供各种服务活动，开设道德讲堂、狮城女性讲堂，举行巾帼灯谜邀请赛、儿童救护培训、“共享蓝天 共建和谐”儿童假期培训班等系列公益活动，并常年举办瑜伽、踏板操、柔力球、回春医疗保健操等公益培训班，全年举办各类公益活动22场次，参加人数2500多人次，并持续推进活动中心续建修缮工程，着力将中心打造成为妇女儿童的“坚强阵地”和“温暖之家”。

（许劲楠撰 蔡小玲审）

石狮市归国华侨联合会

Federation of Returned Overseas Chinese of Shishi City

【加强为侨服务 Strengthen the service for overseas Chinese】 2016年，石狮市归国华侨联合会为侨排忧解难。市侨联接到来信来访39件，为侨排忧解难9件。帮扶贫困归侨。对于贫困归侨的生活，市侨联做好帮扶工作。元旦期间，市侨联出资5000元联合市涉侨部门，对遭遇大病大灾的贫困归侨进行慰问。春节期间，市镇侨联组织慰问12户贫困归侨，送去节日的温暖。市镇侨联慰问贫困归侨129人次22.8万元。

实施归侨、侨眷困难户“家用光伏发电”扶贫项目。按照《中共石狮市委 石狮市人民政府关于进一步强化精准扶贫工作的实施意见》文件精神，确定实施归侨、侨眷困难户“家用光伏发电”扶贫项目，市侨联及各镇（街道）侨联各出资1万元，共10万元作为扶贫项目资金，资助5户困难家庭建设“家用光伏发电”设备以增加收入，帮助困难归侨、侨眷精准脱贫，为构建和谐社会贡献力量。申报贫侨救助资金。8月23日，为5名贫侨申请救助资金每人5000元。10月，继续为7位贫侨申报“2016年泉州市贫困侨救助资金”。

举行涉侨纠纷特邀调解员聘任仪式。2月16日，石狮市侨联与石狮法院联合举行涉侨纠纷特邀调解员聘任仪式，聘请9名镇（街道）侨联主席担任涉侨纠纷特邀调解员，进一步维护归侨侨眷、海外侨胞的合法权益，促进社会和谐稳定。

南洋华裔族群寻根谒祖综合服务平台，是国务院支持福建省进一步加快经济社会发展意见重点工作之一。石狮市彭田村试点“小平台”由中国、省、泉州、市侨联多级联合建设，是全国第一家试点平台。3月8日，举行南洋华裔族群寻根谒祖综合服务平台彭田村“小平台”试点项目启动仪式。12月30日，举行南洋华裔族群寻根谒祖综合服务平台石狮彭田“小平台”试点验收评审会。彭田建设试点“小平台”应用系统内容包括，建设谱牒、宗祠、海外华侨社团、重点人士、归侨侨眷等数据小型平台，打造成为与宗亲会合作、实现谱牒文献数字化建设寻根服务的样板。

【拓展海内外联谊 Expand fellowship at home and abroad】 2016年，石狮市归国华侨联合会做好联谊接待。市侨联参与做好“菲华青少年夏令营”接待工作，接待旅菲侨亲。在春节、清明节期间，与海外60多位侨亲座谈。参与接待菲律宾石狮市同乡总会、泰国石狮同乡总会等海外重点社团和重点侨亲。

开展海外联谊。3月20日，市侨联作为石狮市政府庆贺团一员赴菲律宾，参加菲律宾石狮市同乡总会成立25周年暨第13届理监事会、第五届妇女组、青年组职员就职典礼、菲律宾石狮商会成立揭牌仪式，蔡章作任新一届理事会理事长。

开展华侨华人新生代工作。参与组织菲华石狮市青少年夏令营活动。2016年5月，海外华裔青少年“中国寻根之旅”夏令营福建石狮营暨第23届菲华石狮市青少年夏令营到石狮交流学习，市镇侨联参与接待、介绍，让新生代侨亲切身感受祖国大地和家乡故土的风土人情，领略中华文化的博大精深，增进新生代侨亲对祖籍国的认同感和自豪感。

【协助寻找商机 Help find business opportunities】 市侨联通过座谈交流、实地走访其企业，协助旅菲侨亲新生代在石狮市投资置业发展。推动海外华侨新生代参与社会事务，开展爱心慈善活动。1月13日，石狮市菲华归侨经济促进会举行第二届理事会就职仪式暨“一会一路”经济共建平台成立庆典。会上，由促进会倡议的“一会一路”经济共建平台正式启动运行。4月13日，中国侨联副秘书长兼经济科技部部长赵红英，在福建省侨联副主席翁小杰、泉州市侨联主席陈晓玉及石狮市委常委、统战部部长林自育、石狮市侨联的陪同下，到石狮市调研侨资企业和新侨创新创业情况，在石狮市菲华归侨经济促进会会所进行座谈。

响应市实施“回归工程”工作，市侨联利用联谊接待机会，向海外乡亲宣传家乡投资环境和有关政策，引导他们投身石狮市“创新转型、实业强市”的发展热潮，部份侨亲对投资环境有一定意向，市侨联继续做好跟踪服务，协助寻找商机，争取引商引资引智。

【侨务活动 Returned Overseas Chinese affair activities】 2016年，石狮市侨联按照《泉州市侨联关于转发＜福建省侨联关于做好省侨联青年总会换届委员推荐工作的通知＞的通知》精神，推荐石狮市菲华归侨经济促进会蔡青峰、吴卿坛、蔡俊树、姚道祝、庄耿烙等5人作为福建省侨联青年总会第二届委员，进一步增进海外青年社团之间的联系交流。4月6日，召开市侨联五届四次全委会。会议传达全国、省、泉州市侨联会议精神，对2015年全市侨联工作进行总结，并对2016年侨联各项工作进行部署。会上，聘请蔡清淳、蔡清票为市侨联顾问，许明智、邱建筑、林扬刚为市侨联名誉副主席；泉州侨联负责人为获得省侨联系统“侨胞之家”的市侨联、永宁镇侨联、锦尚镇侨联、凤里街道大仑社区侨联进行授牌。

6月30日，在市侨联主席办公（扩大）会议上，举办“新形势下侨联工作新走向”讲座，并邀请各镇（街道）分管侨务工作领导、统战委员参加，通过系统地学习，指导各镇（街道）侨联进一步做好新形势下的侨务工作。

进一步贯彻落实“一带一路”战略，市侨联与石狮日报社达成协议，以《石狮侨报》为载体，组建“一带一路”采访小组，开设“行进在‘一带一路’上——石狮侨界推进‘一带一路’战略系列报道”专栏，对“一带一路”沿线的石狮籍侨亲进行采访。2016年，“一带一路”专版报道栏目有23期，受到中国侨联副主席乔卫、省侨办主任杨辉、省侨联主席王亚君等有关部门及领导的肯定，石狮市菲律宾石狮同乡总会、泰国石狮同乡总会等境外社团表达共同协办专栏的意愿，引起海外华文媒体《英国侨报》的关注。9月22日，在温州举行的第二届中国报业新闻社会活动融合发展论坛上，《行进在“一带一路”上》获得第二届中国报业新闻社会活动案例评选二等奖。

12月23日，召开市侨联五届五次常委会议暨纪念侨联成立65周年座谈会，增补林荣洲、邱建筑、许明智等为市侨联第五届委员会副主席，增聘王荣忠作为市侨联第五届委员会名誉副主席。会议宣读《中国侨联关于向从事侨联工作20年以上的工作者颁发荣誉证书的决定》，并向石狮从事侨联工作

20年以上的44名工作者颁发荣誉证书。

【开展“侨胞之家建设年”活动 Carry out "Home of overseas Chinese construction year" activities】 根据省侨联《关于开展“侨胞之家建设年”活动的通知》文件精神，市侨联利用侨联大厦九楼建设“石狮市侨胞之家”，设活动室、阅展室、荣誉室、会客室等，由世界石狮同乡联谊会联合侨联共同建设。“石狮市侨胞之家”的建设将为石狮海内外侨亲提供一处休闲、活动、聚会的良好场所。

2月17日，石狮市侨联、永宁镇侨联、锦尚镇侨联、凤里街道大仑社区侨联被评为首批省级“侨胞之家”。8月2日，永宁镇下宅村侨联、灵秀镇灵狮村侨联被评为2016年第二批省级“侨胞之家”，石狮市获得省侨联系统“侨胞之家”称号侨联组织达到6家。4月6日，召开市侨联五届四次全委会，为获得省侨联系统“侨胞之家”的市侨联、永宁镇侨联、锦尚镇侨联、凤里街道大仑社区侨联授牌。

2016年，灵秀镇灵狮村、宝盖镇杆头村侨联小组升级为侨联会，继凤里街道大仑社区、湖滨街道玉湖社区、永宁镇下宅村侨联会后，村级侨联会达5个。指导宝盖、蚶江两镇侨联做好换届筹备工作，要求他们在换届时吸收年轻优秀的侨界精英人才加入到侨联组织，增强侨联组织的活力。

（郭小龙撰 施养谊审）

市科学技术协会
Shishi City Association for Science and Technology

【创建创新示范区 Create innovative demonstration area】 2016年，建设省级创新驱动助力工程示范区。市科协制定《石狮市创建创新驱动助力工程示范区实施方案》，内容涉及创新平台、试点示范单位、决策咨询服务、学术技术交流、人才培养培育、科普惠农工程和科普场馆工程等方面，通过创新驱动助力工程试点，由全国学会、两院院士为石狮市提供高水平智力支持和科技支撑，为区域经济发展提供科学决策，学会专家通过技术服务、技术入股等方式与石狮市企业合作，共建协同创新平台、交流合作平台、资源共享平台、科技信息平台、成果转化平台。得到市委、市政府的批准和支持，并向省科协递呈申报书，组织征集全市产业创新需求24项，提出实施助力工程相关职能部门任务分解。11月，创新驱动助力工程示范区创建工作通过省科协验收，获得省科协提前下达2017年省创新驱动助力工程专项补助资金30万元。

【深化产学研合作 Deepen the industry-university-institute cooperation】

2016年，市科协发挥科协工作优势和服务企业职能，推进企业创新转型和技术升级。“优化科技服务体制”列入石狮市2016年全面深化改革重点项目，推动石狮与中国纺织工程学会合作，促成中国纺织工程学会与石狮市人民政府合作签约，在轻纺城建立中国纺织工程学会纺织服装和辅料产业石狮研究院，共建一批集产学研结合、技术创新和资源整合功能的产业研究院平台，构建新型产学研合作机制。扶持有条件的企业设立院士专家工作站，促成院士专家及其团队与企业对接，深化产学研合作。6月18日，市科协组队参加在福州海峡国际会展中心举行的第14届“6•18”创新驱动助力工程启动仪式。石狮华宝新材料工程有限公司院士专家工作站获得省级院士专家工作站授牌，这是石狮第三家省级院士专家工作站，中国工程院院士胡壮麒及其专家团队进驻该工作站，对接项目是“高性能重防腐新型材料的研究与开发”。12月9日，石狮华宝新材料工程有限公司院士专家工作站举行揭牌仪式，省科协院士办主任沙中然、泉州市科协副主席郑华生、石狮市委副书记庄玉海以及相关单位负责人参加。支持福建省富兴云仓物流有限公司申报泉州级专家工作站，引进福州大学经济与管理学院管理科学与工程系主任教授张岐山，合作项目为“富星云仓WMS1号系统软件”。

【推进基层科协建设 Construction of grass-roots science and technology association】 进一步完善镇级科协组织建设。8月30日，市科协与市委组织部联合下发《关于做好镇（街道）科协换届选举工作的通知》，要求选好配强镇（街道）科协领导班子。10月14日，举办全市镇（街道）科协换届工作业务培训会，对全市镇（街道）科协换届选举工作的具体操作实务进行辅导培训，并发放换届指导材料汇编。11月，全市9个镇（街道）科协全面完成换届。进一步加强镇（街道）科协建设，灵活设置村级科普组织，逐步建立县级科协、镇（街道）科协、农技协和村（社区）科普协会、村（社区）科普宣传员的层级组织网络。

【科普活动 Popular science activities】

2016年，市科协广泛开展科普宣传活动，组织“三下乡”集中服务活动10余场，分发宣传材料6种5000余册。改版升级石狮科普网站，提高访问速度和浏览量。8月，在石狮电视台开辟“走进科学”科普专栏，底开播，每周一个内容，多次滚动播出。编印科普系列丛书《生活中的科学》一套6册，免费赠送企事业单位和广大市民。10月24日，市科协联合市农办举办石狮市新型职业农民培训班，邀请省产品检验院、福建农林大学等院校专业讲师对石狮市农业服务中心、农民专业合作社、农技协、农民企业以及种植农业大户等100余人进行培训，配套现场基地观摩，让学员们走进田间地头参与实践，学以致用。11月22日，联合科技和知识产权局举办企业知识产权及专利应用工程师培训，邀请深圳首个知识产权＋互联网平台专家龚春来，讲解企业如何进行知识产权的保护与布局和企业在发展过程当中知识产权保护发挥的重要性。泉州市科技咨询服务中心朱福祥现场为参会企业推介一套公益性专利数据检索系统，通过线上的服务平台为企业技术创新提供技术支持。

市科协探索机关、事业单位科协组织建设的方式方法，协调市政府办公室下发《关于评选“石狮市科普教育基地”的通知》，推进与机关工作相适应的科协组织格局，发挥各行业部门优势，把博物馆、图书馆、公民警校、李子芳烈士纪念馆、世茂茂险王亲子体验馆、四端堂、天农良谷生态农庄等特色基地与科普工作有机结合，建设一批具有鲜明特色的品牌行业科普教育基地。

社区、农村科普工作成效显著。2016年，推荐湖滨街道玉湖社区获评“2016年全国科普示范社区”，奖补20万元；推荐后花社区获评“2016年福建省科普示范社区”；推荐灵狮社区、莲西村获泉州市级青少年科学工作室认定，分别奖补4万元和6万元；推荐天龙良谷生态农庄、石狮世茂之茂险王主题乐园获泉州市级科普教育基地认定；推荐铺锦村青少年科学工作室、卢厝村青少年科学工作室获泉州市级两室一站认定；推荐正源果蔬种植科普示范基地获评泉州市基层科普行动计划优秀项目。

【青少年科技创新 Teenager science and technology innovation】 市科协把加强青少年科技教育工作，提高青少年科学素养，培养青少年创新意识和实践能力，作为为“创新转型、实业强市”培育优秀后备人才作为重点工作进行布局。与市教育局通力合作，密切协同，通过抓师资队伍建设，组织大批科技教师参加各类科技辅导培训，建成一支覆盖面广、业务能力强的科技辅导骨干队伍；实施科教品牌战略，建立并完善以青少年科技创新大赛、青少年电脑制作、信息学奥林匹克竞赛和船模航模比赛为主的青少年活动体系，引导和发动全市中小学校踊跃开展青少年科技教育活动，为石狮市青少年科技教育事业发展打下基础。

2月，市科协牵头与市教育局等单位做好第31届全国、福建省青少年科技创新大赛参赛组织工作，聘请多名专家、科技辅导员对作品进行论证、修改、并举行选手培训和模拟答辩，为选手在大赛获得优异成绩提供保证。3月，在第31届福建省青少年科技创新大赛上，石狮市实验小学王炯铭、侯文颖创作，老师蔡凤英、汪铭昌指导的“新型奶粉勺”获一等奖，成为石狮市首个获得省赛一等奖的小学科技创新项目。永宁中学林莎莎创作，老师陈可挺指导的“新型便携式富氢水保温杯”；市实验中学邱鑫泽创作，老师陈润生、吴光鑫、黄雪香指导的“船载桥梁报警器”；石光中学黄若馨创作，老师蔡美玲、林建森、李桑指导的“以校园灯谜为推手，加强两岸青少年文化传承交流” 等三个科技创新项目获得三等奖。石狮市第四实验小学蔡嘉悦创作，老师林振德指导的“智能显示器”、石狮市第一中学吴海翔创作、老师林斌指导的“光明之路——太阳能智能高速公路”，石狮市实验中学董家琪创作、老师吴光鑫指导的“噪声发电器”等三个项目获科技创意竞赛优秀奖（全省仅评50个）。

4月，石狮6支队伍参加泉州市首届青少年机器人竞赛，其中1队获得二等奖，3队获得三等奖。5月，4支队伍参加第14届福建省青少年机器人，其中石狮八中由老师蔡文榜、王传运指导的郭金福、蔡伯行获得高中FLL工程挑战赛二等奖，石狮市第二实验小学老师吴美燕、石狮市第三实验小学老师施苍凉指导的施宏裕、李佳峰联队获得小学组机器人创意二等奖。5月，市科协、市教育局邀请泉州师范学院王秀华、柯跃前两位教授向全市各中小学的189名科技教师进行科技教育培训，进一步提高科技教师和科技辅导员的专业素养，提升实施科技教育的方法和技能。

5月22日—6月18日，泉州市流动科技馆巡展活动在石狮市锦峰实验实验学校和石狮市第五实验小学举行，展出流动科普展品40件、科普及反邪教宣传教育展板50片，历届泉州市青少年科技创新大赛获奖作品展板200片。流动科技馆承办学校以班为单位轮流参观和作为“六一”期间亲子活动，承办科学课的实践活动环节，通过现场操作，结合科技老师的讲解，加深学生的科技知识掌握，提高学生的科技兴趣。参观本次泉州市流动科技馆巡展活动达到9000人次以上。

8月，在第31届全国青少年科技创新大赛上，石狮市实验中学董家琪创作、老师吴光鑫指导的“噪声发电机”和石狮市第一中学洪少强创作，老师李世阳指导的“太阳能空调外挂机”获优秀科技创意奖（全国仅评300个）。10月，泉州市教育局、泉州市科协组织对石狮市第七批“泉州市青少年科技教育示范学校”申报单位进行检查验收，石狮市实验中学、石狮市第四实验小学获该项称号。11月，在第13届泉州市青少年科技创新大赛上，石狮41个作品获奖。其中，永宁中学沈妃翡创作，陈可挺、蔡金枝两位老师指导的工程学项目“新型便携式温湿度计量仪”；石光中学黄若馨创作，蔡美玲、吴莉妹两位老师指导的社会科学项目“探究蚶江鹿港对渡对闽台文化交流的推进作用”；实验中学吴明铭创作，吴光鑫、陈润生、吕小民三位老师指导的物理学项目“基于扑翼推进仿生潜水机器人”等3个科技创新项目获得一等奖，并获“泉州市青少年贤銮科技奖”；在科技创意比赛中，石狮一中洪少强创作、老师李世阳指导的物理学创意“学校园自行车发电减速带”获得一等奖；在科技实践活动评比中，港塘小学六年级科技实践活动小组申报、老师颜春玲指导的“‘关于小学生双休日的调查与研究'实践活动"获得一等奖；在科幻画比赛中，长福实验小学陈丽玲创作、老师施雪琳指导的"断肢生物再生仪" 画作获得一等奖。7个项目作品取得参加福建省第32届青少年科技创新大赛的参赛资格。11月，石狮市第三实验小学林英坤、吴燕红的"'感'玩'触'学'慧'成长——石狮市第三实验小学第十届校园科技节科学调查体验活动"获得2016年全国青少年科学调查体验活动"走进创客，体验创新"优秀教师作品称号。12月，石狮第五实验小学李宇轩创作，老师洪少强指导的科学影像作品《"范"法》第七届全国青少年科学影像节三等奖。

【青少年科技创新列入党建项目 Teenager science and technology innovation included in "Party Construction" project】

2016年，市科协"实施创新驱动发展战略，推进青少年科技创新"列入石狮市委党建重点项目。王芬芬参加"红色基因·我们传承"石狮机关青年主题演讲比赛三等奖、泉州市"两学一做"微宣讲比赛二等奖。

【科技活动周 Activities of science and technology week】 5月18日，"泉州创客活动周（石狮专场）暨2016年石狮科技活动周"在石狮市星期YI服饰创意博览园正式启动。

活动周时间为2016年5月18—24日，围绕"创新引领、 共享发展"主题，结合实际推出五大项20多个系列主题活动，举行苏州创客邦、厦门裁缝邦进驻星期YI服饰创意博览园合作签约、富星云仓众创空间揭牌以及厦门大学（石狮）智能制造工程中心揭牌、四川大学（石狮）先进高分子材料研究中心揭牌仪式。

活动周主要内容包括：举办创客集市，邀请石狮20家创客团队和创新型企业参展并现场宣讲创新产品，集中演示来自全球、范围涵盖开源硬件、可穿戴设备、机器人、3D 打印等领域的最新创客作品，展示各自在工业设计、互联网设计、平面设计、科技发明、新技术研发、客户服务等方面取得的成就。举办创客高峰论坛，邀请知名嘉宾演讲，探讨如何将创客精神及创新价值融入产业结构的调整转型和城市的建设发展中去。闽南理工学院和部分小学开展科技宣传进校园活动和科普巡展活动，通过举办大学生创新项目作品大赛、3D打印创意设计大赛、服装创新设计大赛、循迹小车创新设计大赛、建筑模型设计大赛、"婴舒宝"杯微商创业大赛、发展理念宣传作品创意大赛等一系列科技宣传和大众创新创业活动，进一步提升公众科技意识和科学素养，激发全社会创新创业活力。闽南理工学院和部分中小学开展科技宣传进校园活动和科普巡展活动，进一步提升公众科学素养，激发全社会创新创业活力。

【开展科普活动 Carry out popular science activities】 9月18日，石狮市"全国科普日"启动仪式暨石狮市青少年科技创新成果展在市博物馆举行，泉州市科协党组成员、副主席魏隆福，石狮市委副书记庄玉海，石狮市政府副市长张永安参加启动仪式。举行科普拥军、科普助学等赠送科普图书环节，以及开展科普咨询、健康义诊、农技指导等义务咨询活动。

2016年"全国科普日"的主题为"创新放飞梦想·科技引领未来"，科普日期间，在全市各地开展系列科普活动，进行石狮市青少年科技创新成果展，展出科技创新成果作品57件，集中展示近年石狮市开展科技教育的成果，反映全市广大青少年共同参与创新、创造的热情。展览期间全市约有3000名中小学生参观展览。

石狮市"全国科普日"活动获得上级科协肯定，市科协被授予2016年福建省"全国科普日"活动优秀组织单位、2016年福建省"全国科普日"特色活动优秀单位等称号。

【中医药学术研讨会 Traditional Chinese medicine academic seminars】 9月9日，由中华中医药学会、福建省中医药学会、泉州市中医药学会和石狮市人民政府联合主办的第12届中国泉州——东南亚中医药学术研讨会在石狮开幕，来自中国内地、中国港澳台等地区以及马来西亚、新加坡、菲律宾、美国等国家医药界的500多位著名专家学者齐聚一堂，交流传统中医药学的发展经验，共同推进中医药学的不断发展。

国家中医药管理局国际合作司司长王笑频，中国工程院院士、世界著名中医针灸学专家石学敏，中华中医药学会副会长李俊德，福建省卫生和计划生育委员会副主任阮诗玮，泉州市人民政府副市长农刚，泉州市政协副主席、市科协主席骆沙鸣，石狮市委副书记、代市长黄春辉，市委常委、宣传部部长林希妍，市政府副市长林志鹃参加开幕式。

开幕式期间，举行泉州市中医药科学学会联合体成立仪式，福建中医药大学石狮市医院国医博士工作站、泉州市中医药学会石狮市医院国家级名老中医工作室授牌仪式。

（何鹏飞撰 李圣阳审）

石狮市文学艺术界联合会

Shishi City Federation of Literature and Art Circles

【文艺活动 Literary and artistic activities】

市文联围绕重大主题及重点工作，深入践行社会主义核心价值观，举办一系列利民、惠民、乐民的形式多样的文艺活动，展现石狮文学艺术的整体水平和艺术追求，提升侨乡人民的艺术素养与生活品味。1月16日，石狮市灯谜协会举行"平安石狮"石狮市首届微信群谜友迎新春灯谜联谊系列活动——全国网络灯谜个人精英赛。1月20日，联合石狮市委宣传部等主办石狮市迎新春“书香狮城”书法美术作品展。2月20日，石狮市灯谜协会举办首届石狮籍在校大学生灯谜联谊赛。2月22日，与石狮市政协办公室、市教育局等单位主办“诗书影联辉”——蔡天生、蔡自然、蔡宗程作品联展开幕式暨《作品选萃》首发仪式。3月5日，石狮市灯谜协会举行石狮市第八届巾帼灯谜邀请赛暨第六届家庭谜会。3月24日，福建省古玩商会石狮市办事处在收藏家协会会所挂牌。3月25日，与石狮市政协之友书画院、市书法家协会、市美术家协会等主办，市收藏家协会协办“首届卡飒·大闽府——名家书画精品公益展暨慈善拍卖会”。3月29日，石狮市收藏家协会举行中国收藏家协会民间文物研究中心、中国华侨出版社闽南分社及文物出版中心落户揭牌仪式。4月1日，石狮市收藏家协会举办“光泽商周印纹陶特展”。4月8日，与石狮市文体旅游广电新闻出版局、石狮日报社等主办，石狮市书法家协会等承办《墨海春潮一一李东明书法艺术展》。

石狮市庆祝建党95周年书法美术摄影作品展　（图/文联）

4月23号，石狮市摄影家协会组织开班北京摄影函授学院福建分院第27期（石狮班），58位来自石狮各行业的摄影爱好者报名参加学习。5月7—8日，石狮市委宣传部、泉州市文联主办，石狮市文联、泉州市国际标准舞协会、石狮市国际标准舞协会承办 “海丝情”第六届福建省国际标准舞公开赛在石狮体育馆举行，来自全省35支代表队，1378多名选手参赛。5月10日，石狮市灯谜协会蚶江谜社举行蚶江中心第11届校园灯谜赛。5月12日，石狮市灯谜协会与石狮市地震办在人民广场举行“减少灾害风险 建设安全城市”石狮市防震减灾知识灯谜竞猜活动。6月18日，与石狮市文体旅游广电新闻出版局、市委文明办主办，石狮市国际标准舞协会承办 “2016年石狮市少儿体育舞蹈（国际标准舞）比赛”在石狮德辉广场举行，近400名少年、儿童参加拉丁舞、摩登舞等48个组别的比赛角逐。6月24日，石狮市灯谜协会举办“第六届国土杯中华巾帼网络灯谜精英赛”。6月27日，与石狮市纪委、市委组织部、市委宣传部等主办石狮市纪念中国共产党成立95周年“学党史讲廉政”专题灯谜奖精彩赛。6月28日，与石狮市委宣传部主办，石狮市书法家协会、市美术家协会、市摄影家协会等承办“石狮市庆祝中国共产党成立95周年书法美术摄影作品展”。6月30日，联合石狮市委组织部、市委宣传部举办“石狮市庆祝中国共产党成立95周年诗歌创作大赛”颁奖大会暨诗歌吟诵会，并出版获奖作品的书籍。7月，石狮市摄影家协会举办石狮市海洋文化摄影大赛。7月1日，联合石狮市纪委、市委组织部、市委宣传部等在人民广场举办“石狮市纪念中国共产党成立95周年灯谜展猜”活动，设置 “党史知识”“美丽中国”“石狮风采”“两学一做”“廉政文化”五个专题。7月22日，石狮市南音艺术家协会举办石狮市第13届中小学南音演唱（奏）比赛活动。7月23日，石狮市灯谜协会在石狮灯谜传习中心举行第二届石狮籍在校大学生灯谜联谊赛，并成立石狮市灯谜协会大学生分会。8月13—14日，联合石狮市委宣传部、宝盖镇党委等主办，石狮市灯谜协会、市灯谜传习中心等承办“锦峰杯”石狮市第18届（宝盖）侨乡谜会。9月29日，石狮市灯谜协会举行第五届永宁古卫城暨城隍文化节系列活动之两岸灯谜联猜——击鼓猜谜乐活动和传统猜谜活动。9月29日，联合石狮市政协办公室、灵秀镇政府主办，石狮市摄影家协会等承办“灵秀风采”摄影作品展。9月30日，石狮市南音艺术家协会举办石狮市“凤里杯·迎国庆”暨第12届社团南音大会唱。10月，石狮市国际标准舞协会举行“石狮舞协庆中秋联欢活动”。10月1日，举行迎国庆大闽府盛尚美术馆名家书画展。10月9日，联合石狮市委宣传部主办，石狮市太阳风文化促进协会承办“胜赏”——报纸、火花、电话卡多彩集藏展。10月18日，石狮市书法家协会、市摄影家协会举办“石狮市金融系统书法摄影展”。11月7日，石狮市绿洲读书社、市图书馆举办《大海的襟怀——蔡火愿的人生之路》首发仪式。11月19日，举办“石狮市第二届夕阳红灯谜大会”。11月25日—12月5日，石狮市收藏家协会举办“作家闲墨——蔡芳本、杨新榕国画小品展”。11月25日，石狮市书法家协会在德辉广场举行“反对家庭暴力 共筑和谐狮城”法治宣传灯谜展猜活动。11月26—27日，联合石狮市委宣传部、市教育局、市文体旅游广电新闻出版局等主办“莲埭杯”石狮市第12届校园灯谜艺术节。

【文学艺术精品展示 Literature and art show】 2016年，石狮市文联坚持正确的文艺导向，突出时代主旋律，推出一批反映现实、体现时代、弘扬主流价值观、富有石狮文化特色的优秀作品。原有的《石狮文艺》改版为综合性文艺双月刊（一年6期，含《石狮市庆祝建党95周年诗词灯谜书法美术摄影作品集》），刊登推广更多石狮作家、石狮原创作品。在《石狮日报》所开设乡土文学专栏《姑嫂塔下》，更着重从“实业强市”、侨乡文化、海洋文化、闽南文化等地方特色组稿，力求打造文学平台，深挖传统文化内涵。结集出版《宝盖山下》文学作品集。绿洲读书社出版季刊《书馨》（五期，印数25000册）、乡土文献书籍《石狮人故事系列》之《脚印》《大海的襟怀》以及《求索》系列2本，化石狮丰富深厚的文化资源为文艺精品。出版《石狮诗词》《石狮楹联》《石狮国际标准舞协会》《石狮雅韵》等文联系列丛书，展示推广文艺协会及文艺人才风采。

【文化交流 Cultural exchange】 市文联重视文化交流活动，拓展对外交流渠道和途径，活跃对内对外文艺交流活动，提高对外交流水平，扩大石狮对外影响。2月17日，石狮市南音艺术家协会组织参加泉州市曲艺家协会主办的2016年庆元宵“海丝箫音奏管弦”南音大会唱。2月20日，石狮市南音艺术家协会组织参加泉州市南音艺术家协会举办的“2016年元宵节南音联谊演唱会”。4月，石狮市国际标准舞协会组织会员参加全省体育舞蹈裁判、教师培训班。4月30日，石狮市南音艺术家协会推荐优秀南音新秀参加泉州市非遗保护中心、泉州市南音艺术家协会举办的小学生南音联谊音乐会。6月29日，石狮市诗词学会组织参加泉州诗词学会成立30周年纪念活动。7月23日，石狮市诗词学会组织参加由泉州市泉台民间交流协会、泉州市诗词学会、台北市诗词学会联合举办的“中华诗词联吟会”，与来自台北市诗词界诸吟友同台吟诵中华传统诗词。

7月31日，石狮市国际标准舞协会组织参加泉州市体育局举办的2016年“跳动中国”体育舞蹈俱乐部联赛（泉州站）暨福建省全民健身运动会体育舞蹈公开赛，石狮共获得金牌112块、银牌120块的优异成绩。8月23—24日，石狮市灯谜协会组织赴台湾参加高雄市三山谜学研究会第18届第一次会员大会及台湾谜学研究会第九届第二次会员代表大会，并进行谜艺交流、射虎商灯。9月12—13日，石狮市南音艺术家协会组织前往漳州东山县考察学习“中国曲艺之乡”创建活动。9月16—17日，石狮市灯谜协会组织参加“活力非遗”闽粤论坛暨联谊精英赛。9月18日，石狮市南音艺术家协会组团参加2016年《喜迎中秋》相约海丝之路泉州南音演唱会。9月27日，石狮市诗词学会组织参加由泉州市政协文史和学宣委、泉州诗词学会主办的“庆祝中华人民共和国成立67周年、纪念中国工农红军长征胜利80周年、纪念孙中山先生诞辰150周年大会”诗词吟诵活动。10月，石狮市国际标准舞协会组织会员参加国际标准舞评审、教师培训班。10月9—10日，石狮市灯谜协会组织赴金门进行谜艺交流及重阳谜会灯谜展猜活动。10月22—23日，石狮市国际标准舞协会组织参加2016年CBDF中国杯国际标准舞全国巡回赛（厦门站），获得名次赛奖项48个，协会代表队获“优秀组织奖”。11月，石狮市国际标准舞协会组织参加全国“跳动联盟”教师培训班。11月4日，石狮市摄影家协会组织作品组成《海上丝绸之路——中国·石狮》主题展，参展第11届中国摄影艺术节，反映海上丝绸之路人文景观等，着力宣传石狮城市建设、精神风貌。11月12日，石狮市南音艺术家协会推荐南音新秀参加泉州市南音艺术家协会举办的2016年金秋泉州少儿南音联谊交流演唱会。12月13日，石狮市摄影家协会组织参加“关爱海洋爱我石狮，振兴‘海丝’扬我国威”的石狮市海洋文化摄影大赛海上看石狮采风活动。

【文学艺术下基层活动 Literature and art go to grassroots service】 鼓励和支持各文艺协会开展形式多样的文化下乡与文化志愿活动，以群众喜闻乐见的文艺形式，推动丰富多彩、健康向上的群众文化活动，活跃群众精神文化生活。1月21日，石狮市书法家协会与中共石狮高新区机关支部委员会等单位在海峡两岸科技孵化基地研发中心举办“迎新春、写春联、送祝福”活动。1月26日，与鸿山镇东园村委会举办“迎新春 写春联 送祝福”活动。1月29日，石狮市书法家协会与石狮市总工会、石狮日报社在星期YI服饰创意园举行迎新春送春联活动。2月3日，举办石狮市“三下乡”集中服务活动——祥芝镇古浮村专场。2月22日，石狮市灯谜协会在玉湖社区举行“玉湖杯”石狮市第九届元宵学生灯谜精英赛。5月13日，石狮市南音艺术家协会党支部与湖滨街道总工会举行“庆五一”——情系环卫工人南音演唱会。

6月9日，石狮市收藏家协会组织参加晋江市安海镇举办的民间收藏精品展。6月20日，石狮市南音艺术家协会组织参加石狮市第八届渔民文化节南音演唱会。7月1日，石狮市南音艺术家协会组织参加古浮慈爱老人院“庆七一·颂党恩·过生日”慰问演出活动。7月15—20日，石狮市摄影家协会组织参加在闽南理工学院举办的全国大学

2016 年石狮市新春“三下乡”集中服务活动——祥芝镇古浮村专场 （图 / 文联）

生田径锦标赛的拍摄活动。9 月 19 日，石狮市灯谜协会在永宁老街“故事会馆”举行民俗活动灯谜展猜。10 月 15—16 日，石狮市灯谜协会在蚶江镇石湖村举行“弘扬海丝文化暨纪念杨五郎诞辰”灯谜活动。12 月 6 日，石狮市南音艺术家协会组织参加杨孙西文化馆揭牌典礼南音演唱会。

【加强协会管理 Strengthen management of the association】 2016 年，石狮市文联按照《协会章程》等有关规定，推进换届选举，成立音乐家协会，筹备舞蹈家协会。5 月 1 日，石狮市国际标准舞协会召开第三次会员代表大会，选举产生第三届理事会组织机构，并举办“悦舞 25 年”晚会。5 月 7 日，石狮市灯谜协会蚶江莲埭合兴南音社举行成立三周年暨第二届理事会就职典礼。5 月 23 日，石狮市楹联研究会召开第五次会员代表大会，选举产生第五届理事会组织机构。5 月 25 日，“石狮市收藏协会”正式更名为“石狮市收藏家协会”。6 月 6 日，石狮市诗词学会举行第四次会员代表大会，选举产生第四届理事会组织机构。7 月 2 日，石狮市南音艺术家协会莲坂万籁南音社举行首届理监事就职典礼暨莲江南音中心成立挂牌仪式。9 月 16 日，石狮市南音艺术家协会永宁鳌声阁南音社举行成立暨首届理事会就职典礼。10 月，绿洲读书社成立“中共石狮市绿洲读书社党支部”。10 月 15 日，石狮市灯谜协会召开第六次会员代表大会，选举产生第六届理事会组织机构。10 月 16 日，石狮市音乐家协会召开第一次会员代表大会，选举产生第一届理事会组织机构。

【文艺作品获奖情况 Literature awards】

2016 年，石狮市文联引领全市文艺工作者深入生活，潜心创作，用优秀的文艺作品反映时代呼唤，唱响主旋律，讴歌伟大“中国梦”，文艺创作捷报频传。邱国南、蔡志远、叶晓峰加入中国摄影家协会。蔡志远加入福建省摄影家协会。蔡东红美术作品《热带鱼》入选由福建省美术家协会主办的“意之大者”第三届福建省写意画大展并获最高奖优秀奖；入选由中共泉州市委宣传部、泉州市文学艺术界联合会等主办，泉州市书法家协会、泉州市美术家协会承办的“庆祝中国共产党成立 95 周年暨纪念中国工农红军长征胜利 80 周年泉州书法美术作品展”。在全国公安文联、全国公安美协主办的全国公安机关“剑胆琴心”主题美术作品展中，蔡东红美术作品获优秀奖。蔡智祥山水画作品《明月出天山》入选由福建省美术家协会、漳州市文学艺术界联合会主办的“意之大者”第三届福建省写意画大展。龚天益、沈国影、林积表作品入选中国书法家协会主办的“中国书法家协会书法培训中心 2015 年教学成果”。沈国影作品入展河北省书法家协会主办的全国第四届宋璟碑颜体书法展。在湖北省宜都市文联、宜都市文化局等主办，湖北省宜都市书法家协会等协办的杨守敬杯”全国书法大赛，沈国影书法作品入选。由中国文联摄影艺术中心信息资源部等主办，嘉兴市文学艺术界联合会督办，嘉兴市摄影家协会承办的第二届“嘉兴杯”全国端午文化摄影大赛中，李苍墀摄影作品《我们的节日——端午》、叶晓峰摄影作品《海上捉鸭》入选。由《大众摄影》杂志社、福建省龙海市人民政府主办，福建省摄影家协会、中共龙海市委宣传部等承办的首届美丽龙海全国摄影大赛，邱丽水摄影作品《乡剧团》入选。由中共石狮市委宣传部、石狮市文体旅游广电新闻出版局、泉州市摄影家协会等主办的石狮市第十届蚶江海上泼水节摄影大赛中，庄灿枝摄影作品《蚶江端午民俗》获二等奖，李群育摄影作品《古塔戏影》、邱丽水摄影作品《太极八卦阵》获三等奖。

泉州市美术家协会、泉州画院、泉州市青年美术家协会、泉州海外交通史博物馆主办的 “海丝扬帆” 2016 年泉州市青年美术作品，蔡志育中国画作品《溪山高隐图》、蔡良在中国画作品《牧羊图》、邱志亮中国画作品《扇形》、李碧珍装饰画《闽南早春》、蔡智祥作品入选。叶晓峰的作品《洛阳桥夜色》、李群育的作品《海湾之恋》获中国摄影报社 2016 年 2 月“走进清新福建”影友擂台赛二等奖。在福建省委文明办举办的“文明新风 • 情暖人间”迎“七一”书画摄影作品征集活动中，蔡东红书法作品获书法类三等奖，王鑫端美术作品获绘画二等奖。林奇香摄影作品《杂货铺里的午餐》刊登于《中国摄影报》；曾斐然摄影作品《十分幸福》获《海峡摄影时报》2016年全国摄影月赛11月“两岸故事”专题一等奖；邱国南、蔡志远摄影作品在中国摄影家协会影像中国网获得在线展示；陈志勇摄影作品《历史的变迁》获石狮市“灵秀风采”摄影作品大赛一等奖。绿洲读书社获“石狮市书香单位”称号，蔡友谋家庭获全国第二届“书香家庭”称号，蔡友谋获泉州市“最美基层文化工作者”称号。《狮城雄风》被中华灯谜图书馆、全国灯谜信息社评为“跨世纪谜刊”。由福建南音网主办，台北市两岸南管音乐推广协会协办，厦门同安区灯谜协会承办的“谜恋南音”灯谜创作大赛，林清富谜作获优秀奖。由《谜也者》编辑部主办的“花鸟谜创作大赛”，薛道达谜作获优秀灯谜奖。

（肖莺莺撰　刘建辉审）

市计划生育协会
City Family Planning Association

【创建先进计生协会 Create advanced family planning association】 2016年，石狮市各级计生协会履行协会职能，各项工作取得新的进展和成效。石狮市被评为全国计划生育优质服务示范市，市计生协会“四联创”工作受到省人口计生领导小组通报表扬，湖滨街道湖边社区计生协会被评为全国先进计生协会，泉州海洋学院计生协会、宏太（中国）有限公司计生协会分别被确定为省级、泉州市级流动人口计生协会示范点。

【计生业务培训 Family planning business training】 2016年，石狮市举办全市计生协会业务培训会，提升业务素质和能力水平，全市创建先进镇（街道）计生协会6个，创建一流村（社区）计生协会69个，合格村（社区）计生协会46个，五好协会小组417个。流动人口计生协会作用有效发挥。注重发挥流动人口计生协会在流动人口服务管理中的协同作用，全市创建企业计生协会171个（其中独立型43个，联合型1个，挂靠型127个），流动人口协会小组265个，覆盖用工企业3614家，覆盖率为95%，百人以上企业计生协会43个。重点指导创建8个市级流动人口计生协示范点，创建省级、泉州市级计生协会示范各1个。实施流动人口住房保障、就学保障、关怀保障，4名外地流入本市的农村纯女户享受中考加5分照顾，3名流入本市的农村二女结扎户女儿上大学每人获得6000元补助，发动规模企业筹集生育关怀资金120万元，关怀慰问困难职工1300多人次，开展生殖保健服务和免费健康体检14场，服务流动人口1.7万多人次。计生基层群众自治工作有序推进。各级协会发挥基层协会网络的优势和作用，通过协会抓小组、小组抓会员、会员联系群众，发动基层理事、会员骨干带头落实村规民约，发挥民主参与和民主监督作用。按照人口计生基层群众自治“六好”示范村居标准，通过召开现场会、检查验收、交流学习等措施，开展基层群众自治示范村（居）创建工作，新创建23个“六好”示范村（居），累计创建“六好”示范村（居）47个，占全市村（居）总数的38%。

2016年，石狮市出台《关于在全面两孩政策环境下进一步加强计生协会工作的若干意见》，解决各级计生协会在新形势下的职能转变、机构设置、人员待遇、组织建设及拓展服务等实际问题。推荐市计生协会常务专职副会长兼任市政协委员，专职副会长兼任卫计局党组成员，批准同意市计生协会增加政府雇员1名，为协会开展工作提供组织保障。协会队伍建设得到加强。召开石狮市计生协会五届三次理事会，调整增补副会长5名、常务理事16名、理事35名。利用镇级党委换届时机，将镇级协会会长调整为由镇（街道）分管计生领导担任；副会长由镇（街道）卫计办主任或者是热心计生工作、有基层工作经验的退休老同志担任；秘书长由镇（街道）在职在编人员担任，确保重点做协会工作；各镇（街道）聘请1至2名专职工作者专门做协会工作，全市聘请专职工作者10名。各级协会把“四联创”纳入工作内容，推动工作。

【计生宣传教育活动 Family planning publicity and education activities】

2016年，石狮市各级计生协会在坚持重大节假日、纪念日集中宣传的基础上，开展群众性计生宣传教育活动。做好新修订《福建省人口与计划生育条例》的宣传解读，做好计生新、老政策衔接的宣传。7月11日，联合卫计局、灵秀镇举办“关心女性幸福·关爱妇幼健康”大型义诊咨询宣传服务活动。9月22日，联合市委宣传部、卫计局等单位举办“幸福家庭·关爱女孩”主题宣传活动，泉州市计生协会专职副会长赵文祥到场指导。坚持主题宣传。继续把五月作为集中开展宣传服务“活动月”，营造新时期人口文化和生育文化氛围。“红五月”期间，全市开展大型义诊咨询宣传服务活动10场，参加活动人数超过3000人次，现场分发宣传资料5000多份，发放避孕药具30000多只。宝盖镇计生协会与宝盖镇卫生服务中心联合开展健康义诊进企业活动；蚶江镇计生协会组织200多名外来务工人员进行免费健康体检；鸿山镇计生协会开展志愿服务活动，组织骨干会员上门探望慰问孤寡老人和失独家庭；锦尚镇计生协会联合石狮市医院和锦尚镇卫生院在卢厝老年人活动中心举办“中医药进社区——老年中医保健知识讲座”和义诊宣传活动；湖滨街道举办“关爱母亲·感恩母爱”才艺汇演活动；凤里街道在鸳鸯池公园举办大型宣传义诊服务活动；永宁镇发动各村开展会员活动日宣传服务活动。

石狮市 2016 年生育关怀行动助学座谈会　（图 / 计生协会）

依托阵地宣传。在党政主流媒体或者计生报刊，做好生育关怀行动、关爱失独家庭等报道，加强对好经验好典型的宣传。承办泉州市委宣传部、泉州市计生协会联合主办的“生育关怀·我们在行动”采风活动，《中国人口报》《人口之声》《泉州晚报》和泉州广播电视台专题报道石狮市泉州海洋学院计生协会典型示范点的经验做法。发挥计生协会微信公众平台作用，及时宣传计生国策，反映群众诉求。

【参与推进致富项目 Participate in advance to get rich】 2016 年，石狮市利益导向“五大工程”有新进展，市计生协会参与推进安居、成才、致富、亲情、保障工程，扩大帮扶覆盖面。安居工程，新投入资金 250 万元，帮助建（购、修缮）房屋 66 座（套），建筑面积 9000 平方米。成才工程，为 328 名农村纯女户女儿办理中考加 5 分照顾；召开“生育关怀·金秋助学”座谈会，资助考上大学的农村自愿不再生育户、计划生育贫困户和一女、二女结扎户子女 258 名，发放助学金 144 万元，将 10 名计生低保家庭高考学子纳入慈善总会“慈爱学子”工程，大学期间每人每年获得 6000 元资助。资助 2380 名农村自愿不再生育户、计划生育贫困户和一女、二女结扎户子女就读小学、中学和中专，发放助学金 189.6 万元。

致富工程，安排市人口计生领导小组成员单位挂钩帮扶 155 户计生困难家庭，通过资金救助、项目带动、政策扶持等措施帮助计生困难家庭脱贫致富。保障工程，投入 42.5 万元提升 611 户计生低保户成员的低保金。亲情工程，春节期间，全市投入 112 万元，慰问计生困难家庭 1544 户，慰问基层计生协会工作者 533 人次。母亲节期间，全市慰问贫困母亲 286 人次，发放慰问金 24.86 万元。

【计划生育关怀 Care of family planning】

2016 年，继续将生育关怀行动纳入石狮市委市政府“为民办实事”项目，石狮市财政投入 190 万元生育关怀专项资金。发动社会各界筹集生育关怀基金，新筹集生育关怀基金 708 万元，全市筹集生育关怀基金 9536 万元。各级协会坚持从育龄群众的实际需求出发，不断巩固提升和深化关怀服务项目。紧急救助项目，石狮市镇村三级计生协会投入 116.35 万元，救助 160 户近期遭受重大病灾、事故的计生困难家庭。台风“莫兰蒂”期间，石狮市计生协会投入 8.5 万元帮助 14 户受灾严重的困难计生家庭灾后重建。生殖保健项目。开展“生育关怀·育龄妇女生殖健康知识”巡回讲座 6 场，受益群众 500 多人；举办“青春健康知识教育进校园”知识讲座 3 场，受益学生 800 多人。发展生产项目。为计生家庭办理小额贴息贷款 85 户，发放贷款 170 万元，投入贴息资金 9.4 万元。

意外伤害保险项目。投入 86.8 万元，为 8680 户计生家庭免费办理意外伤害保险，协调保险公司开展出险理赔工作，全年出险 23 起，理赔金额 34 万元。早期教育项目。联合美吉姆国际早教中心开展早教讲座，邀请著名育儿专家郑玉巧现场授课，全市 800 多名婴幼儿家长参加讲座。计生特殊家庭关怀项目。全市产生 39 户失独家庭，其中实现再生育 7 户，收养 3 户。全市失独家庭 29 户。投入 12 万元对新产生的 4 户失独家庭进行一次性慰问；继续将计生特殊家庭纳入安居工程项目，湖滨街道 1 户失独家庭享受该项目，补助 4 万元帮助购房。春节、中秋节期间，市计生协会领导会同各镇（街道）协会领导干部上门慰问，发放慰问金 10.8 万元。

（吴瑞文撰　卢丽雅审）

石狮市国际贸易促进委员会（国际商会）

China Council for the Promotion of International Trade Shishi City Sub-council

【发挥国际贸易法律业务职能 Play international trade law business functions】 2016 年，石狮市贸促会（国际商会）发挥国际贸易法律业务职能，为 63 家外贸企业办理 2817 份原产地证，同比增长 3.33%，推进通关便利化，便于外贸企业享受货物关税优惠的待遇。出口目的国主要为德国、印度、美国、阿联酋、阿根廷、英国、俄罗斯、孟加拉、约旦等，出口商品主要为鞋服、布料、针织机、石材、建材、体育用品及卫生用品等。全年新增10家企业申请注册办理原产地证。

提升企业风险防范能力。举办纺织企业“‘走出去’外贸风险防控”讲座，邀请龙峰纺织、六六八纺织、德成纺织等30多家企业参加，帮助纺织企业转型升级，促进企业“走出去”，帮助企业规避外贸风险。组织美佳爽、外商投资服务中心、彬鹿世家等12家企业参加“助力出口企业剖析欧美市场相关法规和验厂要求”讲座，更好地帮助出口企业了解各国不断出台并更新的社会责任法规及验厂的相关要求，助力出口企业保证和改善产品质量。组织发动多家会员企业参加以“信用积累财富，金融创造新生”为主题的讲座，助力企业解决融资难题，增加外贸企业的竞争力，从而帮助企业开发更多的海外客户。联合泉州贸促会法律部深入飞韵、鼎发、德成纺织等一批新注册企业，开展推广法律培训服务、核验企业注册等工作，落实“深入基层接地气，方便企业办业务”。帮助新企业了解各国的贸易政策，了解国际贸易风险壁垒，谨慎应对潜在的外贸风险。

【推动对外展览活动 Promote external exhibitions activities】 2016年，石狮市贸促会（国际商会）开拓“石狮货”的国际市场，借助展会平台，巩固展览工作根基，加大企业“走出去”力度，引导企业参加优质的国际性展会，积累海外客户资源，挖掘潜在商机，力促开拓东盟、欧美等市场。组织29家企业参加11场展会，42个展位，为减轻参展企业经济负担，市贸促会为参展企业争取到84万元市级财政补贴。组织福建省同兴汽车同步器有限公司1家汽配企业参加“2016年印度尼西亚国际汽车零部件展览会”。六六八纺织科技、速科纺织、辉乐纺织等6家纺织企业参加“2016年越南国际纺织及制衣工业展览会”。福建省同兴汽车同步器有限公司1家汽配企业参加“2016年泰国（曼谷）国际汽车配件展”“拉丁美洲（巴拿马）国际汽配展”和“越南国际汽车、摩托车、电动车及零部件展览会”。石狮正源水产科技开发有限公司参加“2016年北非阿尔及利亚食品展”和“泰国（亚洲）国际食品博览会”。伊中纺织、豪辉、华丰等6家企业参加“孟加拉国际纱线面料及辅料展”。俊龙、慕尚、海星等6家企业参加“波兰华沙国际礼品展览会”。格林蓝德、澳日威、柏德曼等4家企业参加“巴西圣保罗国际纺织服装展览会”。格林蓝德、澳日威、俊龙等9家企业参加“美国拉斯维加斯秋季纺织服装展”。

【促进对外经贸交流与合作 Promote foreign economic and trade exchanges and cooperation】 注重优势互补，整合共享资源。2016年，石狮市贸促会（国际商会）与厦门、泉州、漳州、龙岩、三明和晋江等闽西南贸促机构进行互动交流和经验分享，并对加强闽西南贸促机构各自举办的重大活动合作和相关资源整合、信息共享等议题进行探讨，助推区域经济发展。

构筑联络平台，拓宽贸促思路。主动拜访省贸促会、泉州贸促会，汇报业务工作，寻求上级贸促会的支持，推进贸促工作提档升级。加强与兄弟贸促会的交流与合作，共同探索加快发展贸促工作新思路，实现信息资源互享。联络接待菲律宾中国商会访问团一行到石狮考察，加强与中国地区商会组织的联系和合作，扎实推进中菲友谊和经贸往来。接待泉州世贸中心代表一行来访，推动更深层次、更广领域的交流与合作，为企业开拓国际贸易和投资机会、促进地区经济增长，通过提供各类商务服务，帮助企业对接全球市场。

做好牵线搭桥，深化经贸交流。以第14届中国·海峡项目成果交易会为契机，组织鸿峰环保生物工程有限公司、皇宝（福建）环保工程投资有限公司两家公司参加由德国莱法州经济部举办的“资源高效利用与循环经济环保技术创新研讨会”，促使石狮有关企业与德国企业面对面地开展全方位的交流、对接。组织中和众合、力源服饰等企业参加由省贸促会、英中贸协、省科技厅

海上丝绸之路产业对接会 （图/贸促会）

石狮市贸促会组织企业参加中国制造“2025”合作交流会　（图 / 贸促会）

联合举办“中国制造 2025 合作论坛”，为石狮市企业与英国企业合作洽谈提供机会渠道。

以第 20 届中国国际投资贸易洽谈会为纽带，带领拍拍网等企业参加第 15 届世界商业领袖圆桌会议，共襄跨境电商盛宴。组织盛梓、尚德、羽华、瀛溢等 4 家企业参加由泉州市委、市政府主办的“转型升级、创新跨越”2016 年泉州市外资专场恳亲洽谈会，石狮市在此次洽谈会上共签约项目 5 个，投资总额 2.928 亿美元，拟利用外资 2.72 亿美元。发动海星、海百皇两家食品企业参加由由省贸促会、泉州市政府、世界贸易中心协会共同主办的“福建——海丝国家经贸对接会”，旨在帮助企业寻求合适的经贸对接机会。带领企业参加由英中贸易协会举办的“第四届中国境外投资大会”，洞悉英国投资优惠政策，把握对英投资关键领域。

【提供经贸信息服务 Provide economic and trade information services】 石狮市贸促会（国际商会）拓宽宣传渠道，做好政策信息资讯服务工作。利用各种宣传平台，不断改进资讯服务的方式，为企业提供更多经贸参考信息。2016 年，在自有的微信公众号“石狮国际贸促”第一时间为会员企业及关注用户推送经贸新闻、贸促动态、贸易投资机会、摩擦预警等信息 1696 篇，借助《石狮日报》、企业 QQ 群、企业微信群等平台宣传国际贸易相关政策法规，介绍一般原产地证、ATA 单证的办理流程、贸促知识问答等法律知识，方便企业办理相关业务，为企业发展决策等方面提供信息参考。结合“阳光公仆”志愿活动，前往企业及挂钩社区宣传一般原产地证、优惠原产地证、领事认证、BV 检测等贸促法律服务内容。

【“一带一路”倡议 China" Belt and Road" initiative】 2016 年，石狮市贸促会（国际商会）强化发展意识，融入“一带一路”大格局。组织大帝集团、六六八纺织、流香针织等 9 家企业参加“一带一路 • 共创新思路”投资香港座谈会，了解香港在“一带一路”倡议中的桥头堡作用。组织美佳爽、海百皇、金丰盛等 7 家企业参加“泰国：迈向可持续增长的未来”推介会，借此帮助企业深入了解泰国的投资环境和投资政策，开拓国际市场特别是东盟市场。组织福建省羽华商贸发展有限公司、外商投资服务中心等企业参加对外投资讲座，增强企业对外投资意识，借助海外优势，应对欧美等国的某些贸易保护措施，突破“原产地”限制，规避贸易壁垒。组织 8 家企业赴泉州参加参展营销能力培训暨“一带一路”市场需求发布会。帮助石狮市外贸企业更好的利用展会平台开拓新市场，提升参展效果，更好地了解“一带一路”国家（地区）的市场形势、贸易政策及投资环境等。

【推动进出口贸易 Promote the import and export trade】 举办“信用积累财富，金融创造新生”讲座。邀请讲师分析 2016 年中国制造的内外困局及电子商务市场交易规模，深入浅出地讲解了互联网 + 外贸新模式。助力石狮市企业搭建完整健全的互联网 + 外贸生态圈，并为企业解决资金难题，增加外贸企业的竞争力。

举办“泉州市电商高层次人才沙龙”活动。邀请淘宝市场事业部高级专家杨智力、阿里巴巴国际站泉州区域总经理林春润分别就“中国质造”助力中国经济转型升级、大数据时代—跨境 B2B 新机遇等话题展开介绍，并结合自身工作经验加以分析，发表个人对电商发展的不同理解，与现场企业嘉宾交流互动，碰撞出思想的新火花。

举办“互联网 + 打造石狮新外贸”专题分享会。邀请石狮市新兴外贸企业分享各自外贸转型发展之路，相互学习取经，借助互联网优势，撬动外贸新动力。提振外贸人的信心，鼓励外贸企业在严峻复杂的经济形势下，砥砺前进，不忘初心。

深入基层掌握动态，走进企业倾听实际需求。开展为期半个月的下基层走访调研活动，积极为企业发展出实力谋实效。深入各镇（街道）企业办及部分市国际商会会员企业、规模以上外贸出口型企业生产，通过实地参观、座谈等方式，了解近阶段企业生产经营实情，介绍政府在扶持中小企业“走出去”的优惠政策，征求市贸促会在扶持服务外贸企业发展方向的意见和建议，掌握基层及企业实际情况，以便为企业发展提供更全面精细化的服务。

【海上丝绸之路国际品牌博览会 Maritime Silk Road international brand exhibition】 第二届中国（泉州）海上丝绸之路国际品牌博览会前期筹备及举办期间，市贸促会全力以赴，不仅根据任务安排负责联络对接国际馆招展招商工作，还与中国国际商会、省贸促会、泉州贸促会、各相关单位、组委会各工作组等各层面、各方面主动沟通、主动对接，承接展务服务、做好嘉宾、参展商近900人的后勤保障、接待安排等工作，推动各项工作衔接有序，落实到位，全力保障第二届海上丝绸之路国际品牌博览会顺利举办。展会以“新丝路、新合作、新融合”为主题，展会期间超10000名境内外专业客商到会采购，10多万名泉州市民到展会现场参观采购，展会规模和档次居历届最高。通过产品的展示、企业间的互动，推动石狮、泉州和福建成为展示海上丝路建设成果的重要窗口。同期举办“海上丝绸之路产业对接会暨第七届纺织企业家活动日”等一系列丰富多彩的展览及对接洽谈活动，达成经贸、文化等方面的双多边交流共识，推动“海丝”沿线国家及城市加强商务互动，推介国际、国内品牌，促进中国与“海丝”沿线国家之间的经贸交往与合作，实现互联互通、融合发展。

（王晓珠撰　蔡文茹审）

残疾人事业
Undertakings for Disabled Persons

【市领导关心残疾人 Leaders care for the disabled persons】 2016年，石狮市人民政府第20次市长办公会议（市人民政府第12次常务会议）研究通过《关于进一步加强扶残助残工作加快推进残疾人小康进程的实施意见》，从保障残疾人基本民生、完善残疾人康复服务体系、促进残疾人就业创业、提高残疾人受教育水平、加强无障碍环境和公共服务设施建设、发挥社会力量作用和完善保障机制7个方面制定扶残助残优惠政策和措施。市领导经常到市残联开展调研、干部职工、座谈、入户走访慰问残疾人等活动，进一步推进残疾人社会保障体系和社会服务体系建设，营造残疾人“平等、参与、共享”的社会环境，促进残疾人事业与石狮市经济社会协调发展。

泉州市残联在石狮市残联召开“帮助残疾人创业就业”新春工作座谈会，泉州市残联副理事长郑虹主持，泉州市残疾人企业家联谊会会长、副会长、部分会员，以及泉州市肢残人协会、泉州市聋人协会、泉州市盲人协会、泉州市智力残疾人及亲友协会、泉州市精神残疾人及亲友协会等5家专门协会的主席、副主席参加座谈会，交流拓宽帮助残疾人创业就业的方式和方法，更好地发挥残疾人企业家联谊会和专门协会在“帮助残疾人创业就业”的作用，进一步推动泉州市残疾人事业科学发展和跨越发展。

石狮市政协副主席吴清木带领调研组到石狮市残联开展“健全社会救助体系”调研活动。政府购买服务，鼓励、推动民间机构参与残疾人事业，市残联要做好相关业务指导和监督工作。

泉州市残联副理事长黄长春陪同省残联副理事长陈强等一行到石狮残联调研政府购买残疾人服务工作情况及残疾人联络员培训经费使用情况。

【残疾人服务中心建设 Construction of service center for the disabled persons】 石狮市委、市政府重视残疾人服务机构建设，划拨1.67公顷用地专门用于残疾人福乐家园建设。该项目被纳入市重点项目，建设1幢11层综合服务办公楼及3层裙楼，总建筑面积16461.48平方米，总投资4950万元，其中主体工程投资3150.15万元，项目于2015年6月开工。2016年，支付2565万元（含土地款及前期费用），

市政协调研组听取市残联作工作汇报　（图/残联）

其中主体工程完成工程量90%，支付1765万元，现主体工程进行水电施工和初装修。

【助残员聘用 Hire staffs to help the disabled persons 】 2016年，加强和规范基层残疾人组织建设，继续对全市127个村（社区）选聘、考核残疾人联络员，选聘任用127名村（社区）残疾人联络员，新增6名，解聘4名，死亡2名。实行镇级残疾人联络员绩效考核机制，对16名镇（街道）残疾人联络员年度工作情况进行考核，经考核确定优秀等次2名，其他人员均为称职，并相应进行奖惩。

11月23—24日，石狮市残联委托市质安技术职业培训学校，举办基层残疾人联络员培训班，对全市139名镇(街道)、村(社区)残疾人联络员进行培训。邀请心理学博士、泉州师范学院习理咨询中心讲师陈艺华授课。

【开展扶残助残活动 Carry out activities to help the disabled persons 】 2016年1月11日，市残联联合石狮市日丰电器贸易有限公司、TCL集团、美的集团爱心惠民中心共同发起“爱心惠民”工程，发放惠民券10000份，捐赠电磁炉50台。

全国助残日活动。5月15日是第26次“全国助残日”，市残联联合市人社局、市卫计局、市妇联、团市委、福医大附二院、市医院、灵秀镇港塘村委会等相关单位开展慰问残疾人、康复机构及特教学校、爱心义诊、入户办证、爱心义卖、法律咨询等一系列活动，并组织参加残障人士书画作品及艺术作品展览、选送特教学生艺术汇演等活动7场，慰问63名残疾人及助残工作者和3家助残机构，共计43200元，以实际行动关心关爱残疾人，倡导扶残助残的良好风尚。

石狮市残联联合石狮市卫计局、福医大附二院、石狮市医院、灵秀镇港塘村委会举办“全国助残日”义诊活动，组织20多名医务人员为200余残疾人提供白内障义诊、免费健康检查、疾病诊断、健康咨询等服务，发放各类药品200余份。

石狮市残联举行泉州市2016年残疾人手工艺品义卖活动，泉州市残联副理事长郑虹，石狮市政府副市长陈元生等参加，征集泉州地区残疾人自主创作的艺术作品总价值5万多元，现场售出作品31131元，义卖所得全部返还给残疾人创作者，助推残疾人创业就业。

助残志愿活动。4月2日是第九个世界自闭症日，石狮市残联来到自闭症儿童康复训练机构——石狮市星梦缘启智中心，看望在这里接受康复干预训练的自闭症儿童，并赠送慰问金2000元。

市残联联合市卫计局、市疾病控制中心开展重性精神类残疾人免费诊治活动，邀请泉州市第三医院专家在市疾病控制中心进行现场鉴别诊断，结合患者的病情及用药情况，确认他们是否适合参加免费治疗项目。经筛查后，初步确认17名贫困重度精神病患者免费入院治疗或免费服药治疗。

中秋节期间，市政府办、市残联、司法局联合开展“我们的节日——中秋”主题志愿服务活动，到文明创建挂钩的湖边社区，走访慰问8户帮扶困难户，赠送慰问物资5000多元，让困难群众感受节日的温暖，送上党和政府的关怀。

结对帮扶活动。市残联与锦尚镇西港村、东店村、港前村5户困难家庭结成帮扶对子，结合单位职能，宣讲残疾人优惠政策和扶助措施，并给予每户2000元补助，帮助残疾户改善生产生活条件，解决实际困难。

【促进残疾人就业 Promote employment for disabled persons 】 石狮市16家企业安置残疾人就业30人，继续落实残疾人就业保障金“地税代征”办法。打造“爱心小店”补助工程品牌。2016年，对23名“爱心小店”的残疾人店主进行资金补助，发放补助金10.9万元。加强就业扶持工作政策支撑。继续贯彻落实《石狮市残疾人联合会 石狮市财政局 石狮市人力资源和社会保障局转发＜关于支持集中安置残疾人就业实施办法的通知＞的通知》等五份文件，推进扶持残疾人就业创业工作，为11名残疾人自主就业创业发放社会保险补贴

向市残联捐赠电磁炉 （图/残联）

泉州市残联副理事长郑虹在开班仪式上致辞　（图 / 残联）

2.6 万多元，1 家企业超比例安排残疾人就业奖励金 0.6 万多元。开展残疾人职业技能培训工作。组织 4 名残疾人参加泉州市“迎国庆·展风采”盲人保健按摩技能竞赛，其中，1 人获得二等奖，1 人获得三等奖，2 人获得优秀奖；开展就业实名制录入工作，新增就业人数 191 人、培训 105 人、新增雇主培训 6 家、新增残疾人职业能力评估 15 人。

石狮市残疾人联合会、市人力资源中心委托石狮市质安技术职业培训学校，举办“石狮市残疾人实用技能培训班”，泉州市残疾人联合会副理事长郑虹，石狮市残疾人联合会理事长蔡民权、市残疾人联合会副主任科员王艺明、市人力资源中心领导等参加开班仪式。培训班开设美甲、移动电子商务、电脑初级操作员、电商客服四个班，帮助 102 位残疾人掌握职业技能，更好创业就业。

【残疾人康复服务 Rehabilitation services for the disabled persons】

市残疾人联合会开展“复明工程”，拓宽视力检测和治疗渠道，通过白内障手术治疗“按床日付费和择日住院相结合”的支付方式改革，对白内障实行单病种定额包干付费，由新农合、市残联、市慈善总会共同分担，提高全市白内障患者医疗保障水平。2016 年，270 名视力患者免费实施白内障手术。免费发放康复器具，赠送轮椅、拐杖、护理床、助行器等康复器具 83 件，为 18 人免费适配、安装假肢、矫形器 23 例，使一大批残疾人得到功能补偿。落实省、泉州市为民办实事“残疾儿童康复救助工程”项目，帮助脑瘫、智力及孤独症儿童重建生活、学习及社会交往能力，补助残疾儿童 72 名，73.84 万元。建立临时补助体制，对因重大疾病、突发性事故等造成生产生活严重困难的 149 名残疾人，发放临时救助金 19.85 万元，减轻残疾人就医负担，残疾人凭证享受优先就诊，免收挂号费、诊疗费，减收床位费、手术费等服务和优惠。为 21 名人工耳蜗手术、智力康复训练、假肢维修等项目的残疾人发放康复补助金 9.62 万元。2016 年，市委市政府将精神残疾人医疗补助列入为民办实事项目，对低保一级精神残疾人每月补助 600 元；低保二级精神残疾人每月补助 500 元；低保三级精神残疾人每月补助 400 元；低保四级精神残疾人每月补助 300 元；非低保精神残疾人每年一次性补助 2000 元。发放精神残疾人医疗补助 348 万多元，惠及残疾人 3873 人次。

【残疾人运动会夺冠 Won the championship in sports meeting for the disabled】 市残疾人联合会关怀残疾人奥运会选手，做好石狮籍残疾人运动员杨丽婉的后勤保障工作，跟踪了解杨丽婉的参赛进程，做好赛事情况报道、亲属慰问、赛后返乡、欢迎座谈、奖金申请等相关工作。泉州市委书记郑新聪、市长康涛等四套班子领导，石狮市委书记朱启平，市委副书记、代市长黄春辉会见载誉归来的杨丽婉，石狮市委市政府向其赠送奖金 80 万元及纪念品。

【残疾人社会保障 Social security of disabled persons】 2016 年，为全市残疾人免费纳入“新农合”的医疗保险体系。为全市残疾人参加城乡居民养老保险每年分别按重度残疾人 200 元和其他残疾人 100 元的标准为其代缴养老保险费。为全市残疾人购买意外伤害险，保费 29 万多元，个人最高可获 8000 元赔偿。2016 年，发生意外理赔 127 起，索赔资金 13 万多元。协助省委省政府落实为民办实事“残疾人托养服务”项目，机构托养 5 人，居家养护 80 人，发放 18 万多元，帮助智力、精神和重度残疾人家庭解除在生活起居方面的困难。开展残疾人阳光护理补贴工作，用于补助残疾人因残疾产生的额外长期照护支出。按照一级贫困残疾人 400 元 / 人·月，二级贫困残疾人 300 元 / 人·月，三级贫困残疾人 200 元 / 人·月，四级贫困残疾人 100 元 / 人·月，一、二级非贫困残疾人 100 元 / 人·月发放护理补贴，让所有贫困残疾人每人每月都能领取到阳光护理补贴，该标准在全省县级市中名列首位。2016 年，发放护理补贴 582 万多元，惠及 11806 人次。“国际残疾人日”期间，向 300 名 60 周岁以下特困重度残疾人一次性发放临时价格补贴，每人 300 元，合计 9 万元。

【残疾人文体教育 Education of disabled persons】 市残疾人联合会加强残疾人文体教育建设。2016 年，市残联立足实际，推进残疾人文化、体育、教育协调发展。开展扶残助学活动，做好秋季学期普通高中残疾学生建档立卡、免

石狮市委、市政府领导与杨丽婉及其亲属合影留念　（图 / 残联）

收学费宣传及助学工作，发放助学金23.55万元，资助学生137人（其中：高中中专71人、大学65人、电大1人），帮助贫困残疾家庭解决子女就读的经济难题，并协助石狮市仁爱学校申报特殊教育机构评定，进一步提升特殊教育水平。组织石狮2016年运动员苗子和特殊人才选拔完成18位运动员和8位艺术苗子的选拔组织。参与文明创建，组织发动残疾人参加“讲家风故事”征文活动，选送11篇，讲述残疾人家庭的故事，倡导扶残助残的良好风尚。发动残疾人参加第六届闽台残障人士书画作品展、“绽放生命之花•唱响文化助残”泉州市2016年残疾人艺术作品展，选送6名残疾人的14件作品参展，涉及书法、绘画、摄影工艺美术等艺术作品。石狮市残联对此次参展的获奖作品作者按照金奖5000元、优秀奖500元、入围奖300元的标准分别给予奖励，并对每件参赛作品予以200元的奖励。进一步鼓励残疾人参与艺术活动。与市特教学校(仁爱学校)加强协调合作，选送《鼓乐飞扬》参加泉州市残疾人文艺汇演。

【残疾人权益维护 Rights and interests of disabled persons to maintain】

市残疾人联合会维护残疾人权益。市残联深入开展残疾人法律援助，依托市司法局设立“残疾人法律援助中心”，为残疾人提供法律咨询、案件受理等服务，办理残疾人法律援助案件，诉讼费、仲裁费由法院与仲裁机构给予减免或缓交。及时洞察针对残疾人诈骗活动，通过短信群发功能向残疾人提示严防电信诈骗防空诈骗，保障残疾人财产安全。推进全市残疾人基本服务状况和需求信息数据动态更新工作。2016年，调查13273人，入户13049人，电话调查202人，入户率98.48%，对更新调查材料进行整理，查缺补漏，及时掌握残疾人基本服务状况和需求，建立健全全市持证残疾人的基础数据库。

（蔡丽双撰　蔡民权审）

石狮市台湾同胞联谊会

Federation of Taiwan Compatriots in Shishi City

【概况 Generals】　石狮市台湾同胞联谊会是台湾各族同胞的爱国民众团体，联络居住在石狮市的台湾同胞，帮助他们了解政府的方针政策和台湾局势，鼓励他们发挥聪明才智，参政议政，为祖国统一、为建设社会主义和谐社会多作贡献；了解和反映居住在大陆台胞的意见和要求，配合有关部门按照法律和政策妥善处理；协助他们返乡探亲、扫墓、访友、求学、旅游、定居和进行各项交流活动。

【台胞信息 Taiwan compatriot information】

2016年10月10日，“故地行 一家亲——2016年返台定居乡亲泉州行”，参访石狮市永宁古卫城　（图 / 石狮市台湾同胞联谊会）

石狮市台湾同胞联谊会重点普查在石狮市定居台胞情况，完善台胞数据，健全定居台胞档案。2016 年，登记在册定居台胞 70 大户 689 人。

【台联系统业务培训 Business training】

4 月，石狮市台湾同胞联谊会会长佘圣尧赴四川省成都市参加全国台联系统处级干部暨优秀中青年台胞培训班，学习了解对台工作形势，进一步提高业务素质。

【爱护台籍同胞联谊活动 Take good care of the Taiwan compatriot fellowship activities】 6 月 11—18 日，第八届海峡论坛“同名（宗）村·心连心”联谊活动在厦门、泉州、漳州等地举行。石狮市台湾同胞联谊会组织石狮市灵秀镇容卿村与台湾小洋坑对接，并开展同名（宗）村原乡之旅活动；组织两岸青年台胞参加“青年创业、创新”辅导培训，引导创业；征集石狮市台胞多幅书画作品参加“同名（宗）村”书画展，弘扬优秀传统文化，增进情感交融，凝聚“两岸一家亲”共识。

【发放老困台胞补助资金 Grant subsidies money】 2016 年，全省定居台胞扶贫济困专项资金补助标准翻一倍。石狮市台湾同胞联谊会向石狮市政府申请按照新标准增加 1:1 配套补助资金，既是困难台胞又是老台胞的，则按其中最高一项标准进行配套，不重复配套补助。8 月，石狮市为全市 62 名老龄台胞和 26 名困难台胞发放 52.32 万元生活补助资金，其中全省定居台胞补助资金 27.36 万元，石狮市政府配套补助资金 24.96 万元，为市困难台胞和老龄台胞办实事、办好事。

【返台定居乡亲泉州行 Taiwan settled folks visit hometown again】 10 月 8—12 日，由福建省台联指导，泉州市台办、台联承办，石狮市台联、晋江市台联协办的“故地行 一家亲——2016 年返台定居乡亲泉州行”活动在泉州市举办。台胞们参访泉州市、石狮市、晋江市等地，其中，返台定居乡亲们参观石狮市永宁老街、永宁古卫城、城隍庙、黄金海岸等历史文化古迹，品尝闽南“古早味”小吃，感受中华传统文化，增进情感交流。

2016 年 12 月 10 日，福建省“海峡两岸同名村交流访问团”，参访台北市万华区艋舺青山里黄氏家庙 （图 / 石狮市台湾同胞联谊会）

【对台交流新资源 A new resource with Taiwan's communication】 走访石狮市同名（宗）村，做好调研搜集工作。2016 年 12 月，石狮市台湾同胞联谊会领导参加福建省台联组织的“海峡两岸同名村交流访问团”，赴台走访台北、宜兰、桃园、鹿港、彰化、嘉义、台南等地的同名（宗）村乡亲，收集家庙、民俗、乡情、宗亲、族谱、祖训、楹联等各类民间传统文化资料，挖掘两岸同名（宗）村资源，探寻两岸同源同根渊源，增加互信，增进共识，并为 2017 年第九届海峡论坛“同名（宗）村·心连心”联谊活动做好策划工作，涵养对台交流新资源。

【帮助台胞寻找祖籍地 Help Taiwan compatriots find ancestral home】

2016 年，石狮市台湾同胞联谊会多方沟通，多地探寻，帮助现旅居加拿大的老台胞林家辉夫妇寻找到其祖籍地——石狮市蚶江镇石壁村，完成其家族几十年来的寻根梦。

（吴佳丽撰 佘圣尧审）

红十字会
Red Cross Society

【人道主义社会服务 Humanitarian social services】 2016 年，石狮市红十字会搭建人道救助、救护培训、募捐款收取、节日宣传活动，开展红十字基层组织“红十字博爱家园”争创活动。先后被授予“泉州市无偿献血工作先进市（县）”“泉州市无偿献血先进单位”“全省无偿献血先进市（县）”“全省无偿献血先进单位”等称号。

【红十字宣传活动 Red Cross activities】

2016 年 5 月 8 日，泉州、石狮两级红十字会联合泉州市第一医院、灵秀镇人民政府、石狮百灵药店在灵狮村开展纪念“5•8”世界红十字日义诊和救护培训下乡便民服务活动，开展心肺复苏术

蚶江武警支队开展应急救护培训班　　（图/红十字会）

现场演示，发放防灾避险、遗体器官捐献、无偿献血知识、小急救包等宣传材料，开展义诊服务、提供健康咨询和健康指导、免费测量血压等活动。9月9日，联合市卫计局等单位在德辉广场开展第17个“世界急救日”宣传义诊活动，开展心肺复苏、止血包扎等急救技能现场演示，引导群众动手学习掌握基本急救技能；开展法律法规、健康防病等知识宣传咨询。11月30日，联合市卫生和计划生育局、市疾病预防控制中心等部门在服装城南C开展“携手抗艾，重在预防”主题宣传咨询活动，市红十字会向群众分发防艾宣传材料，介绍艾滋病的感染途径、预防措施及近年来感染艾滋病的人群趋势，提高他们对预防艾滋病的认识，进一步扩大防艾宣传教育的覆盖面和影响力，进行防艾宣传教育。

【救护员培训 Lifeguard training】

2016年，市红十字会选派5名人员参加省红会在泉州举办的红十字应急救护培训师资培训班并均取得师资证书，增强市救护培训的师资力量；进一步统一和规范救护培训的模式、内容和方式方法，确保培训效果和培训质量；在市中小学生素质教育实践基地设置红十字应急救护培训点，并通过市“科普示范基地”初步评估；2016年，举办应急救护专题演示11场次，受益群众200多人；普及培训20班次，培训人数800多人；举办救护员持证培训1班次，培训急救员30人。

【无偿献血及募捐 Unpaid blood donation and donations】　无偿献血活动。2016年，市红十字会协助配合市卫生和计划生育局在市医院开展的6场大型公民无偿献血活动，在宝盖、蚶江闽南理工学院、锦尚镇、鸿山镇开展下乡采血活动，超额完成泉州下达的年度无偿献血任务指标。

募捐活动。依法在公共场所设置10个红十字募捐箱，方便社会各界和广大群众慷慨解囊、奉献爱心。2016年，清点6个募捐箱存放点收募捐款2881.4元，并及时在《中国·石狮》网站及单位会务公开栏做好公开公示工作。

【爱心济困 Love the poor】　继续实施福建省红十字城乡困难居民重特大疾病医疗救助项目。2016年，市红十字受理大病救助申请39份，全部审核通过，获补助金额31.2万元。元旦、春节期间开展“红十字博爱送万家”活动，深入到9个镇（街道）走访慰问部分困难群众，发放220份大米和食用油，慰问金0.5万元；5月，开展“红十字博爱周”慰问活动，深入到9个镇（街道）走访慰问部分困难群众，发放慰问金4.5万元。落实临时救助周议事制度，对临时救助申请者在收到完整申报材料后，1个星期内救助款项予以发放到位。2016年，市红十字会审核通过临时救助55份，累计补助金额6.6万元。2016年，市红十字会发放扶危济困专项资金104人次11.6万元。

【志愿者服务活动 Volunteer service activities】　2016年，市红十字会新建立开展文明督导等志愿服务平台，发挥红十字志愿者作用。响应市文明委和市志愿者联合会的号召，参与“邻里守望、情暖石狮”“学雷锋”“文明单位结对帮扶”“我们的节日”“文明交通劝导”、关爱未成年人“牵手行动”等志愿服务活动；开展“遗体器官捐赠纪念碑”清明节缅怀活动；联合市文联、公安局、市委办、国土规划和房产管理局、党校和建设银行开展专业志愿者队伍走进长福、大仑、永宁第二社区活动，指导群众动手操作学习心肺复苏和创伤包扎等应急救护技能；深入到挂钩社区龙华社区责任路段开展文明督导活动。全年派出工作人员和红十字志愿者协助配合市卫生和计划生育局在不同时段开展无偿献血活动。

【遗体器官捐献 Body organ donation】

2016年，市红十字会实现8例器官捐献，数量居泉州市第一，受到通报表扬；清明节前夕组织各镇（街道）红十字志愿者、遗体器官捐献登记志愿者、捐献者家属等到永久墓园“石狮市遗体器官捐献纪念碑”献花进行缅怀纪念；为生活困难的器官捐献者家庭申请省永生天

2016 年石狮市举行“遗体器官捐献纪念碑”清明节缅怀活动　（图 / 红十字会）

使基金困难补助近 40 万元，帮助其度过难关；利用编印的遗体器官专题宣传折页，在各类宣传活动中广泛倡导动员。

【市红十字基层组织建设 Red Cross basic organizations construction】

各镇（街道）红十字分管领导人事变动后市红十字会进行逐一走访，并通过组织开展有各镇（街道）参加的活动来推动红十字会基层组织作用的发挥；按照“五个一”的标准要求，推进锦尚镇、灵秀镇、妇幼保健院、华侨中学“红十字博爱家园”创建工作，并推荐妇幼保健院红十字会为“博爱家园”创建样版。推进石狮市第一中学、石狮华侨中学 2 个省红十字“体验式生命教育示范校”建设、推进中小学生素质教育实践基地救护培训教室建设，扩大红十字会在学校的影响。

（高滨滨撰　洪永家审）

石狮市慈善总会
Shishi City Charity Federation

【慈善资金收入与管理 Charity fund income and management】　石狮市慈善总会是福建省最先成立的县级市慈善总会。先后推出“慈爱学子工程”“慈爱助残工程”“慈爱老人工程”“慈爱扶贫（特困重病灾救助）工程”和“司法救助工程”五大慈善工程，2016 年，在几大工程的基础上继续完善，使困难群众及时就近得到帮助，为石狮经济困难群体及到石狮生活的人撑起一片爱的天空，进一步提升慈善事业的公信力和发展活力，推动石狮和谐社会建设。

运作方式。石狮市慈善总会各项工作都坚持透明、公开、公正原则，特别是慈善资金收支运作，不仅设有专职财务人员，对于基金和社会善款实行严格管理。年度财务报告都由会计师事务所进行审计，并于公布。在资金使用方面坚持量入为出、节俭为公的原则，对慈善人士所捐献的每一分资金都倍加珍惜，并通过公开透明的渠道开支。除捐资者指定用途的捐资专款专用外，所有捐款统一纳入专户，其支出项目由总会常务理事会研究决定，而具体受助对象则由相应项目的有关政府部门、机构来确定，这种捐款方式和资助方式分离在全省同行的做法上属于比较先进的。“慈爱学子工程”的助学金发放对象是由教育局、监察局、社会工作部、残联和关工委等单位联合评定，具体程序也非常公开透明，学校收集申请报告、并初步审查报送助学对象名单，各镇（街道）汇总助学对象名单，召开评审工作会议，进村入户调查核实，集中评审、确定助学对象初步方案在《石狮日报》及有关村、镇进行公示，再审定助学对象名单、有关领导会签。助学金发放的整个过程慈善总会不负责确定具体资助对象，只负责支付助学金。扶贫对象确定由社会工作部、镇（街道）、村（居）负责审查。助残对象是由残联负责审查确定，司法救助对象确定则由法院负责审查等。以此确保捐资者所捐献的每一分钱都公平、公开、公正地支出，并用在真正需要资助者的身上，提高慈善总会的透明度、公信度，因此慈善总会的工作能够得到捐资者和广大群众的认可，从而提高海内外社会人士参与的积极性。

【慈善资金使用情况 The use of charitable funds】　石狮市慈善总会自成立以来，陆续收到社会各界热心人士的捐款。2016 年，石狮市慈善总会收到善款 9000 多万元。继续开展以下几个工程：

慈爱学子工程。2001 年启动，对考取大学本科以上，品学兼优因家庭贫困且没有亲友资助导致没法上大学的学生，实行资助。按每人每年 8000 元、6000 元、4000 元三个等次进行无偿资助至其毕业。每年资助在校生 200 多人，年资助金额 100 多万元，县级市贫困助学规模应是全省乃至全国少有。这一工程启动至 2016 年，资助 800 多名贫困大学生。2016 年，资助新旧生 205 名大学生，金额 100 多万元。

慈爱助残工程。对石狮市因残疾生活困难的人给予适当的救助。开始至 2016 年，耗资近 200 万元，帮助 60 名残疾人安装德国奥托博克、英国英中耐这两种世界最先进的假肢，恢愎部分生活、生产能力，残疾人陈文土装上小腿后，挑着200多斤大米，健步如飞，从而结束石狮被截下肢残疾人不能站立的历史。启动助残二期工程，耗资180多万元，帮助93名小儿麻痹症患者，安装世界上最先进的德国生产的下肢矫形器，帮助他们解除痛苦，使他们能够生活自理，以提高其生活水平。启动助残三期工程，耗资近120万元帮助全市12名聋哑儿童安装人工耳蜗，使他们跟其他孩子一样能够读书、写字，帮助他们告别无声世界。为21人安装适配假肢（矫形器），资金814500元；为一残疾人安装人工耳蜗，资金40000元。

慈爱老人工程。2003年10月1日开始启动，每年耗资20万元对127位孤寡老人进行终身助养，孤寡老人每月可领取200元助老金，解决孤寡老人的基本生活问题，提高特困老人的生活水平。启动“慈爱老人复明工程”，为全市100多名白内障患者承担手术费用，此项工程将长期进行。石狮市慈善总会在对全市的孤寡老人进行走访时发现，他们生活窘迫，为改善他们的生活状况，2006年在祥芝镇古浮村捐资1000多万元，创建全省首家占地2公项，总建设面积10127平方米的石狮市慈爱老人福利院。2016年，进驻53位孤寡老人，不但实行五包（吃、住、穿、医、葬）而且每人每月发给200元零用钱，让他们安享晚年。投入8万多元进行绿化和更换住房破旧电视机和机顶盒，投入6万多元更换主楼楼顶二个大型热水器和整修二幢楼之间停车场的地面砖、排水沟和台阶，以确保安全。开办老年学校、讲授保健知识。福利院通过6年多的探索、创新，在规范化管理、确保孤寡老人幸福安康等方面取得一定成效。先后被评为“2012—2014年市级老年学校试点校”“2013—2014年教育先进集体”和“2016年市级老年学校先进集体”。2016年，继续开展“慈爱老人复明工程”，为全市485名白内障患者承担手术费用23.7万元。

慈爱扶贫工程。连续多年春节耗资40多万元给全市504户贫困家庭送上扶助金，帮助解决部分困难，使他们过个好年。对部分因家庭贫困、付不起医疗费用而无法就医的特困病人，本会在与各部门深入村居调研了解落实情况的基础上，想方设法及时帮助。2016年，资助特困危重病人157人，金额近140万元，使他们能够得到救治并康复。

司法救助工程。经石狮市人民法院与石狮市慈善总会协调商定，于2008年在市慈善总会设立石狮市慈善总会司法救助基金专用项目，为部分无法执行的特困伤害者给予一定司法救助。

（邱雪良撰　蔡志从审）

石狮市社会科学界联合会
Shishi City Federation of Social Science Circles

【石狮市社科联成立大会 Shishi city federation of social science circles founding conference】　2016年12月26日，石狮市社会科学界联合会成立暨第一次代表大会召开，石狮市社科界67名代表参加会议。福建省社科联副主席陈文章作书面讲话，泉州市社科联副主席谢伯辉、石狮市委副书记、市长黄春辉参加大会并分别讲话，大会由石狮市委常委、宣传部部长林希妍主持。会议审议通过《石狮市社会科学界联合会章程（草案）》，选举产生第一届委员会委员、常务委员、秘书长、副主席和主席。王丽雅、王进步、邓灵勇、孙文添、庄灿枝、许振洪、何敬坤、吴延固、吴婉婉、李永南、李延安、李国宏、李秉源、杨华强、苏荣灿、邱志雄、邱明革、邱春旭、陈晓东、陈鲲淼、郑清萍、郑琦珲、胡毅杰、赵山辉、唐志锋、曹宝琴、黄嘉、傅文淮、谢天义、蔡天奖、蔡宗程、蔡第福、蔡紫孟、颜福瑜、戴小芬等35位同志为石狮市社科联第一届委员会委员。王丽雅、孙文添、许振洪、李延安、李秉源、杨华强、邱志雄、邱明革、邱春旭、陈晓东、陈鲲淼、郑琦珲、胡毅杰、赵山辉、唐志锋、傅文淮、蔡宗程、蔡紫孟、颜福瑜、戴小芬等20位同志为石狮市社科联第一届委员会常务委员。王丽雅当选秘书长，邱志雄　、陈鲲淼、陈晓东、蔡紫孟等当选副主席，孙文添当选主席。

【社会科学普及活动 Social science popularization activities】　石狮市于10月16—22日开展2016年社会科学普及宣传周活动，弘扬创新精神，普及社科知识，传播科学思想，提高市民科学素养。经过策划，开展“2016年福建省百场社会科学专题报告会”宣讲活动，邀请福建师范大学教授、博士生导师郑又贤作《新时期加强社会主义意识形态建设的新思路》辅导讲座。开展社科讲坛（讲座）活动，邀请绿洲读书社社长蔡友谋在“百日阅读计划”颁奖活动现场作《读书的乐趣与技巧》专题讲座、石狮市侨乡乡土文化协会会长蔡第福作《优秀传统文化之乡土石狮　乡情石狮》及《石狮红色记忆——李子芳烈士》专题讲座。开展人文展馆免费开放提供服务。石狮市博物馆推出红色印记薪火传纪念红军长征胜利80周年专题展览、“清风美德论狮城”石狮家风家训文化展、“赤子丹心”烈士李子芳革命事迹专题片免费展播，石狮市图书馆开展“百日阅读计划”颁奖活动、“跟我学”大众生活百科学苑视频展播，流动图书车提供免费办理借书证、图书借阅等服务，电子借阅机上推荐科普专题电子图书，供读者下载阅读，泉州海洋职业学院免费开放海丝文化主题浮雕围墙、海洋文化展馆。免费发放社科读物，石狮市博物馆免费发放《石狮文化丛书》232册，石狮市图书馆免费发放《书馨》383册，石狮市侨乡乡土文化协会免费发放《乡情石狮》《乡土石狮》216套。组织参加福建省第五期社会科学知识有奖竞答活动，通过中国石狮网及石狮市电子政务网积极组织广大干部群众参与“树立发展新理念，加快建设新福建”为主题的第五期社会科学知识有奖竞答活动。经过共同努力，福建省社科联授予石狮市社会科学界联合会“第五期社会科学知识有奖竞答活动鼓励组织奖”称号，授予孙文添“第五期社会科学知识有奖竞答活动先进个人”称号。

【推进社团规范化建设 Promote social group standardization construction】

落实上级有关加强进社会组织管理的工作要求，进一步加强社科联所属的社会团体的规范化建设和管理。9 月 29 日，召开专题会议，对各社团的财务管理专项整治工作、规范自身组织建设提出要求，对个别社会组织在组织管理和财务管理中存在问题，提出整改意见。

【科学普及基地 Popular science base】

新增两个第三届（2016—2018 年）泉州市社会科学普及基地。根据《中共泉州市委宣传部 泉州市社会科学界联合会关于开展泉州市社会科学普及基地（2016—2018 年）申报工作的通知》精神，经过推荐申报，石狮市侨乡乡土文化协会、泉州海洋职业学院被命名为第三届（2016—2018 年）泉州市社会科学普及基地。

（王丽雅撰 孙文添审）

石狮市社会科学界联合会成立暨第一次代表大会合影 （图 / 社科联）

（图/颜华杰）

政法委及综治

Politics and Law Committee and Comprehensive Management

【维护社会稳定 Maintain social stability】

2016年，石狮市政法综治各部门贯彻总书记习近平系列重要讲话精神和各级政法工作会议精神，履行政法职能，获评“全省法治宣传教育先进县（市、区）”“福建省平安县（市、区）”，市综治办获评“2014—2015年省级青少年维权岗”。

完成各级“两会”“海博会”、闽台对渡文化节、第16届全国大学生田径锦标赛等一系列重大活动期间安保工作。持续推行《平安月报》工作制度，健全社会稳定形势四级预警机制，预防和处置多起群体性事件。健全互联网“五级巡控”和网络舆情联动处置机制，搜集上报各类信息4万余条，及时发现并妥善处置涉稳涉警90余起，落地核查相关网民90余人。2016年，完善打击犯罪新机制，破获刑事案件1328起，扣除危险驾驶案后，破刑事案件1176起，现案破案率为43.3%，同比上升6.2%。健全反恐预警、演练、巡防等制度，强化对重点人、重点部位、复杂场所的管控力度，组织开展打击邪教“法轮功”“全能神”“呼喊派”等行动，确保持续实现“三个零”指标。深入开展“无邪教创建示范工程”活动，破获一起“全能神”案件。

【平安石狮建设 Peace Shishi construction】

持续推进平安石狮质量提升三年行动，实施“平安细胞”“平安基础”“平安堡垒”“平安文化”“平安网络”等五大工程和平安村（社区）项目、平安住宅小区项目等28个项目建设，先后完成“平安村（社区）”“平安和谐家庭”“十佳反诈骗示范点”“十佳社区民警”“十佳平安使者”“十佳巡防队员”的考评验收及命名工作。建立综治重点工作挂钩督导工作机制，定期不定期深入基层明查暗访、查摆问题，帮助挂钩单位协调解决存在问题，2016年，组织安排督导36次，培育建设典型示范点18个。坚持签订责任书，层层传导压力，一级抓一级，形成立体联动的责任体系。创新公众安全感测评方式，健全以群众评价为导向的评价机制，实行沿海五镇公安派出所辖区与边防所辖区分开测评机制，年内实施综治警示11次、黄牌警告1次。

3月30日，市依法治市办、市委政法委、市司法局在宝盖科技园乐天天超市门口举行“平安建设宣传暨法律服务现场咨询活动” （图/政法委）

【法治石狮建设 Rule of law construction of Shishi】 启动第三期村级视频监控建设，构筑人防、物防、技防三位一体、全天候、全方位的社会治理视频监控防控体系。2016年，立刑事案件10033起，同比下降17.3%；发生命案7起，破7起，破案率达100%。推动矛盾纠纷多元化解，推进形成“大调解”工作体系，成立各级人民调解委员会171个，打造“交通事故和谐调处中心”“医患纠纷调委会”等行业性、区域性多元调解组织35个。在沿海五镇实现“渔业协会”全覆盖，协助参与各类涉渔矛盾纠纷化解工作，就地化解率达100%，实现矛盾纠纷“零上交”。2016年，排查矛盾纠纷2771件，调处2368件，成功2296件，成功率达96.96%。构建社区网格化服务管理，全面整合和统筹使用镇（街道）分管领导、镇（街道）干部、村（社区）两委、村（社区）工作者等骨干队伍，配备各类网格服务管理人员2393名。

【推动社会治理创新 Promote social management innovation】 2016年，石狮市深化推动专项治理。打击电信网络诈骗。将打击电信诈骗犯罪专项治理工作纳入综治（平安建设）考评。2016年，共立电信网络诈骗案件1366起，同比下降9.42%；破获电信网络诈骗案件257起，比2015年上升27.86%；刑拘犯罪嫌疑人71人，同比上升153.57%，追缴冻结赃款约76万元。

关心精神障碍患者。对精神类疾病住院实行分病种组分病期定额包干付费，实现日均费用下降69.41元，次均费用下降3548.98元；实际补偿比达58.84%。

寄递物流安全管理。实现寄递企业三个100%（“实名收寄、开箱检视、过机安检”）。

危险物品安全监管。开展企业自查自报安全隐患和联合检查行动，2016年查处非法买卖、储存、运输烟花爆竹案件165起，非法燃放烟花爆竹行政安检74起，行政拘留241人，收缴非法烟花爆竹600余箱。

严禁毒品。构建禁毒长效平台，开展互联网涉毒专项整治、打击涉麻制毒犯罪、“肃毒害、保平安”禁毒会战及“飓风肃毒”会战等专项行动。2016年，破获毒品犯罪案件312起，抓获犯罪嫌疑人329名，缴获各类毒品134.36公斤，查处吸毒人员852名。

破解执行难问题。以失信被执行人联合惩戒平台为基础，建立“市委领导、人大监督、政府支持、政法委协调、法院主办、社会各界参与”的解决执行难工作新格局。2016年，石狮法院执结各类案件4359件，执行到位金额3.05亿元，同比分别上升58.39%、103.33%。其中，有843名被执行人主动履行义务，执行到位金额6157万元。这项工作受到省政法委及省法院的高度关注与肯定。12月，在全省执行联动机制工作电视电话会上石狮市作典型发言，省法院发文向全省推广。

非法集资。成立信访维稳、清账业务指导、财产处置和刑事追究等4个小组，宣传、防控与打击相结合，有效遏制民间标会“倒会”势头。2016年，石狮市对涉及民间标会“倒会”非法吸收公众存款案立案6起，破案5起，抓获犯罪嫌疑人7人，涉案金额8000多万元。

打击恶意逃废债。强化线索排查、打击处置、追逃追赃和宣传引导等工作，有效遏制石狮市企业恶意逃废银行债务骗取贷款势头。2016年，石狮市立涉嫌恶意逃废银行债务的骗取贷款案件10起，破案9起，抓获犯罪嫌疑人10人，涉案金额约18亿元。

【加强政法队伍建设 Strengthen the team construction of political science and law】 严肃纪律，提升政法队伍素质。强化思想政治工作。结合“两学一做”学习教育，全市政法各部门开展“忠诚可靠、执法为民、务实进取、公正廉洁”专题教育及向“时代楷模”黄志丽、程耕轮、林剑东、陈清洲等学习活动，不断激发广大政法干部爱党、爱国、爱岗热情。强化业务履职能力。市委政法委组织新任综治干部培训，召开镇（街道）综治副书记、综治办副主任、司法所所长、派出所所长、边防所所长等综治干部业务培训会；市公安局依托执法规范化建设学习基地和公民警校法制平台，开展学习培训活动；市检察院组织青年干警成立学习研究小组，深入开展理论研究和实务研讨；市法院依托法官讲堂、法官沙龙、审判业务半月谈、法正狮城等文化载体，拓展素质展示平台。强化纪律作风建设。学习《中国共产党章程》《中国共产党廉洁自律准则》《中国共产党纪律处分条例》《中国共产党问责条例》《中国共产党党内监督条例》和《关于新形势下党内政治生活的若干准则》等党规党纪，树立党章意识、纪律意识和规矩意识，自觉在思想上划出红线、在行为上明确底线。强化执法监督力度。进一步强化法律监督、内部监督、外部监督和动态监督机制，并完成对全市5个公正司法示范点和7个政法基层单位的实地走访考察。深入推进惩治与预防腐败体系建设，坚持为民、务实、清廉，坚持从严治党，坚持标本兼治、综合治理、惩防并举，坚持惩治腐败、从重从严。

（蔡铭慎撰　蔡文轴审）

公安 Public Security

【创人民满意警队 Build the people satisfied with the police force】 2016年，石狮市公安局以“创人民满意警队、建平安和谐石狮”为载体，以提升群众安全感和满意率为导向，推进公安部“四项建设”、省公安厅队伍规范化建设、泉州市公安局“五大提升工程”、石狮市“六个专项治理”和全面深化公安改革工作，不断强化“打、防、管、控”和队伍建设工作，各项公安工作呈现出良好发展态势，促进全市社会大局持续平稳，全年未发生影响安定稳定的案事件。

石狮市公安局年度综合考评排名泉州各县(市、区)第二，通过新一届“全国文明单位”复检初评（连续四届12年获此殊荣），再次被公安部命名为“全国公安机关执法示范单位”（连续五届），被泉州市公安局确定为队伍规范化建设示范点；所属凤里派出所被中宣部命名为“全国学雷锋活动示范点”（福建省两个，全省公安机关唯一一个）；刑侦大队获“福建省青年五四奖章集体”称号。在全省政法队伍建设推进会上，石狮市公安局作为全省公安系统唯一代表，作典型发言。6月22日泉州市公安机关推进“五大提升工程”暨社区警务信息化工作现场会、12月21日全省公安机关标准地址二维码管理工作观摩学习会在石狮召开。石狮市公安局廉政微电影《爱的守护》获得首届公安网络正能量动漫音视频作品类十佳；出品泉州市公安系统首部刑侦题材的宣传微视频《护梦者》。

【破获刑事案件 Solve the criminal case】 2016年，全市立刑事案件10794起，同比下降17.9%；破获年内刑事案件5204起，破案率为48.21%，同比上升3.82%，现案破案率再创历史新高；逮捕1211人，同比上升10.2%，移送起诉2607人，同比下降12.3%；抓获网上在逃人员620名，其中抓获历年逃犯112名，包括本局历年逃犯65名。全年刑侦工作绩效位列泉州市公安机关第二名，其中打击“盗抢骗”犯罪专项行动、侦破命案、打黑除恶、刑事技术四个专项工作绩效考核获得优胜。

侦破大要案。2016年，共发命案7起，均在短时间内破获，破案率100%。其中仅用14小时就速破影响恶劣的祥芝2016年“11•28”杀人碎尸案，案件的快侦快破得到各级领导的肯定和社会各界广泛赞许，受到泉州市公安局发文表彰。此外，先后攻克1996年“1•18”故意伤害致死案、2002年“4•27”故意杀人案、2010年“9•27”抢劫杀人案等4起命案积案。侦破命案工作成效高居泉州市公安机关第一名。

侦破八类暴力犯罪。2016年，共立八类暴力案件171起，同比下降26.9%，破案147起，破案率为85.96%，同比下降0.36%。其中抢劫案侦防工作成效显著，全年共发抢劫案34起，同比下降49.3%，破案率则同比上升3.48%。

1月30日，公安部副部长黄明到石狮市公安局视察调研 （图/公安局）

打击“盗抢骗”犯罪。组织开展“打盗抢、反诈骗、保民安”、集中打击“盗抢骗”犯罪专项行动，因地制宜、集中优势力量资源，综合采取各项打防管控措施，向多发性侵财犯罪发起新一轮攻势。2016年，全市立“盗抢骗”（不含抢劫）案件8459起，同比下降16.84%；破获“盗抢骗”案件3176起，同比下降0.5%；“盗抢骗”案件破案率同比上升6.17%。

打击电信网络新型违法犯罪。针对电信网络诈骗发案总量居高不下，作案方法不断升级翻新的严峻形势，主动作为，成立石狮市反诈骗中心并依托该平台，发挥各警种职能，深入推进打击防范电信网络新型违法犯罪专项行动。2016年，全市共立电信网络诈骗案1481起，同比下降13.6%；破获电信网络诈骗案件341起，同比上升38.61%；刑拘电信网络诈骗犯罪嫌疑人84名，同比上升162.5%，追缴冻结赃款约80.3万元。全年辖区案值10万元以上的重大电信网络诈骗案破案率为44.83%，位居泉州市各县（市、区）前列，高于省厅要求的30%破案率的目标。

【打击经济犯罪 Crack down economic crimes】 2016年，全市共立经济犯罪案件300起，破案225起，抓获犯罪嫌疑人239人；立信用卡诈骗案件127起，破案59起；立涉嫌标会“倒会”的非法吸收公众存款案件17起，破案6起，抓获犯罪嫌疑人7人，起诉6人；立涉嫌恶意逃废银行债务案件11起，破案10起，抓获、劝投犯罪嫌疑人11人。打击恶意逃废债务专项行动取得成效，遏制石狮市企业恶意逃废银行债务势头，促使一些企业主动到银行协商贷款还贷等问题。持续开展打击传销活动，立传销案件1起，查获传销窝点1个，起诉1人，破获涉及传销非法拘禁案件50起，抓获犯罪嫌疑人50人，捣毁15个涉及非法拘禁窝点。破获省督“8·03”系列假币案件，抓获犯罪嫌疑人4人，缴获假币100多万元，系近年来泉州地区破获的最大假币案件。抓获“猎狐2016”专项行动经济犯罪嫌疑人4人，缉捕率达36%，完成上级下达30%的任务指标。石狮市公安局获全省公安机关“猎狐2015”专项行动成绩突出集体称号，被评为2016年全市经侦工作综合绩效评估、打击恶意逃废债违法犯罪专项行动、缉捕境外经济犯罪嫌疑人“猎狐2016”专项行动、打击侵犯知识产权犯罪专项行动“优胜单位”。

【打击毒品犯罪 Fight against drug crimes】 2016年，全市破获毒品犯罪案件351起，抓获贩毒犯罪嫌疑人368名，起诉犯罪嫌疑人289人，破获部目标毒品案件3起，破获省目标毒品案件3起；缴获毒品海洛因0.36千克、可卡因0.0021千克、氯胺酮2.93千克、冰毒132.83千克、麻古0.07千克；查获吸毒人员1046名（强制隔离戒毒人员160名）。其中，石狮市公安局在泉州市局禁毒支队的指挥协调下，在技侦部门的支持协助下，破获部目标贩毒案，抓获犯罪嫌疑人九名，查获冰毒129千克，查获涉毒车辆三部、其他作案工具一批，彻底摧毁一条从深圳至泉州地区，再转运至菲律宾的跨国跨省际地下贩毒通道，打击毒品犯罪活动，维护本地区的和平稳定。

【社会管理综合治理 Comprehensive control of social management】 围绕社会治安综合整治行动工作，组织开展打击“黄赌”专项行动、“四黑四害”行动，重点强化对娱乐场所涉黄、时时彩赌博、游戏机赌博、生产销售伪劣食药品、假烟等违法犯罪活动破案攻坚力度，打击危害人民群众生命健康和财产安全违法犯罪活动，护民生保权益，净化社会治安环境。2016年，破获涉黄刑事案件48起抓获36人；破获涉赌刑事案件201起抓获281人；查处涉黄行政案件487起，涉赌行政案件755起，行政处罚3545人，破获省厅挂牌督办赵某军等人开设赌场案。深入开展“打四黑除四害”和食药打假“利剑”行动等专项工作，主动联合食药监、烟草等部门打击食品药品安全、制售伪劣产品等犯罪活动，破获生产销售假药案81起，生产销售有毒有害食品案件1起，销售伪劣产品案8起。打击恶意欠薪犯罪行为，破获恶意欠薪案件21起，其中治安管理大队抓获5名出逃欠薪者并移送起诉，提前介入成功化解劳资纠纷4起，及时为被欠薪工人追讨工资700余万元。

开展“防范风险 护航发展”主题宣传活动 （图/公安局）

石狮市公安局以作为全省创新地址要素管理工作试点单位为契机，牵头制定《石狮市楼门标志清理整顿工作方案》，在全市范围内清理整顿楼门标志，推广应用二维码门楼牌，形成“政府主导，公安牵头，部门协作，社会参与”的创新地址要素管理工作良好氛围。12月21日，全省标准地址二维码管理工作观摩学习会在石狮召开，会议肯定石狮标准地址二维码管理工作成效，要求各地借鉴学习。

常态化组织开展武装巡逻设卡专项行动。每周两次开展盘查设卡工作，营造严防严打声势，震慑不法分子；夯实完善10大出入城卡门岗亭的建设及运作，构建全方位、多层次、多功能、反应快捷的治安卡点堵控网络，筑牢防范、打击、控制违法犯罪和处置突发事件的应急堵控防线。2016年，组织96次武装巡逻设卡专项行动，出动警力32658人次，盘查可疑车辆25698辆，盘查可疑人员28555人次。

落实安全生产责任制工作。领导带队开展安全生产大检查，督促危爆单位、物流寄递企业等企事业单位整改内部安全隐患，堵塞安全漏洞，防范发生重大安全责任事故。以开展禁炮、缉枪治爆、寄递物流两清理一排查等专项行动为抓手，加大危爆物品清查收缴和违法犯罪打击查处，对收缴的非法物品一律收缴、集中销毁。2016年，破获涉枪刑事案件3起，污染环境刑事案件2起，刑拘7人；查处烟花爆竹案件241起、散装汽油案件3起、行政拘留244人；收缴非法烟花爆竹600余件、枪支5把，子弹40发，仿真枪20把。

6 月 26 日，举办《让青春在禁毒中出彩》禁毒公益文艺晚会　（图 / 公安局）

构筑校园安全，深化开展“护校安园”专项行动。出动警力 4130 人次、警车 2160 台次，排查并整改校园内部安全隐患 150 处、校园周边乱点 51 处，入校开展法制教育 208 次、指导开展演练 90 次。全市各中小学、幼儿园治安状况良好。

【公共安全管理 The public security administration】　2016 年，严密旅馆业日常监管。实现全市 160 家旅馆 100% 纳入旅馆业信息管理系统，督促旅馆业落实住宿登记制度，利用旅馆业系统报警抓获各类网上通缉的逃犯 37 人。开展旅馆业专项整治行动，全市查处不按规定登记旅馆 95 家次，无证旅馆 105 家次。开展娱乐场所秩序整顿行动，制定多个娱乐场所整治方案，高频率清查整治，实现全市 64 家歌舞娱乐场所登记备案率 100%，安全设施整改达标率 100%。加强娱乐场所的分类管理，对娱乐场所实行 A、B、C 三个等级分级评定，要求各娱乐场所挂牌经营，规范秩序。严抓严查机修业不如实登记现象，督促机修业落实如实登记承修机动车辆信息制度，做到实数录入、实时上传，对违规的严格依法进行查处，全市查处 37 起机修业不按规定如实登记案件。

创新社区警务工作。石狮市公安局适应社会信息化、动态化发展趋势，注重强基固本，突出科技应用，探索推行派出所工作与信息化相融合的社区“e 警务”，推动城乡社区警务工作转型升级，取得成效；推广出租房屋二维码、民生警务平台等相关工作，创新石狮市社区警务工作新模式。

【推进户籍制度改革 Promote the reform of household registration system】

2016 年，推进户籍制度改革。明确流动人口申领居住证后可凭证依法享有 24 项权益和公共服务，享有同城化待遇的保障。全市发放居住证 26490 本。配合人社局核对新市民申请积分的对象 104070 人，其中符合条件 43567 人，违反交通法规 738 人、违法 5 人，在线评分 1684 人。2016 年，办理直系亲属户口迁移 2258 人，其中迁入县城区 573 人、迁入镇区 1684 人；落实无相片人员集中清理核对工作，16—18 周岁无相片人员清理率为 99.44%，18 周岁以上无相片人员清理率为 100%。查处虚假户口信息，注销持虚假出生医学证明办理落户 6 人，调整家庭关系 2 人。建立机制，落实居民身份证“三项制度”，在户政办证大厅和全局 14 个派出所户籍窗口设立“居民身份证异地挂失申报和丢失招领受理点”，全面落实受理、申报、招领等制度，全市受理挂失申报居民身份证 3452 人次，收到群众捡拾丢失证件数量 11 人次；并全面开展身份证异地办理工作，全市 14 个派出所均可接受办理省内居民身份证换补领以及全国 21 个省（市）的跨省居民身份证异地受理工作，人民群众在“家门口”就可办理相关业务。全市受理跨省异地居民身份证业务 71 件，办理省内异地证件业务 3312 件。2016 年，全市办理居民身份证 39843 张，临时身份证 4020 张。

【出入境及往返港澳台地区管理 Entry and exit and Hong Kong, Macao and Taiwan regions management】　2016 年，公安局出入境管理部门处理各类涉外案（事）件 42 起 52 人，其中处罚外国人非法居留 22 人次，依法遣送（监护）出境境外人员 16 人次，未发生因处置不当或未及时通报而引起外交纠纷的涉外案（事）件；强化外国人实有人口管理工作，对石狮的境外人员 4.7 万余人次实施管理。

开展外国人管理基层基础工作。2016 年，出入境管理部门通过业务指导、检查督促等方式培训基层民警 281 人次，组织全市各宾旅馆前台服务员和外事联络员培训 332 人次；对外商常驻代表机构实行联络员制度，不定期进行经常性的检查，随时掌握有关常住境外人员变更、企业机构运作的情况，做到情况明、信息灵。针对各宾旅馆外国人临时住宿登记差错率的问题，深入到前台进行督促指导，提高石狮市外国人临时住宿登记准确率。加强“外国人之家”微信公众平台建设，为驻石狮的外国人提供英语、日语网络咨询等服务，该平台共发布信息 49 条，总浏览量 16000 余次，吸引 2400 余名人员关注，受到社会各界的一致好评。加强外国人日常核查，严格外国人签证证件受理签发工作。2016年，受理外国人签证证件申请1262件，其中居留许可949件，普通签证274件，停留证件39件，分别占受理总量的75.2%、21.7 %和3.1%。受理量在全省县级受理审批机关中居首位，与部分地级市接近。针对石狮市外国人代表处多、人员杂的特点，加强对辖区外国人走访核查，定期走访辖区代表处，核查登记，强化签证受理后的监管，落实境外人员实有人口管理的要求，约谈驻石狮外国代表517人次、走访外国人代表处243家。

公民因私出国、出境及往返港澳台地区管理。2016年，出入境管理部门接待来访群众10万余人次，受理公民因私出国境申请90835人次，比2015年的96484人次下降5.9%。其中，受理公民出国申请12783人，比2015年12343人上升3.6%；受理公民申请短期往来港澳地区63934人次，比2015年70118人次下降9.7%；受理前往港澳地区定居482人，比2015年590人下降18.3%；受理公民赴台申请12211人次，比2015年11884人次上升2.8%；受理港澳居民注销国内户口申请109人；加强国家工作人员登记备案库和法定不准出境人员数据库存信息的日常维护工作和报备工作通报制度，2016年，接收国家工作人员报备506人次，其中新增346人次、更新122人次、撤销38人次；报列不准出境人员2959人次、撤销569人次。推出系列便民利民措施，让群众享受更高效便捷的出入境服务。全面开通赴港澳台旅游再次签注网上、微信受理，2016年办理1651件次；2016年4月1日全面启动针对非本市户籍的就业、就学人员及其配偶和未满16周岁的子女办理赴台港澳证件受理工作；2016年12月1日启动居住证持有人在居住证签发地申办因私出入境证件，2016年办理23件次；2016年11月1日取得赴港澳台签注制作权限，2016年制作港澳台签注3678枚；缩短办证工作时限，将港澳个人游再次签注由上级规定的“6个工作日”主动缩短为“5个工作日”；在原有设立“老弱病残孕”等特定申办人员绿色通道的基础上，为石狮市引进的优秀人才增设绿色通道；坚持周六对外开门服务，同时推行“三表合一”（一张申请表可同时申办三种证照）措施；为破解服务群众“最后一公里”难题，按上级“照合理布局、分步实施”的原则，积极推进出入境受理服务点延伸至派出所，2016年9月12日呈请上级将凤里派出所、灵秀派出所列为出入境证件受理点；推进港澳个人游签注审批工作，全年全市受理港澳个人旅游签注申请37709人次，较2015年同期的41078人次下降8%，制作港澳签注48916枚。

【网络安全管理 Network security management】 2016年，公安局依托互联网信息监控中心和“五级巡控”机制，关注网上舆情动向，打击网络谣言，多策并举，营造和谐有序的网络环境。处置各类涉稳涉警舆情90余起，落地核查相关网民90余人次，行政拘留2人，维护网络社会的安全稳定。

网吧日常监督管理。施行分级量化管理，进一步健全等级评定和升降级制度。检查网吧200余家次，处罚未按规定核对登记上网消费者有效身份证件的网吧5家次。

组织开展党政机关、事业单位和国有企业互联网网站安全专项整治行动。检测全市党政机关、事业单位和国有企业互联网网站70余家次，检测出存在中危以上安全漏洞的网站27家，发出《网站安全隐患告知书》27份，并督促网站限期整改，杜绝网络安全责任事故的发生。通过走访巡查，指导督促建章立制，保障全市党政机关、事业单位和国有企业互联网网站安全稳定。

【执法规范化建设 Law enforcement standardization construction】 2016年，石狮市公安局持续深化执法规范化建设，连续15年被省公安厅、泉州市公安局评为执法质量优秀单位。

建立受立案监督中心。贯彻落实公安部《关于改革完善受案立案制度的意见》部署要求，2016年9月建立受立案监督中心，在法制大队加挂受立案监督中心牌子，与法制大队合署办公，实行“一套班子、两块牌子”的运作模式，有效解决不如实受案、不如实立案、降格处理、虚假破案的问题，协调处理各办案单位之间以及本局与其他公安机关之间的立案管辖争议，统计分析全局执法的主要数据，为领导决策提供服务。

建成跨部门涉案财物管理中心。2016年12月，建成公安局、检察院、法院共用的涉案财物管理中心，研发出“石狮市公检法一体化涉案财物管理平台”，将证据要素贯穿管理始终，实现涉案财物管理信息化、精细化、流程化。

【执法责任奖惩 Rewards and punishments law enforcement responsibility】 开展执法质量“亮剑台”提升执法质量。每月评选最优最差案件，年中、年终召开“亮剑台”案件点评会议。2016年，开展“亮剑台”9期，评选出最优卷宗17件，最差卷宗18件，落实奖惩33人次，其中7名民警被扣除全部或部分月份绩效奖金，促进执法质量的提升。将“亮剑台”评议编成《亮剑台执法提示》，供民警学习借鉴。

落实执法办案积分制。下发《石狮市公安局关于进一步落实执法办案绩效积分制度的通知》，将执法数量、执法质量、执法效果等纳入积分管理，科学设置考核指标，落实执法奖惩，对年度办案绩效积分累计前5名的民警予以报功，此举破解长期以来民警产生的“办案越多存在问题越多”的困惑，以及不愿意办案、怕办案和案件数量、质量无法同步考评的问题，提高民警的工作积极性和主动性。

严格责任追究。落实“铁案工程”工作意见要求，对执法考评发现的问题，区别情况下发《执法问题预警通知书》（黄牌警告）和《内部执法过错意见书》（红牌警告），督促办案单位及时整改，对执法问题较多、执法质量较差的单位限期改变落后面貌，解决整改不到位问题。

【开展法治教育 Carry out the rule of law education】 依托公民警校开展法治教育。将法治教育、防范提示、安全文化宣传渗透到群众日常生活中去，增强全社会的规则意识、风险意识和防范能力，与教育局沟通协调，每周五下午组织在市素质教育基地集训的中小学生到公民警校参观学习。2016 年，中小学生到公民警校参观学习 41 批、2877 人次，社会群众 58 批，1128 人次，法治教育工作取得成效。

【优化监所管理 Optimize the management of prisons】 2016 年，石狮市看守所月均羁押各类违法犯罪嫌疑人、被告人和罪犯 1000 余人，全年实现队伍无违纪、监所无事故目标，被公安部评为一级看守所、被省公安厅评为全省看守所“五化建设”成绩突出单位。加强执法管理，确保公安监管场所和监管民警队伍“两个安全”，提高监所管理、教育和执法水平。完善“五防一体化”建设，联合武警中队推进警犬参与的“五防一体化”新安全防控体系建设。推进医疗卫生专业化建设，与市仁德综合门诊部共同签订医疗合作协议，成立驻所门诊部。加快推进监控联网及监控高清数字化升级改造。

2016 年，石狮市拘留所新收行政拘留人员 2493 人，拘留审查 5 人，司法拘留人员 155 人，合计关押被拘留人员 2653 人，释放被拘留人员 2665 人。2016 年，拘留所动态正常，未发生任何责任事故。

【社会秩序维稳 Social order stability】

市公安局以维护全市安全稳定为第一要务工作，先后组织研究制定并完善《依法处置非法聚集活动工作预案》等 10 份应急处置预案；不断完善巡特警反恐队伍建设，加强演练，强化全市武装巡逻防控，做好各类群体性事件和各类突发事件的处置。2016 年，出动安保警力 8300 余人次，完成 2016 年春季大型人力资源公益招聘会、“0127”福建省全国人大代表到石狮视察、清明节永久墓园祭祀、第 19 届海丝海博会、第十届泼水节、第 16 届全国大学生田径锦标赛、第七届党员代表大会安保工作、东南亚中医药学术研讨会、世茂开业庆典活动、环泉州湾国际自行车赛、福州市的省人大代表到石狮视察等大型活动、警卫安保任务 417 场次，实现各项安全保卫工作“零事故”“零发案”。

【保安辅警管理 Auxiliary police security management】 2016 年，市公安局、保安服务公司全面完成保安服务市场清理整治工作，举办数期国家保安员资格证考试培训班及考试，进一步规范全市保安服务管理，促进保安队伍的职业化和规范化建设，提升保安员整体素质和业务技能，确保人人持证上岗。

开展防灾减灾宣传演练活动 （图 / 公安局）

【抢险救灾 Rescue and relief】

2016 年，市公安局协同有关部门开展抢险救灾工作，完善《石狮市公安局防范处置 H7N9 禽流感疫情可能引发的突发事件工作预案》《石狮市公安局地震应急预案》《石狮市公安局防洪防台风应急预案》等应急处置工作预案，预防和处置各类突发事件，保障群众生命财产安全。

（蔡雅辉撰 刘锦添审）

交通 Traffic

【交通事故快速处理 Traffic accident rapid processing】 2016 年，石狮辖区道路交通安全管理接警 19518 起，日均 53.5 起，发生伤人以上交通事故 574 起，死亡 48 人，受伤 651 人，直接经济损失 488090 元。5 月，市区范围实现交通事故“零死亡”。全年发生重大事故逃逸案件 8 起，侦破 8 起，侦破率 100%；交通事故快速处理服务中心受理案件 9542 起，其中出警移交 1332 起出警引导 4057 起，电话引导 2659 起，自行前来 1494 起；交通事故和谐调处中心受理事故损害赔偿调解案件532起，成功结案407起，化解率达76.5%。交通违法行为查处情况：现场查处89852起，非现场查处294190起，其中酒后驾车865起，醉酒驾车694起，毒驾7起，涉牌违法14776起，摩托车和超标电动车超员3803起，驾乘摩托车未戴安全头盔14948起，涉证违法12905起，其他机动车载人超员1770起，驾驶非汽车类报废车1305起，校车违法194起，营运客车、校车和非营运大中型客车超员164起，货车安全装置1187起，货车超载30%以上1882起，不按规定使用安全带6694起，乱停车1162起，现场超速10%以上2890起、加塞乱掉头闯红灯闯禁行驾车打电话违规使用远光灯等15866起，其他8577起。完成环泉州湾国际公路自行车赛等各项交通安全保卫工作78次，其中二级警卫1次。

【车辆及驾驶人管理 Vehicle and driver management】 2016年，石狮市机动车保有量191014辆，机动车驾驶人保有量177730人。车管业务办理机动车注册登记14964辆、转移登记667辆、变更登记1601辆、注销登记1725辆、年检64218辆、受托检验2172辆、委托检验69辆、补换牌证合格标志1895辆、补换登记证书57辆、转出/注销恢复1170辆、转入18辆、校车登记182辆、校车标牌发放182块、抵押登记53辆、锁定业务286辆、档案更正71辆。

驾管业务办理补证换证23479人、转入3797人、年度体检213人、满分学习（摩托）296人、恢复驾驶资格（超期换证）42人、注销登记178人、吊销85人、转出2868人、核发校车驾驶资格17人、撤销校车驾驶资格9人、驾驶人审验2453人、提交体检证明恢复驾驶资格52人、二轮摩托车自培考试4599人、汽车类科目一理论考试44045人、汽车类科目三安全文明驾驶常识考试2633人、汽车类满分学习教育1274人、小型汽车类满分学习科目一考试538人、互联网服务窗口注册3784人。

【交通安全设施建设 Traffic safety facilities construction】 2016年，完善道路交通安全设施建设，排查治理交通事故多发及隐患路（点）段27个、学校周边交通安全路（点）段32所。建设沿海灯控路口2个、建设二次过街10处、更换68个路口灯具、更新交通标线5万余平米、更换23条道路71套指路牌、建设石狮市旅游交通标志系统60套标志杆件、建设沿海乡镇机动车“绿标区”。维护抢修红绿灯417次、道路护栏826次。对3个大型建设项目、泉州市现代有轨电车（一期）工程2号线作出交通影响评价。

在德辉广场片区试行社区交通“微循环”，单向行驶使片区内环岛路口交通冲突点从8个减少为1个，路面临时停车泊位从原有100位增设施划至200位。协助市交建局，湖滨、凤里街道办事处持续推进“路内停车收费”管理，更新或新增道路临时停车位400个。对全市112个灯控路口信号配时进行优化及维护校准，8条“绿波”道路初步形成一张畅通的“绿波网络”。

建设固定电子警察点位达56个、投入80台执法记录仪、9台执法记录仪工作站、50部警务通。在泉州县（市、区）级交警系统中率先建成智能交通指挥中心，按照“基础信息化”和“警务实战化”的思路，建成石狮公安智能交通管控平台，集成十个应用系统，实现集交通运行监测、交通信息服务、车辆查缉布控、重点车辆管控、应急指挥调度、勤务监督考核、运维管理等功能为一体的可视化指挥调度，为交通智能管理奠定坚实基础。

【交通安全宣传 Traffic safety propaganda】 2016年，开展主题宣传活动10余次，悬挂各类宣传标语200余幅，张贴宣传挂图2000余张，发放宣传资料12万余份。交通安全宣传队开设“黑日讲堂”，深入“学校、农村、社区、单位、家庭”举办交通安全知识讲座300余场次。依托“公民警校”推动全民交通安全教育，接待各种学习团体73批3332人次。开展第四届“以奖促管·文明出行”活动，“全年无交通违法”车从2013年的3349辆增长至2016年的15383辆，

2016年11月1日，泉州市公安机关城市交通管理水平提升工程现场会在石狮召开（图/交警大队）

占全市登记注册车辆的八分之一。

（吴培勇撰　邱国泉审）

消 防
Fire Control

【消防安全网格化管理 Fire control grid management】 石狮市重视消防安全，围绕《2016年消防工作责任状》，各级各部门深入推进消防安全网格化管理，开展“夏季消防检查”和区域性火灾隐患整治，提升消防工作社会化水平和灭火救援战斗力，为石狮经济社会发展提供良好的消防安全环境。2016年，全市发生火灾294起，直接财产损失63.93万元，比2015年火灾起数下降12.2%，直接财产损失下降52%，全市火灾形势总体平稳。2016年，大队被总队评为“基层建设标兵大队”。

【市应急救援中心建设 Construction of the municipal emergency rescue center】 2016年，加强消防后勤基础建设，市应急救援中心暨特勤消防站（占地约3公顷，投资约1.2亿元）列入石狮市重点建设项目予以保障，全面开工建设，工程主体封顶，完成年度目标。

【消防设备现代化 Fire fighting equipment modernization】 2016年，全市投资270万元消防车专项经费采购32米登高平台车，与现有101米登高平台车装备形成互补配合，消防设备现代化；投资100万元购买个人防护装备，配发装备器材241件（套），对水带、空呼、战斗服、切割机和浮顶泵等一些耗损严重、存在安全隐患或超过服务年限的装备进行淘汰更新，新增、修复消火栓127支，提升消防能力。

2016年，市政府协调经费1730万元，综合应急救援中心基建经费3437万元，“莫兰蒂”台风受灾补助70万元。市消防大队完善部队正规化建设，投资11万元用于中队营房修缮。

【推进社会化火灾防控 Promote the socialization of fire prevention and control】 2016年，全市采取措施，推进“清剿火患”和重大火患隐患、区域性火灾隐患集中整治，推进社会化火灾防控。市消防大队检查单位2473家，督改火灾隐患3279处，办理行政处罚案件98起，临时查封28家，责令三停32家，行政拘留2人，罚款71.22万元，对检查中发现的石狮市鹏山工贸学校室外消火栓无水等问题，提请政府挂牌督办重大火灾隐患1家，鹏山工贸学校重大隐患已按期摘牌。针对佳龙石化PTA成品仓库未经过消防验收问题，消防大队紧盯火灾隐患整改，已指导确定整改方案，与建筑设计院签订合同，进行图纸重设计。公安派出所全面履行消防监督职责，进一步落实《公安派出所消防监督工作规定》，组织全体社区民警跟班实践锻炼培训，全面提高派出所民警履行消防工作职责的主动性和开展消防监督执法能力水平。2016年，全市14个派出所（含5个边防所）共检查单位14533家，督改火灾隐患17196处，办理行政处罚案件691起，责令三停145家，罚款97.0838万元。比2015年行政处罚数上升4%，三停数上升3%，罚款数上升9%。

针对老城区存在“三合一”“多合一”场所，市消防大队提请市政府下发《石狮市2016年“三合一”场所专项整治工作方案》，并向街道、社区下发督办通知，安排专人每月检查督办，将整改工作完成情况纳入全市年度安全工作目标考核，其中，对灵秀联邦商业区、湖滨曾坑生产性“三合一”、宝盖镇经营性“三合一”等区域性火灾隐患进行重点跟踪督办。2016年，市“三合一整治办”检查、抽查342家，全市整治“三合一”场所148家。

利用大综治网格平台，创新消防安全网格化模式，市政府将消防工作考评纳入各职能部门年度绩效考评（占5分），推行“十佳消防网格督导员”“十佳消防网格员”季度评选制度。全市有60名网格督导员（网格员）受到表彰，有效推进网格化管理。消防大队强化消防监督员挂点联系街道乡镇制度，加大指导力度，推动街道乡镇开展日常消防工作。通过社会单位消防安全户籍化管理系统建立一户一档，与118家重点单位签订消防责任状，100%的消防安全重点单位实现信息化消防安全自我管理，每季度落实三项申报备案制度。

【提高民众消防安全意识 Improve public fire safety consciousness】 注重提高全民消防安全素质。建立消防安全不良行为公布制度，定期在《石狮日报》消防专栏曝光“火灾隐患”，发布整治信息。在市政府门户网站、《石狮日报》、电视台开设消防专栏和《消防时刻》专题节目，结合石狮火灾案例，联合福建省电视台、石狮电视台制作火灾警示专题节目。借助元旦、春节、“119”等重大节日活动时间节点，深化社会化消防宣传。2016年，全市发放各类宣传资料1万余份，开放消防站30次，培训65场次。创新消防宣传方式。市公民警校每周一至周五向市民群众免费开放，组织全市中小学参观30次。“119”宣传月期间，消防大队统筹协调市电影院，组织乡镇（街道）网格员、派出所民警、社区消防宣传大使、重点单位员工等五类人群观看“119对你说”影片4场次。加大消防安全培训演练力度。消防大队借助“五月防震减灾日”“六月安全生产月”等活动为契机，开展一系列形式多样宣传教育活动；联合教育局开展全市教育机构消防安全培训会，进一步推动校园消防安全“三有”（有教材、有师资、有课时）宣传，并落实消防监督员每周至少半天开展消防宣传教育培训制度。

【消防队伍建设 Fire control team construction】 加强消防部队救援主

力军，健全多种形式消防队伍联勤联训制度，开展微型消防站、志愿消防队、专职消防队消防业务轮训，提升全区各类消防力量的应急救援能力。2016年，建立祥芝镇、永宁镇一级政府专职消防队，凤里街道、宝盖镇、灵秀镇、锦尚镇二级政府专职消防队，并推动建立村社志愿消防队。市政府从待遇、管理和考评等方面分别出台政策，全部落实专职消防员经费保障和社会保险，落实灭火救援岗位购买人身意外伤害保险等。

加强消防基层组织建设。湖滨、凤里2个街道，111个重点单位，25个社区微型消防站全面建成消防基层组织，完成率为100%。以微型消防站为支点，划定范围组建5个消防联防区域，涵盖26家单位，其中以德辉区域联防组织为试点，区域联防组织内部，建立区域互查互检和通讯联络、应急响应机制，通过PTT手机，实现区域联动，逐步提高区域联防协作能力。

强化灭火救援力量建设。市消防大队深入开展整建制中队实战化演练和“铁军中队”创建活动，强化专业救援队伍建设，提升基层指挥员军政素质。2016年，市消防大队接警出动1159起，出动车辆2056辆，出动警力10309人，抢救被困人员76人，疏散被困人员24人，抢救财产价值114万元，完成“两节两会”“海博会”“G20”“环湾赛”等重要消防安全保卫，在抗击“莫兰蒂”等超强台风中，勇于作为，赢得社会各界广泛赞誉。消防大队深入开展大练兵活动，开展“六熟悉”126次，实战演练89次，调研评估“缺水地区”场所8个，完善台风、地震、化学危险品泄漏、群体性事件等17份综合应急联动预案。

（陈　旻撰　林建忠审）

边　防
Frontier Defense

【获得上级表彰 Obtain the superior praise and encourage】　2016年，福建省公安厅副厅长许耀鹏调研期间表扬石狮市边防大队是一支有着光荣历史和优良传统的队伍。闽藏联创联建得到深化，安全警示教育基地获各级肯定。石狮市锦尚船管站被泉州市公安边防支队列为科技管船参观示范点。石狮市东埔边防派出所在泉州市公安边防派出所业务工作推进会上作典型发言。石狮市永宁边防派出所红塔湾警务室被泉州市公安局评为“优秀警务室”。

【排查与整改 Screening and rectification】

2016年，在党风廉政建设中，狠抓教育、监督和治理三个环节，探索构建事前教育实、事中监督全、事后惩处严的惩治和预防机制。排查发现存在的隐患和整改一批问题，诫勉谈话7人、提醒谈话11人、关爱谈话2人、行政警告1人。

【能力新提升 Improve ability】　石狮市边防大队围绕“重塑优秀大队级党委班子”的目标定位和“能力建设年”这条主线，推进“五大能力建设”（即团队能力建设、防控能力建设、执法能力建设、实战能力建设、保障能力建设），全年工作实现新提升。党委核心能力有新提升。找准“重塑优秀大队级党委班子”的定位，抓班子带队伍，抓中心保稳定，形成持续发展合力，各项工作考评中始终保持前列；政治工作成果新提升。坚持贯彻民主集中制，建立落实月形势分析、党委务虚等制度，队伍斗志士气和能力素质实现“双提升”；维稳创安能力新提升。举全警之力投入维稳主业，持续深入开展严打整治斗争，“泉海天网”和“飓风肃毒”专项行动成效尤为突出，位居泉州市公安边防支队首位。

【边防稽私 Public security border checked smuggling】　2016年，石狮市边防大队查处走私案件及其他警情7782起，刑事案件破案率30.83%；治安查处率93.65%，破案、拘留、逮捕、起诉各项公安业务数据位居前列。

【基础建设新提升 Improve infrastructure】

2016年，石狮市边防大队基层基础建设新提升。完成祥芝边防派出所“四项建设”样板单位、水头警务室、东埔船管站三级帮扶以及示范警务室建设任务。

（李小坤撰　李　杰审）

开展“警营开放日”活动　　（图/边防大队）

检察
Prosecution

【概况 Generals】 2016年，市检察院坚持把检察工作放在全市大局工作中思考和谋划，忠实履行宪法和法律赋予的职责，做到党委有部署、检察有行动，群众有呼声、检察有响应，改革有需求、检察有举措，工作成效得到石狮市委、人大、政府、政协主要领导的批示肯定，在最高人民检察院官方微信微博、《检察日报》头版头条、省委《八闽快讯》专版、省政府《今日要讯》等媒介上宣传报道，被授予“全国节约型公共机构示范单位”“全国检察宣传工作先进单位”等称号，检察门户网站入选“全国百佳”。

【落实刑事政策 Carry out the criminal policy】 2016年，市检察院依法打击各类刑事犯罪。批准逮捕各类刑事犯罪嫌疑人1154人，提起公诉2213人。突出工作重点，严厉打击故意杀人、放火等严重刑事犯罪，依法惩治“两抢一盗”、故意伤害等多发性犯罪，持续整治“黄赌毒”、危险驾驶等破坏社会秩序犯罪，参与寄递物流安全管理、危险物品安全监管、电信诈骗犯罪、金融风险和执行难问题等六项专项治理行动，对于可能判处无期徒刑、死刑的呈报泉州市检察院审查起诉8件11人，提升人民群众的安全感和满意度。

创新涉企案件办理“四个一机制”。贯彻落实宽严相济的刑事司法政策，创新推行一案一走访、一案一普法、一案一建议、一案一建档的涉企案件办理“四个一”机制，参与打击恶意逃废债、防范化解金融风险等专项整治行动，对涉及8家企业贷款的17家银行机构进行摸底调查，依法起诉破坏市场经济秩序犯罪114件130人、生产销售伪劣商品犯罪53件57人、侵犯知识产权犯罪12件13人、金融犯罪22件28人，为企业健康发展营造良好环境。该“四个一”机制被列为泉州市“机关党旗红，‘五个泉州’在行动”主题实践活动的重点项目，系石狮市唯一入选项目。

【查办职务犯罪 Investigation of duty crime】 2016年，市检察院保持查办职务犯罪的高压态势。以解决群众身边的腐败问题为重点，立案侦查贪污贿赂犯罪案件16件16人、渎职侵权犯罪案件2件2人，其中处级干部1人、科级干部3人。主动转变执法办案理念，制定《关于在反渎职侵权工作中依法容错纠错服务保障改革创新的工作意见》，明确不认定为渎职犯罪的五种情形，消除干事创业者的思想顾虑，用“依法容错”激发创新创造活力，《关于在反渎职侵权工作中依法容错纠错服务保障改革创新的工作意见》被市委办、市政府办联合转发。

【预防职务犯罪 The prevention of duty crime】 2016年，市检察院深化职务犯罪预防工作。以预防渎职犯罪为重点，部署开展“防范渎职、担当作为”专题宣传，邀请省检察院反渎部门领导在市委中心组学习会上，为全市科级以上干部、村“两委”作专题讲座，引导广大干部准确把握罪与非罪的界限，鼓励担当作为、干事创业。与银行召开预防职务犯罪联席会议，会签“预防协作书”，探索预防人员出席法庭开展警示教育机制，组织泉州、石狮100余名银行高管旁听法院庭审，并接受警示教育，省市县三级检察机关预防部门到场指导，取得良好效果。

创新职务犯罪预防方式。对检察机关初查不立案、撤案、不起诉、免予刑事处罚等情形，就其存在的职务犯罪苗头性、倾向性问题，以教育谈话、警示提醒、训诫督导的方式进行预防告诫，提升预防效果。

【强化诉讼监督 Strengthen the litigation supervision】 2016年，市检察院全面加强法律监督。在市公安局受立案监督中心、凤里派出所挂牌设立“侦查监督工作室”，开展刑拘未报捕未起诉专项检查，调阅卷宗139件，依法监督公安机关撤案8件，提出补充证据意见6件次。引导公安机关对2013年以来存疑不捕、不诉的毒品犯罪案件跟踪侦查，督促重新提请批捕14件17人、移送起诉2件2人。加强与政府互动，完善行

“侦查监督工作室”挂牌 （图/检察院）

政执法与刑事司法、行政执法与行政检察两个衔接机制，推动依法行政。强化民事行政检察职能，依法办理不服法院生效民事判决申请监督案件2件、民事行政执行监督案件13件、诉讼违法行为监督案件10件。将监所科更名为“刑事执行检察局”，推进社区矫正音视频同步监管系统联网，开展审前未羁押专项检察，发现未交付执行罪犯14人，督促呈报暂予监外执行8人、监督收监执行6人。深化羁押必要性审查工作，建议办案部门对85人改变强制措施。

【化解社会矛盾 Resolve social contradictions】

2016年，市检察院深化巡回检察工作。探索检察机关联系基层服务群众的新方式、新举措，聘任镇（村）检察联络员131名，完善“领导现场接访、带案下访巡访、下乡普法宣传”的巡回检察工作机制，院领导每周带队进村入户开展法制宣传，接受群众信访投诉，排查化解矛盾纠纷。立足石狮市民营经济发达实际，院领导多次带队深入重点工程、高新企业、科技园区、鞋服厂区走访调研，开展普法宣讲会11场次，发放法律宣传资料3000余份，提升联系基层服务群众成效。

【社会管理创新 The innovation of social management】 2016年，市检察院创新未成年人检察工作机制。牵头市教育局、团委、妇联等多家单位联合开展“青春成长法护航”专题法制教育，举办“反校园欺凌”心理情景剧活动，为学生和家长提供参观看守所、听取现身说法、接受心理辅导等“法制套餐”，深化青少年的思想品德、行为规范、心理健康和安全教育。注重队伍专业化建设，推动公安局各队、所全部建立未成年人工作队伍，邀请教授姚建龙作专题授课，依法落实各项维护涉罪未成年人合法权益的办案规定，彰显柔性执法理念，涉罪未成年人不捕、不诉和非羁押率分别达到40%、33.3%、52.6%。该院办理的《蔡某甲等十人寻衅滋事案》被评为“全省维护妇女儿童权益优秀案例”。

强化生态环境的司法保护。成立生态资源检察办公室，参与打击非法采捕交易红珊瑚等专项行动，依法起诉破坏环境资源犯罪案件3件3人。与市环保局会签《关于建立生态公益诉讼协作机制的若干意见》，开展督促收取防空地下室易地建设费和矿山生态环境恢复治理保证金等专项监督活动，扎实推进公益诉讼试点工作，办理公益诉讼诉前程序案件24件，依法对矿山生态环境恢复治理负有监管职责的相关主管部门提起公益诉讼。

及时回应民生诉求。深化预防调查工作，针对有群众反映仙迹社区一石头房屋存在严重安全隐患的问题，检察干警深入实地调查后出具预防咨询意见，该意见得到市政府重视，迅速召开工作协调会予以专题研究。重视劳动者的权益维护，加强与法院、人社局的沟通联系，办理支持起诉案件13件，支持劳动者追索劳动报酬8.5万余元，依法对12名拒不支付劳动报酬的犯罪嫌疑人提出公诉。

【规范司法行为 Regulate the behavior of the judicial】 2016年，市检察院强化过硬检察队伍建设。扎实开展“两学一做”学习教育，举办“庆七一”暨《中国共产党廉洁自律准则》《中国共产党纪律处分条例》、检察纪律征文演讲比赛，在微信公众号设立“微言检心”专栏，交流“两学一做”微体会，开展“学身边先进、讲检察故事、做合格党员”活动，集中宣传15名获得省级以上表彰的干警，让全院干警学有榜样、赶有目标。履行党风廉政建设“两个责任”，扎实开展“明责任、守底线、强作风”专项检务督察和“《中国共产党廉洁自律准则》《中国共产党纪律处分条例》、检察纪律学习教育整顿年”活动，通过提醒谈话、诫勉谈话、廉政知识测试、观看警示教育片等方式，深化机关纪律作风建设。

加强学习型检察院建设。以专业化、职业化为导向，开展岗位技能、业务实训、评庭观摩等岗位练兵活动，组织干警参加各类培训125人次，1名干警获“全国检察机关侦查监督业务能手”称号，2名干警被评为“全国检察机关首批调研骨干人才”，3名干警分别获“全省检察机关侦查监督业务标兵”“全省检察机关案件管理业务能手”“全省检察机关首届新媒体十佳编辑”称号。

规范执法办案工作。持续开展规范司法行为专项整治，全面评查2013—2015年间不捕不诉案件质量和法律文书瑕疵，抓好问题整改，规范司法行为。制定《规范不捕不诉案件办理、促进公正廉洁执法的工作意见》，把好不捕、不诉关口，不捕、不诉率从2015年的33%、17.7%降至2016年的17.4%、11.1%。

【检务公开 Open prosecution affairs】

2016年，市检察院深化检务公开措施。率先在全省检察系统发布案件程序性信息9250条，公开法律文书5008份。创新不捕不诉案件和羁押必要性审查案件公开审查机制，邀请人大代表、政协委员、案件评议员等参与案件审查73件次，相关做法被最高检察院转发。积极建立“公检法涉案财物一体化管理平台”，对涉案财物进行实时、动态、信息化管理。

接受各界监督。深化“检察开放日”活动，邀请人大代表、政协委员、党风廉政监督员、媒体代表等走进检察机关或参加重要活动，监督和评议检察工作。向人大代表赠阅《检察日报》，开通专用电话、邮箱和“网上联络平台”，为人大代表、政协委员监督检察工作提供便利。接受市人大常委会专项检查，有针对性地加强和改进工作。办理人大交办、人大代表转办的案件，及时办结按时反馈，做到件件有落实、事事有回音。

推进司法便民服务。制定《案件程序性信息主动推送工作规定》，通过微信、手机短信、信函等方式，主动向案件当事人、律师推送案件（含职务犯罪案件）的受理、进展、处理等程序性信息13525条，受到群众的广泛好评。强化现代科技在执法办案中的运用，全面启动电子卷宗应用工作，执法办案工作全程实现电子化、无纸化、智能化。

【司法改革 Judicial reform】 2016年，市检察院落实司法改革部署。争取市委、人大支持提拔检委会委员2人、科级干部6人、中层干部8人、检察员11人，为推进司法体制改革打下基础。坚持公平公正推进改革，通过资格审查、考核推荐等程序，产生39名首批员额检察官；全面梳理检察权力清单37项385条，推动司法责任制落实。坚持思想政治工作与司法改革同步推进，通过开展谈心谈话、干警适岗调查等方式，及时掌握队伍思想动态。统计单位资产，在市政府的大力支持下，为办公楼、宿舍楼办理产权登记，做好2017年经费预算工作，为人、财、物省级统一管理做好准备。

创新检察工作机制。坚持做实部署工作、做好重点工作、做亮特色工作，42项工作机制或工作经验得到上级肯定。制定《关于公诉案件自行补充侦查的规定》，对重大、复杂、疑难刑事案件自行补充侦查25件次，及时锁定关键证据，提高打击犯罪的精准度和时效性，经验做法在《检察日报》“2016亮点”栏目专题报道。探索认罪认罚从宽机制，会同市法院制定《关于公诉案件认罪协商程序的规定（试行）》，办理该类案件21件，推动刑事案件繁简分流，优化司法资源配置。加大对电子数据实验室人员、资金、设备投入，率先接入最高检察院电子数据“云平台”，为纪委和兄弟检察院办案提供技术协助32件次，有效提升职务犯罪技术侦查水平。

服务发展。制定《关于充分发挥检察职能服务和保障“质量石狮实业强市”的工作意见》《关于在执法办案中全面推行“四个一”机制服务和保障非公有制经济发展的意见》，在全省检察系统成立首家“服务非公企业办公室”，开通服务非公企业专线，梳理166家石狮品牌建立《石狮市知识产权保护名录》，在青商会、布料同业公会成立“服务非公经济联系点”，与高新区、电商协会共建“知识产权司法保护工作室”，对接企业发展需求，为企业提供专利申请、商标注册、版权登记、商业秘密保护等线上线下一体化的法律服务，帮助企业解决发展中遇到的法律难题。

（荆国良撰　陈　林审）

“知识产权司法保护工作室”挂牌　　（图/检察院）

法院
Court

【刑事案件 Criminal cases】 2016年，石狮市法院受理各类案件受理各类案件21671件，审、执结14851件，同比分别上升31.45%、24.99%。依法从重打击危害社会治安的多发型犯罪，审结故意伤害案件123件146人、“两抢一盗”案件358件421人、“黄赌毒”案件339件514人。适时调整醉驾案件量刑标准，重点打击再次醉驾和酒精度在160毫克/100毫升以上的驾驶犯罪，审结危险驾驶案件732件732人。参与省委政法委部署开展的“六个专项治理”活动，开展打击网络信息诈骗、食品药品卫生安全等专项治理活动，审结网络信息诈骗案件19件29人、生产销售假药案件50件51人。加强对未成年人、社区矫正对象等的关怀帮助、帮教管理，促进社会善治共治。

【民、商事案件 Civil and commercial cases】 2016年，石狮市法院建立金融风险防控和化解机制，开展涉金融债权专项清理活动，出台强化司法职能化解企业金融风险21条意见，创新构建“引导、对接、协作”效率倍增机制，审结涉金融债权类案件664件、标的金额15.24亿元，执结177件、到位标的金额1.87亿元，审结民间借贷案件2620件、标的金额14.5亿元。加大打击逃废债力度，审结骗取贷款、信用卡诈骗、非法吸收公众存款等破坏金融秩序的案件85件96人，拒不执行判决裁定案件3件3人。依法调节经济关系，审结买卖、承揽、借款合同案件5271件，标的金额34.09亿元。保持严惩贪污贿赂犯罪高压态势，依法审结在土地征收补偿、重点项目建设等领域侵犯群众利益的贪污贿赂案件22件24人。加强涉民生案件审判工作，审结建设工程施工、商品房预售、房屋租赁、物业服务等涉房地产纠纷案件311件。加强家事审判，创新推行“三说三心”工作法，审结婚姻家庭、继承案件449件，法院被确定为“全省家事审判方式和工作机制改革试点法院”。构建和谐劳动关系，在宝盖镇鞋城工业园设立劳动法庭，创新构建家门口、一站式、专业化劳动争议化解机制，诉前调解劳动争议案件80件，审结261件，其中调解撤诉结案144件，得到省人大常委会副主任、省总工会主席张广敏和省法院院长马新岚批示肯定，并作为福建品牌予以推广。

【执行案件 Perform case】 2016年，石狮市法院执结各类案件5414件，执行到位金额3.69亿元，同比分别上升59.89%、117.06%。实行执行实施警务化，综合运用“三全”曝光、拘留、扣押车辆、搜查财产等强制措施，曝光失信被执行人2427人次，推送限制出境备案通知书7056人次，拘留181人，扣押车辆247辆，搜查财产136次；推动执行联动化，打好联合惩戒、网络查控、悬赏执行、举报奖励等联动“组合拳”，督促843名被执行人主动履行义务，执行到位金额6157万元；加强执行信息化，自主建立失信曝光查询、案件分类管理、执行沟通、执行预警等系统，提高执行工作效率。市法院被确定为全省“用两年时间基本解决执行难问题”的唯一一个基层示范法院。

【创新失信联合惩戒工作机制 Innovation faithless joint disciplinary mechanisms】

2016年，石狮市法院加大探索创新力度，在全省率先建成失信被执行人联合惩戒平台，24个联动单位和部门参与，从财产类、资格类、行为类等方面推出21项惩戒措施，实行负面清单制度，做到“实时更新、实时查询、实时反馈、实时惩戒”，实现“一处失信、处处受限”，形成市委领导、人大监督、政府支持、法院负责、各方协同的失信被执行人联合惩戒工作新格局，得到市委书记朱启平、副书记黄春辉及省法院副院长林卫里的批示肯定，最高院、省委政法委、省法院推广失信被执行人联合惩戒“石狮模式”，《人民法院报》头版头条作专题报道。

【构建多元化纠纷解决机制 Build diversified dispute settlement mechanism】

石狮市法院建成横向覆盖12个部门、行业，纵向覆盖市镇村三级的诉调对接服务网，实现调解网络全覆盖；整合全市调解力量，建立“调解人才资源库”，任命5名专职法官调解员，吸纳行政机关、社会团体、行业协会、热心人士等特邀调解员90名，实现调解队伍全方位；加强联动联调，形成“内部专职、外部特邀、内外联合”多元调解模式，细化工作运行流程，实现调解程序全规范。2016年，以调解撤诉方式审结民商事案件2533件，诉前调结1159件。石狮市法院被授予“全省多元化纠纷解决机制改革示范法院”。

【化解涉诉信访积案 Defuse complaint involving lawsuit disturbing backlogs】

2016年，石狮市法院建立动态分析制度，坚持问题导向，抓源头、建机制，完善领导包案、社会第三方参与化解、律师参与化解和代理涉法涉诉信访案件等制度，实行诉访分离，推行耐心、诚心、恒心、公心“四心”工作法，实现从领导包案向领导办案、被动办信向主动化解、封闭处理向多元化解、诉访不分向诉访分离的转变，100%完成省院下达的11件信访积案，化解正常涉诉信访45件，信访化解工作取得良好成效。法院用法治方式化解信访难题的经验在全省法院执行案件和涉诉信访“两清积”活动暨多元化纠纷解决机制建设推进会上交流推广。

【推进司法改革 Promote the reform of the judicial】 2016年，石狮市法院全面推行办案责任制改革，让审理者裁判、由裁判者负责。推行专业法官会议制度，解决审判难题，总结审判经验，统一裁判尺度，召开会议21次，讨论案件56件。深化量刑规范化改革，出台《关于规范量刑程序的实施细则》，在泉州市法院系统率先公开规范19种常见犯罪类型的缓刑标准，统一缓刑适用条件，依法对符合缓刑条件的罪犯适用缓刑443人。与市检察院联合试行认罪协商程序，审结适用认罪协商程序案件21件，宣判后被告人均服判息诉。石狮市法院量刑规范化、刑事审判改革的做法分别被最高院、省法院简报刊用推广。

【司法公开机制 Judicial public system】

2016年，石狮市法院推进“阳光司法”，召开新闻发布会2次，开展庭审网络直播20场，举办主题开放日活动5场次，邀请公众300余人参观法院、观摩庭审，拓展司法公开渠道，扩大司法信息的传播范围，让公众深入了解法院工作。

【提升诉讼服务水平 Litigation service level of ascension】 2016年，石狮市法院继续推行“跨域·连锁·直通”式诉讼服务，新设自助立案登记、“12368”司法人工热线等服务内容，满足群众服务需求；制定《民商事案件立案登记释明规则》，列明日常与重点释明事项，提高服务质效，获省法院通报推广；自主研发律师在线服务平台，实现律师在线立案、提交材料、交换证据、交流意见等，有效推进法院与律师良性互动；创新构建网格化送达机制，确定246名治安巡防队员、村居及镇办干部为“司法协助人员”，提高送达效率。法院诉讼服务中心建设经验在全省法院诉讼服务中心建设推进会上交流推广，并获评“全省法院诉讼服务中心建设工作先进集体”。

【加强审判监督管理 Strengthen the trial supervision and management】

石狮市法院加强案件审限管理，开展专项检查活动，通过设置管理专员、规范管理权限、落实审批制度等，严格审理期限，各类案件法定审限内结案率98.73%。加强跟踪分析研判，实行每周提醒、每月通报、每季分析制度，加大力度清理长期未结诉讼案件，提高结案均衡度。加强案件质量管理，推行重点评查、常规评查与审判委员会定期评查相结合，提高案件、庭审和裁判文书质量，评查案件194件、庭审11场次、裁判文书85份。2016年，石狮市法院生效裁判服判息诉率99.69%。

【法院队伍建设 Court team construction】

2016年，石狮市法院落实从严治党责任，开展“两学一做”学习教育，开展中国共产党成立95周年系列纪念活动，3名党员获评全省法院党建工作先进个人；创新党建项目化运作，培育“新市民维权之家”特色党建品牌，并在石狮市特色党建项目评比中名列第一。出台《建设“三不腐”机制工程方案》，运用好监督执纪“四种形态”，问责7人次、给予行政处分2人次，营造“不敢腐”高压态势；落实防止干预过问案件“两个规定”，发挥廉政监察员作用，加强廉政风险防控和审务督察，完善“不能腐”制度机制；开展为期三个月的廉洁司法集中教育活动，通过院长上廉政课、参加《中国共产党廉洁自律准则》《中国共产党纪律处分条例》测试、专题警示教育等，筑牢“不想腐”的思想堤坝。制定落实党风廉政建设主体责任和纪检监察监督执纪责任的实施意见及追究办法，强化“两个责任”，保障“三不腐”机制落实。

提升法院队伍能力素质，开展法官员额制改革工作，严把考核关，并经报送省法官遴选委员会审核，确定员额法官41名；开展典型领跑行动，向詹红荔、黄志丽等先进典型学习，培树身边的先进典型程耕轮，石狮市委、泉州中院发文号召开展学习程耕轮先进事迹活动；深化创先争优，10个集体、37名个人受到党委及上级法院表彰；加强能力建设，选派干警参加各项培训178人次，依托工会开展形式多样的文体活动，增强队伍凝聚力；加强文化建设，在法院外墙布设“闽南法文化长廊”，深入推进法官沙龙、审判业务半月谈等特色文化品牌创建，树立司法文明新风。

（蔡美婷撰　程耕轮审）

12月4日，石狮法院首批入额法官宣誓仪式　（图/法院）

司法行政
Judicial Administration

【公共法律服务 Public law service】

持续推进《石狮市加快推进公共法律服务体系建设实施方案》及《石狮市推进“一村（社区）一法律顾问”工作实施方案》。2016年，各村（社区）法律顾问合同相继到期，各镇（街道）司法所指导各村开展续聘工作。8月，完成股改局工作。10月，全市127个村（社区）全面完成续聘或改聘工作，村（社区）法律顾问覆盖率达100%。其中，蚶江镇首创“分片包所”的聘任方式，此举便于发挥律师事务所的团队力量，给基层群众提供更多的自由选择权，有利于调动律师所和律师对服务片区法律顾问工作的主动性和积极性，使群众能够得到更多的优质服务。11月，在广泛收集村（社区）反馈意见，征求各律师事务所意见的基础上，石狮市司法局拟定出台《石狮市村（社区）法律顾问工作办法（试行）》，建立健全各项工作制度，进一步提升基层法律顾问的服务质量。

【人民调解 People's mediation】

2016年1—11月，石狮市司法局开展行业性专业性矛盾纠纷集中排查化解活动。2016年2—12月，石狮市司法局在全市范围内开展“服务大局解民忧，春风化雨促和谐”人民调解专项活动。7月5日，石狮市司法局在全市范围内开展矛盾纠纷大排查大调处和对重点人员排查管控专项活动。7月12日，石狮市司法局关于确定全市18个规范化调委会建设示范点的通知、开展创建村居（社区）司法行政工作室试点工作的通知。

8月5日，泉州市农村社区司法行

政工作室建设推进会，到石狮市实地参观宝源社区司法行政工作室。2016 年 8 月，福建省电视台综合频道“调解有一套”栏目报道石狮市宝盖镇人民调解委员会调解案例。9 月，经石狮市司法局推荐优秀人民调解员报送泉州市级人民调解员星级评定，石狮市评定五星级人民调解员 2 个，四星级人民调解员 4 个，三星级人民调解员 9 个。

11 月 8 日，福建省委政法委巡视员陈勇率省基层调解组织建设调研督导组对石狮市基层调解组织建设工作进行调研督导。泉州市委政法委副书记、综治办主任徐义平率队陪同督导，石狮市委常委、政法委书记张鸰翔陪同调研。

11 月 25 日—12 月 10 日，石狮市司法局开展石狮市人民调解员星级评定工作。经各司法所推荐，评定二星级人民调解员 68 个，一星级人民调解员 70 个，初任人民调解员 130 个。

11 月 27 日，石狮市成立首个物业纠纷人民调解委员会“石狮市百德康桥假日小区物业纠纷人民调解委员会”。

12 月，石狮市选送的蚶江镇人民调解委员会调解的成功案例人民调解卷宗获评省级优秀。

2016 年，全市排查各类矛盾纠纷 3022 起，调处 2583 起，调处成功 2490 起；其中，基层人民调解委员会排查民间纠纷 717 起，调处 717 起，调处率 100%，调解成功 712 起，成功率达 99.3%。

【社区矫正 Community correction】

2016 年，石狮市在册社区服刑人员 294 名，其中缓刑 263 名，假释 19 名，暂予监外执行 12 名。2016 年 1—12 月，社区服刑人员新增 263 名，解除 286 名，其中期满解除 271 名，正常死亡 3 名，撤销缓刑 1 名，对暂予监外执行罪犯决定收监执行 2 名，其他 9 名；累计接受各级各地法院、检察院、监狱等部门社会调查评估委托 146 份，出具调查评估意见书 146 份，其中同意适用社区矫正意见 122 份，不适用社区矫正意见 24 份；对违反监管规定的社区服刑人员作出警告处分 24 人次；206 人次社区服刑人员请假外出。6—8 月，开展“两个专项”活动。泉州市局“两个专项”活动文件下发后，石狮市司法局于 7 月 5 日召开司法行政工作例会，及时进行传达部署工作。深入开展集中清理判处实刑罪犯未执行刑罚专项活动，在全面组织核查的基础上，摸清撤销假释、撤销缓刑、暂予监外执行条件消失尚未收监执行罪犯名单，及时与市检察院筛查比对。9 月 29 日，市检察院与石狮市司法局召开启动活动仪式，并通过音视频管理系统，现场随机抽查 7 个所 71 名社区矫正对象报到情况。11 月以来，石狮市司法局将“入矫第一课”列为常态工作，通过政府购买服务的方式，与泉州市爱恩心理咨询服务有限公司签订入矫第一课服务合同，开展新入矫对象学习教育活动。11 月 25 日、12 月 29 日，分别开展第一期、第二期“入矫第一课”活动，特邀泉州爱恩心理咨询中心三位资深心理咨询师为 45 名社区服刑人员上“入矫第一课”，结合市中途之家心理矫治功能作用，突出心理教育多种形式，进一步提高社区服刑人员教育改造质量。

11 月 1 日，福建省人民调解员协会会长吴东捷、秘书长胡中才等到石狮市宝盖镇、蚶江镇调研指导调委会规范化建设工作 （图 / 司法局）

【安置帮教 Resettlement and help education】 2016 年，全市接茬刑释解教人员 291 名，安置 291 名，安置率达 100%，帮教率达 100%，在册安置帮教对象 1161 人，均已纳入信息管理。2016 年，排查出服刑在教人员未成年子女 36 名。9 月 1 日，石狮市慰问一名经济困难的刑释人员，慰问金 3000 元。

【法治文化建设 Construction of legal culture】 2016 年是贯彻落实“七五”普法的开局之年，在总结“六五”普法工作的经验与做法的基础上，石狮市着手“七五”普法的启动工作。12 月 15 日，中共石狮市委、石狮市人民政府批转《中共石狮市委宣传部、石狮市司法局关于在全市公民中开展法治宣传教育第七个五年规划（2016—2020 年）》，标志着石狮市“七五”普法工作全面启动实施。

开展主题法治宣传教育活动。持续深化平安石狮质量提升三年行动，实施“平安细胞”“平安基础”“平安堡垒”“平安文化”“平安网络”等五大工程 28 个项目。制定下发《关于开展 2016 年综治及平安建设宣传月活动的通知》，坚持每年3月、6月、9月、11月开展“综治及平安建设宣传月”活动。3月30日，由石狮市依法治市办、政法委、司法局、宝盖镇政府主办的“平安建设宣传暨法律服务现场咨询活动”在宝盖科技园乐天天超市门口举行，市法院、市检察院、市公安局等24家单位共同参与。2016年，印制17万册《平安宝典》，投入60万元开通《平安石狮》电视栏目（每周一期），引入“平安开讲”“平安灯谜”“平安建设闽南四句”“平安彩铃”“平安狮城”公众微信号等宣传新模式。

服务大众，推进法治文化建设。2016年，挖掘闽南文化、侨乡文化中的法治元素，丰富法治文化活动载体和形式，开展以法治题材为内容的法治灯谜竞猜、法治文艺演出等丰富多彩的法治文化活动，群众在丰富文化生活的同时，自发地接受法治宣传教育。在“12•4”国家宪法日，市依法治市办联合市人大在人群密集的龟湖公园举办法制文艺演出活动，吸引大量的市民驻足观看，参与法治宣传活动。举办第二届中学生心理情景剧大赛，活动有来自石狮市15所中学的参赛队伍围绕“手拉手参与禁毒•心贴心珍爱生命”及“我爱我，给心灵一片晴空”两个主题展开创作。

推进“法律六进”活动深入开展。8月25日，石狮市依法治市办、石狮市司法局、石狮市湖滨司法所和石狮市公证处联合在石狮市湖滨街道开展法律服务进社区暨庆祝《中华人民共和国公证法》实施十周年宣讲活动。9月20日，石狮市第三届“关爱明天•普法先行”——青少年普法教育活动启动仪式在市一中杨孙西纪念楼举行。10月20日，石狮市依法治市办、双拥办牵头、相关成员单位参与的“法律进军营”活动在宝盖山部队拉开序幕。向广大驻石狮官兵赠送由市司法局编辑的800本《官兵法律知识学习读本》和发放1000张“法律服务联系卡”现场解答法律问题，并举办法律灯谜有奖竞猜活动。“法律进学校”宣传教育，引导青少年养成遵纪守法的行为习惯。以法制课堂为主渠道，在全市中小学中建立法制副校长制度，依托法制副校长定期到学校上法制课，加强学生的普法教育。2016年，全市现有的83所中小学校全部配备法制副校长，95名供职于政法工作一线的政法干警兼任法制副校长。2016年，组织法制副校长到全市各院校、中小学开展法制讲座120余场次，参加学生达6500余人次，发放各类宣传资料2万余份。

【律 师 Lawyers 】 加大对辖区内律师事务所及律师的日常监管力度，加强社会组织党建工作，承办石狮市法律人才培养工程，支持鼓励律师参加各种实务交流培训，不断优化法律服务质量。指导律师事务所围绕维护社会和谐稳定、服务经济社会发展为要点，发挥法律服务职能，促进石狮市经济社会发展。2016年，全市律师事务所办案总数4216件，其中刑事案件521件、民事案件3188件、行政案件27件、非诉讼案件293件、担任法律顾问187件。代书366份，业务收入共2069.57万元，社会效益较明显。

2—3月，完成2015年律师事务所及律师的考核初检和初审工作。6月15日，落实石狮市联合惩戒失信被执行人部门联动工作，根据《石狮市联合惩戒失信被执行人实施方案》制定石狮市司法局实施细则，与石狮市人民法院互相协作，对失信被执行人为律师事务所及律师实施惩戒。6月20日，与石狮市人民法院、石狮市信访局联合在泉州市率先推出《关于建立律师参与化解信访事项和代理涉法涉诉信访案件制度的实施办法（试行）》，引导律师参与政府涉法涉诉信访案件，进一步发挥法律服务队伍在维护群众合法权益、化解矛盾纠纷、促进社会和谐稳定中的作用。8月15日，泉州市司法局副调研员刘峥林到石狮市召开市律师队伍党建工作座谈会，推进律师所党建工作。12月16日，石狮市司法局召开全市律师工作会暨律师业务培训会，副局长王小斌就加强律师事务所和律师的管理，加强律师所党建、政治业务一村（社区）一法律顾问工作提出新的要求。

【公证服务 Notarization services 】

公证处参与规范化窗口竞赛活动。2016年上半年，完成公证形象墙及公证统一宣传板块的制作。2016年，将公证业务档案进行扫描入档，实现公证业务档案纸版和电子版双重归档管理。

2016年，依托泉州公证协会开通泉州公证信息服务平台和“泉州公证”微信公众号，利用互联网+模式，完成在线预约、在线公证（支持在线办证所需资料上传）、在线查询、留言咨询、在线查阅办证须知等功能设置，在公证业务了解、信息咨询、预约、受理等环节提供一站式服务。

以《中华人民共和国公证法》实施十周年宣传活动为契机，开展公证服务进社区、进军营、进乡村活动，强化公证法宣传，延伸服务领域，提高社会知晓率。2016年8月25日，公证处与司法局、依法治市办、湖滨司法所一道，在湖边社区举行法律服务进社区暨庆祝《中华人民共和国公证法》实施十周年宣讲活动。公证员蔡国钦作《公证在民事财产关系流转中的作用》的主题宣讲；10月20日，公证处与石狮市依法治市办、石狮市双拥办和石狮市司法局的工作人员一同到某部队一连开展“法律进军营”活动。12月4日，公证处深入蚶江镇，与“结对子”的蚶江镇司法所共同参与由蚶江镇组织的镇各部门联合开展的“七五”普法启动暨“12•4”国家宪法日法律宣传咨询活动。

9月2日，石狮市人大常委会副主任许赞成率市人大常委考察团考察调研石狮公证工作及法律服务管理工作情况。9月6日，龙岩公证协会根据福建省公证协会的部署，组织人员对石狮市公证处的统一宣传板及标识落实情况、独立法人落实情况、绩效工资落实情况、2015年办理公证情况等进行交叉检查。

2016年，公证处办结各类公证证件4443件，其中国内证件2273件，涉外证件939件，涉港澳证件1079件，涉台证件152，收取公证服务费1107830元。

【法律援助 Legal aid】 2016年，石狮市法律援助中心开展法律援助。将法律援助中心服务窗口与公共法律服务大厅窗口进行整合，完善便民设施，更新办公设备，健全工作机制，优化服务环境，获评"石狮市2013—2015年创建文明行业工作先进单位"。落实案件指派、跟踪监管、旁听、回访、归档制度，督促承办人员规范办案，提高服务质量。推选参评上级十佳未成年人典型案件，入选泉州市级典型案件2篇，省厅典型案件1篇。健全镇（街道）法律援助工作站。12月27日，组织新任联络员开展培训工作，加强业务指导，全面启用泉州市级网络平台管理，推进"互联网+"法律援助工作，进一步提高服务水平和工作效率。2016年1月，联合市财政局下发《关于进一步加强社区矫正和法律援助经费保障工作的通知》，并制定细化法律援助补贴标准，提高办案补贴标准，调动承办人员的办案积极性。2016年，市法律援助中心共受理法律援助案件311件，其中刑事案件184件，民事案件127件，为受援人挽回损失及取得利益403.8万元，有效维护弱势群体的合法权益。

【基层法律服务 Grass-roots legal services】 2016年4月1日—5月10日，石狮市司法局开展2016年全市基层法律服务工作者执业证年度考核工作。石狮市中心法律服务所、凤里法律服务所、祥芝法律服务所等3家基层法律服务所及基层法律服务工作者19人通过年检注册。

9月2日，根据《石狮市人大常委会2016年工作要点》安排，对石狮市法律服务队伍管理工作开展情况进行调研。实地参观石狮市中心法律服务所。

12月21日，进一步规范石狮市法律服务市场，开展法律服务机构排查摸底活动。2016年，全市各基层法律服务所共代理诉讼事务219件，非诉讼事务28件，办理法律援助案件10件，调解纠纷8件，担任法律顾问3家，代写法律文书386件，解答法律咨询827人次，业务收费37.7万元。

（吴棉棉撰 李毓熙审）

仲裁 Arbitration

【办理民、商事纠纷案件 Deal with civil and commercial disputes】 泉州仲裁委员会石狮分会受理平等主体的自然人、法人和其他组织之间发生的合同纠纷和其他财产权益纠纷。2016年，泉州仲裁委员会石狮分会受理案件199件（其中2016年177件，2017年22件），标的额178736268.27元，已结案件189件（其中2016年171件，2017年18件），结案率达到95%。其中调解163件，裁决22件，撤回申请4件，已结案件标的额169025268.27元，调解率达到86.2%。受理案件类型涉及民间借贷纠纷、买卖合同纠纷、商品房买卖合同纠纷、建设工程合同纠纷等多种类型的商事纠纷。泉州仲裁委员会石狮分会把仲裁的质量和效率放在首位，化解当事人的纠纷矛盾，当好中间人角色。坚持以服务当事人为主，秉承以调息裁、以调促和的办案理念，促成当事人自愿调解，避免双方当事人矛盾的激化，又为当事人节约仲裁成本，做到高效案结事、双方握手言和，受到双方当事人的好评。从2016年的结案率、调解率及案件质量来看，各项指标均保持一个较高的水平，体现仲裁高效快捷的特点。

【宣传《中华人民共和国仲裁法》 Propaganda "The Arbitration Law of the People's Republic of China"】 2016年，泉州仲裁委员会石狮分会拍摄仲裁宣传短片，通过在石狮电视台定时播放，并在《石狮日报》定期刊登仲裁知识宣传专栏，以及石狮日报社记者对仲裁工作的采访宣传报道，许多当事人对仲裁有更深的了解；开通泉州仲裁委员会石狮分会微信公众号，让当事人享受指尖上的仲裁服务。通过微信公众号宣传仲裁知识，并提供在线仲裁咨询服务；深入基层，先后与各镇（办）司法所、相关企业、金融机构、房地产、商会、服装纺织协会等联系并上门走访，发放一系列的仲裁知识宣传材料。泉州仲裁委员会石狮分会负责人参加政府机构组织的多个经济会议，并在会上对仲裁工作进行详细的介绍和宣传，在一系列举措下，房地产行业、金融行业的相关案件有所增长；加强与律师的协调沟通，2016年，多次邀请律师到会住所进行座谈，向律师介绍、传达正确的商事仲裁理念。许多律师在提交给法院立案前均会将案件先由石狮分会办案秘书进行调解，提高案件的立案率和调解率，这一举措获得众多律师的好评。泉州仲裁委员会石狮分会工作人员指导石狮市高新技术开发区厂房租赁及石狮宝狮农贸市场的摊位租赁合同的签订工作，并在合同中引导其对仲裁协议条款的签订；在石狮国际轻纺城、石狮服装城开展仲裁知识宣传，引导相关企业在签订贸易合同中引入仲裁条款，为企业保驾护航，加强与石狮市司法局合作，进行仲裁知识普及宣传工作。

【仲裁案件管理 Arbitration case management】 泉州仲裁委员会石狮分会狠抓案件管理，办案质量和效率显著提高。加强办案制度建设，结合仲裁工作实践，不断修改完善立案制度，仲裁审限管理办法、案件质量评查办法等，使立案、审理等工作环节更加合法合规、科学有序。实行层级管理制、责任追究制，做到谁主管、谁负责，谁分管、谁担当。加强案件的审查监督。严把立案关、组庭关、裁决关，坚持疑难案件集体研究制，完善案件审查监督制，实行案件全程监督、案件评查、当事人回访制。2016 年，泉州仲裁委员会石狮分会研究疑难案件 3 起，回访当事人 40 人次，仲裁服务投诉率为零。强化法院驻点建设，完善考核机制，加强工作调度，驻点作用得到有效发挥，效果显著，其中石狮市人民法院湖滨法庭驻点窗口一年来受理案件 85 件。

（刘雪娜撰　庄学连审）

人民武装
People’s Armed Forces

【市武装部概述 General introduction】

2016 年，市武装部坚持改革强军战略思想，落实军委国防动员部党委、省军区和军分区党委年度工作部署，着眼实现党在新形势下的强军目标，突出党员干部这个主体，围绕强化改革强军使命担当、塑造“四讲四有”合格党员，开展教育活动。编印资料汇编、购买《中国共产党章程》《中国共产党廉洁自律准则》和《中国共产党纪律处分条例》《“两学一做“学习教育百问百答》供党员学习。贯彻问题导向，坚持边教育边查纠，边整改，确保“两项”重大教育成果与武装部全面建设互促互进，确保践行改革使命、强化党的建设落到实处。

坚持思想引领，强化思想教育。发挥党组织思想引领作用，围绕干部职工思想反映、关注重点，有针对性地做好统一思想工作，铸牢军魂筑基工程。落实两个经常性工作，结合每日早交班，及时传达各级通知通报，解读新闻焦点，排除思想困惑。结合中共十八届六中全会精神传达学习、“两项”重大教育活动落实和纪念中国工农红军长征胜利 80 周年相关活动，深入开展谈心交心活动，主动把握干部职工思想脉搏，及时消除片面认识和思想顾虑，确保思想纯洁巩固。狠抓基本制度，党内组织生活常态化落实好。特别是领导干部、班子成员，能够坚持抓在日常、严在经常，带头交党费、上党课，带头过好双重组织生活，自觉向组织汇报思想，接受群众批评帮助，用自身模范作用，推进党内生活政治性、原则性有效落实，实现思想认识和党内风气的大转变。

3 月，抽调石狮日报社、电视台及部分优秀新闻报道骨干 12 人，成立新闻宣传报道小组，通过运用鲜活的新闻媒体素材教育官兵，进一步强化各级民兵党组织坚决听党指挥的最高政治要求。2016 年，市武装部两次接受省军区综合检查组检查，上级领导机关对市武装部党组织制度落实情况均给予肯定。

【战 备 Combat readiness】　加强战备制度落实。2016 年，按照“高于平时、严于平时、强于平时”的要求，不断提升战备水平。完备战备方案。8 月，完成本级作战方案和战斗力标准体系构建工作；深化战备“三化”建设，确保值班部位全时指挥通畅、灵敏高效；发挥民兵情报信息员作用，及时准确全面掌握辖区民社情；规范哨所“六图六表”和日常战备秩序，迎接分区司令员带队检查，受到好评。结合民兵整组，完善作战值班室《闽兵一号》数据，安装《民兵信息船北斗管理系统》，提高信息化指挥水平。对各类战备器材进行清点、归类，提高管理水平和战备能力。

【军事训练 Military training】　提升实战化训练水平。2016 年，按照上级赋予的训练任务，结合工作实际，采取区分层次、突出重点、分类施训、考核验收等方法，组训施训，首长机关、民兵队伍训练水平不断提高。针对基层武装工作队伍换届，工作业务能力弱的现状，组织专武干部和新任民兵营长集训，提高专武干部和民兵营（连）长整体素质和业务水平，锦尚镇专武部部长张瑞富参加全省专武干部集训，取得总评第一；6 月，先后组织宝盖镇民兵阵地抢修分队（30 人）、交建局民兵交通运输分队（30 人）、民兵防汛骨干（30 人）和专武干部进行防汛理论知识和海上操舟训练，后备力量军事素质不断得到提高。完成民兵应急连、海上民兵分队、专武干部轻武器操作和实弹射击训练，提高实战能力。

【民兵组织 Militia】　提高民兵组织建设质量水平。2016 年，按照整合队伍、优化结构、提高质量的思路，结合作战方案，科学调整基干民兵结构，把赋予任务和作战方案紧密结合，科学编组。科学规划人武部预备役登记场所，利用原党委会议室进行改建，结合征兵办公室一同建设；将退伍军人档案管理系统纳入军民融合项目，引入人武部预备役登记档案室，提高信息化管理能力；以推动预备役登记和富贵鸟企业武装部规范化建设为契机，结合民兵整组，狠抓基层正规化建设。各镇、街道投入经费，统一软件资料和硬件设施，基层规范化建设水平不断提升。

【国防教育和动员 National defense education and mobilization】　2016 年，协调地方党政机关、国防动员单位，按照“三时一体”使命要求，抓国防动员基础性工作落实，提升国防后备力量建设质量。3 月下旬至 4 月底，按照“压缩规模、整合队伍、优化结构、提高质量”的思路，调整改革民兵组织；全年分 2 次对全区经济、人防、交战、科技、信息、支前等领域的 8 类国防动员潜力数质量和分布情况进行调查统计；召开市委议军会和国动委会议，建立完善军民融合需求提报、工作例会等制度机制，拟制下发《石狮市 2016 年军民融合实施计划》，针对市镇（街道）两级换届，及时调整国动委成员和国防教育联席会议领导，健全组织结构，充实抓国防动员工作队伍；发挥主导作用，畅通进出渠道，盘活基层队伍建设。

【兵员征集 Soldier recruitment】

2016年，人武部合力抓好年度征兵。坚持政府主导、人武部主抓，围绕“三保一降”要求，完成年度征兵任务。突出大学生、高中生2个征集比例，落实依法征兵、廉洁征兵、优抚政策3项制度，把牢宣传、体检、政审、定兵4道关口，确保高质量完成任务。4月开始，深入学校、乡镇、村居展开兵役登记，走村窜巷入户深入发动，摸清底数；5月，完成大学生报名登记和初检初审；6月，完成兵役登记。8—10月，全面展开征兵工作，完成年度征兵任务，兵员质量较2015年大幅提高，为实现连续28年完成征兵任务、无责任退兵奠定基础。

【武装工作绩效考评 Armed work performance evaluation】 2016年，人武部组织党管武装工作绩效考评。按照泉州军分区党管武装绩效考评的标准，组织对基层进行绩效考评，将考评结果以图表的形式进行通报公布。这项工作推动成效明显，基层单位高度重视，推动党管武装工作的落实。

【落实“双拥工作” Implementation of "Double Support Army and Government"】

2016年，人武部合力促进双拥落实，“三联创建”活动稳步推进，两地领导互动频繁，共学经城市发展经验。三年来，协调市委、市政府投入资金610余万元，主要用于井冈山鹅岭乡人民最迫切、最希望解决的6大民生基础设施。开展支持“四区”建设活动。在定点帮扶上，投入8万元重点帮扶锦尚镇深埕村和永宁镇新沙堤村的基础设施建设；并根据市委安排，部长政委分别与这两个党组织涣散村进立党建工作联系点，定期进行帮带。主动率兵参建，组织协调驻军和民兵预备役人员，主动承担抢险救灾、维稳处突、应急救援、森林灭火、执勤创卫、植树造林等急难险重任务；2016年，出动民兵应急分队360多人、协调驻军官兵100多人，参加抢险救灾行动。安置转业干部和士官19人，营以上干部100%参公以上单位，士官100%事业编制。

2016年，人武部开展“解难题、办实事、见成效”活动。开展助学兴教，3名团职干部积极开展“1+1”助学帮困活动。在脱贫帮困上，每年利用春节、“七一”等时期，组织慰问贫困户、贫困党员和贫困复退军人，力所能及地为他们解决实际困难和问题；10名军人子女全部按照本人意愿入学入托，协调市法院“军人军属维权庭”解决4起军属涉法问题，维护军人军属权益；协调市委市政府领导到驻军部队进行现场办公和市支前办6批次慰问来将军山演练场的驻训演习部队。

【强化军人意识 Enhance the consciousness of the military】 2016年，人武部坚持用制度规范秩序，用法规引导言行，不断强化军人意识、条令意识和法纪观念。强化制度落实，坚持每季度分析1次安全形势、组织1次安全整训、开展1次安全排查、落实1次安全讲评；加强日常安全管理，部领导、业务科对重要岗位人员履职情况坚持每日不定时巡查检查，每日落实登记考勤、查铺查哨制度，确保安全排查不留死角；落实战备演练，狠抓营门和库区警卫执勤、消防和突发情况处置演练，确保安全警戒常态化，应急处突实体化。

【安全与保密 Security and secrecy】

严教育确保警钟常鸣。2016年，坚持把安全管理教育贯穿年度工作始终。周密组织“学条令、严纪律、正秩序”教育整训、“学法规、正秩序、查隐患、保安全”集中教育整顿和“百日安全活动”，认真组织学习贯彻国防动员部安全管理6个规范性文件精神，使安全稳定思想深入干部职工头脑；积极开展正反事例警示教育，观看《网络背后的黑手》《安全行车常识》《“四反”警示教育》等辅导录像，帮助干部职工克服麻痹心理；组织签订“安全目标管理责任书”“‘四反’责任书”“‘四反’保证书”等责任状，做到层层负责，责任到人，有效增强安全管理职责意识和安全发展理念。

严管理摁住安全重点。2016年，突出“人、车、枪、弹、密、水、火、电、汽、油”等重要防范重点。突出作战室、武器库、应急分队等重点部位，结合安全教育专项整治、“百日安全活动”等，深入排查安全隐患，及时做好应对；严格车辆管控，坚持谁用车谁签单，并交值班干部上报军分区统一报批，每季度落实驾驶员教育整训，强化行车安全意识，杜绝军车违规违章；严格人员管控，特别是八小以外的人员管理，登记工作用手机号码，确保24小时全时开机，部领导、值班员随机抽查人员八小时以外活动情况，有效杜绝酗酒、赌博、不正常交往、涉足不健康场所、参与不正常经济活动等情况发生；严格保密办公秩序，落实办公保密“八个规范”运行机制，加强核心机密、动态涉密载体管理，严格涉密文件、电脑、移动硬盘借阅和调用的报批手续，严肃查处违规上网问题，加强检查督导力度，杜绝失泄密问题发生。

严格财经纪律。2016年，贯彻四总部《关于加强军队经费使用管理廉政监督的意见》，按照“权在党委、事在部门、钱在财务”的原则，严格经费开支审批程序，副职“一支笔”签批，双主官联审会签制度；每月公开一次经费使用情况；巩固深化财经统管工作成果，健全完善党委管财“五控法”制度机制，做好日常战备、训练、办公和各项任务的经费保障。按分区财务要求，规范经费预算管理和使用、物资采购、报销凭据、福利发放等。

（陈犬华撰 齐建伟审）

人民防空
People's Air Defense

【防空袭方案修订及人口疏散地域建设 Air defense plan revision and construction of population evacuation areas】 2016年，石狮市人民防空办公室履行战时防空、平时服务、应急支援的使命任务，进一步提升防空袭斗争能力。在完善石狮市防空袭行动方案体系、组织指挥体系、信息保障体系、城市与重要经济目标防护体系和促进军民融合发展上取得一定成绩，得到上级部门和领导的肯定。

2016年3月，修编完成《石狮市人民防空袭方案》，收集石狮市经济、交通数据、城市建设规划、地形地貌、人口分布、人防工程分布等基础数据千余条，指导并配合11个相关部门完成各项保障计划8份。《石狮市人民防空袭方案》全书共3章55节，正文65页，附表15份，附图11张，共计6万字左右。该方案做为石狮市文明城市、应急事件处置、防灾抗灾、军民融合的必检材料，得到福建省人防办、泉州市人防办、石狮市国动委领导的肯定。

【防空警报建设 Construction of air defense warning】 2016年9月，组织并完成石狮市第16次防空警报试鸣工作。为确保这次警报试鸣取得成功，在8月中旬配合厂家组织相关人员对全市32个防空警报器进行维护保养，更换3台损坏的电动警报器，更换老化电缆及锈蚀螺丝等。9月1日，根据泉州市的统一部署，完成石狮市第16次防空警报试鸣活动，防空警报鸣响率达100%，覆盖率达95%。

石狮市防空警报系统建设近15年没有更新。2016年，根据上级要求，石狮市人防办在防空警报集群控制升级改造上，与福建先创通信有限公司合作，在国家北斗卫星地面控制中心支持下，率先把中国北斗卫星的短信报文功能应用在防空警报控制信号上，实现全天候、无盲区；在强抗干扰、保密性、可靠性、便携性、节能性等方面领先行业标准，并在8月26日石狮市人防专业队伍竞技演练现场展出，该系统在试运行。

【人民防空工程建设及管理 Civil air defense project construction and management】 2016年，石狮市人防办组织相关人员分2组对全市在建、已建人防工程、平战结合开发利用场所和早期人防工程等90余个人防地下室，进行消防安全和人防设施检查。从检查情况看，管理主体明晰的单位或业主在消防安全管理上比较重视，问题较少。管理主体不明晰的单位问题较多，消防安全共性问题主要是大部分的人防工程报警系统没有通电；消防通道及人防功能房堆积杂物；消防逃生门关闭、消防器材缺失，消火栓放置混乱，没有例行检查、登记等。人防设施检查发现的主要问题有：2008年以前竣工验收的人防地下设施滤毒罐缺失或没有安装；2010年左右投入使用的人防工程防护门部分存在锈蚀、密封胶圈脱落已无法起到防护作用；大部分的人防工程脚踏风机严重锈蚀无法使用。此次检查的人防工程还发现因人防地下停车场产权问题，业主与开发商发生意见分歧，导致地下停车场至今没有启用，人防工程闲置的问题。根据检查结果，检查小组将检查过程中发现的隐患问题登记在整改通知单中，并书面告知，责令整改。

2016年，石狮市人防办服务窗口受理防空地下室就地建设项目7件，应建人防地下室面积18357.23平方米。验收项目13件，验收面积68125.29平方米，受理防空地下室易地建设项目39件，收缴易地建设费602.06万元。石狮市人防办，按照《关于联合开展督促收取防空地下室易地建设费专项监督检查活动的通知》的要求，对2009年3月1日起至2016年5月31日止，辖区已经办理建设工程规划许可证，进行免交减交缓交防空地下室易地建设费、挪用防空地下室易地建设费问题、违法行使职权造成国有资产流失问题进行清理清查。

【重要经济目标防空保护 Air defense to protect important economic target】

人防运输专业队抢运重要物资 （图/人防办）

医疗救护专业队抢救伤员 （图/人防办）

按照重要经济目标防护方案编制要求，人防办加强对全市港口码头、化工、民生工程、易燃易爆、油气电等22个重要目标的监管工作。成立人防工作领导小组，编制重要经济目标防护方案，组建人防专业队伍，界定二次灾害波及范围，每年自行组织2次演练等。针对全市高危企业发生事故易产生次生灾害危及周边群众的问题，人防办对全市12个高危企业进行摸底，筛选出8个高危企业，并联合下文要求报送危险源及涉及范围的界定，根据报送内容制定应急预案，以确定发生灾害周边群众转移的范围及数量，为保护群众的生命财产安全提供一份有力的保障。该项工作报送完毕，适时将组织评审工作。在重要经济、重点目标防护监控建设方面，人防办组建一个平台和16个高清监控点，接入方式是租用电信和移动光缆，采用点对点裸纤接入。

【人民防空宣传教育 Education and propaganda of civil air defense】 石狮市人民防空办公室开展宣传《中华人民共和国人民防空法》和《福建省防空条例》，将贯彻落实精神列为人防宣传教育工作重点，纳入国防教育体系，建立石狮市人民防空网站宣传报道人防工作动向、人防基本常识、市民防护意识，结合国防教育日、“五五普法”“六五普法”日等认真制作专题人防宣传知识材料、宣传读本、多媒体光碟和宣传图版。在石狮新闻播放有关石狮市人防工作动态等内容，多次进社区、学校、进行图版巡回展览活动，发放新修订《福建省人民防空条例》《石狮防空》；开设学校初中部军训日人防知识教育课程日，发放省人防办和教育厅联合出版的人防教育读本进行爱国主义和国防、防空防灾学习教育；邀请市4套班子领导、人大代表、政协委员及机关工作人员，组织中学生、青年志愿者和离退休老干部莅临指挥所管理中心参观石狮市人防地下工程，使他们正面接触人防亲身体验人防，更加理解、支持人防工作。每年征订人民防空相关杂志和印发人防宣传材料，结合石狮市举办防空警报鸣试暨人口疏散演练活动制作的宣传教育片，分发给学校、机关事业单位、民营企业等。

2016年，石狮市人防办编印《人民防空防灾减灾知识》读本5000册，专人专车配送到学校、企业、机关、镇（办）村居进行防空防灾一体化知识教育宣传，在9月1日警报试鸣日期间，石狮市人防办开展形式多样的人防宣传教育活动，在石狮市步行街开设人民防空知识宣传咨询活动，现场分发宣传传单，现场摆放人防知识图片宣传模板60块，在《石狮日报》、宣传专栏、广播电台等新闻媒体及时刊登播放演练活动通告、防空警报信号种类、人民防空标语口号等800多条，取得宣传效果。

人防办利用配套管理房大厅及主体车辆掩蔽部、口部穿廊等空间场所600平方米投入十几万元建设集国防、防空和防灾教育为一体的综合性展厅，率先在泉州市设立人防宣传教育基地，立足防空防灾为重要内容，积极开展群众喜闻乐见、形式多样的宣传教育活动，以人防指挥所管理中心展厅为基础，图文并茂的宣传人民防空发展历程、人防法律法规和防空防灾基本常识以及航空兵器及各类导弹装备实物、人体模型(防化、防毒、防辐射服、防毒面具），人防工程滤毒设备等组建而成。详细介绍中国人民防空从无到有、从小到大、从弱到强的发展历程和人民防空在社会主义建设中的重要作用以及石狮市人防发展历程和显著成就。还采用大量实例普及三防知识和爱国主义教育，不定期组织社会团体、社区居民代表、学校学生等参观学习。

先后挂牌泉州国防人防教育基地，与市教育局联合挂牌将教育基地作为全市中小学校十大社会实践教育基地之一（国防人防教育基地），是石狮市市委党校教育实践基地。

石狮市人民防空办公室依托石狮市人防指挥所管理中心的人防教育展厅，发挥宣传人民防空，对中小学生进行人防国防教育。2016年，超过30000多人次参观人防教育展厅，并分发人防手册及人防教育读本。

【人防专业队伍组训 Air defense professional team training】 为检验石狮市人防专业队伍在实战条件下的组

织指挥能力，协调保障能力和快速反应能力，有效履行战时防空、平时应急支援使命任务，2016年8月26日，石狮市人防办在宝盖山人防疏散地域组织由11支人防专业队伍组成的竞技演练现场会。参加竞技演练分队有人防运输专业队3支，防化防疫专业队2支，医疗救护专业队2支，抢险抢修专业队2支，综合应急分队2支。参加此次活动总人数达500人，各种机械装备车辆55台，全程大功率防空警报和模拟空袭爆炸现场及烟火配合保障，泉州市人防办移动指挥车、信息采集车及大功率警报车参加此次活动，石狮市电视台、石狮日报社全程报道。到场指导的有省人防办副主任薛依强、综合处长陈俊强、指通处调研员郑云萍，泉州市人防办主任李建芳、副主任蔡永生、崔健等领导，以及石狮市委副书记、市政府代市长黄春辉、市政府副市长施汉杰、政协副主席施心新、人武部部长曹军平等领导，石狮市7镇2办人防工作站各组织10人到现场观摩。此次活动受到省人防办领导及与会者的肯定，并被总结为：这次活动内容实、规模大、要求严、准备充分、组织严密、在福建省尚属首例，具有示范引路作用，取得圆满成功。

（王保卫撰 何子冬审）

支前双拥 Support the Front Double Support

【推进军民融合 Promote civil-military integration】 2016年，石狮市支前办围绕“平时服务、急时应急、战时应战”的工作目标，进一步提升支前保障能力和求实服务水准，推进军民融合深度发展。石狮市双拥工作在市双拥工作领导小组的统一领导下，深入学习贯彻总书记习近平系列重要讲话精神，按照经济建设与国防建设同步发展，拥军优属与拥政爱民同步发展，深化市军民融合深度发展工作，落实双拥政策法规，弘扬双拥光荣传统，提升双拥工作水平，实现全国双拥模范城“五连冠”，为参加省级双拥模范城考评打下基础。

【双拥宣传 Civil-military integration propaganda】 2016年，石狮市先后采取各种有效的方法加强支前双拥工作教育宣传力度，推进双拥工作的扩展和延伸。发挥烈士陵园和爱国主义教育基地的功能。9月30日烈士公祭日，市四套班子、驻军代表及社会各界代表近300人到李子芳烈士纪念馆举行缅怀先烈活动。广泛开展双拥活动。围绕传统佳节、“八一”建军节等节庆日，双拥共建、征兵宣传和全民国防教育日等时机，结合“纪念长征胜利80周年”、广场文化艺术节等活动，广泛开展包括知识竞赛、文艺演出、图片展览等形式多样、寓教于乐的活动，增强双拥宣传和国防教育的感染力吸引力。在主要路口和地段增设双拥宣传牌，利用报纸、电视等传统媒体，微信、微博、网站等新兴媒体开展双拥宣传工作；市委宣传部举办纪念红军长征胜利80周年专题展览、组织宣讲团深入基层农村（社区）开展“纪念红军长征胜利80周年”巡回讲座；编排“红军颂”情景歌舞剧，在石狮市第14届广场文化艺术节首演；举办“童心向党”少儿专场演出等文化宣传活动等；策划出版系列丛书，编辑出版《侨区风雷》第16期——《纪念中国共产党成立95周年暨红军长征胜利80周年》专辑；市武装部利用微信公众号、播放征兵宣传片等形式开展征兵宣传，拓宽宣传方式。

【政府拥军 Municipal government support the army】 2016年春节、“八一”期间，石狮市四套班子领导带队慰问驻石狮部队及上级机关，并赠送慰问金160多万元；市委、市政府领导带队慰问到石狮市驻训部队达8次，并赠送慰问金近15万元；安排年度项目拥军经费100万元，支持部队、边防大队等单位相关建设项目16个；分别拨款50万元支持部队“官兵文化活动中心建设”及部队“师史馆信息化升级改造建设”；拨款60万元支持驻石狮部队“六个一好”工程建设；开展科技拥军工作，市科技局安排15万元支持驻军部队3个科技项目建设。

【行业拥军 Government departments support the army】 政府各部门均出台拥军政策，建立顺畅的军地沟通渠道

2016年“八一”节期间，市委书记书记朱启平、代市长黄春辉带队到部队现场办公

（图/社会工作部）

2016年9月，市委常委陈元生带队慰问驻训部队　　（图/社会工作部）

和联络机制，为驻军部队解难题、办实事。市教育局与市武装部联合下发《石狮关于进一步落实军人子女教育优待办法的通知》，保证驻军干部子女全部进入市区优质学校就学；市编办、市人社局认真落实有关政策规定，做好军转干部和随军家属的安置。2016年，全市接收12名营级以下干部，安排公务员2人、参公10人，接收6名退役士兵重点安置对象全部安排工作（事业单位）；先后为3名随调家属安排工作；发放未就业随军家属的基本生活保障金65.5万元；10月，市依法治市办开展“送法进军营”活动，给驻军官兵发放法律服务联系卡，赠送法律书籍1000多册；市法院维护军人军属合法权益合议庭，定期邀请部队官兵到法院旁听，接受法律教育，并通过视频现场为驻军官兵提供法律咨询，解答部队官兵提出的各类法律问题；市各文艺演出团队发挥自身优势，坚持节日走访慰问部队、组织部队文艺骨干培训、开展军营题材节目联创。2016年，为驻军部队培训文艺骨干10多名，编排文艺节目20多个、慰问部队巡回演出10余场；全国拥军模范永宁拥军大妈服务队龚秀训带领女儿黄春玲，开展拥军服务活动，先后5次组织服务队到部队基层连队为官兵缝补衣服、缝钉臂章、赠送粽子，在临近部队老兵退役时，自费采购运动服1000多套，送到每个退役老兵的手上。

【支前保障 Support the front line guarantee】

完善支前办和支前物资供应站规范化建设，及时调整市支前物资供应管理委员会及支前物资供应站成员。在原有基础上组织对全市支前物资潜力进行全面摸底、调查、核实，做到基本准确；年初支前办重新走访核实全市支前物资供应商，落实主副食品供应工作并签订供应协议10份，全市年度新增5个支前物资供应商（石狮荣誉大酒店有限责任公司、石狮大仓农贸市场有限公司、石狮市祥才渔业专业合作社、石狮市石佳食品贸易有限公司、石狮供销铁器门市部）。2016年，石狮市年储备可供应大米总量6.5万吨，食油0.04万吨，畜肉总量0.1万吨，蔬菜总量2.84万吨，水产品总量43.34万吨。加强支前快速食品供应点的日常动态管理。石狮市4个支前快速食品网点，全市快餐一次性可供应量0.6万人份。市支前办走访驻石狮各部队，对各单位申报“六个一好”（一个好食堂、一个好菜地、一个好饮水、一个好猪圈、一个好干衣间、一个好澡堂）进行调研，并制定实施计划。根据年度支持驻石狮“六个一好”建设项目资金的安排，组织项目摸底，项目资金60万元全部拔付到位，帮助驻石狮部队重点工程的建设，对项目建设进行跟踪，全部完工。

【军民共建 Military and civilian common construction】　2016年，军地双方继续发挥各自优势，开展形式多样的精神文明共建及资金、技术互助等活动，不断深化共建内容，促进军地双方共同发展。全市军民挂钩共建对子，覆盖机关、行业、企业、学校、村（居）等不同领域、不同层面，推动推动双拥工作社会化，其中有6个共建对子受市文明办表彰为“军民共建精神文明”先进单位。驻石狮部队参与和支援城市社区（新农村）建设，广泛开展文明社区、平安社区和新农村示范点等，取得显著成绩，涌现出一大批双拥共建先进单位和先进个人。

【优抚安置 Give special care and resettlement】　2016年，落实优抚对象抚恤补助标准自然增长机制，及时调整提高优抚对象的补助标准，优抚对象和革命“五老”人员抚恤补助位居全省前列。做好退役士兵的接收安置工作和职业技能培训，为退伍士兵就业牵线搭桥，帮助他们与企业用工单位建立联系；军休干部服务进一步规范化，春节、“八一”期间开展慰问活动。

【拥政爱民 Support the government and cherish the people】　2016年，驻石狮各部队在市人武部的牵头协调下，制定年度拥政爱民工作计划，支持地方构建社会主义和谐社会。春节期间，驻石狮部队组织慰问老孤寡老人以及福利院的儿童，并送上食油、大米、牛奶等慰问品。部队上半年接待中小学生8个批次近500人次，并为学生进行国防教育，进一步树牢学生的国防意识；部队官兵参加义务献血800多人次，植树造林2万余株，开展环境整治500多人次。科盾医院等部队医疗单位坚持每年组织1次“便民义诊”巡回活动。驻石狮团级领导都有1个以上挂钩扶贫帮困（助残）、助学兴教对象，扶贫助学37名在校学生。贯彻执行《军队参加抢险救灾条例》，完善各类应急预案，主动承担和完成各种重大社会事故、自然灾害的抢险救援任务。驻石狮部队共出动官兵1500多人次，车辆120多台次，投入防抗台风应急机动和抗洪抢险4场次，护林灭火5场次，救援遇险船舶4艘次，救助遇险群众400多人，扑灭各类火灾600多起，挽回直接经济损失600多万元。2016年，“莫兰蒂”“鲇鱼”台风期间，驻石狮部队连夜出动，抢险救灾，出动车辆106台次，出动官兵961人次，转移群众150人次，营救人员14人，疏通道路87千米，维护树木2900棵，清理垃圾2940立方米，赠送药品9600多元，抢救财产损失146余万元。他们以实际行动彰显“血浓于水”的军民鱼水情谊。

（洪吾坤撰 曾江明审）

“五一”黄金海岸 （图/颜华杰）

（图/颜华杰）

工业
Industry

【工业综述 Industry general review】

石狮市获得中国纺织工业联合会首批命名的中国休闲服装名城，获得“全国纺织产业模范集群”和“中国服装示范产业集群”称号、成为中国首批纺织产业先进集群，获得“中国休闲面料商贸名城”和“中国纺织服装行业社会责任信息披露实践示范产业集群”称号。石狮市所辖的灵秀镇、蚶江镇、宝盖镇、鸿山镇和凤里街道分别获得“中国运动休闲服装名镇”“中国西裤名镇”“中国服装服饰辅料名镇”“中国休闲面料名镇”和“中国童装名镇”称号。石狮市形成的全国性服装市场，是中国纺织服装最早的发源地和集散地之一。经过培育，石狮形成一条以服装加工生产为核心的纺织服装产业链，涵盖纺织、漂染、成衣加工、辅料、市场营销等各个领域，在全国具有产业集群优势，成为中国三大服装板块之一——闽派板块的中心城市。

2016年，石狮市工业增加值339.1亿元，同比增长7.4%，对GDP增长贡献率为47.3%，拉动经济增长3.8个百分点；规模以上工业企业产值达964.2亿元，规模以上工业增加值达261亿元，同比增长7.8%。

【企业发展 Enterprise development】

2016年，石狮市规模以上工业增加值261亿元，同比增长7.8%；销售产值955.2亿元，同比增长5.3%，产销率99.07%，其中纺织服装业完成销售产值473.3亿元，同比增长3.2%，占规模以上工业销售产值49.5%。1—11月规模以上工业经济效益综合指数251.69，比2015年提高5.54个百分点。全社会用电量367250万度，同比增长4.5%，其中工业用电量232393万度，同比增长4.7%；供水量15346万吨，同比下降1.8%，工业用水量10166.9万吨，同比下降2%。全市规模以上企业384家，产值964.2亿元，产值亿元以上企业203家，产值868.8亿元，占规上企业工业产值90.1%，其中产值10亿元以上企业15家。

石狮工业形成以完备的纺织服装产业链为主导，以鞋业鞋材、化学制品、五金印刷、体育用品、食品饮料、电子信息为支柱的产业集群。2016年，第二产业增加值376.2亿元，同比增长7.4%，对GDP增长贡献率为51.6%，拉动经济增长4.2个百分点。全市规模以上工业总产值964.2亿元，其中七大产业完成产值如下：

①纺织服装：产值475.8亿元，占49.3%；

②鞋业鞋材：产值114.6亿元，占11.9%；

③电子信息：产值68.3亿元，占7.1%；

④化学制品：产值50.5亿元，占5.2%；

⑤食品饮料：产值41.4亿元，占4.3%；

⑥五金印刷：产值29.4亿元，占3.1%；

⑦体育用品：产值27.5亿元，占2.9%；

以上七大产业产值807.5亿元，占规模以上工业产值83.7%。

【工业技术进步 Industrial technology progress】 石狮市步入工业化中后期，转变经济发展方式、促进产业转型升级，时间紧、任务重、意义大。石狮市坚持“稳一优二强三”的总体战略，重点突出发展第三产业，巩固和提升石狮市传统产业，加快企业技术创新和推进战略性新兴产业发展，是今后石狮市产业调整振兴的总体方向。2016年，石狮市完成全社会固定资产投资449.1亿元，同比增长10.0%，其中，工业投资210.9亿元，同比增长17.1%。全市技术改造投资稳步增长，开展工业技改攻坚会战工作，督促实施125个技改项目，完成年度技改投资 95.4 亿元，增长 16.5%。2016 年，科达电器精密手机金属复合材料部件生产线技改等 7 个项目列入 2016 年福建省重点技术改造项目，恒祥漂染染整生产线技术改造等 17 个项目列入 2016 年泉州市级重点技术改造项目，福建省节能技术改造项目 2 个。加快推广发展数控一代，建设一批智能工厂和数字化车间。通达全自动 CNC 加工生产线等 7 个项目列为泉州市数控一代示范生产线，通达精密金属手机后盖加工工艺项目等 18 个项目列入石狮市“数控一代”示范工程重点突破项目。永信数控生产的数控电脑绣花机等 11 个产品入选 2016 年泉州市“数控一代”示范项目产品，宝翔机械生产的电脑毛圈提花针织圆纬机等 5 个产品入选 2016 年泉州市高端装备设备名单。认定石狮市级智能工厂 1 个、数字化车间 5 个、智能制造示范项目 9 个。

【企业政策落实情况 Enterprise policy implementation】 紧密跟踪上级政策动向，上报 2016 年福建省互联网经济新增引导资金扶持项目 3 个、福建省中小微企业专项切块资金信息消费类项目 1 个、泉州市 2016 年扶持工业发展十八条措施物联网类项目 3 个（福建太平洋集装箱码头有限公司获得泉州市 2016 年扶持工业发展十八条措施物联网类项目扶持资金资金 20 万元）、福建省互联网经济新增引导资金项目 2 个。福盛鞋业申报福建省级工业设计中心，金苑服饰申报泉州市级工业设计中心。提升改造印染行业，鼓励印染企业加快技术改造、淘汰落后设备，华联公司完成原地转产，万峰盛、港溢、协盛协丰等 3 家印染企业列入 2016 年印染企业准入名单。做好节能降耗工作，强化对重点用能企业的节能考核，鼓励龙头企业调峰生产，支持通达电器等 2 家省级龙头企业、美佳爽等 3 家省级高成长企业享受峰谷用电奖励措施。鼓励发展高新技术项目、清洁生产项目和废物利用项目，定期组织开展对重点企业、重点项目、重点领域的节能工作进行专项检查，强化对重点用能企业的节能考核。推荐金宏盛漂染定型机热媒系统节能改造等 9 个项目申报 2016 年福建省级节能循环经济专项资金。推荐金宏盛漂染定型机热媒系统节能改造等 9 个项目申报 2016 年福建省级节能循环经济专项资金，7 个项目获得奖励资金 230 万元。推荐万峰盛漂染中温中压定型机“油改汽”节能技改项目等 14 个项目申报 2016 年泉州市级节能循环经济专项资金。

2016 年，协助企业争取到福建省级物流业发展资金、泉州市级工业设计产业资金、增产增效奖励、泉州市加快机械装备产业发展专项资金等各类上级惠企政策资金奖励 4206.98 万元。召开全市经济工作会议，表彰 2015 年企业发展先进单位，兑现本级惠企奖励资金 3749.59 万元。

【企业获得称号 Enterprises won the titles】 通达集团、石狮市大帝集团有限公司、拍鞋网（福建）网络科技有限公司等 3 家企业获 2016 年福建省产业龙头企业称号，宏太（中国）有限公司、福建省石狮市富兴包装材料有限公司等 25 家企业获 2016 年泉州市龙头企业称号。

佳爽（中国）有限公司、石狮市科达电器有限公司、石狮市华宝海洋生物化工有限公司等 3 家企业获 2016 年省级工业和信息化高成长企业称号。

2016 年，通达全自动 CNC 加工生产线等 7 个项目列为泉州市“数控一代”示范生产线。通达精密金属手机后盖加工工艺项目等 18 个项目列入石狮市“数控一代”示范工程重点突破项目。

永信数控生产的数控电脑绣花机等 11 个产品入选 2016 年泉州市“数控一代”示范项目产品。宝翔机械生产的电脑毛圈提花针织圆纬机等 5 个产品入选 2016 年泉州市高端装备设备名单。

大帝集团董事长吕培榕获“2016 年产业领袖奖”。

（朱永得撰 谢文传审）

建筑业
Construction Industry

【建筑业概况 Construction industry general situation】 2016 年，石狮市建筑业办理施工许可项目 98 项，建筑面积 112.72 万平方米，工程造价 18.12 亿元，其中房地产项目 7 项，建筑面积 35.51 万平方米，造价 5.97 亿元；办理竣工验收备案项目 102 项，建筑面积 492.59 万平方米，工程造价 92.58 亿元，其中房地产项目 41 宗、建筑面积 418.21 万平方米，造价 85.64 亿元。

【加强工程质量管理 Strengthen the management of construction quality】 石狮市建筑业受理质量监督工程 99 项，其中房建工程 70 项，建筑面积 131 多万平方米，工程造价约 170661.16 万元，市政工程 29 项，工程造价约 35858.33 万元；工程安全监督申报 99 项，未发生重大质量安全事故。

依托省厅“三网”系统，强化监管，进一步规范各方责任主体行为。加强建筑材料抽样检测及工程抽查，抽检钢筋原材 221 组、钢筋焊接与机械连接 132 组、砌墙砖 2 组、砂 11 组、混凝土抗压强度试块 6 组、水泥 10 组、混凝土抗压强度回弹 608 个构件。加强施工现场质量安全客体及质量安全责任主体、质量安全行为进行抽查，开展专项检查 10 次。

【加强建筑企业资质资格管理 Strengthen the management of construction enterprise qualifications and qualification】 全市建筑业企业 37 家，其中总承包企业 12 家（一级总承包企业 3 家、二级总承包企业 7 家、三级总承包企业 2 家），专

项承包资质13家，设计与施工一体化企业11家，预拌商品砼企业5家，劳务分包企业 7家，造价咨询招标代理企业3家（招标代理企业1家，造价咨询企业2家），检测机构3家，机械租赁企业5家。2016年，新增施工劳务分包不分等级资质企业2家，福建省泰森建筑劳务有限公司和石狮市耀辉劳务有限公司。

【加强建筑市场管理 Strengthen the management of construction market】

工程招投标监管。不断规范和完善工程招投标制度，继续坚持“业主组织招标、企业自主投标、专家负责评标、政府实施监督、‘中心’提供服务”的招投标运行模式，加强招投标过程的监管。2016年，石狮市房屋建筑、市政基础设施、交通基础设施工程完成公开招标项目103个，工程最高控制价9.3596亿元，中标价8.5348亿元，节约资金0.8248亿元，下浮8.81%。

查处违规建设行为，按照法律法规规定，制止和打击违法违规建设行为。2016年，石狮市受理违法违规案件8件，总计249.38万元，其中违法安全生产案件4件，计罚款17.5万元，未经批准擅自施工案件4件，合计罚款231.88万元。

推进新型建材及散装水泥，贯彻落实推行新墙材。2016年，全市征收新型墙体材料专项基金68个工程项目，总计961.2421万元，退还新型墙体材料专项基金25个工程项目，总计1072.5285万元。2016年，全市征收散装水泥专项基金68个项目，总计240.3105万元。

【加强施工管理 Strengthen the building construction management】 2016年，石狮市加强项目建设期间的监督检查，履行建设行政主管部门监管职责，督促工程各参建单位履行工程建设主体责任，督促按照建筑行业相关法律法规和工程建设强制性标准，实施项目施工。监督机构加强日常监督检查，结合“双随机”动态考评，对管辖范围内在建项目进行全方位监管，从工程基本建设程序、质量、安全、文明施工等方面，严格执法，依法查处各类违法违规行为。行业主管部门加强指导检查，加强对重要单位、重点工程、重点环节的抽查，依法查处各类违反基本建设程序、扰乱建筑市场秩序的行为。

【安全施工 Safety construction】

2016年，石狮市开展建筑工程消防安全专项治理。全面排查施工现场火灾隐患，检查发现火灾隐患49处。

开展危险性较大分部分项工程落实施工方案专项行动。对辖区内的重点企业和重点工程进行检查，对18个基坑支护工程、25个土方开挖工程、91个脚手架工程、68个模板支撑体系发出责令改正通知单，责令13个未按专项方案组织施工的脚手架工程停止使用，责令20台存在较大安全隐患的建筑起重机械停止使用。

开展安全生产大检查，深化打非治违和专项整治活动。重点检查工程参建各方主体执行国家安全生产有关法律、法规和工程建设强制性标准情况，深化建筑施工模板工程等三个专项整治情况，全面开展安全生产自查自纠情况，集中开展“六打六治”打非治违专项行动推进情况，推进安全生产标准化提升三年行动、落实企业“五到位五落实”、落实扬尘污染控制措施和渣土运输车辆管理等情况，安全大检查发出《责令整改通知书》64份，排查并督促整改安全隐患428条，对存在较大安全隐患的5台建筑起重设备责令停止使用。

【建设项目奖 Construction project awards】

加强对创优工程、文明工地的引导。邀请泉州市工程建设质量管理协会专家到石狮市进行创优专业指导。推动和扶持施工企业争创各级各类优良工程热情，利用节假日到施工现场指导，促进工程质量、安全文明施工水平的稳步提高，推动建筑市场的规范和健康发展。全市有3个项目获评“2016年福建省建筑施工安全生产标准化优良项目”、4个工地获评“泉州市建设工程安全文明标准化示范工地”。

表5

2016年福建省建筑施工安全生产标准化优良项目名单

序号	工程项目名称	施工单位	项目经理	监理单位	项目总监
1	石狮国际轻纺物流交易中心一期二标段	福建泉州市二建工程有限公司	李长庚	厦门长实建设有限公司	陈春晓
2	明筑	中建海峡建设发展有限公司	卢信贵	厦门高诚信建设监理有限公司	赵吉刚

续表 5

序号	工程项目名称	施工单位	项目经理	监理单位	项目总监
3	石狮钞坑回迁安置房项目 1#-8#、13# 及相应商铺、地下室项目总承包工程	福建省九龙建设集团有限公司	张江河	福建省东正工程项目管理有限公司	刘守捷

表 6

2016 年泉州市建筑施工安全生产标准化优良项目名单

序号	项目名称	施工单位	项目经理	监理单位	项目总监
1	石狮市城北 F.H 地块安置房工程	中铁一局集团有限公司	马红社	福建海川工程监理有限公司	陈上勇
2	石狮加曾寨片区改造安置区工程	福建一建集团有限公司	吕振民	福建成建工程监理有限公司	何正芳
3	石狮市梧园安置房工程	中铁一局集团有限公司	陈建仓	福建和盛工程管理有限公司	王秀明
4	石狮市洋内亭安置房工程	中铁一局集团有限公司	陈建仓	福建和盛工程管理有限公司	吴鸿忠

【建材行业管理 Building materials industry management】　2016 年，石狮市新型建材协会选举石狮市博士达新型建材有限公司董事长黄应朴任会长，协会有会员 15 家新材企业。石狮市建材协会制定《行业自律公约》，加强行业自律管理，提高产品质量、进一步规范新型建材市场。

（李继成撰　何子冬审）

市供销社
City Supply and Marketing Cooperatives

【供销社概况 General situation】　石狮市供销合作社简称市供销社，是全市供销合作社的联合组织，承担对全市供销合作社系统的组织、指导、协调、服务、监督以及教育培训等职能，为市政府直属事业单位(参公)，机构规格为正科级。

2016 年，市供销社机关在编人员 10 人，退休干部职工 13 人（提前退休 1 人），下辖综合贸易公司、农业生产资料公司、工业品日杂公司、供销社大厦 4 家直属公司和蚶江供销社、祥芝供销社、永宁供销社等 3 家基层社，在册人员 119 人，离退休人员 235 人。

【供销社改制及发展 Reform and development】　11 月 29 日，石狮市正式印发《关于深化供销合作社综合改革的实施意见》。《关于深化供销合作社综合改革的实施意见》明确市供销社综合改革坚持三大原则：坚持为农服务根本宗旨，坚持合作经济基本属性，坚持因地制宜、分类指导；做到两个覆盖：到 2020 年，基层社分类改造基本完成乡镇覆盖率达 100%，农村综合服务社行政村覆盖率达 80%，服务领域由流通领域向全程农业社会化服务延伸；承担五项任务：创新为农服务方式、发挥农村商贸流通主渠道作用、加快发展供销合作社电子商务、推进城乡社区综合服务平台建设、稳步开展农村合作金融服务。重点是推进“两工程一平台”建设，即组织实施农业社会化服务惠农工程和新农村现代流通网络工程建设，推进村社共建，构建城乡社区综合服务平台。市财政从 2017 年起至 2020 年，每年从财政预算资金中安排不少于 80 万元，专项扶持全市供销合作社系统“新网工程”和“惠农工程”建设。

【供销社营业情况 Business status】

烟花爆竹专营。2016 年，石狮市烟花爆竹仓库销售各类烟花爆竹 250 多万元，实现利润 12 多万元。农资冬储供应。2015 年 10 月—2016 年 3 月，石狮市农业生产资料公司为主完成化肥储备 1230 吨，其中优质肥 600 吨；中小化肥 630 吨，超额完成 1200 吨的储备计划，为稳定市场、平抑价格，发挥供销社农资流通主渠道的作用。开展“五新服务促春耕”活动。2016 年 3 月，市供销社组织参加各涉农部门在蚶江镇联办的“石狮市 2016 年放心农资下乡进村宣传周暨‘五新服务促春耕’”现场咨询活动，现场分发《功能肥应用技术手册》等科学种植指导书籍 200 余册，赠送高效低毒、进口、国产优质农药 10 多种，计 120 瓶。开展农村社区义务维修活动。12 月 22 日，市供销社农村社区综合维修服务行业协会组织“综合维修志愿者服务队”到湖滨街道民生路 166—168 号宝湖志煌摩托车维修点开展义务维修服务活动。现场免费为市民维修摩托车、电动车 48 人次，安全咨询 20 多人次。市供销社坚持定期在石狮市各镇街道开展义务维修活动，每次活动都受到群众的响应和好评，方便当地农民朋友。

【防震应急演练 Prevention of earthquake emergency drill】 8 月 18 日，市供销社组织全系统员工开展防震应急演练活动。邀请地震知识专家就地震的相关知识进行详细讲解，并现场指导防震应急避险演练。通过演练，提高员工对各类事故的预防和应急处理能力。

【加强内部审计控制 Strengthen the internal audit control】 9 月 20 日，市供销社完成对 4 个直属公司和 3 个基层社的内部审计工作，审计覆盖率 100%。重点审计：2015 年企业经营承包合同、承租合同；年度利润、固定资产折旧等经济指标完成实绩真实程度；年度财务收支情况，全面了解和掌握所属单位经营管理活动的情况。

【新型“庄稼医院”揭牌 New type "The crops hospital" unveil the nameplate】

9 月 23 日，市供销社新型“庄稼医院”在宝岛路揭牌营业。该庄稼医院经营面积有 200 多平方米，销售农药、化肥农资，无偿为农民咨询、诊断、配药，配有土壤酸碱度检测仪等现代化机械设备，并将农资销售纳入全省农资监管平台，上级部门监管和农民买家都能够进行产品溯源、互联共享，确保无毒高效农药化肥购销在阳光下运行。

【成立农村经济联合会 Set up the rural economy federation】 9 月 28 日，石狮市民政局批复同意成立石狮市农村合作经济组织联合会。联合会是由市供销社牵头，吸收团体会员和个人会员自愿结成的经济联合组织，各类农村合作经济组织、农民专业合作社，农产品生产及加工龙头企业，农村营销大户和个人自愿参加。

（李元强撰　刘延钦审）

城镇集体经济发展
Urban Collective Economy Development

【木器厂改制 Wood products factory restructuring】 2016 年，石狮市城镇集体工业联合社不断强化服务职能，帮助困难职工，保持系统稳定。

石狮市木器厂是市二轻系统最后一家未进行改制的县办集体所有制企业，职工人数 66 人。委托中和众和机构对木器厂经营管理的资产（不包括丽城公司经营管理的资产和职工房改房 69 套套房）进行评估，若房地产按工业用地评估，价值 1319 万元；若房地产补交土地出让金，按商住用地评估，价值 3044 万元。

组织领导和时间安排。第一阶段：2016 年年 10 月，拟定企业改制和职工安置分流工作方案（初稿），在企业改制领导小组讨论的基础上，征求上级有关部门和分管市领导意见。

第二阶段：2016 年 11 月，将工作方案提交研究通过以后，由改制领导小组组织召开企业职代会按程序进行讨论和审议，并形成决议案，涉及职工安置方案由企业职代会执行机构负责全部职工签名确认。

第三阶段：2016 年 12 月，工作方案再次提交主管部门组织相关部门协商确定后，向分管市领导汇报，最终提交市长办公会议审议。

第四阶段：2017 年 2 月，工作方案经市政府文件下达后，由市经济局和联合社组织具体实施及处理善后工作。

为确保企业改制工作顺利进行，成立“市木器厂企业改制领导小组”。

【工艺美术产业发展 Arts and crafts industry development】 2016 年，石狮市城镇集体工业联合社推动工艺美术产业健康发展。产业发展现状。石狮市工艺美术产业发展相对比较落后，全市各类工艺美术企业 20 多家，规模以上企业有 4 家，其中代表性企业有石狮市信德工艺品有限公司（树脂产品）、

华联企业　（图/颜华杰）

富兴企业　　（图 / 颜华杰）

石狮市水头华颐工艺品有限公司（镀金泊产品）、石狮市文行水晶工艺品有限公司（玻璃工艺）、新湖通草画礼品有限公司（传统通草画）等。2016 年，整个行业产值 2 亿多元，其中出口交货值 5000 多万元，实现利税 2000 多万元。石狮市鼓励工艺美术产业发展，鼓励企业走出去参加国内外各种展览会、文博会，引进先进设备，创立企业品牌，提高产品质量，提高市场竞争力。促进龙头企业转型升级，重点抓好信德树脂、华颐金泊工艺，文行水晶工艺 3 家企业做大规模，提高工艺创作水平，增加出口订单。

石狮市工艺美术重点企业生产经营情况。2016 年，石狮市信德工艺品有限公司生产总值 8000 万元，主要生产树脂产品，全年产量 40 万件，职工人数 100 多人。石狮市水头华颐工艺品有限公司生产总值 3000 万元，主要生产镀金泊产品，全年产量 10 多万件，职工人数 40 多人。石狮市文行水晶工艺品有限公司生产总值 5000 多万元，主要生产玻璃工艺灯饰产品，全年产量 30 多万件，职工人数 60 多人。石狮市新湖通卓画礼品有限公司生产总值 86 万，销售收入 42 万元，主要产品通草画工艺品，全年产量 350 件，职工人数 10 人。

石狮市传统工艺美术主要品种、主要技艺保护和传承情况。石狮市推进濒危艺种的保护。按照泉州市关于传统工艺美术濒危品种技艺抢救保护的要求，进一步加强濒危艺种“通草画”吴小锦大师工作室的日常指导和管理，促进濒危艺种恢复作坊式生产，并向上级争取扶持资金帮助企业拓展经营。“石狮通草画”，主要原材料采用进口和国产的灯芯干草加工成通草画用纸，及其他天然环保材料，现评为非物质文化遗产，其传承人吴小锦的艺术代表作品——《贞观香绒画》，市场估价在 30 万元以上。石狮市做好非物质文化遗产保护工作，鼓励吴小锦创立大师工作室，制定带徒传艺三年工作计划，带徒传艺 7 人，设立教学室、设计打样室、工艺创作室、作品展示室，在石狮繁华路段设立工艺品经营部，为徒弟提供一个学习技艺场所和了解市场观赏需求的环境，并向上级争取扶持资金帮助企业拓展经营。

石狮市工艺美术人才队伍建设情况。石狮市评为福建省工艺美术大师只有传统美术工艺通草画吴小锦 1 人，评为泉州市工艺美术大师是华颐工艺品公司王仁周和新湖通草画礼品有限公司吴东洋 2 人。其他规模以上企业聘请高级技师有 3 人，1 级技师 7 人。

（毛明辉撰　邱建仁审）

（图/颜华杰）

农业经济
Agricultural Economy

【转变农业发展方式 Transform the agricultural development model】 2016年，石狮市推进农业现代化，加快转变农业发展方式，促进农业取得新进展。全市农业总产值48.1亿元。培育一批品牌市场竞争力强的科技创新型农业经营主体，10家企业被认定为泉州市第八轮农业产业化市级龙头企业，其中省级重点龙头企业3家；石狮市协力兴种植专业合作社获评“福建省无公害农产品产地”称号；石狮市绿清果蔬种植专业合作社和石狮市正源果蔬种植专业合作社获评“石狮市标准化生产基地”称号。

【农业品牌建设 Agricultural brand building】 全面推进农业品牌建设，完成泉州市级2个（绿清、正源合作社）标准化生产基地建设。实施认证补贴奖励机制，鼓励支持“三品一标”。2016年，新增1家基地获得无公害农产品产地认定，1个产品获得无公害农产品认证。全市无公害蔬菜基地18家，无公害农产品29个（以胡萝卜、萝卜为主），福建省名牌农产品1个（胡萝卜）。

种植业
Crop Farming

【农业生产 Agricultural production】
2016年，石狮市年初低温冻害以及14号台风“莫兰蒂”、17号台风“鲇鱼”等重大自然灾害影响，种植生产受到较大损失，全市粮经比例由2015年41.8:58.2调整为41.6:58.4；农作物播种总面积3340公顷，较2015年减少108公顷。其中粮食播种面积1390公顷，总产5807吨，同比分别减少3.67%、3.68%；油料作物播种面积365公顷，总产865吨，同比分别减少4.2%、3.67%；蔬菜瓜果类（含果用瓜）播种面积1585公顷，总产30707吨，同比分别减少2.4%、5.41%；水果年末种植面积83公顷与2015年基本持平，总产780吨，同比减少19.91%；其中龙眼种植面积37公顷，总产294吨。农村居民人均可支配收入21097元，较2015年增长7.51%。

【粮油作物 Grain and oil crops】
2016年，石狮市粮食播种面积1390公顷，其中水稻播种面积172公顷，产量1049吨，同比分别减少6.52%、8.54%；甘薯播种面积976公顷，产量4186吨，同比分别减少1.51%、1.41%；大豆（含杂豆）播种面积182公顷，产量371吨，同比分别减少4.71%、5.12%；油料作物播种面积365公顷，总产865吨，同比分别减少4.2%、3.67%，其中夏花生播种面积293公顷，产量716吨；秋花生播种面积72公顷，产量149吨。

【农产品质量检测 Agricultural product quality detection】 石狮市出台《石狮市人民政府农业办公室关于印发2016年农产品质量安全例行监测方案的通知》，不定期对农产品产地、生猪屠宰企业、农贸批发市场等进行抽查，及时地掌握和了解农产品质量安全状况，有针对性地进行生产指导和过程控制，确保农产品质量安全状况得到有效改善。其中果蔬产品监测完成福建省农业厅“检打联动”抽检1次，联合南安市农业与海洋局跨区抽检4次，本市自行果蔬“农残”例行快速抽检91批次、1027个样本（其中水果20批次，126个样本），检测结果全部为阴性，合格率达100%。畜产品监测抽检盐酸克伦特罗、莱克多巴胺、沙丁胺醇各1479头份；牛（羊）奶三聚氰胺、胺磺类12份；送检禽类磺胺类、抗生素2份；生猪定点屠宰环节瘦肉精检测送检30头份，均为零检出，合格率达100%。

【有害生物疫情监测和防治 Pest disease surveillance and control】

2016年，石狮市农业有害生物疫情防控工作全面贯彻落实上级各项工作部署，树立“公共植保、绿色植保、科学植保”的理念，坚持“预防为主、综合防治”的植保方针，以控制迁飞性、流行性、暴发性及突发性农作物重大病虫危害为重点，着力开展病虫发生预警与监测、重大植物检疫对象防控、专业化统防统治和绿色防控等工作，有效控制农作物病虫害发生，保证全市农业生产安全。全年农作物主要病虫害总体比2015年较轻发生，发生趋势呈中等偏轻发生，虫害重于病害。各种主要农作物病虫害发生面积5293.3公顷次，防治面积8080公顷次。其中水稻发生面积126.7公顷次，防治面积286.7公顷次；甘薯、花生等其他旱作发生面积2173.3公顷次，防治面积2966.7公顷次；蔬菜瓜果等作物发生面积2620公顷次，防治面积4166.7公顷次；龙眼等其它果树病虫害发生面积373.3公顷次，防治面积660公顷次。全年未发生重大农作物病虫害灾情，病虫害发生面积降低1.2%，防治面积降低15.2%，总体防治效果良好。

石狮市常设农业有害生物疫情监测点4个（其中2个泉州市级重大虫情自动测报点），植保专业应急服务队2支，实行综合防控，重点抓好农作物主要病虫害与苹果枝枯病、红火蚁等等农业有害生物疫情的调查、监测及防控工作。全年指导开展农作物病虫害专业化统防统治服务面积333.3公顷以上；创建农作物病虫害绿色防控技术示范片泉州市级2个，本级大棚蔬菜病虫害绿色综合防控技术示范6个；免费配送粘虫板+性诱剂800套，推广露地甘薯等作物及大棚蔬菜基地应用绿色防控示范带动66.7多公顷次；印发植保技术资料5000多份、病害防治预警短信2000多条，培训指导人数250多人次。

【蔬菜新技术种植 Vegetable planting new technology】 2016年，石狮市种植业结构进一步优化，以根菜类、甘蓝类及瓜果类等蔬菜为主的经济作物比例有所上升，全年蔬菜瓜果类（含果用瓜）种植面积1585公顷，占农作物总播种面积47.5%，同比增长0.5%。蔬菜生产中新品种、新农药、新肥料和病虫害绿色防控、无公害种植、水肥一体化、高产栽培、设施蔬菜栽培等新技术应用得到较大发展，蔬菜“五新”技术推广示范效果显著。2016年，石狮市蔬菜基地良种覆盖率达90%以上；推介阿维菌素、辛硫磷等高效低毒低残留新农药10余种，推广应用面积206.7多公顷；推介使用鸿盈、超大等商品有机肥4种，推广应用面积220多公顷；建立大棚蔬菜病虫害绿色综合防控技术示范基地6个，示范带动露地作物及大棚蔬菜基地应用绿色防控66.7多公顷次，其中免费配送粘虫板+性诱剂800套；推行农家肥及商品有机肥增施技术，推广规模约460多公顷，农家肥和商品有机肥使用量约3200多吨，其中配送科技示范户新型有机肥料93吨；建立冬种蔬菜配套测土配方施肥、病虫害综防、无公害栽培等技术示范基地3个；设施蔬果栽培迅速发展，全市高标准设施大棚面积总计31.1公顷，其中2016年新增智能温控大棚16.4公顷，投入发展反季节果蔬生产，探索应用反季节栽培、无土栽培、气雾栽培、绿色防控、水肥一体化等节水、节肥、节药绿色生态技术。

畜牧业
Animal Husbandry

【畜牧业生产情况 Livestock production】

2016年，石狮市未发生区域性重大动物疫病。石狮市全境划为规模化畜禽养殖禁养区（水禽保种中心除外）。2016年，全市开展历史遗留畜禽养殖场点专项整治工作，拆除、关闭所有畜禽养殖场（点）、养殖专业户。

【动物疫病免疫 Animal epidemics immune】 2016年，石狮市制定《石狮市突发重大动物疫情应急预案》，市重大动植物疫情防治指挥部及时下发《关于加强2016年重大动物疫病防控工作的通知》，全面部署安排全市重大动物疫病防控工作。石狮市分别于3—4月、9—10月组织开展春、秋季动物疫病综合防控行动，完成高致病性禽流感等重大动物疫病强制免疫任务。全年累计免疫家禽12.3万羽，家畜1229头，应免畜禽的免疫率均达到100%；采集畜禽血清2454份进行抗体检测，抗体合格率达到国家规定要求；送检禽类双腔拭子120份，病原学检测结果均为阴性。

【动物检疫和动物卫生监督 Animal quarantine and animal health supervision】

2016年，石狮市全面推动动物检疫证明电子出证工作。全市4个动物检疫申报点均配备电脑、激光打印机用于电子出证，并在各报检点对出证人员进行操作培训。8月25日，开出第一张动物检疫电子票证。12月，动物（A、B）证和动物产品（A、B）证均实现电子出证。全年定点屠宰检疫生猪36.3万头，检出病死猪182头。2016年1月，在灵秀镇建设的县域集中处理点投入使用。以“瘦肉精”集中整治、“生猪屠宰扫雷”行动、动物诊疗机构专项整治、提素质强能力行动等专项活动为抓手，不定期检查农贸市场、生猪调运户、生猪定点屠宰场、饲料生产经营企业、动物诊疗机构，全年出动执法车辆232车次，执法人员777人次，办结行政处罚案件4起，办理“12345”群众诉求件17件。

【药残检测 Drug residue detection】

2016年，石狮市以检疫执法监管为抓手，全面强化日常监管监测工作，通过屠宰环节抽取生猪尿样进行监测，生猪定点屠宰环节共抽检生猪尿样

1479 份，开展盐酸克伦特罗、莱克多巴胺、沙丁胺醇检测，结果均为阴性，超额完成年度任务；对全市奶牛、奶羊养殖户登记造册，定期进行检查，全年抽检生鲜乳三聚氰胺、胺磺类 12 份，送检禽类产品磺胺类、抗生素 2 份，均为零检出。

【畜禽养殖污染整治 Livestock and poultry breeding pollution treatment】 2016 年初，石狮市相关部门在日常巡查中发现畜禽养殖有小幅回潮情况。针对此情况，市领导高度重视，立即组织召开专题会议，部署整治工作，市政府及时出台《石狮市人民政府办公室关于历史遗留畜禽养殖场点专项整治工作方案的通知》对专项整治工作进行周密布置，同时将专项整治工作列入各镇（街道）年度绩效考核内容。市财政及时安排足额整治经费下拨至各镇（街道）。畜禽养殖场点专项整治工作实行周报制度，市效能办不定期对各级各部门开展专项整治工作情况进行督查，市领导每月对各镇（街道）专项整治措施落实情况进行点评，各级各部门按照整治要求组织开展专项整治工作。截至 2016 年 12 月 31 日，共削减生猪 9739 头，牛 471 头，羊 387 头，家禽 50780 羽，禁养区内回潮的 98 家畜禽养殖场点全部关闭。

现代农业建设
Construction of Modern Agriculture

【增强抗灾能力 Enhance disaster resistance ability】 2016 年，石狮市对申报的设施农业项目的主体，在享受省级每公顷 75 万元补助的基础上，市本级财政和泉州市级按每公顷各 30 万元配套给予相应补贴。全年全市报备的丰裕生态科技有限公司等 7 家设施农业项目全部完成验收，累计验收 15.54 公顷，下拨市本级补助资金 466.28 万元。设施大棚的建设提高种植效益，增强抗灾能力。

验收智能温控大棚 （图/农办）

【科技兴农实施项目 Implementation of the agricultural science and technology projects】 加速种子科技成果转化，在“国家级水稻新品种展示中心”“福建省水稻新品种中试基地”建立 3 个省级现代种业项目和 3 个泉州市级现代种业项目，6 个项目基地试验示范面积 36.7 多公顷，分别对 6 个水稻新品种（组合）、6 个马铃薯新品种、1 个蔬菜新品种进行生产试验、展示、示范。其中，3 个省级现代种业项目分别为：早、晚稻新组合生产试验项目各 1 个以及 1 个马铃薯新品种高产示范项目。

加强薯类等农作物新品种的选育，在“省级旱作物新品种中试基地”组织实施并较好完成 3 个省级现代种业项目和 2 个市级现代种业项目，5 个项目基地试验示范面积 20 多公顷，分别对 20 多个甘薯新品种、3 个花生新品种进行生产试验、展示、示范。其中，3 个省级现代种业项目为：优质高产甘薯新品种生产试验、展示、示范项目各 1 个。

【无公害认证产品 Pollution-free certification product】 2016 年，石狮市种植业无公害产地认定有 18 个，认证规模 501.8 公顷；无公害产品认证 29 个（其中 2016 年新增 1 家种植业无公害农产品基地，1 个无公害农产品）。

【农民专业合作社 Farmers' professional co-operatives】 2016 年，石狮市组织建立《石狮市 2016 年（第一批）新型农业经营主体名录》，培育一批品牌市场竞争力强的科技创新型农业经营主体。全市 10 家企业被认定为泉州市第八轮农业产业化市级龙头企业，其中省级重点龙头企业 3 家；石狮市协力兴种植专业合作社获评“福建省无公害农产品产地”称号；石狮市绿清果蔬种植专业合作社和石狮市正源果蔬种植专业合作社获评“石狮市标准化生产基地”称号。

【农业机械化 Agricultural mechanization】 在 2016 年“春耕”“双抢”“三秋”期间，石狮市投入农业机械 167 台套，检修农业机械 308 台套，实际机耕面积 3600 公顷、机收 280 公顷、机插面积 40 公顷。

2016 年，石狮市免费办理拖拉机注册登记 20 台，拖拉机检验 97 台，办理拖拉机转移登记 1 辆；办理驾驶员换证 19 本、年审 7 本，吊销拖拉机驾驶证 1 本。拖拉机三率均达到 90% 以上（上牌率 100%、检验率 95.1%、持证率 159.82%）；农机维修网点审核发证 3 家，全年全市没有发生农机事故。

【落实惠农政策 Carry out agricultural preferential policies】 2016 年，石狮市通过财政“一卡通”发放农机购置补贴资金 70.6 万元至农民账户（其中中央资金 35.6 万元，省级资金 5.8 万元，本市累加购机补贴资金 29.2 万元）。有 11 个单位和个人受益，申请购置 60 台套农机具，其中增氧机 25 台、旋耕机 14 台、轮式拖拉机 9 台、手扶拖拉机 2 台、微耕机 2 台，水稻插秧机、半喂入收割机、起垄机、修剪机、喷雾机、秧盘播种成套设备、微灌设备和粮食烘干机各 1 台。

承担全省水稻生产全程机械化示范基地建设，该项目由石狮市协盈农机服务专业合作社具体实施，在德化县建立示范基地，面积达 20 公顷以上，机具总投资超 100 万元，并实现水稻耕、种、收、植保、烘干环节全程机械化。该项目通过泉州市验收，补助省级项目资金 40 万元。

【安全监管农产品 Safety regulation of agricultural products】 2016 年，石狮市加快实施农产品质量安全“1213 行动计划”，全面推进属地管理责任、农业投入品监管、农产品质量监测、打击违法违规行为、农业标准化生产、农产品质量安全监管体系等任务落实，确保不发生重大农产品质量安全事件。全年制发《石狮市农业投入品使用规程》50 块，50 个农业废弃物回收箱，发放《农药科学选购与合理使用》《农产品安全生产基本知识》等宣传材料 6000 多份，举办各类培训及现场会 6 场次；加大对农药科学使用知识和病虫害绿色防控技术示范指导力度，进行田间生产环节巡查 260 人次；组织各镇将辖区内 93 家农产品生产主体纳入备案监管，签订《农产品质量安全承诺书》，实现质量安全承诺制、责任告知率、培训率 100%；推进农业标准化生产，完成 2 家标准化基地建设，新增 1 个无公害农产品，落实 3 家农产品质量安全可追溯项目建设；加强农资监管，启用农资监管信息平台线上巡查，组织开展“放心农资下乡进村宣传周”、春季农资打假保春耕、夏季百日及秋冬季农资打假等专项活动，出动人员 160 人次，完成农药质量抽检 5 个，化肥质量抽检 3 个，农药标签抽查 40 个，办理经营假农药案件 1 起；配合福建省农业厅“检打联动”抽检 1 次，联合南安市农业与海洋局跨区抽检 4 次，本市自行果蔬“农残”例行快速抽检 91 批次、样本 1027 个，检测结果全部为阴性，合格率达 100%。强化动物卫生监督执法监管，落实动物产品市场准入制，打击经营病害肉等违法行为，全年屠宰检疫生猪 32.87 万头，处理病死猪 182 头，处理率 100%；监测盐酸克伦特罗、莱克多巴胺、沙丁胺醇各 1479 份，牛（羊）奶三聚氰胺、胺磺类 12 份，送检禽类磺胺类、抗生素 2 份，生猪定点屠宰环节瘦肉精检测送检 30 头份，检测结果全部为阴性，合格率达 100%；办理动物产品检疫案件 2 起。

【农民培训 Farmers training】 2016 年，石狮市培训新型职业农民 105 人，其中有意从事农业经营现代青年 6 人，农机服务 2 人，园林景观 3 人，各镇办农业工作人员 30 人，其余 64 人全部为农村合作社生产经营人员。培训对象主要是果蔬种植户、农民合作社骨干和现代农业青年。

培训班于 10 月 24 日开始第一堂培训课，于 10 月 28 日结束，培训时间为 5 天，其中理论课 3 天，田间指导、现场教学时间 2 天。理论课安排在质安培训学校开展集中授课；田间课堂主要安排在石狮市协盈农机、中茂生态、丰山田园、正源果蔬以及亚态休闲。此次现场教学安排学习晋江市天泽农场、鑫盛菇业、恒山休闲农庄、围头战地文化渔村、运伙五环体育休闲村（村企合作），开展农业高科技、休闲农业、文创等创新技术介绍及创意农业学习。

石狮市全面开展基层农技人员培训。2016 年，组织 1 名项目管理员、1 名信息员、7 名市镇农技推广骨干参加省级组织培训。本市级举办农产品安全知识培训 2 次，举办农机安全教育学习班 11 期，动物疫病防控技能培训 1 次，农村实用技术远程培训 12 次。全年农技人员培训全覆盖，其他种植大户、科技户、合作社等 320 多人次。

（祝小慧、颜明华、邱文忠、洪艳艳撰 祝小慧审）

海洋与渔业
Ocean and Fishery

【海洋捕捞业 Marine fishery industry】

石狮市海水养殖面积 1101 公顷，其中浅海面积 598 公顷，滩涂面积 446 公顷，其他 57 公顷。淡水养殖面积 35 公顷。2016 年，石狮市海洋捕捞总产量 415662 吨。其中近海捕捞 373147 吨（其中鱼类 328409 吨，虾蟹类 14755 吨，贝类 5914 吨，藻类 78 吨，头足类 23811 吨，其他 180 吨），同比增长 2.09%。远洋渔业快速发展，达到 42515 吨（其中鱼类 42280 吨，头足类 235 吨），同比增长 30.22%。

2016 年，石狮市委、市政府及渔业部门持续加大对钢质船修造补贴扶持力度，发展远洋渔业。石狮市渔民继续加快渔船更新改造促进渔业转型升级，淘汰老、旧、小渔船，建造大型钢质捕捞渔船，新造渔船单船吨位大都在 200 ～ 500 总吨，捕捞设备先进，捕捞效率较之前有所提高。石狮市远洋渔船生产逐渐步入正轨，对外海作业渔场情况熟悉。2016 年，新增领航远洋渔业公司的2艘大型远洋灯光围网渔船实现下水投产，捕捞产量逐渐攀升。2016年，开渔以来东海渔汛情况较好，渔获物市场价格有所上涨，渔民出海生产的积极性提高，单船的捕捞产量较2015年同期有所增长。

【海水养殖业 Marine aquaculture】

海水养殖重点发展贝类养殖，主要海水养殖品种有牡蛎、花蛤、缢蛏、杂色鲍、锯缘青蟹、紫菜等品种。传统养殖外，还发展南美白对虾、东风螺等品种。2016年，石狮市海水养殖35746吨，其中鱼类40吨，虾蟹类396吨，贝类34249吨，藻类1061吨，同比增长2.25%。石狮市发展水产养殖，加快无公害水产品生产基地、陆基工厂化养殖基地、水产品质量安全可追溯试点、健康养殖示范场建设，推广健康生态养殖模式，特别是渔业资源修复等重大渔业项目的实施，带动海水养殖业较快发展。在政策的带动下，全市渔业生产和渔业经济运行呈现平稳向好态势。海水养殖业主要分别在深沪湾和泉州湾海域，养殖方式以浅海养殖、滩涂养殖、池塘养殖、工厂化养殖为主。

【水产品加工业 Aquatic products processing industry】 2016年，石狮市水产加工品总量237866吨，产值492287万元，其中水产品冷冻品292189万元，鱼糜制品及干腌制品128946万元，藻类加工品10313万元，水产饲料（鱼粉）560万元，其它加工品60279万元。2016年，石狮水产品加工厂90家，水产品加工厂推广先进生产技术和新产品开发，创造新的经济增长点。

实施龙头带动计划，引进新的生产线，研发适销对路的新品种，促进产业转型升级。石狮市水产加工业已形成华宝海洋生物、海星、万弘等一批海洋生物科技企业，华宝明祥、海百皇等一批水产品深加工企业，正源水产、利成、瑞兴等一批冷链物流企业，“WELLABLE”“明祥”“品洋”等一批知名品牌；形成祥芝水产专业批发市场及祥渔、东埔、梅林等水产贸易市场销售网络。

【渔业资源增殖放流 Fisheries resources proliferation discharge】 2016年，石狮开展4次增殖放流活动，放流真鲷、黑鲷、黄鳍鲷和日本对虾苗种共计2527.8万余尾，补充恢复石狮市海域生物资源，保护渔业生态环境。6月2日，开展2016年八闽“放鱼日”增殖放流活动，放流真鲷苗种104.1万尾；6月17日，开展2016年公益认捐黑鲷增殖放流活动，放流黑鲷苗种62.7万尾。7月22日，开展公益认捐黄鳍鲷增殖放流活动，放流黄鳍鲷苗种9万尾。11月22日，开展梅林一级渔港工程海洋生态补偿增殖放流活动，放流日本对虾苗种2352万尾。

【渔业安全生产监管 Fishery production safety supervision】 2016年，石狮市加强宣传，抓意识性提高。开展安全生产月、防灾减灾宣传、国庆节、元旦前安全生产现场咨询活动。把握重点，抓常态化监管。持续开展重点领域安全生产专项整治、渔业安全隐患排查治理常态化、“打非治违”常态化等专项行动，抓好春节、伏季休渔、国庆、元旦等重点时段的监督检查。港口巡查和海上巡查，开展行动417次，出动人员1518人次，检查渔船1503艘次，现场整改55次，发出整改通知书102份，完成102份。创新安全生产工作机制，在全省率先推行渔业安全生产记分管理办法，按照渔业船舶违反安全生产工作行为的程度，对渔船一次记12分、6分、3分、1分不等的分值。印制渔船安全材料“套餐”，要求每一位渔船船东（长）每月开展渔船自检自查，做到渔船自查自检常态化全覆盖。开展船员培训，举办9期渔业船员培训班，培训船员389人，发放新版船员证书624份。

强化执法，抓规范化管理。稳步推进涉渔“三无”船舶处置工作，制定《石狮市进一步加强打击非法采捕交易红珊瑚暨整治“三无”船舶工作方案》，完成拆解涉渔“三无”船舶35艘，超额完成50%的拆解任务；加大联合执法力度，联合边防、海事等部门主动开展海上巡查、港口检查，采取“海上查、港内堵、坞上审”的方法，重点打击涉渔“三无”船舶违法违规行为，查获涉

6月2日，在深沪湾海域开展渔业资源增殖放流活动，放流真鲷鱼苗（图/海洋与渔业局）

开展渔业安全生产、防灾减灾宣传　　（图 / 海洋与渔业局）

渔“三无”船舶 4 艘。

【水产品安全监管 Aquatic product safety regulation】 2016 年，制订《石狮市水产品质量安全专项整治工作实施方案》和《石狮市水产品中禁用药物残留快速检测工作方案》，全年开展执法检查活动 4 次，出动检查执法人员 24 人次，抽查 9 家水产养殖企业，抽检水产样品 61 个，均未发现含有禁用药物，检测合格率 100%；加快“三品一标”认证步伐，开展水产品质量安全可追溯试点建设，全面提升水产品安全水平。2016 年，石狮市扶 7 家省、市级水产品质量安全可追溯试点单位，5 个无公害水产品认证，2 个国家地理标志认证。开展水产品质量安全宣传活动，发放水产品质量安全宣传材料 100 多份。

【海洋环境保护 Marine environmental protection】 2016 年，落实海漂垃圾治理三年行动方案，市级预算 365 万元对沿海岸线海漂垃圾进行治理，镇级安排配套资金。加大海漂垃圾治理力度，各镇均通过招标形式将清理海漂垃圾任务承包给专业清理队伍；出台《石狮市海岸带环境卫生考评与奖惩方案（试行）》，市海洋与渔业局联合市城市管理综合考评中心每月对沿海各镇海漂垃圾治理情况进行两轮巡查并通报各镇责令整改，海漂垃圾治理工作取得实效；强化海洋环保宣传力度，通过群众参与、媒体宣传，多层次、多渠道开展海洋知识科普，营造全民关注海洋、爱护海洋、保护海洋的良好氛围，多次组织环保志愿者开展海漂垃圾清理活动，举办“碧海银滩生态行”滨海沙滩保护福建主会场活动。2016 年，石狮近岸重点海域海水溶解氧含量和化学需氧量含量均符合《海水水质标准》（GB3097-1997）第一类海水水质标准，近岸海域海水水质达二类水质标准的海域面积比例达到 95.7%。

（黄　鹏、王友情撰　董晓琛审）

贸易旅游

TRADE AND TOURISM

（图/颜华杰）

招商引资

Investment Promotion and Capital Introduction

【外资指标完成情况 Foreign investment targets】 2016年，外商实际到资21649万美元，同比增长14.5%，完成全年计划的113.9%，位居泉州第五位。

【新批外资项目 New batch of foreign investment projects】 2016年，石狮市新设外资企业17家。1—9月，新批外资企业13家；10—12月，外资企业设立备案4家。

【国际投资贸易洽谈会 International investment and trade fair】 第19届中国国际投资贸易洽谈会（以下简称“第19届投洽会”）于2016年9月8—11日在厦门国际会展中心举行，石狮市做好第19届投洽会的相关工作，落实可望签约项目5个，分别为：石狮世茂茂险王主题乐园、石狮通达智能硬件项目、宏凯总部大厦项目、泰国鱼罐头生产综合项目、华用新材料科技项目，投资总额2.928亿美元，拟利用外资2.72亿美元，均为合同项目，分别完成预定签约项目拟利用外资、合同项目合同外资目标任务的109%和170%。

“9•8”投洽会期间对接意向投资项目一个，为台日尖端科技有限公司投资的OLED高解析度触控显示屏一期项目，拟投资16亿美元，申请用地14.67公顷，建设4.5代厂，生产OLED触控显示屏。建立联系渠道一个，为澳门阳烽集团投资有限公司，拟投资1亿美元，投资度假山庄旅游项目。

【引进大型投资项目 Invite the big investment projects】 两岸海运快件监管中心项目。项目拟在石狮石湖港附近中国外运福建有限公司石狮分公司现有办公场地及仓库作为共建“两岸海运快件监管中心”之货物仓储与通关办公用地。引进海关监管流水线，实现进出口商品在石狮区域实行集中申报、集中口岸验放和快速通关。2016年，项目厂房装修基本完成，引进四条海关监管流水线。

通达智能硬件项目二期。项目总投资额1亿美元，占地13.2公顷，计

第19届中国国际投资贸易洽谈会 （图/商务局）

划扩大生产规模，从事手机外壳生产，全面投产后可容纳10000台以上CNC同时生产。项目厂房在施工建设。

泰国鱼罐头生产综合项目。引进泰国海洋价值集团与市华宝明祥食品有限公司合作投资生产鱼罐头，建设水产品精深加工生产线。项目总投资2.6亿元，占地面积13.33公顷，分两期建设。项目一期于10月27日正式投产。

宏凯总部大厦项目。项目总投资12亿元，拟在灵秀镇投资建设宏凯总部大厦，计划打造石狮出口贸易总部大厦，整合纱线、印染等上下游产业资源，打造全产业链龙头企业。2016年，项目意向地块进行征地扫尾工作。

卡宾狮子湾——现代物流园项目。卡宾服饰（中国）有限公司达成返程投资意向，拟以股权并购形式收购集团内资公司福建贻宾置业有限公司，建设现代物流园项目。项目规划用地4公顷，引进现代化的物流配送系统，建设3栋物流厂以及房厂区配套设备室，打造卡宾公司全国物流配送中心。2016年，项目厂区配套设备室以及物流厂房一期建设完成，进入装修阶段。将走访卡宾服饰（中国）有限公司，针对项目，争取实行“一企一策”，争取加大返程投资力度。

石狮市宝盖山康体养生文化园。项目由澳门阳烽集团投资建设，意向落地石狮宝盖山，占地133.33公顷，规划建设景观游览区、民俗文化区、素质拓展区、闽南古大厝群、休闲度假区、环境养生养老区、行愿礼佛区、果香浓情体验区、激情水上乐园、闽南文化风情园及生态研究开发中心，打造一个集亲子体验、养生养老、康体健身为一体的文化旅游产业基地。

石狮上好佳食品项目。计划收购石狮当地食品品牌，建设上好佳膨化食品生产工厂，建立区域生产销售总部，产品辐射福建、广东、广西等南部地区，年产值达1亿元。2016年，投资商在漳州平和投资建厂，且与石狮禾乃等食品公司有接触，项目处于接洽阶段。

（洪及源撰　洪星炫审）

对外及对港澳台贸易

Foreign Trade;Trade in Hong Kong, Macao and Taiwan

【加工贸易审批情况 Examination and approval of processing trade】　2016年，审批加工贸易合同及合同变更23份。其中，进料加工贸易合同11份，合同变更6份；来料加工贸易合同2份，合同变更1份；内销合同3份。为15家加工贸易企业出具加工贸易企业经营状况及生产能力证明15份。

【加工贸易企业名录 The list of the processing trade enterprises】

第120届广交会，市商务局深入现场与企业交流，了解企业订单情况与存在困难（图/商务局）

表7

加工贸易企业名录

序号	企业名称	经营加工产品
1	福建省石狮市通达电子有限公司	电子产品
2	福建省石狮市通达电器有限公司	电子产品
3	石狮鞋夫鞋材有限公司	鞋材
4	石狮宏典制衣有限公司	服装
5	富贵鸟股份有限公司	鞋、皮革制品

续表 7

序号	企业名称	经营加工产品
6	福建省华益进出口贸易有限公司	各类商品及技术的进出口业务
7	福建冠兴皮革有限公司	皮革、毛皮制品
8	石狮市快克体育用品有限公司	网球拍、壁球拍
9	石狮市冠豪体育用品有限公司	网球拍、羽毛球拍
10	石狮市富士达文体用品有限公司	文具、塑料制品
11	石狮市非凡运动器材有限公司	网球拍、羽毛球拍、壁球拍
12	石狮市大鹏塑胶制品有限公司	文具、塑料制品
13	宏兴汽车皮革（福建）发展有限公司	皮革制品
14	石狮市亿腾文体用品有限公司	文具、塑料制品
15	福建石狮华闽进出口有限公司	各类商品及技术的进出口业务

（吴雅雅撰　林琪琳审）

【加大招商宣传力度 Increase the investment promotion propaganda】

加大招商宣传力度，在谈重大项目进展情况，引进 OLED 触控显示屏生产项目。项目由台湾台日尖端显示科技有限公司投资建设，项目一期投入 16 亿美元，占地 36 公顷，建设 OLED+On Cell Touch 一条龙生产线，生产 6 英寸以下高解析度 OLED/On-cell 触控显示屏，产品主要客户为华为、联想、小米等手机品牌。投资商于 11 月 10—11 日到石狮市进行实地考察并座谈；12 月 20 日，召集市经济局（重点办）、科技局、高新区对《OLED 项目方案规划》进行会审并提出书面意见；12 月 26 日，由副市长杜举胜带队，与相关人员前往厦门与项目引荐人总裁邹一宽面谈。投资商就项目前期运作寻找第三方投资者，细化项目方案，并安排到石狮洽谈项目。

【探索跨境电商 Explore the cross-border e-commerce】 石狮跨境电商中心项目。依托石狮特色服装产业特色及海西（石狮）电子商务园区，设立石狮跨境新零售服务中心，中心内建设跨境电商产业园区、市场采购产业园区，石狮国际电商小镇，培育 3～5 家超亿外贸综合服务企业，吸引 50 家国际知名跨境电商运营企业入驻、落地石狮，打造全球最具知名度的跨境电商服装品类集聚地，吸引一批高端跨境电商（服装）销售人才，推动人才引入、技术引入，提升服装品类服务贸易在全球份额。投资商实地参观海西（石狮）电子商务园区，组织团队到石狮市研究项目落地事宜，了解市拟出台的跨境电商扶持政策。

石狮市商务局推动跨境电商项目。应市商务局邀请，福建陆地港集团董事兼总经理李子兴等一行人，到石狮市就设立石狮跨境新零售服务中心项目的有关事宜进行洽谈。通过交流，双方在跨境电商项目总体规划及落地时间等方面达成多项共识。李子兴等一行与市商务局、灵秀镇政府有关人员实地查看项目意向选址地块及灵峰物流规划园区空地，并与鼎盛置业股份有限公司相关负责人探讨在跨境物流的配套发展方面进行合作。

（洪及源撰　洪星炫审）

商业贸易 Commercial Trade

【社会消费品零售额增长 The social consumer goods retail sales growth】

2016 年，全市社会消费品零售总额实现 400.11 亿元，同比增长 11.3%。其中限上批发零售住宿餐饮企业实现零售额 119.04 亿元，同比增长 15.7%。

【专业市场开业情况 Professional market start business】 石狮世茂摩天城是一个涵盖居住、办公、购物、旅游、娱乐、休闲，以及高端的建筑集群，规划石狮市最高端的超五星级酒店、AAAAA 甲级写字楼、大泉州最高端的医疗配套、主题商业风情街、大型购物中心、高端精品商业中心、泉州首个百米摩天轮以及福建最大的天幕商业，福建区域最大的高端商业集中区。未来将有约 2 万人居住于此，石狮市现有户籍人口约 40 万人，也就是说未来每 20 个石狮人，就有 1 个会住在世茂石狮项目。项目位于城南板块中国服装城东部，项目北临南环路，西临省道 308，交通条件优越，整体占地面积约 133.33 公顷，总建筑面积达 300 万平方米，投资 200 亿元。包含城市纯独栋别墅、复式公馆、摩天轮、天幕商业、是石狮市规模最大的项目。其中商业建筑面积约 100 万平方米，其中商业一期 24 万平方米，于 2016 年 9 月 9 日试营业，12 月 16 日正式开业，商业项目员工总人数 100 人，总品牌约 300 个，总出租率为 80%，国际广场出

石狮世茂摩天城开业 （图 / 商务局）

租率为 100%。

【购物节活动 Shopping festival activity】

在世茂摩天城举办以“旅游 + 购物 + 购房”为主题的首届石狮“旅游购物嘉年华”活动，实现 30 万～ 50 万人聚集和实现 10 亿元以上销售。

【商贸市场大整改 Trade market rectification】 2016 年，是第五届全国文明城市的创建期。贯彻落实市委、市政府关于开展创建全国文明城市工作部署，召开大型商超、农贸市场创城迎检业务培训会。商贸市场是民生工程，更是创建文明城市测评的重点项目，各单位开展全面检查，查找问题，提出整改措施，做好相关记录。落实好主体责任和管理责任，把创城迎检各项工作落细落实。市各大型商场（超市）、农贸市场签订创建全国文明城市责任状。商务局相关人员分片挂钩责任单位，确保以优异的成绩通过创建全国文明城市年度测评。

【再生资源管理 Renewable resources management 】 做好再生资源回收行业的管理工作，对石狮市取得提前报废证明的黄标车辆进行补贴资金项目的审核，配合市生态环境保护局、公安局做好落实。石狮市有 1 家再生资源企业：石狮市聚源报废汽车回收有限公司。年回收拆解汽车 750 辆、摩托车 300 辆的资源回收再利用产业项目。

2016 年，市注销黄标车 1580 部，其中，送拆解企业 78 部、办理灭失 28 部、被盗抢但未注销黄标车 31 部，公告牌证作废黄标车 207 部，总计 1787 部，超额完成泉州下达任务数的 105.1%。

（苏志纯撰 林东宁审）

【商务大事记 Business memorabilia】

2016 年 1 月 28 日，阿里巴巴 B2B 事业群副总裁余涌一行 8 人到石狮市洽谈“互联网 + 实力产业群”合作项目并与石狮市签订《石狮阿里巴巴（中国）实力产业群合作框架协议》。

3 月 28 日，在福建省电子商务大会上，石狮市获第一批“福建省电子商务示范县”称号。

3 月 31 日，阿里巴巴集团与石狮市人民政府、海西（石狮）电商园三方共建阿里巴巴（石狮）实力产业群示范园区在北京人民大会堂进行签约。

5 月 25 日，石狮入围“2015 年中国电子商务百佳县”排行榜，位居全省第一、全国第三。

8 月 18 日，石狮市电子商务协会完成第二届理事会换届并产生新一届领导班子，新增会员企业 250 家。同期举办“2015 年石狮市电子商务领军人物、十佳电商创业青年、电商优秀人才”评选活动。

海博会期间重要活动

4 月 16—21 日，接待韩中协会（5 人）、韩国企业流通协会（5 人），参加 2016 年海丝海博会及海上丝绸之路产业对接会暨第七届纺织企业家活动日等相关活动，并与韩国建立双方友好合

2016 福建省电子商务大会 （图 / 商务局）

作关系。

4月17—20日，举办“海丝情”2016年石狮国际时装周，包括在石狮服装城展览中心一楼发布厅举行的“石狮杯”福建省第二届服装设计师推选决赛、一系列时装周系列发布活动及2016年石狮“青创城杯”中国网商模特大赛。

4月17—21日，接待台湾纺拓会、泉州市台资企业协会参展团、观展团，参加2016年海丝海博会及海上丝绸之路产业对接会暨第七届纺织企业家活动日等相关活动，并在海博会台湾馆布馆展览。

4月17—19日，接待中国纺织工业联合会会长王天凯，参加2016年海丝海博会及海上丝绸之路产业对接会暨第七届纺织企业家活动日等相关活动，同时考察祥华企业、印染水集中处理工程。

4月17—19日，接待泰国海洋价值集团，与市长张贻山及相关部门见面洽谈明祥鱼罐头项目，参加2016年海丝海博会相关活动，考察祥芝渔业码头、海洋生物科技园区，并与石狮明祥食品公司进行座谈。

4月18—19日，接待第十二届全国政协常委、中国工程院院士石碧，参观四川大学等市校产学研展馆，并参加第五届“石狮杯”全国高校毕业生服装设计大赛决赛暨颁奖仪式。

4月18日，举办海上丝绸之路产业对接会暨第七届纺织企业家活动日，来自国内外商协会、企业家发言交流。

4月18—20日，举办互联网+“实业强市”暨第四届石狮电商大会，电子商务协会、电商精英、电商嘉宾、电商企业负责人、网上零售创业者齐聚海西（石狮）电子商务园区，分享电商发展经验。

4月18日，召开青创城2016年战略布局发布会，介绍青创城2016年的战略部署、青创城企业文化及“青创城—新塘牛仔谷产业带联盟”项目，并与新塘牛仔谷代表签署战略合作协议。

4月18日，在海西（石狮）电子商务产业园区举办第八届中国•海峡项目成果交易会——石狮纺织服装产业专场对接会，现场签约“6•18”交易会纺织服装产业专场项目。

【电子商务 Electronic commerce】

石狮市电子商务走在全国前列，成为石狮市商业引擎。2016年3月，阿里研究院发布“2016年中国大众电商创业排行榜”，连续第四年对全国城市、县域电商创业进行对比研究。根据排行榜，泉州市成为福建省进入前十榜单的唯一一个地级市，石狮市以福建省第一名的优势蝉联“2016年中国大众电商创业最活跃十强县”，继续担当全国电子商务领域里的“领跑者”。2016年，石狮市工商注册电子商务企业3067家，同比增长119.8%，电商销售额超500亿元，交易额近1000亿元。

石狮市电子商务公共服务平台情况。海西（石狮）电子商务园区。规划建设“电商运营中心、运营总部中心、纺织贸易中心、物流配送中心、电商人才孵化中心、综合服务中心”为一体的创新型电子商务产业园区， 2016年销售额81.75亿元。

石狮市青创城国际网批中心。2015年成立，由贸盛（福建）投资有限公司旗下全资子公司，吸引来自浙江、江苏、安徽、江西、广东以及省内厦门、漳州、泉州等地600多家知名电商企业入驻，建设石狮本土网站“青创网”，2016年销售额超80亿元。

石狮市服装城网批中心。2015年成立，由杭州四季星座网石狮站运营，通过杭州四季星座网引导网站内原有注册的52万会员直接到石狮站进行货品选择和交易，网站入驻石狮近300家企业，服务石狮企业达400家服务。2016年，石狮市服装城网批中心入驻企业60家左右，销售额超过10亿元。

福建省富星物流园区。2013年成立，由福建省富星云仓物流有限公司投资建设，为电子商务企业提供仓储，为电子商务卖家提供差异化，集约化的供应链解决方案，实现物流、商流、资金流、信息流的整合，提升电子商务买家的购物体验。2016年，服务收入1759万元。

福建省我答答分销云平台。2013年成立，由福建省我答答信息科技有限公司投资，是第三方电子商务服务配套企业，为企业提供服务技术结合目前最热的互联网+模式，2016年服务合同金额约达2456万元。

石狮市淘宝大学。2014年成立，由石狮市淘大电子商务有限公司投资建设，为石狮日报社附属子公司。是淘宝大学县域人才服务商、阿里巴巴数据学院泉州机构、速卖通大学泉州机构，具有多年丰富的办学经验，拥有强大的师资和教学团队，完善的教学体系，以及阿里系各平台的师资资源。

阿里巴巴实力产业示范园区。2016年成立，由石狮市政府、阿里巴巴和海西电商园共建共创线上产业带+线下产业园的“互联网+实力产业群”创新模式示范园区，通过阿里搭建一套分销平台打通产品上下游，提供全渠道、全平台供应链路，实现石狮“源头好货”供销全球。

阿里巴巴跨境电商石狮区域。2016年成立，由石狮市辛巴网络技术有限公司投资建设，旨在石狮开展本地化阿里巴巴跨境业务服务，为外贸企业提供一站式的服务，服务400余家企业。

（辛丽萍撰 洪星炫审）

【外贸完成情况 Completion of foreign trade】 2016年，石狮市自营出口202129万美元，完成年计划的87.6%，同比下降5.44%，居泉州市第六位；进口12502万美元，同比下降52.3%。

主要特点。从出口种类来看，纺织服装、鞋类皮革制品仍是自营出口主力军。2016年，鞋服行业自营出口总额162595万美元，占总自营出口额的80.44%，同比下降8.33%，其中纺织服装自营出口额139689万美元，占总自营出口额的69.11%，同比下降10.61%；鞋类皮革制品自营出口额22906万美元，占总自营出口额的11.33%，同比增长8.55%。

从地区来看，出口市场多元化。市出口产品遍布六大洲的163个国家和地区，其中，亚洲105801万美元，同比下降1.35%；非洲21268万美元，同比下降12.26%；欧洲42323万美元，同比增长1.19%；拉丁美洲18049万美元，同比下降22.54%；北美洲13422万美元，同比下降5.04%；大洋洲1266万美元，同比下降36.79%。

外贸流通企业支撑作用大。2016年，自营出口额超过500万美元的外贸公司有彬鹿世家、瑞源、华益等82家，合计自营出口额156851万美元，占总自营出口额的77.60%。

新增的外贸出口企业为石狮市外贸增长注入新的动力。2016年，新增出口的外贸出口企业有59家，合计自营出口额16449万美元，占总自营出口额的8.14%。

重点出口企业核心作用突出。28家重点企业2016年出口104542万美元，占总自营出口额的51.95%。28家重点企业出口占全市出口总额的比重为51.72%。

【对外贸易经营权备案登记 Foreign trade management and registration】

2016年，石狮市新备案的企业有171家，外贸公司的增加和业务的有效开展，带动市中小企业的出口，成为外销市场重要推动力量。

表8

2016年出口类别及输往港台地区类别

单位：万美元

序号	HS商品类别	2016年出口	2015年出口	比增（%）
1	第一类　活动物；动物产品	8730	6272	39.19
2	第二类　植物产品	191	874	-78.15
3	第四类　食品；饮料、酒及醋；烟	857	274	212.77
4	第五类　矿产品	75	0	—
5	第六类　化学工业及其相关工业的制品	376	94	300.00
6	第七类　塑料及其制品；橡胶及其制品	3213	1913	67.96
7	第八类　革、毛皮及制品；箱包	1624	5409	-69.98
8	第九类　木及制品；木炭；软木	167	167	0.00
9	第十类　木浆等；废纸；纸、纸板	754	96	685.42
10	第十一类　纺织原料及纺织制品	139689	156265	-10.61
11	第十二类　鞋帽伞等；羽毛品	22906	21101	8.55
12	第十三类　矿物材料制品；陶瓷品	4418	423	944.44
13	第十四类　珠宝、贵金属及制品	2	58	-96.55
14	第十五类　贱金属及其制品	2955	1669	77.05
15	第十六类　机电、音像设备及其零配件	6467	9421	-31.36
16	第十七类 车辆、航空器、船舶及零配件	151	129	17.05
17	第十八类　光学、医疗等仪器；钟	724	803	-9.84
18	第二十类　杂项制品	8830	8792	0.43
合计		202129	213760	-5.44

表 9

2016 年出口地区及输往港台地区

序号	国别地区及港台地区			2016 年出口（万美元）	2015 年出口（万美元）	比增（%）
1	亚洲	小计		105801	107250	-1.35
		其中	中国香港	7423	5850	26.89
			中国台湾	6216	4945	25.70
			东盟	45832	34200	34.01
2	非洲			21268	24241	-12.26
3	欧洲	小计		42323	42832	-1.19
		其中：欧盟		35491	33011	7.51
4	拉丁美洲			18049	23301	-22.54
5	北美洲			13422	14134	-5.04
6	大洋洲			1266	2003	-36.79
合计				202129	213762	-5.44

表 10

2016 年拓展国际及港台市场情况一览表

序号	展会名称	企业数	展位数
1	第七届“品牌泉州香江行”	14	25
2	德国柏林亚洲服装及配饰博览会	15	22
3	2 月美国拉斯维加斯国际鞋业、服装及面辅料展览会	13	19
4	第 26 届华交会	19	33
5	第 119 届广交会	74	140
6	巴西圣保罗国际时尚服装及面料展览会（FENIN）	12	12
7	2016 年欧亚（土耳其）纺织品牌博览会	17	23
8	美国纽约国际服装面料及家用纺织品展	8	11
9	8 月美国拉斯维加斯国际鞋业、服装及面辅料展览会	56	65
10	2016 年意大利米兰国际面料辅料展览会	39	43
11	法国巴黎国际服装采购展暨中国纺织品服装贸易展览会	38	42
12	俄罗斯国际服装、纺织面料及家纺展	13	16
13	2016 年巴西圣保罗国际纺织采购展（GO TEX）	7	7
14	2016 年台北纺织展（TITAS）	14	22
15	第 120 届广交会	74	143
16	第七届中东（迪拜）中国家居品牌博览会	26	27
17	南非中国纺织精品展	4	4

（林依婷撰　洪星炫审）

烟草专卖
Tobacco Monopoly

【烟草专卖网络建设 Tobacco monopoly network construction】 石狮市烟草专卖局、泉州市烟草公司石狮分公司负责全区的烟草专卖行政管理、卷烟销售及网络建设等工作，下辖3个专卖管理所，3个客户服务部，1个稽查大队，下设2个稽查中队；内设5个部门，现有职工86人，管理和服务的持证卷烟零售客户3306户。

2016年，石狮市烟草专卖局、泉州市烟草公司石狮分公司总量销售33717.2箱，同比减少780.5箱，实现税利28072万元，同比增长5.39%。深耕品牌培育，促进卷烟销售平稳发展。发力潜力品类品牌。辖区细支烟累计销售1014大箱，超额完成全年目标，市场份额为3.01%（全区2.24%），排名全区第2，雪茄烟完成目标247.3%（全区192.6%）排名全区第2，低焦卷烟完成104.6%（全区101.2%）排名全区第3。开展“七匹狼”系列主题促销。利用“海博会”、劳动节、端午节、国庆节、对渡文化节等契机开展主题驻店促销活动，驻店助销客户数量2030户，驻店2096户次，助销重点品牌数量2814.5条，引导3830个消费者，推介率达51.70%。进行创意营销实践。组建“逐梦令”“狮烟狼”两支队伍，通过“通仙之星”陈列PK赛、人脉PK投票、微信群创意营销、趣味赛事有奖、竞猜客户野外拓展交流等载体开展创意营销竞赛，以赛促学带动卷烟销售增长。

深耕消费环节，维护卷烟市场健康发展。开展“走基层、访终端、进农村”市场调研。组织一线营销人员开展相关市场信息收集活动，针对工业区收集入驻企业数量、生产总值、用工人数；针对农村市场收集各个片区“普度”的时间和规模；针对旅游镇区收集旅游市场信息，为后期引导周边零售客户合理订购卷烟和储备库存提供一份有效的数据分析表。开展引入“五要素”市场调控法。通过75户县级信息点收集信息进行分析，结合每周策略反馈，保持相对均衡适度从紧的销售状态，以加强对社会库存、价格的有效监管。截至12月，低星级客户存销比为2.27，高星级客户存销比为2.97，均处于合理区间。开展互联网广告清理工作。开展互联网广告清理工作，已于8月30日前将相关86条涉烟广告信息进行删除清理。通过“狮烟快讯”微信公众号发布关于严禁进行涉烟广告宣传提醒信息。

深耕终端建设，促进客户经营能力提升。培植现代零售终端，现代终端429户，其中百分百真实扫码客户172户，占比为40%。深化“最小市场单元”开启市场服务新模式。在原有市场单元划分、客户分类的基础上，将辖区划分为134个最小市场单元，通过新型最小市场单元，精确信息、精益管理、精细服务，搭建客户层级管理模式，化被动为主动，发挥优质客户标杆引领作用。按计划举办零售客户培训会。采用“123”培训方法，即1个培训PPT，2个SOP标准化作业视频教程，涵盖3大内容模块的培训方式对零售客户开展培训。现场统一培训64场，参训客户2640人；网络视频覆盖2426人，辖区客户培训占比达到80%以上。深耕营销队伍，促进内外素质不断提升。结合营销讲堂提升“七种能力”。组织营销人员轮流上台向大家分享自己擅长的内容，为营销人员提供锻炼和自我展示的机会。开展11场次，内容涵盖办公软件使用技巧、演讲口才、冲突管理等工作常用技能。结合销售实情开好“三场会”。营销管理层方面通过下基层到客服部座谈、召开会议等形式，掌握一线营销人员的思想动态和工作状态，指出问题，提出要求；基层客服部方面结合客户之家、客户培训等工作载体分别召开10场次的客户座谈会，近距离倾听客户心声，了解客户诉求；一线营销人员方面通过驻店驻销、海晟店等渠道直接面对消费者，了解掌握消费行为变化。结合网建课题培育营销队伍。进行“互联网+在零售终端层面的应用”“运用精益营销工具，提升品牌营销成效”两个课题的深入研究，促进网监课题与业务工作相融合，完成相关课题成果报告书的撰写工作。

校园普法活动 （图 / 烟草专卖局）

【烟草专卖零售许可证发放 Tobacco monopoly retail license】 2016年，石狮市烟草专卖局、泉州市烟草公司石狮分公司不断优化许可证办证流程，将办证时限从20个工作日压缩至10个工作日，并加强对各办证环节的监督管理，全面杜绝压证不办、迟办或拖延发证等情况。开展无证户治理工作，对辖区范围无证户进行全面摸排调查，并根据其存在主客因进行细分，就不同类别无证户开展相应的引导、劝退、取缔工作。并抓住"3•15"主题日契机，在咨询服务活动现场广泛宣传，引导广大消费者向持证户购买卷烟，进一步压缩无证户生存空间。引导无证户入网39户，劝退2户，联合工商部门取缔3户。

贯彻落实许可证管理自查任务。通过部门自查、实地检查、查阅卷宗等方式落实自查任务，聚焦"后续监管不力""办证难、撤证乱、执法随意不规范"等内容。活动期间发现问题项2个，整改2个，整改率100%。许可证后续管理，进一步扭转"重审批办证、轻后续管理"观念，做到准入监管与后续监管并重。经统计，石狮现有持证户3209户，比2015年同期减少105本，证照相符率达92.00%。其中，全年新办证件392户，停歇业249户、恢复营业39户、依法注销793户。

【整治假烟 Consolidation and governance fake cigarettes】 2016年，石狮市烟草专卖局、泉州市烟草公司石狮分公司查获假烟案件17起，查获涉假卷烟1152条，案值达33.55万元。落实打假专项行动，密切配合和落实省、市局"清网打非"专项行动、卷烟打假打私专项整治"百日行动"以及"闽剑行动"，采用"早晚查、班后查、错时查"的检查方式，打击制假售假、走私贩私、非法经营等涉烟违法犯罪活动。强化区域售假监管，采取所队协作、所所交叉检查等方式，加强对售假高发区域零售户的监管力度，主动与市公安局沟通，强化对微信、QQ等互联网销售模式进行监管。全年查获假烟案件19起1128.1条，案值33万余元。

注重部门联合执法。联合公安、工商、交通等部门加强对物流货运、车站、快递等运输环节的监管，遏制假冒伪劣烟草专卖品的流入。着力制假排查，联合晋江局开展边界检查，针对边界区域的废旧厂房、古宅等制假嫌疑场所进行排查，并广泛分发打假宣传材料，宣传举报奖励标准，发动群众积极参与。关注提税顺价后的新常态，加大情报调研投入，避免出现制假售假的反弹。强化售假监管，深化所队协作，整合执法资源，加强辖区名烟酒店、娱乐场所周边零售户等售假高发群体监管力度。针对售假形式不断多样化，出现售假网络化的情况，开展情报调研，主动与市公安局沟通，通报相关情况，共同探索治理方式，及时遏制其发展态势。

【涉烟违法案件处罚 Cases involving fake cigarettes illegal punishment】

2016年，石狮市烟草专卖局、泉州市烟草公司石狮分公司全局查获案件128起，比2015年同期增长61%，查获各类卷烟19669.75条，同比增长205%。其中，查获无证运输20起，其中，未在当地烟草批发企业进货案件79起，销售非法生产的烟草专卖品案件17起，无证运输案件13起，超限量邮寄烟草制品案件5起，5万元以上大要案9起，移送案件2起，刑拘5人次，查获各类违法违规卷烟10302.8条，案值170余万元，维护地方经济市场秩序，为地方经济发展做贡献。在涉烟违法案件处罚措施上，科学化探索错时检查。运用"5+2""白加黑"错时检查工作模式，确保全天侯、全覆盖监管到位。自开展错时检查以来，夜间查获案件12起。科学化探索打防整治。运用市场检查APCD工作法，带着策略走市场，筛查出辖区内具有违规嫌疑零售户名单、重点违规卷烟品牌等信息，纳入市场走访的目标资料库，遏制卷烟非法流入。

科学化探索新户监管。通过宣传新入网零售户的特殊策略，降低新办证户违规率，增加走访检查的频次，打击投机取巧和轻微违规行为，在源头上杜绝其侥幸心理。科学化探索"两违"治理，研究下发"两违"户治理工作实施方案，针对2015年以来累计违规二次以上的零售户进行重点整治和监管，建立全市"两违"户的管理档案，掌握其经营活动规律、卷烟窝藏点等信息。2016年，取消违法经营大户烟草专卖经营资格1户。

（尤耿煌撰 董少杰审）

粮油贸易
Grain and Edible Oil Trade

【订单直补和收购 Order direct subsidies and acquisition】 根据《泉州市粮食局 泉州市财政局 中国农业发展银行泉州市分行关于印发2016年泉州市对种粮农民实行直接补贴实施意见的通知》文件精神，确定石狮地区粮食收购价格，挂牌收购，做到依质论价，与产粮户签定交粮合同；配合有关部门及时发放农民种粮补贴，做好收购创优服务，全面完成订单收购任务。2016年，两季收购早晚籼谷149249千克。

【粮食轮换 Grain rotation】 2016年，经石狮市政府批准，轮换稻谷11618594千克。该批粮食储存时间达三年，品质储存控制指标基本不符合国家储存质量标准，推陈储新，按照有关规定适时进行公开拍卖轮换，并在轮空期内及时购进稻谷11603461千克。按时足额完成市政府下达的储备粮轮换任务，做到轮出轮入及时、适时，减少财政支出。

【粮食安全 Grain security】 2016年，根据《石狮市落实粮食安全行政首长责任制考核办法的通知》文件要

泉州市粮食局领导到石狮中心粮库进行粮食安全检查　　（图 / 粮油管理处）

进行综合调研，了解粮食主产区粮食购销情况，为制定石狮市储备粮轮换政策提供详实的资料。组织各类粮食经营企业参加“6•18”“9•18”粮食产购销贸易洽谈会。

【粮食供需平衡调查 Balance between supply and demand of grain survey 】

2016 年，采取抽样调查的方法，深入居民、农户家中进行粮食消费调查，到粮食经营企业进行粮食购销调查，到粮食转化企业进行粮食使用转化调查，为石狮的粮食供需平衡摸清底子，为市政府制定政策提供依据。开展粮食收购市场、粮食流通统计、粮食仓储设施、粮食加工、粮油质量检测等监督检查工作，确保粮食市场供应稳定，粮油品质优良。

求，贯彻落实市政府主要领导、分管领导的批示精神，石狮市商务局（粮食局）与市财政局等 10 个职能部门组成考核工作组，明确部门职责，确定重点考核事项、定量考核指标等事宜。按照粮食安全行政首长责任制考核指标，结合考评方案和评分标准进行自查，自查得分为 92.8 分，及时完成 2016 年落实石狮市粮食安全行政首长责任制考核相关工作。

【仓储保管 Warehousing safekeeping 】

2016 年，实施“一符三专四落实”的保粮措施，粮食保管工作实现“双百”四无粮仓。通过大普查和几次自查，从粮食的质量、数量、品种等方面都属宜存粮。现存粮全部符合国家的储存标准，具有食用价值。对应急大米和应急食用油，每月定期检查，库存数量落实，质量良好。

提高对安全生产的认识，粮食熏蒸作业按规范操作，并做好安全区的隔离和巡查工作，保证每次熏蒸不出任何事故。2016 年，组织安保检查 18 次。各基层单位自查坚持每月两次，仓库保管员实行“三天一小查，五天一中查，风雨及时查”的粮食保管查仓制度，发现隐患及时上报处理。

【加强粮食购销协作 Strengthen the grain marketing collaboration 】　稳定长期粮食供应体系。领导带队组织储备粮轮换人员到三明、江西、山东对稻谷、小麦粮食产量、收购、价格等情况

【军粮供应 Army's grain and edible oil supply 】　2016 年，实行军粮供应工作“军供站长第一责任人”及“一批一检一报告”制度，为共建联队提供优质服务。全过程、全方位监督，杜绝一切不合格产品流入军供仓库，做到让各级领导放心，部队吃得安心。坚持送

石狮市粮油管理处领导春节带队慰问某团部　　（图 / 粮油管理处）

货上门，保证军粮供应及时。2016年，石狮市军粮供应站全年送货车次达200多次，送货费用达2万多元。

【实施粮食市场管理 Grain market management】 提高粮食保管水平。2016年，根据《粮食流通管理条例》规定，帮助8家非国有企业做好台账报送工作，并敦促这些企业配合，按月按时报送月报表。

执行粮食质量新标准。对粮食系统、粮食骨干加工企业、骨干销售企业执行国务院颁发的粮食质量新标准。开展粮食系统治理“餐桌污染”专项检查，重点检查大米加工企业2家，小麦粉加工企业2家，大米批发企业6家，食用油批发企业2家，军供网点1个，销售企业4家。所有粮食、粮食制品、食用植物油基本符合国家质量卫生标准，未发现假冒伪劣食用粮油。

应急系统健全。形成应对突发事件粮食应急供应系统，有骨干粮食加工企业4家，日处理原粮480吨；骨干粮店5家；国有粮食企业8家。合理安排收支预算，严格预算管理，做好对应收帐款的清理工作，重视日常财务收支管理，加强对全系统财务工作的监督。

（蔡瑞蓉撰　叶赛玉审）

旅游业
Tourism Industry

【旅游开发 Tourism development】

2016年，石狮旅游推进旅游策划、产业融合和市场营销，旅游行态呈现较好的发展态势，全年旅游接待总人数506.49万人次，同比增长13.45%；旅游总收入98.13亿元，同比增长15.35%。茂险王主题乐园是全国首座原创IP室内主题乐园，泉州地区科普教育基地，9月试营业以来接待省内外游客34万人次；永宁古卫城历史文化及滨海旅游项目完成永宁老街管线整治、红塔湾海岸整治、城隍庙广场的建设，文祠修复工程、西岑天农良谷休闲农庄等项目有序推进。第五届永宁古卫城暨城隍文化节接待游客达20万人次。不断完善旅游公共服务配套设施建设，全市旅游交通标志系统43面景区标志牌设置完成；建成郭坑休闲农庄、黄金海岸和茂险王主题乐园6座旅游公厕并投用；建成郭坑休闲农庄、茂险王主题乐园2个游客服务中心。

【旅游宣传推介 Tourism marketing campaign】 2016年，石狮市开展“5•19中国旅游日”系列活动。组织首届石狮特色伴手礼评选，选出20佳石狮特色伴手礼，另有18家产品入围石狮特色伴手礼。组织旅游企业推介石狮旅游，参加第12届海峡旅游博览会、东北旅游推介会、泉州海丝文化旅游嘉年华，推介石狮特色旅游资源和旅游产品。小石狮乐乐获泉州旅游商品设计大赛铜奖，闽台福手工面线、山海朝阳闽派海味礼盒入选第五批泉州伴手礼名录。

持续开展旅游宣传。举办全国旅游达人石狮二日游活动。组织编印《乐游石狮》导游词精编3000册，石狮旅游明信片2000套。开通石狮旅游微官网。发送旅游手机短信100多万条，扩大石狮旅游影响力。建成石狮市文明旅游行前教育中心，持续开展“美在旅途”文明新风行动。

【石狮市旅行社情况表 Shishi city travel agency table】

表11

2016年石狮市旅行社基本情况表

等级	旅行社名称	详细地址	镇办	联系电话
AAAAA	假日国际旅行社	濠江路假日大厦	湖滨	88889209
AAAAA	环球国际旅行社	八七路星都大厦	凤里	83012222
—	南方国际旅行社	富贵路11-19号	湖滨	88873666
—	阳光旅行社	八七路1348-1352号	湖滨	88588505
—	华侨旅行社	嘉禄路588-590号	湖滨	88882859
—	石狮中国旅行社	九二路437号	湖滨	88889520
—	联亨旅行社	服装城南A幢1111号	灵秀	88784666
—	中旅旅游集散中心	市九二路437-479号	湖滨	83288198
—	海岸假日国际旅行社	濠江路假日大厦	湖滨	—

表 12

2016年石狮市星级饭店基本情况表

星级	酒店名称	详细地址	镇办	联系电话
五星	建明国际酒店	金盛路东段	凤里	83879999
五星	爱乐皇冠假日酒店	东港路电信大厦	湖滨	83099999
五星	绿岛国际酒店	八七路 1247 号	湖滨	83899999
四星	建联大酒店	振兴路 133 号	凤里	88885199
四星	荣誉大酒店	八七路 858 号	湖滨	88885555
四星	豪富华大酒店	子芳路与九二路交汇处	湖滨	83958888
四星	泉冠酒店	金林路 25 号	湖滨	68881111
三星	新国泰大酒店	子芳路狮城帝苑对面	湖滨	88618000
三星	东方巴黎商务酒店	市南洋路与八七路交汇处	凤里	83036666
三星	万佳东方酒店	市九二路东段 8 号	湖滨	36886666

【旅游景点简介 Tourist attractions introduction】

茂险王主题乐园

世茂集团旗下石狮世茂茂险王主题乐园（以下简称主题乐园），属全国首座原创 IP 室内主题乐园，是福建省内最大室内主题乐园，是泉州地区科普教育基地，是打造集文化创意、全新多媒体技术、经典游乐以及主题餐饮一体的次时代综合性主题乐园。

主题乐园坐落在拥有 532 米全国最长 LED 天幕的石狮世茂摩天城商业综合体之中，总建筑面积约 30000 平方米，总造价约 6 亿元。主题乐园主要分为两大核心区域，摩天轮搭乘区和茂险王主题乐园区；其中高达 110 米的世茂摩天轮——海西之眼是大泉州地区最高的摩天轮；主题乐园区 39 项经典游乐设备中包括福建省内首座屋顶摩托过山车，全新投影技术打造的天王巨星演唱会，全新研发的多媒体互动儿童职业体验（CG-babyboss）、侏罗纪 4D 影院，飞越海峡等一系列极具特色的游乐项目，能带给广大游客淋漓尽致的快乐、刺激体验。茂险王主题乐园区是世茂集团原创 IP 卡通片《灵石茂险王》的场景还原，乐园将动画片中的灵石城、恐龙世界、天空之城、糖果世界等四大场景融入其中，打造成为乐园的重要游乐、学习区域，带给广大青少年身临灵石城的冒险之旅。

主题乐园 2016 年 9 月开业以来，接待省内外游客 34 万人次，成为石狮市地标性建筑，当地的旅游胜地；是石狮的一张全新名片。

永宁古卫城

永宁古卫城位于石狮市永宁镇永宁近海处，距离泉州东南 37 千米，地势雄峻，东濒大海，北界祥芝，依五虎山为屏障，南临深沪湾连深沪、福全，西接龙湖。明洪武二十年（1387 年）筑建，至今已有六百年多年悠久历史。

2013 年，永宁镇政府投资 1600 万元在原小东门旧址上按旧制重新修建部分城墙和城楼。2014 年 9 月，第三届永宁古卫城暨城隍文化节期间举行隆重的竣工揭牌仪式。新建城墙高 6.6 米，北边长 101.74 米，南边长 99.2 米，底宽 6.45 米，上宽 4.05 米。城楼墙高 8.4 米，底宽 25.6 米，上宽 22.84 米。城楼一层占地 191.52 平方米，二层 115.92 平方米，楼层盖结构最高点 24.95 米。

新落成的石狮永宁古卫城遗址公园，远眺深沪湾，雄健的城门、城楼将古城环抱其中，气势磅礴，颇为壮观，“东南第一卫城”再度焕发出新的光芒。

石狮永宁城隍庙是当时永宁卫城的附属建筑，始建于明洪武年间(1368—1398 年），清代进行扩建，现存为清代建筑。600 多年来，永宁城隍除分香泉州各地外，还远播至台湾的台南、台中、嘉义、金门等地，乃至于泰国、新加坡、菲律宾、马来西亚、印尼、缅甸等国家。

永宁老街建于明朝洪武年间，至今已有 600 多年历史。到清末，这老街犹有商店 200 多间。如“绸缎布匹、苏广百货、纱灯、照相、扎花、粮食、糖品、中西药房、典当、油车、磨房、染坊、烟茶、干果、鱼肉、蔬菜、香楮、油灼、农具、家器、菜馆、饭店、酱园、打铁、铸铜、理发、山医星相、书册文具、百技工艺，应有尽有”。不夸张的说，自古以来直至改革开放初期的 20 世纪 80 年代，此街都是永宁的商贸中心。2013 年，永宁老街被评为“中国历史文化名街”。

（陈清良撰 董立新审）

金融业运行总体态势
Finance Operation General Situation

【金融机构存款额 Financial institutions deposits】 2016年，石狮市银行贷款760.29亿元（以银行机构实际贷款口径计算），圆满完成泉州市政府下达的贷款760.26亿元以上的任务目标，成为泉州市各县市区唯一一个完成增贷指标任务的地区。石狮市金融机构本外币各项存款余额683.21亿元，同比增长-6.69%，同比下降8个百分点，比年初下降49.00亿元，同比减少59.09亿元；本外币各项贷款余额721.46亿元，同比增速12.81%，同比增速下降0.99个百分点，比年初上升81.92亿元，同比多增4.36亿元；本外币存贷比105.60%，同比升高18.26个百分点。

保险保费收入稳定增长，财险收入增长高于寿险收入。2016年，石狮市23家保险机构保费收入17.08亿元，同比增长8.77%，其中：财险保费收入4.76亿元，同比增长10.74%；寿险保费收入12.32亿元，同比增长8.02%。

证券市场交易额同比急剧萎缩五成以上，但成交量呈现逐季上升趋势。2016年，石狮市辖区内7家证券公司开户总数10.72万户，同比增长23.36%；累计成交金额1849亿元，同比萎缩47.37%，其中：股票成交额1479亿元，同比萎缩52.09%。成交量虽然同比萎缩，但是呈现逐季递增的趋势，第一季度成交336亿元，第二季度成交471亿元，第三季度成交500亿元，第四季度成交542亿元，显示资本市场活跃程度上升。

期货交易成交量同比下降六成，成交手数下降幅度小于成交量。2016年，石狮市辖内2家期货公司累计成交金额1370亿元，同比萎缩67.63%，成交310万手，同比下降19.27%。

小额贷款公司主营业务维持下降趋势，不良贷款持续攀升。2016年，石狮市辖内两家小额贷款公司贷款余额6.74亿元，同比下降3.85%，累计发放贷款2.19亿元，同比下降51.55%，服务114家中小企业，不良贷款25户37笔，余额8507万元，同比上升37.88%。

融资性担保公司、典当行经营稳定，担保额持续降低。2016年，石狮市融资性担保公司3家、典当行5家。3家融资性公司担保余额1.85亿元，同比略有下降。5家典当行年末典当余额2亿元，同比略有增长。

【营造良好货币金融环境 Create a sound monetary and financial environment】 引导辖内金融部门贯彻执行稳健货币政策，营造良好货币金融环境，科学贯彻落实宏观审慎评估体系工作。强化引导，通过约谈等方式对地方法人金融机构进行有针对性的指导监管、预期引导、监管预警与约束等措施，督促其合理科学稳健规划业务发展。审慎开展评估，确保评估执行标准的统一性；根据宏观审慎评估结果按程序对辖内相关法人机构适用激励或约束机制。强化准备金政策的调控功能。加强对金融机构信贷投向的检查和督导，评估定向降准政策效果，通过建立正向激励引导金融机构优化信贷资源配置到“三农”和小微企业领域。做好辖内三农事业部差别化存款准备金率的年度考核工作，发挥有区别存款准备金率的正向激励作用。

落实利率市场化改革各项措施。加强利率政策传导，提高监测分析质量。引导金融机构合理运用自主定价权，科学合理确定存贷款利率定价策略，实现差异化、精细化定价，健全科学化定价机制，推进农信社央行专项票据兑付后续监测工作。对石狮农商银行2015年专项票据兑付后续监测进行年度考核，经考核，该行达到全部后续监测考核标准（即一类社），有效发挥后续监测考核对推动和深化改革的激励约束作用。加强辖内跨境人民币业务风险防控，对业务增长存在较明显异常的银行进行约谈，提示该项业务可能存在的相关风险。2016 年，人民币跨境实际收付 160.60 亿元，同比减少 175.78 亿元，减幅 52.26%。

【金融产品和服务模式持续创新 Continuous innovation of financial products and service mode】 优化信贷投向和结构，推动金融产品和服务模式持续创新，促进地方经济稳步健康发展。开展金融创新支持经济转型升级发展三年行动。坚持“区别对待、有扶有控”的原则，做好供给改革的信贷政策支持，进一步加大金融服务中小微企业力度，促进中小微企业转型升级发展。2016 年，全市中小企业本外币贷款余额 373.73 亿元，同比增长 4.59%；小微企业（个人经营性贷款）119.72 亿元，同比增长 2.82%。引导金融机构支持纺织服装企业产业，促进企业在减排化、科技化、科研化、互联网化、集群化的转型升级中实现“五个提升”。

深化涉农金融创新，推进农村“两权”抵押贷款试点。2016 年，石狮市取得试点，贯彻落实全国农民住房财产权抵押贷款试点工作的各项部署，搭建推动试点工作的组织、政策框架，取得初步成效。辖区银行新增农民住房财产权抵押贷款 247 笔，发放金额 3.25 亿元，贷款余额 5.54 亿元，较年初增加 0.83 亿元。全市住房所有权、宅基地使用权确权率与颁证率均超过 50%，并开始颁发“房地一体”的不动产统一登记证书。

推动普惠金融体系建设，促进金融服务均衡发展。加强信贷政策与财政政策协调配合，强化与劳动保障、计生、妇联、扶贫等部门的沟通协调，注重发挥财政贴息等资金引导作用，发挥小额担保贷款、妇女创业贷款和扶贫贴息贷款功能，扶持就业困难群体、计生户、妇女、贫困户和大学生“村官”创业就业。坚持差别化住房信贷政策，促进房地产市场健康发展，引导金融机构提升首套房金融服务水平，满足首套普通住房家庭的贷款需求，增加对普通商品住房建设和保障性安居工程建设的开发贷款支持，执行第二套住房信贷政策。推动各金融机构加大对城乡石结构房屋改造建设项目的信贷支持力度，促进新型城镇化建设。

【维护辖区金融稳定 Maintain financial stability】 防范化解金融风险，维护辖区金融稳定，做好存款保险制度实施各项工作。认真指导和督促辖内法人投保机构做好存款保险保费交纳和宣传等工作。组织开展地方法人投保机构存款保险风险评级工作。做好对辖内存款保险投保机构存贷款和流动性变化情况日常监测工作。

加强风险防控，化解融资风险。督促银行加快不良资产处置力度。2016 年，通过承接银行资产包、土地收储、司法重整、设立产业引导基金等方式，化解不良贷款 32.91 亿元，确保实体经济平稳发展，社会和谐稳定。截至 12 月末，银行贷款不良率 2.32%。配合打击恶意逃废债。由公安部门介入，抓各行业逃废银行债务典型，对于涉嫌骗取贷款、贷款诈骗等五种欺诈犯罪的，予以判刑；重点查处转移、藏匿资产行为，对涉案资金、财产依法彻底清查、追缴，起到威慑作用，防止逃废银行债务不良风气蔓延。加大对重点银行和重点企业的工作力度。对不良贷款率 2.5% 以上且信贷防控未达到目标的银行，进行约谈并将约谈情况书面反馈至市委、市政府。采取通报批评、开展现场检查，以及在再贴现、再贷款、专项金融债发行、金融市场准入以及帐户设立等方面给予限制等措施加大对不良贷款处置不力的银行的督促，确保完成下发的不良贷款余额和不良贷款率压缩任务。协调推进银行加强信贷支持的力度。对企业运营困难、银行信贷资金紧张、涉及“一企多行”的，协调各银行统一行动，加强信贷支持，保障企业持续经营，支持银行通过调整结息方式、降低贷款利率、利随本清等方式，降低企业融资成本，帮助 147 家企业协调银行信贷 132.01 亿元。

【加快外汇管理改革开放 Speed up the foreign exchange management reform and opening up】 加快外汇管理改革开放，促进贸易投资便利化。严守底线，加大购付汇业务监管力度。开展重点项目的购付汇监测，有针对性开展对大额、异常购付汇主体及相关银行的约谈及窗口指导，及时将上级局“控流出、促流入、稳预期”的政策传导到辖区银企，遏制辖区外汇资金的异常流出，反馈措施落实情况和实施效果。持续不间断的约谈取得成效，2016 年，辖区涉外支出同比下降 45%，涉外收支净流入 3.81 亿美元，而 2015 年同期为净流出 3.20 亿美元，购汇同比下降 41.36%，实现净结汇 12.82 亿美元，同比增长 28.84%。开展货物贸易“控流出”专项核查，将核查发现的工行、建行、兴业和招行等 4 家银行 6 条违规线索移交检查部门。

继续深化外汇管理改革。指导辖区银行和企业在严守风险底线的基础上，推进自贸区外汇管理改革试点。推动辖区富贵鸟股份有限公司等企业加入跨国公司外汇资金集中运用管理试点。深化直接投资外汇管理改革，有序开展直接投资存量权益登记。2016 年，辖区 482 家企业进行 2015 年 FDI 存量权益登记，实际申报率为 97.14%。支持银行、特许机构开展外汇产品创新，满足市场主体用汇需要。加强对辖区特许机构的日常管理，促进合规经营。继续推动辖区个贸发展。2016 年，辖区银行办理个贸收支 568.3 万美元，新增个人外汇结算账户 11 户，继续位居泉州辖内县市支局首位。

强化监测，严厉打击外汇违法违规行为。加强经常项目监测管理，开展货物贸易"控流出"专项核查和服务贸易定期监测预警。强化资本项目监测分析工作和事后核查，探索完善"数据质量控制、监测分析、事后核查、分类管理"四位一体的事后监管框架。探索在事后监管的基础上加强对银行的指导和管理，增强银行办理外汇业务的合规、尽责意识。继续将银行作为检查的重点对象。根据省分局安排，开展对辖内招商银行和民生银行流出项下的专项检查。做好案件移送工作。通过现场检查发现，辖内某企业利用虚假海运提单办理虚假离岸转手买卖业务（即转口贸易业务），涉嫌逃汇。经进一步调查，核实该公司涉嫌存在犯罪行为，并将该案件移交石狮市公安局经侦部门立案侦查。

【推进金融服务现代化 Promote the modernization of financial services】

推进金融服务现代化，不断提升金融服务水平，深化支付服务环境建设，提升支付结算效率。深化电子商业汇票推广工作。落实措施，强化督导，对于电子化率低于辖内平均水平的银行机构，采取走访、约谈、差别化监管、督察检查等措施督促其提升电子化水平。截至11月，辖区办理电子银行承兑汇票98.65亿元，电子化率达到88.51%，在泉州各县市中电子化率排名第二。完善监管手段，加强银行卡业务风险监管。专门约谈石狮农商银行负责人，督促收单机构规范开展业务，加强风险管控。加强银行卡收单业务非现场监管，发挥人行、公安、工商协同监管机制，查处违规收单行为和无证经营行为；配合公安机关打击治理电信网络新型违法犯罪专项行动，协助做好相关银行卡账户信息查询、资金冻结工作。在辖区开户申请数量大量增长的情况下，调整充实账户管理人员，进一步提升账户服务工作水平。

加强征信管理，深入推进地方信用体系建设。强化信用信息安全管理，强化对数据库接入机构的安全管理，规范征信业务开展，切实防范信息泄露风险。完善地方社会信用体系。围绕信用信息价值化，推动出台《石狮新市民积分管理办法》，将个人信用报告审查列入新市民积分项目。加强石狮市金融服务中心人行征信窗口的管理，助力民间金融阳光化。全年累计提供企业、个人信用报告查询服务1.79万笔。加大基于信用体系建设的金融产品和服务方式创新。支行与地方党政密切合作，依托人民银行征信系统、政府信用信息系统和民间融资登记服务系统的数据支持，创新建立以"信用评价＋信贷支持"为核心的新型金融服务模式，助推信用企业发展壮大。2016年，评选信用企业25家，评定A级8家，B级10家，并助推21家企业融资11.36亿元。联合石狮市金融服务中心创立全市首家"诚信"主题的金融书吧——"诚信借阅金融书吧"，开辟全新宣传阵地。

做好反假创新工作，提高反洗钱工作成效。加强与公安部门的配合和情报会商，形成合力，共同做好辖内反洗钱工作。召开反洗钱专案研判会，达成共识，不断总结可疑资金调查的工作经验与方法，开展反洗钱领域打防管控；举办辖内反洗钱案例交流会，提高辖内反洗钱工作的实效。举办2016年石狮金融业反洗钱技能竞赛，提高反洗钱从业人员综合素质和履职能力；做好假币收缴工作，假币收缴量大幅增长，2016年，辖内收缴假币116万元，同比增长123%。创新反假宣传，创新开展石狮市银行业2016年"反假卫士"微信评选活动，10个投票日内投票页访问量突破百万，创石狮电视台"爱石狮"微信公众平台建立以来单场活动参与人数记录，达到"范围大、宣传广、效果好"的宣传目的。深化警银"三大反假协作机制"，破获石狮建市以来最大制售假币窝案。缴获成品假币75万多元，半成品假币30.4万元及已销售假币约60万元，累计涉案金额达167万元，保证人民币流通市场和谐稳定。

【金融宣传 Financial promotion】

2016年，石狮市加强金融宣传，创新金融知识纳入国民教育工作。探索尝试，推动全省首家高校"模拟银行"在闽南理工学院正式挂牌成立。以"校银合作"的形式开办，由民生银行石狮支行与闽南理工学院合作。"模拟银行"的设立，把银行业务模拟进课堂，与高校共建虚拟仿真实训基地，实现产业与教育的无缝衔接。

开展金融法制、金融服务系列宣传活动，营造金融信用良好环境。先后组织开展"金融消费者权益日"、第19届"海丝"海博会、外汇诚信兴商知识竞赛、"防范风险、护航发展"主题宣传等大型金融知识宣传活动、国库知识微信宣传共5次，取得良好的宣传成效。

（王怡松撰　陈少波审）

【降低企业融资成本 Reduce the financing cost】　2016年，石狮市引导银行改善抵押担保模式，创新金融产品，开展"连连贷""无间贷""助保贷"等业务，针对小微企业贷款期限与实际经营周期不匹配时，"过桥"贷款筹措难、成本高的问题，小微企业流动资金贷款到期无需偿还本金即可享受贷款自动续期，破解续贷过桥压力。2016年，石狮市发放贷款5569笔，金额30.55亿元。进一步发挥行业转贷周转基金作用，帮助企业转续贷，已帮助926家企业办理转贷周转业务2976笔，金额315.11亿元。先试先行，推进农民住房财产权抵押贷款试点工作。出台《石狮市农民住房财产权抵押贷款试点工作方案》及《关于进一步推动石狮市农村住房财产抵押权贷款试点工作的指导意见》，推动石狮市农村住房财产抵押权贷款试点工作的全面开展。石狮市农村住房财产抵押权贷款累计新增247笔，发放额3.25亿元，余额5.54亿元，较年初增加0.83亿元。

出台石狮市产业引导基金设立、

管理等方案，设立纺织鞋服产业基金、海洋产业基金、智能产业基金、产业重组基金四个子基金（子基金首期规模分别为10亿元、10亿元、10亿元、10亿元），成立产业引导基金协调小组，负责研究制定引导基金管理规定、协调引导基金重大事项等，推动经济结构调整和产业转型升级。对接设立海峡股权交易中心石狮办事处，并推动海西金融租赁公司设立，引导其参与石狮市产业转型升级建设。着力加大企业股改、上市挂牌、返程投资、多头上市、发行债券再融资等扶持奖励力度，引导企业根据自身情况理性到境内外资本市场挂牌上市。2016年，根据《福建省人民政府办公厅关于加快村镇银行组建和发展的指导意见》文件精神，支持村镇银行发展，落实石狮渝农商村镇银行400万元奖励。且企业发行15亿元私募债，13亿元已到位。另有1家企业（金豪服饰）在海峡股权泉州交易中心挂牌交易，1家企业（飞通科技）在新三板挂牌。2016年，石狮市上市企业12家、新三板挂牌企业2家、海峡股权泉州交易中心挂牌企业48家。

出台《石狮市人民政府关于大力推进银行加强信贷支持实体经济若干措施的通知》，设立石狮市信贷风险资金，规模4200万元，专项用于支持银行对优质小微企业的新增贷款，加大信贷投入，降低贷款门槛，全面提升小微企业金融服务水平。

【金融服务 Financial services】 2016年，石狮市加快建设金融服务平台，引进或设立金融机构和准金融机构，支持融资租赁发展，引导产业基金公司、金融中介机构在石狮市集聚。入驻金融机构和准金融机构47家，其中银行20家、保险7家、证券7家、期货2家、小额贷款公司2家、融资担保公司1家、典当行5家、中小企业票据服务公司3家。

建设公益性金融服务中心，完善社会信用服务平台、民间融资登记服务平台、投融资交流对接服务平台。继续做好社会信用服务平台，受理群众社会信用体系查询17792笔；加大失信曝光力度，曝光台曝光失信被执行人4507人次，其中843人主动履行还款义务，执行金额6157万元；加强社会信用服务平台应用，建设成长企业项目库，入库企业根据社会信用服务平台信用情况进行动态信用评级，享受银行不同贷款优惠政策，入库企业142家。逐步优化民间融资登记服务12条措施，受理民间融资登记笔数1260笔，登记金额120.05亿元。做好投融资交流对接服务平台，推介各级经济金融政策650条、金融产品220种、投融资项目135条，开展阳光金融行动，举办金融讲堂、金融知识进学校进企业进村居、金融产品推介、金融从业人员与企业经营人员交流培训活动等193场。加强银企项目对接，出台《石狮市人民政府关于大力推进银行加强信贷支持实体经济若干措施的通知》鼓励银行加强信贷投放支持实体经济力度，定期组织召开银行、优质企业对接会，进一步加大银行与优质企业沟通对接，鼓励银行给予企业新增信贷支持。下半年举办6场，优选100多家优质企业与多家银行的对接会。市辖区银行尚有完成授信审批但实际未放款金额92.21亿元。

【防范与化解金融风险 Prevent and defuse financial risks】 出台《中共石狮市委 石狮市人民政府关于印发石狮市企业信贷风险防控与化解工作方案的通知》《石狮市人民政府办公室关于化解企业联保联贷风险十二条措施的通知》《石狮市企业金融风险防控化解实施方案》《关于调整石狮市企业信贷风险防控与化解工作领导小组为石狮市金融风险防范工作小组的通知》，督促银行业金融机构落实“五不”（不减少信贷规模、不釜底抽薪、不提高续贷门槛、不随意抽贷、不随意压贷）要求，持续扩大信贷规模。对基本面较好、但还贷资金暂时出现困难的企业，实施“一企一策”，涉及“一企多行”以及辖区外银行、审批权在上级分行的，加大对各银行以及上级的沟通协调力度。2016年，帮助协调企业155家、涉及资金约132.79亿元。

加大金融风险处置力度，完成泉州市下达的金融风险防控目标。加强政司银企沟通对接，密切监测潜在风险，强化风险处置力度，保持打击逃废债高压态势，有序推进金融风险防控。通过采取各种信贷风险防控化解措施，遏制不良率上升势头，不良贷款得到逐步压降。按泉州对各县市信贷风险防控指标统计口径。至12月，石狮市贷款余额760.29亿元，比年初增加73亿元，不良率2.21%、不良贷款16.8亿元，完成不良防控及增贷目标任务。

推进银行不良贷款处置工作。石狮市将不良资产打包转让、资产包托管模式作为防控化解不良贷款的一项重要措施。成立石狮市六胜资产管理有限公司，注册资本金1亿元，按照《泉州市人民政府印发关于支持泉州市国有企业承接银行不良资产包指导意见的通知》规定的接包程序和审批流程，依法妥善的进行不良资产包承接。

对于恶意脱保、涉嫌逃废债的，公安部门及时介入，对积极配合的银行，司法部门在逃废债案件处理中，分清具体情况，支持银行从业人员大胆开展工作。布料市场联保联贷业务共333笔，贷款余额8.47亿元，比2015年年初减少342笔，贷款余额减少13.53亿元。

（林峄徽撰 颜建生审）

银行业
Bank Sector

【工商银行石狮支行 Industrial and Commercial Bank of China Shishi Branch】 2016年，中国工商银行石狮支行员工195人，内设部门5个、下辖11个营业网点。取得经营绩效考评位列省重点支行第六名和泉州分行A类支行第四名的好成绩。全年实现拨备前利润17917万元，实现中间业务收入8806万元。各项贷款余额80.67亿元。本外币全部存款57.81亿元。

2016年，石狮支行继续推动零售业务率先发展，年末个人金融资产余额60.02亿元。推动私人银行业务发展，签约客户总数达621户，新增签约248户。其中，资产2000万元超高净值客户数达到17户。私人银行签约客户总资产达22.43亿元。推动渠道建设。个人网上银行证书客户数133912户，比年初增加14567户；企业网银证书客户存量3316户，比年初增加637户；个人手机银行客户存量177654户，比年初增加15456户，手机银行交易额58.67亿元，同比增长80.2%；网上银行e支付客户数65689户，比年初增加24965户；存量三方存管账户18092户，比年初增加2700户，电商平台交易额38.25万元。

资产质量管控有效。2016年，中国工商银行石狮支行创新不良贷款处置通道，运用投行思维和手段，采取“融资支持模式”组建的不良资产创新处置资产包。该资产包涉及不良贷款企业10户，不良贷款金额21380万元，抵押率43.24%，受偿率达到44.58%。

结构调整稳妥向前。2016年，中国工商银行石狮支行研究总行房地产业务信贷政策，年初发放住房开发项目贷款2.5亿元，为近几年来发放的首笔房地产开发贷款。营销首笔政府购买项目融资4.3亿元。保持中间业务稳步发展。认识加快中间业务发展的重要意义，挖掘传统中间业务收入潜力，拓宽新的中间业务收入来源。做好安全工作。坚持把案防工作纳入全行总体工作，并做到同安排、同部署、同学习、同检查，及时发现和整改安全工作存在的问题和漏洞，在年度安全防范工作考评中，名列第三名。

（陈明生撰 刘圣宗审）

【农业银行石狮支行 Agricultural Bank of China Shishi Branch】 2016年，中国农业银行石狮市支行人民币各项存款余额105.39亿元，余额突破“百亿”大关，“四行”存量占比33.59%，比年初增长2.39个百分点；人民币存款增量11.27亿元，同业第一。

服务实体经济。2016年，中国农业银行石狮市支行人民币贷款余额80.8亿元，突破80亿大关，人民币贷款增量11.82亿元，“四行一社”第一。政府项目贷款实现“零”的突破，首笔投放3.1亿元；个贷投放7.78亿元，“四行”第一；以石狮列入首批59个农民住房财产权抵押贷款试点县名单为契机，发展农民住房财产权抵押贷款，自发放全省农行首笔“农民住房财产抵押贷款”80万元。2016年，新增发放农房财产抵押权贷款1213万元，突破1000万元大关，受到省、市政府高度称赞；顺应泉州市渔港经济区建设，支持休闲渔业、水产冷链物流等，渔船抵押贷款新增投放1.28亿元，突破亿元大关。

强化流量经营，拓户工程卓有成效。2016年，中国农业银行石狮市支行对公人民币结算账户、新增对公客户、对公人民币有效结算账户净增数均位居泉州农行系统内第一，石狮全辖新注册企业开户率高达45.88%，单位银行结算账户净增数“四行”第一。

顺应新业态，新兴业务发展势头良好。辖属营业部贵金属销售实现福建省市县单点收入第一、全国单点第二的历史性突破；新增分期交易额1.8亿元，首次突破亿元大关，同比增长8300万元；掌银交易363亿元，同比增长232亿元，增幅175.96%，交易量泉州农行系统排名第二。

本外币一体化经营持续深化，实现跨境人民币结算量57.29亿，国际结算量15.69亿美元，均位列泉州农行系统内第一，并获评当地外汇管理A类行。

不良管控效果显著。2016年，中国农业银行石狮市支行不良贷款余额13020万元，比年初减少7287万元，不良率1.59%，比年初下降1.15个百分点，实现不良贷款“双下降”，不良余额及占比与最高点时相比均达到近50%的降幅，不良占比“四行”最低。

实现拨备前利润28193万元，拨备后利润15782万元。实现中间业务收入8410万元，同比增长655万元。在经济下行压力大、风险形势严峻的大环境下，提高经济效益，获评全省农行系统内十大创利贡献行。

深化“文明单位”创建工作，推动业务经营和精神文明建设工作协调发展。辖属营业部获评中银协“五星级”网点、“千佳”网点；支行获内控评价“一类行”、总行“三化三达标”单位、石狮市“五四红旗团支部”、石狮当地首批“十佳金融反诈骗示范点”、蝉联五届福建省文明单位。行长吕光前工作业绩突出，当选石狮市政协委员，开创石狮农行历史先河。

（潘伊芃撰 黄杰晖审）

【中国银行石狮支行 Bank of China Shishi Branch】 中国银行股份有限公司石狮支行（以下简称石狮支行）现有员工150，下辖8个二级支行。支行本部内设四个部门，分别为公司业务部、个人金融部、营业部及综合管理部。

2016年，石狮支行实现净收入14007.28万元，实现拨备前利润7403万元；全行各项存款日均余额41.32亿元，较2015年新增日均新增13384万元；其中公司存款（含理财）较2015年日均增加13384万元；储蓄存款较2015年日均新增25849万元。全辖各项外币存款余额2395万美元，比2015年下降-3884万美元，日均下降-4467万美元；2016年，本外币各项贷款折人民币288102万元，比2015年下降-14192万元。人民币贷款287184万元，同比下降-8324万元；2016年，资产质量方面，人民币不良贷款（按五级清分口径）11474万元，不良率4%，比年初减少0.83个百分点；外币不良贷款余额为零，不良率为0%，比年初减少16.90个百分点。

2016年主要工作亮点：人民币公司存款市场占有率有所提升，储蓄存款余额突破20亿元，全年本外币公司存款余额23.62亿元，较年初减少4.05亿元，市场占比10.01%，上升0.654%，存款负增长主要是2016年来已结清内存外贷保证金约6亿元；公司有效客户新增37户，扭转负增长局面。特别是行政事业单位时点存款余额时点存款余额6.59亿元，日均存款6.29亿元，较2015年上升2.96亿元，完成率240%，位居全辖第一；本外币个人存款连年持续增长，时点、日均双双创历史新高，本外币时点存款余额更在9月末达到折合人民币203060万元，较年初新增33732万元，个人存款一举跃上20亿元新台阶。在存款增长同时，个人其他金融资产时点、日均同步实现正增长，分行排名第二；表外理财业务发展势头良好，增长数分行第一。个人金融资产增长亦带来个人有效客户数尤其是中高端客户的增长。个金条线各项业务拓展取得新突破：支行个金条线制订业务拓展活动方案，组织全辖开展各项业务竞赛活动，均取得良好成效。其中，对私资金业务继续保持辖内一枝独秀，账户贵金属、外汇宝、黄金T+D等业务累计交易量、完成率、贡献度均远居全辖第一，得到分行多次表扬。代理保险业务取得迅猛发展，一举扭转短板落后局面，全年代销寿险折标保3110万元，完成104%；代销中银保险7.29万元（至11月），占全辖销量34%，保险业务取得历年来最好成绩，成为非息收入新增长点。实物贵金属销售业绩优异，在年初“迎新春庆百年”及年末“金鸡报晓”贵金属展销中均取得优秀成绩，分别得到分行、省行表扬。

项目储备、不良管控取得较好成效：项目储备不足和不良、潜在不良风险大是另一短板业务。2016年，介入当地新型城镇化建设带来的业务发展机会，针对基础设施建设、中小企业优质客户等重点跟进，新增一批优质储备项目，包括已批复鸿山一期流贷4亿元、太平洋码头固贷9亿元等项目，已上报的石狮政府安置房项目3亿元非标理财融资、荣誉固贷2亿元、4个中小企业项目，营销跟进的闽南理工学院、石狮市医院等项目；面对严峻不良资产管控局面，支行班子采取措施予以化解，清收化解不良、潜在不良贷款约4亿元，实现现金清收1671万元，并收回到第三季度全部贷款利息（包括2015年第四季度欠息300多万元），化解企业因人民币贬值造成的外汇业务亏损占用的授信额度，避免因人民币不断贬值、企业亏损增加、石狮支行风险敞口进一步扩大风险。石狮支行通过上下联动、法院拍卖、现金清收、其他公司承接、增加抵押等各种方式，实现现金清收不良贷款1605万元。

（吴建玲撰　王德民审）

【建设银行石狮分行 China Construction Bank Shishi Branch】　2016年，石狮建行全行本外币一般性时点存款余额116.05亿元，四行占比35.44%，居四行第一。其中，个人存款时点余额89.30亿元，四行占比39.61%，居四行第一；企业存款时点余额26.75亿元，四行占比26.22%，居四行第二。2016年，全行本外币一般性日均存款余额118.37亿元，四行占比36.27%，居四行第一。其中，个人日均存款余额88.38亿元，四行占比40.61%，居四行第一；企业日均存款余额30亿元，四行占比27.58%，居四行第二。2016年，各项贷款余额120.33亿元，四行占比38.58%，居四行第一；2016年新增3176万元，四行占比9.30%，居四行第二。

实现安全运营。2016年，石狮建行重视党风廉政建设、案件防控和安全营运工作，实现“不发一案、不误一人”的工作目标。强化责任意识，以上率下抓党建；突出工作重点，务实创新抓党建；强化队伍管理，围绕发展抓党建；全面从严治党，改进作风抓党建；坚持落实党要管党、从严治党要求，以落实“两个责任”为重要抓手，强化创新驱动作用，推进党风廉洁建设；围绕全行工作中心，全面激发全行员工学党章党规、学系列讲话，做合格党员，推动“两学一做”学习教育活动取得实效。深入推进“合规文化建设年”活动，进一步加强合规文化建设，巩固合规管理年工作成果，努力构建适应新常态的合规文化，提升全行合规管理水平，促进各项业务可持续健康发展。坚持以“平安建行”创建为工作主线，全行上下齐抓共管、真抓实干，坚定不移地保障全行安全发展。2016年，石狮建行获石狮市首批“十佳金融反诈骗示范点”“2014—2015年银行业金融机构安全保卫工作先进集体”称号；先后获总行2015—2016年“平安建行”创建活动先进集体、省分行2014—2015年“平安建行”创建工作先进集体等称号。

服务质量逐步提升。2016年，成立集中清机团队，上收16个附行式自助银行的集中清机，实现离行、附行近200台自助设备的全面集中清机和网点大额现金支取集中预约制度；抓好智能设备和现金设备柜面替代率，解决网点现金备付率、自助设备缺钞率和客户现金需求量之间的矛盾，提高客户的满意度。建立健全公众教育服务长效机制，持续深入开展消费者权益保护日、“金融知识进万家”“金融知识普及月”“网络支付安全”公众宣传教育、合规文化、反洗钱知识宣传月等形式多样的教育活动，进一步提高消费者识别和防范金融风险能力，全年全行柜面堵截冒名开户7笔，堵截和防范案件13次，涉及金额达245143元。加强员工岗位服务标准的培训，从“规范、主动、专业、高效、微笑”五个层面抓好服务工作。2016年，在主动服务细节上下功夫，培塑员工的归属感、责任感和社会感；将每月客户服务工作暨消费者权益保活动日作为与客户沟通联系的一个平台，广泛倾听和解决客户诉求；组织辖内16个网点轮流送服务进企业32场次，打造石狮建行服务名片。全年客户服务管理工作取得较好的成效，实现系统前三的工作目标。

质量管控初显成效。2016年，持续保持资产质量管控工作高压态势，强化责任担当，实行挂钩督导制度，实行行领导挂钩负责制，对存量不良项目、良好类逾期项目、潜在风险项目实行行领导挂钩负责制，加快存量不良贷款处置，采取常规催收、诉讼清收等手段处置不良加大现金回收比例，运用打包转让、核销等能够快速处置不良的方法。2016年，公司类不良贷款处置32101万元，其中整户现金回收1户，回收金额272万元；申报呆账贷款核销2户，核销金额11249万元；参与建行总行三个季度的不良贷款批量转让，处置不良贷款7户，处置金额17671万元；参与建行总行资产证券化项目1户，证券化金额2890万元；核销资产现金回收1户，回收金额120万元；受托资产抵质押物处置1户，实现现金回收1300万元。采取催收、再融资等化解措施，有效控制潜在风险。2016年，该行在处置不良贷款方面做大量的工作取得成效，通过再融资手段，为17家企业办理再融资业务94笔，金额17.4亿元；通过调整结息方式，调整贷款结息周期（即季度、半年、年度结息）的正常关注类项目的有3户，金额15.88亿元。

转型发展扎实推进。通过持续推进“移动优先”战略发展，推进互联网金融发展转型，进一步扩大移动金融产品在当地市场的影响力。2016年，多项移动金融业务保持系统领先，移动金融替代率91.66%，居全省首位，高出全省平均水平5.81%，当年提高值5.18%；个人手机银行活跃客户总量98238户，2016年新增微信银行客户居系统首位。微信银行客户2016年新增49230户，完成率246.15%，居第1位。各项电子银行同步率均居系统领先位次。2016年，新开账户电子银行同步率93.86%、个人手机银行同步签约90.98%、个人手机银行同步签约91.21%、个人网上银行同步签约率88.4%、短信银行同步签约率90.74%，均居系统首位，分别高出全省平均水平10.27%、9.97%、25.28%、14.74%。围绕“圈、链、平台”，积极发展“六贷一透”业务。2016年，建设银行石狮分行小微企业贷款余额为30.49亿元，比年初新增0.3亿元，贷款增幅0.98%，高于同期各项贷款增幅0.61个百分点；客户数（含小微企业主和个体工商户）539户，比年初新增户164户；小微企业申贷获得率约95%，高于2015年同期增幅1.39个百分点，较好的完成“三个不低于”的监管要求。

搭建员工发展平台。组织开展个人客户经理“双向选择”、开展对公见习客户经理公开竞聘、营业网点副行长及客户经理后备人才竞聘等活动，为进一步加强员工队伍梯次建设，提高队伍战斗力奠定基础。为实现专业专注，以合署办公形式成立分行法律合规部、成立资产保全团队，为专业人才建设提供更好的平台；加大优秀青年干部培养，全年调整管理岗位干部28人次，提拔副股级以上行政职务14人次（其中八职等2人次，九职等3人次），六级专业技术1人次。加强干部交流学习锻炼，共交流部门负责人13人次，网点负责人15人次。建立健全岗位评价考核体系，出台网点经理、副行长及柜员主管、客户经理、柜员及个人业务顾问业绩评价考核办法，建立个金条线统一的岗位考核评价体系，为人才梯队建设奠定良好基础。持续加强员工教育培训，依托网络学习平台及各条线组织开展的业务知识、合规理念、企业文化、廉洁教育等，开展覆盖全员、重点突出、层次清晰、内容丰富、形式多样的员工培训，不断提升员工综合素质，更加适应业务发展与战略转型需要。积极搭建员工风采展示舞台，广泛开展评先评优、文明创建、巾帼文明岗、党员示范岗等活动；举办“合规建行 与你同行”知识竞赛活动，开展柜面操作业务知识技能竞赛、反洗钱业务技能竞赛等活动，引导员工立足岗位、勤奋工作，提升自我的发展平台，促进员工成长、成才。

落实员工关爱工作。以“新关爱·心温暖”为主题，推进关爱员工活动，进一步提高员工的满意度和幸福指数。持续改善员工工作生活环境，继续完善分行职工食堂建设，继续做好网点员工送餐服务；因地制宜的在有条件的网点持续开展基层网点“五小”员工关爱阵地建设，现已有濠江支行、滨海支行、灵秀支行、永宁支行等四个网点建成“职工之家”，着力营造温馨、舒适的办公环境，灵秀支行“职工之家”获省分行“温馨小家”称号；继续做好冬送温暖、夏送清凉等系列帮扶工作，持续推进为员工“送健康”活动，组织员工进行健康体检；参加泉州市职工医疗互助活动，为员工提供更大的医疗互助保障；开展金秋助学、“六一”儿童节慰问活动，为13名有中、高考子女的员工提供考前三天“陪考假”，对2人次在高考中取得优异成绩的员工子女发放入学奖励，为员工子女的升学创造好的条件；组织开展重阳节在职员工65周岁以上员工父母慰问，在春节、“九九重阳节”等节日组织走访慰问退休老干部及亲属，进一步延伸关爱广度。不断丰富员工业余文化生活，因地制宜、因时而异组织开展各类文体活动，寓教于乐，丰富员工文化生产，缓解员工工作压力，促进员工沟通交流，践行“快乐工作 幸福生活”企业文化。组织参与“邻里守望·情暖石狮”便民利民志愿服务活动、“学雷锋”家园清洁行动、石狮市第八届海峡两岸青年辩论赛（决赛一等奖）、2016年石狮市金融机构反洗钱业务技能竞赛活动（团体一等奖）、石狮市金融系统书法摄影展等，丰富员工业余文化生活，展现建行员工积极向上、奋勇拼搏风采。

（吴早治撰　吴绳会审）

【交通银行石狮支行 Bank of Communications Shishi Branch】 交通银行始建于1908年（光绪三十四年），是中国早期四大银行之一，也是中国早期的发钞行之一。交通银行石狮支行服务海峡西岸经济区建设，发展对台经济和服务泉州民营经济，进一步完善交通银行机构网络，促进业务发展。

2016年，各项人民币存款余额38630万元（其中，对公存款余额为27240万元；对私狭义储蓄为11390万元、广义储蓄余额13204万元）；各项贷款余额348460万元，较年初增加152209万元。整体上，存款余额有所下降，贷款余额实现大幅增长。

业务创新。2016年，交通银行石狮支行通过“开门红”竞赛、“零售转型”等活动，进一步挖掘新客户资源；以优势特色业务为抓手，重点突破零贷资源整合，贴近金融市场，围绕商圈、供应链、园区等集群分布形态，批量拓展小微企业，实现小微业务的快速发展。2016年，个贷放款35笔1207.2万元。强力发展零售业务，通过公私板块、零售零贷板块的全方位联动，做大客户群体，夯实客户基础，在客户心中建立起交行“财富管理银行”的品牌形象。

内部管理。2016年，实现党建工作与业务发展的有机结合。签订《党风廉政建设责任书》《案件防范责任书》《合规经营操作防范案件责任书》《安全保卫责任书》《案件防控承诺书》，构建纵横联合的防控监督体系。加强员工廉政教育，做到警钟长鸣，增强反腐倡廉的自觉性，以大学习、大讨论以及领导讲党课、观看警示教育片等活动，进一步增强学习效果。抓好安全保卫工作，组织安全保卫自律监管，采取按月常规检查和节前安全大排查相结合，检查面达100%；抓好存在的问题整改的后续跟踪检查，整改率达100%。

队伍建设。进一步完善各项规章制度，确实有效地在全体员工中展开政治思想教育、法律法规学习、金融业务知识学习等各项活动，在完善岗位制约机制的前提下，把主要精力集中到抓制度落实上，严厉查处违章操作行为。抓好对重点部门、重点环节、重点岗位的风险控制和防范，全面提高员工的整体素质，培养复合性人才。在员工中广泛开展业余文化生活，激发和调动员工的工作热情，培养员工关心集体，爱岗敬业、爱行如家、乐于奉献的团队精神。开展民主生活会、组织生活会，关心员工的生活，广泛听取员工的意见和见议，增强员工的凝聚力和创造力。

（谢绵绵撰　陈钊源审）

【中信银行石狮支行 China CITIC Bank Shishi Branch】 2016年，中信银行股份有限公司泉州石狮支行内设公司银行部、零售银行部、营业部3个部门，在编职工15人，编外职工1人。经营人民币存款、贷款、结算业务，办理票据贴现，外汇存款、贷款，外币兑换等各项业务。2016年，中信银行泉州石狮支行根据市场变化，适时调整经营策略和工作重点，各项存款余额达人民币7.06亿元，发放贷款人民币18.77亿元，不良贷款率为1.74%。

2016年，中信银行泉州石狮支行围绕总行“建设最佳综合融资服务银行”，坚定“服务立行”理念，实现各项业务的恢复性增长，遏制资产质量进一步恶化的趋势，精细化管理水平不断提升。

作为生在泉州，长在石狮的中信银行泉州石狮支行立足石狮经济发展需要，力求为石狮广大企业、市民提供周到的金融服务。在信贷资源上向石狮典型产业倾斜。中信银行泉州石狮支行响应石狮市政府、人民银行石狮市支行、石狮银监办、石狮市银行协会等“扶持小微企业，助力石狮跨越发展”的号召，深入市场了解小微企业融资需求、融资现状，为石狮小微企业量身定制多款金融产品，包括回批地（集体土地使用权）抵押贷款，POS贷，信捷贷，种子贷等，这些产品审批快捷、手续简便，让企业获得便利。2016年是中信银行零售转型的重要战略期，网点进行转型，贵宾体系、大众体系两大零售团队初步形成发展态势，走出家门了解企业需求，转变理念听取企业声音，一系列的举措不断提升中信银行泉州石狮支行员工队伍的专业素养。2016年，参加上级行主办的十佳最美厅堂服务评比、最美服务明星评比，均取得较好的名次。

（李婷婷撰　张志雄审）

【浦发银行石狮支行 Shanghai Pudong Development Bank Shishi Branch】 2016年，上海浦东发展银行股份有限公司泉州石狮支行（以下简称浦发银行石狮支行）本外币一般性存款时点余额为44.13亿元，其中对公存款时点余额为20.15亿元，储蓄存款时点余额为23.98亿元；各项贷款余额为24.20亿元，比年初增加5.27亿元。

2016年，浦发银行石狮支行优化结构调整，推进业务持续创新发展。加大金融市场板块、投资银行板块重点品种的营销，通过合意资产的引入，推动资产业务集约化运作，营销政府平台类、PPP建设类，营运周期类和优质房地产类的中长期项目；拓展资本市场业务，跟踪企业业务需求，根据市场变化，加大对票据直贴、黄金租赁、商融通、汇通利等产品的推介，降低企业融资成本；支持海洋型经济发展，通过银团贷款为当地远洋捕捞龙头企业远洋捕捞项目发放贷款，截至2016年年末银团贷款1.3亿元，并创新渔船二次抵押为远洋捕捞企业发放流动资金贷款1300万元，支持企业生产经营；继续支持绿色信贷、电子新兴行业等的发展，优化信贷结构，服务当地实体经济。

转型发展成效持续显现。通过产品加载，推广消费贷款、浦银点贷、房抵快贷等，满足客户多元化、个性化的产品和服务需求，推动社区银行业务快速发展，提升社区银行服务层次，丰富服务内涵；持续开展多样化、特色化户外宣传和主题营销活动，加强社区银行与周边居民的良好互动与沟通，贯彻社区银行根植社区、服务社区的经营理念；加快信用卡业务发展，建立多层次信用卡营销体系，发挥各渠道的资源特点和优势，加大信用卡分期业务营销，深入开展信用卡营销主题活动，不断提升浦发银行石狮支行信用卡知名度和品牌形象；围绕县域城镇化所衍生的“农民变市民”后涌现出的置业融资需求，重点推广个人购房按揭贷款业务，与本市15个楼盘项目建立合作关系。2016年，个人贷款余额4.04亿元，比年初新增1.21亿元。

秉承“笃守诚信，创造卓越”的核心价值观，积极探索金融服务创新。坚持以“新思维、心服务”为指引，不断加强营业厅堂软硬件建设，不断提高服务效率，提升服务内涵；大力推广网上银行、手机银行、微信银行等多元化电子渠道，丰富移动服务方式；深入开展防范电信网络新型违法犯罪宣传活动，组织开展营业网点应急演练，加强科技信息基础管理和风险管控，及时消除安全隐患；加快人才引进培养和岗位练兵，开展岗位练兵和业务技能比赛，加大服务标准化培训，强化服务现场管理，落实窗口服务标准、自助设备服务标准、客户投诉处理标准等内容，培育在当地良好规范的服务品牌形象。2016年初，浦发银行石狮支行被评为石狮市首批“十佳金融反诈骗示范点”；在同年度石狮银行业金融机构综合评价结果通报中被评为A类银行业金融机构。

（许雅琴撰　林松桂审）

【招商银行石狮支行 China Merchants Bank Shishi Branch】　2016年，招商银行泉州石狮支行全折人民币自营贷款余额21.27亿元，比年初增加8.22亿元。其中，对公贷款13.47亿元，比年初增加6.33亿元；个人贷款7.80亿元，比年初增加1.89亿元，贷款新增位居当地同业前列。

资产质量实现预期管控目标。信用风险扩散蔓延加快，风险从钢铁、船舶等产能过剩行业向上下游产业链扩散，从东部沿海地区向中西部地区扩散，从小微企业向大中型企业扩散，个人经营性贷款违约、表外垫款增多。面对较为严峻的风控形势，招行石狮支行以“控新化旧”的工作思路，防控资产质量的持续恶化。对于目前尚处于正常类的授信客户，加大贷后管理力度，确保资产质量；对于风险预警客户及潜在风险客户，“一户一策”提前做好应对预案，避免资产质量下迁，寻找一切有可能的机会逐步压缩退出；对于风险和不良客户，主动化解，确实做好不良资产的重组、化解及清收工作，支行不良贷款余额1921.65万元，比年初减少3532.23万元，不良贷款率0.90%，比年初减少3.28%。

管理能力和员工素质进一步提升。招行石狮支行通过建立健全营销机制和团队，不断提升员工的综合营销能力。以组建客户经理团队为契机，通过人员、产品、资源的整合，实现队伍的整合营销，定期组织开展培训、考核和集中学习，不断充实员工的业务知识，提升员工的业务素质，不断提升服务效率和服务质量。

深入开展普惠金融活动。支行结合实际情况创新金融产品，不断提高金融服务的覆盖面和可获得性，使金融改革创新与发展成果更多惠及广大人民群众和经济社会发展薄弱环节，并取得较好成效。深入社区与商圈开展“反假币”“大众理财”等路演活动，加强周三美食节等惠民活动，将安全、服务、实惠送至每位客户手上。

加强团结和谐的企业文化建设。塑造招商银行石狮支行企业文化，凝聚支行团队精神，加强员工之间的沟通与交流，支行开展丰富多样的拓展活动，利用下班时组织全体员工进行班后活动，以丰富业余生活，强身健体，实现劳逸结合，从而更有活力地投入工作。以家园文化凝聚员工，把释放压力、激发活力、培植凝聚力作为构建“家园文化”的核心，培育积极向上、团结协作的企业文化，营造互相理解、互相支持的良好氛围。

（蔡亚梅撰　程泽波审）

【光大银行石狮支行 Everbright Bank Shishi Branch】　中国光大银行股份有限公司石狮支行员工15人。内设公司部、零售部、柜台三个部门。坚持“阳光在心，服务在行”的经营服务理念，贯彻国家各项政策，继承光大银行的优良传统，服务小微企业，服务三农，与石狮经济无缝对接。2016年，本外币各项余额10926万元，各项贷款余额39922万元，不良贷款余额1250万元，针对不良风险状况加大走访催收力度，继续加强与政府、监管机构的沟通，并通过诉讼方式保障信贷资金的安全，加强业务审核的力度，将风险降到最低。

拓展业务。石狮市是福建省经济最活跃，经济总量较大的地区。支行秉承“诚信为本，诚信为先、团结合作、卓越执行、和谐发展”的核心价值观，把握海峡西岸发展机遇，不断完善金融服务创新金融产品，加强同各界客户的合作，为社会提供优质、高效、便捷的“阳光服务”，为支持地方经济、服务民众生活做出贡献。

小微金融市场的重要性和潜在成长性，决定金融企业必须转换心态和姿态，为客户提供恰当的产品和服务。光大银行石狮支行重视发展小微金融业务，扩大中小微企业和个贷小微优质客户群；探索小微金融服务新模式，新产品、新政策；结合当地市场实际，发展房抵快贷、助业贷和POS快贷、阳光白领E贷、随心贷，特别是个人信用贷款已逐渐打造成在市场具有较大影响力的拳头产品。

坚持模式化经营，围绕“圈”“链”的经营模式，加大力度复制并创新中型企业服务模式，提高对中型企业的服务能力。初步形成商票融易贷、股权融易贷、阳光设备融易贷、支票易、经销商融资模式等中小企业模式化经营方式。

（郑绵绵撰　赵振雄审）

【平安银行石狮支行 Ping An Bank Shishi Branch】　2016年，平安银行制定全面向零售银行转型的战略目标，建立起与战略转型匹配的经营体系，泉州分行顺势而为及时调整经营策略，结合泉州区域经济特色将分行定位为零售分行，通过“综合金融+互联网”和“互联网+综合金融”两个模式，整合客户和产业链上下游资源，向客户提供一站式、多样化的金融服务。为石狮当地经济的发展起到推动作用。

2016年，石狮支行资产总额13.25亿元。各项存款余额35130.05万元，其中公司存款9865.86万元，个人存款25264.19万元；日均存款余额42875.16万元。各项贷款余额122732.73万元，其中公司贷款108176.55万元，个人贷款14556.18万元。贷款稳健投放，信贷结构不断优化，信贷质量良性发展。基础管理扎实有效，全年无故意违规或重大失误事件发生。

2016年，平安银行石狮支行贯彻落实各级监管部门以及总行支持小微企业发展的各项政策，结合石狮区域特色为石狮中小企业及零售客户提供多款金融产品。支行先后在当地推出“烟草贷、发票贷、出口退税”等产品，产品功能从信用类延伸至弱担保、抵（质）押类，从专业市场商圈延伸至无形商圈，对全市小微企业、个体工商户等资金需求终端主动上门服务，以“短、频、快”的服务特色深受广大中小客户赞许和欢迎。在零售业务方面积极服务石狮区域广大的个人客户，提供便利的个人结算，结合中国平安的综合金融平台优势，提供合法合规有竞争力的理财产品，为石狮市民提供更多的银行产品与更优质的服务体验。

（施君瑜撰　洪文钢审）

【泉州银行石狮支行 Quanzhou Bank Shishi Branch】　2016年，泉州银行石狮支行各项存款余额58334.59万元，其中对公存款余额44363.2万元，个人存款余额13971.39万元；各项贷款余额160442.97万元，其中对公贷款余额153254.36万元，个人贷款余额7188.62万元。

经济下行风气的蔓延以及石狮地区经济模式的单一性，使得石狮地区企业大面积的出现资金紧缺，支行承担布行联保较大的风险，对于出险的企业实行“一户一策”的方式，逐步化解风险帮助企业度过“寒冬”。此外进一步提升小微企业金融服务水平，一定程度上解决企业贷款期限与实际经营周期不匹配的问题，破解小企业的续贷问题。进一步深耕“无间贷”续贷无需还本的方式，减轻小企业融资成本与续贷的压力，增加银企互信，提高客户忠实度。同时，6月推出消费贷款新秀“尚好贷”，凭借“五好”优势迅速占领市场。

响应“普惠金融”精神，大力建设社区支行，提高金融服务效率。2016年5月石狮区域支行成立，大力建设狮城帝苑社区支行及东城美居社区支行，通过错时服务，提高金融服务效率。同时通过扎根社区，满足对社区居民的金融服务需求，夯实客户群体，提高金融服务覆盖率。社区支行坚持“用心服务”理念，在不断探索中创新营销方式和高效团队的管理方式，向“综合型网点、综合型业务、综合型团队”的定位转型。截至2016年末，湖滨狮城帝苑社区支行资产总额达25553万元，东城美居社区支行资产总额达6919万元。

2016年，泉州银行石狮凤里支行向福建石狮台昱房地产开发有限公司购买台湾纺织服装研发贸易大厦办公楼153-158；241-245作为营业场所，并于2016年3月14日由石狮市八七路1689-1699号迁址至服装城台湾纺织服装研发贸易大厦办公。

2016年，泉州银行石狮濠江支行营业网点两个，正式员工15名，其中社区支行一个，存取款一体机3台，自助缴费机1台。业务方面：存款余额17126.93万元，比2015年同期减少21229.28万元；贷款余额46283.16万元，比2015年同期减少5721.68万元。个人结算账户3598户，对公存款账户225户，全年未发生风险案件。

（施婷婷撰　洪春颜审）

【邮政储蓄银行石狮市支行 Postal Savings Bank of China Shishi Branch】

2016年，邮储银行石狮市支行本外币各项存款余额129608万元；各项贷款结余224281万元，较年初新增36516万元，其中个人贷款结余117390万元，小企业贷款结余33224万元，公司贷款结余73667万元。2016年，不良贷款余额1865.21万元，不良率0.82%。邮储银行石狮市支行围绕“转方式、控风险、补短板、强执行”的中心任务，提升转型发展的效果，加强风险管控，各项业务保持平稳快速发展。全年收入排名全省各县市支行第3，利润完成排名全省各县市支行第8。2016年，邮储银行石狮市支行获评福建金融先锋号、石狮市十佳金融反诈骗示范点、2015年全省十大贡献支行、2015年泉州市分行先进集体。

2016年，邮储银行石狮市支行在创新金融产品服务实体经济方面取得一定突破，首先加大海洋渔业的贷款支持力度，在原来推出渔船抵押贷款的基础上，进一步拓展“在建渔船贷款”解决渔民建造渔船期间的资金需求；

进一步拓宽海洋产业链服务，与保险公司合作推出海洋渔业企业“保证保险”贷款，解决贷款企业无抵押物问题。其次加大实体企业的贷款支持力度，居于企业缴税情况进行测算授信额度的“税贷通”；居于电商企业交易流水测算授信额度的“电商贷”；对原有房产抵押类的优质老客户追加授信额度的“增信贷”；参与两权抵押试点介入“农房抵押贷款”等。

邮储银行石狮市支行坚持“立足城乡、面向三农、连接城乡、服务中小微企业”的市场定位，以小微企业融资为核心，通过“快捷贷”“E捷贷”“增信贷”“互惠贷”等特色产品，以及集本外币融资、结算、理财等产品为一体的小微企业“一站式”服务，扶持石狮当地小微企业的发展，树立邮储银行服务小微企业的良好社会形象。

（陈小芸撰　郑亮辉审）

【民生银行石狮支行 China Minsheng Bank Shishi Branch】　2016年，中国民生银行股份有限公司泉州石狮支行（以下简称民生银行石狮支行）有祥芝支行、永宁小微支行、服装城小微支行和东城美居社区支行。支行员工58人，存款余额262498万元，贷款余额213996万元。

民生银行石狮支行持续推进金融服务，深化金融服务与“互联网+”的融合，以大数据、云计算等互联网技术为支撑，创新金融服务产品，致力于提升更加现代化的金融服务水平。

2016年，民生银行加大在“互联网+”的服务，率先推出“安全账户”服务，用五把“防盗锁”护卫市民账户安全，让市民不再为银行卡盗刷担忧。“安全账户”的应运而生，在电信诈骗前筑起“防火墙”，能够最大限制的保障市民的账户资金安全，让市民远离各类金融诈骗，保障金融消费者合法权益的具体行动。通过“网乐贷”与“互联网+”紧密融合的成果，通过线上形式给小微企业主发放的，用以满足其经营周转或消费需求的贷款，解决传统小微企业凭抵押物才可获得融资问题。

2016年，民生银行石狮支行加大金融创新，进一步做好基础金融服务，围绕支行和所辖社区支行网点，做好乡镇、农村金融服务，践行普惠金融社会责任。2016年12月，民生银行祥芝支行携手美发机构在社区支行门口举行1元公益义剪活动，获得款项用于捐献给困难的老年人。支行通过类似的活动，扩大民生银行客户群体，宣传金融知识，对打击电信诈骗、非法集资以及在构建和谐守信的金融生态方面做出贡献。

（蔡珊蓉撰　许谋生审）

【兴业银行石狮支行 Industrial Bank shishi Branch】　2016年，兴业银行股份有限公司石狮支行（以下简称兴业银行石狮支行）全辖员工183人，由企业金融石狮业务总部总裁主持石狮区域机构全面工作，区域设企金业务部三个，小企业部一个，零售支行六家，社区支行三家。2016年5月完成石狮凤里支行的搬迁，石狮宝湖支行拟进行网点改造。改革柜台配置及服务人员配置，增设零售低柜，改变服务模式和服务效果。2016年，兴业银行石狮支行本外币存款余额63.83亿元，市场占比9.45%，行业排名第四；本外币对公存款余额35.84亿元，市场占比14.02%，行业排名第三；本外币各项贷款余额87.32亿元，市场占比12.1%，行业排名第三；代理本外币理财资金余额51.58亿元；全年区域实现帐面利润2.35亿元。企金综合业务在辖内排名第二。

2016年，兴业银行石狮支行面对宏观经济持续下行、微观企业经营困难的严峻局面，全行上下一心，共克时艰，业务保持平稳发展，各项工作有序推进。强调以客户为中心，重视创新转型，服务网络进一步优化完善。配合政府部门出台支持实体经济、小微企业的各项措施，推出“易速贷”“连连贷”“流水贷”等小微“三剑客”专属产品，加大对实体经济、小微企业的信贷、结算等金融服务力度，科学引导信贷资源投向。

财富类资产保持较快增长，打造“石狮区域私人银行中心”专营网点，私人银行营销服务体系进一步完善，业务发展初具规模。年末私人银行客户存量和增量、理财产品和代理类产品销量等指标均位列三类行首位，并签约全行第三单，三类行首单全权委托协议。

加强道德建设，强化职业道德和遵纪守法意识，在创建活动中，深入加强社会主义核心价值观宣传教育，时刻不忘“中国梦”主题宣传教育，弘扬福建精神，恪守爱国、敬业、诚信、友善等道德规范。参与当地文明城市共建活动，志愿者服务队围绕市委、市政府争创全国文明城市及交通质量提升三年计划等工作中心，开展“无偿献血志愿者服务”暨“送金融知识下乡”“向雷锋同志学习”“文明交通出行劝导”“帮助困难户结对帮扶”等志愿者服务活动。

（涂丽吟撰　龚书暖审）

【厦门银行石狮支行 Xiamen Bank shishi Branch】　2016年，厦门银行股份有限公司泉州石狮支行（以下简称厦门银行石狮支行）员工13人，内设行长室、营业部及营销部，为泉州分行一级下属支行。支行存款余额为9426万元，各项贷款结余62703.63万元。设置有三个综合服务窗口，不区分公司业务或个人业务台席，设置理财专区为零售客户办理贷款、理财、基金销售等业务，布放在行式24小时自助设备3台，取款机1台存取款一体机2台，自助银行的投入使用，方便客户进行自助服务。

作为大陆首家具有台资背景的商业银行，致力于两岸金融交流与合作，将厦门银行战略合作伙伴——台北富邦银行先进服务理念引入石狮，创办厦门银行石狮支行“台商之家”，拉近台商与大陆民众的距离，不断扩大与台商协会、台籍同胞的沟通。推广“厦门有房、当然厦门银行贷”理念，让石狮市民不用前往厦门即可在石狮办理涉及厦门区域金融业务，涉及企业和个人的各类厦门房产抵押贷款均可直接在厦门银行石狮支行办理。

厦门银行“融E贷”作为一种优质高效的消费贷款品种，将其引入到石狮地区，让石狮市民享受到200万元自助消费额度带来的方便和快捷。厦门银行“凤凰花”理财产品作为收益稳定的高端金融产品，一直深受厦门市民喜爱，致力于扩大厦门银行在石狮的理财客户群体，力主将厦门银行石狮支行打造成为厦门银行零售特色支行，不断服务中小企业和零售客户，逐渐融入到石狮当地居民的生活。

坚持以人为本，教育为先，不断参与总分行相关业务培训。加强学习，强化员工的合法合规意识，重视案件防控，禁止员工参与非法高息借贷、融资或集资活动，提高员工遵章守法，廉洁自律的意识，让员工懂得珍惜和守护自己职业生涯。落实安全工作责任制，层层签订安全保卫责任书，实现综合治理，开展员工不良行为排查，特别是员工是否参与非法高息借贷、融资或集资专项排查，从源头堵塞漏洞。

企业文化是增强企业活力、创造最高经济效益的必然之需，是提高员工积极性、创造力的最佳选择。支行参与元宵节猜灯谜游园活动、“三八”节踏青活动、职工运动会等文体活动，丰富职工文体生活，减轻员工工作压力。开展家访活动，增强企业的凝聚力和向心力。

（许东亚撰　吴光杞审）

【福建海峡银行石狮支行 Fujian Haixia Bank Shishi Branch】 2016年，海峡银行石狮支行资产总额39252.28万元；一般性存款16788.32万元，其中对公存款14615.98万元，储蓄存款2171.61万元；本外币各项贷款31177.34万元。

2016年，海峡银行石狮支行深入贯彻市政府会议精神，支持当地海洋渔业、渔民生产建设。全年对海洋渔业等相关行业授信11500万元，全部实现放款。海峡银行主动对接国家战略实施，倾力服务“海丝”核心区建设，坚持创新驱动战略，深耕“远洋渔船建造、远洋捕捞、水产品加工、贸易及零售、冷链物流、养殖、水产品交易市场建设与下属商户融资”七大细分行业，促进海洋产业快速发展。

在零售业务方面，海峡银行石狮支行继续主动服务草根经济，适应经济新常态，为当地小微企业提供融资便利。2016年，海峡银行石狮支行发放针对小微业主的迷你贷226笔，累计放款金额1121万元。该产品无需抵押，无需担保，单户贷款30万元，立等可得、在线办理、在线还款、循环使用，基本覆盖草根经济的资金需求。

（苏文娜撰　庄铭贤审）

【中国农业发展银行石狮支行 Agricultural Development Bank of China Shishi Branch】 2016年，中国农业发展银行石狮市支行各项贷款余额34.88亿元，比年初增长83.29%，实现贷款日均余额28.64亿元，比年初增长61.63%；各项存款余额6.03亿元，比年初增长94.52%，各项存款日均余额8.93亿元，比年初增长458.79%。全年发放各项贷款17.41亿元，在石狮市22家银行机构中贷款增量位居前列，贷款总量位居第六位。成功化解不良贷款8046万元，实现利润5239.77万元，人均创利511.18万元。

业务经营。2016年，该行围绕石狮当地经济发展大局，聚焦主业，进一步发挥政策性银行支农作用，坚持粮食收储主体业务，保障粮食安全，引导企业做好增储轮换工作，“引粮入石”发挥粮食流通主渠道作用。全年发放粮食储备贷款4841万元，用于增储粮食5000吨和轮入储备粮11610吨。发展中长期信贷业务，主动提升站位，发挥农业政策性银行在稳增长、调结构、惠民生中的逆周期调节作用，全年审批项目5个，金额26.9亿元，投放中长期信贷资金16.93亿元，支持领域由原来的土地整治为主，拓展到流通体系、水利建设、公路交通、污水管网等，覆盖范围更广，百姓受益更多，支农成效更显著。开展基金投资业务。根据石狮获得发改委审批基金投资项目，主动对接，在时间紧、任务重的情况下，按时保质完成5个项目获批5.3亿元，低资金成本的投入拉动建设投资，促进石狮公办幼儿园、城市智能立体停车场、水系综合治理、祥芝中心渔港、旅游基础设施等一批项目的开工建设。

风险化解。防控信贷风险，把信贷风险防控作为全行工作的终极目标，将风险理念渗透和融入到经营管理中，为业务有效发展提供坚强保障。该行始终重视和加强风险防控的领导力量建设，严格贷后管理，做好客户风险排查工作，及时提前风险预警，根据实际情况进行贷款质量分类，开展敏感岗位、敏感环节内控风险排查，做好防控措施。面对形成的不良贷款，主动化解风险，用较为紧凑的节奏，较短的时间走完实现担保物权特别程序流程，收回风险贷款8046万元，有效降低不良贷款效率，提升信贷资产质量。

队伍建设。开展党建工作，开展“两学一做”、中共十八届六中全会暨国有企业党建工作学习教育；开展“奉献在岗位•先锋看作为”“党员岗位承诺”“寻找最美党员”等活动；打造宣传阵地，完善党建工作载体建设；落实“三会一课”、谈心谈话、党费管理等制度，确保党建工作日常化、规范化。提升队伍水平，制订以“同分享　共成长”为主题的“每日一学”学习实施方案，开展每日一学活动；推行身边教师制，通过传帮带学、促进青年员工成长；鼓励员工参加各类资格测试、到省市分行及其他单位交流学习，培养优秀人才。

坚持党带群团工作，在党支部的领导下，继续创建职工之家、青年文明号，发挥工会、共青团职能作用，组织开展各类活动。

（吴浙江撰　周丽明审）

【泉州农商银行石狮市支行 Bank of Agriculture and Commerce Shishi Branch】　泉州农商银行石狮市支行在石狮本地设立营业网点一个，下设综合管理部一个部门，拥有在职员工12人。2016年，石狮市支行各项存款余额9395万元，其中储蓄存款7049万元，对公存款2346万元。各项贷款余额35739万元，比年初增加11991万元，增幅为51.14%。获泉州农商银行“分期贷”营销活动优胜单位。

在国家降息降准，逐步实现利率市场化，存贷利差收窄的大背景下，泉州农商银行石狮市支行坚持“服务‘三农’、服务中小企业、服务县域经济”的市场定位，支行也围绕优势主导产业和区域特色产业，准确把握增量贷款投向，重点突出“支农、支小、支民生”，并进一步优化新增贷款结构，将信贷资源有效配置到应当重点支持和发展的领域上，为经济发展提供金融支撑。2016年，涉农贷款余额26515.31万元。

业务亮点。2016年，在大众创业、万众创新的政策背景下，泉州农商银行石狮市支行先后推出面向大泉州各县、市、区范围内的泉州市民发放的集办贷方便、服务便捷、费用优惠于一身的公职·普惠卡、双创·普惠卡、青创卡、成功卡等系列产品，实现“只要信用好，家家都有备用金”，满足家庭灵活的资金周转需求，打造家庭备用金与创业备用金。作为全市农村产权抵押融资试点行，发放农民住房财产权抵押贷款26户金额2130.83万元。

内部管理及企业文化建设。2016年，泉州农商银行石狮市支行营销贷款，推动信贷业务提质转型，并紧跟总行步伐，营销各项新产品。注重开源节流，增收节支提高经营效益。以案件防范为抓手，构建合规文化长效机制。重新制定支行领导班子和各部门的工作要点及具体责任，做到分工合理、要素齐备、层次清楚、符合实际。坚持以人为本，教育为先，参与总行相关业务培训，并做好转培训。强化安全意识，进一步加大安全防范设施建设投入，开展应急预案演练，提高员工应变能力。加强稽核监督，开展合规经营、合规操作检查，发挥监督制约作用，为案件防控提供技术保障。

（肖旭辉撰　吴振添审）

【石狮农商银行 Rural Commercial Bank of Shishi】　2016年，石狮农商银行经营规模不断壮大，经济效益持续提升，纳税总额逐年提高。全年全辖各项资产267.41亿元，各项存款余额171.49亿元，各项贷款余额101.63亿元，存款市场份额、贷款授信规模稳居石狮市银行业第一位，辖内不良贷款率仅为0.89%，资产质量优良，经营利润居全省农信系统前列。2016年，各项入库税收预计达1.6亿元，纳税总额连续多年稳居石狮市纳税企业前五位、金融行业首位。

石狮农商银行连续8年被银监会监管评级为二级，是福建省监管评级最高的农商银行。连续两度被中国银监会评为全国农商银行“标杆银行”“2015年全国银行业小微企业金融服务先进单位”，并连续多年被福建省农村信用社联合社评为“经营管理十强”“业务增长十佳”。

农商银行　　（图/农商银行）

石狮农商银行不断强化支农支小支微服务定位，不断改进和提升金融服务水平，打通农村普惠金融服务最后“一公里”，方便群众，推动地方经济的发展。

信贷支持实体经济。石狮农商银行确保信贷资金主要投向小微企业和个体工商户，确保信贷资金主要支持石狮实体产业。针对海洋经济，专门设立祥芝、鸿山渔业特色支行和蚶江船运特色支行，探索金融服务海洋经济新模式。2016年，渔业产业链贷款余额3.25亿元；响应生态文明建设，加强对绿色信贷的探索和支持力度，对辖内污水处理厂技术和基础设施改造给予信贷支持，目前贷款余额近亿元。

信贷助力三农民生。利用点多、面广、人多的优势，创新推出“和家贷”“安居贷”“安置房装修贷款”等一系列免抵押惠民信贷产品及“房快贷”“农易贷”等惠民信贷产品，满足广大客户生产经营、住房装修、翻建等需求，服务新农村建设。

践行普惠金融。作为石狮人身边的“厝边银行”“社区银行”，石狮农商银行营业网点遍布石狮城乡，石狮辖区营业网点39个，金融便利店8家，设立自助银行区84处，ATM等自助机具171台，是布设营业网点和自助银行网点最多的金融机构，优质便捷地为本地居民提供完善的金融服务，全年新增普通贷款户数近6000户，新增普惠金融卡授信户数14000户，广泛提升普惠金融受益面，为石狮经济的发展注入新的活力。

（尤燕辉撰　黄清锋审）

【石狮渝农商村镇银行 CQRC County Bank Shishi Branch】　福建石狮渝农商村镇银行有限责任公司（以下简称石狮渝农商村镇银行）成立于2015年9月2日，由重庆农村商业银行发起设立的一家新型农村金融机构，也是石狮市首家村镇银行。全行在岗正式员工17人，内设风险管理部、业务发展部、会计财务部、综合管理部、营业部五个部门。石狮渝农商村镇银行坚持“小额、分散、流动”和“根植地方、服务大众”的经营理念，突出便捷高效、优质灵活的服务特点，夯实基础客户，深耕零售业务，支持“三农”、小微企业和个体工商户，满足实体经济的有效需求。

2016年，石狮渝农商村镇银行资产总额22240万元，各项贷款余额3572.3万元，其中，涉农及小微贷款3064.9万元，占85.8%，各项存款余额2002.65万元，无不良贷款。

创新产品。保障安置房作为石狮市政府的重点民生工程项目，为有效实现拆迁户安居乐业，解决失地农民信贷需求，在确保风险可控的前提下对接市、镇两级政府及市属机关，实现由市属国企阶段性担保+安置房抵押担保的担保方式。全年支持保障安置房装修贷款1245.27万元。石狮市作为国务院纳入农民住房财产权抵押贷款试点城市，石狮渝农商村镇银行随即出台《农村居民房屋抵押贷款管理办法》，并试行发放农民住房财产权抵押贷款金额100万元，为支持“三农”有效需求进行探索和推动。

内部控制。健全完善内控制度，确保制度有效性和合理性。定期开展员工培训，打造一支“有理论水平、懂业务操作、知风险红线”的员工队伍。不定期组织开展应急演练，增强突发事件防范能力。在全行员工开展防抢、防暴和防火等三项应急演练活动，实现检验预案、磨合机制、锻炼队伍和宣传教育的目的。

企业文化。发挥工会和团委作用，参加协会、监管机构等内外部单位组织的技能活动，并屡次获得奖项。分别获“十佳反假卫士”、乒乓球个人单打亚军、反洗钱技能竞赛第六名等荣誉，并通过参加健行马拉松、登山比赛等大型户外活动，体现全行员工团队精神和凝聚力，持续向员工宣传、引导企业价值观，实现向外展现员工的良好风貌。

（王联峰撰　周亚西审）

证券业
Securities Industry

【证券行业营业情况 Securities industry business conditions】　2016年，光大证券石狮营业部正式入驻石狮，石狮市共有7家证券公司，总资产88052.03万元，净资产22191.86万元，净资本21891.86万元。2016年，证券业实现营业收入7187.14万元，同比增加-65.29%；净利润4309.95万元，同比增加-69.57%；纳税金额810.42万元，同比增加-45.54%。经纪业务总收入6031.8万元。

2016年，东兴证券石狮营业部总资产38169.88万元，净资产和净资本19885.63万元，公司实现营业收入3007.28万元，同比增长-70.58%；净利润1929.6万元，同比增长-76.67%；纳税金额413.88万元，同比增

表13

2015-2016年石狮市证券业资产、收入、净利润同比情况

（单位：万元）

项目	2015年	2016年	2016年比2015年增加（%）
总资产	120430.9	88052.03	-23.89%
净资产	28352.15	22191.86	-21.73%
净资本	28352.15	21891.86	-22.79%
营业收入	20708.39	7187.14	-65.29%
净利润	14162.99	4309.95	-69.57%
纳税金额	1488.04	810.42	-45.54%

长 -53.98%。经纪业务收入 2507.43 万元。

华福证券石狮营业部总资产 17380 万元，净资产和净资本 500 万元。2016 年，公司实现营业收入 1614 万元，同比增长 -48.35%；净利润 1110 万元，同比增长 -50.73%；纳税金额 265 万元，同比增长 80.27%。经纪业务收入 1663 万元。

兴业证券石狮营业部总资产 27928.66 万元，净资产和净资本 1339.15 万元。2016 年，公司实现营业收入 2304.95 万元，同比增长 -67.35%；净利润 1339.15 万元，同比增长 -63.46%；纳税金额 102.57 万元，同比增长 -76.34%。经纪业务收入 1548.91 万元。

太平洋证券石狮营业部总资产 2859.93 万元，净资产和净资本 300 万元。2016 年，公司实现营业收入 124.08 万元，同比增长 -24.07%；净利润 11.96 万元，同比增长 1346%；经纪业务收入 171.95 万元。

申万宏源证券石狮营业部总资产 1233.21 万元，净资产和净资本 123.29 万元。2016 年，公司实现营业收入 83 万元，同比增长 10.01%；净利润 -76.71 万元，同比增长 -251.78%；纳税金额 19.73 万元，同比增长 805.05%；经纪业务收入 73.93 万元。

中投证券石狮营业部总资产 480.35 万元，净资产和净资本 43.79 万元。2016 年，公司实现营业收入 53.83 万元，同比增长 -59.24%；净利润 -4.05 万元，同比增长 -114.91%；纳税金额 9.24 万元，同比增长 51.72%；经纪业务收入 66.578 万元。

光大证券作为全牌照证券公司，业务覆盖全面，包括证券经纪、证券投资咨询、财务顾问、证券承销与保荐、证券自营、为期货公司提供中间介绍业务、证券投资基金代销、融资融券业务、证券资产管理、证券期权业务、代销金融产品、中国证监会批准的其他业务等。公司围绕零售客户、机构客户、金融同业与战略客户等市场主体，以资本中介为纽带，坚持综合经营、创新引领、协同联动与境内外一体，着力打造零售业务、投资银行、机构证券、资产管理、国际化和综合经营等业务板块。

【证券经纪业务 Securities brokerage business】 2016 年，石狮市证券公司营业部的经纪业务总收入为 5971.43 万元，其中股票 0.05 万元；债券 60.32 万元；基金 6031.8 万元。

【证券业面临机遇和挑战 Securities industry faces opportunities and challenges】 2016 年，石狮市证券行业整体面临的宏观经济环境错综复杂，挑战与机遇并存，经纪业务行业整体佣金费率仍处于下行通道但下探空间不大，在市场成交量保持稳定的趋势下，券商经纪业务只有通过转型，提高业务附加值，才能在激烈的市场竞争中占据一席之地。随着资本市场投资者结构持续优化，机构投资者数量增加，养老金入市的预期持续升温，投资者对未来发展有更好的预期，对于投资者的信心恢复起到良好作用。

（许雅萍撰 颜建生审）

保险业
Insurance

【保险公司保费收入概况 Insurance company premium income situation】

2016 年，石狮市保险公司全行业保费收入为 76133.51 万元，其中赔款支出 18632.94 万元，同比增长 0.62 亿元，增长率 8.87%。

2016 年，中国人民财产保险股份有限公司石狮支公司完成保费收入 16321.89 万元，其中赔款支出 7063.38 万元，同比 2015 年全险种保费收入 1.44 亿元，保费收入增长 0.19 亿元，增长率 13.19%。

图 1

2016 年石狮市保险公司各月总保费收入情况图

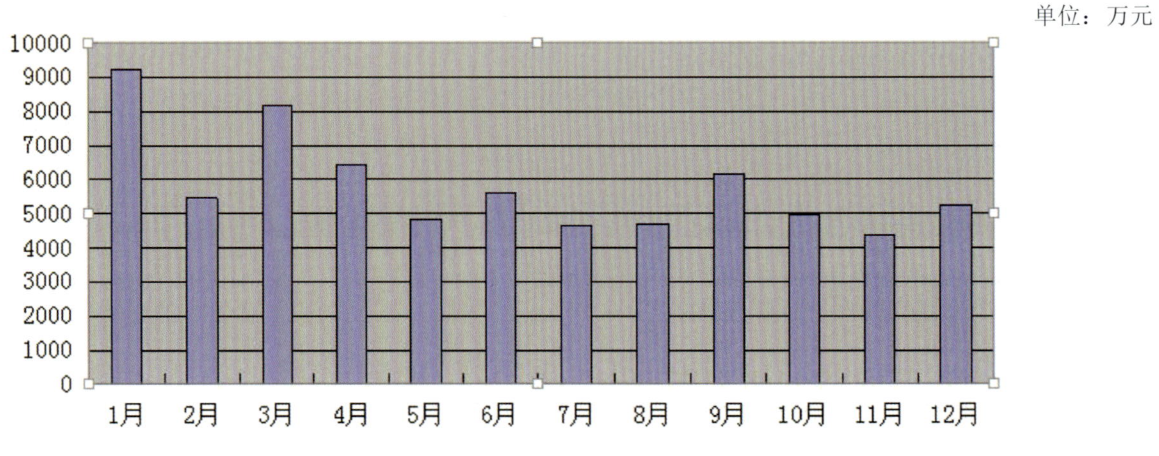

中国平安财产保险股份有限公司石狮支公司完成保费收入为19405万元，其中赔款支出8385.84万元，同比2015年保费收入1.78亿元，增长0.16亿元，增长率8.99%。

中国太平洋财产保险股份有限公司石狮支公司完成保费收入3210.29万元，其中赔款支出867.99万元，同比2015年保费收入3388.04万元，减少177.75万元，增长率-5.2%。

中国人寿财产保险股份有限公司石狮支公司完成保费收入3022.25万元，其中赔款支出1503.92万元，同比2015年保费收入2087.47万元，增长934.78万元，增长率44.78%。

中国大地财产保险股份有限公司石狮支公司完成保费收入1884.95万元，其中赔款支出811.81万元，同比2015年保费收入2155.38万元，减少270.43万元，增长率-12.55%。

中国人寿保险股份有限公司石狮支公司总保费收入23941万元，同比增长12.24%，新单保费收入9111万元，全年赔付支出987.94万元，全年退保金145万元。

中国人民人寿保险股份有限公司石狮支公司总保费收入8348.13万元，同比下降6.61%，新单保费收入7567.84万元，同比增长-8.45%，全年退保金5981.15万元。

【产险市场发展情况 Property insurance market development 】 2016年，中国人民财产保险股份有限公司石狮支公司的车险保费收入12696.99万元，占77.79%，比2015年增加3.95%。其他非车险保费收入3264.91万元，同比2015年非车险保费收入3779.87万元，减少514.96万元，增长率-13.62%。

表14

2016年石狮市产险公司各险种发展情况表

单位：万元

险种	2016年保费收入	占比
车险	37018.92	84.17%
企财险	1555.03	3.54%
家财险	478.39	1.09%
工程险	7.11	0.02%
责任险	1517.66	3.45%
信用险	0.00	0.00%
保证险	3.24	0.01%
船舶险	990.68	2.25%
货运险	128.81	0.29%
特殊风险	0.00	0.00%
农业险	12.95	0.03%
健康险	451.95	1.03%
意外险	1815.37	4.13%
其他险	2.77	0.01%

中国平安财产保险股份有限公司石狮支公司的车险保费收入为17310万元，占89.21%，比2015年减少2.1%。其他非车险保费收入2094万元，同比2015年非车险保费收入1550.8万元，增长543.2万元，增长率35.03%。

中国太平洋财产保险股份有限公司石狮支公司的车险保费收入2936.63万元，占87.67%，比2015年增加1.98%。其他非车险保费收入413.16万元，同比2015年非车险保费收入484.91万元，减少71.75万元，增长率-14.8%。

中国人寿财产保险股份有限公司石狮支公司的车险保费收入2861.63万元，占94.69%，比2015年减少19%。其他非车险保费收入160.61万元，同比2015年非车险保费收入106.85万元，增加53.76万元，增长率50.31%。

中国大地财产保险股份有限公司石狮支公司的车险保费收入1213.67万元，占64.39%，比2015年增加12.24%。其他非车险保费收入671.28万元，同比2015年非车险保费收入1031.43万元，减少360.15万元，增长率-34.92%。

【寿险市场发展情况 Life insurance market development】

表15

2016年石狮市寿险公司各险种发展情况表

单位：万元

险种	保费收入	占比	占比同比变化（%）
1. 寿险	15472.23	88.62%	-1.57%
其中：普通型产品	11337.99	73.28%	-14.56%
分红型产品	3799.41	24.56%	88.60%
万能产品	334.83	2.16%	78.68%
2. 意外伤害险	540.22	3.09%	9.26%
3. 健康险	1446.68	8.29%	16.12%

表16

2016年石狮市寿险公司主要渠道发展情况表

单位：万元

	公司直销业务			个人代理业务			银行邮政代理业务		
	保费收入	同比	占比	保费收入	同比	占比	保费收入	同比	占比
2016年	1224.97	20.32%	7.02%	5068.63	32.90%	29.03%	11165.53	-4.33%	63.95%

表17

2016年石狮市寿险公司寿险退保金险种表

单位：万元

险种	累计退保金金额
1. 寿险	6094.97
其中：普通型产品	5233.49
分红型产品	835.76
万能产品	25.73
2. 意外伤害险	1.36
3. 健康险	29.97

（许雅萍撰　颜建生审）

期货业
Futures Industry

【期货业经营数据 Futures business data】 2016年，瑞达期货石狮营业部的净入金为-1976.53万元，有交易客户数465个，新开户数193个，手续费留存518.46万元，手续费转化率3.48%。2016年的业绩目标为300万元，实际业绩270万元，完成率90%。

招金期货石狮营业部的净入金为1503.73万元，有交易客户数56个，新开户数65个，手续费留存29.22万元，手续费转化率0.54%。2016年的业绩目标为8000万元，实际业绩5433.98万元，完成率67.90%。

【期货业务发展情况 Futures business development】 2016年，期货业务经营及活动情况。瑞达期货石狮营业部金融期货开展股指期权，股指期货主题大型报告会活动4场，参与客户523人。引导客户了解新品种，为2017年即将上市的期权培育客户资源。2016年，截至12月23日，新开股指户4户，股指客户截至12月22日总留存0.27万元，股指客户总权益2808.52万元。资管业务举办资管推介活动4场，到会人数总计超过200人，营业部开户资管客户数为35户，均为1对多账户。主要营销产品包括：瑞智进取共赢1号、瑞智共赢1号、无忧共赢3号、瑞智共赢2号、多策略冠军1号、瑞达资管9号、瑞达资管10号、瑞达增强2号，瑞达资管12号，资管总权益大概8335.23万元，8335.23万元包括已经销售，但未落地的产品：瑞达资管12号，瑞达资管13号，未落地资管产品权益总计530万元。产业客户开发在第一季度做清晰定位：2016年商品期货是非常有机会的一年，通过坚持以基础经纪业务客户的持续开发工作，加上赶上2016年商品期货的火热行情，积累较多的基础存量客户名单，本年度部门在经纪业务规模上取得一定的进展，2016年经纪户保证金最高达到3300万元，2015年底部门经纪户保证金在800万元。2016年入金量总计达到2600万元。截至2016年12月23日，开户49户，总权益4691.76万元（包括资管），总留存：1-11月总计117.36万元（2015年是131.88万元）。瑞达期货石狮营业部教育培训活动。引导投资者树立正确的投资理念，维护投资者的合法权益是营业部稳定运行和健康发展的保障，也是市场开发中积累客户、促成客户的重要手段。将客户培训融入到日常的员工培训当中，通过邀请客户到营业部开展上周行情回顾和投资机会推介等活动进行客户维护和开发工作。2016年，举办大型报告会6场参加人数580人，培训班3场参与培训人数83人。举办投资沙龙、行情分析等活动23场530人参加培训活动。通过举办大型投资者教育活动和中小型规模多场次的活动，所有活动均得到营业部业务伙伴的重视和客户的积极参与，收到比较理想的效果。

招金期货石狮营业部从事的主要业务种类为：开发客户参与商品期货、金融期货交易，销售总部资管产品，将合适的产品销售给合适的客户。

招金期货石狮营业部进行宣传及教育培训活动，通过各种方式和渠道向广大投资者进行反洗钱宣传。营业部设立反洗钱培训台账，定期对相关岗位工

表18

2016年总体经营数据

净入金	新开户数	有交易客户数	留存手续费	预计利润	年末权益	手续费转化率
-472.8 万元	258个	521个	547.68万元	290万元	20329.58万元	348.54%
年初居间人数	**年末居间人数**	**人均产能**	**2015年业绩目标**	**实际业绩**	**业绩完成率**	**权益峰值**
101个	120个	681.5万元	8300万元	5703.98万元	89.01%	25704.62万元

表19

招金期货石狮营业部客户情况一览

月份	客户总成交金额（万元）	月末保证金（万元）	股指期货客户总数(个)	机构客户总数(个)	客户总数(个)
1月	141582.15	969.76	46	2	840
2月	104578.26	950.98	46	2	843

续表 19

月份	客户总成交金额（万元）	月末保证金（万元）	股指期货客户总数(个)	机构客户总数(个)	客户总数(个)
3 月	273053.34	3040.95	48	3	852
4 月	154028.69	2541.92	41	2	141
5 月	83029.32	2244.41	42	2	143
6 月	74817.48	2101.73	42	2	152
7 月	81858.34	2625.73	43	3	156
8 月	86897.6	4021.66	43	4	166
9 月	72913.59	4079.58	44	4	169
10 月	74254.92	4149.34	44	4	174
11 月	176523.22	3396.95	45	4	178
12 月	102726.78	5433.98	45	4	180

说明：2016 年 4 月起，原福州客户属性统一划转至总部维护

表 20

招金期货石狮营业部经营情况表

月份	营业收入（万元）	营业支出（万元）	利润总额	净利润
1 月	9.9	17.77	-7.87	-7.87
2 月	7.26	13.17	-5.91	-5.91
3 月	18.57	25.61	-7.04	-7.04
4 月	11.13	15.9	-4.77	-4.77
5 月	7.37	14.97	-7.6	-7.6
6 月	6.37	12.98	-6.61	-6.61
7 月	8.1	17.88	-9.78	-9.78
8 月	6.84	14.79	-7.95	-7.95
9 月	5.07	15.25	-10.18	-10.18
10 月	6.54	13.84	-7.3	-7.3
11 月	23.36	28.4	-5.04	-5.04
12 月	15	25.3	-10.3	-10.3
合计	125.51	215.86	-90.35	-90.35

作人员和营业部员工进行反洗钱培训，培训主要采取集中讨论学习、发放材料自学或远程视频培训方式进行，提高员工对反洗钱工作的认识。2016 年，招金期货石狮营业部进行相关培训 16 次。

（许雅萍撰　颜建生审）

高新技术产业开发区
High-tech Industrial Development Zone

【园区高新技术产业发展 High and new technology industry development in the industrial park】 2016年，石狮高新区推进园区项目建设，帮扶企业做好服务，经济实力稳步提升，项目建设有序推进，招商选资取得突破，科技创新成效显著，党建工作开展，园区各项建设保持稳定有序发展。

2016年，石狮高新区建成区7.5平方千米入驻规模以上企业80多家，其中投产企业45家，上市企业5家，上市后备企业5家，国家认定高新技术企业10家，中国驰名商标2家，省级科技企业孵化器2个。2016年，实现工业产值200亿元。石狮高新区通达一期、科达一期、鑫隆机械、星联机械、鼎丰食品、安高物流等多家企业陆续竣工投产，另有10个在建企业项目。

【高新区项目建设 High-tech zone of project construction】 2016年，石狮高新区以促进项目建设为重点，实施项目带动发展战略，加快项目建设步伐。在23平方千米的规划总面积中，建成区面积达7.5平方千米。高新区计划实施的各类重点项目41个，其中基础设施重点建设项目27个、全年投入0.65亿元，工业企业项目24个，全年固定资产累计投入近11亿元。

工业项目。通达二期、森德妇幼、佳峰展示道具、腾辉鞋饰、豪安特等项目封顶竣工，进入装修阶段；欧铂斯光电、科达二期、大宏电子、飞通通讯、佰隆针织机械等项目在建；恩乐食品、硕派环保建材、真发齿轮等项目进行前期手续办理。基础设施方面，机械装备园主干一路北段、主干二路A段、支路1东延伸段、锦东路（续）、石狮大道与祥鸿大道交叉口改造、机械装备园土石方平整等项目完工，主干一路南段、通富路项目完成工程量至75%。在配套设施方面，机械装备园支路一及主干二路A段配套工程（续）、五金印刷园3#、4#开闭所、五金印刷标准厂房配套设备采购验收，开发区污水处理厂技改工程进行管道移位，开发区污水处理厂配套污水收集管网铺设工程完成约1500米管道铺设，邻里中心项目进行前期手续。向市各级部门争取支持，石狮高新区在五金印刷园新增设6处12座公交站点，缓解园区工人出行困难。

产业特色。2016年，高新区智能产业发展迅猛。通达集团一期建成投产，引进3000台CNC，新增员工1000多人。科达电器一期于2016年初投产。富达精密引进如镁合金等新项目，加快现有场地建设，并与有闲置厂房的其他企业开展合作。永信数控加大研发投入，经营效益不断提升，产值翻番。通达集团引入嘉泰、富士东升、川其等11家配套生产企业，助力逐步形成百亿元产值的智能产业集群。

【高新区招商选资 High-tech zone of the investment promotion and choose capital】 2016年，新引入5个企业项目并取得用地，分别是通达二期、科达二期、宏大光电、宏信食品、真发齿轮。拟再招商引入的有PTA二期、瑞兴冷链物流、黎祥食品、开蓝食品、恩乐食品、鹏工汽车教学设备等6个工业项目，拟投资金额近50亿元。在接洽的项目涉及电子卫星应用、冷链物流、食品加工、新材料、生物医药等多个产业，高新区将沟通对接，加快项目落地。

【高新区科技创新 High-tech zone science and technology innovation】 2016年，石狮市高新区重视帮助企业推进技术改造升级，提高企业自主创新能力和装备水平，不断提升工业经济发展水平和质量。为鼓励发明创造，激励自主创新，促进高新区科技进步和技术创新，高新区一直坚持奖励和宣传并重。对辖区24家在2016年实施知识产权战略中取得突出贡献的企业单位进行表彰，奖励资金达63.6万元。高新区知识产权创造继续大幅上升，全区专利申请量283件件，专利授权量191件，发明专利比重显著提高，有效发明专利达112件。11月24日，经过省、市知识产权专家组实地考核，顺利通过国家知识产权试点园区验收。

【企业技改 Enterprise technical renovation】

2016年，石狮高新区永信数控科技自主研发的可实现自动生产花样、自动交换、自动换色的高精度工业缝制设备技术、3D一次成型鞋面机国内领先，将生产效率提升50%以上，节省企业的人工和原材料成本。美佳爽卫生用品投入1000万元新引进两条生产线，对引进的生产设备进行自主改造升级，升级后的设备产量从每分钟300片提升为500片，生产效率大幅度提升。泓一食品投资700万元扩建涂层蛋糕生产线巧克力配套设备1组，与现有的涂层蛋糕生产线设备和厂房配套，使涂层蛋糕生产线年产能提高至9200吨。青灿兴五金投入800万元引进行业技术领先的生产设备及环保设备。富兴包装先后投入2000多万元用于技改设备，引进国内全自动交色凹印机、德国进口高速激光打孔机、车间空调除尘、产品研发检测等生产性设备，推动企业向绿色环保技术转型升级，获泉州市首家国家凹版印刷环境标志产品（绿色印刷）证书。飞通通讯承担的“基于北斗导航/海事卫星双模终端设备产业化”项目获得2015年国家火炬计划立项，并获财政扶持资金，广汇龙承担的“有机废气一体处理机”项目、百冠机械科技承担的“BGBLJ-02数控全自动拔料一体机”项目获评2015年“中国好技术”。

【港区建设 Port construction】 紧连石狮高新区的国家一类口岸石湖港发展成为内外贸集装箱的重要枢纽港和对台直航港，伴随着国家“一带一路”倡议构想，石湖港口不断发挥重要作用。石湖港拥有5000吨级至10万吨级泊位共5个，2个10万吨级集装箱泊位5号、6号泊位动工建设。2016年，石湖港口货物吞吐量2692.8万吨，同比增长1.5%，港口集装箱吞吐量132.4万标箱，同比增长3.5%。园区先后引进“航运业航母”中外运、中海集装箱运输公司、中远集团、安通物流、嘉顺物流等一批龙头物流企业，为泉州打造亿吨大港奠定基础。

【高新区党的建设 Party building】

加强园区非公党建工作。2016年，新成立富达、创新创业中心等党支部，转入通达、富兴、永信、昇邦、日盛5个党支部，党建工作覆盖面不断扩展。抓好“两学一做”学习教育。结合园区实际，制订《石狮高新区“两学一做”学习教育实施方案》，坚持集中学习与自我学习方式，组织党员开展专题讨论，党工委书记及各支部书记带头上专题党课，组织党员参与“党员E家”平台网络学习。除常规学习教育外，高新区还组织开展党员“每日手抄党章”活动；建立微信群传播学习教育实时信息、互动交流学习；部分非公企业支部结合日常生产经营活动，开展特色教育为企业作贡献，通达支部开展岗位“三亮双比”活动、发行“两学一做”特刊，富兴支部组织“两学一做 我为企业作贡献”专题讨论、举办“消防演练 党员带头”等活动。

【高新区服务与管理 High-tech zone service and management】 2016年，石狮高新区继续坚持服务企业“一条龙”，帮助企业解决用地、用电、用水、用气等困难，指导协助企业做好各项建设审批手续。组织人员深入企业一线、项目一线进行实地磨合现场服务，全程跟踪项目进度，形成主要领导亲自抓、分管领导具体抓、业务人员专门抓的工作常态，确保园区各项工作有序运转。

2016年，高新区不断优化干部队伍，在机构换届后，重新调整人员工作分工，并重新确定2016年重点项目责任人，确保工作无缝衔接。不断加强廉政建设，加强干部廉政教育，贯彻执行“八项规定”，加强对工程招标及建设、财务管理、招商引资等方面的监督管理，重大事项集体研究决定，从源头上预防腐败行为发生。

（吴云玲撰　刘添明审）

灵秀服装工业园
Lingxiu Clothing Industrial Park

【灵秀工业园地理位置 Location of Lingxiu Industrial Park】 石狮市灵秀服装工业园地处石狮市西部，是石狮市对外的主要通道，与晋江市龙湖、永和、新塘等3个镇办15个村相邻。工业园区交通便捷，距泉州晋江机场10千米、晋江动车站12千米，距离国家一类港口泉州石湖港区（10万吨级）10千米，与石狮市服装城客运中心仅一路之隔。石狮市纺织服装机械城、石狮市纺织面料配送中心座落在园区。中国最大的“石狮服装城”“石狮国际轻纺城”与园区相接，鸳鸯池布料市场（中国十大面料市场之一）、台湾纺织服装研发贸易大楼，石狮市国际轻纺城与园区比邻。

【灵秀工业园区规划与配套 Planning and supporting】 工业园区总体规划面积352公顷，园区分为“一园五区”，即科技园通用标准厂房区、服装品牌区、中小型服装创业园区，仓储物流区、钞坑工业小区。工业园区配套有一座专供的110千伏输变电站。园区有鹏山工贸学校（职校）、石狮八中、中英文学校及多所小学，幼儿园，有4个水库和2个公园（柯顺公园、奥体公园）。工业园区内基础设施完善、布局合理、配套功能齐全，是一个系统化、规模化的生态型服装工业园区。

【灵秀服装工业园建设 Construction of industrial park】 2016年，科技园通用标准厂房区一期、服装品牌区、中小型服装创业园区一期，仓储物流区相继投入使用，总建筑面积近150万平方米，固定资产投资达20亿元，园区企业近200家；2016年，园区内有11家服装企业获得中国驰名商标，4家企业获得福建省著名商标，4家企业获得省名牌，4家企业获得福建省出口名牌，园区内企业纳税总额超过2亿元，是石狮有潜力、有活力的服装生产基地，是省首批小微企业创业基地。

【灵秀服装工业园区文体活动 Industrial park of cultural and artistic activities】

2016年，园区与灵秀镇政府联合举办第一届“声动灵秀　音为有你”歌唱比赛，园区各个企业积极参与，丰富职工业余文化生活，吸引企业入驻。

（何国雄撰　姚舜毅审）

港口管理
Port Management

【泉州湾港务管理站职责 Quanzhou bay port management responsibilities】

泉州湾港务管理站规格为副处级，负责港区内一般性港务、港政管理及水运工程建设日常管理工作。泉州湾港务管理站设综合科、港政科、安监科3个科室和秀涂办事处，规格为正科级。

负责辖区内一般性港务、港政、航政管理工作；宣传、贯彻、执行港口管理的法律、法规、规章和政策；负责辖区内港口规费征收；负责码头和作业点安全生产的监督管理；负责辖区内危险货物及特殊船舶作业审批和现场监管；负责辖区内港口陆域安全巡查和行政执法；负责指导和检查辖区内码头和作业点的防台防汛工作；负责辖区内码头和作业点生产安全事故的调查；负责辖区内港口生产建设统计信息的采集和报送。

【石狮市码头泊位建设现状 The present situation in the construction of berths】

石湖作业区：石湖太平洋集装箱码头有0#泊位为3000吨级通用件码头，1999年10月建成投产，水深5.1米；1#泊位为万吨级集装箱码头，1998年10月建成投产，水深9.6米；2#泊位为3万吨级集装箱码头，2002年9月建成投产；3#泊位5万吨级技改扩建集装箱码头，2005年10月建成投产，水深16.31米；4#泊位的5万吨级多用途码头，于2009年建成投产，水深18.5米。

石湖中油油品仓储有限公司专用码头有1#、2#、3#、泊位分别1000、3000和万吨级成品油码头，2002年11月建成投产，码头前沿水深分别为9.7米、7.35米、5.35米。

锦尚作业区：石狮鸿山热电有限责任公司有1个10万吨级专用煤炭码头，于2010年8月建成，2014年5月完成竣工验收。石狮华锦码头有2#、3#泊位2个5000吨级通用件杂码头，码头前沿水深为15米，2011年12月建成投产，现为试运行阶段。1#号泊位的3.5万吨级通用码头水工部位完成，已通过交工验收，并进入试运行阶段。

梅林作业区：梅林码头有1个500吨级通用件杂码头，1993年7月建成投产，水深4.43米；1998年10月对台技改建成1个5000吨级多用途码头，水深8.05米。

【石湖码头投资建设 Wharf construction】

2016年，泉州太平洋集装箱码头石湖5#、6#泊位建设投资1500万元，石狮市华锦码头储运有限公司的2#泊位扩建及4#泊位建设投资7000万元，梅林码头改扩建工程建设投资11138万元。

【石湖码头生产成效 Production results】

2016年，石狮辖区完成货物吞吐量4603万吨（其中沙完成480万吨），较2015年同比下降1.04%，完成年计划的100.06%，集装箱完成1613413TEU，同比增长5.27%（其中国际箱完成55511TEU，同比下降0.13%，国内箱完成1557902TEU，同比增长5.47%），完成年度计划的107.6%。荒料石完成223万吨，同比下降10.27%。

【平安港口 Ping'an（Safe）Port】

2016年，石湖码头响应国家建设“21世纪海上丝绸之路”及“一带一路”战略决策，按照上级港口发展工作部

石湖码头　（图/泉州市港口管理局石湖分局）

署，以“服务港口、服务发展、服务社会”为工作理念，以建设“平安港口”为目标，以现场监管为抓手，制定安全事故信息报送制度，定期召开辖区季度安全生产分析会，把日常督查和专项检查相结合，开展安全生产大排查，大整顿，把危化品运输和仓储企业确定为重点督查对象，及时检查督促整改落实到位，履行安全监管职责，全年安全生产。

（陈进财撰 张志强审）

石湖码头
Shihu Wharf

石湖港　　（图 / 泉州太平洋集装箱码头有限公司）

【概况 Generals】 中远集团与泉州市人民政府建立战略合作关系后，2006年8月28日，中远太平洋有限公司与泉州港务集团有限公司合资成立泉州太平洋集装箱码头有限公司。公司在2012年经过增资扩股，总资产达17亿元，其中中远太平洋有限公司持有82.35%的股份，泉州港务集团持有17.65%的股份。

辖区港口企业及经营范围。公司主营集装箱业务，兼营以荒料石为主的散杂货业务（含保税仓储业务）。2015年，国内外知名集装箱班轮公司已在石湖港区开辟20多条内贸集装箱航线，航线辐射国内各大主要港口，外贸近洋集装箱航线在不断加密中。

【码头泊位建设 Wharf construction】

公司所经营的石湖港区为国家一类口岸，最大水深理基-15.1米。现有3千吨级（0号泊位）、1万吨级（1号泊位）、3万吨级（2号泊位）、5万吨级（3号泊位）和5万吨级（4号泊位）泊位各1个，泊位总长度1325米，新报批的2个10万吨级集装箱泊位建成后，泊位长度将延伸至2000米以上，集装箱吞吐量达300万标，散杂货吞吐量达300万顿；堆场面积71.9万平方米；码头岸边配置桥吊11台，其中双箱吊具集装箱岸桥，起重量为65吨，大梁外伸距55米，可满足超巴拿马型集装箱船型的靠泊作业；门机5台，其最大起重量为60吨，最大作业幅度为35米。堆场配置RTG（轮胎式集装箱）30台，其它配套设备129台 / 套。

5#-6#泊位工程包括2个10万吨级集装箱泊位，堆场面积约40公顷。设计年吞吐量为120万TEU，总投资约人民币15.5亿元。项目前期报批全部完成，国家发改于2012年11月审批本项目的核准申请。2015年，完成投资约1.87亿元。

【码头安全管理 Wharf safety management】

2015年，石湖港完成集装箱吞吐量128万TEU，同比增长14.3%。完成散杂货吞吐量276万吨，同比减少16%；其中荒料石业务约完成249吨，同比减少15%。

公司坚持贯彻“以人为本、安全第一、预防为主”的指导思想和“视隐患为事故·将安全当效益”的安全理念，不断加强港口基础安全管理工作，持续完善安全生产体系，化解、协调和平衡“安全与效益”两者关系，培育出一条强体系，重基础，以“大安全理念”为鲜明特色的安全管理模式。

（叶　帆撰 高忠樟审）

（图/颜华杰）

经济发展与改革
Economic Development and Reform

【编制规划 Compile planning】 2016年，市经济局牵头编制完成“十三五”规划《纲要》，通过市六届人大五次会议审议批准实施。海洋产业、创新驱动、服务业发展、生态建设等7个“十三五”市级重点专项规划出台，并争取一批重大事项重大项目列入国家、福建省、泉州市“十三五”规划盘子。对规划《纲要》实施做全面部署，制定具体实施方案细化任务分解，对拟定的重点目标、任务和项目开展年度监测评估。2016年，牵头完成石狮市电力设施布局专项规划、充电桩基础设施等重点规划。

【推进产业转型升级 Promote the industrial transformation and upgrading】 2016年，市经济局在研判石狮市产业转型升级面临的突出问题、产业未来核心技术发展趋势以及未来市场需求变化基础上，制定出台《石狮市重点产业转型升级路线图》，明确石狮市产业发展方向、发展重点、重点实施项目以及支撑平台，进一步推动石狮市加快构建以纺织鞋服为核心，以海洋经济、现代服务业、特色产业为增长极，以旅游产业、互联网经济、新兴产业为新增长点的“1+3+3”现代产业体系，打造更具发展质量的实业强市，争当全省产业转型升级的先行示范市和排头兵。力争至2020年，三次产业结构更加合理，第三产业增加值占GDP比重达到45%以上，高技术产业增加值占GDP比重达到16%以上。产业空间布局优化，建设先进制造业工业园区4个，建成配套完备的新兴产业基地2个，现代服务业集聚区5个，形成多层次、全方位的产业转型升级空间载体。产业规模不断壮大，工业总产值达到1500亿元以上。

【促进有效投资 Promote effective investment】 落实扩大有效投资，根据省、泉州市关于实施投资工程包的文件精神，石狮市结合实际，制定出台《关于实施投资工程包的意见》，并下发到各镇（街道）和市直有关部门。2016年，石狮市在抓好重大基础设施、重大产业、重大社会事业项目的基础上，针对契合国家投向、投资周期短、见效快的薄弱领域，策划实施一批惠民生、补短板、调结构投资工程包，总投资100.33亿元，涉及具体项目23个，参照本级重点项目管理的办法，纳入跟踪管理，进一步确保项目建设进度，及时了解项目建设中存在的问题并通过重点项目协调机制，加以协调解决。

【新型城镇化建设 New-type urbanization construction】 2016年，石狮市继续以“全域城市化发展改革”为抓手，以人的城镇化为核心，推动人口管理、产业布局、规划建设、公共服务、行政管理等方面的体制机制创新，着力解决“人进城、建好城、管好城”的问题，在新市民积分制管理、金融服务实体经济、工商登记制度改革、国有企业改革、旧城改造等方面先行先试，取得突破性的成果。组织申报福建省第一批特色小镇，永宁古卫城滨海特色旅游小镇、鸿山镇循环经济特色小镇等2个项目纳入备选。深化新市民积分管理，继续以积分制为手段，有计划、按梯次赋予外来人口各种福利待遇。金融服务实体经济方面，建设石狮市金融服务中心，设立应急保障资金和布料市场、纺织服装、外贸进出口3个行业转贷周转基金，解决好企业“过桥”资金问题。公立医院改革方面，全省创新建立基于绩效考核的财政投入机制，推进医疗联合体建设，组建市医学影像检查中心。2016年，药品零差率销售为患者节约药品费用1450万元。社会信用体系建设方面，推进各部门信用信息归集，着力社会信用与联合惩戒平台建设，通过“诚信展馆”加强全社会信用宣传教育。工商登记制度改革方面，率先颁发福建省首张“一照一码”营业执照，实现“五证合

一、一照一码、印章即刻、当天办结”。国有企业改制方面，科学整合国有资本和公共服务资源，筹建国投、城投、产投三大集团公司。旧城改造方面，对老工业区实施以开发运营商为主体的“退二进三”园区改造，推动“腾笼换鸟、功能置换”，形成以“星期YI创意园”为龙头的创意设计聚集区。

【经济运行分析 Analysis of economic operation 】 2016年，石狮市面对经济下行压力，采取每月一次分析点评、每季度一次联席会议的形式，强化经济运行监测，及时发现经济运行中存在的困难和问题，有针对性地提出对策建议供市委市政府参考。深入各镇（街道）开展经济情况摸底调研，统筹安排全市各项主要预期指标任务，对指标完成情况进行重点监控，及时预警，做好国民经济和社会发展计划安排工作。2016年，全市经济平稳健康发展。完成石狮市生产总值703.7亿元，同比增长8.1%；财政总收入（不含基金）60亿元，同比增长1.2%；社会消费品零售额400.1亿元，同比增长11.3%，限额以上商业销售额671.7亿元，同比增长18.4%，限额以上社会消费品零售额119亿元，同比增长15.7%；固定资产投资（不含农户）449.1亿元，同比增长10%；全体居民人均可支配收入43518元，同比增长7.5%。

【重点项目管理 Key projects management】 2016年，石狮市实施省级重点项目15个，总投资106.9亿元，其中在建项目9个，年度计划投资30.55亿元，全年15个省级在建项目均按时开工建设，全年预计完成投资35.87亿元，完成年计划117.43%。实施泉州市级重点项目36个，总投资546.06亿元，其中在建项目27个，年计划投资91.52亿元，全年预计完成投资104.76亿元，完成114.46%。实施本级重点项目177个，总投资1215.7亿元，年计划投资148.4亿元。其中，在建项目129个，总投资820.85亿元，年度计划投资143.67亿元，全年完成投资132.1亿元，完成年计划的91%，与2015年相比提高10个百分点。一批基础设施改造、片区改造、商贸项目、工业龙头项目陆续建成。

【项目核准和审批 Projects for verification and approval 】 2016年，石狮市受理、办结、核准、备案项目368件。其中，内资备案171件，审批144件，技改项目28件，外资备案25件。按照政府投资项目管理办法，加强政府投资项目审批流程，加强对重大投资项目的专家评审制度。对项目方案进行优化提升并加快项目审批，细化政府投资项目流程和环节，规范政府工程项目运作管理。

【现代服务业发展 Modern service industry development 】 2016年，石狮市继续以园区和专业市场为载体，重点发展现代物流、电子商务、创意设计等生产性服务业，巩固提升商贸、休闲旅游、房地产等生活性服务业，规范引导金融业，推动石狮市服务业繁荣发展。推进现代服务业重点项目建设，做好列入泉州市确定的总投资299.6亿元的14个第三产业重点建设项目的跟踪服务，国际轻纺城、世茂摩天城开业融市，石湖、锦尚港区基础设施持续改善，安通、中外运、万弘等物流龙头项目加快建设，永宁古卫城、宝盖山、灵秀山、世茂茂险王主题乐园等重点旅游项目影响继续扩大。

【海洋经济发展 Marine economic development 】 2016年，石狮市强化规划指导，营造发展海洋经济良好环境，牵头制定“十三五”海洋产业发展规划，明确发展目标、战略定位、产业方向、陆海统筹与区域合作，构建石狮市“一心、两带、四大片区”海洋经济集聚发展格局。推进海洋经济重点项目建设，11个项目列入省级海洋经济重大项目盘子，其中在建项目7个，前期项目4个，投资20.6亿元，重点支持远洋渔船更新改造、海洋新兴产业以及服务平台等方面项目建设。进一步加快临港工业发展，依托高新技术开发区，通过不断完善园区基础设施配套，加快发挥龙头工业项目带动效应。

【项目对接招商引资 Projects docking investment promotion and capital introduction 】 2016年，依托“海博会”组织第八届石狮纺织服装对接专场会，对接签约6个项目，总投资32.18亿元。组织企业参加第14届“6•18”项目成果交易会，成功对接项目80个，完成全部目标任务的114.3%，总投资达59.5亿元。实际落实重大招商项目3个，总投资4.9亿元。其中，宏凯总部大楼项目总投资2.4亿元，亿环金属结构件制造项目（一期）总投资1.5亿元，华用新材料科技项目总投资1亿元。

【社会信用体系建设 Social credit system construction 】 2016年，石狮市制定出台《石狮市社会信用体系建设试点工作方案》，启动社会信用和联合惩戒平台建设，初步选择泉州易华录投资发展有限公司、福建富士通信息软件公司两家平台设计意向单位。2016年10月26—28日，组织开展社会信用信息成员单位调研摸底工作，了解石狮市各有关部门现有信息化业务平台建设情况、数据采集方式以及与上级平台数据对接途径，走访市法院、金融工作局、市场监督管理局等24个单位。在调研基础上，两家平台设计单位进行方案初步设计。推进“守信激励、失信惩戒”机制建设，制定出台《石狮市联合惩戒失信被执行人实施方案》，打造不敢、不能、不愿失信的制度环境。启动“诚信无价”建设专项行动，完成“狮•诚”石狮诚信展馆建设，摄制“狮·诚”宣传记录短片，弘扬文明守信的社会氛围。

【公务用车制度改革 Official cars system reform 】 按照泉州市车改工作的统一部署安排，成立石狮市公务用车改革领导小组，推进车改工作。石狮市车改参改单位92个。2016年12月，石狮正式进入车改实施阶段，召开10次车改领导小组专题会议，对相关工作进行部署和落实。12月3日，向泉州车改领导小组上报石狮市车改具体实施方案。12月8日，收到泉州车改办批复文件。12月13日，石狮市召开车改动员大会。12月28日，石狮市涉改车辆全部封存完毕，同日公务用车服务平台启用。

（林柏楠撰 邓莲珍审）

物价
Prices

【强化价格监管 Strengthen price regulation】

2016年，市物价局贯彻落实全省价格工作会议精神，以加快完善主要由市场决定价格的机制为主线，致力推进价格改革、强化价格监管、提升价格公共服务水平，营造良好的价格环境，全年居民消费价格指数（CPI）1.6%，控制在年度目标范围内。

市物价局加强售票站点明码标价工作。春运之前，印发《关于加强石狮市客运售票站（点）明码标价的通知》，组织工作人员分发到全市各售票站（点），控制春运票价上涨幅度，维护广大乘客和经营者的合法权益。将“关于商品和服务实行明码标价的提醒函”分发至客运企业所辖商业网点及车站附近的餐饮店，规范商业网点及餐饮店的价格行为，维护市场价格秩序，保护消费者和经营者的合法权益。

【市场价格专题检查 Check the market price】 发挥价格公共服务职能。2016年，市物价检查所组织开展商品房明码标价等专项检查，受理群众价格举报，畅通价格利益诉求渠道，全年受理各类咨询投诉231件，通过咨询各相关部门并及时与群众沟通，承接的价格咨询与投诉按时办结率为100%。

2016年，市物价局开展元旦、春节期间市场价格专题检查行动，印发《商品和服务明码标价知识》至各商业零售经营者，检查其是否存在不明码标价、虚构原价、虚假折扣，模糊赠送、误导性价格标示，不履行价格承诺等违法行为。配合医保中心检查医院、卫生院、医保定点零售药店医疗服务价格及药品价格执行情况，检查收费公示情况。

迎接文明城市检查，深入玉湖、后花、塘后、古宅农贸市场，向经营户宣传价格法律法规，倡导自觉明码标价、诚信经营，确保经营户在其经营活动场所的显著位置以标价牌或公示栏的方式标明价格。

【规避经营风险 Avoid business risk 】

2016年，市物价局“4•18”海博会期间参加“电子商务诚信体系建设”研讨会，石狮市经济局物价检查所人员在会上做题目为《遵规守法，合理规避经营风险》的演讲，讲解网络零售过程中的常见价格欺诈行为的类型，印发《关于规范网络零售价格行为的提醒函》，提醒电商诚信经营，帮助电商规避风险，完善管理制度，促进电商规范化经营。

参加“110”社会联动活动及“3•15”宣传活动，印发《商品和服务明码标价知识》，宣传明码标价，现场向群众讲解价格法律法规。

【办理价格投诉 Handle complaints from price 】 2016年，市物价局办理石狮市“12345”便民服务热线转办的价格投诉件和“12358”网上价格举报系统转办的价格投诉件，实施经济制裁11000元上缴财政。

【加强对放开价格商品监测 Strengthen the monitoring of open price goods 】

2016年，市物价局加强价格监测预警与分析，以居民生活必需品和重要生产资料为重点，每日采集3家大型超市和2家农贸市场两大类48种主副食品和日用品民生价格“价比三家”信息，加强价格实时监测分析和成本调查。做好市场价格异常波动快速预警与跟踪调查分析报告，增强政府价格调控决策的时效性和科学性。通过中国石狮网站和《石狮日报》公布相关信息，引导经营者合理定价和消费者理性消费，促进市场价格稳定。

【居民生活用水阶梯水价改革 Residents living water ladder water price reform 】

2016年，市物价局抓好居民生活用水阶梯水价改革。经市人民政府第9次常务会议研究通过，于2016年1月1日起实行居民生活用水阶梯水价。第一级水量核定为每户每月0～25吨（含25吨），价格为每吨1.80元；第二级水量核定为每户每月26～35吨（含35吨），价格为每吨2.70元；第三级水量核定为每户每月36吨以上，价格为每吨5.40元。

【调整城市污水处理收费标准 Adjustment of urban sewage treatment fee standards】

2016年，市物价局完成城市污水处理收费标准调整工作任务。根据国家发改委《关于制定和调整污水处理收费标准等有关问题的通知》及省、泉州市物价局文件通知，组织市污水处理价格改革调整，及时向社会公开定价成本信息，广泛听取消费者、经营者及社会各界的意见，于8月召开污水处理费价格调整听证会，并于 12月1日起正式实行污水处理费新收费标准。非居民污水处理费由现行的每吨0.8元上调为每吨1.4元，调价幅度达75%，促进企业治污减排工作的开展。

（陈乙琛、高雅雅撰 江 波、俞毓娜审）

统 计
Statistics

【推进农业普查 Advance agricultural census】 2016年，石狮市统计局有序推进第三次全国农业普查。农业普查时期资料为2016年资料。开展农业普查，制定2016—2017年农业普查宣传方案。11月4日，召开农业普查小区划分工作培训会议，11月18日完成普查区地图的划分及编码和小区地图绘制；2016年11月1—25日完成收集户籍、工商、税务等部门记录、土地承包合同、现有基本单位名录库以及政府其他部门的行政记录等有关资料；11月21日，召开石狮市第三次全国农业普查工作会议，部署市第三次全国农业普查相关工作；11月24日，召开石狮市第三次农业普查业务培训会；12月1日，召开第三次全国农业普查电视电话会议；12月8日，完成清查摸底工作，住户摸底总户数87353户，此次普查的登记对象24372户，包括农户登记对象23094户、规模农业经营户登记对象878户、单位登记对象400户。

【提高统计服务水平 Improve the statistics service level】 2016年，石狮市统计局以“四大工程”建设为核心的统计方法制度改革，自“一套表”网上直报范围增加规模以上服务业企业，变为“四上”企业之后，现又扩展到投资额5000万元以上的法人单位。推进“大众创业、万众创新”后，市场主体呈现出“井喷式”增长，单位变动频繁，给名录库维护更新工作带来挑战，工作量和工作难度都大幅增加。石狮市统计局做好基本单位名录库维护更新工作，在确保基本单位名录库中单位信息的完整性和真实性前提下，组织名录库专业人员及时补充名录库的遗漏单位，剔除名录库的消亡单位，全面更新基本单位名录库相关信息。

【提高统计数据质量 Improve the quality of statistical data】 2016年，石狮市统计局加强公式审核，提高数据质量；及时查询异常，督促企业修改说明；查询IP地址，杜绝代报现象；加强联网直报催报工作；执行经济运行分析月例会制度；多种途径对新增企业统计员进行业务培训；加强经济运行情况分析与通报，撰写季度经济运行分析4篇，经济运行通报11篇，规模以上工业产值进度分析11篇，能源分析2篇，镇办点评材料5篇，专题分析2篇，信息4篇。

【固定资产投资统计改革 Reform of statistics of investment in fixed assets】

开展固定资产投资统计改革试点工作。石狮市统计局召开2016年项目投资、房地产和建筑业年报工作培训会，布置2016年报、季报工作并进行心得交流座谈；每月及时与经济局、国土规划和房产管理局、重点办等部门沟通，在每月13日和25日两次新增项目纳入统计；夯实统计基础工作，实时跟踪项目进度，加大项目统计力度。2016年，完成固定资产投资449.1亿元，同比增长10%。完成分析9篇。

【新增企业录入信息网 New enterprises entry information network】 新增商业和服务业企业资料信息入库。石狮市统计局联合商业、服务业主管部门采取多种方式宣传企业纳入“一套表”平台的重要意义以及市出台的有关奖励扶持企业发展的政策，消除企业的顾虑；加强与部门的协调联动，督促符合条件的企业及时纳入，并按照市有关限下转限上的奖励规定，及时兑现奖励政策。2016年，新增限上商业企业74家，规上服务业企业21家。

【统计监测分析 Statistical monitoring and analysis】 统计监测分析更加全面准确，及时发布石狮经济运行通报。2016年，平均每月向领导和各部门提供《统计月报》350～400份，石狮市经济运行通报270份，满足各级党政领导决策和社会公众的需要。

引导企业入驻正统网。2016年，石狮市统计局多次联合经济局、电子商务协会、海西电子商务园区以及各乡镇举办宣传培训会，通过多样新颖的方式提高正统网的知名度，引导企业入驻。161家企业入驻正统网，较2015年同期增加21家。

完成人口抽样调查、月度劳动力调查、科技、文化产业等统计工作。按照上级统计调查工作方案，组织人员采取实地入户调查、发函调查、部门数据采集等的方式，做好相关统计调查工作。

【微信公众号全新上线 WeChat public brand new online】 服务型统计建设取得新成效，“石狮统计”微信公众号全新上线。立足于服务型统计定位，开发“统计数据”“资讯中心”“指标学堂”“数据地图”“问卷调查”“农普专栏”“互动留言”等多个板块，可实现查阅统计数据、了解统计知识、参与在线调查、进行业务咨询等多种功能。在“统计数据”板块下设“历年数据”“运行通报”“月报小册”，详细发布各年度及月度的统计数据。在“自助查询”板块中提供48项近3年常用指标的自助查询，进一步增强与公众的互动沟通。11月8日以来，推送36条信息。通过“助力石狮三农普 领免费流量”活动，获得访问量11.5万人次，参与人数5.7万人，公众号粉丝增加5200人。

统计分析研究更实。以“本源道力”统计分析路线为指导，围绕市委市政府中心工作，加强统计监测职能，向市委市政府和各类期刊杂志上报统计分析 8 篇。

社情民意调查质量提升。配合有关部门做好全国文明城市测评、社会公众安全感等调查工作，不断提供优质的统计调查服务。

【统计法制建设 Statistics of the legal system construction 】 2016 年，石狮市统计局统计法制建设力度加大，完善工作运行机制。规范和发布权力运行流程图，梳理制定“权力清单、公共服务事项清单、责任清单”等“三张清单”，进一步明确责任主体，规范统计权力运行，不断完善和理顺依法治统运作机制；畅通投诉举报渠道。利用石狮统计门户网、“石狮统计”微信公众号，向社会公开统计违法案件举报电话和邮箱，鼓励广大企业和社会公众提供统计违法线索；明确监督检查重点，2016 年，立案查处 2 起违反统计法行为。

（孙秋声撰　吴顺泰审）

市场监督管理
Market Supervision and Management

【工商注册登记 Industrial and commercial registration 】 2016 年，石狮市新增内资企业 3740 户，新增注册资本 1872959.38 万元；新增外资企业 50 户，新增注册资本 773.142 万美元；新登记个体工商户 12585 户，新增资金数额 93465.55 万元；新登记农民专业合作社 16 家，新增成员出资总额 2740 万元。与 2015 年相比，全市新增内资企业数上升 18.41%，新增外资企业数上升 31.58%，新增农民专业合作社下降 30.43%，新增个体工商户数上升 5.61%，主要市场经济主题数量出现上升趋势。

2016 年，石狮市各类企业 19676 户，其中内资企业 18699 家，外资企业 977 家；个体工商户 56098 户，农民专业合作社 198 户，与 2015 年相比，内资企业累计数上升 20%，外资企业累计数上升 5.39%，个体工商户累计数上升 28.94%，农民专业合作社累计数上升 8.79%。

【2016 年石狮市场情况表 Shishi city market situation table in 2016 】

表 21

2016 年石狮市市场主体基本情况表

项　目				单　位	机器编号	期末实有	本期登记
甲				乙	丙	1	2
企　业	企业总数			户	1	19563	3811
	内资企业	户数		户	2	18755	3775
		注册资本（金）		万元	3	6769153.27	874760.37
		其中：私营企业	户数	户	4	18072	3701
			注册资本（金）	万元	5	5279565.73	822530.37
			从业人员	人	6	178667	20996
	外商投资企业	户数		户	7	808	36
		注册资本		万美元	8	173532.82	709.89
个体工商户	户数			户	9	56555	13019
	资金数额			万元	10	447914.72	98299.60
	从业人员			人	11	151999	33220
农民专业合作社	户数			户	12	200	17
	出资总额			万元	13	113188.60	3740.00
	成员总数			人	14	1702	87

【2016 年石狮市获中国驰名商标名单　China well-known trademarks list　in 2016】

表 22

2016 年新认定中国驰名商标名单

序号	商标图样	商标名称	注册证号	注册人	地址	认定年度	认定类别	认定商品（或服务）项目
1	Qing Can 青灿	青灿 + 图形	4646472	石狮市青灿兴五金工艺品有限公司	石狮市蚶江镇水头村	2016	26	鞋扣，服装扣眼；扣子（服装配件）
2	JINYUAN 金苑	JIINYUAN 金苑	1218829	福建金苑服饰有限公司	石狮市宝盖科技园	2016	25	时装、套衫

【打击假冒侵权产品 Crack down on counterfeit infringing products】　2016 年，石狮市市场监督管理局查处商标侵权案件 37 件，案值 15.53 万元，罚没款 21.46 万元。协助本地品牌企业异地打假维权，组织开展 3 次假冒伪劣产品销毁活动。

【企业年报服务 Corporate annual report service】　2016 年，石狮市市场监督管理局督促未年报市场主体参加 2015 年年报，在《石狮日报》、石狮市电视台等媒体刊登公告，提醒市场主体及时申报年报，并宣传未申报的惩戒措施；通过电话、短信通知，进一步告知和督促市场主体；加强督察，实行一周一通报，对年报进度进行通报；加强与工商所联系，不定期走访工商所，督促工商所采取各种方式，快速集中消化工作任务。完成内资企业年报 13124 份，年报率为 87.20%；外资企业年报 663 份，年报率为 86.33%；个体年报 30335 份，年报率为 69.14%；农民专业合作社年报 158 份，年报率 86.34%。

【市场监管 Market supervision and regulation】　2016 年，市场监督管理局做好“守合同 重信用”企业指导和推荐工作。石狮市企业获 2014—2015 年国家级守重单位 5 家（其中新增 1 家）、省级守重单位 25 家、泉州级守重单位 39 家、石狮市级守重单位 38 家。二是做好诚信宣传相关工作。与中共湖滨街道党工委、湖滨街道办事处、石狮市经济局、政协石狮市委员会办公室、石狮市文学艺术界联合会共同主办开展“诚信湖滨”征文大赛评选和颁奖活动。评选出 1 等奖 1 名，二等奖 2 名，三等奖 5 名，特别奖 1 名，优秀奖 34 名，推动市全国文明城市创建和“诚信石狮”建设。

开展各类市场监管工作。按照各级文件精神，要求各基层所在日常工作中组织开展旅游市场秩序专项整治、寄递物流行业整治、成品油市场监管、赤潮期间水产品市场监管、台风灾后市场监管打击乱捕滥猎滥食和非法经营候鸟等野生动物违法犯罪活动、开展公用事业类、旅游类、汽车消费类合同格式条款专项整治、硝酸铵复混肥类“一体化”监管改革等工作，维护市场秩序。

【查处治理无照经营 Investigate and governance without business license】

2016 年，石狮市查处无证无照经营工作领导小组各成员单位在市委、市政府领导下，全面落实上级部门查处无证无照经营工作要求，加大对无证无照经营行为的查处取缔力度，加强部门之间的执法联动，促进查处无证无照经营长效监管机制的形成，有效地规范市场经济秩序。全市出动执法人员 7950 人次，检查企业 6126 家次，发出整改通知书 252 份，立案查处无证无照经营 220 户，罚没金额 176.72 万元。辖区亮证亮照率超过 95%，无证无照经营比例低于 2015 年。没有发生因无证无照经营造成重大安全事故、重大环境污染事故或造成一定社会影响的群体性事件。没有发生无证无照经营人员暴力抗法事件。

【新增名牌产品 New brand products】 2016 年，石狮市新增福建名牌 产品 11 个。

表 23

石狮市 2016 年福建名牌产品汇总表

1	福建金苑服饰有限公司	女装	WEWE
2	福建野豹儿童用品有限公司	童装	Yebao
3	石狮市利美斯制衣有限公司	休闲裤	
4	石狮市大帝集团有限公司	休闲服	帝 DI
5	石狮市大帝集团有限公司	T 恤衫	帝 DI
6	泉州市圣吉奥服饰实业有限公司	休闲裤	SHENGJIAO
7	美佳爽（福建）卫生用品有限公司	婴儿纸尿裤	奇酷 Chikool
8	福建省石狮市华联服装配件企业有限公司	KAM 牌服装辅料（塑料四合扣、胶针和多用扣）	KAM
9	福建石狮市福盛鞋业有限公司	休闲鞋	mulinsen 木林森
10	石狮市青灿兴五金工艺品有限公司	鞋服五金扣饰	青灿 QINGCAN
11	石狮市天宏金属制品有限公司	钢质防火门、防盗安全门	TIANHONG

【企业参与标准制（修）订 Enterprises participate in the standard system (repair) order】 2016 年，石狮市 5 家企业参与 5 项国家标准制修订，1 家企业参与 1 项行业标准制修订。

【安全监察特种设备 Safety supervision of special equipment】 2016 年，石狮市检查各类特种设备生产使用单位 433 家，排查安全隐患 252 条。市场监督管理局结合创建安全发展城市和打非治违工作，对特种设备重点使用、生产单位进行全面检查和整治，做到检查率和整治率达 100%。开展重大活动和节假日期间特种设备安全检查、液氨制冷企业、发电企业锅炉压力容器压力管道专项检查。先后开展 4 次特种设备安全联合大检查，检查特种设备使用企业 23 家、特种设备 447 台，及时发现并督促落实整改隐患问题 2 条。

2016 年，市场监督管理局开展不合格电梯整治，督促 304 家不合格电梯使用单位落实 378 台不合格电梯安全隐患整改，全年查封不合格电梯 87 台，整改合格 57 家 62 台，其余提交整改报告待复检。协同物业管理站对 47 个住宅小区电梯开展两轮检查，督促物业公司落实电梯安全主体责任，发出整改通知书7份。开展特种设备人员培训。分2批组织19名执法人员参加省质监局组织的特种设备人员取证培训，确保各基层所有2名以上特种设备安全监察员；组织协调特种设备检验院来石狮市开展特种设备相关作业的取证培训16期，受训691人，提高特种设备使用单位持证率。

【安全检查计量器具 Security check measuring instruments】 2016年检查计量器具12358台次，其中燃气表7144台次、秤2307台次、加油机1173台次、压力表1012台次、血压计564台次、电子天平158台次。

【食品安全监管 Food safety regulatory】 2016年，建立健全食品安全长效管理机制。加强协调联动机制。7月27日，石狮市政府重新调整食安委组成人员，代市长黄春辉担任市食安委主任，进一步加强食品安全工作组织领导。在下半年市食安委全体成员会议上，代市长黄春辉进一步强调市食安办要发挥统筹协调、牵头抓总作用，各镇（街道）要发挥食品安全监管政府主体作用，推动食品安全协管员队伍建设，形成共同打击食品违法犯罪活动的强大合力。

加强食品安全专项治理。2016年，出动执法人员4102人次，检查食品生产经营单位7166家次，立案查处食品违法案件143件，其中一般程序案件114件，罚没款134.12万元，入库120.07万元，移送公安机关1件。在食品生产环节，开展食品生产安全风险排查整治、肉制品兽药残留、打击制售病死猪肉产品、肉制品生产企业等一系列食品安全专项整治，联合沿海各镇召开水产加工制品质量安全警示教育宣讲会，督促企业把好产品质量关，落实食品安全主体责任。在食品流通环节，先后部署农村食品安全扫雷专项行动、茶叶质量、进口食品、农贸市场、H7N9流感防控、奶粉及乳制品等重点专项整治，有效规范食品流通市场。在餐饮服务环节，加强节假日、中高考期间等重点时段餐饮服务食品安全监管，落实学校食堂专项检查，认真开展“明厨亮灶”示范创建。举办学校食品安全培训3场、食品安全“进校园”活动6场，分发宣传材料2000多份。

深入开展治理“餐桌污染”、建设“食品放心工程”，开展“十大专项整治提升”小型餐馆专项整治，检查小型餐馆962家，立案12件，发出责令改正通知125份。加强农村集体聚餐专项风险防控，制定《石狮市农村集体聚餐食品安全管理办法》，开展农村集体聚餐备案62家次。顺利完成石狮市两会、党代会、“海博会”、第16届“大田赛”等多场重大活动餐饮安全保障工作。在抽检监测环节，坚持每季度开展食品安全监督抽检和风险监测，抽检包括月饼、注水牛肉、蜜饯、食用植物油等品种629批次（其中风险监测266批次），18批次不合格，合格率达97.14%。推进食品安全示范创建。2016年，再创建7个食品安全快速检测室，推动为民办实事项目全面开展。完成1个食品生产加工小作坊、2个农贸市场食品安全快速检测示范点、2条“明厨亮灶”示范街、30家“明厨亮灶”示范店和5家“明厨亮灶”示范校创建工作，德辉广场“明厨亮灶”示范街已基本创建完毕。目前共创建“明厨亮灶”餐饮服务单位529家，其中开放式厨房395家、玻璃隔断厨房34家、视频厨房16家、网络直播厨房84家。

【加强药品监管 Strengthen the supervision of drugs】 2016年，石狮市市场监督管理局实施保健品、化妆品分类监管。按照“四有两责”要求，采取“分片包干、责任到人”的网格化监管模式，检查药械化妆品生产经营使用单位1020余家次，药品生产经营企业检查覆盖率100%，立案114件，罚没款21万余元；完成药品抽检75批次、快检200批次，检验合格率100%。推动监管工作信息化。开展电子监管“四系统一平台”巡查，预警信息核查213条、驻店药师巡查80余家次、远程温湿度监管113家次，责令整改5家，给予警告3起，有效提升监管效率。建立药品生产经营企业“一企一档”电子监管档案，自动评定信用等级，通过动态管理，为有效监管提供数据支持，现有A级（诚信）企业109家，B级（守信）企业69家，C级（警告）29家，D级（失信）17家。

抓重点整治和违法打击。有针对

执法人员驻点监督，全程监管，保障“大田赛”餐饮安全 （图/市场监督管理局）

2016 年"安全用药月"宣传活动　　（图 / 市场监督管理局）

性地开展药械化妆品安全大排查，组织开展各类药械化妆品专项整治 13 个，突出几个重点品种，重点开展"山东疫苗事件"拉网式排查。开展性保健用品店和制售假药专项检查，严厉打击制售假药行为，检查经营企业 120 余家次，责令整改 9 家次，查处假药案件 2 件；联合公安部门查处经营按假药论处案件 70 件，协助完成涉案药品认定 100 余批次。推行国产非特殊用途化妆品备案监督检查，依法查处生产经营未经备案非特殊用途化妆品行为，检查化妆品生产企业 2 家、委托生产企业 4 家，予以警告并责令整改 2 家。

探索流通监管新模式，鼓励药品连锁企业在 24 小时便利店或宾馆、车站等人员密集服务场所设置自动售药机，作为乙类非处方药销售试点，试行备案监督管理模式。经沟通协调，全权委托福建云锋招标有限公司开展招标工程，向泉州地区 20 家药品连锁企业发放邀请函，对 9 家有意愿申请的企业进行登记备案。推动"双十百佳"示范创建活动，完成 2 家药品零售经营企业推荐申报工作。推进药械不良反应监测。将此项工作列入医疗机构及镇（街道）年度考评指标，并列入公立医院院长考核指标之一；联合市卫计委开展专项培训会 3 场，参会人数 400 人次。在全省率先建立县级药品不良反应监测中心，核编 2 人，承担全市药械不良反应监测和评价工作。石狮市市场监督管理局作为泉州地区唯一县级市单位在全市工作会议上做典型经验介绍，石狮市 3 家医疗机构被评为 2015 年泉州市药品不良反应监测先进单位。

2016 年，上报药品不良反应 531 例、医疗器械不良事件 157 例。持续开展 GSP 认证（跟踪），防止认证"回潮"。开展新申办企业 GSP 认证（跟踪）26 家，配合泉州开展认证现场核查 10 家，责令警告 2 件。

【开展食品、药品安全宣传培训 Foodstuff and drug safety propaganda and training】　2016 年，石狮市市场监督管理局开展食品、药品安全宣传培训。通过微信公众号"石狮市市场监督管理局"，定期向社会发布食品药品安全相关工作动态，宣传食药科普，适时回应社会热点，及时公开食药监管信息；充分发挥报纸、电视、广播、网络等宣传阵地作用，通过宣传、震慑、警示和教育一批违法经营者，在社会上形成食品药品安全打假治劣的高压势和舆论氛围。在《石狮日报》、石狮电视台等媒体刊发报道食品药品宣传信息 118 余篇；组织开展"3•15""3•31""食品安全宣传周""药品安全宣传月"等一系列主题宣传活动，营造全民关心、参与食品药品安全监管氛围；举办食品药品日常监管等相关业务知识培训 12 场，培训 996 多人次。

【维护消费者权益 Protect consumers' rights and interests】　2016 年，石狮市提升消费维权水平，完成"12315""12331""12365"热线电话、平台网络迁移，制定《投诉举报处置工作规范》，按照"集中统一调度、分类分级处理"原则，统一规范咨询、投诉、举报件处置工作。强化处理力度。快速高效处理解决消费者投诉和举报，受理投诉、咨询、举报 12265 件，其中"12315"系统案件 3027 件、"12331"系统案件 695 件（咨询 241 件、投诉举报 454 件）、"12365"系统案件 3 件、"12345"系统转办案件 417 件、来访来电咨询 7750 件、其他 373 件。

开展辖区流通领域装饰装修建材、纸类卫生用品、涂料产品、童装产品等商品质量抽检。开展"3•15"系列纪念活动，联合 25 个部门（单位）举行大型宣传咨询服务活动。以《石狮日报》、石狮电视台专刊、节目专访等形式，进行新消法、维权案例宣传，发布最新消费时讯，提升消费者维权意识。

（蔡珍贵撰　蔡新群审）

安全生产监督管理
Production Safety Supervision

【安全责任管理体系 Security responsibility management system】　2016 年，石狮市建立健全安全生产控制指标体

系，逐级细化分解责任，层层签订目标责任状，形成“政府统一领导、部门依法监管、群众参与监督”的工作格局。根据机构改革实际，及时修订《石狮市进一步明确党委政府及其部门安全生产监督管理职责的规定》，将市政府安委会更名为市安委会，调整安委会成员和19个安全生产领导小组及党委联系安全生产工作，明确由市长担任安委会主任、政法委书记联系安全生产工作。

【安全信息化综合监管 Safety information comprehensive regulation】 2016年，石狮市进一步推进安全生产隐患排查治理体系建设，完善制度措施，要求各级各部门强化组织领导，建立完善制度，量化工作细节，培植鸿山热电有限责任公司、富贵鸟集团等3家隐患排查治理体系建设示范典型示范单位。强化过程监管，督促各部门、企业及时录入信息、上报隐患，加强对企业安全隐患的实时监管，实现企业隐患自查自报自改的闭环管理。全市智慧安监信息平台企业592家，企业信息确认592家，确认率100%；隐患上报企业数584家，上报隐患数5596，整改隐患数5587，上报率99.84%。

【安全保管易燃易爆物品 Safe keeping of inflammable and explosive goods】

统筹危险化学品监管任务，组织召开全市危险化学品及烟花爆竹安全生产工作会议，落实部署，强化危险化学品“两重点一重大”安全监管。出台《石狮市2016年危险化学品和烟花爆竹安全监管工作要点》，细化任务目标，制订《石狮市危险化学品和烟花爆竹专项治理实施方案》，督促各镇（街道）对辖区危险化学品生产、储存、销售、运输、使用企业和烟花爆竹企业进行全面彻底排查，检查危险化学品生产储存经营单位178家次，发出限期整改指令书82份，排查安全隐患229处，对查出的安全隐患督促企业限期整改到位。

【安全生产培训 Production safety training】

2016年，石狮市进一步提高全市领导干部对安全生产法律、法规的认识，举办市委中心组学习讲座，学习新《中华人民共和国安全生产法》、安全生产“党政同责、一岗双责”；举办全市安全生产隐患排查治理体系建设培训会，450多人参加培训；举办新《安全生产法》实施周年系列活动，入社区、入机关、入企业宣传、贯彻；举办各类专题培训，宣传安全生产法律法规，组织、指导、协调基层和企业开展安全生产宣传教育和培训。

【安全应急管理制度 Safety emergency management system】 2016年，进一步规范生产安全事故灾难的应急管理和应急响应程序，完善《石狮市生产安全事故灾难应急预案》《应急处置评估工作制度》，成立由市政府主要领导和分管领导任正副组长、相关部门主要负责人为成员的应急救援指挥机构，定期组织开展应急演练，建立安全生产应急救援物资储备维护机制、联动机制，组建应急处置专家组，规划综合应急救援中心暨特勤消防站，形成“政府统一领导、部门协调配合、企业自主到位、社会共同参与、反应灵敏、运转高效”的应急管理工作格局。

【强化市场监管力度 Strengthen market supervision and management】 石狮市围绕2016年安全生产工作重点，开展以“创安日”“每月一检”为重点的经常性监督检查，特别是元旦、春节、“两会”“海博会”“五一节”、国庆节等几个重点时间节点，突出道路交通、危险化学品和易燃易爆物品、油气管道、烟花爆竹、职业安全健康、建筑施工、粉尘防爆、人员密集场所等重点行业领域，强化巡查和检查力度，依法查处各类违法行为，检查企业18476家次，发出责令改正通知书2545份，排查隐患20485处，排查事故多发隐患路段17处（4处事故多发隐患点段，13处农村道路隐患点段，均已整改完毕），责令“三停”84家，责令61个项目设置封闭围档，督促61个项目设置洗车台及防尘设施。

【安全生产宣传教育 Production safety publicity and education】 2016年，在《石狮日报》、“中国·石狮网”开设安全生产专栏，借助“石狮安监”微信公众平台，宣传安全生产知识和播发全市安全生产工作动态；编发安全生产信息专刊35期、创建安全发展示范城市专刊24期；制作安全生产公益广告《奶奶的叮嘱》，并通过石狮广播电视台综合频道、楼宇视频、人民广场LED视频广告等形式滚动播放安全生产公益广告及安全生产标语；印发《关于办理危害生产安全刑事案件适用法律若干问题的解释》《职业健康安全知识宣传手册》等宣传手册分发到基层、企业、商户；制作安全生产普法宣传品，结合“安全生产月”活动，开展安全生产咨询、安全生产知识竞赛、安全生产事故警示教育活动等11项全市性活动，提高市民安全生产意识。

（王丹蓉撰　邱建明审）

海关
Customs

【海关税收 Customs revenues】 2016年，泉州海关驻石狮办事处推进海关业务改革，加强把关履职，服务地方经贸，做到把好国门、做好服务、防好风险、带好队伍。征收入库税款5.1亿元。主要税源商品为花岗岩荒料石税款3.26亿元；废塑料税款7712.08万元、废纸税款3734.87万元。

【进出口业务 Import and export business】

2016年，泉州海关驻石狮办事处

审核进出口报关单 1.45 万份，货物总重量 248.80 万吨，货物总价值 74.84 亿元；监管集装箱 5.07 万标箱，监管进出口货物 252.21 万吨，监管进出境船舶 470 艘次。全年机检集装箱标箱数为 13703 标箱，货重 15.37 万吨，日均过机约 55 标箱。

【海关业务改革 Customs business reform】

2016 年，泉州海关驻石狮办事处立足口岸实际拓展外贸业务。在“一带一路”战略框架下，开拓石湖口岸外贸航线，丰富进出口货源，利用泉州与台湾地缘优势，借助高雄国际中转港优势，继续推动“泉州货走泉州港”；突出管理重点，建立联络员制度，提供“一对一”通关服务，服务重点进口企业，为企业提供个性化政策咨询，取得较好成效，玖龙纸业（泉州）有限公司全年报关单 350 份，进口重量 18.6 万吨，同比增长 31%、22%；配合地方政府在口岸推进免除查验正常集装箱吊装、移位、仓储费用试点工作。邀请厦门多家货代物流企业到石湖码头、中外运堆场调研、座谈，开展石湖口岸“内外贸同船运输”“拆拼箱”等业务的论证和申请。

推进各项改革政策。落实关通天下改革，扩大区域通关，推行“一地注册，全国报关”全国通关一体化改革，落实厦门围绕关区征管中心，推进的各项通关改革，进一步便利企业通关；稳步推进无纸化通关，推行报关单修、撤无纸化，非政策性退税无纸化，确保进出口无纸化通关率位居厦门关区首位；协同推进国际贸易“单一窗口”“三个一”改革和“三互”大通关，一次申报 1024 票，同比增加 8 倍，单一窗口申报率 100%；推广“互联网 + 自主申报”，以及报关单新填制规范和汇总征税等改革，不断为企业发放通关改革红包。持续推进简政放权改革。推行审批事项“一个窗口”办理和网上受理，单一窗口申报率 100%，按照总署要求下调查验率，非侵入式查验比例不断加大，汇总征税作业无纸化改革试点开展，税款移动支付 APP、“海关查验信息交互全程电子化平台”上线运行，为企业节省资金和时间成本。

【促进服务创新 Promote service innovation】

2016 年，泉州海关驻石狮办事处支持地方重点项目和新兴产业发展，促进服务创新，助力外贸进出口回稳见好。主动靠前服务，提供政策法规支持，确保关区荒料石、废塑、废纸等特色商品进口的良性发展；提高海关查验效能、支持跨境电商等新型外贸业务发展，支持远洋捕捞渔业发展，拓展与“海丝”沿岸国家地区经贸往来，扩大进口、稳定出口。助推“两岸国际邮政快件监管中心”项目落地。

主动靠前站位服务企业。抓好中小微企业、高新企业及重点企业三个着力点，继续开展“稳增长”调研，完善重点企业协调员制度，关注和解决辖区内重点企业的困难。落实厦门海关新规，准确把握尺度，促进对台小额贸易健康有序发展，将规范整治台杂货和支持引导对台直航并举，对台小额贸易业务发展良好。2016 年，小额贸易规范发展，贸易额 5236 万元，同比增长 7%；对直航台贸易稳步发展，贸易额 2.38 亿元，同比增长 46%。

【提升风险防控 Improve the risk prevention and control】 2016 年，泉州海关驻石狮办事处综合治税大格局不断完善，坚持“以质为主、量质并举”的方针，强化征税服务措施，加强价格专业认定、价格咨询、原产地认定等工作，加强保证金监控，及转税、核销工作，税款征收超额完成年初申报税收目标数；税收征管质量进一步提高，全年平均价格水平始终保持在绿色区域，规范申报率 99.33%，位居厦门关区前三，税收征管综合考评连续三年为考核一等，综评位居厦门关区各现场第三。

通关监管成效显著，监管质量进一步巩固。深入推进监管场所清理整顿，开展危险化学品货物清理整治工作，全面加强进口固体废物监管，“两查率”指标实现达标并不断优化，通关效率显著提高，全年出口通关率维持在厦门关前列，进口货物通关率 81%，较 2015 年提高 14 个百分点，为设办以来首次达到全国平均水平。现场始终保持良好的业务指标，通关现场加强价格验估磋商，审单补税 763 万元；进出口舱单核销率 99.9%。开展“8•12”事故警示教育和专项整治，贯彻习总书记习近平提出的“管行业必须管安全，管业务必须管安全，管生产必须管安全”要求，坚持高标准、严要求，全面加强监管场所管理。落实“三互”推进大通关，探索建立口岸风险联合防控机制，维护口岸“大安全”，筑牢口岸安全防线。

【查缉走私 Prevent and counter smuggling】

2016 年，泉州海关驻石狮办事处按照海关总署、厦门海关的部署，保持打私高压态势，进一步提高关区打击走私整体效能，规范进出口贸易秩序。牢记打私第一责任人的职责，构建反走私综合体系，以风险管理为中心环节积极推进风险、情报、现场监管、缉私工作的协同推进，取得较好成效。进一步优化 H986 集中审像和机动查验、复查复验机制，提高查验工作质效，维护口岸正常进出境秩序，营造公平、健康的投资贸易环境。

（连　旭撰　吴鸿温审）

检验检疫
Inspection and Quarantine

【严格检验检疫制度 Strict inspection and quarantine system】 泉州出入境检验检疫局石狮办事处，系泉州出入境检验检疫局派出机构，机构级别正处级，内设 4 个科室：办公室、综合业务科、检验监管科、动植物与食品检验科，负责石狮市行政辖区及晋南（龙湖、深沪、金井、英林）四个乡镇的检验检疫业务。现有正式编制人员12人，其中公务员12人。

2016年，泉州出入境检验检疫局石狮办事处完成检验检疫货物5492批4.86亿美元，分别同比增长-19.60%和-17.18%。其中出境检验检疫977批1.17亿美元，分别同比增长2.09%和29.17%，入境检验检疫4515批3.69亿美元，分别同比增长-23.14%和-25.65%。

签发原产地证书4869份，货值2.2亿美元，分别同比增长17.30%、24.13%。其中普惠制原产地证书1125份，货值5291.7万美元，分别同比增长-13.93%、-21.00%；一般原产地证书1077份，货值4868.86万美元，分别同比增长-19.02%、-9.18%；区域优惠原产地证书2667份，货值11815.63万美元，分别同比增长76.16%、109.31%。普惠证和区域优惠原产地证书共计为企业减免国外关税约1500万美元。

表24

2016年检验检疫主要指标情况表（法定检验业务）

	批次	同比增长（%）	货值（亿美元）	同比增长（%）
出境	977	2.09%	1.17	29.17%
入境	4515	-23.14%	3.69	-25.65%
出入境合计	5492	-19.60%	4.86	-17.18%

【加强检验检疫监督管理 Strengthen the supervision and administration of inspection and quarantine】 2016年，泉州出入境检验检疫局石狮办事处完善工作质量长效机制。及时调整工作风险库，持续开展业务质量隐患排查，落实各项工作风险预防控制措施，防范业务工作风险。

深化监管模式改革。在出口食品一类企业中推行过程监管模式，实施生产过程风险监测，加快出口通关速度。开展出口企业和进口食品进口商分类考核，实施分类管理，加强对进出口企业信用信息采集，特别是对涉及安全、卫生、环保指标不合格的项目100%完成采集，建立重点企业名单及档案，加强重点企业信用评级管理，积极指导帮促出口企业健全质量管理体系，督促企业加大自检自控力度，落实企业主体责任。

重点监管，保障国门安全。定期开展玩具、输非商品等质量分析，密切跟踪重点敏感产品贸易和质量状况。健全进口食品检验监管机制，加强进口前、进口时和进口后环节重点整治，全面落实进口商备案等进口食品监管责任，全力把好国门。

【开展质量提升活动 Carry out quality improvement activities】 提升社会质量意识。2016年，泉州出入境检验检疫局石狮办事处与市政府及相关部门沟通联系，凝聚质量工作合力，共推石狮市出口童装质量安全示范区建设。通过宏观质量管理提升、开展企业培训和童装产品质量风险监测等措施不断帮促童装企业持续提高质量管理水平和产品质量档次，出口童装质量安全示范区建设取得显著成效，基本达到省级相关要求，建设保障体系、质量安全监管体系、风险管理体系和公共服务体系基本形成，待省局验收。

开展“3•15”“质量月”“食品安全宣传周”“世界认可日”“品牌创建”等活动，加强宣传、组织专题培训，强化企业质量主体意识，帮促出口企业提升质量安全保证能力。引导出口食品企业率先启动“同线同标”行动，实现内外销转型升级，帮促出口企业获得中国进出口质量诚信企业、检验检疫信用管理AA级企业等资质，打造质量示范标杆。

【安全监管重点产品质量 Safety regulatory on product quality】 2016年，泉州出入境检验检疫局石狮办事处强化进口商备案管理和食品标签审核。落实进口食品质量安全主体责任，加强对进口食品进口商实施备案管理，重点审查进口预包装食品加贴中文标签的规范性和准确性，严厉打击逃漏检或未获检验检疫准入进口食品。

强化风险监控，提高工作有效性。加强对进出口食品安全风险监控，抽检酒类、饮料等风险监控样品。落实进口食品追溯要求，督促企业如实做好进口记录和销售记录，依托进口食品追溯电子平台实现追溯。

突出对出口玩具、输非工业品装运前检验、食品接触材料、儿童用品等重点商品质量安全监管，提高对安全、卫生、环保项目的不合格检出率；开展童装等目录外进出口商品的抽查监管；以法定检验、监督抽查工作中发现的不合格，通报的质量信息，以及出口退运、国外通报召回案例为抓手，加强出口商品质量安全追溯调查和责任追究，进一步提升整体质量水平。

【为企业提供精细化服务 Provide fine service for the enterprise】 服务促进远洋渔业产业做大做强。2016年，泉州出入境检验检疫局石狮办事处贯彻落实泉州局《定向施策 精准服务 促进泉州外贸发展事物条措施》和《支持泉州远洋渔业发展的六项措施》，在风险可控前提下，80% 以上自捕水产品实行口岸即查即放，实施无纸化报检和无纸化放行等措施，加快通关放行速度。帮扶企业冷库取得进口水产品储存冷库备案资质，有效缓解进口冷冻水产品库容不足问题。帮促深沪渔港远洋渔业作业区通过省级验收，成为全省唯一对外开放的远洋渔业专用码头。

促进水产品特色产业发展。帮扶指导福建万弘海洋生物科技有限公司和石狮市华宝海洋生物化工有限公司等水产企业取得出口资质，并推荐福建万弘海洋生物科技有限公司对美国、韩国注册。及时跟进华宝明祥公司泰国鱼罐头综合项目，帮扶指导企业获得鱼罐头产品出口资质。鼓励企业开拓国外市场，推荐4家水产企业对美国、韩国、印尼、越南等国外注册，促进水产企业做大做强。

服务辖区出口纺织服装企业。2016年，编写12期《福建国检企业信息—纺织服装专刊》，收集国内外的相关技术法规壁垒、欧美召回通报等信息，增强企业应对国外技术壁垒的主动性和前瞻性，帮促企业扩大出口。在出口童装质量安全示范区建设中，对20家入区企业开展评定工作，提供出口国的质量安全预警信息。

全面开启“互联网+质检”模式。全力推行无纸化报检率达到100%，通过直通放行货物2729批，货值3.09亿美元，可为企业节省通关时间约5500个小时，通关成本约55万元；以e-CIQ主干系统上线为契机，实施入境货物通报受理异地报检入境货物，提升通关便利化水平。

推进原产地签证制度改革。对全部企业实施无纸化、免调查、零收费、零等待等一系列产地证签证便利化措施。推动与商务局的信息共享、执法互助、监管互认，在泉州地区率先实施对外贸易经营者和原产地证申请人备案“两证合一”，进一步简化企业办事程序，提升原产地签证便利化水平，促进企业对自贸协定优惠政策的利用。

【提高执法能力 Improve the ability of law enforcement】 泉州出入境检验检疫局石狮办事处依法行政，加大事中事后监管力度，重点打击输非商品等出口假冒伪劣高发领域以及进口食品进口前、进口时和进口后等环节的违法违规行为。2016年，对3家公司进口冷冻水产品未申报行为进行立案调查，并实施行政处罚；通过开展产地证签证数据核查，对1家公司不如实申报违法案件进行立案查处，增强企业守法意识。着力提升一线检验监管执法能力。做好辖区进出口危险化学品及包装开验技术准备，参加学习培训，2人次通过国家局危险化学品及包装检验资质考试。

（蔡向东撰 沈庆辉审）

口岸与海防管理

Port and the Management of Coastal Defense

【口岸管理 Port management】

2016年，石狮市口岸与海防委员会办公室继续推动海关、检验检疫、海事、边检等查验部门继续深入贯彻落实省政府、泉州市政府出台的贸易通关便利化措施，继续深化“一站式查验”关检合作新型通关模式，口岸通关服务水平大幅提高。进一步推动关检合作“三个一”协调机制和工作制度，加强协调配合，完善关检“一站式”查验场所建设，实现关检“一次开箱、一次查验和检验检疫”。2016年，市“三个一”报关单一次申报4260票，关检查验并联运行为企业节约通关时间30%，节约查验费用50%。实现辖区主要重点敏感商品全覆盖，有效防止“任性查验”“人情查验”，确保一线执法更公平公正。推进通关作业无纸化进程，无纸化率达99.73%，居泉州关区第一。石狮检验检疫办事处持续优化入境石材检验检疫监管模式，实行“集中查验、分批核销”，有效降低查验比例，确保通关“零时滞”。各查验单位从大局出发，从服务企业的角度思考问题，正确处理严格监管与优质服务的关系，从落实减少环节，提高效率，优化服务方

口岸管理　　（图/口岸与海防管理股）

面主动靠前服务，及时沟通，提供政策法规支持，确保良性发展，帮助引导省重点企业进口货物集装箱回流泉州港。优化通关作业流程，保障泉州进出口货物的快速放行，推动辖区石湖口岸的外贸作业点开展内外贸集装箱同船运输业务，更好地服务“海上丝路”及泉州市参与21世纪海上丝路战略。2016年，石湖港完成集装箱吞吐量131万TEU，同比增长3.09%；完成散杂货吞吐量250万吨，同比下降9.45%，其中完成进口荒料石222万吨，同比下降10.5%。

海防管理　（图/口岸与海防管理股）

【海防管理 Coastal defense management】

2016年，深抓“平安海域”创建工作，推动各海防管理单位群防群治，完善执法力量互补、区域协作的执法互动机制，采取大规模地毯式联合检查和专项整治，加大安全监管力度，开展隐患排查治理，加强港口日常巡查和海上巡航执法，打击各种违法犯罪活动。开展海防监控设施摸底普查，在辖区港口码头和景区等重点部位广泛布设高清监控探头，依托视频监控网络，实现动态巡逻与静态观察，重点时段与重点区段全天候立体式巡查防控。强化信息装备，提高海上实战能力，依托联动系统，对重点船舶实时监管。对海防基础设施现状进行跟踪管理，组织协调维护，推动2016年海防基础设施项目建设，夯实海防工作根基。

（尤巧娜撰　卢崎青审）

（图/颜华杰）

财 政
Finance

【加强国有资产管理 Strengthen the management of state-owned assets】

2016年，石狮市一般公共预算总收入60亿元，同比增长0.7亿元，同比增长1.18%；一般公共预算收入完成40.34亿元，同比增长1.8亿元，同比增长4.8%；一般公共预算支出完成48.85亿元，同比增长0.36亿元，同比增长0.74%。

全面开展全市行政事业单位资产清查工作。2016年，完成全市268家行政事业单位资产清查工作，全市行政事业单位资产清查账面值274937.59万元，其中固定资产账面值174230.95万元、无形资产账面值18769.07万元、其他资产账面值81937.57万元。

盘活国有资产。按“分期分批有序推进”原则，推进安置片区存量国有资产盘活工作。2016年，主要组织开展龙福小区、幸福新城、镇中路凤凰城、东城美居安置剩余房产公开拍卖工作，拍品为长福片区（龙福小区）共240套，幸福新城（御璟天下）共163套，东城美居共12套，镇中路二期（凤凰城）共100套，合计515套。实际成交住宅439套，其中长福片区（龙福小区）成交238套、幸福新城（御璟天下）成交163套、镇中路二期（凤凰城）成交26套、东城美居成交12套，总成交金额27477.52万元，溢价1133.22万元，溢价率约4.3%。

按照国有资产管理有关规定，开展国有资产处置审核工作，2016年，审批164宗国有资产处置，账面原值约5606.2万元；审批资产划转55宗，账面原值约14760.2万元；推进公共资源市场化配置，全年审批108宗国有房产公开招租，总挂牌价约3701.22万元。

【推进市属国有企业实体化 Promote the reform of municipal state-owned enterprises materialization】 2016年，石狮市出台《石狮市深化市属国有企业实体化改革实施方案》，拟定《加强市属国有企业国有资产管理的意见》等国企改革配套文件，制定国有企业公司管理体制、用人机制和企业负责人薪酬分配方案等国企改革配套文件。成立福建石狮国有投资发展集团有限责任公司、福建石狮城市投资建设集团有限责任公司、福建石狮产业投资发展集团有限责任公司三个集团公司，将市属国有企业打造成投资、融资、运营及偿债一体化的市场主体。

【推行公务卡制度改革 Carry out official business card system reform】 2016年，公务卡制度改革继续坚持规范运作、

2016年12月12日，市财政局动员部署队伍建设年活动　（图/财政局）

强化监管和简单便利的原则，逐步推进。全市纳入国库集中支付范围的预算单位办理138张单位卡、1299张个人卡。公务卡制度改革基本完成。

【开展财政专项支出绩效评价 Carry out the special financial expenditure performance evaluation】 2016年，对11个单位的20个项目实施预算绩效管理，涉及资金6.48亿元，覆盖率31.93%。

【国有资本经营预算 State-owned capital management budget】 保证国有资本增值保值，推进市属国有企业健康持续发展。根据《福建省财政厅关于编制2016年国有资本营运预算的通知》精神，经石狮市人民政府同意，从2016年开始编制实施国有资本经营预算。2016年，国有资本经营预算收入528万元，相应安排支出528万元，收支平衡。

【加大财政支出 Increase fiscal spending】

按照民生优先、重点突出、完善机制的思路，加大财政保障性支出，落实好各项民生工程和公共财政政策，重点保障教育、医疗卫生、社会保障与就业、文化体育等方面的需要。2016年，全市财政民生支出占一般公共预算支出约70%。

【落实财税政策促进经济发展 The implementation of fiscal and taxation policies to promote economic development】

落实结构性减税降费政策，协调出台企业扶持政策并及时兑现扶持奖励资金，有效缓解企业资金压力。2016年，拨付各项扶持奖励资金4.37亿元，受惠企业700多家，促进企业加快转型升级，不断增强企业应对市场风险的能力。

【完成政府采购 Complete government procurement】 2016年，完成货物及服务招标项目126个，计划采购金额36988.97万元，实际采购金额31297.19万元，节约资金5691.78万元，节约率达15.39%。

【加强政府采购监管 Strengthen the supervision of government procurement】

2016年，强化政府采购监管，促进政府采购公开透明。对计算机等办公设备及空调设备实行网上竞价采购，公务用车实行定点加油和统一保险制度，并深化政府采购政策功能，确保政府采购支持节能减排政策落到实处。

【会计事务管理 Accounting affairs management】 2016年，办理会计从业资格证书3447本，其中，新申请办理会计从业资格证397件，旧证换新证3050件，办理职称报名908件。

【土地出让收入 Land transfer revenue】

2016年，国有土地出让金收入3.08亿元，比2015年增长24%。相较前几年有大幅下降，主要是房地产业去库存压力较大，开发商购地意愿不足。

【推进非税收入收缴管理制度改革 Promote the reform of non-tax revenue management system】 2016年，通过非税收入收缴系统缴入国库的非税收入金额为7.59亿元。行政事业性收费及政府性基金100%纳入非税收入收缴系统。

（杨凯炼撰 傅荣辉审）

国家税务
National Tax

【税收收入 Tax revenue】 2016年石狮市国税局组织税收收入280488万元（其中车辆购置税8173万元，免抵调库14670万元），同比增收17499万元，同比增长6.65%，完成年初计划的103.12%，完成调整后税收收入任务的101.63%，其中，中央级收入165365万元，同比减收14970万元，同比下降8.30%，地方级收入115123万元，同比增收32469万元，同比增长39.28%。2016年，石狮市国税局组织地方财政税收收入263397万元，同比增收11085万元，同比增长4.39%。

【推进营业税改增值税 Promote the business tax VAT instead】 2016年，石狮市国税局全面推进四大行业营改增纳税人试点工作。确认地税移交试点纳税人4602户，其中认定一般纳税人164户，向新增营改增企业发行金税设备和发售发票400多户，实现5月1日零点开票和6月1日申报税款入库等目标。成立以局长为组长的营改增工作领导小组，下设办公室，挂靠政策法规科，召开营改增工作动员部署会议，下发工作方案和倒计时方案。向地方党政分管领导汇报并取得政府在人员和设备上的支持，和地税局、工商局以及行业主管部门进行沟通协调，确保营改增各项工作落到实处。全局上下形成合力，连续奋战35天，全面确认地税移交试点纳税人4602户，按时完成全面推进营改增工作。联合航信、百旺、税友等公司举办"营改增"政策业务培训会12场，全面讲解"营改增"行业企业面临的新政策、新问题，进一步提高对相关政策的理解、把握和具体操作能力。

持续做好全面营改增的后继管理工作。与石狮地税部门联系对接，获取"营改增"试点纳税人基础信息、入库信息和项目信息等。设置"专家导税团+志愿者预审服务"每天安排一名专家团成员带领两名导税员以及四名高校大学生志愿者在导税台源头把关办税资料，做好预审，提高窗口办件效率，开辟"营改增"专区，设立绿色通道，6个专人专岗服务。

【推进国、地税合作 Promote national tax and land tax cooperation】

2016年，石狮市国税局全面推进和地税合作。贯彻落实《深化国税、地税征管体制改革方案》《合作规范（1.0版）》所列44项合作事项，实现10项合作事项全市推广。整合办税资源，促进服务一体。通过联合开展税收宣传、联合培训辅导、互派人员等方式，深化国地税合作，整合办税资源，促进服务一体。发挥各自优势，推动征管互助。扩大委托地税代征相关税费合作范围，委托地税机关在“营改增”后继续受理纳税人销售其不动产和个人出租不动产申报缴税和代开增值税发票业务。全年国税局代地税局征收税费21.76万元，地税局代国税局征收税费1979.27万元。地税局扩大委托国税代征相关税费的合作范围，委托内容将根据金税三期系统的支持程度作调整。

加强协调沟通，实现信息共享。国地税已经统一税务行政处罚裁量权基准，共享对纳税人处罚处理情况信息，避免处罚不一或重复处罚。并不定期开展税收联合调查。9月，石狮市国、地税联合走访福建鸿山热电有限公司和石狮市百德房地产有限公司开展税收调研，对其经营情况进行了解，共同获取税源信息。

【加强行业纳税评估 Strengthen the industry tax assessment】 2016年，石狮市国税局加强行业一级风险应对。结合优化纳税服务，对催报催缴、行业模型数据补充申报、建账建证与会计制度报备管理等实施风险提醒，全年发出催报催缴信件1.81万封，将不纠正的纳税人移送市局税收风险应对团队处理。二级风险应对。包括日常管理中的注销税务登记、停歇业、非正常户、清空清漏、定额核定等户籍管理检查，全年组织开展二级风险应对4234户次，补税273.38万元。三级风险应对。即纳税评估，采取分局组织应对与市局组织应对方式开展。省局、泉州市局下达的评估对象一般由市局抽调风险应对团队的人员，组成纳税评估小组进行风险应对，市国税局自行筛选的评估对象直接下达到各税源管理分局，由各税源管理分局组织人员开展风险应对。全年下达纳税评估任务227户（其中省局下达182户泉州市局下达21户，市国税局下达24户），完成评估任务365户（包括以前年度157户），评估补税285户，补税加收滞纳金合计3801.38万元，评估补税占税收收入任务的1.36%。四级风险应对。由市局税源专业化管理工作领导小组审议批准，稽查局依据《税务稽查工作规程》实施税务稽查，全年稽查查补入库税款610.76万元，有效打击涉税违法行为，提高税务稽查威慑力。

石狮市国税局、地税局联合人社局联合主办“八闽春风行 税法进万家”活动
（图/国税局）

获取运用第三方信息数据。加强与工商部门联系，取得企业和个体工商业户的登记信息，与CTAIS系统税务登记进行清分比对，及时把比对信息下达给各税源管理分局进行核实。取得电力公司、供水公司的支持，获取企业每月用电、用水的额度，为纳税评估提供信息参考。密切与各乡镇、各同业公会的联系，及时掌握新办业户的最新资料，提高户籍监控能力。拓展获取第三方信息的渠道，建立常态化的第三方信息互享网络。2016年，通过第三方信息查补税款、加收滞纳金合计374.21万元。

【深化税源专业化管理 Deepen the tax professional management】 2016年，石狮市国税局强化各税种管理。货物与劳务税方面：在增值税管理上，执行《国家税务总局关于调整增值税一般纳税人管理有关事项的公告》文件精神，即自2015年4月1日起，增值税一般纳税人资格由审批认定制改为登记制，全年登记一般纳税人1140户。做好车辆购置税征收管理，建立完整的车辆购置税档案室，全年征收车辆购置税税款8184.28万元，依法办理减免税款135.22万元。企业所得税方面。组织开展2015年企业所得税汇算清缴重点评估工作，9020户企业准期完成汇算清缴，汇算清缴面达100%，补征企业所得税15110.69万元。继续加强所得税日常监控和后续风险管理。国际税收管理方面。规范对外支付税务凭证的开具和管理，加强对非居民企业所得税的管理，全年代扣代缴非居民企业股息、利息、劳务所得企业所得税2601.11万元。

加强纳税人户籍管理。继续贯彻落实税源监控管理办法，开展税收风险管理。组织开展清理漏征漏管户、认定和监管非正常户、非双定户纳税人注销税务登记等管理工作。全年清理漏征漏管户 875 户，补税 231 万元。市国税局管户从年初的18676户增加至28151户。加大对零负申报企业的申报审核和管理力度，建立零负申报企业和未达起征点企业管理台账，实行定期巡查巡管制度。强化个体税收管理。组织开展个体工商户定额调整典型户调查工作，根据各专业市场、不同地段等重新制定定额标准，全年重新核定定额 9535 户次。

石狮市国税局 2016 年税收工作暨优秀表彰大会　　（图 / 国税局）

【提升出口退税工作效率 Improve the export tax rebate work efficiency】

2016 年，石狮市国税局实施出口企业分类管理，全面落实《出口退（免）税企业分类管理办法》，根据纳税信用等级评定、税收遵从、税务违法违章等评定标准，对现管辖的 157 户生产性出口企业进行分类评定，执行分类管理措施，使信用好的企业出口退税时间进一步缩短，不断提升退税管理质量和效率。严格退税审核手续，保质保量完成“免、抵、退”税企业的审核审批工作，加大对出口企业的帮扶力度，率先实行单月多批次退库制度，加速退税速度，实现应退尽退，发挥出口退税对外贸出口的促进作用，全年审批免抵退税额 1.47 亿元，实现退税 2.76 亿元，有效缓解企业资金压力。拓宽第三方信息的获取渠道，关注企业派发股息红利、支付国际劳务支出等情况，有效堵塞税收漏洞。

【开展税收专项检查 Carry out the tax special inspection】　2016 年，石狮市国税局开展税收专项检查。组织开展全市税收专项检查和区域税收专项整治，明确税收专项检查项目，落实检查工作要求，保证检查的顺利进行。加大举报案件查处力度，全年受理并查结举报案件 6 件。查办稽查大案要案，全年全市查补预缴税款达 10 万元以上的案件共有 9 件，查补收入 274.22 万元。根据《泉州市国家税务局关于开展 2016 年打击虚开发票违法犯罪活动工作的通知》，组织学习相关文件精神，部署开展专项工作。对于涉及申报抵扣农产品的企业，采用辅导自查和重点检查相结合的方式开展检查；涉及的经营黄金企业，按照省局文件精神对其全部立案检查，并结合本地区实际情况开展专项整治工作。按期按质查复协查案件。全年受托协查并回复发票 64 起 1372 份，协查受托按期回复率达 100%。

【便民办税 Facilitate people to deal with taxes】　2016 年，石狮市国税局开展“便民办税春风行动”。拓展网上办税服务，实现 020 网上发票申领系统在石狮市范围内推广。5 月 20 日正式实施以来邮寄 484 户，发票份数 128747 份。有效地引导纳税人使用网上发票代开工作，进一步打通纳税服务工作“最后一公里”。通过政府购买服务，招录 10 名劳务派遣工、添置 30 台电脑、终端设备，解决纳税人“最后一公里”问题。开辟营改增办税专区，召开面向干部和纳税人的培训会总计 20 场，完成税控设备发行 200 多户。国地税共建，互设窗口，互派人员，为纳税人提供便捷咨询。强化纳税服务规范。落实“二维码”一次性告知工作，发挥二维码的作用，进一步减轻办税人员的压力，提高纳税人满意度；倡导“双人导税、一人专职”的服务理念，在自助区辅导纳税人完成“网上办税大厅”的相关涉税操作，日均辅导 97 人次；微信公众号价值升华。全年共有 4150 余人关注，发送信息 421 条。通过多种方式扩大公众号的关注度，发放宣传材料，在办税厅内多处设有二维码供办税人扫描。为 A 类企业提供绿色通道。客观做好纳税人信用等级评定工作，迅速落实 A 级纳税人及部分 B 级纳税人取消增值税发票认证新规。

【税收宣传和执法监督 Tax propaganda and law enforcement supervision】

2016 年，石狮市国税局与石狮市地税局、人社局合作，在服装城举办企业财务人员“营改增”及企业所得税年度汇算清缴业务培训，促进企业深入了解“营改增”和企业所得税新政，提高企业办税水平，辅导纳税人及时进行纳税调整，依法及时申报纳税。以“聚焦营改增试点，助力供给侧改革”为主题，在市政府人民广场举办大型税收知识灯谜竞猜，增加税收宣传的趣味性、互动性和实效性，让税收更贴近群众。与辖区内小学合作，开展税法进课堂活动，加深学生对税收知识和社会发展的理解；与辖区内高校合作，举办税法辩论赛，让依法纳税理念深入校园。开展税法进社区活动，分发税法宣传材料，制作税收文化宣传墙，把税收知识传递到千家万户，增强居民依法诚信纳税意识，提高税法遵从度，营造良好的税收法治环境。通过微信公众号、税企QQ群和手机短信等平台，向全社会发送“营改增”、出口退税等税收新政，以及“一照一码”“银税互动”和“二维码一次性告知”等便民惠民举措，让其全面了解国税涉税事宜，更好更有效地提高办税质量。

完善“两权”监督，结合形式多样的反腐倡廉活动，进一步强化税收执法过程监控、责任考核和严格追究，不断提高干部的自律意识，确保税收执法的廉洁公正、规范有序。落实中央八项规定，执行中央“八项规定”，规范“三公”经费开支，杜绝公款吃喝、公车私用和奢侈浪费行为，提升廉洁之风。全年“三公”经费21.99万元，其中公务接待费用1.94万元，与2015年同期持平；公车运维费用20.05万元，同比2015年减少5.84万元，同比下降22.56%，全年会议费开支为零。做好“1+X”专项督查工作。2016年下半年，石狮市国税局在市纪委、市局监察室的领导下，开展“1+X”专项督查、推动中央八项规定精神深入落实的工作，及时按时间进度报送督查情况。9—12月，石狮市国税局报送的疑点发票信息96条；对石狮市国税局的财务支出进行自查，没有发生公款消费、化整为零或变相支付等问题。

（吴建华撰　林金潮审）

地方税务
Local Taxation

【税收收入 Tax revenue】　市地税局内设10个职能科室，下辖11个管理分局、2个评估分局和1个稽查局，干部职工115人。2016年，管辖全市纳税户27075户，其中，内资企业20037户（企业所得税地税管征2112户），三资企业453户，个体工商户5336户，其他纳税户1249户。地方税源涵盖纺织服装、五金机械、印刷包装、鞋业鞋材、食品饮料、电子信息、金融典当、建筑安装、房地产开发、车船运输等国民经济行业。2016年，市地税局以“我的支部·我的家”为主题，开展总支特色党建，获2016年石狮市机关特色党建评选优秀奖。

2016年，市地税局各项税收收入29.55亿元，同比减收4.16亿元，同比下降12.33%，其中，入库税收收入（含省级税收和耕契两税）22.87亿元，同比减收3.94亿元，同比下降14.73%，营改增后6—12月营业税同比净减收，剔除此因素累计入库税收同比增收2.53亿元，同比增长12.48%；入库财政口径收入（不含省级税收、含县级耕契两税）21.58亿元，同比减收3.09亿元，同比下降11.59%；入库各项费金入库6.68亿元，同比减收0.21亿元，同比下降3.01%，其中基本养老保险费入库2.91亿元，与2015年同期相比略有增长。

【各类税款查补情况 All kinds of taxes pick up to check and pay】　2016年，市地税局加强稽查规范化建设，完善科学选案机制，贯彻执行《稽查工作规程》，开展税收专项检查，在选案、检查、审理和执行各个环节落实依法稽查，依照法定权限和程序行使职权，查补入库税费1096万元。选取房地产、织造、教育培训等行业深入开展专项税收检查，运用第三方信息加强对房产、土地两税的征收，加强“以地控税”管理，查补税费421万元。围绕组织收入中心任务，坚持税费并重，夯实征管基础，强调在征收管理、政策执行、法律文书制作和送达、欠税清理和执行程序上严格依法依规，提炼出行业典型案例加以推广。采取措施清理欠税，对经多次催缴无效、拒不履行纳税义务的纳税人依法采取强制执行措施，全年采取催报催缴、强制执行措施和参与法院财产分配共39户，金额3532.05万元，与2015年相比户数增加11户，同比增长39.29%；金额增加1468.99万元，同比增长71.20%。

【优化税收法治环境 Optimize the environment of the tax law】　2016年，市地税局采取多种形式，加强普法宣传，坚持执法与服务并重，健全柔性执法机制，营造良好的税收法治环境。全面推行权责清单制度，规范行政审批行为和行政处罚裁量权，健全依法决策、税收执法、重大案件审理及复议诉讼等机制。强化权力运行监督制约，推进“互联网+政务”，建立重大行政审批项目、重要税收政策措施的集体研究决定制度。围绕政策落实和税收征管的关键环节，开展执法督察工作，落实行政执法责任制与过错责任追究。敢于亮出“法治税务”利剑，从容应对纳税人对契税新政不理解而产生的上访事件，认真而慎重、周全应对行政诉讼，化被动为主动，取得较好成效；加强与政府、部门、行业协会和地方商会的互动，形成清空堵漏、税收宣传、打击发票违法行为等方面的工作合力。

【提升纳税服务水平 Enhance the level of tax service】　市地税局对所有涉税业务包括即办事项的流程进行再梳理，查找影响服务质量和办事效率的关键节点，提升纳税服务层级。2016年，市地税局推广AAA移动税务平台纳税人端用户数1662户，完成计划下达任务的133.10%。开展网络安全宣传周系统活动、上线智能排队叫号管理系统分别被省、市局官方网站采用。提升流程再造水平，对所有涉税业务包括即办事项的流程进行再梳理，查找并优化影响服务质量和办事效率的关键节点。深化“便民办税春风行动”，落实《全国纳税服务规范》2.2版和标准化服务指南升级版，持续推进“一照一码、三证合一”登记制度。优化完善办税服务平台功能，拓展纳税服务的深度和广度。继续完善首问责任、一次性告知及预约服务、延时服务等便民措施，缩短纳税人办税时间，不断增强纳税人满意度和遵从度。广泛宣传，联合开展纳税信用评价，对5217户纳税人联合开展信用评价（A级纳税人169户、B级纳税人3876户、C级纳税人1035户和D级纳税人137户），收到良好社会效应。落实税收优惠政策。树立不减也是收“过头税”理念，落实税收优惠政策和结构性减税政策。2016年，减免各项税收17563.41万元(其中:减免小型微利企业2871户，金额2183万元)，比2015年增加6903万元，增长64.75%,助力地方经济发展。强化“金三”系统学习运用。班子成员现场指导与服务，带队处理突发事件，组织业务骨干整理典型案例，加强日常效能监督与管理。强化职能分工，实行轮班制，每天抽派人员充实咨询台，强化业务学习、及时反馈问题并提交运维。做好金税三期上线宣传工作，取得纳税人谅解和配合，保证系统顺利运行。

【优化人力资源配置 Optimize configuration of human resources】 市地税局进一步健全优褒劣贬、勤奖懒罚的效能考评体系。抓好人才培训，提升执法素质。在分局长论坛的基础上开设“迷你课堂”交流学习，加强教育培训，鼓励干部职工参加学历、学位教育和“三师”资格考试，健全税收人才库，获得“三师”等专业资格证书25人，占比21.50%;28人获得硕士学位，占比24.35%;再次，从严监督考核，强化廉政建设。履行“一岗双责”，把党风廉政建设融入地税局中心工作的总体布局，做到廉政工作与日常工作同计划、同布置、同落实。增强团队凝聚，建设和谐家园。推动地税文化精神引领，全局以主题活动和志愿服务为载体，到社区服务群众和文化结对帮扶，全年开展志愿服务活动30次，289人次参与。培植社会责任，挂钩联系美丽乡村、探访孤儿院和敬老院、结对帮扶困难家庭、关爱孤寡、失独老人和残障人士。倡文明新风，增强干部使命感和归属感。构建多彩文化建设平台，引领干部职工在兴趣活动中乐享健康业余文化生活，调动群团组织发挥积极作用，有序开展摄影、书法、音乐等艺术爱好活动和太极、球类运动等体育运动，建立摄影书法基地，开展摄影鉴赏，搭建干部特长施展平台，拓展干部成长空间，实现个人价值与团队价值的有机融合。2016年，在泉州地税系统男子篮球比赛中，地税局获第二名。

（林清伟撰 王文曲审）

审 计
Audit

【履行审计监督职责 Fulfill the duties of audit supervision】 2016年，审计局履行审计监督职责，发挥审计保障国家经济社会健康运行的“免疫系统”功能，审计项目32个，完成审计项目32个，查出违规金额1175万元、管理不规范金额54117万元，上缴市财政1175万元，提交审计综合报告和调查报告41篇、审计信息42篇。

【本级财政预算执行审计 The budget execution audit at the corresponding level】 2016年，市审计局加强政府债务管理。按照“摸清规模，分清类型，分析结构，分析原因，提出建议”的工作思路，摸清地方政府性债务的规模、结构及债务增减变化趋势，分析债务偿还能力，揭示存在的风险隐患，揭示和反映有关部门在债务管理中存在的突出问题，分析地方政府性债务形成的主要原因，为政府决策提供有价值的意见和建议，促进加强地方政府性债务管理，防范和化解潜在风险。

促进盘活财政专项资金。市审计局延伸审计部分财政专项资金，针对发现的专项资金未专款专用、专项资金使用效益不高等问题，提出要建立健全科学的资金使用考核检查验收机制，强化资金的跟踪问效和调查研究，及时发现资金资产使用中的问题,确保资金安全、有效运作，发挥资金的使用效益。

促进规范财政支出核算。审计披露财政部门上级专款及上年结转指标余额较大、政府性基金使用不严格，扩大预算支出范围等问题后，财政部门积极整改，落实措施规范财政支出核算，提高财政资金支出的效率。

促进提高税收征管水平。审计从税性收入、地方性财政收入等方面入手，分析石狮市2015年主体税种、重点行业税收收入的可持续增长水平。促进税务部门应对复杂严峻的经济和税收形势变化，优化纳税服务，深入发掘和挖掘征收潜力。审计重点调查委托代征税收管理情况，发现委托服装城物业管理公司代征中存在未单独设立代征税款账户、未按照合同规定对代征范围全部进行代征、代征户欠税等问题。

促进预算执行的有效性。审计对367个建设项目的预算执行情况进行分析，发现171个项目（共安排预算76387.65万元）至2015年末未使用资金，93个项目(共安排165239.71万元)至2015年末预算执行率低于30%。针对审计发现的资金使用效益的问题，财政部门进一步完善“项目库”制度，统筹安排建设资金，细化项目投资预算和投资计划，对资金进行清理调整。

促进市属国有企业实体化改革。审计对石狮市国有投资发展有限公司的基本情况、内控情况、财务情况、对外投资情况等进行全面调查。对审计中发现的借款未及时收回、代垫、滞留财政资金及固定资产管理方面存在的问题督促整改，促进企业规范融资债务管理，加强融资债务风险控制，确保资产、资金的安全。

促进构建社会主义和谐社会建设。通过对涉农、民政救助、低保及社会保障等专项资金的审计，重点揭露部分资金分配不合理、使用管理不规范、挤占闲置等问题。促进有关部门制定出台《石狮市就业专项资金管理暂行办法》《农业专项资金管理办法》《石狮市渔业生产救灾资金管理办法（试行）》等制度，保障与民生利益相关资金的安全与完整，保护人民群众的切身利益，推动和谐社会的构建。

【民生资金审计 The people's livelihood capital audit】 2016年，市审计局加大对城乡居民最低生活保障资金、民政救助资金、城镇保障性安居工程、社会保障和就业支出情况、涉农专项资金的审计力度。着力检查惠民政策是否落实到位、政策目标能否实现，查处挤占挪用资金、降低建设标准等侵害群众利益的行为，从体制、机制层面提出有关建议，为领导决策提供有价值的依据。

城乡居民最低生活保障资金专项审计调查。石狮市重视城乡最低生活保障政策的落实，财政资金投入逐年增加，对低保对象的人均补助水平相应提高，城乡居民最低生活保障标准（即“保障线”）户月人均收入从2014年的480元提高到2015年的580元。审计发现的主要问题有：对16名已死亡人员继续发放低保金；居民名下拥有商业店面、商品房等房产享受低保待遇19户，拥有非用于生产经营的轿车享受低保待遇49名；个别低保户虚报收入；享受低保待遇的对象中有16名缴纳公积金，1名领取遗属生活补助金，2名领取社保养老金，真实收入及生活补贴未如实上报。审计期间督促整改，取消上述人员低保待遇。

民政救助资金审计调查。市委市政府重视贯彻落实党中央、国务院关于改革和完善城乡社会保障制度的有关精神，从市实际情况出发，逐步建立适合市情的重点优抚制度、高龄补贴制度、城乡医疗救助制度、临时救助制度及自然灾害救助制度，帮助城乡贫困群众解决因各种问题而导致的生活困难、医疗负担过重等问题。审计发现的主要问题有：部分60周岁以上农村籍退役士兵抚恤金发放不规范；部分领取退休金的重点优抚对象领取定期抚恤金；部分重点优抚临时救助条件审核不严；重点优抚门诊救助金资格审核不严；部分重点优抚临时救助金材料档案不齐全；197名80周岁以上人员未纳入高龄补贴享受范围。

城镇保障性安居工程跟踪审计。石狮推进棚户区改造等各项保障性安居工程建设，在改善困难群众居住条件、推进新型城镇化建设、拉动投资和消费需求、促进经济增长和社会和谐等方面取得成效。审计发现的主要问题有：未按规定编制2015—2017年棚改配套基础设施建设计划；未按规定及时发放农村危房改造补助资金；部分租金收入未及时上缴财政；保障对象的家庭收入等条件发生变化不再符合保障条件未及时退出；未及时足额发放租赁补贴；违规扩大范围审批认定农村危房改造（石结构房屋改造）补助对象；部分建成保障性住房长期空置。

社会保障和就业支出审计。石狮在就业支出和社会保障方面做大量工作，取得成效。就业补助方面，搭建用工平台服务企业用工需求；残疾人事业方面，开展残疾人技能培训，为确保残疾人能及时了解新的政策动态，加强对残疾人联络员的培训教育，按照有关规定购买残疾人托养服务。审计发现的主要问题有：其他就业补助支出专项结余较多；贫困残疾儿童康复救助金先交后补等。

涉农专项资金审计。石狮市委、市政府较重视涉农专项资金的投入力度，常年均安排一定的资金用于灾害救助、农机具购置补贴、渔业保险、伏季休渔、水利工程建设、防汛、农业产业化等补助支出，取得一定的社会效益。审计发现的主要问题有：预算编制不够细化，2015年预算安排涉农专项资金中有部分项目名称较笼统、不具体；专项资金预算执行率低、使用效率不高，2015年农口专项资金本级财政预算安排8070万元，实际下达指标数4239.8万元，仅占预算数52.5%；制度建设不完善，导致部分受款户存在专款未专用等现象。

加曾寨片区改造资金收支情况审计。重点对加曾寨片区土地及地上物征拆补偿过程、安置房建设工程、征拆专项资金的收支情况进行审计，保证资金用到实处，重点关注片区拆迁补偿方案的执行情况，确保补偿安置的公正、公平、公开，提高资金使用效率。审计发现的主要问题有：部分补偿未按照市长办公会的决定执行；房屋附属物补偿手续不完善；协议管理不规范；财政资金1667.12万元长期闲置；施工图审查合同违反招标文件的实质性条款等。

【经济责任审计 Economic responsibility audit】 2016年，市审计局探索经济责任审计的新方法，进一步加强经济责任审计规范化建设，不断拓展经济责任审计的领域，进一步深化经济责任审计的内容。坚持以领导干部履行经济责任为主线，重点关注领导干部任职期间贯彻执行法律法规、政策部署，重大经济决策制定和执行，以及遵守廉政规定等情况，推动建立健全问责机制、促进依法行政和提高管理水平，不断把领导干部经济责任审计推向深入。全年对宝盖镇、湖滨街道、凤里街道、市委办、市府办、农办、经济局、人防办、卫生局、计生局等13位领导干部开展经济责任审计。审计查出违规金额148万元；管理不规范金额15445万元。提出审计建议27条。

突出重大经济决策合法合规审计。重点关注审查被审计单位建设项目、对外投资、大宗物资采购、国有资产处置等重大事项决策内容的合法性及决策程序的合规性，加强对权力运行的制约和监督。审计发现部分专项资金未专款专用、工程项目管理不规范、固定资产闲置或被占用、资产出租管理不规范、国有资产管理混乱等问题。

丰富经济责任审计内容、拓宽经济责任审计范围。审计机关从以财政财务收支审计为主向领导干部决策履职、履行党风廉政建设第一责任人职责以及本人遵守有关廉洁从政规定等多元化方向发展。镇（街道）党委书记、镇长（主任）同步经济责任审计在财政财务收支审计的基础上，对该镇（街道）主要债务、重点建设项目执行情况、土地征迁、民生项目支出以及"三公"经费支出等进行审计。

整合审计资源，全员参与经济责任审计。审计局统筹审计力量，打破股室界限，整合审计资源，把部分财政决算审计、专项资金审计与经济责任审计相结合，取得较好的效果。例如，经济责任审计股负责的民政低保资金、民政救助资金专项审计，开展民政部门主要领导经济责任审计；宝盖镇、湖滨街道财务收支审计同时开展书记、镇长（主任）经济责任审计。实现一次进点完成多项审计任务，节约审计成本，实现资源共享。

突出中央八项规定落实情况、"三公"经费和公款消费情况审计。结合市纪委"1+X"专项督查工作，审计发现个别单位公务接待费超过"公务费"的2%、违规发放奖金补贴、违规借用公务用车、超范围超标准列支公务支出等行为，推进党政机关厉行节约反对浪费，促进中央八项规定等重大政策的贯彻落实，进一步改进工作作风。

【审计整改跟踪检查 Audit corrective track inspection】 市审计局对2015年审计查出问题整改情况进行跟踪检查，审计整改取得较好的成效。涉及应收回或上缴财政的资金大部分已上缴。组织收回或上缴资金8627.29万元，减少财政支出389.18万元。涉及财政资金支出的问题大部分已拨付或规范管理。2014年审计发现涉及资金支出的问题7462.61万元，大部分单位已采取措施进行规范整改。涉及资金核算的问题部分已作调账处理或规范管理。已整改到位的单位2个，作部分整改单位的1个。涉及资产管理大部分已按照规定进行处理。已整改到位的单位4个，已进行整改但整改未全部到位的单位1个。

涉及工程建设、物资管理、人员管理等问题的单位通过建立制度加强管理。国土局制定《关于石狮市棚户区界定标准的通知》；市医院制定《石狮市医院高层次人才招聘方案》《石狮市医院学科带头人选拔和管理办法》。涉及被审单位履行职责方面的问题采取不同措施加以整改。石狮市城市管理局制定《证据先行登记保存、扣押及没收物品管理规定（试行）》。

督促2015年本级预算执行审计发现问题的整改。对2015年本级预算执行审计发现问题的整改工作，市政府召开审计整改专题会议，确保审计整改工作及时落实。市人大常委会在审议《关于石狮市2015年财政预算执行和其他财政收支的审计工作报告》时，要求有关部门和单位深入分析存在问题的根源，完善体制机制，从源头上采取措施，督促落实整改，杜绝预算执行中一些问题的屡审屡犯。有关部门和单位执行审计决定，研究审计意见和建议，采取措施，加强审计整改工作，审计发现的问题大部分得到整改。

【上级交办审计工作 Audit work assigned by the superiors】 永春县纪委监察局、石狮市检察院财政财务收支审计。2016年，根据泉州市纪委监察局、泉州市检察院、泉州市审计局的委托，市审计局对永春县纪委监察局、石狮市检察院的财政财务收支进行审计。审计以监督检查财政决算、财政财务收支的真实合法效益为基础，着力反映公共资金使用、公共权力运行和公共部门履职尽责情况，促进理好财、用好权、尽好责，强化公共资金、国有资产、国有资源的审计监督，履行好审计法定职责。

安溪县2015年保障性安居工程跟踪审计。根据审计署、省审计厅和泉州市审计局的部署，石狮市审计局组织审计组对安溪县2015年保障性安居工程的资金及建设分配管理等情况进行审计。审计的资金范围包括财政安排的安居工程资金和支持安居工程的银行贷款、住房公积金贷款、专项建设基金及企业债券等社会融资。业务范围包括安居工程（含棚户区改造、农村危房改造和公共租赁住房、经济适用住房、限价商品住房等保障性住房）的计划、投资、建设、分配、运营等情况，及配套基础设施建设情况。

医保经办机构基金资产负债审计。按照泉州市审计局整合医保经办机构基金资产负债审计工作会议部署，石狮市审计局成立审计组，制定石狮市整合医保经办机构基金资产负债审计工作方案，对石狮市医疗保险管理中心、石狮市新型农村合作医疗管理中心开展审计。审计表明：石狮市医保中心机构经费及基金管理基本规范，资产负债基本真实。

涉农资金"最后一公里"专项督查。根据省审计厅、泉州市审计局的部署要求，石狮市审计局开展工作，成立审计组对"森林生态效益补偿项目""林下经济利用项目"专项资金使用情况开展督查，对石狮市2015年涉农林业资金的分配管理使用情况进行检查，检查石狮市财政局、石狮市林业管理处2个管理和使用涉农林业资金单位，并对5个镇（宝盖镇、灵秀镇、祥芝镇、蚶江镇、永宁镇）21个村进行延伸，对1户林权所有人入户调查。

（许瀚清撰　黄诗建审）

市政建设
Municipal Construction

【规划编制与城市设计 Planning and urban design】 2016年，石狮市划定生态控制线底图，编制全域一体空间统筹规划，开展“多规合一”规划管理体系工作。启动片区控规、重点区域修规、专项规划和村庄规划等编制工作，加快完善城乡规划体系。完成《石狮市全域一体空间统筹规划》规划成果稿编制；加快控规、修规和专项规划编制；继续编制社区规划及村庄规划。

编制完成《石狮市宝盖山风景名胜区总体规划及核心区修建性详细规划》《石狮市景观风貌专项规划》《石狮市三旧改造专项规划》《石狮市给水专项规划》评审工作；完成《石狮市通讯基础设施专项规划》《石狮市锦尚镇港东村新型社区规划》《石狮市蚶江镇蚶江村＆锦江村新型社区建设规划》评审工作；启动编制《石狮市“多规合一”规划》，着手搭建“多规合一”信息平台；启动编制《海岸带开发利用控制规划》《海湾生态湿地公园概念性规划》《凤里城隍庙保护整治规划》和《华山村保护与发展规划》。

【规划审批 Planning approval】 2016年，石狮市继续实行规划方案审批一并联审查制度，审批认可项目94宗；规划许可发放“一书两证”263件，其中选址意见书74件、建设用地规划许可证73件，建设工程规划许可证124件；批准总用地面积约105.52公顷，其中居住用地5.25公顷，公共管理与公共服务设施用地9.49公顷，商业服务业设施用地0.56公顷，工业用地15.75公顷，道路与交通设施用地66.20公顷，公用设施用地1.58公顷，绿地与广场用地6.69公顷；批准总建筑面积约83.59万平方米，其中居住建筑面积37.66万平方米，公共建筑面积15.05万平方米，工业建筑30.88万平方米；建设工程规划核实合格总件数93件。

2016年10月，贯彻落实省政府的《关于加快推进投资项目并联审批的意见》精神，市经济局牵头，会同市国土规划和房产管理局、市行政服务中心管委会，制定《石狮市投资项目立项用地阶段并联审批工作流程（试行）》，将石狮市涉及投资项目的立项用地审批阶段的审批事项实行并联审批。并联审批事项有：选址意见书、用地预审、用海、用林预审意见、可研批复、项目备案（核准）、用地规划许可证等。由市经济局牵头会同有关部门，实行“一口受理、同步审批、限时办结、信息共享”的并联审查审批。

（肖素辉撰　王少凡审）

新型社区建设
New Type of Community Construction

【打造美丽乡村 Build beautiful countryside】 2016年，石狮市以10个美丽乡村示范村、27个环境综合整治村建设为主要载体的新型社区建设，启动76个建设项目，重点抓好环境整治、村庄绿化、古树名木保护、文化传承与保护、污水治理、渔家乐项目建设等。石渔村列入2016年泉州市级新农村试点示范村，将海丝申遗和美丽乡村建设有机结合起来；后杆柄村多方集资修缮华侨古厝“六也亭”，并入选第四批泉州“美丽乡村入围村”；厝仔村入选第四批泉州“美丽乡村”；洪厝村、湖厝村、洪窟村、古山村等4个村入选泉州市级“两村一带”，项目完成计划投资额的153%，完成年初既定任务；后垵村、灵狮村利用美丽乡村建设的契机，集中人力、财力进行环境综合整治和建设，村容村貌发生大变化；郭坑村因地制宜盘活“鸡母山”闲置荒地建设生态休闲农庄；厝仔村改建农贸市场进一步壮大村集体经济；卢厝村将狮文化融入到美丽乡村建设，进一步丰富美丽乡村建设的文化内涵。全年新铺路面5.75万平方米、埋设污水管道8400多米、环境绿化7600平方米、新装路灯910盏、改

美丽乡村——厝仔村　　（图/新型社区建设办）

造水冲式公厕34座、整治村间池塘10个、修建公园5个、新建或改建农贸市场5个，修建灯光篮球场5个，拆除房前屋后猪圈、禽舍、旱厕等临时搭盖建筑面积6345平方米，投入建设资金7792万元，农办、财政、交建、环保等部门分三批次对项目进行验收，兑现财政补助资金3993万元，受益村庄达50个，全市宜居环境水平得到提升。

【美丽乡村环境卫生考评 Beautiful rural environment for examination and assessment of public health】　2016年，石狮市采取市、镇、村三级考评，加强对环境卫生的监管。石狮市城市卫生综合管理考评中心推行日考评、月通报、季互评，重点加强对各镇（街道）、村（社区）、道路、近岸海飘垃圾环境卫生进行常态化监督考评，实行奖优罚劣，并将考核结果纳入各单位年度绩效考评指标；各镇（街道）进一步建立健全专职的检查考评队伍和考评制度；各村（社区）依托老人会成立环境卫生管理督导队，负责责任片区环卫保洁工作的监督检查和考评管理。通过采取多种形式落实社会化监督，常态化考评，推进农村生活垃圾的规范收集、有序处置，促进农村环境卫生质量的整体提升，并在泉州“美丽乡村”环境卫生考评中获得好成绩。2016年，石狮市美丽乡村环境卫生考评成绩以87.68分位列泉州市10个县市区的第三名，全年获得泉州市农村卫生保洁“以奖代补”资金90.9万元。

【美丽乡村评选 Beautiful rural evaluation and selection】　第四批泉州“美丽乡村”评选活动由泉州市建设“美丽乡村”领导小组办公室于2016年年底组织开展，主要根据“村庄秀美、环境优美、生活甜美、社会和美”4个项目进行检查，泉州市建设美丽乡村领导小组办公室根据申报材料和自评情况，由泉州市建设美丽乡村领导小组及各县(市、区）主管部门综合审核筛选25个村，推荐给由泉州市建设美丽乡村领导小组成员单位有关人员组成的评选小组进行现场评选，评选成绩报泉州市建设美丽乡村领导小组审定。泉州市建设美丽乡村领导小组根据评选成绩确定10个“泉州美丽乡村”和10个“泉州美丽乡村入围村”，并给予表彰。经严格考评，石狮市厝仔村入选第四批“泉州美丽乡村”，后杆柄村入选第四批“泉州美丽乡村入围村”。

【加快新型社区建设 Speed up the new type of community construction】　实施项目带动，加快新型社区建设。2016年，石狮市确定一批以优化生态环境、活化文化遗产、发展休闲农业和休闲乡村产业为方向的项目，实施项目带动战略，以项目建设推动美丽乡村建设。全年石狮市美丽乡村建设由石狮市财政安排5000万元专项资金，重点扶持10个美丽乡村示范村建设、27个环境综合整治村（社区）整治、古浮渔家乐、2个泉州市级新农村建设试点示范村建设、美丽乡村考评奖励和农村“一事一议”项目建设等。2016年，石狮市美丽乡村建设项目总数76个，涵盖以绿化美化、管线整理、裸房整治、污水治理、农村住宅小区、社区公共服务站、扶持集体物业建设、文化特色挖掘、古民居保护修缮等方面为重点的项目，投入建设资金7792万元，农办、财政、交建、环保等部门分三批次对项目进行验收，兑现财政补助资金3993万元。

2016年，石狮市继续组织实施美丽乡村“两村一带”建设项目，并列入泉州市政府为民办实事项目。石狮市鸿山镇鸿厝村、鸿山镇湖厝村、蚶江镇古山村、蚶江镇洪窟村列入2016年泉州市级“两村一带”项目。

【保护生态环境 Protect the ecological environment】　2016年，石狮市做好新型社区村庄规划，石狮市保护生态环境和环境整治着重抓好“五清楚”：“扫清楚”。新型社区村庄启动生活垃圾专项治理行动，完善“户有垃圾桶、组有收集池、村有回收点”的村级垃圾收集网络，落实保洁经费，形成长效保洁机制。“拆清楚”。拆除房前屋后的鸡圈、猪圈、牛羊圈以及简易搭盖、违章搭盖等无利用价值建筑物、构筑物，整治破败空心房、废弃住房、闲置宅基地及闲置用地。注重原生态保留，保护传统建筑风貌和历史文化价值房屋，形成整体建筑风貌。“摆清楚”。清理房前屋后杂物，各类生活、生产用品工具摆放整齐。治理乱拉杆线，电力、电信、有线电视等线路。规范村庄宣传栏，灯箱、店招等广告牌设置，清理乱贴乱画。“分清楚”。污水治理要“雨污分流”，做到生产、生活污水集中处理达标排放。垃圾干湿分离，推动农村湿垃圾单独收集、堆放厌氧发酵成有机肥高效利用，干垃圾集中收集、转运，无害化处理。“粉清楚”。在保持原有村庄传统建筑特点的前提下，采取个性化外墙装饰或外墙统一装饰，屋顶可采取“平改坡”或挑檐等装饰。多做庭院菜地、多搞村庄绿化。

示范（宜居）村在完成“五清楚”整治的基础上，着重抓好“两特色”，突出乡土气息，凸显田园风光，做到“房前屋后菜地化、菜地似绿地”“田间资源是公园、田间步道变绿道”。在村庄道路通达和路灯亮化、村庄绿化美化、居民饮用水安全、村庄建筑风貌特色、公共设施配套和村庄环境管理上做好提升，打造具有示范带动效应的宜居美丽乡村。

【美丽乡村示范项目建设 Beautiful countryside demonstration projects】

继续实行泉州市领导、市直机关单位挂钩联系泉州市级新农村建设试点示范村制度。石狮市后杆柄村、石渔村列入2016年泉州市级新农村试点示范村，分别由泉州市委副书记周银芳和泉州市政法委书记许昆贞挂钩指导，并分别由泉州市规划局和泉州市政法委挂钩联系。围绕社会主义新农村建设“生产发展、生活宽裕、乡风文明、村容整洁、管理民主”的总体目标，深化农村重点领域改革，加快发展现代农业。按照“村庄秀美、环境优美、生活甜美”的美丽乡村建设要求，完善经济发展、村庄建设、村级组织建设和社会事业发展等规划，在发展现代农业，深化农村综合改革，转变农业发展方式上有所突破；在统筹城乡发展，缩小城乡差距上见成效，实现科学发展、跨越发展目标。

拓展延伸“168”党建工作机制，建设“五个好”村党支部，健全村级组织，增强村级班子的凝聚力、战斗力和带领群众建设新农村的能力；实行村务管理民主化、制度化和规范化，强化村级组织自治和民主管理能力；发挥农民建设新农村的主体作用，发动当地干部群众和各界人士参与新农村建设。推进“两个文明”建设，开展村庄环境综合整治、宜居环境建设、石结构房屋改造、改旧建新、绿色村庄、平安创建活动、新农村新家庭计划和生育关怀行动，化解矛盾纠纷，构建和谐农村。多渠道筹措新农村建设资金，有计划、分步骤实施一批改善农村生产生活条件的民生项目，优化农村人居环境，打造“村庄秀美、环境优美、生活甜美、社会和美”的泉州美丽乡村。

（吴剑虹撰 章文新审）

住房公积金管理
Housing Accumulation Fund Management

【加强贷款风险防控 Strengthen loan risk prevention and control】 2016年，石狮市管理部贯彻执行化解房地产库存有关实施意见，加强对石狮房地产市场的调查分析，提高住房公积金住房贷款发放需求的预判能力，做好贷款投放计划的测算工作，防范资金流动性风险，满足职工提取和贷款需求。

通过贷前楼盘实地堪查和项目资料审查、贷中严格贷款收入真实性和信用状况审查、贷后密切逾期催收等措施，健全公积金贷款风险防范体系，确保资金安全。关注当前经济形势和金融市场影响，加快发展住房公积金贷款业务，做好贷前征信审核，防止违规放贷和骗贷现象的发生，加强贷后管理，保证贷款资金安全回收。

【住房公积金贷款情况 Loan of housing accumulation fund】 2016年，全市为房地产市场注入资金4.81亿元，支持职工公积金贷款购房面积9.61万平方米。石狮市全年新增发放个人住房公积金贷款708户，发放贷款金额3.33亿元，完成计划的222%。个贷使用率为86.20%，逾期率为0%，个贷风险控制良好。历年累计发放户数4464户，累计发放住房公积金贷款15.18亿元，贷款余额10.43亿元。

【推进住房公积金 Proceed with the housing accumulation fund】 2016年，石狮管理部围绕资金安全和效能提升，去库存、化风险、强管理、增服务、用足用好住房公积金，稳定住房消费，促进房地产市场平稳健康发展，归集扩面和贷款各项工作任务全面完成。加强住房公积金归集扩面工作，坚持“腿勤”“嘴勤”服务原则，在原走访村居的基础上继续动员为主，重点深入回访。加强宣传报道，利用报纸、电视等传统新闻媒体，传播速度快、信息容量大、覆盖面宽、感染力强的优势，做好宣传、解释工作，全年报道10期。及时跟踪应建未建单位和合同工的建缴工作进度，发送催缴函307张。开展“住房公积金 圆您住房梦”为主题的现场解答宣传活动，现场通过发放住房公积金政策宣传手册的形式，向群众做相关解答宣传，发放宣传资料500余份，解答疑问170多人次。

面临的形势和存在的主要困难。由于经济增长下行压力较大，各种不稳定不确定性因素上升，加上受国内通胀压力，房地产市场和金融风险等因素影响，住房公积金制度受到冲击，一些企业因停产、破产或兼并、裁员减薪等，使公积金实际缴存人数有所减少，导致归集增幅下降，归集扩面总体形势严峻。随着公积金个人住房贷款业务的快速发展，贷款逾期状态增多。由于借款人个人守信意识不强，再加上经济下行的影响，借款人自觉还款的意识还待增强，故贷款资金的安全已成为住房公积业务工作的重中之重。

【住房公积金归集情况 Collection situation of housing accumulation fund】 2016

年，石狮市管理部新增归集职工 3451 人，净增 1165 人，完成年度计划的 115.03%，新增归集住房公积金 4.13 亿元，同比增长 8.68%。全市累计有 1218 个归集单位、32308 名职工缴存住房公积金，分别同比增长 15.89% 和 4.41%，历年累计归集住房公积金 30.12 亿元，归集余额 12.10 亿元。

【住房公积金提取情况 Extraction of housing accumulation fund】 2016 年，石狮市管理部批准 48280 人次提取住房公积金，提取金额累计 34632.86 万元，其中，购房支取 1509 人，支取金额累计 17893.72 万元；建房支取 18 人，支取金额累计 262.80 万元；还贷支取 44816 人，支取金额累计 11984.02 万元；离退休支取 131 人，支取金额累计 1748.25 万元；调动转移 68 人，支取金额累计 206.23 万元；其他支取 1738 人，支取金额累计 2537.89 万元。

（张颖琦撰　施小云审）

土地管理
Land Management

【土地现状与结构 Present situation and the structure of land】 石狮市位于福建省东南沿海突出部，东濒台湾海峡，地处北纬 24° 39′ 52″～24° 48′ 48″，东经 118° 33′ 46″～118° 46′ 51″，西南与晋江市接壤，东、南、北三面临海，距台湾 134 海里，全市土地总面积 17842.07 公顷，其中，陆域面积 15776.10 公顷，滩涂面积 2053.95 公顷。海岸线长 67.6 千米，耕地面积 2505.12 公顷。

【土地利用现状 Land uses status quo】

表 25

2016 年土地利用现状汇总表

单位：公顷

行政区域	行政区域总面积	耕地	园地	林地	草地	城镇村及工矿用地	交通运输用地	水域及水利设施用地	其他土地
石狮市	17842.07	2478.91	58.86	1475.33	220.63	8821.55	1385.22	2403.82	997.75
蚶江镇	3526.34	959.17	9.88	248.32	52.85	1471.89	408.70	190.39	185.14
祥芝镇	1588.02	298.29	0.00	138.72	13.01	910.56	141.93	26.89	58.62
永宁镇	2898.67	460.46	17.01	442.63	74.07	1260.68	220.49	91.93	331.40
灵秀镇	1635.73	107.99	18.05	280.03	16.06	1055.32	95.19	27.73	35.36
宝盖镇	2266.96	187.67	5.79	127.12	17.12	1575.54	158.78	70.23	124.71
锦尚镇	1395.73	269.39	4.83	89.67	22.03	723.83	125.37	55.12	105.49
鸿山镇	1558.87	221.29	3.33	152.78	29.36	854.08	121.16	48.04	128.83
湖滨街道	528.24	0.52	0.00	1.11	5.45	498.88	19.92	0.45	1.91
凤里街道	377.54	0.34	0.00	1.15	0.02	364.41	11.57	0.00	0.05
石狮海滩	2065.97	0.00	0.00	0.58	0.00	48.02	82.88	1896.19	38.30

【土地利用特点 Land uses characteristics】

2016 年，土地利用特点和问题是：建设用地占土地总面积 57.21%，土地开发利用强度大，建设用地数量大，比重高，但用地相对粗放。

耕地总量占土地总面积的 13.69%，人均耕地 0.0093 公顷。耕地后备资源有限，分布零散，沿海滩涂面积大，但可围垦为耕地数量少。

【农村集体土地所有权 Rural collective land ownership】 2016 年，印发《石

狮市加快推进宅基地和集体建设用地使用权确权登记发证工作实施方案》，根据方案在2020年6月底前基本完成农村地籍和房屋调查，查清包括宅基地、集体建设用地在内的每宗土地的权属、界址、位置、面积、用途及农房等地上的建筑物、构筑物基本情况，农村范围内的国有土地及地上房屋和附属设施情况一并开展调查，建立城乡一体的地籍数据库。石狮市采取先试点、再铺开的方法，在完成锦尚镇谢厝村试点的基础上，全面铺开农村地籍和房屋调查工作。

【耕地保护 Cultivated land protection】

补充耕地。根据上级精神，泉州市级下达石狮市2015年及2016年的补充耕地任务分别为53.33公顷和36.67公顷。石狮市通过山海合作的平台，向南平市顺昌县购买13.33公顷的城乡增减挂钩指标，向三明市清流县购买城乡建设用地增减挂钩指标17.11公顷，两年合计购买城乡建设用地增减挂钩指标30.45公顷，可抵扣补充耕地任务30.45公顷；2016年4月8日，石狮市向南平市顺昌县购买补充耕地指标20公顷；2016年7月5日，石狮市向德化县购买补充耕地指标32.67公顷；2016年12月，石狮市再次向德化县购买补充耕地指标16.67公顷，两年合计购买补充耕地指标69.33公顷；通过购买城乡建设用地增减挂钩指标和补充耕地指标，两年合计完成补充耕地任务99.78公顷，完成泉州市级下达石狮市的两年合计90公顷补充耕地任务，尚有富余指标9.78公顷。

基本农田划定。上一轮石狮市土地利用总体规划（1997—2010年），石狮市基本农田保护指标4000公顷，其中异地代保1147.93万公顷，石狮市划定保护面积2854.4万公顷。本轮石狮市土地利用总体规划（2006—2020），泉州市下达基本农田保护指标在原有保护面积基础上核减693.33万公顷，另有680万公顷异地代保，石狮市基本农田保护面积1480公顷，根据石狮市的实际情况，增划44.36公顷作为弹性指标。

使用基本农田增划指标情况。2016年，石狮市使用基本农田增划指标3.03公顷。全市剩余增划指标40.20公顷。

【国土资源市场配置 Market allocation of land resources】 2016年，石狮市供地56宗，总面积357.7205公顷，总价款68457.7333万元。其中划拨国有土地28宗，面积313.3650公顷，划拨土地款533.6019万元；协议补办出让建设用地2宗，面积0.6132公顷，补办出让土地款136.563万元；集体建设项目用地10宗，面积4.6961公顷，土地款76.3963万元；协议方式出让建设用地使用权3宗，面积0.4011公顷，成交价款126万元；挂牌和拍卖方式出让建设用地使用权11宗，面积37.76公顷，成交价款66871万元（其中商服住宅用地4宗9.3384公顷，成交价款53020万元；工业用地7宗28.4216公顷，成交价款13851万元）；办理2宗改变土地用途，面积0.8851公顷，补缴出让土地款714.17万元。

零星宅基地审批完成审批85宗，面积11820.94平方米（合1.18公顷）：其中失效证重新审批59宗，面积8092.18平方米；移位建设25宗，面积3592.36平方米；补办用地手续1宗，面积136.4平方米。

【土地储备 Land reserve】 2016年初，石狮市制定年度土地储备计划，全年计划新增储备用地205公顷，计划完成前期开发土地面积171.33公顷，计划供应储备用地164公顷。2016年，实际完成新增储备用地115公顷，收购工业用地计4.2公顷。

2016年，土地储备中心新增融资贷款8.477亿元，土地储备项目融资贷款余额31.6亿元。

土地储备中心作为片区改造征地拆迁人，通过回购房产安置被征地拆迁人。2016年，钞坑片区改造项目回购安置房产建筑总面积计61万平方米。

【被征地农民权益维护 Landless farmers rights and interests maintenance】

2016年，石狮市实施“两公告一登记”制度，做好国土资源申请听证工作，规范征地程序，采取多种形式继续妥善处理回批地历史遗留问题。结合工业园区规划和城市规划片区改造，探索以集中商场等物业形式安置为主的多种征地补偿安置方式。

根据《福建省人民政府办公厅转发省国土资源厅等部门关于进一步规范征迁工作意见的通知》有关规定，根据《福建省人民政府办公厅转发省国土资源厅等部门关于进一步规范征迁工作意见的通知》有关规定，石狮市决定启动被征地养老保障金的试点发放工作，修订印发《石狮市被征地人员就业培训和社会保障暂行规定》文件，选择永宁镇院东村、蚶江镇莲塘村前埔自然村、祥芝镇湖西村、鸿山镇邱下村、锦尚镇港前村等5个村作为试点，按照“先行试点、分步实施、逐步到位”的原则开展，与城乡居民社会养老保险制度并轨施行。首批发放651人，发放标准312元/月。2016年，石狮市启动第二批被征地人员养老保障工作，确定新增灵秀镇钞坑村、宝盖镇塘后村、蚶江镇青莲村、永宁镇山边村、祥芝镇后湖村、锦尚镇厝上村为试点村，涉及人数1603人，发放标准为408元。

依照有关法律法规，进一步规范征地拆迁工作，推动建立科学完善的征地补偿机制，推广应用“和谐征地工作法”，规范全市的征地程序，以批前告知、批后信息公开为主线，抓好征地信息公开工作，完善被征地农民合理、规范、多元保障机制。

【建设项目用地报批 Construction land approval】 2016年，石狮市10个批次和1个单独选址项目农用地转用及土地征收获批，总面积60.48公顷，其中新增建设用地38.72公顷，耕地8.72公顷。审批农村住宅用地2宗，用地面积0.68公顷，其中新增建设用地0.68公顷，耕地0公顷。

【土地利用总体规划 General land use planning】 2016年，石狮市完成7个批次建设区调整，涉及土地面积32公顷，其中农用地22.87公顷，耕地3.07公顷。

【地质灾害防治 Geological disaster prevention and control】 2016年，石狮市没有地质灾害隐患点，地质灾害防治工作主要是废弃矿山治理。2016年，继续对宝盖镇仑后村辽望山石窟和鸿山镇洪厝村石窟做为建筑垃圾填埋点进行回填；对蚶江镇石湖村的废弃石窟回填整治成村级运动健身场所；将祥芝镇赤湖村山兜废弃石窟平整为机械装备工业园区。

【土地预审 Land pre-trial】 2016年，石狮市规范建设项目用地预审，所有用地预审统一到行政服务中心窗口受理，完成本级计划部门立项的建设用地项目预审78宗，面积440.87公顷，保证土地利用总体规划的有效实施。

【房屋所有权登记 Housing ownership registration】 2016年，石狮市出台《石狮市已建历史遗留征地后安置地及地上房屋权属登记工作实施方案》，这为加快推进城乡一体化进程，妥善解决已建历史遗留征地后安置地（俗称回批地）及地上房屋权属登记提供基础。

【土地执法监察 Land law enforcement and supervision】 2016年，石狮市开展土地矿产卫片执法检查，下发监测图斑129个（不含填海图斑2个），总面积106.37公顷，其中耕地面积32.99公顷；监测图斑内建设用地83宗，面积65.71公顷，其中耕地面积22.72公顷，经核对合法61宗，面积56.25公顷，其中耕地21.55公顷，违法22宗，面积9.47公顷，其中耕地1.17公顷。原始比例，违法用地面积比例10.2%，耕地面积比例3.7%。经过立案查处整改，立案查处22宗，面积9.47公顷，其中耕地面积1.17公顷，立案率100%；其中符合一户一宅1宗，面积0.02公顷，占用耕地0.02公顷。没收面积3.15万平方米，拆除违法建筑物面积6.29万平方，行政处分1人，落实到位。履职到位率100%，整改落实到位率均达到95.5%。7月，通过泉州市级验收。

日常土地执法监察。2016年，办理违法占用土地案件4宗，没收面积0.398万平方米，拆除违法建筑物面积0.2132万平方米，罚款92.789万元，有效制止各类土地违法案件的发生。

【闲置土地处置 Idle land disposal】

2016年，闲置土地清理处置。石狮市完成省委党风廉政建设巡视组督办的8宗闲置土地和国家土地督察局督办的15宗闲置土地的处置，完成泉州市国土资源管理专项督查中督办的12宗闲置土地和省国土资源厅督办的闲置土地的处置工作。全年完成闲置土地处置52宗，面积72.8公顷，其中督促动工建设1宗，面积2.07公顷，无偿收回4宗，面积19.47公顷，协议收回11宗，面积9.33公顷，置换用地3宗，面积2.47公顷，延长动工开发期限33宗，面积39.47公顷。市政府出台《石狮市闲置土地清理处置实施方案》。将闲置土地清理处置列入日常土地管理工作，进行更新管理，持续推进。

（肖素辉撰　王少凡审）

公路养护与管理
Highway Maintenance and Management

【公路养护 Highway maintenance】

泉州市公路局石狮分局是一个公共事业性单位，隶属于泉州市公路局。分局承担着石狮市境内60多千米专养公路的养护与管理工作，机关设办公室、路产路权管理股、工程股、财务股、机材股、工会等六个职能部门，下设石永、莲厝两个公路管理站。现有干部职工51人，党员22名，文化程度大专以上30人，高级职称4名、中级职称3名、高级工14名。

2016年，完成公路投资1350万元（其中公路小修保养650万元，专项工程700万元），投入保洁经费3.95亿元；管养公路平均好路率94.78%，年平均MQI值88.13，干线好路率100%。

2016年，分局1名同志获得泉州市委表彰的“优秀党务工作者”称号；分局获得市局党委授予“先进党支部”称号，4名同志获得“优秀共产党员”和“优秀党务工作者”称号；分局获得市局授予“先进单位”“宣传报道先进单位”，19人次获得先进个人；路产路权所获得“石狮市2013—2015年创建文明行业工作先进单位”称号、分局团支部获得石狮市“五四红旗团支部”；2名同志获得“市直交通城建系统优秀共产党员”称号；2个家庭获得石狮市“最美家庭”和“五好家庭”称号。

【提高公路抢险效率 Improve the efficiency of highway emergency rescue】 2016年，应对灾情，及时修复损毁公路。健全完善应急管理制度，平时做好应急物资储备，并确保机电设备维护到位。台风暴雨期间做到领导带班，分局机关、公路站24小时全天候值班，抢险队伍整装待命，确保在第一时间掌握毁情和及时处置。由于受到14号台风“莫兰蒂”、17号台风“鲇鱼”袭击，分局做到早准备，灾前及时检查，清理排水系统，使灾害损失降到最低，灾后当天清理完所有倒伏在公路的树木及对积水路段的排除，所有水毁工程在10月底得到修复，确保专养公路畅通。

分局强化日常小修养护管理，专养

公路卫生考评成绩名列石狮市直考评单位前列。注重桥梁检查维护，实施危桥改造。2016 年，投入桥涵清理资金 35 万元，投入 150 万元对莲中桥进行危桥改造。

加强预防性养护工作，着力改善路况。分局推行精细化养护管理模式，安排资金 38 万元对新接养 S201 线 12.5 千米及石蚶公路进行清灌缝，安排资金 28 万元对 X325、S201 线排水进行改造，提高公路路况，从而延长专养公路使用年限。

【公路工程建设有序推进 Highway engineering construction 】 贯彻落实市局有关项目建设“百日会战”通知精神，分局开展 2016 年专项工程项目实施工作，对纳入为民办实事 2 个项目提前于 11 月完工。

【公路服务水平有效提升 Highway service level effective promotion】

公路分局制定六项便民服务措施，群众反映公路部门与城市管理局等部门管理模糊路段存在问题，主动作为，及时解决。2016 年，公路分局与祥芝镇合作在 S201 线古浮段设置停车服务区。依托“12345”便民服务系统解决群众反映问题，全年受理石狮市便民服务中心“12345”热线转来的市诉求 33 件，全部按时解决，回访群众满意率 100%。

【路产路权管理 Management of highway assets and rights 】 2016 年，公路分局制止损坏、污染公路 254 起受理路产损坏赔偿案件 11 起，收取赔（补）偿费 24.4 万元。实现行政许可审批工作“优质、高效、服务”，所有申请事项在规定时限内按流程办理，实现零投诉。公路分局持续做好公路巡查工作，及时处置公路险情和制止、纠正各类违法行为，加大许可监督检查力度，督促相对人落实自检等相关制度，责令被许可人改正违法的行为。在台风期间通过书面、短信等形式，要求相对人加强涉路工程设施的养护和管理，保障公路的完好、安全和畅通。加强组织领导，深入开展路产路权“两创”工作。10 月，经石狮市行政服务中心批准，在分局设立石狮市行政服务中心公路分局分中心。按照“标准化路政管理所”检查评分标准，收集、整理、归档路政内业资料和完善路政管理平台数据。

开展《超限运输车辆行驶公路管理规定》宣传贯彻工作，在《石狮日报》开设路政专栏，宣传公路路政法规，采取设立宣传咨询点、流动宣传车，深入公路沿线运输企业、沙场以及利用路政服务大厅 LED 显示屏流动播放等多形式开展宣传，在主干公路两侧墙体刷新路产路权标语宣传 15 面。加强沟通协作。加强与地方交警、交通综合执法大队联动，全年与交通综合执法大队联全巡查 15 次，进行 2 次主干线路域整治，拆除违章 2295 平方米 ，排除安全隐患 32 处。

【安全通行 Safe passage 】 2016 年，公路分局明确职责分工，落实安全生产主体责任，落实安全生产巡查制度。定期检查不定期巡查相结合，有问题及时发现，发现问题及时整改，并将问题解决在萌芽状态。抓好道路交通安全综合整治“三年提升工程”行动，结合农村公路生命防护工程，省为民办实事农村交叉路口隐患整治工作，安排年度安保工程项目，对分局专养路段安保工程进行补缺补漏，全面提升专养公路安全通行质量。加强安全生产宣传教育工作。开展对一线工人公路养护安全生产标准化 PPT 讲座，强调按照规范设置作业区标志标牌，按操作规程实施养护作业。重视安全生产培训教育工作，全年举行各种演练 4 次。9 月，组织 2 支队伍参加石狮市人防办组织的道路应急抢修演练，获优秀组织奖。安全综治工作，全年实现安全生产无事故，综治稳定，生产生产率 100%。

（吴晓萍撰　陈旭辉审）

保障性住房建设
Affordable Housing Construction

【安居工程建设 Happiness housing construction 】 2016 年，上级下达石狮市棚户区改造建设任务共有四个项目：石狮市加曾寨片区改造安置区工程项目，建设住房 614 套，建筑面积 115000 平方米，总投资 3.3 亿元，累计完成投资额 26478 万元，主体封顶，进行内外装修阶段。石狮市城隍庙片区改造工程项目，建设住房 64 套，建筑面积 11540 平方米，总投资 4900 万元，累计完成投资额 3430 万元，主体封顶，进行内外装修阶段。

石狮市黄金海岸片区改造工程项目，建设住房 418 套，建筑面积 59504 平方米，总投资 2 亿元，累计完成投资额 8980 万元，主体封顶，进行内外装修阶段。石狮市灵山灵峰片区改造安置区工程项目，建设住房 301 套，总建筑面积约 69972 平方米，项目总投资 2.3 亿元，至 2016 年 12 月底累计完成投资额 11800 万元。主体封顶，内外装修阶段。

【物业服务发展状况 Realty service development 】 2016 年，石狮市居住小区 176 个，其中物业小区 63 个，被评为国优示范小区 1 个、省优示范小区 3 个、泉州市优示范小区 3 个；在建物业小区 20 个，其中住宅 14755 套；新建商品房小区物业管理覆盖率达到 100%，形成多类型、多层次、多形式的物业服务管理格局，初步建立起市场化经营的物业服务体系。石狮市成立业主委员会 44 个，石狮市评选出“石狮市物业管理十佳优秀小区”。

石狮市先后出台《关于进一步加强全市物业管理工作的若干意见》《关于进一步加强石狮市三级物业管理协调体系工作的通知》《石狮市安置房和保障性住房小区物业管理暂行规定》《石狮

市物业小区专项提升整治方案》《石狮市物业管理小区综合考评方案》《石狮市物业管理工作职责分工》《关于石狮市商品住宅专项维修资金管理暂行规定的补充通知》等一系列规范性文件，为规范物业管理工作提供政策依据。

建立街道物业管理联席会议制度。要求各街道每季度至少牵头组织召开1次联席会议，定期研究解决物业管理中出现的问题，防止物业管理问题“小事拖大、大事拖炸”。以及抓业主委员会组建，采取镇（街道）负责、村（社区）协助的方式，推动业主委员会的成立，做到各自辖区内的住宅小区“成熟一个成立一个”，其中2016年指导成立4个业主委员会，补选、换届4个业主委员会。

推行以信息科技为支撑的高效管理模式。石狮市国土规划和房产管理局筹建石狮市的物业小区微信公众号，拟推出石狮市物业管理公共服务平台；鼎盛物业公司、德泰物业公司、泰禾物业公司等企业推行网络便捷服务，设置APP、智能快递专柜、微信服务等，提升服务水平。

【办理产权登记 Handle property right registration】 2016年，依法依申请受理房地产收件登记6575宗；依法依申请受理抵押登记10416宗，其中抵押权预告登记4775宗，房地产权抵押登记3210宗，房产按揭2307宗，在建工程127宗。

完成商品房合同登记备案9483宗，二手房网上合同备案1173宗。

2016年6月27日，石狮市正式实施不动产统一登记，不动产登记信息系统开始运行，并于2016年6月30日颁发第一本不动产证书。

【房地产市场 Real estate market】

2106年，石狮市贯彻实施关于促进房地产市场平稳健康发展的有关政策和精神，建立房地产长效管理机制。4月28日，石狮市政府出台《石狮市人民政府办公室关于进一步促进房地产市场平稳健康发展的通知》。6月2日，出台《石狮市人民政府办公室关于进一步促进房地产市场平稳健康发展的补充通知》，就石狮市购房财政补贴作具体规定。11月1日，《石狮市人民政府办公室关于继续促进房地产市场平稳健康发展的通知》，对购房财政补贴政策进行明确规定。

2016年，石狮市商品房销售面积109.44万平方米，比2015年增长54.10%，销售金额82.43亿元，比2015年增长59.97%。2016年，石狮市商品住房销售面积83.13万平方米，比2015年增长59.97%，销售金额65.3亿元，比2015年增长64.73%。

2016年，月均销售量9.12万平方米，比2015年增长52.97%。2016年，商品住宅销售均价为7855.30元/平方米，同比增长14.92%。石狮市的商品住房价格相对稳定，价格有所提升的原因主要是万科、世茂等楼盘的入市在一定程度上提升销售均价，部分楼盘以精装房取代毛坯房出售一定程度上影响商品房价格提升。

自推行新政以来，符合购房财政补贴的申请对象7批次357宗，审批购房面积47609.67平方米，补贴金额约1195万元。其中，首套房申请3%补贴的有299宗，售房面积36052.35平方米，售房金额31926.8万元，财政补贴957.8万元，144平方米以下首改房申请2.5%补贴的有45宗，售房面积9767.21平方米，售房金额7395.2万元，财政补贴194.2万元，申请学历补贴的有13宗，售房面积1790.11平方米，售房金额1143.3万元，财政补贴43万元。

【房地产企业 Real estate enterprises】

2016年，石狮市取得房地产开发企业资质证书的企业有63家，其中二级资质1家，三级资质10家，暂定三级资质37家，四级资质7家，暂定资质8家。

【房屋征收与补偿标准 House acquisition and compensation standardization】

2016年，石狮市房屋征收项目主要有两个，分别为石狮市学府路综合改造提升工程和石狮市上浦段排洪道改造工程。房屋征收项目系属促进国民经济和社会发展等公共利益的需要，根据《国有土地上房屋征收与补偿条例》的相关规定，结合石狮市的实际情况，出台《石狮市学府路综合改造提升工程土地房屋动迁补偿安置实施方案》和《石狮市上浦段排洪道改造工程征地拆迁补偿安置实施方案》。方案明确货币补偿和产权调换两种补偿安置方式，并按房屋的类型进行细化。方案内容细致，涵盖面广，补偿标准合理，具有较强的操作性，为征收工作的开展奠定良好基础。

石狮市学府路综合改造提升工程和石狮市上浦段排洪道改造工程两个房屋征收项目工作稳步推进，基本完成补偿安置工作。其中，石狮市学府路综合改造提升工程被征收房屋5幢，建筑面积925.54平方米，选择产权调换2户，建筑面积385.45平方米，选择货币补偿3户，建筑面积540.09平方米；石狮市上浦段排洪道改造工程被征收房屋23幢，建筑面积4578.2平方米，选择产权调换10户，建筑面积1814.35平方米，选择货币补偿13户，建筑面积2763.85平方米。

（肖素辉撰 王少凡审）

市容环卫
Sanitation of the City

【环卫基础设施建设 Environment and sanitation infrastructure construction】

2016年，石狮市继续加大环卫经费投入，完善环卫基础设施建设，提高环卫设施设备的服务保障能力。落实为民办实事项目，采取补贴的形式，对村居（社区）垃圾收集车进行改造提升，完成15部吊桶车和配套900个吊桶的采购并投入使用，发放补助经费195万元，有效改善垃圾收集、运输二次污染的问题。对华南社区3号站、彭田20号站、莲坂24号站三座垃圾转运站设备进行大修；更换大北环路28号垃圾转运站设备，配备分体式转运设备和专用车辆，不断提高垃圾转运能力；对塘边6号垃圾转运站进行修缮，采购安装垃圾除臭系统，提升垃圾转运站的整体环境；对市区现有果皮箱进行全面巡检，添置双桶分类果皮箱1500个。推进公厕精细化管理，改造提升市政府广场公厕、福利东路公厕、东村公厕、塘仔潭公厕，并对布墟街旱厕进行拆除重建；为公厕增设指示牌和标志牌，悬挂各类宣传展板，提升公厕软硬件水平。

【各类垃圾收集清运 All kinds of garbage collected and carried away】 石狮市生活垃圾收集清运模式采取“村居（社区）、镇（办）收集，市转运处置”模式，垃圾由各村居（社区）、镇（办）通过统一收集，运至垃圾中转站进行垃圾压缩处理，再统一转运至垃圾综合处理厂集中进行无害化处理，实现生活垃圾“日产、日清、日处理”。健全环卫管理体制，市城市管理局负责的城镇道路各镇负责的镇区街道及各村居（社区）责任区内的道路，推行清扫保洁市场化运作。在日常管理中通过配备专职人员、考评队伍、车辆和办公场所等，制定辖区环卫工作计划、经费预算，组织协调辖区内卫生责任单位实施环卫工作。在经费保障方面，每年市财政安排专项预算资金用于环卫保洁。

2016年，市财政投入1.3亿元。针对沿海五镇，继续实行农村垃圾运输进站补贴制度，征收的垃圾处理费除固定回拨外，各镇常住人口补贴由原来的20元/年·人提升至40元/年·人，一并回拨各镇作为清扫保洁专项经费。在考评机制方面，市城市环境卫生管理考评中心对全市环境卫生进行常态化监督考评，实行奖优惩劣，并将考核结果纳入各单位年度绩效考评指标；各镇（街道）设立环境卫生管理服务中心，各村居（社区）依托老人会成立环境卫生管理督导队，市城管局辖内道路由市园林环卫管理处的考评督察室开展日常环卫保洁工作的监督检查和考评管理。完善基础设施配置。全市建垃圾中转站27座，平均约5平方千米设有1座垃圾转运站，基本满足垃圾转运处理需求。配备中转站管理员49人、专职维修员6人、各型环卫作业车辆39部，每天转运城乡生活垃圾约830吨，全年转运处置生活垃圾约30.62万吨，生活垃圾无害化处理率达100%。所有中转站均采用压缩式设备，配备垃圾除臭设备、高压冲洗设备、监控设备以及免费供水设备，每天定时开展站内消杀，改善转运站工作环境，提高垃圾转运能力。现有管理人员实行轮班制度，中转站全年无休轮转，设施维护期间，垃圾就近调度，有效运行天数比例达98%，实现垃圾的日产日清。因部分中转站机械操作设备老化，运营和作业效率低下，每年年初结合各中转站设备运行情况，制定年内大修、中修等维修计划，对部分中转站垃圾转运设备进行改造提升，合理科学调配，确保中转站维修期间垃圾转运工作有序开展，提高垃圾收集和转运能力。

【废物无害化处置 Waste harmless treatment】 2016年，石狮市园林环卫管理处负责组织《石狮市垃圾综合处理厂飞灰稳定化处理工程（一期）》项目的实施，并列入泉州市重点建设项目。2016年12月，主体工程建设完成并投入使用。做好地下导排及渗滤液处理系统，解决飞灰堆放造成周边环境恶化等问题，提高石狮市生活垃圾处理无害化水平，进一步推进石狮市城市生活垃圾处理向无害化、减量化、资源化发展。

【道路保洁 Roads kept clean】 2016年，市园林环卫管理处辖内约501万平方米的道路清扫保洁和150万平方米的绿地养护，采用“1+N”综合管理模式，采取市场化运作的方式，由5家公司承包，一线环卫工人745人，机械清扫率达89%。自2016年元月完成公开招标并开始实施，道路保洁及绿地养护水平较上一轮有较大提升。

【水域保洁 Keep clean water area】

市环卫处负责市区东、西排水沟卫生保洁，通过招投标市场化运作，年经费约105.70万元，聘请专业保洁服务公司进行常态化保洁，配备机动车驾驶员1名，管理人员1名，一线保洁工人20名，防治各类垃圾对河道及坡岸的污染。

进一步加强对市区东、西排水沟的日常管理、检查和考评，制定《石狮市东西排水沟保洁检查考核评分标准》和《石狮市东西排水沟保洁检查考评办法》，采取日常检查考评、专项检查考评、内业资料考评和城镇道路数字城管信息采集考评相结合的方法，每月对内沟河保洁质量进行检查考评。在日常考评中，加大内沟河巡查力度，一发现问题当场拍照，从严扣分处罚，责令保洁公司限时整改并对发现的问题组织“回头看”，杜绝问题“回潮”。

【创建卫生城市 Create environmental health city】 2016年，以创卫为民、建设和谐美好石狮为出发点，围绕“各项指标达到国家卫生城市标准，形成长效管理机制”这一主线，开展多途径、多形式、全方位的创卫活动，全面完成各项创卫任务。市容环境卫生方面，对主次干道道路及两侧、市政道路两侧立面小广告、内沟河以及市政道路护栏、隔离栏、花箱、路灯杆等，开展专项环卫整治，加强日常的环卫清扫保洁，确保无积压暴露垃圾，无卫生死角，保持公共环境的整洁卫生。中转站、公厕、公园管理方面，实行专人管理，全面落实维护保养、清扫保洁及定期消杀制度，做到定人、定岗、定责，确保周围无暴露性垃圾，内外无蝇蛆；垃圾中转站机械设备运行良好，制度健全，定期保养，确保垃圾转运及时，日产日清。垃圾焚烧厂日常监管方面，加强对垃圾焚烧厂的业务指导，严格要求垃圾焚烧厂按照相关国家标准对垃圾进行处理，做到日产日清，垃圾无害化处理率达到90%以上；督促焚烧厂做好日常卫生，确保场内外卫生管理除作业面外，无暴露性垃圾，无杂物，环境绿化、美化。

【投诉处理 Complaint handling】 加强日常电话来访、便民服务中心工单等诉求件的管理，对报纸、电视台、“110”联动、“12345”便民服务中心、纠风论坛等平台关于园林环卫工作的诉求，细致对待，及时派发处理，按时反馈意见，落实回访。2016年，处理便民服务中心投诉件338件，做到件件有落实、事事有回应，反馈率达100%，在每月的考评中名列前茅；完成砍伐、移植或修剪城市树木审批项目44件，所有审批件均在规定时限内办结；全年办结人大、政协议案提案13件，通过走访、座谈、电话回访等方式将答复情况予以一一说明，人大代表、政协委员、党风监督员对办结情况一致给予满意，保证答复率100%、满意率100%。

【环境卫生特色与亮点 Environmental health characteristics and bright spot】

推行“1+N”市场化管养模式。“1+N”就是采取“政府主导，企业经营，市场运作”的城市运行作业管理新机制，将环卫、园林、考评中心的部分城市管理服务职能分离出来，建立以城镇道路清扫保洁为主，结合绿地养护、小广告清洗、城市管理信息采集、交通市政公共设施清理等服务工作的综合管养模式（中标企业承担该路段1+N的全部保洁、养护任务）。2016年元月，完成公开招标并开始实施，道路保洁及绿地养护水平较上一轮有较大的提升，道路保洁范围内的无主建筑垃圾得到及时清理，各绿地的卫生保洁管理工作做得更到位，绿地养护能够顺接管理。

全面推进公厕精细化管理。市园林环卫管理处负责管理的公厕40座，其中6座不达标（包含4座旱厕、2座因场地有限无法设置残疾人设施设备），其余34座均为达标公厕。所有公厕均实行免费对外开放，落实专人管理。在日常管理中，要求公厕管理人员遵守公厕管理制度，增强服务意识，安全文明作业，树立良好形象，为市民提供便捷的服务。2016年，推进公厕精细化管理，为公厕管理人员配备统一的马甲和工作牌，增设公厕指示牌和免费公厕标志牌，悬挂公厕卫生管理制度，制作内含海丝文化、石狮标志物及景观、文明城市宣传标语等内容的宣传展板，提升公厕软硬件水平。

（邱清清撰　蔡漩漩审）

城市管理
Urban Management

【城管执法 Urban management enforcement】

2016年，石狮市深化“两违”专项治理，保持“两违”监管高压态势，进一步完善“防、控、拆、疏”四位一体的监管模式。研究探讨简化工矿企业配套设施建设的相关规定，帮助企业生产经营，缓解执法压力。2016年，石狮市拆除“两违”建筑472宗，面积达41.2万平方米，完成年度拆违任务数158.48%（年度任务26万平方米），在泉州各县（市、区）排名第六。

【市容环境管理 City environmental management】 2016年，石狮市突出市容市貌管理。践行“十大文明新风”，开展“垃圾不落地行动”、城市“牛皮癣”、城市架空管线和占道经营专项整治，各项整治工作有序推进。按照《市区户外广告牌匾设置专项规划》标准，拆除清理不符合要求的户外广告牌匾。坚持“零点行动”，严查运输车辆“滴洒漏”行为。着重开展流动摊点、店外店占道经营及随意堆物堆料等违章现象的整治。管理重心下移，各镇（街道）采取延时和错时管理，即每天上午6时至晚上12时的18小时管理制，在时间上不留管理空白。采取日常管理和集中整治相结合的办法，加大巡查管理和集中打击力度，及时发现和取缔各类违章占道行为。2016年，纠正取缔占道违章行为近18000余起，清理占道堆物堆料4000余处，拆除户外广告牌匾162块，查处“滴洒漏”案件231起，石狮市的市容市貌有一定改善。2016年，在全国文明城市提名测评中，石狮市居全省8个县级提名城市首位。

【强化环境卫生考评 Strengthen the environmental sanitation assessment】

2016年，石狮市强化城市管理综合考评。按照《石狮市数字城管试点运行工作方案》和“1+N”城市综合管理模式要求，将公共设施、道路交通、环境卫生、园林绿化、街面秩序等作为考评试点内容，正式运行。不断加大常态考评、专项考评以及海漂考评力度，石狮市的环境卫生有新的提升。2016年，石狮市在泉州市“美丽乡村”考评取得第3名。

【市民投诉案件处理 Citizen complaint case handling】 坚持受理“110”24小时投诉举报，及时处理“12345”便民服务热线和纠风论坛反映的各类城市管理问题。2016年，受理群众来电、来信、来访640件（次），均得到及时调查、处理和反馈；承办领导批示、部门转办件31件，办结反馈31件。收到市人大建议15件（其中主办件5件、协办件10件），市政协提案38件（其中独办件1件、主办件17件、协办件20件）均无不满意件或退件。

（林　鹏撰　杨智瑞审）

船务海事
Shipping Maritime

【保持海上安全稳定 Ensure the safety and stability of sea】 中华人民共和国泉州石狮海事处对石狮市沿海水域的交通安全实施统一监督管理，防止船舶污染及对海上设施进行安全检查，代表国家行使主权。石湖港成为华南国内集装箱输纽港，并开通韩国、日本、新加坡、印度、巴基斯坦等十几个国家的外贸航线，开通石狮与香港、台湾的贸易船线。石狮海事处为海西和地方经济建设营造良好的水上交通安全环境，促进港口快速发展。

保持海上安全稳定。2016年，在港口吞吐量、水工作业量大幅度增加，辖区水域海况恶劣、气候多变的情况下，仍保持水域的安定与稳定，取得成效，防止事故发生。编织安全网、创新安全监管新方式，深化泉州湾“安全畅通文明”航区的创建活动。

围绕春运、清明、“五一”、中秋、国庆等法定节日及地方民俗节日期间各项工作要求，加强对重点船舶的安全检查力度，严禁船舶在浓雾或超抗风等级时冒险航行。保障两岸大型水上活动——第十届闽台对渡文化节暨蚶江海上泼水节举行，通过提前制定详细周密的海上安全保障工作方案，主动参与协调石狮市公安边防大队、海洋渔业局执法大队、卫生局等相关部门，采取措施，保证参与海上活动项目的人员和船舶安全，展现海事部门为大型水上活动安全保障的整体协调组织和协同作战能力，获得地方政府的肯定，进一步树立海事部门的良好形象。坚持“以人为本、安全第一、预防为主、防范结合”的工作方针，做好防抗“寒潮大风”“浓雾”和“台风”等季节性恶劣天气安全保障工作，强化恶劣天气预警工作，多渠道、多样式开展安全宣传，为船舶提供信息和助航服务，适时做好交通组织。

【进出口岸货物查验 In and out of the port cargo inspection】 2016年，石狮辖区港口办理船舶签证9236艘次，进出口岸查验782艘次。行政许可审批1798件，其中危货申报742件，船舶污染物接受证明发放336件，船舶污染物接受336件，防污染相关作业384件。危险货物集装箱开箱检查22箱，海上巡航里程7253海里。对190艘船舶实施安全检查，发现缺陷1734项，滞留船舶4艘次，滞留率4%。实施行政处罚26案31件，处罚金额24.67万元，实施行政强制0件。

2016年，石狮辖区港口吞吐量4193万吨，比2015年增长6.86%，其中外贸281万吨，集装箱77万标箱。

【安全航运 Safe shipping】 2016年，石狮辖区港口推进水工工作规范管理年活动，规范水工项目作业监管、现场检查等行政执法行为，推动管理创新，建立完善长效管理机制，强化辖区内水工项目安全监管。按照上级要求和福建海事局、泉州海事局的层层部署，完成亚信会及青奥会水上安保远端控制工作。深化“打非治违”和“隐患排查”专项行动，结合辖区实际，深入开展全方位、多样式的检查打击行动，控制海上事故发生的苗头，形成水上安全生产领域打非治违常态工作机制，排除大批安全隐患。注重源头管理，联合地方政府进行旅游船艇管理调研工作，制定旅游船艇暂行管理办法，加强对辖区内旅游船艇的管理，保障辖区安全稳定。

重视航运公司源头管理，发挥海事部门专业优势，强化服务，通过采取完善日常跟踪检查制度，及时掌握航运公司安全管理体系运行情况；设立安全管理顾问制度，为航运公司提供业务咨询指导服务；开展航运公司交叉检查，共同提升安全与防污染管理水平；贯彻落实两个“三年行动”等有效措施帮助航运公司规范管理，提升安全管理水平。获得泉州市政府“开展落实企事业安全生产主体责任三年行动先进单位”称号的基础上，采取靠前服务、上门走访、安全约谈、服务性安检等方式，帮助公司查找问题，解决困难，促进航运公司安全发展，助推地方经济发展。

【加强海上搜救 Strengthen the maritime search and rescue】 2016年，石狮辖区港口结合石狮市海上搜救应急预案，修订《水上险情处理工作须知》，标明应急事件处置要求，进一步明确海事处人员应急职责；建立健全辖区搜救应急力量数据库，强化应急演练，提升应急实战能力和水平。2016年，组织3次应急演练，内容涵盖救生、应急出动、溢油应急、船舶搁浅等。及时处置水上突发事件。在“仁建泉州”搁浅事故中协调组织引航、码头及拖轮相关单位制定脱困方案；“鑫锦运”轮和“闽狮渔07155”轮碰撞事故中积极组织力量进行救助，事后组织人员进行事故调查。

【强化海上科技执法 Strengthen science and technology law enforcement at sea】 2016年，运行福建海事局综合执法系统，通过系统实现信息收集、船舶监控、任务派发、完成反馈等工作；强调移动执法终端、照相机、录音笔等执法设备的使用，在日常执法中，注重现场证据的采集和保存，及时上传现场检查照片等证据材料，有效地利用海事信息资源防控违法行为，缩短工作时间。开展内部执法装备使用培训，确保全处执法人员均能熟练掌握移动执法终端等海事执法设备，发挥信息化设备的系统功能。

【提升海事队伍执法能力 Enhance the ability of maritime enforcement team】 2016年，发挥海事处青年优势，狠抓基层队伍建设。采取内部轮岗交流，推行AB岗，建立海事处微信群学习园地，开展业务交流钻研，现场实操培训，跟班学习、与交流干部互帮互学、选派优秀人员外出参加教育培训等多种方式狠抓基层队伍建设。2016年，选派1名干部参加部局VTS值班员培训，2名干部参加省局科级干部培训，4名干部参加省局综合执法骨干培训，有效强化执法人员业务知识，提升业务技能，推动海事处执法队伍由专项技能型向综合技能型执法通才转变。

加强窗口文明服务建设。增设便民伞、便民药箱等，完善《一次性告知制》《首问责任制》《限时完结制》等，提高窗口执法人员的业务素质和业务能力，服务船东业主，服务石狮临港工业发展，合理利用辖区港口水域和岸线，水工作业，推进民办航海职教发展，简化联检手续，服务两岸往来。

针对青年占2/3的情况，依托青年文明号和青年突击队两个品牌建设，制订青年素质提升计划，建立青年讲堂，要求每位青年根据自己分工工作撰写一编论文并在讲堂上交流，让每位青年锻炼展现自己的才华，加强青年培养，鼓励青年岗位创新，组织青年参加局举办的各种活动，提升青年业务能力。通过军事化训练、业务比武、应急演习等方式，不断提高全处干部职工政治意识，在急、难、险、重工作中勇挑重担。

（焦冠铭撰 林国新审）

水利管理
Water Management

【防汛防台风 Flood and Typhoon prevention】 2016年，石狮市经历“1•28”“3•23”两场暴雨袭击，1号台风“尼伯特”正面登陆，14号台风“莫兰蒂”和17号台风“鲇鱼”正面袭击，4号台风“妮妲”、19号台风“艾利”和22号台风“海马”外围影响，倒塌房屋172间，因灾直接经济损失8796.21万元，其中，农林牧渔损失4748.6万元，水利设施损失908.31万元，交通工业损失522万元，其他经济损失2617.3万元（主要为市区内涝等），没有人员伤亡。

前期安全检查，防汛、防台风。2月17日—3月9日，石狮市防办、各镇办、防指有关单位组织人员170多名，先后检查小（二）型以上水库11座、山围塘21座、海堤8处、水闸15座、桥梁13座、水渠15公里、防汛仓库31处、在建工程32处等。落实财政资金保障，在主汛期前安排防汛应急资金300万元，对重点溪流、沟渠存在的淤积等阻碍排洪的重点地段进行清理整治，确保主汛期排洪通畅。台风应急期间，落实供电、交警等重点防汛成员人员派驻防汛指挥部，现场对应急措施进行落实。5月6日，开展防汛培训和演练，举办“石狮市防汛减灾基本知识培训班”，培训人数320人；7月26日，举办石狮市2016年防汛抢险救灾综合演练。汛期强化值班带班制度，干部职工投入防汛抗灾，完成各项防汛任务。

【完善污水管网建设 Improve the sewage pipe network construction】 2016年，石狮市建成中心城区生活污水处理厂、高新区污水处理厂、永宁镇生活污水处理厂，全市生活污水处理规模达到14万吨／天。中心市区，配套建成污水中心泵站1座、小型提升泵站1座、地埋式提升泵站2座，总输送能力达到22.8万吨／天，污水收集管网总长达224公里，形成较为完善的污水收集、输送系统；重点水系基本完成全段护砌，沟墙砌筑或改造28.2公里，两侧埋设截污管73.8公里、雨水管31.4公里。沿海五镇，建成污水主干管、收集管82.1公里，以及污水提升泵站6座；实施学府路、宝岛路等污水收集及回用管网建设。2016年，石狮市投入4730万元，新建污水收集及回用管道8.6公里。

【河道整治 River regulation】 2016年，石狮市河道整治项目14个，计划投资17935万元，实际完成投资19386万元。其中，重大水利项目包括上浦排洪道改造工程、水头排涝枢纽工程、应急水源工程、雪上沟拓宽整治工程、梧垵溪下游河道整治工程等5个项目，全年计划总投资12800万元，完成投资14246万元。面上项目包括蚶江海堤维修养护工程、厝上溪流域（含支流）环境综合治理工程、排水防涝规划、子英水闸重建工程、莲湖水库清淤工程、中心市区生活污水处理厂尾水利用冲刷内沟河工程、西岑溪生态安全综合治理工程、中溪水库泄洪渠（仕林村段）截污工程等9个项目，全年计划总投资5135万元，完成投资5140万元。

【水资源管理 Water resources management】

2016年，石狮市用水总量1.85亿立方米，用水总量低于总量2.59亿立方米控制目标。万元工业增加值用水量较2015年降幅比为5.62%（2015年万元工业增加值用水量为38.76立方米），略高于5.6%的控制目标。农业灌溉水有效利用系数0.69，高于0.554的目标值。各项用水控制指标均达标。2016年，石狮市集中式饮用水源水质符合《地表水环境质量标准》（GB3838-2002）的III类标准，达标率为100%。2016年，石狮市监测县界断面水质达标率为100%。

【完善城市功能 Perfect urban function】

2016年，为提高城市防灾减灾能力和安全保障水平，石狮市委托上海市政工程设计研究总院（集团）有限公司编制涵盖石狮市全域约160平方公里的《石狮市排水（雨水）防涝专项规划》。规划根据石狮市降雨特点对下垫面进行解析，结合城区土地利用性质，借鉴其他地区经验，构建数字化模型，从排水、排涝现状及问题分析、排水防涝能力与内涝风险评估、规划标准、城市防涝系统、雨水径流控制与资源化利用、排水（雨水）管网系统规划、超标准降雨风险分析及应对措施和信息化建设与管理规划等方面进行阐述，提出相应的治理措施，将为石狮市城市防洪排涝设施、配套雨水管网工程的建设、管理提供科学指导。

（郑　明撰 苏传贤审）

（图/颜华杰）

交通运输
Traffic Transportation

【交通基础设施建设 Traffic infrastructure construction】 2016年，石狮市主动对接厦漳泉大都市区和环泉州湾同城化建设，重点加快推进泉州一重环湾快速路石狮连接线、泉州二重环湾快速路石狮段、共富路、蚶江大道东延伸段、泉州市现代有轨电车（一期）工程2号线石狮段等项目建设，配合泉州高铁建设指挥部做好福厦客运专线（高铁）石狮段征迁协调工作。结合海岸带规划，加快推进红塔湾旅游路、锦蚶路、石永二路东延伸段等项目建设。

道路方面。继续推进永祥路工程建设及绿化工程，完成投资3000万元，工程完工具备通车条件；完成沿海大通道路灯改造工程，完成投资1265万元；完成石永二路绿化工程，完成投资700万元；完成港口大道（石狮大道至沿海大通道段）人行道工程，完成投资160万元；红塔湾旅游公路完成施工图设计；锦蚶路公路工程完成施工图设计；石永二路东延伸段工程完成施工招投标；普通国省干线纵一线永宁外线（外高至梅林段）进行可行性论证；共富路（石狮大道至沿海大通道段）进行施工图修编；共富路（石锦路至石狮大道段）进行施工图修编；共富路（石永路至石永二路）完成项目立项，进行初步设计工作。场站建设方面，鸿山公交站完成施工图；宝盖公交站完成交通影响评价报告编制；公交总站完成完成交通影响评价。

【道路运输管理 Road transport management】 2016年，石狮市道路客运企业7家，拥有客运车辆318辆/12755座位，其中省际班车124辆/5722座位、市际班车61辆/2626座位、县际班车54辆/1123座位、省际旅游包车79辆/3284座位，均为中高级客车。全市客运站3个（其中一级站2个，二级站1个），省际、市际、县际班线127条，其中省际班线82条，市际、县际班线45条；日发客运班次约850班，每日客流量近6000人次，与全国16个省（直辖市）及全省所有县市有通直达客运班车，是福建省旅客集散地。货运车辆6260辆/37407.61载重吨，其中单户个体车辆5145辆/7738.11载重吨，货物专用运输车辆1115辆/29669.5载重吨。牵引车818辆，挂车1292辆（其中2016年新增牵引车206辆，挂车216辆）。货运企业65家（普通货运38家，集装箱运输27家）。2016年，新增、更新客车19辆624座；新增、更新货车732辆4754.9吨5856万元。

倡导深化品牌。石狮市被评为国家3A级以上物流企业16家，其中嘉顺物流（福建）有限公司、狮鑫物流（福建）有限公司获评国家AAAA级物流企业。福建省羊程冷链物流有限公司获得“中国冷链物流百强企业”“中国冷链双年‘金链奖’优秀区域配送服务商”称号。

开展道路运输企业2015年质量信誉考核活动，其中道路客运企业评为AA级7家；货运企业被评为AA级26家，被评为A级2家。

【城市公共交通 Urban public transport】 2016年，石狮市出租汽车企业1家，拥有出租车300辆。公交企业2家，拥有公交车224辆（其中石狮市公共交通运输有限公司147辆，石狮市顺荣城市公交有限公司77辆）。开通营运线路22条，其中，市区线路8条、城乡线路12条，公交专线2条（老干专线、拥军专线），并开通1条夜间市区公交班线，日发班次1992班，日均客运量约3.2万人次；全市公交场站4个。

【水路运输管理 Waterway transport management】 2016年，石狮市水路运输企业有21家，拥有船舶60艘75.68万载重吨/29377标箱（其中：5000载重吨以下船舶6艘2.61万载重吨；500～10000载重吨船舶20艘13.31万载重吨；10000～20000载重吨船舶25艘35万载重吨；20000载重吨以上船舶9艘24.76万载重吨）。平均单船从2015年末的11793.44载重吨提高到2016年的12614.09载重吨，万吨以上在航货船已达34艘59.76万载重吨，以集装箱（多用途）船舶为主要运输船型，船舶向大型专业化方向发展。单船最大载重吨位达44585吨位。

全市水路运输辅助业16家，其中9家船舶管理企业及代管12艘船舶10.90万载重吨以及全市7家水路运输服务企业（船舶代理及货物代理）。

2016年，石狮市完成投资9580万元，新增船舶3艘3.79万载重吨/2261TEU，淘汰老旧小船舶11艘6.15万载重吨/1696TEU。完成水路货运量3047.35万吨，水路货运周转量4228371.89万吨千米，分别同比增长17.43%和13.71%。运载货物主要以煤炭、钢铁、矿建材料等，另外一大部分为集装箱运输。

【机动车维修与技术管理 Motor vehicle maintenance and technical management】

2016年，石狮市汽车维修企业159家，其中，一类4家，二类20家，三类135家；A级机动车综合性能检测站2家。新许可三类汽车维修企业27家，注销一类汽车企业1家，注销三类汽车维修企业10家。宣传、贯彻落实国家标准《汽车维修业开业条件》；加强机动车维修市场管理，开展机动车维修企业2016年质量信誉考核（一类汽车维修企业5家，质量信誉等级为AAA级2家，AA级1家，B级2家；考核二类汽车维修企业20家，其中，质量信誉等级为AAA级2家，AA级15家，A级1家，B级2家；考核三类汽车维修企业121家，其中质量信誉等级为AAA级2家，AA级42家，A级44家，B级18家，不参与评级企业15家）。开展机动车维修企业综合整治，推进机动车维修企业安全生产标准化达标工作。

宣传《道路运输车辆技术管理规定》《机动车维修管理规定》等新修订的部门规章，加强道路运输车辆技术管理，严把车辆技术安全关，督促企业自觉做好车辆二级维护、定期检测。贯彻落实有关节能减排政策，推进交通运输结构节能减排，调整优化运力结构。对营运“黄标”车辆开展淘汰与治理工作，全面淘汰2007年12月31日前机动车注册的黄标营运车，加快道路运输企业淘汰老旧汽车。2016年，石狮市淘汰注销营运黄标车634辆（其中营运客车6辆，专业运输企业营运货车296辆）。提前淘汰2008年注册登记的营运客车9辆。提升全市机动车排放污染防治水平，促进空气环境质量改善。

【机动车驾驶培训管理 Motor vehicle driver training management】 2016年，石狮市新增驾驶员培训机构1家，全市机动车驾驶员培训机构10家，教学车辆659部，理论教练员100人，实操教练员897人。

完善机动车驾驶培训学时管理系统的应用管理工作，做好辖区内驾培机构培训学时管理系统升级组织工作，保障全市培训学时管理系统升级工作按期完成，保障系统的正常运行。

做好机动车驾驶人培训考试制度改革。2016年7月，实施推进机动车驾培机构培训服务模式改革，制定《石狮市机动车驾驶人培训考试改革工作方案》，督促10家驾培机构完成对服务场所、互联网等公开收费项目、收费标准、学时单价、教练员以及培训时段等公示制度，督促驾校与新招收学员签订新版培训服务标准化合同。

开展驾驶培训机构质量信誉考核和标准化建设考核工作，其中行达、益达、众辉、清辉、天安等5家被评定为AA级精品驾培机构；锦尚、利晟、胜达、东南等4家被评定为A级驾培机构。

【交通运输安全监督 Transportation safety supervision】 2016年，石狮市交通运输系统发生3起道路客运事故，死亡3人，受伤2人。交通运输事故指标全面控制在上级交通部门下达给石狮市的交通事故指标范围内，未发生较大以上交通运输生产安全责任事故。

成立石狮市治理车辆超限超载运输工作领导小组，持续加大公路超限运输治理工作力度、日间重点路段的巡查力度，开展“雷霆2号”治超专项行动，实现治超工作上的全覆盖，打击违法超限运输行为。推进物流安全管理工作，联合公安、安监、邮政等部门开展物流安全专项检查，指导建立物流安全试点企业。加强应急保障能力，做好各项应急预案修订工作，组建应急运输车队，建立健全应急救援机制，组织开展大客车交通事故自燃逃生应急演练。

继续深入开展“道路运输平安年”、道安综合整治“三年提升工程”“G20”交通运输保障、物流安全管理专项治理、防范和遏制重特大事故、安全生产大检查等专项工作，深入到各交通系统企业尤其是道路客运企业进行全面排查，开展检查297次，出动检查人员1131人次，受检单位累计493家次，被检车辆1000余辆次，现场提出安全生产意见上千条，发出安全隐患整改通知书30余份，隐患整改率100%。全面推进部颁标准化建设，石狮市74家交通运输企事业单位需创建部颁安全生产标准化，至2015年底完成达标考评63家，2016年完成剩余11家企业部颁标准化考评。完成9家机动车驾驶培训企业的市级标准化考评。

加强春运、“五一”、国庆等重要假日时段、旅游客运、危险货物运输等重点领域的安全监管，落实客运车辆凌晨2—5时停车休息制度，督促客运企业严格落实安全生产主体责任。开展“安全生产月”活动，组织交通运输企业开展事故应急逃生应急演练，全年安全生产工作受上级主管部门肯定。

【交通运输综合执法 Transportation

comprehensive law enforcement】

2016年，巡查出动交通执法人员5901人次，出动执法车辆1674辆次，检查车辆8921辆次，查处各类违法案件640起，公路路政案件81件，受理“12345”便民热线诉求及“110”联动值班室投诉件222件。打击非法从事客运经营行为，重点查处未经许可、擅自非法从事经营的“黑车”，全年查处客运班车违法违规经营案件232起。整理出本辖区内的疑似“黑车”350余辆，建立“黑名单”资料库，完成对疑似车辆进行重点监控检查。全年受理公交、出租车各类投诉222件次，办结回复222件次，办结回复率100%，立案查处公交违规案件29起、出租汽车各类违规经营案件39起。组织对维修、驾培、租赁、GPS等专项检查，全年查处未取得机动车维修经营许可，非法从事机动车维修经营案件2起；查处在许可的训练场地外开展场地训练案件3起。检查维修与驾培企业共78家次，通过安全检查，发出责令整改通知5份，跟踪落实整改。

【节假日客运 Passenger transportation during the holidays】 2016年春运期间，发送客运班车43449班次（其中包车1316班次、加班2401班次），发送旅客总量96.87万人次。2016年，全市完成公路客运量1605.20万人次，公路客运周转量76750.91万人公里，分别同比增长-2.48%、-3.01%。完成春运、“五一”、清明、端午、国庆等重要节假日的交通运输任务保障。

交通战备
Traffic Combat Readiness

【交通应急抢修演习 Traffic emergency rescue exercises】 2016年，石狮市抓好交战队伍年度训练计划，与市人武部、泉州市公路局石狮分局，在莲厝公路站举行公路桥梁隧道民兵应急抢修分队30人集结训练。

2016年，石狮市交通战备办公室贯彻《中华人民共和国国防交通法》《民用运力国防动员条例》和《福建省国防动员条例》，做好办公室规范化建设、国防动员潜力数据核实、动员能力评估报告、工作资料汇编、专业保障队伍建设。围绕“进得来、装得上、过得去、卸得下”的目标，重点抓好国防交通基础设施建设、交通运输动员和专业保障队伍建设。

【宣传中华人民共和国国防交通法 Promote the People's Republic of China National Defence Traffic Laws】

2016年12月，石狮市交战办制定《中华人民共和国国防交通法》学习宣传贯彻活动计划，利用电子屏幕在市政府和车站门前循环播放《中华人民共和国国防交通法》宣传标语、利用全市公交车235辆、出租车300辆在电子屏循环播放《中华人民共和国国防交通法》宣传标语，在《石狮日报》刊登《中华人民共和国国防交通法》十二期宣传专栏，订购《中华人民共和国国防交通法》1000本读本、发送《中华人民共和国国防交通法》到微信群、利用政务网发送《中华人民共和国国防交通法》供大家浏览，制作横幅20幅《中华人民共和国国防交通法》标语，分挂在各镇(办)单位大门口、三大公园、灵秀山、宝盖山部队路口等显著位置。

石狮市参与国防交通理论研究和学术交流。2016年7月，参与南京战区在江苏常州市举办的国防理论研讨交流会。参加泉州市国防动员委员会举行国防动员理论辅导讲座《新时期国防动员问题研究》。2016年12月16日，石狮市委常委召开专题议军会，常委方章成传达学习《福建省国防动员条例》和《中华人民共和国国防交通法》。

【交通战备训练 Traffic combat readiness training】 石狮市主动配合部队行动和演练所需的军事运输保障任务，交通战备专业保障队伍训练。

2016年6月13—17日，石狮市交战办组织交通运输分队30人集中训练。邀请部队相关教员、教官及人武部领导光临指导。

检验人防与交通战备专业队伍实战能力，促进人防与交通战备融合发展，有效履行战时防空、平时服务、应急支援的使命任务。2016年8月26日，石狮市人民政府组织一场人民防空演练及人防与交通战备专业队伍竞技比武活

人防专业队伍竞技演练观摩现场　　（图/交通和城市建设局）

动，参加竞技比武专业队 11 支、各种设备车辆 55 台，总人数 500 人。

【军民融合发展项目 Civil-military integration development projects】

国防交通是国家经济社会发展和保障军队“能打胜仗”的双重支撑，是军民深度融合的重要领域，交战办贯彻军民融合发展战略，推进经济建设和国防建设融合发展。配合加快学府路军民融合发展项目综合提升改造工程。2016 年 12 月 15 日，石狮市交战办主任傅子斌和城投公司负责人吴顺昌查看学府路进程。学府路长约 4.1 千米、路基宽度 60 米，南起南环路，北至香江路，设计车速 60 千米 / 小时，改造后道路等级为城市主干路，双向八车道，工程合同价为 1.295 亿元。

【市政交通道路体系 City traffic system】

根据石狮市委、市政府的安排，石狮市交通和城市建设局主要承担 21 个新建和续建市政建设项目，项目总投资 11.5 亿元，累计完成 9.21 亿元，完成 16 个项目的前期工作。8 月，钞坑安置区周边道路完善工程完工；九二路东段（福辉路至濠江路）“白改黑”工程、石狮大道（环湾大道至濠江北路）道路改造工程、九二路东段（回兴路至学府路）综合改造提升工程、宋塘路（学府路—濠江路）综合改造提升工程等项目提前完成通车工作，其余项目有序推进。2016 年，超额完成任务。

【城市环境和景观建设 Urban environment and landscape construction】 2016 年，石狮市完成九二路东段（回兴路至学府路）综合改造提升工程、宋塘路（学府路—濠江路）综合改造提升、宝岛路（学府路—濠江路）综合改造提升工程、濠江北路（高速蚶江收费站至环湾大道）综合改造提升工程绿化工程等市政道路配套绿化建设，进行宝盖山生态公园（学府区）、宝盖山风景区（闽南理工学院东侧）道路提升改造工程的前期工作。

【公共自行车项目 Public bicycle project】

石狮市公共自行车（一期）项目设置 88 个站点，投放自行车 2640 辆。7 月 13 日，第一阶段的 70 个站点正式投入运营，投放自行车 2100 辆。截至 2016 年 12 月 31 日，租还车次数 794640 次（其中卡租车 254285 次，扫码租车 540335 次），日均 4620 次。

华侨医院公共自行车站点　　（图 / 交通和城市建设局）

【中心市区路内停车收费管理 Center parking fee management in urban road】

2016 年 5 月 5 日，石狮市开始实施路内停车收费管理，实施路内停车收费管理的范围包括辉濠路、港南路、延年东路、九二路（延年东路—民生路口、镇中路—长宁路口）、振兴路范围内道路停车泊位，其中德辉微循环 199 位（辉濠路、港南路）、延年东路 58 位、九二路 25 位（延年东路—民生路口）、九二路 56 位（镇中路口—长宁路口）、振兴路 62 位，合计 400 位。

（黄长成、傅子斌、王玮玮、洪家滨撰　何子冬审）

邮政业
Postal Industry

【便民服务站 Convenience service station】 中国邮政集团公司福建省石狮市分公司（以下简称“中国邮政石狮分公司”）主要经营邮政储蓄、物流速递、集邮、函件、包件、汇兑、报刊发行、电子商务及代理、商品分销等业务。公司下辖九二路、香江、祥芝等 13 个支局、11 个邮政储蓄网点、多功能代办所 22 个、委代办点 72 个、27 个海西书报亭，以及 220 个便民服务站，形成遍及城乡的邮政服务通信网。2016 年，公司实现收入 5743 万元。

【服务老年人活动 Service to the elderly activities】 中国邮政石狮分公司开展服务老年人活动，由网点分片区跟踪走访辖内社区、老人协会，为老人们带去温暖与欢笑。2016 年，开展老年人活动 100 多场。9 月 18 日，中国邮政石狮分公司在永宁镇子英村开展“邮善促民生 情暖夕阳红”的敬老活动，此

9 月 18 日，中国邮政石狮分公司在永宁镇子英村开展“邮善促民生 情暖夕阳红”敬老活动
（图 / 邮政局）

次活动由中国邮政石狮分公司主办，子英村村委会和老人会承办，联合晋江市仁爱慈善协会、石狮市一路善志愿者、石狮市众善缘志愿者、石狮市善心缘志愿者、永宁镇汇美造型美发和永宁镇卫生院等 80 多名社会各界爱心人士，进行歌曲、舞蹈、南音等一系列的义演、义诊还有义剪活动，志愿者“多带一”结对帮扶心灵孤独、日常生活无人照料的高龄老人，为高龄老人提供生活照料、心理抚慰、应急救助、健康保健、文体活动、法律援助等服务。与各镇老龄办开展 9 场“家和万事兴，敬老要先行”主题活动，走进辖区内各个老人会开展老人义诊活动，为老人们送上健康和温暖。

【邮电大楼消防安全改造 Post and telecommunications building fire safety reconstruction】 中国邮政石狮分公司坐落于九二路邮电大楼，该大楼于 1995 年建成使用，由于建设时间较早，当时的消防安全设备已不能符合现有的消防要求。2016 年，对邮电大楼进行消防安全改造，完善各类消防安全设施，并设立消控室；对客梯进行更换，并对货梯进行大修，消除安全隐患；对老化的电缆、线路进行更换，并对部分办公场所进行改造，确保消防安全。

【建设和谐企业 Build harmonious enterprise】 2016 年，中国邮政石狮分公司推进和谐企业建设，开展精神文明创建活动，开展“创文明行业、建满意窗口”、创建“青年文明号”等各种层次的系列创建活动，通过第十三届省级文明单位的初评，并配合石狮市委市政府开展创建文明城市。重视文体活动，组织形式多样的文体活动，加强员工之间的互动沟通，组织拔河比赛，进一步增强队伍的凝聚力，组织爬山活动，鼓励员工在工作之余，注重加强锻炼，以饱满的精神投入到工作。

（翁俊杰撰 陈少锋审）

中国电信 China Telecom

【优胜企业 Winning enterprise】 2016 年，中国电信股份有限公司石狮分公司下设八个部室十二个中心分局，作为大型国有通信服务企业下属分公司，长期担负着为石狮市党政军、企事业单位和广大人民群众提供电信通信服务的任务。

中国电信石狮分公司坚持“追求企业价值和客户价值共同成长”的经营理念，坚持走“聚焦客户、勇于创新、适度超前、规模发展”的通信之路。2016 年，公司营业收入 2.8 亿元，电信固定电话用户 16.9 万户，宽带用户 16.6 万户，天翼用户 21 万户，石狮市地方的信息化发展水平始终名列福建省各县（市）前列。

中国电信石狮分公司坚持“用户至上，用心服务”的服务理念，以市场需求为导向，开展优质服务，连续 11 届获全国“安康杯”竞赛优胜企业，并三度获得“安康杯”连胜杯；被省安办评为“省级安全文化建设示范企业”；2016 年 1 月，被石狮市政府评为安全生产工作“先进单位”。

【安全智能警务平台 Security smart policing platform】 安全智能警务平台助建“平安石狮”。2016 年 5 月，中国电信石狮分公司与石狮公安局举行智慧警务（家卫士）签约仪式。本次合作涵盖石狮 59 家社区（农村）警务室，促进警司合作，为助力“平安石狮”建设提供良好的契机。智慧警务（家卫士）主要通过手机向客户提供移动视频监控服务，支持手机、PAD、PC 多种远程观看方式，可保障家庭财产及人身安全。帮助市民了解家卫士，石狮电信通过线上线下多重渠道进行宣传普及：一方面将家卫士的产品链接融入石狮公安的线上平台进行推广；另一方面借助警务室通过 X 展架、宣传板等方式进行宣传。

“家卫士”成不少市民家中名副其实的“警卫员”。2016 年十一期间，李女士在外游玩，手机上忽然报警，她通过“家卫士”客户端查看，发现有陌生人进入家中实施盗窃。她随即拨打

石狮电信全面完成“光网城市”建设 （图/中国电信石狮分公司）

“110”报警，并联系物业、朋友赶到家中，最终将小偷抓获，避免损失。

【扩容数字网络项目 Expansion digital network project】 扩容石狮数字福建网络项目为政府网络保驾护航。2016年，中国电信石狮分公司与石狮市人民政府办公室签约石狮数字福建网络扩容项目。在原有数字福建网络运营维护的基础上，针对现网核心设备老化、财政局国库支付网络需要并入数字福建网络等问题，提出网络设备更新扩容一揽子解决方案。通过本次项目的签约，有效保障数字福建网络的稳定性、健壮性，为财政局国库支付网络的健康运行保驾护航。

【4GMIFI实现移动办公 4GMIFI realizes mobile office】 2016年，4GMIFI实现移动办公。石狮地方税务局不断提高内网办公系统的应用，并将办公应用覆盖到员工手机端（APP应用），对内部局域网速率及“移动办公”的流量需求提出很高的要求。石狮电信公司针对其“移动办公”流量需求，推出4GMIFI。该产品可以随身上网、4G信号与WiFi信号随时切换，而且手机、平板、电脑多终端随时连接，并支持多用户同时使用，以“高速率+大流量”满足“移动办公”需求，实现随时随地上网。

【市民智能新生活 Urban residents new life wisdom】 2016年，全面建设“全光城市”助力市民智能新生活。石狮市入选国家首批信息消费试点城市后，重视信息化建设工作，推动“互联网+”经济发展，为推动“信息化消费试点”和“光网城市”建设提供支撑。

作为石狮市信息化建设的主力军和“全光网城市”建设的核心力量，中国电信石狮分公司先后投资1.5亿元，提前完成“全光网城市”建设工作。2016年，石狮市建成12798个光网AP用户接入点，可接入光端口达到282932个，实际占用率达到45.3%，实现城区和乡镇100%光网络覆盖全市高速光纤宽带用户占比达94.83%，用户带宽上网平均速率45M，标志着市信息化建设水平迈上新台阶。

【智能网络基础建设 Construction of intelligent network infrastructure】 中国电信石狮分公司打造一张感知良好的4G网络，加快建设高速信息网构建智能网络基础，从点、线、面做好网络规划和部署，通过精心部署，统筹安排。2016年，石狮市建设完成685个基站，1902个载扇，实现石狮全区4G网络无缝覆盖。在城区的核心商圈及核心办公区域、机场/火车站/汽车站等交通枢纽、大中专及高职校园、各单位电信大楼、旗舰营业厅等重点区域开通4G+，建设15个基站、33个载扇，为石狮人民提供更快速的网络服务，为实现石狮推进“互联网+”建设打下坚实的基础。

【建设“无线城市” Build "wireless city"】 加大WiFi覆盖全面建设石狮“无线城市”。4G网络的大范围覆盖以及智能移动终端的快速普及，让随时随地无线上网成为可能，免费WiFi成为人们生活中的一部分。WiFi网络在公共区域的免费使用，不仅使城市快速进入信息化时代，还会让公众享受到更丰富的公共服务、更丰盛的信息大餐。畅通的信息交流、便捷的联络方式，方便群众生活，对于拉动地方经济发展、刺激内需、服务民生，促进信息服务业发展和传统产业的改造升级，培育新的经济增长点，具有十分重要的意义。2016年，石狮电信公司推进“无线城市”建设，全市建设653个WiFi接入点，主要覆盖重要商场，大型酒店，学校，由于4G网络上行速率50兆/秒，下行速度105兆/秒，速度已经和WiFi相当，中国电信石狮分公司着重建设4G网络并实现全覆盖，WiFi网络建设趋缓。

（林秋婷撰 陈永辉审）

中国移动
China Mobile

【考核成绩第一名 The first place in assessment results】 2016年，中国移动福建公司石狮分公司（以下简称石狮移动）经营考核成绩取得泉州地区第一名，公司年度运营收入超6亿元，领先行业增幅1.4%，排名泉州区域前列；4G 业务保持快速发展，客户规模突破 39 万户，同比 2015 年实现翻番；上缴地方税务超 1000 万元。

强化党性教育，坚持运用新媒体、在线教育等新形式，提升学习效果，开通“狮情话移”企业微信号，开设“两学一做”专栏。发挥党员先锋模范作用，并组织先锋队在端午节、中秋节前慰问鸿山镇 5 户贫困户，为他们送去节日的关怀；参加服务海峡两岸对渡文化节志愿服务活动。公司连续七年获全国“安康杯”竞赛优胜单位连胜杯、泉州移动先进单位等多项称号。

【通信网络建设 Communication network construction】 2016 年，石狮移动打造石狮精品 4G 网络，开通 400 个 4G 基站，到达 953 个站点，3181 个小区，实现石狮全域的广度覆盖及热点区域的深度覆盖。省控关键站点建设 78 个，完成率达 100%；弱覆盖黑点解决率达 84%，高价值热点解决率达 100%，4G 百万用户投诉比达 6.75，持续保持全区第一；在网络满意度市调三期中取得 84.45 分，排名泉州第一。加快宽带端口建设，完成宽带端口投资建设 2291.3 万元，宽带端口数达 20 万个，宽带端口覆盖率提升至 80%，基本覆盖全市主要乡镇。其中，ADSL 端口全部完成光改。

【应急通信保障 Emergency communication support】 提升突发事件应急保障能力，制定《2016 年石狮移动分公司防汛网络应急通信保障预案》，对相关工作分工、保障流程进行梳理规范，在应对重大故障响应能力、故障处理流程、重大活动应急保障有明显提升。完成清明节永久墓园、“4·18”海博会、端午节暨蚶江海上泼水节等十几场重大应急通信任务，各项保障工作基本实现话务、数据零拥塞；经受住“莫兰蒂”“鲇鱼”等超强台风的考验，出动 118 人次，抢修开通基站 57 个，台风期间全市通信网络平稳运行，用户通话及上网未受到影响。

【履行移动企业责任 Perform mobile corporate responsibility】 2016 年，围绕“移动信息专家”战略定位，以构建“整体信息化解决方案”为主线，理顺内部支撑流程，围绕本地支柱产业的信息化提升工作，打造一批具有石狮代表性的项目。签订全省首个 4G 警用“随手采”、全省首个智慧课堂等项目。建设石狮市重点项目管理系统平台、公安城市监控平台五期、石狮世茂摩天城无线 WiFi 等一批服务民生的信息化项目。

防御超强台风“莫兰蒂” （图 / 石狮移动公司）

【打击通信诈骗 Crack down communication fraud】 配合公安部打击通信诈骗。与市公安局签署《防范和打击电信诈骗风险信息共享合作机制备忘录》，开展打击黑卡专项行动，推广手机实名制，开展现场驻点服务 273 场，移动用户实名登记率达到 100%。2016 年，为市公安局查询清单，协助破获案件 232 件，完成 342 条公安高清视频监控专线，为提升公安破案能力提供支持。

（王灿灵撰 蔡明通审）

中国联通 China Unicom

【机构优化调整 Institutional optimization and adjustment】 中国联合网络通信有限公司石狮市分公司是中国联合网络通信有限公司（简称中国联通）泉州市分公司的县分支机构，主要经营移动（GSM、CDMA）、数据、固网、互联网、长途、无线寻呼及多种电信增值业务。2016 年，石狮分公司拥有经营经营 GSM 移动网、WCDMA 移动网、数据、固网、互联网、长途、宽带业务以及多种电信增值业务。

2016 年，中国联通石狮市分公司组织机构优化调整，下设 4 个机关部门，营服中心由 5 个网格裂变为 3 个重点分部营服及 4 个乡镇网格，自有营业厅由 9 家增加到 13 家，石狮联通员工总数 154 人。

【中国联通打造精品网络 Build high-quality goods network】 2016 年，石狮联通通信网络加大网建力度，打造精品网络。加大 4G—LTE 网络建设，实现市区、镇区、主干道路、热点区域的连续覆盖。结合专项优化和新型微站设备，开展深度覆盖测试及覆盖试点，通

石狮联通宣传活动　　（图 / 石狮联通公司）

过基站、室分、微站多种方式结合，重点解决轻纺城、世茂摩天城、蚶江通达等重点室内场馆信号覆盖，做好第 16 届全国大学生田径锦标赛通信保障，提升重要区域网络品牌形象，支撑重要业务区域发展。加大宽带网络升级及端口建设，进一步扩大宽带覆盖区域，保障智慧沃家融合业务发展，推进光改建设，实现泉州首个全光县。

【中国联通创造优质服务 China Unicom create high quality service】　2016 年，石狮联通创造优质服务，提升品牌文化形象。强化一系列服务规范，进一步完善服务质量监督机制，配合各个专业培训不断提高服务水平，加强业务知识，更好为客户提供优质服务。开展部门之间互查互纠工作，发现问题及时整改，妥善处理好用户的申诉及投诉。重视群众意见，深入客户圈，倾听客户心声，在已有服务规范基础上改善，完善监管、投诉途径，提升行业服务水平和质量。

【中国联通机制体制创新 China Unicom mechanism and system innovation】

2016 年，石狮联通创新经营模式，实现效益规模新提升。结合 4G 优势网络，持续加快推进石狮行业信息化应用进程，推进 4G 推广活动，实现 4G 普及应用，优惠广大群众。整合社会资源，携手联通经销商、终端国代商，结合各种节日契机，深入社区、农村、厂区开展主题营销服务活动，推动 4G 普及化应用进程，助力石狮智慧城市建设。进一步优化产品内涵，推出无限流量卡、流量天王卡等特色产品以满足广大群众、各类政企单位日益增长的综合通信需求，用户可根据自身的通信需求来选择产品。

推进光纤改造建设，实现泉州首个光纤网络全覆盖的县级市，为广大群众提供优质宽带。针对石狮企业多、外来务工人员多的情况，携手联通合建商采取合作共建的形式，加大乡镇及企业宿舍的宽带投资建设，并提供办理融合宽带、宽带提速不提价政策等优惠活动，为广大群众提供高性价比的宽带服务。聚焦 4G，开展沃赶超建设，保障重要网格、重要业务网络覆盖，实现市区、镇区、主干道路、热点区域的连续覆盖。结合专项优化和新型微站设备，开展深度覆盖测试及覆盖试点，通过基站、室分、微站多种方式结合，重点解决轻纺城、世茂摩天城、蚶江通达等重点室内场馆信号覆盖，支撑重要业务区域发展。

（颜雅惠撰　郑清山审）

供水 Water Supply

【城乡供水一体化 Integration of urban and rural water supply】　福建省石狮供水股份有限公司是国有控股企业，公司主要经营范围为集中式供水。2016 年，石狮供水股份有限公司拥有引水一、二期工程和 20 万吨水厂、赤湖水厂、山兜水厂等 3 座净水厂，原水供应规模 9.2 立方米 / 秒，自来水生产能力 71 万立方米 / 日，DN75 毫米以上引水、供水管道近 1000 千米，全市初步形成双水源和双水厂互备互补的供水格局。自来水供应及服务覆盖全市城乡所有村居，率先在全省实现城乡供水一体化和引制水一体化，做到“同网、同质、同价、同服务”。公司设置供水水质监测站，在全省县级自来水企业率先通过省质量监督局实验室资质认证，并加入福建省供水水质监测网。下属全资子公司石狮市水务建设工程有限公司具有市政公用工程施工总承包三级施工资质。

石狮市实施居民生活用水阶梯式计量加价，其中民用水基础水价 1.80 元 / 吨，每月超 25 吨的为 2.70 元 / 吨、超 35 吨的为 5.40 元 / 吨；特种行业用水 2.80 元 / 吨；其他行业用水 2.15 元 / 吨。

【供水管网建设 Water supply pipe network construction】　2016 年，石狮供水公司配合市政道路改造，完成学府路（石永路—香江路）、宋塘路

2016 年石狮市模拟液氯泄漏事故应急救援演练　　（图 / 供水公司）

（濠江路—学府路）、宝岛路（濠江路—学府路）、九二路东段（学府路—回兴路）、九二路（濠江路—福辉路）、石狮大道（环湾路—濠江北路）、服装纺织基地纬四路（港前片区）投管工程。同时针对部分管网漏损率高、局部水压偏低的情况，完成福利北路、万灯巷、隆兴路、祥宝路、埭美村、曾坑片区老旧管网改造。完成村居管线 8 座存在问题加压站的检修维护工作。全市新投资建设 DN75 毫米以上供水管线长度 4 公里，目前，石狮市 DN75 毫米以上供水管线总长度 880.23 公里。

【安全供水 Safe water supply】

2016 年，石狮供水公司重视供水安全，推动落实安全生产主体责任和监管责任。深入开展安全检查和隐患排查，深化安全发展城市创建活动，加强安全宣教，承办市安监局主办的模拟液氯泄漏事故暨职业卫生危害应急演练，提高职工安全意识和应急抢险能力。

抓好水质安全。水质监测站顺利通过实验室资质认证复评审，完成 IC-PMS 安装调试。按要求进行水质检测，全市新增 9 个管网采样点，确保管网水质监测化验全覆盖。配置水质化验速测设备，增强突发水质异常事件时现场快速分析水质的能力。强化水质监测站对制水部门的指导作用。

抓好网络安全。严格网络管理，实行公司内外网络隔离，为公司整体网络环境提供更深层的保护与管理。抓好治安防控。在生产营销部门设置电子围墙，加装视频监控系统，加强治安内控外防能力。规范门岗管理制度，严格人员、车辆出入管理。

【水厂节能降耗 Water saving energy and reducing consumption】　2016 年，石狮供水公司提高经营管理水平，注重挖潜增效，加强成本费用控制，减少贷款规模，压缩贷款利率上浮费率，减少利息支出 518 万元。节支增收，节约各种费用开支 42 万元，根据国家税务总局《关于支持农村饮水安全工程建设运营税收政策的通知》精神，申请减免增值税款 56.09 万元。代收污水垃圾费手续费增收 90.6 万元。做好水价调整和实施居民用水阶梯水价，民用水价格调整方案及居民生活用水阶梯水价自 1 月 1 日起实施，特种行业和其他行业用水的价格调整从 4 月 1 日起实施，通过调价增收 3233 万元，其中民用水阶梯加价收入 162 万元、季节性加价收入 112 万元。加强水费回收，清理历史欠费，对大额欠费用户提起民事诉讼，对小额欠费用户通过法院进行追缴。继续聘请专业测漏公司进行集中查漏，重建公司管网测漏队伍，实行常态化查漏工作，查到漏水管线 100 多处，减少日漏水量约 5600 立方米。对老旧供水管网进行改造。

【供水量情况表 Water supply table】

表 25

2016 年石狮市高峰期间供水量情况表

单位：万立方米

名称＼月份	6 月	7 月	8 月
总送水量	1473.63	1469.00	1541.93

【水质情况表 Water quality situation table】

表 26

2016 年石狮市水质情况表

月份	1	2	3	4	5	6	7	8	9	10	11	12
水质综合合格率（%）	100	100	100	100	100	100	100	100	100	100	100	100
年平均水质综合合格率：100%												

【水压情况 Water pressure situation】 2016 年，石狮市水压基本保持稳定，市区出厂水初始压力为 0.49 兆帕，沿海五镇出厂水初始压力为 0.46 兆帕。

（蔡铭锋撰　吴清民审）

电　力
Electric Power

【电网概况 Electric power network overview】 2016 年，石狮市实现全社会用电量 36.73 亿千瓦时，同比增长 4.52%，净增用电量 1.59 亿千瓦时。工业用电量 23.24 亿千瓦时，同比增长 4.73%。农业用电量 0.02 亿千瓦时，同比下降 19.05%。城乡居民生活用电总量 7.76 亿千瓦时，同比增长 6.35%。地区最高负荷达到 64.7 万千瓦，同比增长 3.69%。最大日用电量达 1328.8248 万千瓦时，同比增长 0.749%。现投入运行 220 千伏变电站 5 座，主变压器 9 台，总容量 162 万千伏安。投入运行 110 千伏变电站 13 座（含佳龙石化），主变压器 26 台，总容量 132.5 万千伏安。投入运行 110 千伏输电线路 26 条计 139.32 千米、10 千伏配电线路 288 条计 1706 千米、0.4 千伏 353.8 千米。配电变压器 6840 台，总容量 321.38 万千伏安。全年用电环境总体良好，未出现压电、大面积停电事件和各类电力安全事故。

【电力市场 Power market】 2016 年，石狮供电区域用电总户数 231852 户，用电总容量 3985767 千伏安，其中：居民生活用户 177054 户，用电总容量 1667408 千伏安；非居民生活用户 2302 户，用电总容量 136203 千伏安；商业用户 32539 户，用电总容量 789172 千伏安；非、普工业用户 19054 户，用电总容量 682372 千伏安；大工业用户 738 户，用电总容量 691380 千伏安；农业生产用户 152 户，用电总容量 7027 千伏安。年度新增用户 18756 户，新增报装容量 324653 千伏安，其中，新增居民生活用户 15851 户，用电总容量 176122 千伏安；新增非居民生活用户 107 户，用电总容量 5714 千伏安；新增商业用户 2800 户，用电总容量 138984 千伏安；2016 年，销户 534 户，销户容量 42536 千伏安，其中居民用电销户 302 户，销户容量 4660 千伏安；商业用电销户 100 户，销户容量 7755 千伏安；非、普工业销户 115 户，销户容量 26066 千伏安。

【电力建设和供电网络 Electric power construction and electricity networks】 2016 年，国网石狮市供电公司全力推进电力建设，全年完成固定资产投资 14411 万元；成本性投入 2359 万元。编制“十三五”配电网滚动规划、石狮市电力设施布局规划（2015 年-2030 年）以及市级以上工业园区专项规划。推进电网项目建设，输变电工程项目节点时序进度完成率为 100%，年度完成率 100%。110 千伏城北输变电工程、220 千伏青山开关站扩建主变工程以及 220 千伏青山变配套 110 千伏线路工程共 6 回线路均顺利投产；110 千伏镇中输变电工程按节点计划有序推进。

市供电公司以石狮全域城市化发展改革试点为契机，同步开展现代智能配电网规划与建设，配电网滚动规划被列入示范县。深化开展配网状态检修评价工作，提前掌握试点线路设备状态，优化检修方式，提高设备健康水平。提升石狮电网的智能化水平，实现 72 条 10 千伏馈线、10 个开闭所的配网自动化，安装 255 条 10 千伏线路共 3104 组无线故障定位装置，实现配电线路运行状态在线监测，大幅提高故障排查速度。强化落实“能带不停”的作业方式，完成带电作业 1768 次，减少停电 474261 时户数、334.89 万千瓦时；旁路不停电作业实现实用化，2016 年，开展 3 次旁路不停电作业，减少停电 2859 时户数、5.6 万千瓦时。加快配网改造建设，提升网架水平，配网电缆化率 77.3%，线路绝缘化率 85.87%，“N-1”率 95.7%，电网安全可靠水平处于全省前列。

【安全供电 Safety of power supply】 2016 年，国网石狮市供电公司安全供电，融入“创新转型、实业强市”战略，管理及经营指标排名保持全省 A 段，稳居泉州第一，供电服务保障能力再上新水平。主动为政府分忧，从安全大局出发，接收全市所有9个工业园区配电资产及27个绕越产权老旧小区电力设施（涉及2.4亿元存量配电资产），解决非供电企业产权公共区域电力设备运行时间较长、设备隐患多、运行维护缺位等问题。

成立以总经理为组长的指挥协调小组，每周主要领导统一调度，客户经理“全程”、“一对一”服务，通达集团、外国语学校等重点项目均实现提前送电，梧园片区、城北片区玉浦社区F地块等安置房用电项目全部按时送电。18项为民办实事项目全部按业主项目部门要求节点及时送电。完成防汛抗台抢修复电任务。全体干部员工放弃休假，坚守岗位，快速响应、迅速复电，依靠自身力量圆满完成抗击“尼伯特”（石狮登陆）、“莫兰蒂”（49条10千伏电力线路停电，40个小时全部完成复电，复电全市最快）、“鲇鱼”台风抢修保供电任务；先后组织6支抢修队伍126人支援闽清、厦门、晋江、南安等兄弟单位抢修复电；完成党代会、“4•18海博会”“大田赛”等重要活动及节日保电工作。

推行“先复电后抢修”模式，持续开展配电不停电作业，成功实施移动箱变车转移负荷作业（全省县级供电企业中首次应用）。电缆故障平均修复时间由的4至5小时压缩至1小时以内；加快电动汽车充电设施建设，落实为民办实事措施。市委市政府高度重视，市政府出台《“十三五”电动汽车充电设施专项规划》；4个公交充电站、2个城市快充站、1个小区慢充电站项目陆续落地建设，确定项目资金600万元。建成永宁公交车充电站、公务大厦停车场快充站、宝源小区充电站。宣传电价调整和电价优惠政策，全年为企业减少电费支出约5153万元。

实施业扩项目客户满意提升工程，客户用电报装流程时限大幅缩短。建立“以客户投产用电时间‘倒逼’供电关键环节流程时限”的业扩提速机制，高压业扩全流程时长压缩89天，低压非居民业扩全流程时长压缩8天。每十万客户投诉量由0.9件下降至0.45件，客户回访满意率达99.9%，泉州排名第一。克服电量损失、电费回收等困难，配合“两违”治理、环保整治工作。配合政府有关部门实施停电45次，涉及违规企业25家。推进火锅餐饮场所“气改电”，全省率先出台方案，对全市范围内火锅餐饮场所停止使用瓶装液化石油气，消除消防安全隐患，完成50家商户改造，兑现补助款26000元。十是加强用电安全。推动成立电力行政执法机构，加强电力设施保护力度。12月1日，在《福建省电力设施建设保护和供用电秩序维护条例》正式实施一周年之际，石狮市电力执法办公室正式揭牌成立，正式实体运作。推广漏电保护器，为群众安全用电上保险。11月26日，石狮市政府印发《全面推广使用剩余电流保护器的通知》，完成全部二级漏保安装。

（黄衷冠撰　王英雄审）

燃　气
Fuel Gas

【燃气供应 Gas supplies】　石狮新奥燃气有限公司采取管输供气形式。2016年，石狮新奥日均用气量5.86万立方米，其中商业福利户1.18万立方米/日，工业户4.23万立方米/日，民用户0.45万立方米/日。用户类型包含石油化工、漂染行业、纺织服装、酒店、餐饮、五金、食品、电子、综合体等。2016年，石狮新奥燃气公司完成气量销售2140万方。2016年，石狮新奥燃气公司完成民用户发展1867户，民用户接驳8900户，工商户发展49675立方米/日，工商户接驳42442立方米/日。

【管网建设 Pipeline network construction】

2016年，石狮新奥燃气有限公司管网总长度达265.15千米，其中次高压管网16.55千米，中压管网162千米，低压管网86.6千米，管网基本覆盖整个石狮市区并延伸至各乡镇和主要工业区、重点工业户。通气民用户20500户，工商户330户。

【安全供应燃气 Gas safe supply】

公司设有安全生产管理委员会下设安全科负责公司日常安全工作，通过对公司HSE管理体系进行持续改进、固化、完善，初步实现安全管理系统化、全面化、精细化、制度化，为公司安全稳定运营提供有力保障。全年开展全员安全培训5次，安全活动6次，应急演练5次，安全宣传19次，并于9月组织全市大型酒店用户开展座谈会，宣读《管道燃气供应及安全使用规定》，规范工商用户安全使用燃气，有效加强工商户安全用气的宣传。

在“安全生产月”组织联合城管局、安监局、消防大队、高新区管委会、蚶江镇、湖滨街道等多部门，开展“石狮市2016年天然气管道应急抢险演练”，有效提升多部门在紧急情况时的协同处理能力。隐患排查方面，全年开展安全检查44次，完成民用户隐患整改199户，工商户隐患整改64处。通过对外部施工队、挖掘司机走巡宣传，同时借助GIS地理信息系统、GPS智能巡检系统的推广应用，加强第三方施工监控，提高管网定位准确度和巡查效率。全年对21处第三方施工点现场监护100余次，并制定《第三方施工分级管控办法》实行分级分类管理，确保第三方施工监护、监督执行到位；同时开展“N+1”隐患排查、干部走巡等活动，动员全员立足本岗位提出合理化建议，实现全员共建安全，保障运营安全。

（吴凌波、高德森撰　毛元生、邓莲珍审）

生态文明建设

CONSTRUCTION OF ECOLOGICAL CIVILIZATION

环境保护

Environmental Protection

【污染防治 Pollution prevention and control】 2016年，石狮市不断深化生态文明建设，推进生态环境保护，持续加大环保投入，加强环境监管、实施大气污染防治行动计划、推动水系环境综合治理、深化生态文明建设、夯实环境监测网络以及广泛开展生态环保宣教活动等一系列工作，有效保证辖区环境安全和环境质量的改善。

石狮市通过扩大“绿标区”、多部门联合执法等举措，推进黄标车淘汰等污染减排，根据泉州通报数据，2016年，石狮市淘汰黄标车1942部，超额完成上级下达年度淘汰1700部的任务。

【开展世界环保日系列宣传活动 World Environmental Protection Day series of publicity activities】 石狮市学习宣传新《中华人民共和国环境保护法》和“六五”世界环境日，开展系列环保主题活动。开展“美丽石狮·生态家园”生态环保主题摄影大赛，向广大市民征集体现石狮生态发展现状内容的照片作品，以镜头语言描绘石狮生态文明建设发展。6月13日，在石狮日报社一品堂举办摄影作品展，将本次活动获奖的69幅（组）作品公开展示，举行颁奖活动；在《石狮日报》开设两个版面展示环保摄影获奖作品。深入花园城社区开展环保宣传活动，组织社区环保志愿者、小小环保志愿者进社区花圃、绿化带捡垃圾，入户分发绿色家庭宣传材料、入企业开展零污染排放生产宣传；制作环保宣传专栏和环保宣传板，建设社区环保宣传文化墙；组织开展社区环保志愿者招募活动及灯谜竞猜活动。与农工党石狮总支部联合开展宝盖山环保活动。电影下乡环保宣传，启动面向农村的环境教育。6月5—16日，分别在9个镇（街道）办巡回播放农村生态警示教育影视片，为期12场。联合鸿山热电厂举办“鸿山热电环保开放日”活动。

【规范固废、危废处置 Specification of solid waste and hazardous waste disposal】 2016年，石狮市成立市固体废物与化学品环境管理技术中心，提升危险废物规范化管理水平。印发《石狮市加强危险废物污染防治工作实施方案》，完善危废全程监管机制，执行危废五联单制度，对危废收集、贮存和转运处置实施规范化管理。建成一座容积约10.85万立方米的生活垃圾焚烧飞灰

生态环保主题摄影大赛颁奖现场 （图/生态环境保护局）

石狮市塘园溪改造截污完善工程　（图/生态环境保护局）

填埋场，缓解石狮市生活垃圾焚烧飞灰积压严重的问题。推进石狮市废旧矿区生态修复示范项目（一期）项目，利用废弃石窟规范填埋飞灰固化物，待填埋至设计标高后，进行绿化种植、养护管理等实现生态修复。

【加强环境监管执法 Strengthen environmental supervision and law enforcement】　2016年，石狮市开展环境执法大练兵、违规建设项目清理、废布漂白非法加工点整治、“清水蓝天”环保专项行动、历史遗留畜禽养殖场点专项整治、大气污染防治检查、重金属污染防治检查、环境安全隐患大检查等一系列环保专项整治行动。组织检查企业2500多家次，清理环保违规建设项目894个，立案查处环境违法行为61起，下达行政处罚决定52起，处罚金额255.67万元，移送环境污染违法侦办案件7起（其中，行政拘留案件5起，涉嫌环境犯罪案件2起），非诉环境案件申请法院强制执行19起。办理环境影响评价审批200件、项目竣工环保验收80件、污染物排放许可证187件，征收排污费1286.7万元，办理环保群众电话投诉案件451起、“12345”便民服务热线381起。

推进“双随机一公开”（随机抽取被检查企业、执法人员，执法查处情况向社会公开）污染源监管工作，建立并逐步完善污染源日常监管动态信息库，数据库涵盖32家重点排污单位、86家一般排污单位及9家特殊监管单位。

开展网格化环保监管，将全市划分10个三级网格，127个四级网格单元，配备147个环保监管工作责任人，建立市为责任主体、镇（街道）为实施主体、村（社区）为运行主体的分级环保监管体制，实现管辖对象细化、职能强化、责任量化、人员配置合理化，全面推行从“线”转“片”的网格化管理新模式。

环境质量监测
Environmental Quality Monitoring

【环境质量 Environmental quality】　2016年，石狮市环境质量保持良好，按照环境保护部制定的环境监测技术规范，全年完成3个城市空气质量点位（含1个清洁对照点）和2个降水点位（含1个对照点）的监测；完成2个地表水水质监测断面和1个集中式生活饮用水源地的水质监测；完成全市19个交通路段，100个城市区域噪声监测点和3个城市功能区的噪声监测。

【地表水监测 Surface water monitoring】　2016年，石狮市地表水断面沟下坂水质符合《地表水环境质量标准》（GB3838-2002）的Ⅳ类标准，龟背闸水质符合《地表水环境质量标准》（GB3838-2002）的Ⅴ类标准，达标率为100%。

表27

2016年石狮市地表水主要污染因子监测情况表

流域	断面编码	断面名称	评价标准	水质类别						达标率	超标因子
				1月	3月	5月	7月	9月	11月		
南渠石狮段	泉27	沟下坂	Ⅳ	Ⅳ	Ⅳ	Ⅳ	Ⅳ	Ⅳ	Ⅳ	100%	无
	泉28	龟坝闸	Ⅴ	Ⅴ	Ⅴ	Ⅴ	Ⅴ	Ⅴ	Ⅴ		无

注：大肠菌群不参与评价

【环境空气质量监测 Ambient air quality monitoring】 2016年，石狮城市环境空气质量保持良好。主要污染物指标二氧化硫、二氧化氮、可吸入颗粒物、细颗粒物、一氧化碳和臭氧年均浓度分别为0.012毫克/立方米、0.026毫克/立方米、0.056毫克/立方米、0.026毫克/立方米、0.7毫克/立方米、0.08毫克/立方米，均达到《环境空气质量标准》（GB3905-2012）的二级标准。城市环境空气污染指数（AQI）年均值为56，空气质量优良率为97.8%，较2015年下降1.1个百分点，首要污染物为可吸入颗粒物（PM10）。

表28

2016年石狮市空气质量年报表

空气质量	优	良	轻微污染
天数	145	213	8
百分比	39.6%	58.2%	2.2%

表29

2015—2016年石狮市环境空气质量情况表

监测项目	二氧化硫（毫克/立方米）	二氧化氮（毫克/立方米）	可吸入颗粒物（毫克/立方米）	细颗粒物（毫克/立方米）	一氧化碳（毫克/立方米）	臭氧（毫克/立方米）
2015年浓度均值B	0.009	0.025	0.061	—	—	—
2016年浓度均值A	0.013	0.026	0.056	0.026	0.7	0.08
变化情况	+44.4%	+4.0%	-8.2%	—	—	—

【声环境质量监测 Sound environment quality monitoring】 2016年，石狮市城市道路交通噪声较2015年有所上升。全市19个路段城市道路交通噪声昼间平均等效A声级为68.9分贝，较2015年上升0.6分贝，符合《环境噪声监测技术规范 城市声环境常规监测》（HJ640-2012）声环境质量等级划分“二级”标准，呈“较好”水平。全市监测路段总长为23.1千米，其中昼间超过70.0分贝的路段长度占监测路段总长的34.6%。

城市区域环境噪声基本稳定。城市区域环境噪声昼间平均等效A声级为54.9分贝，较2015年上升0.2分贝，符合《环境噪声监测技术规范 城市声环境常规监测》（HJ640-2012）声环境质量等级划分“二级”标准，呈“较好”水平。

全市3个城市功能区噪声均符合《声环境质量标准》（GB3096-2008）标准，昼间达标率为100%，夜间达标

表30

2016年全市城市功能区噪声状况表

功能区	类别	昼间达标率（%）	夜间达标率（%）
新湖村委会	2	100	100
古宅农贸市场A栋	3	100	100
动植物检验检疫站	4a	100	100

率为100%。2016年全市城市功能区噪声状况见表。

（谢安乐撰　苏传贤审）

国家生态市创建
Creating National Ecological City

【建立健全生态规划引领机制 Establish and improve the mechanism of ecological planning guide】　编制和实施《石狮市生态文明建设“十三五”专项规划（2016—2020）》，划定重要生态功能区、生态环境敏感区、生态脆弱区等区域生态红线，建立“三区两线”（生态底线区、生态清退区、生态发展区和生态红线、生态控制线）生态控制体系。以生态控制线规划为本底，把城乡规划、土地利用总体规划、经济社会发展规划、生态环境规划等规划进行衔接与融合，编制《石狮市全域一体空间统筹规划》。配套出台贯彻落实《国家生态文明试验区（福建）实施方案》的意见。

【获得国家生态城市命名 Won national ecological city name】　石狮市以生态经济为主线，从全国最早的工业污染集控区，到在全省率先实现热电联产、集中供热和中水回用，完成国家生态市建设工作目标。

2015年9月13日，石狮市通过国家生态市考核验收，并于2016年9月30日获得国家生态城市命名。全市建成国家级生态镇7个，省级生态村16个、泉州市级生态村83个，生态创建工作取得阶段性成效。

（郑　明撰　苏传贤审）

园林绿化
Landscaping

【发展节约型绿化 Develop energy-saving greening】　2016年，石狮市城市园林绿化推行“园林绿化养护管理社会化作业”，构建明确清晰的监管体系，制定标准化、规范化的考评工作程序，要求绿化养护公司履行其养护职责。节约能源，减少能源的消耗，体现在施工的各个环节，缓解城市人们日益紧张的精神状态。现代社会更加注重人与自然和谐相处，节约型园林的绿化养护管理，是实现人与自然和谐相处最好的方法。

【园林废弃物处理 The botanical gardens waste disposal】　园林废弃物是指植物自然凋落或人工修剪所产生的枯枝、落叶、草屑、花败等，也称之为园林垃圾或绿色垃圾。随着市城市绿化的发展，园林绿化废弃物的总量在逐年增加，将园林绿化废弃物从城市垃圾中分离出来，由园林绿化部门进行集中消纳处理，重新再利用，形成一类新的有机资源，这是未来园林废弃物处理的方向，石狮市探讨和推动，促使园林绿化系统的循环经济发展。

【公园开放 Parks open】　2016年，石狮市三大综合性公园和道路及城市景观连成一片、融为一体，扩展城市休闲空间，提升视觉效果，构建人与自然相和谐的生态环境。石狮市提升公园管理水平，突出丰富公园人文内涵，对公园进行文化导入、文娱功能区域规划，增加人性化活动区域。

（林志超撰　蔡漩漩审）

龟湖公园　（图/园林环卫管理处）

（图/颜华杰）

科学技术

SCIENCE AND TECHNOLOGY

科技发展

Development of Science and Technology

【支持科技企业发展 Support the development of the enterprise of science and technology】 贯彻落实科技和知识产权政策。石狮市全面推进科技和知识产权工作，贯彻落实上级政策措施，推动企业创新转型。立足全市科技发展布局，组织编制“十三五”创新驱动专项规划。贯彻福厦泉自主创新示范区建设意见措施，部署石狮市自主创新示范区工作，组织成立福厦泉国家自主创新示范区泉州石狮片区建设工作领导小组，初拟《实施创新驱动发展战略建设国家自主创新示范区具体指标分解表》涉及石狮部分分解表和《中共石狮市委 石狮市人民政府关于实施创新驱动发展战略建设国家自主创新示范区的意见》两份文件；开展省知识产权强县复核迎检工作，申报国家知识产权强县工程试点县，制定《石狮市实施国家知识产权强县工程试点县工作方案》加以保障执行；组织召开全市科技工作会议，各镇（街道）科技副镇长、相关部门分管领导参加会议，探讨部署科技工作。

培育各类科技型企业群体。石狮市组织企业申报各类科技型荣誉称号认定，包括高新技术企业、省科技型企业、省科技小巨人领军企业、省创新型企业、省工程技术研究中心等。2016年，石狮市新增高新技术企业4家、省级工程技术研究中心1家；推荐申报省科技型企业备案10家获得认定4家；推荐省级科技小巨人领军企业25家获得认定16家；推荐申报泉州市工程技术研究中心2家获得认定1家、推荐申报泉州市行业技术开发中心2家获得认定1家。

培育企业建设实验室。落实《石狮市人民政府关于推进大众创新创业若干措施的通知》文件精神，向全市征集实验室建设项目，经各镇人民政府、街道办事处或市直主管部门推荐、审核受理、组织专家评审、现场考察、与财政局会商、公开公示等环节，下达6个实验室建设项目补助经费240万元。

组织实施科技计划项目。推荐符合条件的企业申报国家、省、泉州市级科技计划项目，组织征集本市级科技计划项目，对立项的项目进行跟踪并督促其到期验收。2016年，市企业获得上级科技项目立项44项，经费支持1475万元，比2015年增加767万元，其中

举办科技活动周系列宣传活动　　（图/科技和知识产权局）

获得省级科技项目立项 13 项，经费支持 369.8 万元，获得泉州市科技计划项目立项 30 项，经费支持 1085.2 万元；下达本市级立项项目 84 项，下达经费 1056 万元；加强科技项目监督管理，组织各级科技项目验收 119 项，其中国家级 6 项、省级 5 项、泉州市级 18 项、本市级 90 项；落实省科技小巨人领军企业研发费用加计扣除奖励政策，石狮市福建金苑服饰有限公司获得资金奖励 23.4 万元。

2016 年，石狮科技活动周 （图 / 科技和知识产权局）

【科技服务 Science and technology service】 引进高校共建公共服务平台。2016 年，引进厦门大学、四川大学与市政府合作共建“厦门大学（石狮）智能制造工程中心”和“四川大学（石狮市）先进高分子材料研究中心”，并于 5 月 18 日揭牌。其中，厦门大学（石狮）智能制造工程中心 3 个工艺改进项目在推进，并成功申报本市级产学研项目，组织开展的多期技术交流沙龙效果良好；四川大学（石狮市）先进高分子材料研究中心成功落地石狮，以民办非企业单位获民政局批复成立，实现实体化运营，有 5 个项目在推进，并成功申报本市级产学研项目。根据合同约定申请的首批设备采购经费 480 万元到位，办理采购事宜。

推进新型孵化器建设。指导众创空间建设，召开会议部署建设，并动员众创空间参加上级相关培训；组织企业申报各级众创空间认定。2016 年，新增国家级众创空间 1 家、省级众创空间 1 家、泉州市级众创空间 5 家；推进科技孵化器建设，推荐符合条件的孵化器申报省级科技企业孵化器及省级科技企业孵化器用房补助项目。2016 年，新增省级科技企业孵化器 1 家，2 个项目获得 2016 年科技企业孵化器后补助项目立项补助。培育新型研发机构，推荐申报省级、泉州市级新型研发机构认定，2016 年新增 1 家泉州市新型科研机构。完善海峡两岸科技孵化基地建设，筹备启动孵化基地员工宿舍楼建设，办理消防及防雷审核事项，完成建设工程施工合同签订。

【科技孵化基地建设 Construction of science and technology incubators】

石狮市海峡两岸科技孵化基地是公益性科技事业服务机构，旨在为初创科技型小企业提供孵化用房、共享设施、信息咨询等优质服务和优惠政策，降低企业的创业成本和风险，培育高新技术企业和科技型企业家，加快高新技术成果的商品化、产业化和国际化，促进石狮高新技术产业发展，海峡两岸科技孵化基地占地 3 公顷，建成研发中心、中试厂房、专家公寓及员工宿舍楼各一幢，总建筑面积 31461 平方米，其中研发中心 9975 平方米 、中试厂房 14369 平方米、专家公寓和员工宿舍楼 7117 平方米。被认定为福建省级科技企业孵化器，由石狮市高新技术创业服务中心负责管理运营。

石狮市海峡两岸科技孵化基地致力服务入孵企业，推动企业自主创新，加快企业发展。2016 年，先后引进入孵企业 35 家，中断孵化企业 4 家。毕业企业 10 家，中介服务机构 6 家；其中 3 家高新技术企业，1 家省级企业技术中心，2 家泉州市行业技术开发中心，2 家省级企业工程研究中心，7 家省科技型企业，2 家省创新型试点企业，4 家泉州市科技小巨人企业，引进石狮市第一家创业创客型咖啡馆。入孵企业累计拥有 341 个专利，其中发明专利 60 件、实用新型 218 件、外观设计 63 件；计算机软件著作权 62 件、著作权 3 件。

【产、学、研对接 Hold an industry-university-research cooperation】

依托联盟加强产学研合作。2016 年，石狮市发挥印包、海洋、物流、染整等产业技术创新战略联盟作用，推动产业转型升级。征集本市级产业共性关键技术项目，组织专家评审与现场考察，筛选出 5 个项目，涉及数字印刷服务、物流供应链信息服务、自动化印刷机器人、海产品罐头加工和印染废水处理技术，与财政局沟通将其列入科技经费支出；依托联盟对外交流，组织联盟企业到省内外开展学习交流活动及参加展会，组织海洋联盟企业赴青岛参展国际渔业博览会等；推动企业走出去，与国内外高校开展科技合作与交流，引进高校、科研院所专家深入企业开展技术服务；组织企业参加各类成果交易会、推介会等，推动科技成果转化。

【科学普及与宣传 Popularization and publicity of science 】 举办科技活动周系列宣传活动。2016年5月18—24日，围绕"创新引领·共享发展"主题组织举办泉州创客活动周（石狮专场）暨2016年石狮科技活动周系列宣传活动。期间举行创客邦众创空间、裁缝邦众创空间签约仪式、举办创客活动集市、创客高峰论坛，开展青少年科技创意大赛、科技宣传进校园等科技宣传和大众创新创业活动。组织开展"企业研发费用税前加计扣除新政策"等培训活动，对政策进行解读。

【科技交流与合作 Science and technology exchange and cooperation】 发挥产业技术创新战略联盟、四川大学（石狮市）先进高分子材料研究中心、厦门大学（石狮）智能制造研究中心等创新平台，开展科技交流与合作。"走出去"，11月，组织6家海洋联盟企业赴青岛参展"第21届中国国际渔业博览会"，并深入中国海洋大学、黄海所等国家重点大学和科研院所，寻求技术合作机会，开展项目交流互动。

12月，组织海洋企业赴厦门考察、学习海洋生物产业，走访厦门大学海洋与地球学院、国家海洋局第三海洋研究所等，促进科技合作交流。"引进来"，邀请中国海洋大学食品科学与工程学院、韩国（财）庆北科技园、中国纺织工业联合会、四川大学等高校院所来石狮市调研海洋、染整产业等，推动项目交流与对接。依托四川大学（石狮市）先进高分子材料研究中心、厦门大学(石狮）智能制造研究中心开展多期技术交流沙龙及推介会。

表31

2016年石狮市省级火炬计划项目情况表

序号	项目编号	项目名称	项目承担单位	下达经费（万元）
1	2016S0017	南非中间鲍新品系繁育及其工厂化生态养殖技术的集成与示范	石狮市海丰泰水产养殖有限公司；集美大学水产学院	25
2	2016S0018	现代农业智能控制及物联网系统的应用	石狮市海狮果蔬种植专业合作社；福建省泉州市农业科学研究所	20

表32

2016年石狮市新增高新技术企业情况表

序号	企业名称	证书号
1	中纺协检验（泉州）技术服务有限公司	GR201635000127
2	石狮市星港塑胶包装有限公司	GR201635000173
3	石狮华宝新材料工程有限公司	GR201635000341
4	福建省我答答信息科技有限公司	GR201635000259

知识产权
Intellectual Property Rights

【鼓励发明和创造 Encourage invention and creations】 鼓励企业发明创造。指导专利相关工作，推动企事业单位配备专/兼职人员，与企事业单位建立长效联系；提升专利申请量、授权量。2016年，石狮市专利申请量达2231件，其中发明专利371件；专利授权量达949件，其中发明专利121件。石狮市有效发明专利拥有量达257件，每万人有效发明专利达3.76件，比2015年同期增加0.77件。为鼓励企业及个人发明创造，6月下达2015年授权专利奖励资金262.35万元。

指导企业强化专利运用。支持企业利用专利权进行质押贷款。2016年，有炎英塑胶、汇龙化纤等4家企业通过专利权质押融资方式获得贷款金额9335万元；

组织石狮市星港塑胶包装有限公司实施专利产业化项目，项目获得省知识产权局立项支持，并获得经费支持20万元；推动永信、星港等企业开展知识产权贯标工作，其中星港公司通过认证；组织推荐符合条件的企业专利申报泉州市专利奖，2家企业专利获得泉州市专利奖三等级；加强知识产权人才培养，组织企事业单位人员参加各级举办的知识产权专题培训。

表 33

2016 年石狮市专利新产品情况表

时间	申请				授权			
	申请量	发明	实用新型	外观设计	授权量	发明	实用新型	外观设计
1 月	128	28	67	33	76	9	35	32
2 月	54	16	22	16	32	6	19	7
3 月	115	47	56	12	67	10	46	11
4 月	174	27	111	36	38	8	23	7
5 月	113	10	78	25	78	3	57	18
6 月	436	82	289	65	73	5	52	16
7 月	347	35	252	60	104	11	73	20
8 月	427	35	292	100	96	7	55	34
9 月	152	27	75	50	50	3	35	12
10 月	39	11	12	16	71	1	59	11
11 月	126	26	59	41	158	4	83	71
12 月	120	27	54	39	106	7	67	32
合计	2231	371	1367	493	949	74	604	271
有效发明专利		257	现每万人发明专利拥有量				3.76	

【知识产权宣传 Intellectual property publicity】 2016 年，石狮市组织、推动知识产权法律法规的宣传普及，开展知识产权宣传周、中国专利周等系列宣传活动，包括深入展会、社区等开展知识产权现场咨询、维权、宣传；通过“石狮科技 APP”开展知识产权答题送流量活动；组织举办知识产权业务培训等。

【知识产权执法专项行动 Intellectual property law enforcement initiative】

2016 年，石狮市加大行政执法力度，将双打工作与日常监管相结合，重点对服装辅料市场、机械设备的监管，独立开展专利执法活动 2 次，查获假冒专利 5 件。

【科技信息化建设 Science and technology information construction】 新开通“石狮科技服务网”微信公众号，每天推送宣传科技政策、科技资讯等，利用 QQ 群、石狮市科技信息网门户网站等公开科技和知识产权相关信息。

（卢玲珑撰 李娅萍审）

防震减灾
Prevention against Earthquake and Disaster Reduction

【抗震设防 Seismic fortification】 石狮市位于福建省东南沿海，濒临台湾海峡。闽东南沿海地区是国务院批准圈定的我国21个地震重点监视防御区之一。石狮市地质构造以断裂为主，主要在长乐—南澳深断裂带、滨海断裂带、晋江—永安三大断裂带影响范围内。根据《中国地震动峰值加速度区划图》福建省区划，石狮市除祥芝、鸿山、锦尚、永宁四镇的地震动峰值加速度为 0.2g 外，其余地方为 0.15g。根据《中国地震动反应谱特征周期区划图》福建省区划，石狮市的地震动反应谱特征周期为 0.4 秒。石狮市祥芝、鸿山、锦尚、永宁四镇按基本烈度 8 度抗震设防，其余地方按基本烈度 7 度抗震设防。

2016 年，石狮市地震办公室加强地震监测预报设备的管理，确保台网健康运行。加强地震台网监测日常运行管理。坚持每天24小时不间断值班制度和春节、“两会”等重大节假日的地震“零报告”制度，严格落实值班制和责任制。每季度开展台站仪器设备维护及巡检。

做好地震监测预报。位于石狮市祥芝镇赤湖村素质教育基地的赤湖井地下流体台站采用数字化处理手段，实现全天候、高精度自动运行观测。2016年9月，完成基站供电线路的升级改造，建设地下管网，铺设专用电缆，确保设施设备正常运行，通过与石狮电信公司建立互动联网，每日按时完成地热、水温、水位前兆数据的收集、入库分析、上报工作，确保观测资料的准确性和完整性，健全季度震情会商制度，为上级地震部门提供震情监测、趋势分析所需的重要科学依据。

创新地震趋势会商思路，会商水平进一步提高。石狮市地震办公室坚持震情会商制度，掌握并能够结合数据中出现异常情况，及时进行个例分析和前兆异常分析，利用泉州市地震局提供的闽台地区地震目录和每天在地下流体石狮观测井所采集的水位、水温、地热等数据资料，编制石狮市闽台地区地震趋势会商意见，为上级地震部门提供参考意见。

【防震减灾宣传活动 Protecting against and mitigating earthquake disasters propaganda activities】 根据《石狮市人民政府办公室转发石狮市2016年“5•12”防灾减灾日活动周宣传教育方案的通知》，石狮市地震办公室在全市范围内举办内容丰富、形式多样的一系列防灾减灾宣传活动，增强广大公民的防灾减灾意识，提高社会对防震减灾法律法规的认识，增强石狮市综合防御能力和公众的应急避险以及应急救援能力。

新闻媒体宣传。活动周期间，市地震办与市委宣传部、市广播电视台、石狮日报社、市移动公司等单位密切配合，结合多种渠道，广泛开展形式多样防震减灾宣教活动。5月11日，通过市移动公司发送6万条提示短信息，告知广大市民关于“5•12”防灾减灾日的相关活动安排，以便市民群众及时关注、收看。5月12日，在石狮电视台综合频道、商务频道每日黄金时段播放《防震知识》《地震安全小常识》等防震减灾知识科普宣传片。5月13日，在石狮电视台综合频道《财经新时空》栏目专题播出防灾减灾宣传活动的报道。5月11—17日连续7天，在《石狮日报》开设防震减灾科普知识宣传专栏，每日刊登有关地震的防灾减灾知识，分别报道识别地震谣传、地震前兆、震级与烈度、抗震设防、农居抗震、避震措施、避难场所建设等地震事业的蓬勃发展，以进一步提高社会公众防震减灾意识和应急避险技能。

现场咨询和宣传活动。5月12日，由石狮市减灾委、市地震办牵头，市社会工作部、市科协、市红十字会等部门在德辉广场举办2016年石狮市防灾减灾宣传周集中宣传活动。分发防灾减灾传单、公众应急手册、家庭防震手册、防震减灾知识进企业手册、防震减灾知识进校园、防震减灾知识进社区、农村建房抗震知识手册等1000余册，接待咨询群众200多人次。5月12日，石狮市防震减灾知识灯谜竞猜活动。准备1000多道灯谜，3000余人参加，发放奖品900余份，取得科普宣传效果。

防震减灾主题电影进小区。2016年，建德濠江国际一期小区创建“国家地震安全示范小区”。5月8日，由泉州市地震局、石狮市地震办公室举办的“平安中国梦舟启航，防灾文化电影季”防震减灾电影播放活动，在建德濠江国际一期小区举行。防震减灾电影播放内容，是用汶川大地震纪录片等地震科普电影，向小区住户及家庭宣传、推广、普及防震减灾知识，全面提高辖区广大居民的防震减灾意识，进一步增强全民防灾减灾意识，营造全民参与的防灾减灾氛围，提高社会公众防震减灾意识和应急避险技能。

LED移动宣传车进乡镇。5月11日，市地震办开展防震减灾知识进乡镇、进农村LED移动宣传车活动。工作人员向周围群众发放防震减灾科普宣传材料，讲述地震相关的科普知识，使公众能够掌握避灾自救基本常识、专业知识和技能技巧，增强公众的公共安全意识、社会责任意识和避灾自救意识，提高公众应对突发公共事件的综合素质和避灾自救能力。

搭建微信公众号宣传平台。采取传统媒体和新媒体相结合的方式，市地震办与中国电信合作。11月，完成石狮

2016年，石狮市全国防灾减灾日宣传活动 （图/市地震办）

防震减灾微信公众号平台建设工作。该平台立足于地震科普知识的宣传，设立“微官网、地震快讯、地震科普”三个专栏。市地震办通过微信公众号推送、上传形式多样的地震科普宣传，使市民学习了解地震知识，培养避险意识，知道全国地震动态，明白地震来我们该怎么办，不再恐慌和害怕，并通过解答公众疑问，让公众全面认识地震，掌握科学的防范知识，增强市民的防震减灾意识，提高市民的自救互救能力，与社会公众架起一座“微桥梁”。

市地震办主办第六实验小学开展地震应急疏散演练　　（图/市地震办）

【科普知识进校园 Popular science knowledge comes into the campus】

针对中小学生对防震避险知识了解少的现状，开展“防震减灾科普知识”进校园，加强学生防震减灾知识的教育普及。2016年5—6月，市地震办邀请资深的防震减灾宣讲团讲师宣讲地震及防灾减灾方面的科普知识，先后在长福实验小学、第六实验小学、祥芝中心小学、龟湖中心小学开展防震减灾科普知识讲座，针对小学生的特点、深入浅出的讲解地震知识，对抽象的地震知识进行合理比喻，和学生进行互动，对在学校和在家庭怎样避震做了重点讲解，向师生发放防震减灾知识宣传资料。

【地震救援演练 Earthquake rescue drill】　6月23日，石狮市烟草专卖局协同石狮市地震办公室举办地震安全常识培训及应急疏散演练，特邀晋江市防震减灾知识讲师黄永康亲身授课，以事例向现场参训的员工指导传授有关地震安全常识培训。全体职工在市地震办工作人员的现场指导下，进行应急演练。

【地震应急救援体系建设 Construction of earthquake emergency rescue system】　石狮市加强应急避难场所管理指导和设备巡查维护工作。根据《泉州市地震局关于下发地震应急避难场所管理人员岗位职责（试行）的通知》精神，市地震办制定下发管理办法，并邀请泉州地震局对应急场所管理人员进行培训指导。加强处地震应急避难场所的日常管理，做好地震应急避难场所各动能设备日常维护，市地震办对石狮市17处地震应急避难场的维护和管理工作，对各场所的应急避难场所管理机制和制度建设情况、应急配套设施的完好状况和应急避难场所周边建（构）筑物、疏散通道及周边环境保护等进行全面的检查。

完善应急指挥通讯设备的配置。石狮市地震办公室应急指挥中心原配置的通讯设备年久失修，多数终端无法正常使用，市地震办与石狮市飞通科技公司进行前期沟通，购置新型应急通讯终端和中置机，并配置应急电源，于年底前完成通讯设备的购置和调试。

重新确定“防震减灾”助理员管理工作。市地震办加强对基层防震减灾助理员的管理，结合各镇、街道换届后人事变动情况，对全市防震减灾助理员进行重新核实，并组织各镇、街道防震减灾助理员参加泉州市防震减灾助理员培训会，对新拟任的助理员从法律、法规、科普知识、工作职责等方面进行综合培训。

（王煌仪撰　傅　途审）

（图／颜华杰）

综 述
Generals

【完善教育治理体系 Improve the education management system】 2016年，石狮市教育工作坚持以办好人民满意的教育为目标，主动适应教育新常态，深化与中国科教院的合作，加快推进教育综合改革，促进教育优质均衡发展，通过“义务教育发展基本均衡市”国家级复评，为教育“十三五”开好局、起好步。以“顶层设计”完善教育治理体系，科学制定“十三五”规划。对今后五年教育发展思路、主要目标、发展任务和工作路径等作详细规划并提出明确要求。推进教育综合改革，加强与中国教育科学研究院的合作，全面实施现代教育治理、课堂教学改革、校长教师能力提升与队伍管理建设、校园文化和特色品牌学校建设、教育督导体系建设和学校办学质量评价、教育信息化建设与办学环境营造等六大改革项目。完善学校内涵管理规划，借助中国教育科学研究员专业团队力量，在全市推行“一校一章程”建设，全市各学校完成章程制定。

【合作办学 Cooperation in schooling】 2016年，石狮市教育工作以“品牌效应”持续扩大优质资源。厦门外国语石狮分校、泉州师院附小石狮校区招生开办，石狮五中、自然门学校与山东“271”教育集团合作办学深入推进。本市域优质资源“内延”广度持续扩展，市直实验学校集团化办学深入实施，在锦尚镇创办第三实验小学复光校区，实现全市所有镇办均有市直小学；在宝盖镇筹建五小第二校区，在永宁镇筹建古卫城实验小学，前期工作已经准备就绪；实施城乡中学联盟，组建石光中学、石狮一中两大学校联盟，在教育教学、招生考试等方面实现双赢。中心城区4所小学改扩建项目建设启动实施，四所学校初步确定项目方案。实验小学腾空民房19户，基本完成征迁工作；大仑中心小学、五星小学、新湖中心小学征迁。

【优化育人模式 Optimize the educational mode】 以“素质教育”持续优化育人模式。课改实验深入推进，与中国教科院合作，采取“科研引领，项目推动”“点面结合，辐射带动”“博采众长、区域联动”的策略，实施“差异教学”“学本课堂”“高中项目带动”等课改实验，在全市遴选48所试点学校，超过21000名中小学学生参与课改实验。强化课改实验指导，构建市、校两级课改实施教研团队，制定实施主要策略，形成具体推进方案，深入推进改革实验。永宁中学、石狮三中等一批课改试点校受邀参加全国性经验交流，试点校教师参加全国性课堂教学比赛取得优异成绩。开发富有特色的校本课程，继续鼓励全市各学校开设校本课程。2016年，12所学校新开发校本课程15种，全市各学校共有校本课程400余种，为学生提供多样性、可选择的活动课程项目。推进评价改革，推进督导体系建设，完善责任督学挂牌督导工作机制，强化教育督导评估结果的运用，将督导结果纳入学校办学质量考评指标范畴，改变单一评价方式，建立教育行政部门、教育科研部门和社会相结合的评价机制。2016年，中、高考再创佳绩，高考本一上线率、本科上线率继续高于全省平均上线率，中考综合评估居泉州市前列。

【提高行政效率 Improve administrative efficiency】 以“机关效能”提升服务群众水平，提高行政效率。石狮市行政服务中心教育分中心正式投入运行，方便群众办事。对电子协同办公系统和石狮教育局门户网站进行改版升级。推进“马上就办”，制定《开展随机抽查规范事中事后监管实施方案》，确定第一批随机抽查事项清单6项，规范办事监管。推进“互联网+”办事公开，开通 “石狮教育党建微信群”“石狮校安”微信号。及时更新局机关党务、政务公开栏，利用教育信息网、校务公开网和党务公开网，公开各类政务信息1132条，党务信息153条。加大信访交办、督办和直接查办力度，及时办理人大代表、政协委员意见建议，及时做好“12345”答复。

【学校数据 School data】 2016年，石狮境内有全日制高校3所，其中本科院校1所，高职高专2所。有中等职业学校1所，在校学历教育学生2048人，教职员工103人，专任教师86人。全市有基础教育校（园）236所（城区136所、镇区60所、乡村40所）；其中幼儿园155所（城区97所、镇区38所、乡村20所），小学63所（城区29所、镇区18所、乡村16所），特殊教育学校1所，九年一贯制学校4所（城区3所、乡村1所），有初级中学7所（城区2所、镇区3所、乡村2所），完全中学6所（城区5所、镇区1所）；在校生123712人（城区85325人、镇区27305人、乡村11082人），其中幼儿园32952人、小学60437人、初中20241人、高中10003人、特殊教育79人；教职员工7994人，其中幼儿园3355人、小学2195人、九年一贯制学校622人、初级中学659人、完全中学1150人，特教13人。

表34

石狮市各级各类教育基本情况表

类 别	校（园）数（个）	班数（个）	在校生数（人）	教职工数（人）	专任教师（人）	校园面积（平方米）	校舍面积（平方米）	图书数（本）	资产总值（万元）	仪器设备（万元）
学前教育	155	1072	32952	3355	2045	305119.7	341638.37	198830	未统计	
小　学	63	1165	60437	2195	2090	812912.58	459845.43	1324947	46239.20	8530.82
初级中学	7	400	20241	659	620	354610.9	188662.83	354901	21771.12	2535.85
九年一贯制	4	分别归入小学或初中		622	446	217709	121298.4	213439	11933.73	1536.87
完全中学	6	195	10003	1150	1098	548821.97	429519.14	705396	27159.22	6139.93
中职学校	1	—	2048	103	86	93573	43891	48333	2482.96	1187.98
特殊教育学校	1	7	79	13	12	1095	948	1850	未统计	
普通高校	3	—								

教育管理与督导

Education Management and Education Supervision

【教育系统党建 Party construction of education system】 深入开展“两学一做”教育实践活动。6月始，党委先后召开3次教育系统“两学一做”学习教育工作会，各所属支部推进“两学一做”学习教育活动，根据学校的实情，设计好的载体，将学习教育和日常教学工作融合，使“两学一做”学习教育活动常态化，提升党员队伍思想政治水平。强化作风建设，全面履行从严治党责任。以开展认真开展 “两学一做”学习教育为契机，开展微体会、微故事、好党课活动，深化落实“五抓五看”要求，全面推进教育系统基层党的思想、组织、作风和制度建设，履行“一岗双责”，落实全面从严治党。监察室深入排查廉政风险点423个，制定防控措施645条。受理群众来信来访70余件（次），纠风论坛各类咨询投诉82件，均在规定期限内办结，处理处分违纪人员17人。组织效能检查，对违反机关效能规定行为进行处理，发现问题24人次，给予效能问责23人次。组织开展党员干部培训工作。党委组织4次全教育系统党员干部集中学习“两学一做”学习教育、创先争优活动教育、市情教育和教育改革发展四个专题的内容；5月，党委筛选13名入党积极分子参加市直机关集中培训。按照“一党委一特色，一支部一品牌”的目标，推进党建品牌创建活动。做好党员排查工作，注意发展党员。3月，开展党员排查工作，落实部分口袋党员的归属，党委没有失联党员，共有1106名党员，党员队伍结构合理。党委委员每人联系几个支部，按照组织发展程序，深入支部。党委有8名入党积极分子，通过与挂钩支部的发展对象谈话，吸收14名优秀教师为预备党员，有2名预备党员预备期已到，待党委会审批转正。加强学校党建工作，持续推进特色党建项目建设，实施“把优秀教师培养成为党员、把优秀党员培养成为中层干部、把优秀中层干部培养成为校级后备干部”和“青年教师优先培训学习、骨干教师优先评聘晋级、党员教师优先提拔任用”的“三培养、三优先”工程。

强化纪律监管。严明党的纪律，进一步强化学校工程建设、物资采购等规范运行，重大实验设备采购项目坚持集体议事、严格审批程序，进一步规范学校采购行为和工程招标流程，做好招生管理、基建工程、财务管理、仪器采购的公开及监管工作。对各种常态化检查中发现的问题依情节轻重给予函询提醒、通报批评、诫勉谈话、组织处理，对在信访等工作中有明显过错的校级领导进行约谈。

明晰责任体系。制定教育系统纪检监察工作要点，细化主体责任，确保党风廉政建设工作与分管领导、业务科室逐一对应、逐一落实，形成充分履职、各负其责、齐抓共管的合力。落实局党组中心组学习制度，通过月讲座与交流等形式，先后组织学习《中国共产党廉洁自律准则》和《中国共产党纪律处分条例》等重要内容。抓廉政教育，创设教育载体，建立石狮教育信息网廉政教育学习专栏，发布宣传教育材料34篇、学校廉政教育信息150多条。组织观看廉政宣教片，组织参观廉政基地，开展"每周一文"勤廉文章推荐活动。加强警示教育，组织集中警示学习教育3次。加强任职前廉政教育，全年廉政谈话提醒4人。抓监督执纪，用好监督执纪"四种形态"，把纪律和规矩挺在前面，对发现的苗头性、倾向性问题，及时通过谈话函询等方式予以提醒纠正，避免小错酿成大错。制定《石狮市教育局廉政谈话制度》，落实运用监督执纪"四种形态"要求，抓"小"抓"早"，主要涉及招生、基建、补贴发放、公共经费使用等方面。2016年，个人廉政谈话提醒8人次，诫勉谈话15人次，书面检查1人次，其中学校"一把手"14人次，其他人员9人次。抓信访工作，深化信访举报"零暂存"，进一步规范办理流程，提高办理效率。畅通举报投诉渠道，加强群众监督，从关注民生的高度，妥善处理群众来信来访案件，防患于未然。开展日常接访工作，接待和受理群众来信来访，及时解决群众关心的热点、难点问题。对市委、市政府、市纪委转来的信访案件，组织调查核实，作明确答复。2016年，受理信访件6件，办结率100%，做到"件件有着落，事事有结果"，实现"零暂存"。

【校园安全 Campus safety】 坚持"安全第一、预防为主、综合治理"的方针，按照"夯基础、强教育、治隐患、保平安"的工作思路，抓住"平安校园"建设主线，注重在完善责任体系、夯实工作基础、创新宣教方式、强化日常监管和提升应急能力五个方面下功夫，管理水平得到提升，安全态势持续向好，全市范围内学校安全责任事故零发生，较大以上安全事故零发生，较好地维护全市教育系统的平安和谐稳定。2016年，学生非正常死亡人数同比下降70%；5月10—11日，全省教育法治工作会议暨依法治校现场会在石狮市召开；11月18日，石狮市学生防溺水在泉州市学校安全工作会议上做典型发言。

加大资金投入，加强人员培训，提升校园安防能力。为全市98所公办学校安排保安聘用名额358人，给予每名保安员每月工资补助2700元，为此全年下拨财政经费1162多万元。提前10个月完成"中小学幼儿园技防系统建设及提升工程"建设任务，在全市223所学校安装紧急报警装置和视频监控系统，并与公安机关实现联网，并下拨2016年专项补助资金148万多元。举办校车交通安全管理培训班，对全市200多名校车参与人（包括校车所有人、校车安全管理员、校车驾驶员和校车照管人员）进行培训。举办学校防暴处突技能培训班，邀请市公安局巡特警反恐大队专家对全市391名学校校（园）长、保安队长进行培训举办学校保安员岗位培训班，委托市保安服务公司对全市360多名学校保安员进行轮训。

开展公共安全教育。加大安全教育平台推广使用力度，市教育局参与福建省"安全教育试验区"工作，推进安全教育信息化网络平台的普及应用，组织全市学校开展安全教育课在线教学和防溺水、预防校园欺凌、消防安全、平安暑假、平安寒假等专项教育活动，使安全教育内容进校园、进课堂、进教材、进家庭、进作业。全市2895个班级、3262名教师和120936名学生加入安全教育平台，完成33992课时的安全教育课，完成安全技能训练作业的学生达1317031人次。开展各项主题活动，组织开展"安全教育（周）日""防灾减灾（周）日""安全生产月"等主题活动及防溺水、防交通事故、防火灾等专题教育活动。2016年，市教育局先后分发95000本"校园安全手册"、500本禁毒教育读本、3000张交通整治通告、150张交通警示教育光盘和250张防震减灾教育光盘。

制定出台《石狮市教育局关于建立预防学生溺水工作长效机制的通知》，强化学校防溺水工作措施的指导和落实；开展专业培训。通过举办水上安全知识宣教培训班，培养121名水安宣教讲师，组织开展水上安全知识校园巡讲活动，分别在5—6月和10—11月组织水上安全讲师到全市各学校（包括民办幼儿园）进行水上安全知识宣讲，开展270多场的巡讲活动，受教育师生和学生家长达6万多人。拓宽宣传教育渠道。开设"石狮校安"微信公众号，制作发布"我为小孩的生命安全而转发"的公益微信，并坚持在每个周五进行转发，微信阅读量超10万次。开展"青春成长法护航"法制教育专题活动，针对重点学生，联合市检察院、文明办等多个单位，开展"八个一"（即一场军事训练、一堂法制课、一次参观羁押场所、一次观摩庭审、一次爱国教育、一次义务劳动、一次心理疏导、一次交流座谈）法制教育课程。

深化等级平安校园和安全标准化提升达标学校创建活动，提升学校安全管理水平。2016年，进一步加强达标学校动态管理，围绕"一级抓巩固、二、三级抓提升”的工作思路，巩固和提升学校安全标准化建设成效，提升学校安全管理水平、突发事件应对能力和师生安全素养。组织全市各学校开展“等级平安校园”创建工作，并在学校申报自评的基础上，通过实地考评、动态评估以及结合相关部门的专项检查通报的方法，评定石狮一中等104所学校（园）为石狮市2016年“等级平安校园”。经创建考评验收，分别有51所“AAAAA平安校园”、99所“AAAA平安校园”和67所“AAA平安校园”。

【教育督导 Education supervision】 做好督学队伍建设，完善督导制度，突出督政，强化督学，继续推进中小学第四轮素质教育工作的督导评估，做好义务教育发展基本均衡县国家复检工作、福建省义务教育质量监测工作和基础教育综合改革项目，推动全市教育事业均衡、优质、持续发展。建立中小学校责任督学挂牌督导管理制度，聘任石狮市督学责任区挂牌专职责任督学20名，原则上每5所学校安排1名专职责任督学。每位专职责任督学每月对片区学校进行不少于1次的经常性督导，并形成督导记录送交督导室。迎接泉州市实施素质教育先进学校的跟踪督导检查。5月，指导石狮市祥芝中心小学、石狮市第二实验小学、石狮市大仑中心小学、石狮市实验小学、石狮市新湖中心小学五所学校接受泉州市实施素质教育先进学校的中期跟踪督导检查评估，获得泉州市好评。做好基础教育综合改革项目，与教育局各有关股室会同教科院专家一起研究制订《石狮市办学水平综合评价指标》。9月，作为2016年福建省义务教育质量监测样本县，参加全省义务教育阶段学生数学和体育与健康状况监测。督导室配合确保监测任务完成。10月，全市落实到位。制定可操作性强的迎检方案，突出重点，多措并举显成效，通过义务教育发展基本均衡县国家复检工作。11月，在全市初一年开展基线测试，进行语文、数学、英语三科的学习能力测试，开展学习背景问卷调查，送交中国教育科学研究院专家进行结果分析，形成基线测试结果报告。

学前教育
Preschool Education

【发展幼儿教育 Develop early childhood education】 发展幼儿教育事业，逐渐形成以公办幼儿园为骨干和示范，公办和民办并举的发展格局。创办宝盖第三中心园，将湖光小区配套幼儿园创办为宝盖中心园分园。推动市政府出台关于扶持民办幼儿园发展工作的意见，从规划建设、财政补助、奖励力度、师资培训等层面加强民办园建设。通过政府购买服务、减免租金、培训教师等方式，支持民办幼儿园提供普惠性服务。出台扶持普惠性民办幼儿园管理办法，制定幼儿园等级评定标准。认定一批普惠性幼儿园，按评定的一、二、三、四级，以班数为单位，分别给予2.5万元、2.2万元、2万元、0.8万元的补助。

【示范幼儿园 Model kindergarten】 加强示范园管理。创建设施优、管理好的示范性幼儿园，以带动全市各级各类幼儿园稳步发展。通过举行教学观摩、联动教研等多种形式，发挥各级示范幼儿园示范辐射作用，引领全市幼儿教师专业水平的提高。组织评估示范园。组织专业人员对申报石狮市示范幼儿园的三所民办园进行评估。对照示范园的评估标准和现场考察要求，通过多种形式对幼儿园的工作进行全面、细致的了解，对幼儿园各方面工作做出全面、客观、真实的评估，进一步提升幼儿园管理水平。规范类别管理。结合每年督导室对市教育督导，连同教育局相关股室、进修校等对全市公办幼儿园进行年度工作检查。

【规范民办幼儿园 Standardized private kindergarten】 加强对民办幼儿园的教育指导工作，规范其办学行为，配合社管办对全市民办幼儿园进行年检。重点检查2015年年检中存在问题的整改和落实情况，并将年检结果进行公布，督促规范办园，提高办园质量。

【幼儿园评级 Kindergarten rating】 开展幼儿园等级评定。2016年3—4月初，组织相关人员对147所幼儿园进行抽查评定，评出一级园3所，二级园9所，三级园16所，四级园53所，五级园66所。

义务教育
Compulsory Education

【小学教育 Primary Education】 2016年，市初等教育以“均衡教育发展，推进教育公平”为旨归，继续贯彻“抓规范、抓改革、抓质量、抓提升”的工作思路，推进各项工作，提升办学质量，创办人民满意的教育。

以“委托管理”为抓手，促进均衡发展。继续推动实施学校委托管理，开展中期工作成效评估。2016年12月14—15日，教育局组织相关人员，对市“二小——鸿山小学”“三小——紫湖小学”“五小——东店小学”“实中附小——霞泽小学”等四对委托管理学校进行中期调研评估，内容包括托管学校职责履行情况及受托管学校教育教学管理质量两部分。通过二年来工作开展，受托管学校的办学理念、校园文化、制度建设、日常管理、师生发展等层面都有不同程度的提升。结对双方教师交流互动总体呈常态化，受托方学校教师的质量观、教育观、教学观都有较为明显的转变，班级管理、备课质量、教研能力方面都有不同程度的提升。受托方学生的文明礼仪、个性发展等方面都有可喜的变化，学生个体的学习习惯、学习方法、身体素质等方面都有不同程度的提升。

市长黄春辉调研大仑中心小学改扩建项目 （图/教育局）

以“过程管理”为导向，规范招生行为。针对市小学阶段生源流动性大等特点，不断改进招生工作，进一步加大动态管理。各学校加强对本服务区内适龄儿童（包括进城务工人员随迁子女）的摸底预测，各镇（办）中心校联合辖区内企业对外来务工人员进行随迁子女入学需求调查。随时关注全市招生动态，及时处理好招生过程中各种疑难问题，统筹协调全市生源的合理分流，确保招生工作稳定。以“教育评估”为抓手，促进内涵发展。继续开展县级“小学教育教学管理质量综合评估”。通过日常教育教学常规管理评估，不断规范、完善管理机制，夯实管理基础、精细管理项目。启动创建“福建省义务教育管理标准化”学校。2016年11月，市首批参加福建省“义务教育管理标准化学校”建设的实小、二小、三小、四小、五小及实中附小等6所学校均以高分通过泉州市评估认定。以“全面发展”为取向，深化素质教育。推进学生综合评价改革。印发《石狮市小学生综合素质评价方案》。该方案重在学生基础性发展评价，包括“思想品德”“学业水平”“身体健康”“审美修养”“个性发展”五项一级评价指标（含有18项二级评价指标），旨在实施全面、客观、规范评价，促进学生全面、协调、持续而有个性地发展。加强非语数科质量监测。上半年开展英语、品社及科学等学科质量监测，下半年组织全市小学生实验操作技能检测。

开展小学生体质健康标准检测，小学生的身体素质有明显提升，合格率从2013年的78%提高到2016年的96.5%，四年时间提高18个百分点。制定《石狮市小学英语口语测评方案》。开展各项素质技能活动。4月，举办市第二届小学生生活与劳动技能比赛。5月，承办泉州市第五届小学生生活与劳动技能比赛。6月，举办“童心向党·爱我校园”庆“六一”校歌合唱比赛。12月，举办石狮市第15届“银江杯”小学生技能素质竞赛。以“课程改革”为载体，提高教学质量。启动课改项目实验。以教育综合改革为契机，借助中国教育科学研究院课指导力量，着重从课程、课堂两个层面进行改革，实施“课程建构”“差异教学”“学本课程”三个实验项目。多次邀请中国教科院专家作专题报告并深入实验学校调研、指导。推进语文主题学习。继续开展新学校（北京）教育科技研究院指导实施的“语文主题学习”课改实验，多次邀请专家组到石狮市作专题报告，并对首批实验校及部分实验校意向校语文教师作教材解读、单元备课、课堂教学等专项培训指导。选派实验校骨干教师到潍坊、珠海、海南等地观摩学习。深化校本课程建设。优化校本课程建设，立足地域资源优势，挖掘富于地方特色的校本课程，形成“闽南童谣”“校园灯谜”“鳌城乡语”“闽南烹饪”“玉湖果蔬”等办学特色项目，实验小学、实验中学附小、龟湖中心小学等形成较为全面的校本选修课程。

表35

2016年石狮市小学教育资源情况表

（含名称、性质、班级、学生、专任教师、校园面积、校舍面积）

名称	性质	班级数（个）	学生数（人）	专任教师数（人）	校园面积（平方米）	校舍面积（平方米）	备注
实验小学	公办	36	1960	96	9172	10312	市直小学

续表 35

名称	性质	班级数（个）	学生数（人）	专任教师数（人）	校园面积（平方米）	校舍面积（平方米）	备 注
第二实验小学	公办	37	2045	111	13553	14998	市直小学
第三实验小学	公办	41	2111	97	12583	12093	
第四实验小学	公办	33	1747	64	24736	16165	
第五实验小学	公办	31	1599	60	21817	22155	
第六实验小学	公办	24	1321	45	23889	13695	
实验中学附属小学	公办	45	2705	100	20673	21112	
鹏山师范附属小学	公办	18	1072	39	4619	6115	
第三中学附属小学	公办	12	735	32	8803	3597	
实验小学蚶江校区	公办	13	646	23	25696	10292	
实验中学附属小学东明校区	公办	19	960	30	23084	8663	
第三实验小学复光校区	公办	14	627	24	29783	3042	
行实小学	民办	12	318	34	7987	12715	
泉师附小石狮校区	公办	7	318	17	28823	3516	
银江华侨学校	公办	12	575	26	23406	5888	市直九年一贯制
锦峰实验学校	公办	34	1839	59	43651	14515	
中英文实验学校	民办	53	2107	138	55495	46035	
自然门学校	民办	10	292	16	6490	10230	
新湖中心小学	公办	36	2056	80	6002	9942	湖滨中心校
林边小学	公办	24	1380	50	6050	6000	
长福小学	公办	29	1665	48	21074	15773	
大仑中心小学	公办	24	1337	50	13309	4863	凤里中心校
宽仁小学	公办	26	1575	49	12560	13795	
五星小学	公办	22	1265	41	6811	8531	
钞坑中心小学	公办	12	591	28	12000	4150	灵秀中心校
塘园小学	公办	15	845	21	7313	6332	
古洋小学	公办	21	1156	33	9419	6276	
华山小学	公办	17	928	26	5752	7555	
塔前小学	公办	21	1203	33	7659	8710	
港塘小学	公办	21	1182	29	12061	9566	
龟湖中心小学	公办	22	1175	43	12291	6687	宝盖中心校
宝盖第三中心小学	公办	27	1425	42	28946	26035	
坑东小学	公办	6	251	9	6439	2875	
前坑小学	公办	11	603	16	5902	2648	
塘边小学	公办	21	1178	36	14557	12609	

续表 35

名称	性质	班级数（个）	学生数（人）	专任教师数（人）	校园面积（平方米）	校舍面积（平方米）	备注
后垵小学	公办	6	324	11	3751	1663	宝盖中心校
塘头小学	公办	7	380	17	4878	4984	
桃源小学	公办	18	1092	31	5120	4793	
蚶江中心小学	公办	32	1665	53	15261	12322	蚶江中心校
石湖小学	公办	12	515	21	21500	5250	
蚶江锦里小学	公办	6	252	10	2449	1477	
莲埭小学	公办	12	610	24	4240	4200	
石壁小学	公办	6	299	11	6667	1570	
洪窟小学	公办	12	610	21	25300	6500	
锦亭小学	公办	6	284	11	4741	1965	
峰山小学	公办	12	578	21	7480	5748	
华锦小学	公办	11	496	18	11152	3822	
青莲小学	公办	6	143	10	6253	1540	
永宁中心小学	公办	26	1480	57	18750	5563	永宁中心校
梅林小学	公办	6	298	15	8591	4372	
陶青小学	公办	6	282	13	7671	5096	
沙堤小学	公办	10	432	21	10626	4832	
官聘学校	公办	6	200	10	12854	3206	
美江小学	公办	6	191	11	7609	3760	
岑江小学	公办	6	232	10	2484	2566	
霞泽小学	公办	6	161	11	6854	—	
祥芝中心小学	公办	34	1914	76	24056	13580	祥芝中心校
大堡小学	公办	15	725	27	16000	5916	
莲坂小学	公办	6	306	10	20699	4948	
紫湖小学	公办	7	297	13	22211	3209	
福民中心小学	公办	23	1180	56	15248	6432	鸿山中心校
锦林小学	公办	6	269	13	12726	4390	
鸿山小学	公办	6	270	11	12257	2826	
邱厦小学	公办	6	242	9	9329	2716	
琼山中心小学	公办	25	1346	43	16709	9739	锦尚中心校
东店小学	公办	7	305	15	18256	3232	
锦尚锦里小学	公办	6	267	12	7523	3133	

【初中教育 Junior high school education】

作为国家第16个教育综合改革实验区，以“质量石狮，质量教育”为发展目标，以深化改革实验、全面提升教育教学质量为重点，以“促进内涵提升，推动优质均衡发展”为指向，石狮市于2016年在泉州市率先启动招生考试制度改革试点，试点中考改革，将物理化学计入总分。2017年全面推进，到2020年基本建立符合石狮市实际的各级各类教育招生考试制度，形成分类考试、综合评价、多元录取的考试招生模式。

引进优质名校资源，投资5.8亿元创办厦门外国语学校石狮分校，2016年秋季开始招生，初中招生8班428人；高中招生9班439人。引进山东“271”教育集团与石狮五中、自然门学校合作办学。推进课程和课堂教学改革，在石狮五中等初中校开展课程整合和课堂教学改革试点。

鼓励学校参加课堂教学改革实验，创新教学模式，创建高效课堂，提高效率，向课堂45分钟要质量，探索适合石狮市实际课堂教学的新路子，全面提升教育教学质量。永宁中学、实验中学、华侨中学、石狮二中参加“学本课堂”实验；石狮三中、银江华侨学校、石狮七中参加“差异教学”实验；厦外石狮分校参加“课程整体建构”实验。实验中学被确立为“福建省第二批基础教育生物学科教学研究基地校”。

确保进城务工人员随迁子女上好学。坚持“平等、融入、成才”的原则，将进城务工人员随迁子女就读初中纳入石狮市教育发展规划、纳入财政保障体系，以公办学校为主渠道统筹安排入学；执行进城务工人员随迁子女享有与本地学生一视同仁的政策。通过加大校安工程及薄弱校的改扩建力度，进一步整合教育资源，扩大优质学校的办学容量。推行新市民积分入学办法，加强服务融合，共享优质教育，与市人力资源和社会保障局修订出台《石狮市2016年新市民及民办高校人才积分入学工作实施方案》，落实新市民积分制，公平、公正、公开地组织2016年新市民积分入学工作，确保进城务工人员随迁子女有学上，上好学。进城务工人员随迁子女在石狮市公办初中就读的比例为93.64%。2016年秋季，在石狮市就读初中的进城务工随迁子女达到12488人，占初中在校生总数的61.7%。

出台《关于开展中学生大阅读活动的实施意见》，引导学生博览群书，增长见识，提高素养，以拓宽学生阅读视野、提高综合素质为目标，使阅读成为一个人终身学习的自觉习惯，促进学生全面发展、健康成长。每年举行一次初中、高中阅读知识竞赛，一次现场作文竞赛。2016年，与中国邮政集团公司福建省石狮市分公司联合举办石狮市首届“邮政杯”中学生语文阅读能力竞赛活动，评出高中组一等奖8人、二等奖16人、三等奖34人；初中组一等奖15人、二等奖30人、三等奖60人，使大阅读活动成为石狮市实施素质教育的特色工程。

鼓励学校开发富有特色的校本课程，为学生提供多样性、可选择的兴趣活动课程项目，及时总结经验、推广成果，形成特色课程，促进学校特色发展。石狮一中、华侨中学的《灯谜》、蚶江中学的《灯谜》《足球》及永宁中学的《古卫城》等。蚶江中学足球队获福建省第15届青少部足球赛第四名，被确立为“泉州市青少年足球训练试点校”，并申报“全国校园足球特色校”；蚶江中学被中国民协、中华灯谜学术委员会授予“中华灯谜教学示范校”称号。锦峰实验学校获2016年全国啦啦操联赛（总决赛）中获得花球大课间示范套路第一名和花球规定动作第二名，获由省教育厅、省体育局主办的2016年福建省中学生联赛啦啦操锦标赛“初中组团体总分第一名”，被国家体育总局体操运动管理中心颁授予“全国啦啦操实验学校”，是福建省唯一获此殊荣的学校。

中考成绩继续位居泉州市各县市区前列。在泉州13个县市区中考成绩排名中，石狮市中考学生报考率居全市第四，学科平均及格率第三、学科平均优秀率第五。

石狮市委书记朱启平、副市长杜举胜视察石狮五中“271”课改情况

（图/教育局）

表 36

2016 年石狮市初中教育资源情况表

（含名称、性质、班级、学生、专任教师、校园面积、校舍面积）

名称	性质	班级数（个）	学生数（人）	专任教师数（人）	校园面积（平方米）	校舍面积（平方米）	备 注
石光中学	公办	24	1309	75	45166	35131	市直完全中学
第一中学	公办	30	1641	90	41364	29723	
厦外石狮分校	公办	8	429	34	40927	57087	
第三中学	公办	33	1677	80	26000	18792	
第八中学	公办	39	2072	102	31688	17660	
永宁中学	公办	24	1176	63	30140	12498	
实验中学	公办	36	1757	144	26164	34683	市直独立初中
第二中学	公办	19	932	59	26963	15111	
第五中学	公办	18	897	77	59153	19065.91	
蚶江中学	公办	36	1885	135	69223	29350	
第七中学	公办	24	1096	82	38722	16160	
华侨中学	公办	46	2360	149	85194	54909.84	
银江华侨学校	九年一贯制公办	9	424	27	18986	4776	
锦峰实验学校	九年一贯制公办	31	1594	74	26164	13839	
中英文实验学校	九年一贯制民办	18	842	60	24395	20236	
自然门学校	九年一贯制民办	5	150	14	3667	5780	
中小学素质教育实践基地	公办	0	0	13	49192	15195.08	

高中教育和中等职业教育

High School Education and Secondary Vocational Education

【重视教育质量 Emphasize the quality of education】 以市委市政府提出的“质量石狮、质量教育”为发展目标，以“促进内涵发展，推动均衡发展”为指向，以全面提升教育教学质量、创建优质教育品牌为重点，以开展“有效教学、高效课堂”教学改革为突破口，把教科研作为重要抓手，通过“同课异构”“教学公开周”活动，以及“小课题”“微技能”的研究等载体，深化有效课堂的教学探索与实践，加强校本研训，以研促教，进一步提升教育教学质量，取得显著成效。

【招生制度改革 Enrollment system reform】 石狮市于 2016 年在泉州市率先启动高中招生考试制度改革试点，将物理化学计入总分；一级达标中学定向生分配比例提升至 60%，并向农村倾斜；实行多元的高中招生录取办法。继续实行推荐生、统招生、定向生、特长生等多元的录取政策。支持普通高中根据办学定位和办学特色，招收在体育、艺术等方面有特长的应届初中毕业生。

【高中多元化发展 Diversified development of high school】 推进高中特色化多样化发展，落实“一校一品”，促进学校特色发展。石狮一中的《创业基础教育》，列入省实验项目，石狮一中被确立为“泉州市高中特色办学实验学校”，石狮八中被确立为“泉州市高中综合素质评价实验学校”。

2016 年福建省第九届新课程高三毕业班英语教学工作会议在石狮永宁中学召开
（图 / 教育局）

【异地高考 Migrant workers' children to take the college entrance exam in the city where their parents work and live】

落实异地高考的政策，高中进城务工随迁子女达 4666 人，占高中在校生总数的 46.6%。

【高考再创佳绩 More achievements in College Entrance Examination】

2016 年，石狮市高考再创佳绩。本一、本二上线率再创新高，本一、本二上线率继续高于全省平均上线率。本一上线人数达 551 人，本一上线率达 24.41%，超过全省本一平均上线率。本二以上上线人数达 1795 人，本二上线率达 79.53%，比 2015 年 77.81% 增加 1.72%。

【中等职业教育 Secondary vocational education】 加强中职学校校企融合。推进教产合作，建立健全教育与行业合作、学校与企业一体共同推进中等职业教育改革创新的机制，科学设置专业，加强“双师型”教师队伍建设，强化校企合作，拓宽就业渠道，支持中等职业教育优质、特色发展，打造区域职业教育特色和品牌。

【鹏山工贸学校合作办学 Cooperation in schooling for Pengshan Industry and Trade School】 扩大中等职业教育年招生规模，鹏山工贸学校创建福建省级示范校。

鹏山工贸学校与厦门速奇汽车科技有限公司签订合作办学协议，为学生见习、实习和就业创造更加广阔的空间。

教研教改

Teaching Research and Teaching Reform

【教学改革 Teaching reform】 以教改区为契机，主动参与教学改革。石狮市是中国教育科学研究院第 16 个教育改革实验区。2016 年，借助国家级教育智库的科研优势，教师进修学校组织教科院专家深入全市各中小学、幼儿园开展调研、讲座和教师培训，共计 10 次。2016 年，“学本课堂”和“差异教学”课改实验项目在石狮市落地。教师进修学校选派两位副校长及相关教研员参与实验项目教学改革工作，协助教科院专家组织、指导永宁中学、石狮三中等实验学校开展教改实验。12 月 8—10 日，在大连举行的实验区高质量课堂展示活动中，石狮市选派的三小足球、一中历史和物理三门学科参与展示，均获全国一等奖。12 月 15—16 日，教育部学校发展规划建设中心在“北大讲堂”举办基础教育论坛。大会为“学本课堂”设置分会场，主办方特邀石狮市永宁中学校长在分论坛上作展示性汇报，并邀请该校三位老师参加“学本课堂”同课异构活动。教师进修学校重视教研员课改理念及操作步骤的培训学习，组织教研员参加中央教科院各派出专家关于“学本课堂”“差异教学”“基线测试”“课程建构”等众多培训，提高教研员对于各类课改项目的整体认识，培养教研员对不同课改试点学校的改革工作的跟进与指导能力。

【大阅读 Big reading】 以大阅读为载体，推进语文主题学习。2016 年，小学教研推进“语文主题学习实验”。2016 年秋季，全市新增一所学校加盟实验，实验学校增至 9 所。全市约 14000 名学生参加旨在“大量阅读”提升素养的实验。邀请北京新学校研究院专家现场备课、听课与指导，全年组织两场全市语文主题学习实验教学观摩活动，编辑二期《石狮语文主题学习实验（小学）》教学论文汇编，培育一批主题学习实验的“种子”教师。

【教学质量分析 Analysis of teaching quality】 以中高考为龙头，教学质量稳步提高。2016 年，中学教研室先后组织 10 场大型考试的评卷和质量分析工作。考试均采用网上阅卷形式，每次阅卷工作，教师进修学校各有关人员均能相互配合，精心组织，考后及时做好质量分析，并及时搭建平台，传播先进复习策略，提出下阶段教学建议。2016 年，石狮市高考成绩含本科本一上线率均超省平均水平，中考合格率在泉州市第三、优秀率第五，有两所学校四门学科居泉州市前十名，进入泉州市先进行列。教师进修学校积极为新高考改革做好准备。12月，组织教师参加在杭州、上海举行的“全国高考制度改革暨普通高中多样化发展教学改革”研讨活动，为迎接2018届高考改革工作做好先期准备。教师进修学校参与组织初一年全市语数英三科基线测试，为全市教学质量评估做好科学准备。

【提升教师专业水平 Enhance the professional level of teachers】 以教师专业发展为目标，提升教师专业水平。 抓好“三名工程”，教师进修学校分批组织全市“名校长”培养对象在内的24名中小学校长赴北京、山东、大连、南京等地中小学名校挂职研修及跟岗学习；组织选派中小学校长、幼儿园园长参加“第十届全国校长发展学校第四期培训班”和“泉州市第九届校长读书班”等培训活动。选派15名中小学骨干教师参加由中国教科院组织的到北京、天津、江苏等名校进行为期两周的挂职研修；组织39名小学骨干教师到山东潍坊进行为期一周的“语文主题学习”培训活动；选派37名“名师”培养对象在内的石狮市各学科各级骨干教师参加省级培训。2016年，全市共有9人获“泉州市第二批中小学教学名师培养人选”并参加培训。学校重视已评“名师”和特级教师的“传、帮、带”作用。2016年，由福建省“黄雅芳名师工作室”牵头，组织两场品生品社学科“送教送研下乡”活动。特级教师石狮一中黄瑞贤参加2016年第十届全国中学英语课堂教学展示与观摩系列活动。“请进来，走出去”。教师进修学校还通过“请进来”的方式，在2016年市级和校本培训活动中，邀请全国各地各学科20多位专家到石狮市讲学。2016年，全市近3000人次教师参加培训。教师进修学校继续坚持“走出去”，组织教师参加各级业务部门组织的各类培训，先后组织224名新教师进行岗前培训，近4000名教师参加福建省教师信息技术提升工程。学校先后组织近800人次参加福建省2017年高考全国卷复习策略名师面对面研讨班、石狮市教师信息技术应用能力提升工程全员培训等培训活动，提升教师队伍业务水平。

【课题研究 Subject research】 以有效教育科研为抓手，力促教学改革实验。“本土”课题有序开展。2016年，是石狮市中小学幼儿园“快乐学习”“高效课堂”“特色办学”课题研究结题之年。12月，学校组织专家组，通过看材料、听课、座谈和听汇报的形式，分别对中学2个市级指定课题、4个教学改革实验试点项目、8个“高效课堂”课题和小学9个“快乐学习”课题开展结题验收。经过专家评议，石狮市中小学所有立项课题结题率100%，并有中学4个课题获优秀课题，小学、幼儿园2个课题获良好课题。教育科研屡获佳绩，2016年，教师进修学校坚持以《基于校本教育科研与教师专业发展的实践研究》为课题研究导向开展教科研，各学科教研员深入课题学校听课调研，指导学校和课题组开展课题研究。2016年，石狮市共有泉州市级以上在研课题59项，其中新增省级立项4项，泉州级立项19项，有31项课题按时高质完成结题，结题合格率100%。

【提高教研成效 Improve the effectiveness of teaching and research】 提高教研成效为重心开展教研，抓实集体备课。2016年，教师进修学校继续落实《石狮市教育局关于做好2013-2014学年中学集体备课工作的通知》等文件精神，组织开展集体备课教研。在学校的统一部署下，中、小学教研室组织教研员经常性地深入学校，检查学校集体备课落实情况，参与和指导集体备课活动，对教学中存在的问题进行梳理和及时反馈，不断提升集体备课的实效性。推进校本教研，2016年，教师进修学校继续落实《泉州市教育局深化泉州市中小学校本教研工作的实施意见（试行）》《关于深化石狮市中学校本教研工作的实施意见》和《石狮市教师进修学校关于开展石狮市小学（幼儿园）校本教研具体实施意见》等文件精神，采取教研员集体下校、随机下校和学科专题相结合的方式，与一线教师共同深入研究课程实施过程中出现的问题，帮助学校探索适于学校发展的、有本地特色、有实效性的校本教研方式方法。2016年，学校中教室收集各中学报送的校本课程方案39项。丰富学段教研，学前教研，以提升内涵为重点，以提高教学质量为中心，有目的地开展多种形式的活动，促进各类幼儿园教育教学质量的提高。小学教研，创新驱动教研品质提升与学科的均衡发展，通过“基于问题解决研究”等多种形式开展“主题教研”，促进各学科教学教研。小学教研室举办首次“中小衔接”教学研究活动，改进教学评优方式，将观评课与现场互动有机地结合起来，取得良好效果。中学教研，力求实效，不断丰富教研内涵。中教室开展“同课异构”教研活动，面向泉州举办3场教学开放周活动。有针对性举办专题活动，语文学科开展“大阅读活动”。安排优秀教师开设专题讲座，开展“聚焦课堂、研训一体”教研活动。促推先进经验，2016年，石狮五中、自然门学校继续与山东“271”教育集团开展合作办学。学校组织教研员参与交流，学习借鉴“271”教育集团先进的理念经验和教学模式，在优质教育资源拓展、现代教育治理、特色教育品牌建设等方面探索。学校选派教研员参与实验中学“电子书包课堂教学研讨”活动，参与和指导学校开展教学研讨。2016年，教师进修学校主动承接2016年福建省高三年英语学科会议和2016年福建省初中生物学科基地校研训活动。学校参与泉州市教育局、泉州市教科所组织的各学段“送教下乡”和“教学视导”等教学研讨活动。

【教学质量监控 Teaching quality monitoring】 以探究学业评价为载体，抓好教学质量监控。教师进修学校组织成立“小学语文学业质量评价项目组”，通过举办学业质量评价改革专题研讨会和组织研制期末语文、数学和英语等学科试卷，引领小学期末考试评价改革。小学低年级倡导实施多样化、趣味化的评价改革，不再简单地以期末一张卷子来评定学生的学业成绩。小学中高年级采取小教室“提供命题”与学校教师“自主命题”相结合的形式，持续推进小学各学科学业质量评价改革。

【教学技能比赛 Teaching skill competition】 以师生学科比赛为平台，坚持活动促教与学。2016 年，教师进修学校继续落实《石狮市教育局关于开展中学高效课堂教师教学技能比赛活动的实施意见》文件精神，举办各类教师教学技能比赛，推选优胜教师参加上一级教学比武，有效地调动全市教师不断提升自身业务水平的积极性。2016 年，教师进修学校举办或组织推荐教师参加各级各类比赛 60 余场，近 150 名教师在泉州级以上比赛中获奖，其中 4 人获全国一等奖，7 人获福建省一等奖。2016 年，教师进修学校组织全市广大中小学生参加 2016 年全国化学奥赛和 2016 年福建省高初中数学竞赛等各级各类学生竞赛，全市 200 多人在泉州级以上比赛中获奖。

德 育
Moral Education

【提升道德素质 Improve the moral quality】 2016 年，石狮市加强未成年人思想道德建设工作，坚持把培育与践行社会主义核心价值观作为中心工作任务，通过在“中国梦”教育，弘扬中华民族优秀传统文化，实施“阳光成长”计划，劳动教育、心理健康教育等方面的大量工作，全面提升石狮市未成年人的思想道德素质。

把社会主义核心价值观教育作为学校德育工作的核心任务，深化社会主义核心价值观和中小学生守则进学校、进课堂、进头脑宣传教育活动。在校园显眼位置布置社会主义核心价值观和中小学生守则的固定宣传牌，营造校园宣传氛围。通过各种校园文化活动和教育评价机制，推动中小学生熟记、理解和践行，把社会主义核心价值观和中小学生守则转化为中小学生的理想、信念和行为准则。

【开展各种主题教育 Carry out various subject educations】 联合宣传部、新华书店开展“传承中华文化 共筑精神家园”第 23 届爱国主义读书教育活动。开展优秀童谣传唱推广活动，利用童谣形式，开展文明传播。利用长征胜利 80 周年，开展“学长征精神，做红色传人”系列教育活动，组织中小学生参加长征胜利 80 周年图片展，“长征故事我来讲”等活动，开展中小学组织参加泉州市优秀外来务工人员子女、留守儿童“寻访红色足迹”夏令营活动。引导青少年牢记历史、不忘过去，传承和发扬伟大的长征精神，培育和践行社会主义核心价值观。开展“我们的节日”活动，利用春节、元宵节、清明节、端午节、中秋节、重阳节等传统节日，开展以孝敬、友善、节俭和诚信为主要内容的主题教育，传承和弘扬中华民族优秀传统文化。利用网络工具，在清明节、“六一”儿童节和国庆节，发动全市中小学生参加“网上祭英烈”“做美德少年”和“向国旗敬礼”等签名寄语活动。开展小学生“童心向党”歌咏比赛。弘扬正能量，培养爱国主义思想。开展第二届小学生规范汉字听写比赛和以传统文化为主题的中小学生写字比赛。

【阳光成长 Sunny growth】 以创建文明城市为抓手，落实未成年人思想道德建设工作任务。继续推进“阳光成长”计划。在全市中小学普遍开展“道德早餐”工程、“阳光少年”志愿服务、“美丽心灵”健康教育、“绿色上网”冲浪活动、“禾苗有礼”培育工程等五项主题教育活动。践行“文明餐桌”“文明交通”“文明旅游”“诚实守信”“文明上网”行动，参加学校、社区（村居）等开展的各类关爱、帮扶、解困、环保等志愿服务活动，从点滴培养，从小事做起，引导未成年人在家庭孝敬父母、在学校尊敬师长、在社会奉献他人。努力把“阳光成长”计划打造成为石狮市未成年人思想道德建设的一个重要品牌。开展美德少年学习宣传活动。组织评选各级“美德少年”，参加“我推荐、我评议身边好人”活动，通过各种校园宣传形式，宣传石狮市美德少年等道德模范的先进事迹，引导青少年学生传承中华美德，培养高尚人格，进一步营造“学雷锋、争当美德少年”的良好氛围。开展学校少年宫建设。石狮市建成各级学校少年宫 26 所，在建 8 所，学校少年宫项目覆盖全市各镇（街道），每个学校少年宫都有几十个不等的活动项目，成为中小学生课外学习各项技能的重要途径。组织对学校少年宫进行年度考评，开展才艺汇报演出，发挥学校少年宫的作用，为未成年人提供一个良好的学习娱乐的场所。

【提升德育工作水平 Improve the level of moral education】 加快学校德育工作改革，进一步提升德育工作水平。组织参加泉州市级学校德育工作测评，总结交流德育工作经验。加强德育工作课题研究，开展德育（劳动教育、少先队）工作论文征集评选活动，提高学校思政工作队伍育德能力。进一步创新思政工作载体，打造思政工作品牌特色。健全完善学校、家庭、社会三结合德育工作网络。发挥家长学校作用，通过家长会、讲座等形式，开展科学家庭教育知识宣传，心理健康教育知识宣传，密切家校联系，规范家访活动，发挥家长志愿者的作用，形成良好的家校互动。

探索健全完善学校、家庭、社会三结合德育工作网络的制度措施。推进德育工作改革。提炼学校德育工作的核心理念，整合德育资源配置，加强德育工作系统化建设。探索落实学校行政管理、班主任工作和学科教育等方面的德育责任，建立全员德育的工作机制。

学校德育工作水平不断提升。2016年，石光中学等22所中小学通过泉州市学校德育工作测评，永宁中学和第三实验小学的德育研究课题入选福建省中小学德育研究课题，石狮一中的“青年周恩来的读书生活”主题“楼道文化阵地建设与德育实践研究”入选福建省中小学德育建设示范项目。

石狮市2016年“我的中国梦”乡村学校少年宫才艺展演活动 （图/教育局）

【劳动教育 Labor education】 推进中小学劳动教育实验。贯彻教育部、共青团中央、全国少工委《关于加强中小学劳动教育的意见》精神，按照《“全国中小学劳动教育实验单位”泉州市实验工作方案》和全市实验工作动员会部署要求，推进实验工作，提升全市中小学劳动教育工作水平。2016年，泉州市教育局的劳动教育现场会和中小学生生活技能竞赛在石狮市实中附小举办，实中附小、福民中心小学的劳动教育特色经验在《中国教育报》宣传报道，锦峰实验学校、实中附小和第三验小学被评为泉州市劳动教育特色校。

【心理健康教育 Mental health education】

完善石狮市未成年人心理辅导站建设。组织全市心理教师开展志愿服务，利用周末时间，免费为未成年人开展心理咨询活动。加强心理健康教育志愿服务教师的专业培训，提高专业技能和服务水平。发挥未成年人心理健康辅导站网站和心理热线电话的作用，扩大辅导站的工作范围，组织心理健康教育志愿者，深入学校社区，开展心理健康宣传活动和个案咨询，为石狮市未成年人提供更多的优质服务。加强学校心理健康教育学科建设，在各市直中小学和各镇（办）中心小学都有开设心理健康教育课程，加强学科教研活动，开展心理健康教育新老教师结对指导，组织新教师开展教研汇报课，促进新教师专业成长。加快学校心理辅导室的建设，配置专业器材，完善心理危机干预机制，把课堂教学和个体心理辅导工作结合起来，建立健全学校心理健康教育工作机制。

【环境教育 Environmental education】

组织参与创建国家森林城市、生态文明城市，建设“绿色校园”，利用“3•12”植树节、“6•5”环境日、全国节能宣传周、“6•15”低碳日等时间节点，开展“节水、节电、节粮”“文明餐桌”“光盘行动”“水资源保护”等宣传教育和主题实践活动，引导学生树立节约意识，养成勤俭节约、低碳环保行为习惯。

【社会实践教育 Social practice education】

依托市中小学生素质教育基地，对全市中小学全面开展社会实践教育，联合社会各方面成立16年中小学生社会实践基地，依托石狮一中建设“公民警校”，为中小学生社会实践提供活动的载体。加强各种中小学生社会实践基地建设和管理，组织中小学生到素质教育基地、爱国主义教育基地、国防教育基地、法制教育基地等社会实践基地参加校外活动。推动中小学生走进自然，走入社会，健康成长。

体育、卫生、艺术教育

Physical Education, Health Education and Art Education

【体 育 Physical education】 全面加强学校体育工作。各级各类学校都落实省颁课程标准，制定和实施大课间和课外体育活动一体化的阳光体育活动方案。结合冬季长跑、初三毕业生体育中考、《国家学生体质健康标准》测试等常规工作，创新体育活动的方式和载体，提高学校体育活动吸引力。保证中小学生每天锻炼一小时，促进学生身心全面健康发展。

加大对体育设施和器材配备的投入力度。2016年，基本完成全市规划保留学校的运动场地改造及运动设施更新，确保学校体育器材达到《国家学校体育卫生条件试行基本标准》。

全面提高学生运动技能。按照每位学生真正掌握2项以上运动技能的要求，组织开展中小学生各项体育竞赛。建设一批体育训练网点校、体育传统校、体育特色学校并加大经费投入，推动学校体育工作蓬勃有序开展。坚持普及与提高相结合，在田径、乒乓球、篮球、跳绳、五祖拳、跑操等运动普及的基础上，按照三大球（足球、篮球、排球）、二小球(乒乓球、羽毛球)、一基础(田径)的布局要求，结合石狮传统优势，形成并做大做强体育训练网点校、省（市）体育传统学校、体育重点项目学校及体育特色学校的布局网络。

健全学校体育工作奖惩机制。将学校体育和学生体质健康水平纳入工作考核指标体系，作为教育等部门和学校领导干部业绩考核的重要内容，建立学校体育工作专项督导制度，定期联合有关部门开展学校体育工作专项督导。加强学校体育工作绩效评估和行政问责，对学校体育工作成绩突出的学校和个人进行表彰奖励，对中小学生每天锻炼一小时执行不力、体育中考合格率低于90%、未组队参加市中小生田径运动会、未完成《国家学生体质健康标准》测试及上报或测试过程弄虚作假、学生体质健康水平持续三年下降的学校，在教育工作评估和评优评先中实行“一票否决”。

校园足球。2016年，石狮市分别举办首届小学生5人制、初中8人制和高中11人制的校园足球联赛，联合文新局、足协举办8场足球进校园的足球文化节活动，举办2期校园足球D级教练培训班，举办一期5人制足球裁判员培训班，举办2016年校园足球冬令营活动。

全面落实《国家学生体质健康标准》工作。为确保《国家学生体质健康标准》上报数据的真实性、全面性，更好地推动石狮市学校体育工作，增强学生体质，分六个小组对34所小学进行数据抽测并将抽测结果向全市公布,《国家学生体质健康标准标准》合格率逐年提高，有力地推动《国家学生体质健康标准标准》的全面实施。

【卫 生 Health】 开展健康教育宣传活动。采取多种形式广泛开展健康教育宣传活动、学校校园“垃圾不落地”专项行动、2016年“世界艾滋病日”宣传活动、石狮市低视力对象初步筛查工作等，利用录像、广播、宣传栏、简报、卫生小报等形式向学生宣传不同内容的卫生保健知识，结合无烟日、营养日等特殊节日针对性开展《学校创建“无烟单位”》。

开展常见病传染病防治工作。配合市卫计局和市疾病防控中心对全市中小学（幼儿园）分管卫生副校长、校医、保健教师开展健康教育培训工作，定期发给学校《石狮市传染病与突发公共卫生事件监测与预警》等教学宣传资料。按照《学校和托幼机构传染病疫情报告工作规范》的要求，开展《石狮市2016年国家免疫规划疫苗查漏补种月活动》查验接种证和《石狮市2016年托幼机构卫生评价考核工作》、学校校医（保健医生）基本情况调查等，落实学校学生晨检制度和因病缺课登记制度、就诊情况追踪，疫情报告，无瞒报、漏报现象；建立传染病等学校公共卫生事件应急预案，有专人或兼职教师负责传染病疫情等突发公共卫生事件报告。

落实学生健康体检，建立健全学生健康档案。联合市卫生与计划生育局“开展2016年中小学学生健康体检工作”，对石狮市中小学校学生进行健康体检，在体检一周后由学校将体检健康分析的相关数据通过学生返还给家长，建立健全学生健康档案，通过每年的健康体检让家长和老师及时掌握学生的健康状况。

【食品安全 Food safety】 在市场监督管理局的配合下，实施《石狮市学校食堂食品安全监督管理暂行办法》和《学校食堂管理自查制度》。各校园每个月都要对本校的食品安全进行自查，并报送《学校食堂食品安全专项整治自查表》。通过开展《2016年春季学校食堂及其周边食品安全专项整治工作》和《2016年秋季学校食堂及食品安全专项整治》等专项整治检查，局分管领导定期带队检查中考、高考期间的食品安全，及时协调解决食品安全管理问题，结合期初和平时的检查，逐步规范学校食堂的管理。

【艺术 Art】 抓队伍建设，不断提高艺术教师综合素质。加强艺术类课程教学，严格执行课程计划。加强艺术教师队伍建设，引导和鼓励教师加强教学业务和专业技能方面进修与提高，全面提升艺术教师的综合素质。选派石狮市实验小学老师邱多妮参加全省中小学音乐舞蹈骨干教师专项培训班，提高石狮市中小学音乐舞蹈教师的教学、编创以及指导校园艺术活动的能力。

抓活动引领，营造浓厚的校园艺术氛围。全市中小学校广泛开展以班级合唱、齐唱为重点的“党在我心中”歌咏活动。举办“校讯通杯”小学生合唱比赛，举办“玉湖杯”石狮市第九届元宵学生灯谜精英赛、“侨中杯”第12届校园灯谜艺术节。按照上级单位的部署，相应地举办以下赛事，并形成常规工作。1—4月，联合市委宣传部、市广电局联合举办福建省第“最美童声”暨石狮市第少儿歌手电视大赛。2—5月，联合团市委举办第中学生辩论赛。6月，联合市妇联举办“乐享童年. 畅想未来”为主题的儿童图文创作大赛，推荐优秀作品送泉州参赛。7月，联合文体旅游新闻广电出版局举办中小学生南音演唱、演奏比赛。8月，联合文体旅游新闻广电出版局举办舞蹈比赛，少儿钢琴比赛。12月，举办“侨中杯”美术书法现场比赛。9—12月，在全市中小学广泛开展以爱国歌曲为主要内容的《每周一歌》活动。配合泉州市教育局做好

2016年泉州市第七届少儿电视艺术节的报名与少儿歌手的初赛选拔工作。以青少年校外活动中心为载体，在青少年校外活动中心开设音乐、舞蹈、美术、器乐、武术、棋类、乒乓球、小主持人等31个项目的培训，丰富青少年学生的课余文化生活，不断提高学生的艺术素质和审美能力。2016年，1万多人报名参加180班次的培训。其中，南音、灯谜集训班不收取任何费用；在该中心学过乐器类(钢琴除外)、声乐、中国舞、口才与表演、少儿武术、硬笔、围棋基础班的学生在上提高班时全额免费；低保家庭孩子经过申请可免费入学，外来生比例占30%。市总工会对石狮市职工子女进行免费舞蹈培训，每年有5000多人次在各级各类艺术比赛中获奖。

抓品牌培养，石狮市艺术特色教育成果突出，形成自己的艺术品牌文化。深入开展福建省级非遗“石狮灯谜”进校园活动，加强未成年人思想道德建设，弘扬中华优秀传统文化，提高石狮市校园灯谜活动水平。定期对灯谜选手进行集训，每年都会举办两场灯谜比赛：校园灯谜艺术节和元宵学生灯谜精英赛。石狮华侨中学学生走上央视大舞台，组队参加中央电视台举办的中国谜语大会，参加国际中学生灯谜邀请赛，勇夺团体赛亚军。2016年，石狮市3所学校被中国民协中华灯谜学术委员会授予“中华灯谜教学示范校”称号。

加强教师队伍建设
Construction Consolidate Development of Teaching Team

【师德师风建设 Development of ethics and manner of teachers】 坚持规范从教行为，坚决实行师德违规“一票否决”和责任追究制度。举办第二届十大“师德标兵”评选活动，举行师德巡回演讲，在石狮教育信息网设立专栏，正面宣传师德楷模。

教师交流及引进工作。采取片区交流、支教（顶岗）交流、选聘交流相结合的形式，继续推进在同一所学校（含中心校）任教达6年的义务教育阶段教师轮岗交流。全市交流教师108人，占应交流人数的13.37%。通过交流轮岗优化教师队伍学科结构、职称结构、年龄结构，推进骨干教师合理分布，缩小师资校际差距、城乡差距。公开招聘及引进优秀教师。组织参加全省公开招聘新任教师活动，招聘中小学幼儿园教师120名，其中中学教师35名、小学教师53名、幼儿园教师30名、特殊教育教师2名。引进省学科带头人2名，分别为省首批基础教育培训专家、省学科带头人张萍，省学科带头人、龙岩市名师、省优秀教师吴勤；地市级学科带头人石明荣；孔祥斌、吴文娟2位泉州市教坛新秀；刘洪义、张晓鸥2位东北地区高中学科优质课获一等奖教师。引进优秀毕业生。2016年10—12月，石狮市公开招聘教师小组组织石光中学、石狮一中、厦门外国语学校石狮分校赴华中师大、东北师大、陕西师大、西南大学、华东师大等教育所直属师范大学、面向师范类毕业生、硕士研究生开展新任教师公开招聘，签约36人，其中本科生6人，硕士研究生30人。

【开展校长跟岗学习 Develop on-the-job learning for schoolmasters】 2016年4—5月，分别组织实验中学、银江华侨学校、实验小学、第三实验小学、祥芝中心校校长到北京十一学校、大连红星海学校、中关村一小、中关村三小、北京五一小学跟岗学习。9月，选派石狮八中张占岭和实验中学陈润生两位副校长到中国教科院进行为期1年的访学活动。10—12月，分别选派石狮一中郭苑南等15名中小学骨干教师到北京、天津、江苏等一批教育教学改革走在全国前列、教育质量领先、办学成效卓著、有较高品牌知名度和重要影响力的名校，进行为期两周的挂职研修。11月，选派一中施清杯、三中蔡振树、实中附小许敏莉、实小蚶江校区洪清泼等4名中小学副校长到山东潍坊“271”教育集团进行为期3个月的跟岗学习。12月，选派石光中学蔡仲兴等12名中小学中层干部到山东潍坊“271”教育集团进行为期3周的跟岗学习。

【推进名师培养工程 Propel t projects for training excellent teachers】 根据泉州市教育局《关于实施泉州市中小学名师培养工程的通知》和《关于开展泉州市第二批中小学教学名师培养人选选拔工作的通知》文件精神，选拔推荐优秀教师参加泉州市第二批中小学教学名师培养对象评选活动，石光中学王若兰、石狮一中施清杯、实验小学蔡晖岚、实验中学附属小学许敏莉、锦峰实验学校林文杰、第三实验小学蔡萍芬、第二实验幼儿园蔡鹏程和洪素芳、泉州幼师附属幼儿园石狮校区庄婉瑜9名教师被确认为泉州市第二批教学名师培养人选。

加强“名师工作室”建设。5月，团市委、市教育局在石狮市灵秀镇港塘小学举行泉州市少先队陈燕平名师工作室揭牌仪式。泉州市少先队陈燕平名师工作室是共青团泉州市委、泉州市教育局、少先队泉州市工作委员会为深入贯彻落实第七次全国少代会精神，经过层层筛选，首批成立的8个少先队名师工作室之一。10月，永宁镇中心校举行名师工作室启动仪式。

【创新培训模式 Innovative training model】 创新校长教师培训模式。以课题研究为牵动，以“学校文化管理课题研究背景下校长专业成长”为专题，促进校长教师能力提升与队伍管理建设，确立鹏山工贸、华侨中学、石狮八中、永宁中学、石狮二中、锦峰实验学校、第二实验小学、第五实验小学、实验中学附属小学、宝盖中心校、锦尚中心校、第二实验幼儿园12所试点校。在前期调查研究，开展系列专题培训的基础上，4月21—26日，组织实验试点校11位校长（园长）到中国教科院进行专题开题报告及论证工作，经中国教育科学研究院专家论证、实地调研后，各试点校制定学校文化管理行动方案。

【教师全员培训 Training for all teachers】

8月，教育局举办新任教师岗前培训班，122名中小学幼儿园教师参加。10月，教育局组织石狮市30名公办、200多名私立教师在鹏山工贸学校举办幼儿园新任教师见习期集中培训。组织石狮市89名中学教师参加泉州市中学新任教师见习期集中培训。50名教师参加泉州市小学新任教师见习期第三、四期集中培训。8月，学校举行2016年秋季校本培训周，全市4500多名教师全员参与。10月，举办石狮市教师信息技术运用能力提升管理者与骨干教师高级研修班。12月，开展全市中小学、幼儿园教师教育技术能力提升工程全员培训，提升教师专业素养。

选送校长教师参加各级培训。2016年6月，鹏山工贸校长参加福建省2016年师资闽台联合培训；2016年3月，选派6名小学校长参加泉州市"十三五"期间第一期中心小学校长提高培训班；4月，选派6名小学校长到南京参加中国教育科学研究院举办的"第十届全国校长发展学校第四期培训班"；5—10月，选派石狮市5名中小学校长参加福建省2016年第一批校长省级培训；2016年8月，选派7名中小学（幼儿园）校（园）长参加泉州市第九届校长读书班活动；10月，组织石狮市15名乡村小学副校长参加泉州市第一期乡村小学校长助力工程培训。2016年3月，组织39名小学骨干教师到山东潍坊进行为期一周的"语文主题学习"培训活动；2016年5月，选派4名教师参加福建省第七期幼儿园骨干教师省级培训；8月，选派4名教师参加福建省第九、十期幼儿园骨干教师培训。

组织好乡村教师素质提升工程专项培训。2016年4月，选派6名园长参加泉州市农村和民办幼儿园园长助力工程培训；选送59名小学教师、48名中学教师参加泉州市乡村中小学学教师素质提升工程培训，16名参加省乡村教师素质提升工程省级培训；16名中小学校长参加省乡村教师素质提升工程省级培训。

【支 教 Volunteer teaching】 组织教师支教及接受省扶贫重点县中小学教师跟岗学习工作。选送祥芝中心校老师卢加振赴宁夏、实验中学老师刘艺艺赴松溪县进行支教。2016年11月，实验中学附属小学、石狮一中分别接受省扶贫重点县浦城县中小学各6名教师进行为期三周的跟岗学习。

社会力量办学管理

The Management of Society's Power of Running a School

【清理整顿无证幼儿园 Clean up and rectify unlicensed kindergarten】 根据《石狮市幼儿园清理整顿工作方案》《关于石狮市幼儿园清理整顿工作协调会议纪要》《全市无证幼儿园清理整顿联合检查组成员会会议纪要》等一系列文件的要求，对全市各类幼儿园进行清理整顿，通过清理整顿工作，落实办学主体责任，规范办园行为，杜绝无证办园，为广大在园幼儿创造安全的保教环境。全市幼儿园的办学条件普遍改善，安全形势明显好转，石狮市不存在无证办园。

【民办幼儿园审批流程 Private kindergarten approval process】 规范民办幼儿园前置条件的审批流程，验收结论由教育局和消防大队联合发文，全年全市审批设立9所民办幼儿园，全市共有民办幼儿园118所。

【办学许可证延期审核、办理 School license deferred audit】 民办教育机构办学许可证有效期限陆续到期，针对各教育机构的年度检查存在的问题，要求各辖区中心校相关人员督促整改，组织人员对各民办教育机构的日常管理工作进行抽查，2016年侧重检查师资专业合格及班生规模情况，对与标准差距较大的民办教育机构提出整改意见，限期整改。共审核办理办学许可证延期申请24所，其中中小学1所、幼儿园22所、培训机构1所。

2016年，民办教育机构受理并办结各类申请25件，其中批准民办幼儿园筹备设立3所，正式设立民办幼儿园9所，民办幼儿园终止办学1所，变更事项12件；接受年检的民办幼儿园108所，合格77所，基本合格26所，不合格5所；接受年检的民办培训机构9所，合格8所，基本合格1所；接受年检的民办中小学3所，合格2所，基本合格1所。控制民办幼儿园办学规模，大部分民办园主动控制办学规模，超规模办学问题明显改善，随意招生和超规模办学的现象得到控制。

办学条件

Operating Conditions of Running Schools

【教育项目建设 Education project construction】 以"城乡一元"加快教育项目建设。规划先行。根据石狮全域城市化改革发展的方向，推进教育规划和城市规划、土地规划、人口规划等的对接，编制《石狮市教育布局专项规划（2016-2030）》。推进建设。投资4.4亿元推进34个教育类重点在建项目建设，厦门外国语学校石狮分校、永宁中学学生宿舍楼等11个在建项目竣工，石光初中教学楼、一中教学楼实验楼群等16个项目动工，福民中心小学、蚶江中学等7个项目进行工程前期。提升办学条件。投入1000万元，为全市各学校新增249间多媒体教室，新配置1376台电脑。投入4000万元用于全市中小学旧校舍修缮及学校运动场建设改造，全市94%中小学校完成塑胶运动场建设。

【学校基础建设 School infrastructure construction】 进一步满足外来务工人员随迁子女就近入学需求，继续加大学校基础建设，通过易地新建、改造扩建、创办分校区等多种途径，加大学位的扩容增量。灵秀塘园小学、锦尚第三实验小学复光校区等新校舍投入使用，完成市区实验小学东扩，新湖中心小学西扩及大仑中心小学、五星小学等改造扩建的立项，筹建石狮市第七实验小学和厦门外国语学校石狮分校附属小学。

【优化教育资源配置 Optimize the allocation of educational resources】 有序推进重点建设项目。优化教育资源配置，完善教育布局规划体系，完善《石狮市教育布局专项规划》。有序推进52个（在建项目34个，预备项目18个）重点项目建设，其中建成厦门外国语学校石狮分校、三小复光校区、永宁中学学生宿舍楼、二中礼堂食堂综合楼等5个项目，在建项目20个，办理前期手续9个，共完成投资42292万元。2016年，新增各类学位7000多个，确保外来务工人员子女全额就近入学。

【学校运动场地建设 Construction of school sports ground】 加快学校运动场地建设。投入1500万元，继续推进学校运动场地建设。建成投入使用学校塑胶跑道25个，全市中小学校拥有塑胶运动场地达90%以上。2016年，运动场在建项目4个。

【扶持薄弱学校 Provide support for low-performing schools】 “全面改薄”项目。石狮市2016年规划“全面改善义务教育薄弱学校办学校条件”主要为设备采购类项目，根据福建省改薄办批复要求，规划投入资金385万元，其中省级及以上补助215万元，自筹170万元，采购项目包括计算机、多媒体设备等。2016年，分两批共安排2500万元作为中小学设备设施添置及维修维护专项资金，落实义务教育经费保障机制改革，全面改善义务教育薄弱学校办学条件。

【幼儿园建设 Kindergarten construction】 公办幼儿园建设项目。2016年，石狮市公办幼儿园建设项目包括厦门外国语学校石狮分校幼儿园部分（灵秀第二中心幼儿园）、永宁第二中心幼儿园、锦尚镇中心幼儿园B段校舍、C段校舍等项目，计划总投资4000万元，其中省级及以上补助资金687万元。厦门外国语学校石狮分校幼儿园部分（灵秀第二中心幼儿园）、永宁第二中心幼儿园完成主体建设进行内外装修；锦尚中心幼儿园B段校舍、C段校舍主体施工。

教育经费
Educational F und

【教育经费投入 Education funding investment】 落实政府对教育经费投入，保障教育经费逐年增长。在总结分析2015年财政性教育经费投入情况的基础上，落实2016年公共财政预算拨款，预算内经费预算由2015年的50085万元增加到2016年的58971万元，年增长17.74%；小学、初中预算内生均公用经费拨款标准分别达到每生每年770元、990元，分别比2015年提高70元、90元；加强小规模学校经费保障，小学生数不足300人的学校按300人预算，初中生数不足500人的学校按500人预算。公共财政预算安排的教育经费满足各级各类学校正常运转，确保年度项目任务的开展和教育投入法定增长的实现。

【加强教育经费管理 Strengthen the management of education funds】

按时保质完成教育经费预决算。年初组织中小学校根据市财政局确定的定额标准，细化预算内容，列明列细预算项目，按照“量入为出、统筹兼顾、保证重点、收支平衡”的原则，采用“两上两下”程序，及时编制2016年教育经费预算。年末组织中小学校根据年度收支报表、固定资产增减情况，按照规定编制年度决算，由计财股审核汇总后报市财政局审批，做到全面、准确地反映全市教育经费的投入和资金使用情况。加强预算执行管理，规范办理收支事项。积极配合市国库支付中心和会计核算中心，及时协调处理国库支付涉及预算编制、指标下达、用款申请、计划使用等各环节出现的问题，促进系统各单位掌握国库集中支付后出现的新制度、新业务、新方法。在国库集中支付、会计集中核算对每项资金使用全过程监管的同时，注重财务人员专业知识的培训，以提高财务管理水平。加强食堂财务管理。4月，组织对教育系统自办食堂的16所幼儿园、6所小学、3所初中校进行食堂财务收支审计，审计资金总额1560.52万元。

【固定资产管理 Fixed assets management】

做好固定资产清理，加强固定资产管理。继续开展教育系统固定资产清查，布置各单位进行全面的清查盘点，计财股再组织对固定资产账簿与实物是否相符抽查核实。通过坚持抓教育系统固定资产清查盘点，促进学校固定资产年度清查盘点工作常态化。督促和指导教育系统各单位更新国有资产动态监管平台的资产数据，做好2015年资产统计报表的编报工作。依托国有资产动态监管平台，进一步加强学校国有资产的管理和监督。

【治理教育乱收费 Governance of educational arbitrary charges】 开展

治理教育乱收费工作。加大教育收费公示、宣传力度。在石狮教育信息网、省物价局“价格服务进校园”网页、各级各类学校校务公开栏或校园网上公示收费信息。坚持每一学期开学初根据上级文件的收费标准整理出石狮市公办学校收费一览表，并通过《石狮日报》向社会公布。加强规范中小学服务性收费和代收费工作。按照福建省教育厅《关于加强中小学教辅材料管理工作的通知》《关于规范义务教育阶段中小学教辅材料征订发行管理工作的通知》有关规定，进一步加强中小学进校教辅材料的监管，减轻学生的课业负担。将日常治理和专项检查相结合。在期初、期末等收费敏感时段开展收费督查，并把治理教育乱收费贯彻于日常工作中，处理群众咨询和投诉，督促被投诉学校整改。

【助学金 Educational grants】 落实精准扶贫学生资助财政资金。贯彻各级精准扶贫精神，继续落实好中职国家助学金、高中国家助学金、农村义务教育营养改善计划、学前教育政府助学金，对义务教育、中等职业教育建档立卡贫困户家庭的学生免除学杂费等各项学生资助精准扶贫财政资金。全年以上免除和资助项目累计4317人次，财政投入学生资助资金355.75万元。

（陈宇平撰　蔡育婷审）

高等教育
Higher Education

【闽南理工学院 Minnan University of Science and Technology】 经国家教育部批准，闽南理工学院成为具有独立颁发高等教育学历文凭资格的全日制普通本科高等学校。闽南理工学院位于中国著名侨乡、“海上丝绸之路”起点——福建泉州石狮市。学校坐落在著名的闽南宝盖山风景区，校园面积73.33余公顷，总建筑面积48万多平方米，全日制在校学生15000余人。

学校设置光电与机电工程学院、电子与电气工程学院、土木工程学院、服装与艺术设计学院、信息管理学院、经济与管理学院、财务与会计学院、外国语学院、体育学院、思想政治理论教研部、继续教育学院等11个教学单位。

闽南理工学院以“培养适应地方经济社会发展需要的应用技术型高层次人才”为目标，以工学为主，兼有理学、管理学、经济学、艺术学、文学、教育学等多学科协调发展，形成为地方支柱产业、高端服务业、文化创意产业发展提供支持的专业体系。

2016年，经教育部批准，新增电子商务、资产评估、翻译等3个本科专业，光电信息科学与工程、艺术设计等2个专业通过学士学位授予权评审。学校本科专业达30个，其中通过学士学位授予权专业18个。

闽南理工学院专业建设坚持创新专业建设和发展模式，适时调整专业培养方向，及时将产业要求和岗位标准融入培养方案、重构课程体系，力争在专业基础能力、产教融合、机制创新、创新创业教育等方面取得发展，形成鲜明的产业特征。2016年8月，福建省教育厅将闽南理工学院材料成型及控制工程、服装设计与工程、电子商务、工程管理等4个专业列为省级服务产业特色专业。闽南理工学院立项建设光学信息科学与工程、电子信息工程、物流管理、商务英语、财务管理、社会体育指导与管理等6个校级服务产业特色专业。

2016年，闽南理工学院董事会及领导班子带领导班子总结创建以来的办学验，凝练办学特色，并在《中国高等教育》刊发文章——《民办大学如何“借势”兴学》。文章中以闽南理工学院为例，结合当今全国民办高校发展情况，进一步总结凝练闽南理工学院的民办公助办学之路。

闽南理工学院不断探索应用型发展模式，坚持服务区域经济社会发展、产教融合校企合作、培养应用型人才和增强学生就业创业能力。2016年5月，福建省教育厅将闽南理工学院列为福建省普通本科高校向应用型转变试点高校，并将智能制造产业应用型人才培养专业群、电子信息产业应用型人才培养专业群、鞋服与创意设计产业应用型人才培养专业群、电商物流产业应用型人才培养专业群、绿色节能建筑产业应用型人才培养专业群、创新财务金融产业应用型人才培养专业群等6个专业群列为福建省级应用型人才培养专业群建设项目。

7月25日，“基于‘互联网+’新视角的民办高校向应用型转变发展的创新人才培养体系研究”被福建省教育厅列为2016年本科高校重大教育教学改革研究项目；“新形势下电子商务专业实践教学改革的研究与实践”和“绿色节能专业群建设与实践”等2个项目获省级立项。

加快应用型高校建设进程，响应国家“大众创业、万众创新”号召，推进创新创业工作，学校为科技成果转化提供服务，为大学生的创业提供帮扶。2016年9月，闽南理工学院成立创新创业工作领导小组。整合教学、科研、就业、学生及大学生创客园等创新创业教育资源，设置常设机构——创新创业教育学院。近年来，闽南理工学院不断创新服务模式、拓展服务功能、提升服务能力，进一步激发创新创业活力，加速形成大众创业、万众创新的良好局面，投资建设3600平方米的闽南理工学院创客园。2016年8月15日，福建省科学技术厅授予闽南理工学院创客园为“福建省互联网孵化器”； 9月，福建省科学技术厅将闽南理工学院创客园列为第三批福建省级众创空间。

闽南理工学院进一步加强内涵建设，培养优秀创新人才、拓展学术交流、打造科研创新平台，努力为区域经济社会发展服务，2016年，以光机电、土木、经济与管理等实验室建设为重点，继续加大教学基本条件建设力度，引进先进

闽南理工学院全景　（图/闽南理工学院）

设备。

9月20日，福建省教育厅将闽南理工学院经济与管理实验教学中心和土木工程实验教学中心列为福建省级实验教学示范中心；12月10日，福建省教育厅发文同意依托闽南理工学院建设工业机器人测控与模具快速制造福建省高校重点实验室和绿色建筑施工与管理福建省高校工程研究中心。

2016年9月，中国纺织服装教育学会授予闽南理工学院为“全国纺织服装教育先进单位”，授予闽南理工学院服装与艺术设计学院为“全国纺织服装教育先进集体”。

2016年，学校获大学生创新创业训练计划项目国家级20项、省级32项。

学校有光学工程、电气工程2个省级重点学科，工业机器人测控与模具快速制造省级高校重点实验室和绿色建筑施工与管理省级工程研究中心等2个省级科研创新平台，省级立项建设专业群6个，省级服务产业特色专业4个，省级创新创业教育改革试点项目2项，省级实验教学示范中心4个，省级公共基础课实验教学平台4个，省级校企合作实践教学基地4个，省级大学生校外实践教育基地4个。

学校与国内150多家大、中型企业签定密切的校企合作协议，为提升学生的实践能力创造良好的条件。

2016年，教师总数842人，其中专任教师673人，具有研究生及以上学历355人，具有高职称教师204人。

学校以立足地方经济社会发展、培养应用型人才为目标，不断加强师资队伍建设，提升教师实践能力，制定系列鼓励政策，2016年，选派教师到企业一线培训学习91人次，到境外培训进修18人次，参加省教育厅组织的境内培训进修191人次，支持青年教师在职攻读硕士学位40人次。

在福建省总工会、福建省教育厅举办第三届全省高校青年教师教学竞赛。闽南理工学院经济与管理学院老师林玉瑜获人文社会科学组三等奖，电子与电气工程学院老师黄毓芯获自然科学应用学科组三等奖。

2016年，在研项目142项，其中社科项目77项，科技项目65项。科研立项23项，其中省教育厅中青年教师教育科研项目23项（科技类8项，社科类12项，外教改专项3项），横向科技服务项目4项。

2016年，结题73项，其中社科项目结题40项，科技项目结题33项；依托科研项目发表论文67篇；出版编著教材4部、专著1部；申报实用新型专利11项，授权专利10项。

2016年，政府批准立项科研经费总额29.5万元，其中资助经费8.5万元，自筹经费21万元。

2016年，学院面向全国各省市招收本科生4318人，其中专升本400人，福建省内招生3856人。资产评估、翻译、电子商务专业首次招生。

学校坚持“以就业为导向，以服务为宗旨”的方针，重视学生就业，近五年毕业生初次就业率一直保持在92%以上，多次在福建省高校毕业生就业工作检查评估中获“优秀”成绩，毕业生深受社会各界广泛赞誉。2016年，应届本科毕业生3890人，就业率达95.35%。

2016年，学校党委启动“两学一做”学习教育活动，校党委发挥核心作用，多次召开中心组学习会议及扩大会议，组织全校党员，运用“三严三实”专题教育的成果，围绕“两学一做”学习教育主题，在学校的教育教学工作中发挥先锋模范作用，争做教书育人楷模。

6月15日，闽南理工学院举行“两

第五届“石狮杯”全国高校毕业生服装设计大赛决赛暨颁奖仪式 （图 / 闽南理工学院）

学一做”学习教育暨纪念中国共产党成立95周年学习报告会。全国人大代表、全国劳动模范、全国十大杰出村官、福建省龙岩市新罗区西安社区党委书记章联生应邀到校为180余名党支部委员以上党务干部和师生党员代表作专题辅导报告。

9月8日，泉州市“两学一做”学习教育暨非公有制企业和社会组织党建工作现场交流会上，闽南理工学院作典型发言。发言内容以“党建引领 立德树人”为主题，围绕社会组织党建工作，从“健全组织体系，拓展党建工作覆盖面”“严肃党内生活，增强党建工作实效”“发挥党建作用，促进教育教学工作”等三个方面，分享闽南理工学院党建工作经验。

在福建省委教育工委宣传部指导、福建省高校辅导员专业委员会主办的第五届福建省高校优秀辅导员评选活动中，闽南理工学院辅导员罗茜获“福建省高校优秀辅导员”称号。在共青团福建省委主办的2015年福建省优秀团员评选活动中，大学生彭振雄获评福建省十佳共青团员称号。

2016年9月，在共青团中央宣传部、中国青年报社共同举办的“指尖正能量——中国青年H5创意传播大赛”中，闽南理工学院学生公寓自律委员会郑凯明、林炜钒、陈艺靖等学生设计的作品“毕业季——闽南理工学院”获得优秀创意奖。

2016年，为举办全国大学生田径锦标赛，投入800多万元用于改造体育场地及附属设施建设；为改善学生生活条件，投入1000多万元进行学生宿舍空调安装及线路改造。

4月18日，闽南理工学院承办第五届“石狮杯”全国高校毕业生服装设计大赛决赛暨颁奖仪式，此前初赛共有来自全国75所高校选送的625件优秀毕业作品参赛，其中58名毕业生作品在众多参赛作品中脱颖而出参加本届总决赛。

本次大赛，闽南理工学院有2名毕业生作品入围决赛，经过激烈角逐，闽南理工学院2016届毕业生邓宏宇获女装组铜奖，余青获最具市场潜力奖。

2016年石狮国际时装周闭幕式上，闽南理工学院获“金狮时尚教育推动奖”。

5月24日，以“创新引领，共享发展”为主题的泉州创客活动周（石狮专场）暨2016年石狮科技活动周闭幕仪式在章法同理工学院举行。

7月16—20日，由中国大学生体育协会、中国田径协会主办，闽南理工学院承办的第16届全国大学生田径锦标赛在闽南理工学院举行。全国政协科教文卫体委员会副主任李卫红，福建省政协副主席陈绍军，福建省委教育工委副书记、省教育厅党组成员刘剑津，泉州市政府副市长周真平，石狮市委副书记、代市长黄春辉，中国大学生体育协会田径分会秘书长刘波等领导出席开幕式或闭幕式。

该项赛事系首次在全国民办高校举办，也是首次由福建省高校承办。本次大赛共有来自全国31个省（市、自治区）和香港澳门特别行政区的190多所高校的近2800名运动员、教练员参加，其中包括35所“985”学校和42所“211”学校，几乎所有部属的重点大学都参加本届比赛，参赛的高校数量及运动员人数均创历届新高。

（王飞学撰 吴永年审）

【泉州纺织服装学院 Quanzhou Textile Garment Institute】 泉州纺织服装职业学院泉州纺织服装职业学院是教育部批准举办全日制高等教育的职业院校。学院地处福建省石狮市。学院占地23.33公顷，建筑面积7.98万平方米，学院有专任教师86人，其中高级职称教师13人，中级职称（含研究生）26人。开设有服装设计、染整技术、现代纺织技术、会计、电子商务等29个专业，在校学生1830余人。学院长期与东华大学、上海工程技术大学、天津工业大学、西安工程大学等著名纺织服装类高校合作，开展师资聘任、培训和科研合作。

学院以纺织染整为特色，以服装设计为品牌，以商贸管理为重点。学院坚持以“提高质量、服务就业、促进发展”为导向，立足泉州，辐射海西，构建以纺织染整为特色，以服装设计为品牌，以经济管理为重点的专业群。2016年，学院推进产教融合、工学结合，拓宽办学渠道，实施人才培养改革，增强办学活力。继续与华迪、三福、荣誉酒店等实施现代学徒制人才培养。学院的“纺织服装技术”专业群，获批福建省职业院校服务产业特色专业群首批培育建设项目。“服装与服饰设计”“染整技术”两个专业，获得第二批现代学徒制试点项目建设学校暨首批“二元制”技术技能人才培养模式改革试点项目试点招生资格，并新申报现代纺织技术、服装加工技术、服装制版技术三个“二元制”专业。

2016年，学院有各类校内实验实训室52个，签约校外实习实训基地150多家。学院加大教师引进和培养力度，设立服装设计“蔡美月大师工作室”、纺织染整“吴赞敏教授工作室”、酒店管理“胡海荣大师工作室”，并以此为载体，校企浓度整合，师生全程参与，建成有亮点的生产性实训基地。

2016年，学院持续推进教育教学质量改革和质量工程建设，鼓励青年教师开展科研，撰写科技论文和发表著作。学院教师获批2016年福建省中青年教师教育科研项目（科技类、社科类）4项，结题项目6项；出版《Photoshop cs 5图像处理项目化教程》《会计英语》等教材和著作10部，发表学术论文20多篇。

学院组织和鼓励学生参加全国、省级教育部门组织的高职高专学生技能大赛。2016年，15人次在福建省职业院校技能竞赛活动中获奖。学院组织学生参加职业技能证书考试，参加考证的师生超过480人次，2016届毕业生双证率超过80%，就业率达99.87%。

（洪君怡撰　叶良茂审）

【泉州海洋职业学院 Quanzhou Ocean Institute】　2016年，泉州海洋职业学院面向全国各省招生总人数1099人，全日制在校生首次突破2600人。2016届毕业生人数462人，就业率达96%。学院现有教职工133人，专任教师总数90人，其中硕士学位以上24人（包括在读硕士），占专任教师总数的26.67%；专任教师中副高以上职称人员20人，约占专任教师总数的22.22%；双师素质教师75人，占专任教师总数的83.33%，其中，船长6人，大副5人，轮机长3人。

2016年4月，教育部公布《关于2016年普通高等学校高等职业教育专业设置备案和审批结果的通知》，学院申报的海洋工程技术、船舶检验、移动互联网应用技术、财务管理、艺术设计等五个新增专业全部获批。学院专业数达25个，涵盖交通运输类、装备制造类、财经类、电子信息类、文化艺术类、教育体育类、旅游类、建筑类等8个专业类别。

2016年，泉州海洋职业学院将“拓展国际合作空间、开展国际合作交流”作为学院的工作重点。10月25日，德国大型船舶管理公司“Hammonia”公司董事总经理、船长Rene Menzel到学院洽谈校企合作，Rene Menzel对学院的校园基础建设特别是海上专业实训设施的投入表示赞许，在了解学院的办学情况后，Rene Menzel表示双方在国际船员的教育、培训和就业方面有很大的发展空间，并对学院在船员外派方面的工作提出建议。Rene Menzel为双方的合作奠定基础，双方将继续保持沟通，推进合作。10月28日，学院与英国克兰菲尔德大学开展交流互访活动，并与克兰菲尔德大学签署合作协议。双方在协议中约定，克兰菲尔德大学将从专业建设、师资建设等领域为学院提供保障，支持学院的发展，以更全面地开展双方的国际合作。

2016年，世界特种船舶展示厅在泉州海洋职业学院行政楼一楼正式建设完工。学院的世界特种船展示厅通过船模和图片两种形式展示超大型钻井船、邮轮、集装箱轮、油轮、航母、战舰等全球最先进船舶。该展示厅是学院国际化办学理念和人才培养目标的重要载体，是学院海上专业学生的见习基地，成为学院海洋文化建设的重要成果。学院建设该展示厅旨在通过向学生展示全球最先进的船舶，让学生以“国际一流”为愿景，树立远大的理想和抱负，学习技能，争取成长为国际航运业、造船业等领域的领军人物，为实现中国海洋强

泉州海洋职业学院与英国克兰菲尔德大学签署合作协议（图/泉州海洋职业学院）

泉州海洋职业学院空乘实训模拟舱全景　　（图 / 泉州海洋职业学院）

国梦贡献力量。

2016 年，在准军事化管理的推行下，学院 N 名毕业生被直招为部队士官。作为泉州市唯一一所海洋类高职院校，学院连续四年通过直招士官方式向部队输送优秀兵员。2016 年，再次获得泉州市征兵工作先进单位称号。

2016 年，学院依托青年志愿者协会和计生协会开展感恩人文教育活动，包括“服务特教儿童，感知真情你我”“结对帮扶助娃成长”“义卖报纸情系儿童院”以及“拥抱亲情，感恩父母”等一系列主题活动。2016 年，学院计生协会被推荐代表石狮参加泉州市“生育关怀、我们在行动”系列采风活动，泉州电视台新闻联播和《石狮日报》针对此项活动都进行相应的报道。2016 年，学院青年志愿者协会被评为第二届中国（泉州）海上丝绸品牌博览会以及第 19 届海峡两岸纺织服装博览会暨 2016 年石狮国际时装周“优秀志愿服务团组织”。2016 年 2 月，《中国教育报》以“泉州海洋职业学院：在感恩中磨炼职业品质”为题对学院践行社会主义核心价值观的感恩教育进行专题报道。

2016 年，学院与东方领航教育集团共同投资建造的“航空实训模拟舱”正式在学院轮机实训中心一楼落成完工并投入使用，模拟舱由成都应明模型研制有限公司生产，舱内设计综合采用当今航空界普遍使用的“波音 737 客机”及“空客 A320 客机”原型，包括座椅、行李架、多媒体设备、救生装置以及急救设备一应俱全。

乘务训练舱将用于学院空中乘务专业学生的培训。空乘实训模拟舱的落成，对提高学生的实践能力，尤其是提升空乘专业实习实训水平影响深远，标志着空乘专业的实习实训条件实现质的飞跃，为学院空乘专业学生的专业技能实训插上腾飞之翼。

（谢海慧撰　李明灿审）

【石狮市老年大学 Shishi City University of the Elderly】 2016 年，市老年大学有 6 个系，29 个专业，51 个班和太极拳、南音、灯谜、音乐、书画、京剧、老年教育、摄影、闽台歌友会、诗词、旗袍等 11 个专业研究社团。其中旗袍研究会于 2016 年成立，拥有近 60 名会员。老年学员达 1691 人。在 48 名兼职教师中，80% 拥有中高级职称。

2016 年，中共石狮市委对市老年大学校务委员会成员进行调整充实：市委书记朱启平任名誉校长，市委副书记庄玉海、市委常委、组织部部长杨德才、市政府副市长李斌和离休干部蔡敦苑任顾问。石狮市一中原校长张瑞霖任校长，史家朗任常务副校长，姜荣树、王祖德、张振耀、郭天助、高英任副校长，林运动和李清荣分任办公室主任和总务处主任。

市委对市老教委成员进行充实调整，市委常委、组织部部长杨德才任主任，市政协原主席丁家全任常务副主任，市政府副市长李斌、石狮鹏山工贸学校党总支原书记许书熊、市老年大学校长张瑞霖等三人任副主任，成员有曾少嵘、龚一士、王汉滨、孙文添、苏金灿、姜荣树、叶泽旺、周拥护、傅荣辉、廖闽欣、董立新等各部门领导 11 人，邱国木、王志鹏分别担任办公室正、副主任。

学校坚持每月 20 日的全校政治大课学习制度。安排学习中共十八届历次全会及习近平总书记系列讲话精神，并把参加政治学习与否作为师生评先评优的首要重要条件，师生的学习热情高涨，每堂政治大课都座无虚席。

6 月 3 日，市老年大学召开 2016 年老年教育论文写作经验交流会。市老年教育理论研究会及各镇办老干专干等 50 余人参加会议。省老年大学协会副秘书长、福建老年教育《实践与思考》副主编李炎清出席会议并作《做个老年教育写作的有心人》的专题指导讲座。会议探讨石狮老年教育在学校管理，师资建设、教学创新等方面的经验及存在的问题，分享部分论文作者的创作构思。

校长张瑞霖撰写的《璀璨的校园文化创造文化养老的精神》一文发表在福建省老年教育《实践与思考》2016 年第二期。该期杂志还发表市老年大学老年教育理论研究会林世良、邱国木、史家朗、蔡志忠、林运动、郭天助、蔡宗营等 7 人所撰写的 7 篇论文。

市老年大学在提高教学管理水平，提高教学质量方面不断取得显著成绩。继太极拳专业 2012 年被评为省级精品课程后，2016 年初音乐专业又获评省级精品课程。

2016年11月，由省老年大学主办的福建省老年大学音乐教学研讨会在市老年大学校召开。省委老干部局局务会成员、福建老年大学常务副校长张国茂，省老年大学协会副会长、福建老年大学副校长马玉良等人以及来自省校和各兄弟学校近40名领导和声乐教师听取老师吴丽欣的公开课，对市老年大学音乐专业的教学水平和教育设施给予很高评价。

7月16日和8月28日，太极拳研究会两次组队参加在江西省九江市举办的“全国传统武术比赛”和在江苏省徐州市举办的“第13届全国武术套路赛”，该两项赛事均由国家体育总局武术管理中心和中国武术协会等单位主办，获得金牌10枚，银牌33枚，铜牌19枚。

9月12日，柔力球班在举行的2016年第二届中国·福安“白云山杯”全国柔力球竞技邀请赛中，获得老年组混和团体赛金奖及一枚老年组女子单打铜奖。

摄影班黄建河等6名学员在由市摄影协会举办的“我的城市、我的家”主题大赛中分获一、二、三等奖。书画班王淑朕等五位学员书画作品入选由泉州、石狮、南安老年书画研究会联合举办的“相约春天书画作品巡回展。”

5月27日，校艺术团赴香港参加由中国老年文化艺术交流中心，台湾歌舞演出总工会、世界大舞台中国文化艺术交流组委会等联合举办的“世界大舞台”国际文化艺术交流活动获总分第一。其中，古典舞《爱莲说》获金奖，舞蹈《当兵的人》和旗袍秀《女人花》获银奖，《歌曲串烧》获铜奖。

7月11日，应澳门南音社邀请，由校长张瑞霖带领的石狮市老年大学南音交流团一行26人抵达澳门参加文化交流活动。石狮和澳门两地南音爱好者在澳门进行联合演出。一曲曲乡音乡情把内地和澳门同胞的心更紧地联系在一起。在交流活动中，双方还对南音这一非物质文化遗产的传承进行热烈的讨论。

市老年大学继续开展校内外各项活动，特别是配合重大革命历史事件的纪念活动及政治任务，进行一系列对外文艺宣传活动，为党的事业增添正能量。纪念中国工农红长征胜利80周年，市老年大学组织力量创作十幕大型歌舞剧《长征颂》。全剧选取长征出发、遵义会议、四渡赤水、飞夺泸定桥，过雪山草地等史实，综合运用歌舞、情景剧等艺术形式，生动再现红军战士不畏艰险的光辉形象，呕歌革命先辈“革命理想高于天”的伟大情怀。该剧动员230余名老年学员，并于9月25日作为市第14届广场艺术节老年大学专场节目在市政府成功演出，得到各级领导及广大市民的好评。

2016年主要的文化惠民活动还有：6月27日，纪念中国共产党成立95周年，由市委组织部、市委宣传部主办，艺术团在石狮星期YI星光广场进行专场演出。6月16日，应祥芝镇渔民文化节邀请，太极拳研究会组织300名老年选手举办太极拳专场观摩表演大会，助兴节日气氛。5月25日，民俗舞班深入宝盖镇玉浦村，携带高甲戏、南音等22个节目，与当地村委会老人会一起举办“玉浦首届民俗文化艺术节”。5月端午节，乡土文化协会联手曾坑老年协会举办“弘扬优秀传统文化端午节活动”。台上演节目，台下包粽子，并邀请环卫工人参与欢庆。2016年，乡土文化协会还入选“中共泉州市第三届社会科学普及基地。”

9月13日，为支持新农村建设，市老年大学近800名校生走进永宁镇郭坑村，为当地村民带去南音、模特秀、歌舞等一台节目，并参加当地慧源寺“中秋乞龟祈福”庆典活动。

（林运动撰　张瑞霖审）

群众文化艺术活动
Masses Culture and Arts Activities

【打造大众文化 Build the masses culture】

2016年，石狮市文体旅游广电新闻出版局按照精品、为民、节俭的、可持续的原则，举办十多场“音为你”文化惠民剧场。承办第14届广场文化艺术节“中秋月 中华情”专场晚会、纪念红军长征胜利80周年石狮专场演出等大型文化活动。国庆期间举办“送戏下乡”活动。举办第十届民间戏剧展演周、第18届侨乡谜会、第13届中小学南音演唱演奏比赛、第六届少儿舞蹈比赛、第八届少儿钢琴比赛、“学习宣传中共十八大六中全会精神”灯谜比赛等群众文化活动。以万寿塔（姑嫂塔）、六胜塔、石湖古码头（林銮渡）被列入“海丝世遗”考察点为契机，做好海丝申遗协调工作，启动“海丝三宝”本体修缮、保护工程，全面进行“海丝三宝”周边环境整治，助推“海丝世遗”申报工作。永宁镇被福建省人民政府公布为第五批福建省历史文化名镇。聘请福建省艺术研究院文化发展战略研究中心组成课题组，编制《石狮市蚶江镇文化生态保护专项规划》。编辑出版《闽台对渡海上泼水》等文化丛书。

石狮市文体旅游广电新闻出版局协助蚶江镇、永宁镇、祥芝镇成功举办第十届闽台对渡文化节暨蚶江海上泼水节、第五届永宁古卫城文化节、第八届渔民文化节。张振辉家庭、高晶炯家庭、蔡友谋家庭获得第二届福建省“书香之家”称号。蔡友谋家庭入选第二届全国“书香之家”。以“狮城新风”大讲堂为载体，邀请康耀仁、蔡益怀、邱季端、蔡友谋、吴新涛等5位乡贤共5场“乡贤开讲”。以“书香狮城”为主题，开展“你荐书我买单”活动，得到不少学生和家长的称赞。在4月23日世界阅读日之际，举办纪念“4•23”世界读书日暨胡汉民经典作品演诵会，开展“成长从阅读开始”系列公益阅读讲座，推出百日阅读计划，每月围绕一个主题阅读，帮助孩子养成主动读书动笔的好习惯。启动“爱家乡——海丝寻梦”中小学生征文活动。开展24期“流动图书车阅读在身边”服务活动，先后驶进社区、乡镇、学校、企业。9月19日，音乐厅举行纪念第14个“公民道德宣传日”。

【群众文艺创作节目汇演 Mass literary and artistic creation program show】

2016年1月8日，举办石狮市“音为你”惠民剧场系列——郭小青独唱音乐会。2月19日，举办石狮市“音为你”惠民剧场系列——亲子音乐剧。4月19日，举办石狮市“音为你”惠民剧场系列——“天空之城”宫崎骏•久石让动漫作品视听交响音乐会。4月22日，举办纪念世界读书日暨“情满中华”胡乐民经典作品演诵会。5月30日，举办石狮市“音为你”惠民剧场系列——大型粤剧《瓔珞传》。6月11日，举办纪念第11个文化遗产日暨泉州市级非遗项目闽南语四句专场。7月24日，举办石狮市“音为你”惠民剧场系列——“琴音歌舞”——钢琴三重奏与班多钮手风琴室内音乐会。

8月6—12日，举办石狮市第十届民间戏剧展演节。8月17日，举办石狮市“音为你”惠民剧场系列——胡丹小提琴弦乐团全省巡回音乐会。8月26日，举办石狮市“音为你”惠民剧场系列——大型民族管弦乐音诗《孔子》。9月21—25日，举办石狮市第14届广场文化艺术节，分为“宜居宜业 魅力狮城”文艺专场、“幸福家庭 关爱女孩”家庭婚育专场、“中秋月 中华情”狮港台文化交流专场、“春华秋实”教育事业宣传展示专场、“长征颂”红军长征胜利80周年专场。9月26日，举办石狮市“音为你”惠民剧场系列——音乐是我的眼。10月1—11日，开展送戏下乡活动，分别在永宁、蚶江、鸿山、祥芝、锦尚5场戏剧。10月13日，举办第二届海上丝绸之路国际艺术节中外戏剧展演（文化之都城市艺术团石狮专场演出）。10月17日，举办“不忘初心　长征精神”纪念红军长征胜利80周年演出（石狮市专场）。11月16日，举办石狮市“音为你”惠民剧场系列——歌剧经典。12月9日，举办石狮市“音为你”惠民剧场系列——大型多媒体舞台剧《小兵张嘎》。

【举办各类展览活动 Held various exhibitions】 2016年，举办书法、美术、摄影、版面等展览或比赛情况。2016年1月，举办“康耀仁书画作品展”“书香狮城”迎春书法美术作品巡展。3月，举办“相约春天”书画展、“惜缘公益基金”书画展。4月，举办“陶醉石狮”光泽商周印纹陶特展。10月，举办“胜赏——报纸、火花、电话卡多彩集藏展”。

【文艺节目获奖 Literature and art programs got the prizes】 石狮市艺术家获国家级、省级、泉州市级称号。2016年5月11日，海百合艺术团编创《绿洲的呼唤》参加泉州市第八届少儿电视艺术节群舞比赛获第一名。6月，海百合艺术团参加2016年“花儿风采”少儿电视才艺大赛省赛，编创的剧目获冠、亚、季军，及特金奖、金奖等奖项。向阳花开艺术团参加泉州市第八届少儿电视艺术节，获得泉州三等奖。8月，2016年AMA“亚模赛”石狮赛区选手12人代表福建省赴京参加全国总决赛，分获幼儿组冠、亚军，少儿组冠军、季军、少年组冠军，及十佳男模、女模，最佳台风奖等奖项，并获团体银奖。12月，海百合艺术团参加中国舞蹈家协会2016年教学成果展演暨福建省首届“舞蹈美育之星”电视春晚舞蹈比赛，《弄堂记忆》《妞啊扭》获一等奖，《喜鹊喳喳喳》获三等奖。

【文化设施与管理 Cultural facilities and management】 2016年元旦期间，市博物馆《丝路狮源》改造升级布展完成，正式向市民游客免费开放。8月10日，出台《关于加快构建现代公共文化服务体系的实施意见》，制定《石狮市基本公共文化服务实施标准》。9月7日，建立石狮市公共文化服务联动机制，统筹协调解决公共文化服务运行过程中存在的问题，加快构建公共文化服务体系，促进城乡基本公共文化服务实现增均等化，保障城乡居民的文化权益，提升城乡基本文化服务水平和效益。9月8日，出台《石狮市推进基层综合性文化服务中心建设实施方案》。12月21日，泉州市现代公共文化服务体系建设工作协调领导小组对石狮市2016年开展构建公共文化服务体系工作进行检查考核，实地检查市博物馆、锦尚镇综合文化站等苍劲文化服务的设施，详细了解石狮市公共文化服务体系建设。建设提升凤里街道、湖滨街道、宝盖镇、蚶江镇、永宁镇等5个综合文化站。

【综合文化站统计表 Comprehensive cultural center list】

表37

石狮市各镇（街道）综合文化站情况统计表

序号	文化站名称	负责人	建筑面积（平方米）	建筑物是否独立	文化广场面积（平方米）	设备配置清单	每周免费开放时间（小时）	人员编制（个）
1	凤里街道	黄晋明	900	是	鸳鸯池广场（800平方米） 笼式五人足球场（600平方米）	多媒体教室（投仪影、课桌椅80位），健身文体活动室（健身组合器、跑步机2台、杠哑铃组合、健身单车、乒乓球桌、台球桌、拳击器材、棋牌等），规范化科普工作室（虚拟互动电视、科普模型、其他科普物品），图书电子阅览室（图书5000册、电脑6台，阅览桌椅、报刊杂誌）、多功能厅（舞台、音响、电子大屏幕等）	32.5	4
2	湖滨街道	洪光铅	1000	否	2000	正在建设中	工作日免费全开放	4

续表 37

序号	文化站名称	负责人	建筑面积（平方米）	建筑物是否独立	文化广场面积（平方米）	设备配置清单	每周免费开放时间（小时）	人员编制（个）
3	灵秀镇	傅毓丽	360	是	1500	书架、图书、桌子、椅子、投影仪、移动广播、文化娱乐用具、讲台、电子百拼、象棋、围棋、电视、电脑桌、电脑、乒乓球桌、球类器具、室内健身器材、锣鼓乐器、电视、篮球场、看台、室外健身路径	50	4
4	宝盖镇	许福源	1300 多	是	900 多	投影仪、电动幕、红外线感应白板、音箱、话筒、空调、投影仪吊架、办公电脑、路由器	40	4
5	蚶江镇	黄金锁	412	是	5000	图书室、电脑室、灯谜馆、南音馆、乒乓球馆、多功能教室、棋牌室、古筝馆、书画馆	40	4
6	永宁镇	蔡荣纯	550	是	2000	电子阅览室、图书室、健身房、办公室、南音室	27	4
7	祥芝镇	吴煌清	2800	是	500	电脑 10 台、打印机 1 台、图书室阅览室 1 个、乒乓球桌 5 台、南音器材若干个、象棋围棋桌 4、音乐教室 1 间、书法绘画器材若干、LED 屏 1 块、绿色网吧 1 个、科技室 1 个	42	3
8	鸿山镇	庄树欣	2899	是	8000	图书馆，电子阅览室，健身房，舞蹈室，乒乓球室	30	3
9	锦尚镇	毛海燕	2874	是	6000	电脑 5 台、投影仪 1 台、音控 1 套、图书 7000 册、乒乓球桌 1 台、跑步机 3 台、健身器材 1 套	23	3

【文化系列讲座 Cultural lecture series】 2016 年 1 月 5 日，举办“狮城新风讲堂 • 乡贤开讲”第五讲，邀请康耀仁作“书画家与人生际遇”主题讲座。3 月 19 日，举办“成长，从阅读开始”系列阅读讲座。3 月 21 日，举办“狮城新风讲堂 • 乡贤开讲”第六讲，邀请蔡益怀作“器识与文艺——漫谈文学修为”主题讲座。6 月 17 日，举办“狮城新风讲堂 • 乡贤开讲”第七讲，邀请邱季端作“文物收藏的苦与乐”主题讲座。10 月 22 日，举办“狮城新风讲堂 • 乡贤开讲”第八讲，邀请蔡友课作“老蔡聊读书”主题讲座。11 月 11 日，举办“狮城新风讲堂 • 乡贤开讲”第九讲，邀请吴新涛作“传统文化与科技创新”主题讲座。12 月 27 日，举办“狮城新风讲堂 • 乡贤开讲”第十讲，邀请蔡丽双作“天地有情　大爱无私——让诗歌净化人们的灵魂”主题讲座。

【非物质文化遗产保护 Non-material cultural heritage protection】 2016 年 2 月 20 日，举行首届石狮籍大学生灯谜联谊赛。2 月 22 日，举行石狮市第九届元宵学生灯谜精英赛。3 月 5 日，举行石狮市第八届巾帼灯谜邀请赛暨第六届家庭谜会。3 月 15 日，美江小学与沙美狮阵武术馆达成协议，正式将狮阵武术列为校本课程，每周二下午上课。4 月 30 日—5 月 2 日，石狮市代表队参加第三届中华灯谜文化节，第二实验小学、华侨中学分别获得国际校园灯谜精英赛小学组、初中组团体和个人冠军，薛道达、王雅真分别获得精英组、教师组个人电控赛铜奖。5月1日，永宁镇在青年文创场所南门7号为八旬妆糕人老艺人雷远洲设立工作室。5月17日，蚶江镇启动闽南文化生态区保护建设，首批确定传统技艺、民俗等8大类58项非遗保护项目。6月9日，举办第十届闽台对渡文化节暨蚶江海上泼水节。

6月11日，举行石狮市纪念第11个文化遗产日暨泉州市级非遗项目闽南四句专场活动。6月27日，举行石狮市庆祝中国共产党成立95周年“学党史讲廉政”专题灯谜竞猜赛。7月23日，举行第二届石狮籍大学生灯谜联谊赛，并成立石狮市灯谜协会大学生分会。7月25日，泉州市人民政府公布第五批市级非物质文化遗产代表性项目上名录，石狮市泉州通草工艺、泉州小吃制作技艺（石狮甜粿）入选。8月3日，举行泉州市第26届中小学生南音比赛。8月8日，泉州市第六批市级非物质文化遗产代表性项目代表性传承人名单出炉，石狮市吴文俊（泉州南音）、蔡忠庭（泉州南音）、卢荣智（泉州剖狮）、卢瑞艺（泉州剖狮）、卢章立（泉州剖狮）、卢建华（泉州剖狮）、卢维国（泉州剖狮）、卢少华（泉州剖狮）入选。8月13—14日，举行“锦峰杯”石狮市第18届（宝盖）侨乡谜会。10月1—11日，举行举行“送戏下乡”活动，聘请高甲剧团到沿海五镇巡回演出。11月26—27日，举行石狮市第12届校园灯谜艺术节。

【审批窗口优质服务 Window for examination and approval of high quality services】 2016年，行政服务中心文体旅游广电新闻出版局审批窗口继续贯彻石狮市“马上就办，办就办好”促进行政大提速的办事方针，不断提高服务水平、服务质量。完成常规审批事项502件，含新设立、备案151家，变更21家，年检315家，注销9家，暂报停6件。其中承诺件152件，即办件350件，即办件继续占到总办件数的一半以上。在新设立备案项目中，旅行社服务网点年增21家，达到全部46家备案在册服务网点的近一半量，显示石狮休闲旅游市场正处于良好的发展势头。

根据“12345”群众回访情况统计，非常满意率为75%，窗口服务工作得到群众良好的评价。窗口一位工作人员获行政服务中心“2016年服务标兵”称号，一位连续获得第三、四季度“个人服务标兵”称号。

【获得奖项情况 Won prizes】 12月8日，石狮市红叶合唱团参赛的《去一个美丽的地方》《茨冈》曲目获得由福建省文化厅指导，福建省艺术馆、福清市人民政府主办的“美丽福建·相约福清”首届城市合唱艺术节二等奖。

（陈清良撰　董立新审）

文化市场 Cultural Market

【文化市场综合执法 Cultural market comprehensive law enforcement】

石狮市文化市场综合执法大队隶属石狮市文体旅游新闻出版局管理的事业单位，核定人员编制8名。负责全市文化市场综合执法工作。查处演出和娱乐、网吧及互联网上网服务、电子游戏、美术品销售、文物经营等活动中的违法行为；查处违法安装和设置卫星电视广播地面接收设施、违法接收和传送境外卫星电视节目和走私盗版影片放映行为；查处图书、报纸、期刊、音像制品、电子出版、网络出版、计算机软件等方面的违法违规出版活动和印刷、复制、出版物发行中的违法经营活动；查处盗版侵权行为，承担“扫黄打非”有关工作。

【赌博违法行为整治 Governance gambling illegal behavior】 开展赌博机具违法行为集中整治。2016年8月8日—12月31日，开展打击赌博违法犯罪专项行动。查处取缔无证照游戏游艺经营场所；查处在内部或周边设置暗格摆放赌博机的游戏游艺经营场所；查处通过对已核准的机型、机种改装等方式进行赌博活动的游戏游艺经营场所；查处利用彩票、积分、礼品兑换现金或有价证券等方式进行赌博活动的游戏游艺经营场所；查处利用游戏游艺经营场所作掩护进行其他形式的赌博活动；查处利用其他场所作掩护进行的游戏游艺机赌博活动；查处利用互联网从事网络赌博的互联网服务营业场所；查处提供场所参与组织聚众赌博的文化娱乐经营单位。

及时掌握市场动态情况，保证“12318”文化市场举报电话畅通，与公安、工商等部门加强联系，启动市场应急联动机制，及时向相关部门通告最新信息，配合有关部门做好禁赌工作，随时处理各种突发事件。

规范市场秩序。2016年，石狮市文体旅游广电新闻出版局出动检查各类相关经营场所333家次，整治行动中未发现重大违法经营情况，打击赌博违法犯罪工作取得成效。

【营业性歌舞娱乐场所执法 Commercial singing and dancing entertainment law enforcement】 2016年3月1日—6月30日，根据《福建省文化厅关于加强涉外及涉港澳台营业性演出管理工作的通知》等文件精神，结合实际情况，石狮市文体旅游广电新闻出版局开展为期四个月营业性歌舞娱乐场所专项执法行动。

石狮市文体旅游广电新闻出版局出动检查66人次，检查营业性歌舞娱乐场所23家次，责令并制止2家营业性歌舞娱乐场所停止非法演出，引导3家企业及时向省文化厅进行涉外和港、台艺人演出申请并获得批复。专项行动取得良好效果，全市营业性歌舞娱乐场所经营秩序得到进一步规范。

【文化市场巡查 Cultural market patrol】

2016年，石狮市文化市场综合执法大队完成文化市场的各项巡查任务，文化市场健康有序。按照属地划分，全市9个镇（街道）分片划分，责任到人。全年出动检查演出、娱乐场所、网吧、游戏机室、广播电视、书店、音像制品等文化、广电、出版物等各类经营场所576家次。在密集的日常巡查工作保障下，文化市场工作在文化部、省、市及创城迎检工作中，均取得满意成绩，市场稳定有序。

元旦春节期间文化市场专项行动。“两节”期间加大执法检查力度，出动检查经营场所39家次。开展“扫黄打非”专项工作。牵头市公安局、城市管理局、市交通和城市建设局、边防大队、海关缉私分局、邮政局等“扫黄打非”成员单位，开展“两节”“两会”期间出版物市场整治、“秋风2016”“剑网2016”“清源2016”和“护苗2016”专项行动，市场整体态势健康平稳。“有照无证”网吧专项整治行动。2016年，新设立网吧4家。依法行政，执法大队出动检查网吧226家次，查办违法经营的“有照无证”网吧案件10起，罚款18.5万元。

开展校园周边出版物市场专项治理。重点加强无证地摊、书报亭、超市、校园周边出版物市场整治，杜绝贩卖危害青少年身心健康的“口袋本”图书、卡通画册等非法出版物和音像制品的违规经营行为，营造校园周边良好学习环境。6月，开展全市校园周边高考、中考前文化市场环境整治。2016年，出动执法人员92人次，检查出版物市场44家次。开展“黑广播”违法犯罪专项行动。3月，按全省统一部署开展“黑广播”违法犯罪专项行动，联合市广电网络中心开展此次专项行动，结合卫星地面接收设施检查，宣传《广播电视保护条例》和广播电视的政策法规，促进管理工作的开展，打击非法安装和接收卫星电视节目信号方面，确保广播电视的安全播出，专项行动出动执法人员36人次，检查酒店等公共场所15家次。

2016年，执法大队受理反馈各类举报件15件，查处各类违法违规案件11起，办结11起，罚款18.7万元，案件执行率100%，没有发生行政复议案件。执法大队推行“双随机、一公开”监管模式。7月以来，执法大队共出动抽查29次，检查企业92家次，结合日常巡查，出动执法人员429人次、检查场所200家次，查获5起违法违规经营案件，依法立案5起，办结5起。通过两个季度的“双随机”抽查工作实施，文化市场经营秩序总体情况良好。

4月21日，参加泉州市文广新局举办的“4•26”世界知识产权日非法出版物现场销毁活动，通过现场销毁违禁和侵权盗版非法出版物，净化文化市场。6月，开展“拒绝盗版，共筑未来”为主题的“绿书签行动”宣传活动，发放“如何识别盗版书”“如何鉴别正版音像制品”“非法出版物的危害”等宣传资料200多份，向公众提倡“弘扬正版、拒买盗版”的理念。

【文化市场应急预案 Cultural market contingency pre-arranged planning】

石狮市制定文化市场突发公共事件应急处置预案，预防及控制石狮市公共文化经营场所和文化经营活动发生的突发事件。

应急预案针对市文化行政管理部门管理的公共文化经营场所和在公共文化场所举办或经文化行政主管部门审批的大型文化经营活动突发事件的预防、预警应急准备和应急响应等。

【印刷市场监管 Printing market supervision and management】 2016年，石狮市文体旅游广电新闻出版局组织文化市场执法人员对石狮市印刷复印市场进行专项检查，开展印刷复制市场专项整治工作。全年出动检查12次，检查印刷复制企业37家次，有效的规范印刷市场经营活动。

【印刷质量提升 Printing quality improvement】 2016年，石狮市印刷包装企业实施创新驱动战略，强化措施，确保印刷市场秩序繁荣发展。针对新设立的企业，全面进行走访检查，宣传告知法律法规，要求落实各项管理制度，做到规范守法经营，建立动态文化市场企业名库，印刷质量得到提升。

【网吧整治 Internet bar regulation】

2016年，石狮市文体旅游广电新闻出版局加强网吧管理，现场检查，依法行政。特别是严查违规接纳未成年人进入营业场所、未按规定登记核对上网人员有效身份证件、未悬挂《网络文化经营许可证》，查处违规经营网吧。

查处取缔“黑网吧”。在各网吧经营单位显著位置向社会公布“12318”监督举报电话，广泛发动群众，共同监管。加强现场监管，抽查上网消费者，严查上网实名登记，杜绝接纳未成年人。2016年，石狮市未发生经营性网吧接纳未成年人现象。

【加强娱乐场所管理 Strengthen the management of entertainment venues】

2016年，规范娱乐场所经营行为，注重方法，科学监管，全面规范文化市场。注重宣传教育，分行业组织召开歌舞娱乐场所、游艺娱乐场所管理工作会议暨培训会7个，培训500多人次，达训率达95%以上。

【提升执法能力 Improve the capacity of law enforcement】 2016年，推进文化市场管理执法规范化建设。规范执法行为，创新执法手段，公开“12318”文化市场举报电话，开展文化市场调研，有针对性地制定整改措施，丰富监管手段，降低执法成本，提高监管效率。

【安全检查文化市场 Security check cultural market】 2016年，石狮市文体旅游广电新闻出版局健全文化市场安全生产工作机制。印发《石狮市文体旅游广电新闻出版局安全生产“党政同责、一岗双责”工作机制》《2016年石狮市文体旅游广电新闻出版系统分类分级监督管理推进安全隐患排查治理体系建设工作手册》等系列文件。

强化文化市场安全生产教育宣传工作。通过石狮旅游网发布有关安全生产的法律法规宣传；采用“短信猫”、QQ群、电子邮件向各类社会人群发送安全文化宣传短信及邮件；联合各家新闻媒体加强安全生产宣传报道工作，加强安全文化的宣传氛围；发动部分有条件的企业通过LED显示屏播放安全生产宣传标语；通过“艺览狮城”及“石狮旅游局”微信公众号发送安全生产系列知识宣传；通过视频监控平台对部分企业进行隐患排查监控；每月召开安全例会，每季度召开一次大型安全生产培训会，邀请专家进行安全生产讲座和培训，并邀请市分管领导对文体旅游广电新闻出版行业企事业单位进行安全生产专题检查；组织文体旅游广电新闻出版行业企事业单位开展“安全生产月”系列活动和安全生产大检查专项行动。2016年，下发相关安全生产文件18份，召开安全生产会议12次，向企业发送安全生产宣传短信约1068条，现场入户向企业分发安全生产宣传单276份，会议分发安全生产材料568份。

加强文化市场安全生产监管。2016年，石狮市文体旅游广电新闻出版局注销7家企业娱乐经营许可证，对星级酒店、KTV、网吧等文体旅游广电新闻出版行业企事业单位开展拉网式安全生产检查工作，出动车次164车次，出动人次1032人次，引导1家企业申办娱乐经营许可证、检查企业368家次，现场整改及督促消除安全隐患68处，发出限期整改通知书25起，全部整改到位，整改率达100%，全年石狮市文体旅游广电新闻出版行业单位未发生较大事故和伤亡事故，较好地完成安全生产控制指标。

【强化文化市场监管 Strengthen the cultural market supervision and management】 2016年，石狮市文体旅游广电新闻出版局在文化市场监管中强化和落实企业主体责任，加大文化市场整治巡查力度，加大文化市场整治巡查力度。节假日期间前，石狮市文体旅游广电新闻出版局向各股、各下属单位、各文化娱乐企事业单位印发加强文化市场安全管理工作的通知，部署开展安全生产督查事宜，确定督查范围，督查重点和督查内容，强化文化市场网格化监管，落实文化市场安全生产“一岗双责”制度，开展“地毯式”排查，全力做好文化市场安全管理工作，对安全管理制度不健全，消防设施不完善的文化经营场所，立即责令限期整改，对不符合设立条件的，坚决不予办理，把牢初始准入关。

管理联动机制，不断加强和规范管理与监督，形成文化市场管理工作齐抓共管的良好局面。通过对网吧市场、娱乐场所、演出市场和文化市场安全管理工作加强督导监管，确保文化市场健康有序。

公开透明，促进文化市场繁荣发展。2016年，对新设立的歌舞娱乐场所及变更法人或地址的娱乐场所和网吧均在《石狮日报》全部进行公示，接受社会监督。不断提升文化市场管理和服务水平，推进全市文化市场技术监管与服务平台建设，通过加强文化市场技术监管与服务平台信息采集工作，指导各文化娱乐场所做好文化市场经营单位基本信息的录入、更新工作，建立完善文化市场经营主体基础信息库。通过强化社会监督、公开透明行政许可行为，不断推进文化市场技术监管与服务平台建设，促进文化市场繁荣发展。

（陈清良撰 董立新审）

图书馆
Library

【省级十佳图书馆 One of the top ten libraries at the provincial level】 石狮市图书馆（包括文林图书馆和万祥图书馆），是福建省十佳图书馆，在全国公共图书馆第三、四、五次评估定级中被评为国家一级图书馆。馆藏图书63.1万册（含电子资源）。文林图书馆坐落于石狮市区八七路东段，馆舍建筑面积3000平方米，对外开放，馆舍由爱国华侨卢章煌、邱棉棉伉俪捐资建成。

2016年，图书馆设置采编部、外借部、少儿阅览室、报刊阅览室（含反腐倡廉图书音像资料库、电子阅览室、全国文化信息资源共享工程支中心）、特藏室（含工具书库、地方文献室、服装图书馆）、资料文献室、电子资源视听文献部、视障阅览室等。万祥图书馆座落于祥芝镇镇政府旁，由万祥集团董事长蔡友平捐资修建而成。建筑面积4500平方米，建筑风格具有闽南特色。馆内设置图书外借室、报刊阅览室、地方文献室、台湾县市志典藏室、四库全书室、特藏室、海洋馆等功能区。

石狮市图书馆以文林图书馆为总馆，万祥图书馆为分馆，并有玉湖社区、锦尚等多个分点。石狮市图书馆依托自动化管理集成平台，实现总馆与分馆/点“一卡”通借通还服务。即读者可凭借书卡，在总馆、分馆/点任意一处借还图书。

【市图书馆举办系列活动 The series of activities held by the city library】 2016年，流动图书车出车次数为359次，共计服务747.5小时。3—12月，开展“成长，从阅读开始”系列阅读讲座，内容涉及速读能力训练课、写作技巧课、阅读分享会。组织馆内全体工作人员参加“推广工程网络书香讲坛”推出的网络培训讲座，共6期，内容包括云端上的图书馆、MOOC与图书馆、移动阅读的

“你选书 我买单”活动在石狮市图书馆活动广场开展 （图／图书馆）

融合与发展、图书馆的空间再造与阅读推广、公共图书馆“十三五”事业发展思考和引进数字资源版权管理方法。联合编辑出版4期《书馨》季刊和1期特刊。

“你选书　我买单”共享阅读喜悦。1月9日，由石狮市文体旅游广电新闻出版局、石狮日报社主办，石狮市图书馆、石狮市新华书店承办的“你选书　我买单”活动在石狮市图书馆活动广场开展。本次活动，读者们根据自己的喜好和需求挑选763本图书。读者挑选的图书由图书馆买单，并编目加工，放置于外借室的新书架中，供广大读者借阅。

流动图书馆下乡服务。1月26日，石狮市政协机关党支部、政协机关志愿服务队主办，图书馆协办，开展2016年新春赴塔石村“文化、卫生下乡”活动。图书馆流动图书车驶进塔石村，为广大村民送去图书借阅服务。新春“三下乡”。2月3日，由石狮市市委宣传部主办，宣传、科技、卫生、旅游、文化等部门共同参与的2016年石狮新春“三下乡”集中服务活动启动仪式在祥芝镇古浮村隆重举行。石狮市图书馆的流动图书车现场免费为广大村民办理借书卡，提供图书借阅等服务。“成长，从阅读开始”系列阅读讲座开讲。3月19日，由石狮市文体旅游广电新闻出版局主办，石狮市图书馆承办的“成长，从阅读开始”系列阅读讲座之《如何进行高效阅读》在石狮市图书馆开讲，讲座吸引一百余名学生及家长到场聆听。为进一步营造“读有益书、做文明人”的新风理念，“成长，从阅读开始”系列阅读讲座持续到2016年12月。

畅游知识的海洋——第三实验幼儿园参观图书馆。4月19日，石狮市第三实验幼儿园小朋友在老师的带领下，到石狮市图书馆开始知识殿堂之旅。

“爱家乡——海丝寻梦”主题征文活动启动。4月20日，由石狮市教育局、石狮市文体旅游广电新闻出版局、石狮日报社主办，石狮市图书馆、石狮市新华书店、石狮市绿洲读书社协办的“爱家乡——海丝寻梦”主题征文活动启动。这次征文活动的主题为“爱家乡——海丝寻梦”，活动面向全市中小学在校学生。征文作品内容为选取石狮的六胜塔、姑嫂塔、林銮渡其中一处古建筑作为写作对象，体现这些古建筑在海上丝绸之路的重要作用。

世界读书日——演诵会盛宴。4月22日晚，纪念“4•23”世界读书日暨“情满中华”胡乐民经典作品演诵会在市音乐厅上演。由石狮市委宣传部、市文体旅游广电新闻出版局特邀的中国当代著名朗诵艺术家胡乐民到石狮，为广大市民带来一场高端的视听盛宴。石狮市为5家实体书店代表颁发优惠售书证书，并举行农家书屋赠书仪式。

快乐春游——走进万祥图书馆。4月21—22日，石狮市万祥图书馆开展“快乐春游——走进万祥图书馆”暨“了解图书，从小做起”活动。石狮市祥芝中心幼儿园70多名中班小朋友参加活动。

百日阅读计划——坚持每天读书。“4•23”世界读书日，石狮市文体旅游广电新闻出版局、石狮市图书馆携手子路教育共同推出“百日阅读计划”，活动持续到9月30日。小读者们通过添加微信号“百日阅读小管家”报名，每天坚持阅读20分钟，并在朋友圈“打

石狮市“农家书屋”赠书仪式 （图／图书馆）

2016 年祥芝镇“爱心助学”慰问活动　　（图 / 图书馆）

卡”，分享阅读书目与心得。农家书屋赠书活动启动。4 月 29 日，一包包飘着墨香的新书逐一被送到新湖社区、龙湖社区、后花社区、塔前村、赤湖村、郭坑村、卢厝村、石农村、东埔三村、宝源等 10 家优秀农家书屋。这是由石狮市文体旅游广电新闻出版局主办，石狮市图书馆承办的“优秀农家书屋”赠书活动，赠送出图书 4772 册。

快乐畅游——走进石狮市万祥图书馆。5 月 6 日，石狮市万祥图书馆迎来泉州幼儿师范学校附属幼儿园石狮校区——万祥幼儿园中班和小班 300 余名小朋友到馆参观。小朋友们参观馆内展览的“知书达礼——中国传统礼仪展”，感受传统礼仪的独特魅力。暖心母亲节让爱伴成长。5 月 7 日，石狮市文体旅游广电新闻出版局、石狮市图书馆联合子路教育，举办“成长，从阅读开始”系列活动之“母亲节贺卡制作”。小读者们在老师的引导之下，回忆母爱那些事儿；并独立设计，亲手制作信封。好书进校园　让书香更浓。5 月 25 日，由石狮市委宣传部、石狮市教育局、石狮市文体旅游广电新闻出版局主办，石狮市新华书店、石狮市图书馆承办的 2016 年第二届“书香狮城”“读有益书·做文明人”青少年优秀图书巡回展系列活动在祥芝镇祥芝中心小学、鸿山镇福民中心小学、锦尚镇琼山中心小学开展。

流动图书车进校园，品书香开心过“六一”。在“六一”儿童节来临之际，5 月 27 日，石狮市图书馆流动图书车再次开进市第四实验小学，提前为孩子们送来“六一”儿童节的礼物。流动图书车送书上门，数千册图书有科教、漫画等书籍，让孩子们兴奋不已。

“六一”儿童节赠书好愉“阅”。6 月 1 日，石狮市文体旅游广电新闻出版局、石狮市图书馆、美江教育促进会为美江学校的学生送去书籍等儿童节礼物。与此同时，流动图书车驶进校园，为学校师生提供免费借阅图书服务。

爱心助学　赠书慰问。端午节来临之际，6 月 8 日，祥芝镇政府副镇长孙甜甜、教育分管领导邱国默、镇团委书记李晅、副书记林家赐、万祥图书馆负责人林晓珑、小教团支部书记傅胜乐和副书记蔡奕煌等人，组成志愿服务队，走进祥芝镇辖区内五所小学（紫湖小学、莲坂小学、古浮小学、大堡小学、祥芝中心小学）开展“爱心助学”的主题服务活动。此次活动由祥芝镇团支部、万祥图书馆、祥芝镇中心校和祥芝镇小教团支部联合举办，分别为 36 名学生送去“爱心助学”。

亲子阅读　书香为伴。7 月 30 日，石狮市第二实验幼儿园的小朋友在老师和家长的带领下来到市图书馆开展亲子阅读体验活动。在少儿阅览室里，家长们陪同孩子们在书架挑选自己喜欢的图书开始亲子阅读。家长在种类繁多的少儿图书中翻看挑选适合的书籍，彼此轻声交流着挑选图书的经验和方法。市领导到市图书馆调研。7 月，石狮市代市长黄春辉，石狮市委常委、宣传部部长林希妍，石狮市副市长林志鹃等市领导先后到市图书馆调研。逐一参观市图书馆的少儿阅览室、外借室、视障阅览室、报刊阅览室和地方文献室等；了解市图书馆的整体概况、人员编制情况、读者服务工作的开展情况。石狮市楹联研究会赠书万祥图书馆。8 月 12 日，石狮市楹联研究会会长蔡长泰，副会长郑国贤，秘书长洪亚怀，副秘书长谢文逐等一行到万祥图书馆。他们向万祥图书馆赠送《石狮楹联》以及个人出版珍藏的图书二十余册。会长蔡长泰将他书写的楹联“万千书富贵，祥瑞馆馨香”赠予万祥图书馆。福建省新四军研究会、新四军东进艺术团向市图书馆捐赠革命传统图书。10 月 17 日福建省新四军研究会，福建省新四军东进艺术团在“不忘初心　长征精神”纪念中国工农红军长征胜利 80 周年福建巡演（石狮市专场）晚会上，向石狮市图书馆捐赠一批革命传统优秀图书。

“百日阅读计划”颁奖典礼圆满落幕。10 月 22 日，“百日阅读计划”颁奖典礼在石狮市（文林）图书馆报告厅举行。活动首先以视频展播的形式回顾读者们一百天的阅读历程，坚持阅读一百天的读者代表与大家分享阅读的心得故事和体会。本次活动近 800 组家庭参与其中，200 余名学生读者坚持完成百日阅读。

狮城新风讲堂之文化讲堂开讲。10 月 22 日，“狮城新风讲堂　文化讲堂”主题讲座在石狮市图书馆举行。此次活动是石狮市社会科学普及宣传周的活动内容之一，由中共石狮市委宣传部、石狮市文体旅游广电新闻出版局、石狮市社会科学界联合会主办，石狮市图书馆、绿洲读书社承办。讲座由第二届全国“书香家庭”获得者、绿洲读书社社长蔡友谋主讲。社长蔡友谋以“老蔡聊读书”为主题，从读书立志，确定目标；培养兴趣，循序渐进；讲究方法，刻苦学习；读有益书，做文明人等方面与读者分享自己的读书感悟。

市图书馆迎来外宾参观交流。10月24日，石狮市图书馆迎来美国波特兰州立大学孔子学院院长、波特兰州立大学图书馆研究馆员王建，俄勒冈州立大学图书馆编目中心主任理查德 萨普·怀特（Richard Sapon-White）、俄勒冈东方医学院图书馆系统部馆员维罗妮卡威奇·瓦达肯（Veronica Vichit-Vadakan）等外宾到馆参观交流。外宾们在石狮市文体旅游广电新闻出版局局长董立新、泉州市图书馆副馆长陈文革等人的陪同下，先后参观文林图书馆和万祥图书馆。外宾们着重了解市图书馆的特色馆藏和读者服务工作；并与市图书馆编目人员进行编目交流。外宾们对市图书馆特色文献的收藏工作表示赞许，对万祥图书馆独具闽南建筑风格的馆舍充满新奇与赞赏。俄勒冈州立大学图书馆编目中心主任理查德 萨普·怀特（Richard Sapon-White）与市图书馆互赠图文并茂的图书，作为学习交流。

2016年秋新生拜孔子仪式暨中国古代礼仪展。10月26日，祥芝中心小学2016年秋新生拜孔子仪式暨中国古代礼仪展”在万祥图书馆隆重举行。祥芝中心小学300多名一年级新生进行简约庄重的拜孔仪式。全体师生参观万祥图书馆举办的“中国古代礼仪展”。

《大海的胸襟——蔡火愿的人生之路》首发仪式在市图书馆举行。11月7日，《大海的胸襟——蔡火愿的人生之路》首发仪式在石狮市图书馆举行。泉州、晋江、石狮三地老领导参加首发仪式。《大海的胸襟——蔡火愿的人生之路》讲述的是石狮土生土长的干部——蔡火愿的人生和他走过的岁月里的故事。开展“你荐书，我买单”活动。11月30日开始，市图书馆通过微信公众号“书香石狮”开展“你荐书，我买单”活动。广大读者根据阅读需求、喜好推荐图书。将书名、作者、出版社等内容，发送至“书香石狮”微信公众平台完成推荐。最后由市图书馆整理、购买、编目后，提供给广大读者借阅。成人公益免费书法练习课堂开学啦。12月25日，“成人公益免费书法练习课堂开学式”在石狮市图书馆报告厅举行。40余人书法爱好者参加此次开学式。“成人公益免费书法练习课堂”由 石狮市图书馆、石狮市老年书画研究会、石狮市绿洲读书社联合举办。发掘各自优势，奉行“读书、写字、做人”为宗旨，分别在石狮市图书馆、绿洲读书社两地设立教室。联合创办“书法练习课堂”（即一堂两室）。书法练习课堂设有初级练习班、中级交流班、高级研讨班，读者通过“书香石狮”微信公众号和电话报名参加。

成人公益免费书法练习课堂开学式 （图/图书馆）

【学术研究成果 Academic research results】 曹宝琴发表《人本管理思想在图书馆管理中的应用》于《青年时代》（2016年11期）；杨孙超发表《家门口的图书馆——石狮市流动图书车服务模式初探》于《博览群书》（2016年09期）上，并在第14届泉州市科学技术协会学术年会泉州市图书馆学会被评为二等奖。

【图书馆藏书表 Shishi city library table】

表38

2016年石狮市图书馆业务情况表

馆名	藏书总量	新增藏量	外借人次	外借册次	阅览人次	阅览册次	活次数	活动人数
石狮市图书馆	631475	51630	66107	280049	8347	25042	73	39690

（蔡吟吟撰 曹宝琴审）

文物博物
Cultural Relics and Museums

【发挥文化阵地社会效益 Culture front play to social benefits】 文物普查。2016年10月，石狮市博物馆完成2407件文物数据的采集、登录与数据审核工作，建立藏品账目及档案，基本实现普查目标。第一次全国可移动文物普查的完成有利于准确掌握和科学评价石狮市文物资源情况和价值，健全文物保护体系，保障石狮市文物安全；有利于进一步促进石狮市文物资源整合利用，丰富市公共文化服务内容，有效发挥文物在市经济和社会发展总体布局中作用。

发挥文化阵地社会效益，石狮市博物馆再次被石狮市委宣传部确认为爱国主义教育基地。2016年12月，石狮市博物馆被泉州市人民政府外事侨务办公室、泉州市海外交流协会确认为首批“泉州市海外华裔青少年实践基地”。

【海丝申遗 "Maritime Silk Road" application for the list of world heritage】 以“海丝三宝”（万寿塔、六胜塔、石湖码头）保护为重点，通过申遗构建文物遗产常态化长效管理机制。严格按照上级申遗办下达的文物保护、环境整治、陈列展示等工作计划，有条不紊地抓落实，出成效。万寿塔、六胜塔文物本体保护修缮工程列入第二批修缮名单；完成“海上丝绸之路·中国史迹”申遗文本编制；申遗点前期可实施环境整治项目按时推进。

【拓展博物馆社会服务领域 Expand the museum social services】 博物馆免费开放持续开展。全年举办展览10场次，免费接待群众35000余人次。举办展览涉及纪念红军长征抗战胜利80周年展、陶醉石狮·光泽商周陶器展、翰墨狮城·香港蔡清风书画展、石狮市庆祝中国共产党成立95周年书法美术摄影作品展。

9月6日，红色印记薪火传石狮市纪念长征胜利80周年专题展览 （图/博物馆）

【文物保护 Protection of cultural relics】 协助制定《石狮市文物和历史建筑安全工作检查方案》，围绕各级文物保护单位和代表性历史建筑安全、安防建设、消防建设、周边环境、制度落实等方面，开展自查。梳理并整改安全隐患点15处，要求受检单位充实完善安全内页档案资料。配合石狮市政府办公室组织专项督察，就古建筑线路安装套管、宗教活动场所明火管理、消防器材检测、安防监控设施运行、安全内页资料完整等提出严格要求。对检查发现的安全隐患要坚决采取有效措施，专人督促整改，一抓到底。

【文博研究 Culture and natural history studies】 围绕闽台关系、闽南文化、海丝文化等专题开展学术研究，副研究

6月28日，石狮市庆祝中国共产党成立95周年书画美术摄影作品展（图/博物馆）

员李国宏在《福建文博》《闽台文化研究》《海交史研究》《艺苑》《闽台缘文史集刊》等刊物，发表《吴铭下西洋史料新证》《闽南视野下的中外狮文化交流》《从荷兰档案看郑芝龙的崛起》《从谱牒文献寻找泉州非物质文化遗产的史证》等8篇学术论文，提升石狮市博物馆学术影响力。

【石狮故事 Stories of Shishi city】 由石狮市博物馆、石狮市日报社联合举办的《石狮故事》文化专栏，刊载古厝保护、海丝申遗、文化遗产传承保护等内容，《石狮故事》专栏于2016年5月获“中国县市级区域报新闻奖”二等奖。石狮市博物馆配合石狮市广播电视台制作的《平安开讲之邻里和睦》专题片在2015—2016年全国电视法制节目创优评析中，被评定为“创新节目三等奖”。

【文化宣讲 Cultural propaganda and presentation】 推进文化下基层、进机关、入社区公益活动，拓展博物馆社会服务领域。为石狮市老年大学、蚶江镇、永宁镇、祥芝镇、锦尚镇、湖滨街道、郭坑村、沙美村、第一实验小学、第三实验小学、五星小学等单位举办《长征精神——万水千山只等闲》《品味经典——诗经的美丽读法》《中山精神——天下为公》《永宁风情》共17场专题文化讲座。

【活动情况登记表 Activity in the registration form】

表39

石狮市博物馆2016年活动情况登记表

展览名称	展览时间	主办单位	协办单位
“地球童构”首届夏加儿艺术巡展	2016年2月17日	夏加尔美术教育	吉的堡、长颈鹿美语、美吉姆
石狮市慈善总会书画展	2016年3月5日	中共市委宣传部、中共市委社会工作部、石狮市文联、石狮日报社、石狮市广播电视台、石狮市博物馆	石狮市慈善总会
陶醉石狮，光泽商陶展	2016年4月1日	光泽县文化新局、石狮市文广新局	光泽县博物馆、石狮市博物馆
石狮市庆祝中国共产党成立九十五周年《书法美术摄影作品展》	2016年6月27日	中共石狮市宣传部、石狮市文学艺术界联合会	石狮市书法协会、石狮市美术协会、石狮市摄影协会、石狮市博物馆
“红色印记薪火传”纪念红军长征胜利80周年专题展览	2016年9月8日	中共石狮市宣传部	石狮市文体旅游广电局、石狮市教育局、石狮市博物馆
2016年石狮市“全国科普日”启动仪式石狮市青少年科技创新成果展	2016年9月18日	石狮市科协	石狮市教育局、闽南理工学院、石狮市博物馆
【翰墨故乡情】蔡清风文化书法巨作展	2016年9月27日	石狮市文学艺术界联合会、石狮市总工会、石狮市灵秀镇人民政府、石狮市文体局、石狮博物馆	石狮市政协之友书画院、福建省石狮鹏山工贸、石狮中润发实业有限公司
报纸、火花、电话卡多彩集藏展	2016年10月9日	石狮宣传部、石狮市文学艺术界联合会、石狮市文体旅游新闻出版局	福建省收藏协会石狮会员活动中心、石狮市博物馆
石狮市金融系统书法摄影展	2016年10月18日	石狮市金融系统工会	石狮市书法协会、石狮市摄影家协会、石狮市博物馆

（张若兰、蔡迟迟撰 李国宏审）

广播电视
Broadcast Television

【提升广播电视台节目质量 Improve the quality of radio and television programs】

2016年，石狮市广播电视台借力使力，精准传播，讲好石狮故事。石狮市广播电视台借助重大活动等“大事件”，开展城市对外宣传推广。参与策划组织“2016年海上丝绸之路环泉州湾国际公路自行车赛”宣传报道活动，掌上图文直播相关新闻180多条，在线人数28445人。

石狮市广播电视台用好中央级、省级主流媒体等重大平台，推出系列报道和纪录片作品。2016年，央视《国宝档案》栏目《海丝传奇》之《扬帆起航的梦想》走进蚶江古码头林銮渡；央视新闻频道大型直播系列报道《江山多娇》第三集“海洋篇”以六胜塔、石湖祥芝港等海丝元素，展现石狮“海丝”文化魅力，及港口经济发展成就；央视大型纪录片纪录片《穿越海上丝绸之路》之《薪传》，以石狮商人蔡国伟到非洲农村教当地人穿衣服等多种形式的技术交流与合作的故事，展现海上丝路在推动国家之间生产力水平发展方面发挥作用；央视财经频道《消费主张》系列节目《家乡的年味儿》，将镜头对准石狮，通过记录石狮人选购年货、制作年夜饭等情景，展现出石狮特色的过年民俗文化。在省电视台综合频道播出的《石狮与“一带一路”国家贸易比增36.07%》，通过一组数据展现出石狮市委市政府紧抓“一带一路”战略机遇，优化营商环境力促石狮“21世纪海上丝绸之路”先行区建设所取得的成果；公共频道《“9•8”投洽会签约5个项目总投资2.9亿美元》，以“9•8”投洽会签约为由头，展现出石狮市委市政府鼓励具有自主知识产权和较高技术水平的行业拓展“海丝”市场，提升石狮的美誉度和影响力。

石狮市广播电视台与上级台联办新闻版块。在泉州广播电视台《今晚播报》中开设《石狮新闻》版块，宣传石狮各项时期的工作，对外展示石狮的发展成就。

落实规定，创优分享，做好石狮精品。石狮市广播电视台于2016年10月27日印发狮广电《石狮市广播电视台广播电视节目质量考评规定》。进一步提高广播电视节目质量，调动采编播人员钻研业务、制作精品节目的积极性，促进广播电视节目质量不断提高，定期组织举办本台优秀广播电视作品评选活动，并于评选活动后举办创优分享会，为“创新转型 实业强市”传播好声音、提振正能量。

石狮市广播电视台自办节目量在全省县级台中位居前茅，节目是获奖率最好的电视台之一，新闻宣传在全省率先实现天天新闻，也是最早开播少儿节目。2016年，15件作品获省级或以上大奖，其中《跨域庭审》在中广联合会城市广播电视台县级工作委员会2016年节目创优评析中获电视新闻专题类一等奖，在中广联合会法制工作委员会2015—2016年全国法制节目创优评析专题节目和记录片类获得三等奖；《狮城•抗战》在中广联合会城市广播电视台县级工作委员会2015年节目创优评析电视社教专题类获三等奖，《高考，是终点，更是起点》获得电视新闻专题三等奖，《晓霞热线》获得广播播音主持类二等奖，《古厝里的故事》获得电视主持类三等奖，《天价高科技背后的秘密》获得电视播音类三等奖，《狮城•抗战》同时在“人文中国第五季——红色记忆”全国电视纪录片、专题片评选三等奖；《平安开讲之邻里和睦》获得2015—2016年全国电视法制节目创优评析创新节目三等奖，《城隍•镇海》获得2016年洛阳国际创意产业博览会暨中国•洛阳（国际）“三彩杯”第四届创意大赛银奖；《闽韵》获得“中国梦•福建故事”全省短纪录片评选二等奖；《时尚织就梦想》和《寻找种太阳小勇士》分获省电视文艺二等奖和三等奖。《遇见古浮》等19个作品分获泉州电视文艺奖二等奖和三等奖。

（张昊雯撰　蔡迎娟审）

【新媒体建设 Construction of new media】

石狮市广播电视台新媒体建设工作走在福建省县级市前列。2016年，在福建省县级市中最早实现大型活动掌上图文直播，并率全省县级市之先，实现掌上图文直播、APP手机客户端、微信直播、视频网站、微信公众平台等新媒体平台与广播、电视等传统媒体同步，对人大、政协“两会”进行现场全媒体全程直播。

2016年，随着演播室改造、高清播控与融合新闻网及汇聚分发系统、媒资系统的引进，打通传统媒体与新媒体传播平台，改进原有节目采集、编辑模式，统筹整合全台新闻等讯息资源，初步构建起融媒体“中央厨房”格局的高清采、编、播一条龙体系，实现大型政治会议、大型活动与紧急突发公共事件的掌上图文直播、视频网络直播（微信直播、网站直播）的多屏发布机制，取得效果。“2016年石狮国际时装周”“2016年海丝•海博会”“2016年石狮市青年健行马拉松”“第十届闽台对渡文化节暨蚶江海上泼水节”“2016年海上丝绸之路环泉州湾国际公路自行车赛”“聚焦两会 全媒体直播”以及防抗台风等20多个重大活动、事件实现全媒体直播，在线总观看人次近200多万人次。

【广播电视台机构改革 Radio and television institution reform】 2016年，根据《中共石狮市委机构编制委员会办公室关于调整市广播电视台内设机构设置的通知》，将内设机构调整为办公室、总编室、财务室、新闻中心、电视节目中心、广播节目中心、新媒体中心、技术播出中心等8个部门，规格均为正股级；股级领导职数正股级8名，副股级16名。

广播电视台对中层管理岗位，面向全台进行公开竞岗，通过自我推荐、述职、演讲、现场答辩、民主推荐、综合考核等环节竞争，选拔正职、副职中层干部12名。

（何世宁撰 蔡迎媚审）

【新闻报道受表彰情况 News reports won praise】 2016年10月，石狮市广播电视台被中国广播电影电视社会组织联合会评为全国县级广播电视系统“十佳电视台”。福建省广播影视集团授予石狮市广播电视台“2016年全省电视新闻协作先进县级台”称号。

（张昊雯撰 蔡迎媚审）

2016年全国县级广播电视台发展实战论坛暨“双十佳”颁奖仪式（图/广播电视台）

表40

2016年石狮市广播电视台作品获奖情况表

序号	作品类别	作品名称	获奖情况	主创人员	授奖部门	获奖时间
1	广播文艺音乐节目	《“中国合伙人”－听大时代下的中国梦》	2014年泉州市广播电视艺术奖广播文艺音乐节目二等奖	吴晓霞 颜晓彬 王 迪	泉州市文学艺术界联合会 泉州市电视艺术家协会	2016年8月
2	电视文艺艺术片	《遇见古浮》	2014年泉州市广播电视艺术奖电视文艺艺术片二等奖	涂维玮 傅亚勇 谭振宝 颜晓彬	泉州市文学艺术界联合会 泉州市电视艺术家协会	2016年8月
3	电视文艺艺术片	《品味石狮》	2014年泉州市广播电视艺术奖电视文艺艺术片三等奖	陈茹德 王小利 谭振宝 施约限	泉州市文学艺术界联合会 泉州市电视艺术家协会	2016年8月
4	电视文艺少儿节目	《寻找种太阳小勇士》	2014年泉州市广播电视艺术奖电视文艺少儿节目二等奖	曹胜龙 董佳艺 郑杰锋 柯龙通	泉州市文学艺术界联合会 泉州市电视艺术家协会	2016年8月
5	电视文艺歌舞节目	《种太阳十周年晚会“美丽的愿望”》	2014年泉州市广播电视艺术奖电视文艺歌舞节目二等奖	曹胜龙 董佳艺 柯龙通 郑杰锋 谭振宝 施约限	泉州市文学艺术界联合会 泉州市电视艺术家协会	2016年8月
6	电视文艺包装	《时尚织就梦想》	2014年泉州市广播电视艺术奖电视文艺包装作品二等奖	林绿源 谭振宝	泉州市文学艺术界联合会 泉州市电视艺术家协会	2016年8月
7	电视文艺包装	《舌尖上的闽南第一节厨艺大赛总决赛片头》	2014年泉州市广播电视艺术奖电视文艺包装作品三等奖	林绿源 施约限	泉州市文学艺术界联合会 泉州市电视艺术家协会	2016年8月

续表 40

序号	作品类别	作品名称	获奖情况	主创人员	授奖部门	获奖时间
8	电视播音	《天价“高科技”背后的秘密》	2014 年泉州市广播电视艺术奖电视播音二等奖	陈鑫磊	泉州市文学艺术界联合会 泉州市电视艺术家协会	2016 年 8 月
9	广播文艺长篇连播	《伪满洲国》	2015 年泉州市广播电视艺术奖广播文艺长篇连播一等奖	吴晓霞 龚一士 王　迪	泉州市文学艺术界联合会 泉州市电视艺术家协会	2016 年 8 月
10	微视频	《好家风、代代传》	2015 年泉州市广播电视艺术奖微视频二等奖	王小荣 谭　论 施约限	泉州市文学艺术界联合会 泉州市电视艺术家协会	2016 年 8 月
11	电视文艺电视栏目	《风情石狮》	2015 年泉州市广播电视艺术奖电视文艺电视栏目三等奖	王小荣 董雅婷 黄泽芬 孙　爽	泉州市文学艺术界联合会 泉州市电视艺术家协会	2016 年 8 月
12	电视文艺少儿节目	《加油吧伙伴》	2015 年泉州市广播电视艺术奖电视文艺少儿节目三等奖	董佳艺 郑杰锋 柯龙通 施约限	泉州市文学艺术界联合会 泉州市电视艺术家协会	2016 年 8 月
13	电视文艺少儿节目	《宝贝看你的》	2015 年泉州市广播电视艺术奖电视文艺少儿节目三等奖	董佳艺 柯龙通 谭振宝 施约限	泉州市文学艺术界联合会 泉州市电视艺术家协会	2016 年 8 月
14	电视文艺科普节目	《牛肉膏让猪肉变身牛肉》	2015 年泉州市广播电视艺术奖文艺科普节目三等奖	陈红霞 李超文 施约限 陈茹德	泉州市文学艺术界联合会 泉州市电视艺术家协会	2016 年 8 月
15	电视文艺艺术片	《军营之歌》	2015 年泉州市广播电视艺术奖电视文艺艺术片三等奖	曹胜龙 谭振宝 颜晓彬 施约限	泉州市文学艺术界联合会 泉州市电视艺术家协会	2016 年 8 月
16	广播主持	《晓霞热线》	2015 年泉州市广播电视艺术奖广播主持二等奖	陈文峰	泉州市文学艺术界联合会 泉州市电视艺术家协会	2016 年 8 月
17	电视播音	《实体书店 春天在哪里》	2015 年泉州市广播电视艺术奖电视播音三等奖	陈鑫磊	泉州市文学艺术界联合会 泉州市电视艺术家协会	2016 年 8 月
18	电视主持	《古厝里的故事》	2015 年泉州市广播电视艺术奖电视主持三等奖	孙　爽	泉州市文学艺术界联合会 泉州市电视艺术家协会	2016 年 8 月
19	对台闽南话节目电视专题片	《闽味润饼》	2015 年泉州市广播电视艺术奖对台闽南话节目电视专题片	王小荣 张育勋 谭振宝 施约限	泉州市文学艺术界联合会 泉州市电视艺术家协会	2016 年 8 月

续表 40

序号	作品类别	作品名称	获奖情况	主创人员	授奖部门	获奖时间
20		《城隍 镇海》	2016中国 洛阳(国际)“三彩杯”第四节创意设计大赛银奖	张俊杰	洛阳市人民政府	2016 年 4 月
21	电视类广告	《珍爱生命 远离毒品》	2016 年泉州市禁毒公益广告作品电视类三等奖	张俊杰	泉州市文化广电新闻出版局 泉州市禁毒委员会办公室	2016 年 6 月
22	电视类广告	《幸福家园 远离毒品》	2016 年泉州市禁毒公益广告作品电视类优秀奖	张俊雄	泉州市文化广电新闻出版局 泉州市禁毒委员会办公室	2016 年 6 月
23	长篇连播	《伪满洲国》	2015 年福建省广播电视艺术奖广播文艺节目二等奖	吴晓霞 龚一士 王 迪	福建省文学艺术界联合会、福建省电视艺术家协会	2016 年 7 月
24	电视文艺包装	《时尚织就梦想》	2014 年福建省广播电视艺术奖电视文艺节目二等奖	林绿源 谭振宝	福建省文学艺术界联合会 福建省电视艺术家协会	2016 年 7 月
25	电视文艺少儿节目	《寻找种太阳小勇士》	2014 年福建省广播电视艺术奖文艺节目三等奖	曹胜龙 董佳艺 柯龙通 郑杰锋	福建省文学艺术界联合会 福建省电视艺术家协会	2016 年 7 月
26	电视新闻专题	《跨域庭审》	2015 年中广联合会城市广播电视台节目创优评析电视新闻专题类一等奖	施约限 傅亚勇 施雅诗 谭振宝	中国广播电影电视社会组织联合会	2016 年 8 月
27	电视社教专题	《狮城 抗战》	2015 年中广联合会城市广播电视台节目创优评析电视社教专题类三等奖	董雅婷 王小荣 谭振宝 施约限	中国广播电影电视社会组织联合会	2016 年 8 月
28	电视主持	《古厝里的故事》	2015 年中广联合会城市广播电视台节目创优评析电视主持类三等奖	孙爽	中国广播电影电视社会组织联合会	2016 年 8 月
29	电视新闻专题	《高考，是终点，更是起点》	2015 年中广联合会城市广播电视台节目创优评析电视新闻专题三等奖	苏彧青 章 杰	中国广播电影电视社会组织联合会	2016 年 8 月
30	电视播音	《天价“高科技”背后的秘密》	2015 年中广联合会城市广播电视台节目创优评析电视播音类三等奖	陈鑫磊	中国广播电影电视社会组织联合会	2016 年 8 月
31	广播播音主持	《晓霞热线》	2015 年中广联合会城市广播电视台节目创优评析广播播音员主持类二等奖	陈文峰	中国广播电影电视社会组织联合会	2016 年 8 月
32	广播主持	《楠声暖暖》	2015 年中广联合会城市广播电视台节目创优评析电视播音类三等奖	郑 楠	中国广播电影电视社会组织联合会	2016 年 8 月
33	短纪录片	《闽韵》	“中国梦 福建故事”全省短纪录片评选二等奖	董雅婷 王小荣 王小利 李超文 柯龙通	福建省新闻出版广电局	2016 年 10 月
34	视频类作品	《好家风 代代传》	“海丝起点、文化之都、文明城市”主题公益宣传设计评选一等奖	王小荣	中共泉州市委宣传部 中共泉州市委文明办	2016 年 8 月

续表 40

序号	作品类别	作品名称	获奖情况	主创人员	授奖部门	获奖时间
35	视频类作品	《停下来 15 秒》	“海丝起点、文化之都、文明城市”主题公益宣传设计评选三等奖	谭振宝 苏煜强	中共泉州市委宣传部 中共泉州市委文明办	2016 年 8 月
36	专题	《跨域庭审》	2015-2016 年全国电视法制节目创优评析专题节目和纪录片类三等奖	施约限 傅亚勇 施雅诗 谭振宝	中国广播影电视社会组织联合会	2016 年 8 月
37	专题	《平安开讲之邻里和睦》	2015-2016 年全国电视法制节目创优评析创新节目三等奖	电视节目制作中心	中国广播影电视社会组织联合会	2016 年 8 月
38	纪录片	《狮城 抗战》	“人文中国第五季——红色记忆”全国电视纪录片、专题片推选三等奖	董雅婷 王小荣 谭振宝 施约限	中国电视艺术家协会	2016 年 12 月

【广电网络 Broadcast television networks】

福建广电网络集团石狮分公司（以下简称石狮广电网络）是省委、省政府为贯彻落实党中央、国务院关于加快推进“三网融合”和深化文化体制改革的部署和要求，加快实现全省广播电视有线网络一省一网、全程全网、互联互通和数字化进程，增强全省广播电视网络产业整体实力，做大做强福建省文化产业而成立的大型文化骨干企业。公司由石狮市广播电视网络有限公司整转而成，现为福建广电网络集团股份有限公司下辖县级分公司。

公司全貌　　（图 / 福建广电网络集团石狮分公司）

公司主营石狮区域有线电视传输基本业务和付费电视、高清电视、互动电视、视频传输、视频点播、视频监控、宽带上网、阳光政务、电子商务、生活资讯、远程教育等增值业务，经营网络工程建设、文化传播广告服务、文化投资、家电销售等业务。石狮广电网络由石狮电视台搬迁到石狮日报社办公，公司下设宝湖、灵凤、蚶江、祥芝、锦鸿、永宁六个广电网络服务站，灵凤（原广电大楼）、宝湖（即龟湖公园南大门对面）、蚶江、祥芝、鸿山、锦尚、永宁共七个营业厅。公司获 2016 年全省广电网络系统“优秀县（区）分公司”称号。

石狮广电网络公司向上级争取优惠政策，对石狮市棚户区改造安置房住房、拆迁安置住房、廉租住房、公共租赁住房进行有线电视网络程进行统一规划、设计、施工和验收。2016 年，公司完成元旦、春节、台风汛期、“两会”、奥运会、G20 峰会等重大安播保障达 20 次以上，全年无发生重大安全播出传输事故。

福建广电网络集团积极响应国家“互联网 +”行动计划，依托高清互动云电视平台，建设“数字家庭示范村”“海丝泉州”等各类专区，推出预约挂号、便民缴费、智慧人社等互联网便民应用，打造出行业前列品牌服务。多屏互动业务应用“爱家电视 APP”问世，实现手机与电视多屏互动、遥控、切拉屏等功能；实现 4K 电视开发、测试、商用，真实体现超高清影视；推出电视“卡拉 OK 点播专区”“HBO 美剧专区”“果果乐园”“教育专区”“凤凰专区”等版块，打造家庭学习、娱乐场景。公司逐步打通各类互联网应用交费渠道：除电视支付，各大银行代缴代扣外，集团还与国内知名互联网企业阿里巴巴、腾讯的合作力度，引入支付宝和微信受理渠道，方便石狮广大市民有线数字电视服务费的缴存，有福建广电网络高清视频盛宴。福建广电网络集团使用的“高清互动云电视”平台是全国广电网络行业技术先进、建设周期短、内容丰富、应用全面的云媒体互动平台之一。

2016 年 6 月，福建广电网络集团与省委组织部合作开设的“党员远教频道”正式上线高清互动云电视，为全省各党政机关、企事业单位基层党组织提供新的学习渠道，该频道开设“两学一做”、党的声音、八闽先锋等九大栏目，提供上千小时视频内容供全省广大党员点播学习，持续上载全国“两优一先”表彰对象先进事迹片、“两学一做”动漫宣传片、解读新党章培训片等课件节目。

石狮市各老年大学、基层党组织完成高清互动云电视平台搭建，实现有线电视信号全覆盖，进一步筑牢传递党的声音、弘扬社会正能量、传播现代新兴科技、丰富基层文化生活的党员舆论宣传阵地。2016 年 7 月，作为石狮市委、市政府为民办实事重点内容之一的公共自行车项目，石狮广电网络参与公共自行车项目信息化方案设计并承建项目一期 88 个点位的地面监控系统、光纤线路租赁服务、指挥中心监控屏安装工程，推进项目进度，如期交付运营。

2016 年，福建省经济和信息化委员会推进一批数字家庭示范村建设，其中，泉州地区 6 个示范村名额全部落户石狮并由石狮广电网络承建，分别为祥芝镇古浮村、湖西村、祥运村及永宁镇郭坑村、后杆柄村、前埔村。这 6 个村实现广电光纤宽带建设到村，高速宽带覆盖到户；广电高清互动电视建设到村，覆盖到户；村部公共场所配备广电高清监控及灯光系统；建设“省级服务平台 + 若干数字家庭示范村子门户”，丰富乡村特色、本地新闻、惠农信息、经济发展、数字家庭、互动互助、村务党建、应急广播传播渠道；拓展数字家庭示范应用，包括亲情宝、看护宝、健康宝、智能家居等，全面实现全村视频数据与信息化应用管理。省经信委授予石狮市“数字家庭示范县”称号。

企业责任。公司培育具有福建广电网络特色的企业文化，并逐步成为广大员工的自觉精神追求以及一切行动的准则。石狮广电网络践行“用心感动用户，用户满意在心”理念不放松，持续全面提升公司整体服务形象、窗口服务水平、各渠道服务能力。

石狮广电网络开启“优质服务示范月”年度常态化活动，为石狮当地提供周到全面的“新电视、新宽带、新服务”主题系列服务，与全省各分公司上下同步对“新一代智能网关”“八闽文化云”电视专区、“现代远程医疗”专区、“名师讲堂”专区、“用户大回访”等全渠道服务升级项目进行宣传。公司与石狮市各有关单位开展合作共建，结合“青年文明号”优质服务，逐年深入推进“科技、文化、卫生”三下乡活动，通过务实有效的走基层、送服务的方式，普及科学知识，将优质服务贯穿于活动始终。公司志愿者队伍深入社区、农村，开展形式多样的便民服务活动，为石狮市民免费检修机顶盒、广电线路，“卫星锅”安全隐患排查等，为当地低保用户、重点优抚对象提供免费赠送机顶盒，提升基层群众的生产、生活质量，公司的社会感知度和责任感进一步增强。

公司融入“12345”市长服务热线、“110”联动及“96311”全省统一客服平台等渠道，全天候 24 小时接受广大群众的咨询服务，获得广大群众认可与好评。

（陈明贤、陈才忠撰 房超胜、庄智欣、洪培坤审）

“文化惠民，关爱低保”活动 （图 / 福建广电网络集团石狮分公司）

石狮日报
Shishi Daily

【助力文明创建 Help contribute civilization construction】 2016 年，石狮日报做好创建全国文明城市宣传。在创建迎检关键节点策划暗访式报道，结合迎检考评标准对相关单位和各类公共基础设施进行走访调查，对各类不足进行报道，促进相关单位的整改工作、查漏补缺，营造全社会共同创城的良好氛围。开办专栏，曝光社会不文明现象，对遏制交通、卫生、餐饮、旅游等领域的不文明行为，提高市民素质起促进作用。开设“培育践行社会主义核心价值观”系列宣传专栏，并依托爱心新闻（福建省新闻名专栏）、文明石狮专刊（每周两期）等专栏版面，通过报道身边好人和道德模范事迹、狮城爱心暖心故事等内容，开展社会主义核心价值观宣传，使社会主义核心价值观内化为人们的精神追求，外化为人们的自觉行动。全年专题编发“文明新风专刊”153期，发布文明公益广告394幅。

【石狮日报抓好重点新闻宣传 Focus on the news and propaganda】 2016年，石狮日报抓好重点新闻宣传任务，营造舆论氛围，以“党媒”的高度政治责任感，较好地履行职责，做好中央声音的传达和对地方发展的服务。在中共十八届五中六中全会精神、全面从严治党、社会主义核心价值观、纪念红军长征胜利80周年系列活动、反腐败、“我们的节日”、市镇人大换届选举、全民普法等重点新闻宣传方面，较好地尽到职责。

【提振产业信心 Help elevate the confidence of the industry development】 2016年，石狮日报抓好“创新转型 实业强市”发展战略的宣传。围绕市委提出的“创新转型 实业强市”发展战略，推出系列解读评论文章。开辟“加快推进‘创新转型 实业强市’”专栏，报道石狮各行业各领域落实“创新转型 实业强市”发展战略的具体行动和成效，重点报道解读石狮市委市政府出台的推进实业强市八项政策措施，关注石狮市智能制造产业、企业技改创新、科技成果转化、电子商务、企业转型、海洋经济等领域的新发展、新动态，推出一批重点报道，起到鼓劲作用。

【关注基层民生 Focus on basic livelihood of the people】 2016年，石狮日报做好基层新闻和民生新闻报道。继续打响福建省“爱心新闻名专栏”品牌，紧贴石狮发展实际，关注弱势群体、弘扬公益精神，全方面展现石狮社会各界热衷公益、乐善好施的精神风貌。全年采编100多篇稿件，筹集150多万元爱心款，帮助病困家庭、贫困学子、外来务工者等弱势群众20余人次，并策划10多个影响较大的爱心活动。发挥“12345”便民服务热线和“13959900888”石狮日报新闻热线资源的资源整合优势，每周联合推出两个“民生热线”专版，全年推出超80个新闻专版，刊登千余篇稿件，信息量大、时效性强、涉及面广，倾听群众呼声，反映群众诉求，帮助群众解决一系列民生问题，成为石狮广大老百姓与各级党委政府和职能部门沟通互动的重要桥梁。坚持“走基层”的常态化开展，关注镇村社区基层的发展变化，利用消费新闻版块为维护消费者权益做好宣传，利用协办栏目加强对食药品的社会监督。我们的“民声”言论版，话题接地气，正能量，受到社会好评。

【热心青少年教育 Dedicate to helping teenagers education】 2016年，石狮日报关注未成年人健康成长，继续与市教育部门合作办好《石狮教育》专刊，及时报道教育、学校的工作动态，以及德育工作的成效、成绩，为石狮加强未成年人思想道德建设服务。与市委政法委、市公安局、市法院联合开设专栏，加强宣传《中华人民共和国未成年人保护法》《中华人民共和国预防未成年人犯罪法》等法律法规，使青少年知法、懂法、守法。结合小记者团活动，经常性开展主题教育，与相关部门单位联合，策划“爱鸟周”系列活动、夏令营游学等，关心、关爱未成年人，开展未成年人爱心教育，引起社会的广泛关注和积极响应，取得良好的效果。

【石狮日报承担社会责任 Undertaking for social responsibilities】 2016年，石狮日报积极承担媒体社会责任，开展大量活动。实施“石狮商界推动‘一带一路’建设”走进菲律宾活动，产生热烈影响，激发海内外石狮侨亲投身“一带一路”建设的热情。3月，联合石狮市委农办、石狮市林业管理处联合主办为期一个月的“爱鸟周”系列活动；承办“我们的根·我们的梦”2016年海外华裔青少年“中国寻根之旅”夏令营福建石狮营暨第23届菲华石狮市青少年夏令营活动；与市委宣传部、市环保局、市海洋局等联合举办“七彩石狮我的家主题摄影赛”“美丽石狮·生态家园——纪念6•5世界环境日生态环保主题摄影大赛”和“石狮海洋文化摄影大赛”等多个摄影赛事，宣传美丽石狮；策划实施首届石狮家电节、第13届全国百强县市汽车巡展石狮站活动、首届石狮汽车博览会、第四届石狮市婚庆博览会、2016年迎新名牌名品展销会台湾美食专场等消费活动，拉动和活跃消费市场。

举办第八届石狮企业篮球联赛，为石狮群众性体育活动添彩；暑期推出“梦幻迪士尼”“京津双城记”“新加坡双语”“古卫筝鸣”“桂林山水行”等特色主题夏令营，并在年初首次举办石狮日报小记者团冬令营，开展“游学台湾”活动，丰富中小学生的假期生活；举办淘宝大学电商培训、万众商学院企业培训，联合石狮市人社局举办国家电子商务师培训与职业资格认证，联合市总工会举办石狮市首届电子商务技能大赛及培训等，为石狮实业经济发展助力；策划组织“纪念红军长征胜利80周年马拉松徒步行活动”，推动全民健身活动开展；报社一品堂开展书法、礼仪、茶道、香道、花道方面的艺术培训服务，提高市民生活情趣和修养；在石狮挂牌成立中国华侨出版社闽南分社和文物出版中心，助力石狮出版业发展。

【加快媒体融合 Speed up the media fusion】 2016年，石狮日报加快新媒体发展，继续做好微信公众号、即时新闻平台、手机APP、官方微博，新闻网站及30多家托管微信公众号等平台，又增加手机版数字报、每日早点新闻和重大事件图文直播服务产品，影响力进一步扩大，获评2016年“全国地方新媒体十大最具创新力品牌”和“全国县市党报新媒体20强”。

【助力文化繁荣 Help contribute cultural

prosperity 】 《石狮日报》的几个副刊专版“闽南文化”“艺术空间”“人在旅途”“光影生活”“旅游天下”等，各具特色，稳步成长，成为石狮日报重要的品牌版面。2016 年，石狮日报又新开办读书版《悦读》和图片版《一天》两个副刊版面。《悦读》自三月开办以来获得国内读书界的广泛关注，凝聚国内一大批知名作家学者，得到高质量的稿件支持；《一天》主要聚焦基层群众的生活和工作，用影像说话，开办以来受到社会各界关注和好评。2016 年，石狮日报有 4 件作品获得福建省新闻奖的报纸副刊作品奖，其中两项一等奖。

【电商服务 E-commerce services】

2016 年，石狮日报领跑电商服务。石狮日报主办的淘宝大学泉州阳光机构拓展电商项目，培训淘宝学员 600 余人，速卖通学员 100 余人；举办“大学生电商创业就业”公开课、电商沙龙、速卖通卖家招商会、淘宝大学无线公开课、石狮市电子商务技能竞赛等活动。其中在青纺城举办的“淘宝大学无线公开课”吸引 800 余人到场参加。发挥海西跨境电商运营中心作用，联合青创城网货中心开展产品采购和分销；联合晋江陆地港开设跨境电商孵化基地。2016 年，淘宝大学泉州阳光机构被相关部门确定为“石狮市职工培训基地”。石狮日报社下属的“石狮市淘大电子商务有限公司”石狮速卖通产业带被阿里巴巴集团授予“全球速卖通 2015 年跨境产业带——卓越贡献奖”，该奖项是跨境产业带服务商最高奖。

【石狮日报对外宣传 External publicity 】

2016 年，《石狮日报》外宣工作取得新成果。由石狮日报供稿的《台湾商报·福建新闻》，全年出版 500 个版面（每天两个版），其中一半内容为石狮新闻。2016 年，石狮日报与菲律宾《联合日报》达成新闻合作协议，从 12 月 23 日起在《联合日报》上开办《石狮日报·菲律宾版》，市委书记朱启平为专版创刊揭牌授牌。石狮日报主办的《东方收藏》杂志和《收藏快报》成为菲律宾航空公司头等舱和机场贵宾休息室指定读物，登上菲航。

【各类新闻奖 All kinds of journalism awards 】 2016 年，石狮日报获奖情况：

1. 2016 年 1 月，记者吴汉松被石狮市委市政府评为第三届石狮市优秀人才；

2. 2016 年 2 月，记者林智杰被中共福建日报报业集团党组评为福建日报报业集团 2015 年先进工作者；

3. 2016 年 4 月，石狮市淘大电子商务有限公司被阿里巴巴集团评为全球速卖通 2015 年跨境产业带卓越贡献奖；

4. 2016 年 5 月，记者林富榕被共青团福建省委评为 2015 年福建省优秀共青团员；

5. 2016 年 5 月，记者庄玲娥和照排员工李佳文分别被共青团石狮市委员会评为石狮市“优秀共青团干部”和“优秀共青团员”；

6. 2016 年 5 月，报社团支部被共青团石狮市委员会、石狮市青年联合会评为第二届“石狮青年五四奖章”；

7. 2016 年 5 月，石狮日报社——中国人民解放军某部队被石狮市评为石狮市 2013—2015 年军民共建精神文明先进单位；

8. 2016 年 5 月，石狮日报社会热线新闻中心被石狮市评为石狮市 2013—2015 年创建文明行业工作先进单位；

9. 2016 年 7 月，记者李自涌被评为石狮市 2015—2016 年优秀共产党员；

10. 2016 年 8 月，副总编辑傅文忠入选福建省 7 月“好人榜”敬业奉献；

11. 2016 年 8 月于内蒙古召开的中国地市新闻网联盟第九届年会上，石狮日报社获得“全国地方新媒体十大最具创新力品牌”称号，傅文忠获得“全国地方新媒体十大领军人物”称号；

12. 2016 年 9 月，石狮日报策划实施的“行进在‘一带一路’上”活动案例获中国报业协会、中国报业杂志社举办的第二届中国报业新闻社会活动案例二等奖；

13. 2016 年 11 月举行的第三届中国报业新媒体大会上发布的《中国报业新媒体影响力排行榜》中，石狮日报新媒体位居“全国县市级党报二十强榜”第 16 位；

14. 2016 年 12 月，在全国县市报研究会第 31 次年会上，李桂芳、林智杰被评为 2016 年全国县市区域“百佳优秀报人”。

（何丽霞撰 茅罗平审）

档案
Archives

【国家一级档案馆 National level of archives 】 2016 年，石狮市档案馆在“国家一级档案馆”称号的基础上，做好档案编研。编纂《质量石狮·实业强市》政策选编（一）；根据省档案局关于开展《抗日战争档案汇编》编纂工作的通知，完成馆藏抗战档案清查工作；精选馆藏部分珍品编入泉州市档案局与泉州晚报社联合出版的《泉州市档案馆藏珍品集锦》。12 月，依法开展年度档案管理执法检查活动，现场检查镇（街道）、市直单位 60 个，重点检查各单位在档案工作组织管理、档案基础业务建设、档案安全工作、档案违法行为等四个方面内容，并依法分别对存在突出问题的 14 个单位发出限期整改通知书及提出整改意见。

【档案接收与保管 Archives receiving and safekeeping 】 石狮市档案局（馆）履行“存史、资政、育人、便民”职能，“为党管档、为国守史、为民服务”的职责和使命，2016 年，接收政府信息公开文件 2219 份；接收 8 个单位档案 2934 卷、3382 件，全文扫描 6464 页，机读目录38115条，全引目录23本，寄存档案415卷，全文扫描23834页，机读目录7719条，全引目录6本；接收技术监督局、食品药品监督管理局等11个撤销单位的档案；接收事业单位废除印章130枚；征集到2001年福建省经济发展实力十强县（市）、2005—2006年全国科技进步考核先进县（市）等奖牌、证书31个。《还原斋楹联三集》、翰墨史迹卷--《古大厝宗祠族谱名人书画采录》、蔡长泰作品、校庆等365册书，有效地丰富馆藏。

【开放馆藏档案 Open archives】 2016年，石狮市档案局（馆）对满30年的档案进行解密划控。完成1976年-1983年蚶江镇政府27卷档案的解密划控工作，确认开放数为24份文件，制作开放档案目录并发布公告，开放档案全部对外开放。1952年土地证405卷、1945-1983年退伍军人档案3341卷、1979-1983年婚姻档案84卷属于个人隐私，对特定人员开放。馆藏档案解密划控率为100%。

【档案信息化建设 Constr`uction of archives digitization】 2016年，石狮市档案局（馆）进一步加强网络安全管理工作，推进档案信息建设，对馆藏13个全宗单位的档案进行数字化，扫描1317卷2934件137125页。对局（馆）网、电子政务网进行更新和日常维护；拓宽档案门类为信息时代服务。石狮市医院为适应档案信息时代的要求，与石狮市档案局（馆）进行项目研究，决定将建院以来所有档案进行数字化，逐步实现档案管理的计算机化。近3百万页的病历档案已实现数字化并存入数据库，病历档案电子查询正式启用。石狮市医院病历档案数字化工作走在全省县级医疗系统的前列，这是市档案信息化工作的新亮点。

【爱国主义教育基地建设 Patriotism education base construction】 石狮市档案局（馆）开展创建活动并把社会主义核心价值观和讲文明树新风及八不行为规范等主题宣传融入到爱国主义教育基地建设之中。2016年1月5日，市档案馆创建泉州市级爱国主义教育基地建设工作通过泉州市委宣传部考评组考评，并获“第四批泉州市爱国主义教育基地”称号；在创建全国文明城市检查中，市档案馆爱国主义教育基地列入2016年唯一被检单位，省创城考评组通过实地考评和检查，对市档案馆爱国主义教育基地的展陈内容、做法和取得的成效给予肯定。对市档案馆做好爱国主义教育基地的版面内容更新给予表扬。

【档案查阅服务 File access service】

石狮市档案局（馆）做好档案查阅服务工作。2016年，石狮市档案局（馆）接待查阅利用2742人次、3554卷次，盖章为3425份；报送福建省档案局档案利用实例9例。

（龚莉莉撰　薛文华审）

党史研究
Party History Research

【党史征编 History of the Party collecting and editing】 2016年，中共石狮市委党史研究室开展党史征研和党史宣传教育工作，较好地发挥存史、资政、育人的作用，被授予2015年泉州党史系统党史征集研究工作先进单位。

开展以党史专题、党史期刊、大事记为重点的党史征编，组织撰写《石狮建市过程的探研》，通过对石狮部分离退休老干部进行采访，并到晋江、石狮、泉州各地档案馆查档，挖掘石狮建市过程的历史材料，形成最终调研报告，为更好了解石狮那段历史提供素材。继续完善《石狮改革开放史料选编》（第六册）资料征集工作。着手进行《中共石狮地方史大事记（四）》（2013.1—2016.12）的资料收集工作。完成《石狮党史》期刊总第42、43期，围绕市委、市政府方针政策，结合中国共产党成立95周年、长征胜利80周年、“两学一做”等专题进行栏目设定。新设立“石狮市场经济口述史”专栏，向读者呈现在社会主义市场经济发展大潮中，石狮敢为天下先，戮力探索、开拓创新的波澜历程。

【党史资政和宣传教育 History of the Party，propaganda and education】

2016年12月13日，召开全市党史联络员会议　（图/党史办）

推进党史资政、宣传教育，拓展党史服务现实的平台。参加泉州党史工作会议暨纪念长征胜利80周年学术研讨会，完成学术论文《不忘初心、坚定信仰，做一个忠诚担当的好干部》。进一步拓宽开门办史渠道，结合中国共产党成立95周年、长征胜利80周年，组织开展“党史教育进机关、进企业、进社区、进学校”党史宣讲活动，开展16场，取得很好效果。通过党员进社区活动，到社区小学开展传承红色基因讲座、组织观看红色电影和向部分社区捐赠党史书籍。继续办好《石狮党史》期刊，完成2期期刊编撰出版工作，并进一步扩大《石狮党史》期刊、《福建党史月刊》的免费分发范围，覆盖全市的市直企事业单位的党组织及各中小学校、街道（社区、村），基本实现全覆盖。2016年，分发4000册左右。建立“党史书角”服务党史宣教，在公务大厦十楼西侧走廊建立“党史书角”，为广大党员干部提供各类党史书籍和期刊。继续强化对宝盖镇杆头革命纪念馆、李子芳烈士纪念馆等基层党史教育基地的业务指导。继续加强对党史协会的指导工作，发挥其开门办史的重要作用。

（林金奖撰　黄文毅审）

志鉴编纂

Local Chronicles and Yearbook Compilation

【志鉴服务社会 Local chronicles and yearbook serve the society】 2016年，石狮市方志办贯彻落实国务院《地方志工作条例》和《全国地方志事业发展规划纲要（2015—2020）》，把握地方志工作的方向，坚持修志为全市中心工作服务，履行地方志工作职责，以改革创新的精神谋划工作，不断完善和创新工作思路和方法，稳步地推进第二轮市志续修工作和其他各项工作任务，以精品志鉴服务市“转型升级、实业强市”发展战略的深入实施。

《石狮市志（1998—2010）》审查验收会议　（图/市方志办）

【精品工程建设 High-quality goods project construction】 2016年，石狮市方志办做好市志参评“中国志书精品工程”有关工作。坚持“质量第一、创新创业”，本着对人民负责、历史负责的理念，推进志书精品工程建设，加快推进《石狮市志》（1998-2010）“全国志书质量建设创新试点”工作，广泛征求专家学者及社会各界意见，做好《石狮市志》（1998—2010）审改工作，对2015年11月全国第五届地方志学术年会上专家学者对市志提出的110条意见、建议，进行全面归纳、梳理及研究，并以此为参照，对志稿进行反复审改打磨，不断提升志书质量，全面完成志书稿件的审定。12月，《石狮市志》（1998-2010）通过泉州市方志委审查验收小组审查验收，并选送省方志委审验参评“全国志书精品工程”。

【年鉴编纂 Yearbook compiling goes well】 石狮市方志办自2008年起每年均按时保质编修《石狮年鉴》，并创新性地把重点建设项目部负责人、设计施工单位、工程监理单位等信息以“特载”形式编入《石狮年鉴》工作，确保项目建设终身责任制得到有效落实，服务市委、市政府中心工作，新华社、新

泉州市方志委到石狮调研　（图/市方志办）

纪念国务院《地方志工作条例》颁布十周年暨《石狮市姓氏志》首发赠书活动
（图 / 市方志办）

浪网、《泉州晚报》曾多次加以报道，省方志委对此给予肯定。按计划完成《石狮年鉴》（2016 卷）组稿编写任务，已于 11 月由方志出版社正式出版，并科学合理地开发、利用年鉴资源。

【深入挖掘历史文化亮点 Dig deep historical and cultural highlights】 石狮市方志办编纂出版《石狮姓氏志》，收集、整理全市 390 个姓氏有关宗谱资料，全面梳理各姓氏血脉传承历史。该志印制 10000 册，于 2016 年 7 月 4 日在市博物馆举行首发赠书活动，随后按照分放方案向海外石狮人社团及本地社会各界公开发放，其中分别向旅菲侨亲、旅港乡亲赠书各 1000 册、向旅澳乡亲、石狮籍台胞赠书各 500 册，取得较好的社会效益，扩大地方志的社会影响。

强化基层服务工作，指导编纂《中国名镇志·永宁镇志》，展现历史文化名镇风采，致力打造精品镇志，12 月由方志出版社统一出版。协助灵秀镇钞坑村、世茂集团建设“钞坑历史变迁陈列馆”，建设有自己特色的村史村情馆，让广大村民记得住乡愁、留得住乡情。

【加强宣传推介 Strengthen the propaganda promotion】 石狮市方志办开展“以史为鉴创佳绩”为主题的贯彻执行《地方志工作条例》法律法规宣传月活动。贯彻落实《全国地方志事业发展规划纲要（2015—2020 年）》，加强《地方志工作条例》《福建省实施〈地方志工作条例〉办法》宣传，落实“五到位”工作，推进依法修志。以开展“两学一做”、机关效能建设等活动为契机，逐步建立健全各项制度，加强方志建设和思想作风建设，进一步改进工作作风，提高机关工作效能。拓宽方志工作宣传渠道，采取送书上门的方式，将《姓氏志》《乡土石狮》《乡情石狮》《石狮年鉴》等地情书籍发送到全市 127 个村居（社区）、单位、学校、军营及部分企业中，让广大群众了解石狮市方志办编撰的成果。

【创新修志方式 Innovative way of compilation】 2016 年，石狮市方志办持续拓宽方志资源渠道，设立方志书库，加大学术交流，推动方志理论的研究和学科的建设，促进方志学的繁荣发展。加强与石狮市文史单位的沟通合作，做到资源共享，联合政协文史委编印《石狮宗祠》，弘扬石狮传统文化。持续加强石台志书文化交流，依托石狮市万祥图书馆，持续做好闽台志书交流及收集工作。

（王家超撰　李秉源审）

（图/颜华杰）

医疗卫生
Medical Treatment and Public Health

【医疗卫生机构综合改革 Medical and health institution reform】 石狮市深化公立医院和基层医疗卫生机构综合改革，巩固完善新农合制度，构建市域分级诊疗体系，被泉州市列为基层医疗机构改革试点。提升医疗质量和服务水平，不断加强公共卫生体系建设，完善卫生计生体制机制，加快市医院新院建设进度，获"2014—2016年全国计划生育优质服务先进单位""2016年国家级妇幼健康优质服务示范县""泉州市2016年计划生育工作先进县（市、区）"；蚶江镇卫生院被国家卫计委授予"群众满意的乡镇卫生院"。

【新型农村合作医疗改革 New rural cooperative medical care system reform】 石狮市新农合复合支付方式改革，筹资及补偿水平不断提高。2016年，石狮市新农合人均筹资标准610元（含补充意外险10元），275214人参合，参合率99.99%，筹新农合基金16788.05万元。全年补偿398992人次，受益率144.98%，补偿支出14734.79万元。住院区域内补偿比达70.96%，特殊门诊补偿比达67.66%，普通门诊补偿比达73.38%。

推进"总额预算+定额付费+按人头结算"的复合支付方式改革，扩大住院实施病种范围达29个病种（组）（含789个病种），支付病种覆盖面达42.17%，全年补偿 4489人次，补偿基金 1426.91万元，实际补偿比84.94%，比改革前提高 20.30个百分点；实行特殊门诊9个病种推行复合支付改革，结合公共卫生慢病管理，按签约规范管理支付80%，全年补偿103048人次，补偿基金1824.73万元；实行普通门诊按人头签约管理差别补偿，全年签约管理53836户，签约率67.21%，全年补偿 255312人次，补偿基金 861.70万元。

提高特定病种精准保障力度。推行重症尿毒症透析核定范围内免费治疗，全年补偿9829人次，补偿554.64万元，实际补偿比提高22.89%。推行白内障单病种手术免费治疗，全年补偿 426人次，补偿144.89万元，次均医疗费用比改革前下降2636.05元，实际补偿比提高44.66个百分点。推行特殊门诊脑卒中及后遗症"1+1+1"三级签约服务差别化补偿。推行精神类疾病住院按床日付费方式改革，提高精神类疾病特殊门诊补偿比至80%，全年住院按床日付费补偿72人次，实际补偿比提高40.07个百分点。推行儿童先天性心脏病单病种免费治疗，开展免费筛查（20元/人次），配套开通上海复旦大学附属儿科医院绿色救治通道，全年免费补偿9人次，次均费用比改革前下降1994.70元，实际补偿比提高6.18个百分点。

【义诊活动 Obligation of outpatient service activities】 2016年，石狮市医院定期组织开展"送医下乡"义诊活动，活动以免费咨询、免费诊疗、免费发放健康宣传材料、免费药品等形式展开。定期开展服务百姓健康行动，组织二级以上医疗机构下乡送医送药，提高患者满意度，拉近医患距离。2016年，组织13场，医护人员90人次，现场免费送药8000元，发放宣传知识册2000份。

通过"学雷锋义诊""世界人口日""关爱老年人"等为主题开展多种方式的义诊活动。全年组织15场，医护人员110人次，现场免费送药9000元，发放宣传知识册2200份。

【加强医疗行业监管 Strengthen the supervision of the health care industry】 2016年，石狮市出台《石狮市医疗机构从业人员执业行为记分管理办法（暂行）》，并将结果运用于年度考核。

每月随机抽查1000张处方和200本病历，重点抽查用药总金额排前十名医生的病历和处方，共停、限药8种。与泉州市第一医院建立委托协议关系，每季度分析石狮市的医疗质量和医疗安全。通过引入“人民调解”纠纷解决方式，建立独立于医方和患方的第三方调解机制，全年调解9起医疗纠纷，调解成功率100%。

【打击非法行医 Crack down illegal practice medicine】 2016年，石狮市组织开展“珍爱生命与健康、远离无证行医”主题宣传活动，通过展板展示、发放宣传资料、现场接受咨询等多种方式，普及医疗卫生法律法规知识，强化社会监督力度。召开医疗机构依法行医专项培训会，分批次对全市各社区卫生服务站、村卫生所室、个体诊所、医务室主要负责人340多人进行培训，重点讲解当前医疗机构在执业过程中存在的常见违法违规行为及法律责任，通报非法行医警示案例，进一步提高各医疗单位依法行医、规范执业的自觉性。

开展打击非法行医和非法采供血专项整治行动、整治医疗机构违法违规医疗行为专项行动、医疗机构依法执业专项监督检查等专项行动，全年出动执法人员1899人次、车辆457车次，查处取缔无证行医立案27起，罚款28.8万元，没收非法所得10.21万元；移送公安机关无证行医多次查处涉嫌犯罪案件1起，涉案人员1人；移送“两非”案件2起，涉案人员2人；监督检查持证医疗机构1286户次，立案26起，罚款6万元。

【医院建设 Hospital construction】

2016年，石狮市各级各类医疗机构356家，其中三级综合医院1家、二级甲等医院1家、二级综合医院1家、社区卫生服务中心4家、乡镇卫生院5家、民营医院6家、社区卫生服务站5家、村卫生所（室）154家、门诊部24家、个体诊所151家。全市卫生专业技术人员2694人，医疗机构实际开放床位数1548张。

2016年，重点建设项目石狮市医院新院完成投资8520万元。门诊楼幕墙工程完成93%，屋面工程完成90%，门窗工程完成30%，门诊大厅采光顶棚玻璃安装完成。医技楼幕墙工程完成95%，门窗工程完成60%，屋面工程完成。住院楼铝单板幕墙、石材幕墙完成，玻璃幕墙完成97%，门窗工程完成80%，屋面工程完成70%。地下室地面垫层施工完成，墙面及天棚抹灰完成，防火门框完成90%。机房及设备间墙面抹灰完成，其余配套基本完成。

【医疗技术创新 Medical technology innovation】 石狮市医院深化与上级医院的合作共建，加强与福建医科大学附属二院及上海复旦大学附属儿科医院等医院的协作关系。2016年，石狮市医院被福建医科大学附属第二医院确立为对口帮扶医院，派出心血管、呼吸内科、ICU、泌尿外科、五官科专家199人次、开展学术讲座52次、手术指导68次、专家会诊57次，双方合作开展的新技术达19项，填补多种专科技术的空白。深化与复旦大学附属儿科医院合作内容，促进先心筛查治疗合作项目落地，在人才培养、技术指导、科研立项、建立绿色转诊通道等方面建立合作关系。与泉州市中医院加强合作，定期派康复专家至湖滨、凤里社区卫生服务中心坐诊，开展柔性合作，带动“名医工作室”效应。

【疾病预防、控制、保健 Disease prevention and control and health care】

2016年，建立石狮市防治重大疾病工作局际联席会议制度，强化传染病监测预警，发布传染病与突发公共卫生事件监测与预警5期，突发公共卫生与重点传染病风险评估报告2期，疾病监测月报12期，报告甲乙类传染病10种1235例，均为乙类传染病，报告发病率为180.82/10万；报告丙类传染病发病数6种2903例，发病率为425.04/10万，同比下降11.69%。

做好国家三价脊髓灰质炎减毒活疫苗停用政策的衔接工作，就地封存剩余疫苗，加大群众宣传与告知。提升预防接种信息化管理水平，完善并推广预防接种APP软件资讯平台“苗苗管家”的开发和使用，组织苗苗管家微课23期。强化国家免疫规划疫苗入托入学预防接种证查验补种工作，召开入托入学查验接种证专题会议，全市开展预防接种证查验工作幼儿园142所、小学64所，查验学生29765人次，无预防接种证并进行补证331人，应补种儿童7779人，实际补种儿童7146人，补种率91.86%。

实施健康素养促进行动项目，创建市医院、妇幼保健院省级健康促进医院。启动中国—世界卫生组织2016—2017年，双你合作项目——中国乙肝表面抗原阳性母亲新生儿免疫后血清学监测（PVST）试点项目，逐步完善PVST工作流程和管理方法。

强化卫生检测能力建设，拓展食品污染物监测新项目，新开展孔雀石绿、拟孔雀石绿以及食品中色素（新红、苋菜红）的项目检测，进一步拓展PCR（聚合酶链式反应）在食品检测中的运用；推进食源性疾病监测工作，完成哨点医院监测任务。

【提升住宿场所卫生水平 Enhance the level of accommodation for health】

2016年，石狮市采取分类培训的模式，分别对游泳场所、住宿场所、美容美发场所开展卫生管理业务培训5场次、270家次，通过现场指导与理论培训相结合的方式，提高经营者的守法经营意识和自律意识，提升公共场所卫生管理水平。开展公共场所示范店活动创建暨A级单位评选工作，2016年共评定A级单位30家，其中住宿场所14家，美容美发场所16家。开展公共场所卫生监测工作，检测公共场所公共用品978份，合格率99.2%；检测公共场所室内环境空气2882份，合格率99.5%。办理从业人员健康证19685人次。检测游泳池水样品742份，合格率76.95%。开展医疗机构消毒质量监测143家，检测2683份。开展学校教学环境卫生质量监测8家。2016年，全市公共场所持有效卫生许可证632家，建档632家，量化596家，监督公共场所户数780家，开监督意见书118份，立案48起，罚款95000元。

【妇幼保健 Women and children health care】 2016年，石狮市贯彻落实泉州市《关于进一步加强妇幼卫生工作指导意见》，实施新一轮妇女儿童发展纲要，强化出生缺陷综合防治，提高孕期出生缺陷发现率。推进“服务‘全面二孩’、提高母婴保健水平”泉州市为民办实事项目，在二级以上助产机构设置再生育咨询门诊，并在市妇幼保健院开通大龄孕产妇技术咨询服务热线，为全市500名35～64岁农村妇女免费提供宫颈癌、乳腺癌筛查，完成率达100%。制定儿童先天性心脏病免费筛查和诊疗救助政策，加强与上海复旦大学附属儿科医院的合作，为在石狮市出生的新生儿实行免费先天性心脏病筛查。推进妇幼健康服务分级诊疗，市妇幼保健院与蚶江镇、祥芝镇卫生院组建联合体，促进妇幼健康服务优质资源下沉，提升基层妇幼健康机构服务能力。实施基层医疗卫生机构规范化孕产妇、儿童保健门诊创建达标活动，评审确定1家孕产期保健规范化门诊和2家儿童保健规范化门诊。落实剖宫产审批制度，严把剖宫产指征，全市剖宫产率35.65%，非医学指征剖宫产率为0。石狮市妇幼保健院、石狮市医院通过省级爱婴医院复核验收。

【加强对精神病人治疗 Strengthen the mental patient treatment】 2016年，石狮市探索基本公共卫生项目购买服务新模式，与泉州市第三医院建立双向转诊、对点帮扶机制。制作动漫宣传片，提高患者主动就医的依从性，通过多途径排查，增加严重精神障碍患者管理人数。全年底全市共检出严重精神障碍患者1700例，患者检出率2.51‰，检出患者管理率84.35%，规范管理率76.47%。开展严重精神障碍患者肇事肇祸问题专项治理，对辖区内精神障碍患者进行全面排查摸底，摸排三级以上严重精神障碍患者170人。

【开展职业病防治宣传 Carry out the occupational disease prevention and control of propaganda】 2016年，石狮市开展多种形式的宣传活动，发放以预防苯中毒、正己烷中毒、粉尘危害为主的职业病防治内容宣传材料和职业病防治知识读本，提升广大职工健康安全意识，为全市职业安全生产提供有力的保障。举办放射工作人员防护知识培训班，规范个人剂量计的佩带方法，增强个人防护意识。对辖区内医用辐射单位进行专项督查，对不符合要求的医疗单位下发卫生监督意见书，要求限期整改，进一步规范放射诊疗机构操作及放射工作人员执业。

2016年7月，石狮市疾控中心取得职业健康检查资质，业务范围涵盖3类12项职业危害因素或作业的职业健康检查项目，全年为33家有毒有害企业体检685人，检出职业禁忌症9人。

【开展生活饮用水监督抽检 Carry out drinking water monitoring and checking】 2016年，石狮市每季度对全市的出厂水、管网末梢水、二次供水等进行水质监测，并结合“4·18海博会”等大型活动扩大二次供水监范围。全年抽检生活饮用水出厂水12份，合格12份，合格率100%；抽检管网末梢水43份，合格41份，合格率95.3%。抽检二次供水监测点47份，合格41份，合格率87.2%。开展“莫兰蒂”灾后饮用水卫生专项整治，对全市集中式供水单位、二次供水监督抽检，均符合要求。

【开展麻疹强化免疫 Measles to strengthen immunity】 2016年，石狮市加强疫苗针对传染病监测。全年报告麻疹病例20例、全市麻疹排除病例报告发病率为2.04/10万。无死亡病例报告。无新生儿破伤风、乙脑、流脑等其他疫苗针对传染性疾病监测病例报告。

【推动中医药事业发展 Promote Chinese medicine and doctor of traditional Chinese medicine career development】 2016年，石狮市举办中国泉州——东南亚中医药学术研讨会，来自海内外的众多著名中医药专家通过40场学术讲座，共同交流中医药领域研究最新进展，大会400多人参加，收到论文稿件234篇。设立国医博士工作站和全国名老中医工作室，促进石狮市中医药事业的发展。

【石狮市医疗机构基本情况表 Shishi city basic medical institutions table】

表 41

2016 年石狮市医疗机构基本情况表

序号	医疗单位名称	所有制	地址	医院等级	卫生技术人员数			床位	诊疗人次	入院人次	主管部门	备注
					合计	其中执业（助理医师）	其中注册护士					
1	石狮市医院	全民	石狮市香江路 812 号	三级	828	296	406	618	798363	33540	石狮市卫生和计划生育局	非营利性
2	石狮市妇幼保健院	全民	石狮市八七路东段 561 号	二级甲等	359	95	182	249	520326	12015	石狮市卫生和计划生育局	非营利性
3	石狮市湖滨社区卫生服务中心	全民	石狮市步行街延年东路 22-24 号	一级	16	15	1	22	124525	807	石狮市卫生和计划生育局	非营利性
4	石狮市凤里社区卫生服务中心	全民	石狮市花园路 76 号	一级	72	29	28	69	132902	1775	石狮市卫生和计划生育局	非营利性
5	石狮市灵秀社区卫生服务中心	全民	石狮市灵秀镇服装科技园 D5-D7	一级	36	15	12	20	49607	509	石狮市卫生和计划生育局	非营利性
6	石狮市宝盖社区卫生服务中心	全民	石狮市濠江路塘边段	一级	52	14	16	30	138000	662	石狮市卫生和计划生育局	非营利性
7	石狮市蚶江镇卫生院	全民	石狮市蚶江镇蚶江村裕园路中段东侧	一级	68	29	14	30	158858	722	石狮市卫生和计划生育局	非营利性
8	石狮市永宁镇卫生院	全民	石狮市永宁镇永梅路 68、70 号	一级	27	20	7	23	70703	504	石狮市卫生和计划生育局	非营利性
9	石狮市祥芝镇卫生院	全民	石狮市祥芝镇祥农村水尾桥（含祥芝镇大堡村委会）	一级	56	28	12	30	108123	124	石狮市卫生和计划生育局	非营利性
10	石狮市鸿山镇卫生院	全民	石狮市鸿山镇伍堡村思乡路 60 号	一级	36	19	6	30	68746	1285	石狮市卫生和计划生育局	非营利性
11	石狮市锦尚镇卫生院	全民	石狮市锦尚镇卢厝村委会对面	一级	35	17	10	30	81987	1740	石狮市卫生和计划生育局	非营利性
12	石狮市子英医院	集体	石狮市永宁镇洋厝村对面	二级乙等	71	27	44	109	35565	1962	石狮市卫生和计划生育局	非营利性
13	石狮赛特医院	民营	石狮市子芳路中段	一级	38	18	20	50	23255	950	石狮市卫生和计划生育局	营利性
14	石狮振狮医院	民营	石狮市宝岛路	一级	80	14	15	80	20078	3000	石狮市卫生和计划生育局	营利性

续表 41

序号	医疗单位名称	所有制	地址	医院等级	卫生技术人员数 合计	其中执业（助理医师）	其中注册护士	床位	诊疗人次	入院人次	主管部门	备注
15	石狮现代医院	民营	石狮市香江路 17 号	一级	38	10	20	30	6051	675	石狮市卫生和计划生育局	营利性
16	石狮东南医院	民营	石狮市南洋路 516 号	一级	28	14	14	30	13152	21	石狮市卫生和计划生育局	营利性
17	石狮京都医院	民营	石狮市石泉路 400 号	一级	40	12	16	20	5122	5	石狮市卫生和计划生育局	营利性
18	泉州泰和医院	民营	石狮市子芳路与市府南路交叉路口	一级	94	26	53	108	3318	15	石狮市卫生和计划生育局	营利性

社区卫生
Community Health

【国家卫生城市创建 Create national health city】 2016 年，石狮市健全完善创卫考评机制和办法，将各镇、街道以及市直有关部门纳入创卫考评范围。做好灾后环境整治及除“四害”达标迎检工作，召开除“四害”达标工作动员会暨除“四害”业务培训会，市爱卫办、市疾控中心联合消杀公司组成专业消杀队伍，开展病媒生物集中消杀活动，投入除“四害”经费 75 万元。

全市爱卫成员单位进村入户组织宣传活动，编发《创卫简讯》85 期，举办宣传活动 12 场，张贴宣传海报 800 余张。深入学校开展“拒绝第一支烟，做不吸烟的新一代”为主题的禁烟宣传活动，提高学生禁烟意识，营造健康和谐的学习环境。2016 年，通过泉州市“灭蚊先进城区”“灭鼠先进城区”“灭蟑先进城区”“灭蝇先进城区”复核验收。

【开展爱国卫生月活动 Carry out patriotic health month activities】 2016 年 4 月是第 28 个全国爱国卫生月。石狮市宣传贯彻国务院《关于进一步加强新时期爱国卫生工作的意见》，推进健康中国建设，全面提高群众文明卫生素质，有效防控寨卡病毒、登革热及黄热病等重点传染病。4 月 5 日，石狮市爱卫办在泰禾广场开展以“除四害，讲卫生，防控疾病”为主要内容的专题活动，石狮市疾控中心、妇女保健院、湖滨社区卫生服务中心等单位共同号召市民群众做好灭蚊工作。

【开展社区卫生服务 Develop community health service】 2016 年，石狮市全面启动全科（乡村）医生签约服务模式，按所辖服务区域，以居（村）委会为单位，实行划片管理，由基层医疗机构指定一名责任医生与社区卫生服务站、村卫生所（室）的责任医生和责任护士，共同组成一个服务团队，每个服务团队负责 1～2 个居（村）委会，组建家庭医生签约团队 66 个，与 74561 户家庭 280799 人签订服务协议。

推进群众满意卫生院创建，设立 8 个星级预防接种门诊，开设慢性病专科门诊，全面改造门诊服务流程，组建中医药服务综合区，落实医疗核心制度。蚶江镇卫生院被评为国家级“人民群众满意的卫生院”。

【医疗卫生资源整合 Medical and health resources integration】 2016 年，石狮市整合基层卫生计生资源。推进镇级卫生计生技术服务资源整合，全市 9 个镇（街道）的卫生计生办、卫生计生服务中心全部挂牌到位。推进妇幼计生一体化服务体系，整合妇幼保健和计划生育技术资源，市妇幼保健院加挂“市计划生育服务中心”牌子。开展村级计生社保协管员整合和管理工作，按“千人一员”配置，实行“市聘、镇管、村用”，同时规范落实报酬待遇，调动村级计生网络的积极性。

【基层医疗卫生服务体系建设 Construction of basic medical Health service system】 2016 年，全市人均基本公共卫生服务经费提至 45 元。开展公共卫生“质量大提升”活动，将老年人保健和慢性病健康管理等项目融入日常医疗服务中，联合中医药学会开展中医义诊讲座，老年人体检年龄扩大至 60 岁，逐步提高健康管理率。推进高血压、糖尿病等慢性病综合防治工作，全市居民健康档案建档人数为60.64万人，建档率88.78%，老人健康管理体检1.66万人，体检率66.72%，高血压患者管理4.34万人，规范管理率80.97%，糖尿病患者管理1.60万人，规范管理率72.87%。结合乡村医生规范化培训，举办基本公共卫生大讲堂，近200人参加。开展“基本公共卫生服务健康行”专项活动23场。

【公立医院综合改革 Public hospital comprehensive reform 】 石狮市成立市医院医疗联合体，建立“基层检查、市级诊断”的影像服务模式，实现市级医院大型医疗设备检查基层预约收费功能，提升基层服务能力。2016年，4家基层医疗机构接入医学影像检查中心，出具影像检查报告单4121张，举办影像培训班1场，培训基层影像技术人员12人次，开展影像质控5场次。推行特殊门诊脑卒中及后遗症“1+1+1”三级签约服务差别化补偿，引入泉州市中医院针灸康复科优质资源，实现患者治疗、康复、慢病随访等全方位服务。实施儿童先天性心脏病免费筛查，由新农合补偿70%、市委社会工作部救助20%、慈善总会救助10%，配套开通上海复旦大学附属儿科医院绿色救治通道，全年转诊9名先心患儿，补偿26.20万元。2016年，市级公立医院医疗业务收入同比增加4.96%，药占比同比下降3.89%。推行分级诊疗差别化补偿，根据ICD-10编码试行30个病种（组）67种疾病试行分级诊疗，全年分级诊疗试行病种住院补偿7649人次（转外就医同比下降4.90%），转诊76人次，非试行病种住院转诊346人次，急重症转诊2090人次。

【健康教育 Health education】 2016年，石狮市搭建“石狮健康拉手”微信公众平台和镇、村微信平台等宣传服务平台，发布生殖健康、优生优育、疾病预防、妇幼保健、基本公共卫生服务、家庭急救、新农合政策等知识。利用各种节日、宣传日开展重大疾病防治、妇幼健康、应急救护知识培训、日常养生保健、健康知识普及、健康中国等主题活动，全年全市开展25场，分发各种宣传材料11950份。

【强化医德医风建设 Strengthen the construction of medical ethics】 2016年，石狮市召开全市卫计系统医德医风专项整治暨廉政警示教育会议，从医药购销、基建招投标、财务收支、医疗行为监管等方面，加强源头治理，强化监督检查。举办以“孝老爱亲”“敬业奉献”等为主题的卫计系统道德讲堂活动，组织“零距离旁听庭审，鸣警钟反腐警示”教育活动。出台《石狮市医务人员医德考评实施细则》，以医德考评制度促进医德医风建设。出台《石狮市医疗机构从业人员执业行为记分管理办法（暂行）》，对服务态度恶劣、医疗事故等不良执业行为实行计分管理，并将结果运用于年度考核中，促进医务人员规范医疗服务行为，进一步改善服务态度。利用“健康拉手”微信平台、“健康早知道”电视专栏、《石狮日报》健康“360”专栏等，开展医德医风宣传教育。推进廉政文化宣传，在各医院、卫生院等单位的醒目位置悬挂廉政格言警句、放置廉政温馨提示牌、开设网站廉政专栏。推进“红包”专项治理，实行“科技反腐”，对市级医院手术室等重点部位实行24小时电子监控，全年退还红包359人次，金额共计91188元。对各下属单位进行党风廉政专项约谈，全年约谈相关单位45家次，领导干部83人次；通报5起违反机关效能典型问题，问责24人次。

【强化医院安全监管 Strengthen the hospital safety regulation】 2016年，石狮市强化医院安全生产监管。落实安全生产目标责任、安全发展行业创建、标准化建设“三年行动”提升工作，抓安全生产制度建设和隐患排查，全年检查466人次，发出整改通知书94份。组织对石狮市医疗机构进行综合督查，从医疗机构医技人员管理、传染病防治管理、医疗废弃物处置管理、消毒隔离管理等方面进行综合执法检查。全行业消防、医疗、职业卫生等方面均未发生重特大安全事故。

（林树楠撰　李炎芳审）

体育事业

Undertakings of Physical Culture and Sports

【体育比赛获佳绩 Won success in sports games】 2016年，石狮籍运动员林倩麟在全国蹦床冠军赛暨里约奥运会选拔积分赛上获得女子网上团体决赛冠军。石狮籍运动员杨丽婉获得里约残奥会F54铅球比赛冠军。石狮籍运动员蔡荣耀获得全国帆船锦标赛两项冠军。石狮籍运动员郭璟琦获得全国少儿游泳分区赛男子组两项第二、获得福建省青少年游泳锦标赛男子组两项第二。邱诗鑫获得福建省青少年篮球锦标赛男子丙组第一名。参加泉州市少年儿童锦标赛多个项目均获得较好成绩。

【群众体育 Mass sports】 举办石狮市第六届“关羽杯”羽毛球比赛、龙腾狮跃闹元宵活动和2016年石狮市元宵节国际元老足球邀请赛，为期两天的赛事汇集来自江西、浙江、福州、厦门、宁德、泉州、石狮以及菲律宾的10支元老足球队。石狮市举办首届乒乓球双打比赛、泉州网球大型联赛、石狮市七人制足球联赛、第七届村级男子篮球赛、石狮青年健行马拉松、祥芝镇海泳邀请赛和龙舟赛、五人制足球赛、中国共产党成立95周年党员篮球赛和气排球赛、夏季足球联赛、企业篮球联赛、“8•8”全民健身日体育健身展示等系列赛事，推进全民健身活动深入开展。祥芝新博龙舟队参加2016年海峡两岸（集美）龙舟文化节分别拿下500米直道竞速第八名以及在文化节系列活动中的“中国

石狮名将杨丽婉，夺得里约残奥会女子铅球 F54 级冠军并打破该项目的残奥会纪录
（图 / 文体旅游广电新闻出版局）

龙舟拔河公开赛（厦门站）”中拿下第四名。组织参加全国武术之乡武术套路比赛，获得 5 金 11 银 6 铜。

2016 年，石狮市举办象棋国际邀请赛暨第二届亚洲象棋嘉年华系列活动、纪念中国工农红军长征胜利 80 周年石狮马拉松徒步活动、石狮市职工运动会等一系列群众体育活动。

【增添公共体育设施 Adding public sports facilities】 2016 年，石狮市新增 26 个塑胶灯光篮球场，30 个室外健身路径，3 个笼式足球场。并为凤里镇中路和曾坑社区申请到省为民办实事笼式足球场和室内健身房。

【体育彩票销售 Sports lottery sales】

3 月 20 日，福建省体育彩票管理中心与福建省邮政公司进行《互为代理合作协议》签约，实现渠道共享、优势互补、互惠互利。石狮布点邮政支局 4 家并在 10 月装修完工开机售票，布点邮政便民网点 13 家并在 7—8 月装修完工开机售票。石狮体彩网点 143 家，邮政网点 13 家，共 156 家。9 月，国家中心放宽竞彩玩法申请资格网点自己申请，由原先的 43 家竞彩网点增加到 126 家网点售卖竞彩。

2016 年，省中心年初下达的销量任务 2 亿元，石狮体育彩票总销量 1.81 亿元。电脑型彩票销量 1.66 亿元，即开型彩票 2016 年销量 1560 万元。其中电脑型彩票高销量玩法：大乐透玩法销量 589 万元，高频 11 选 5 玩法销量 5250 万元，竞彩玩法销量 1970 万元，其余玩法（31 选 7、36 选 7、22 选 5 等）销量 3500 万元。

【游泳场所及救生员管理 Swimming and lifeguard management】 2016 年，石狮市有高危经营许可证的游泳场所 14 家，公共游泳场所应当依法配备取得资格证书的游泳救生员。游泳救生员应当持证上岗，并佩戴能标明其身份的醒目标识。做好体育行业安全生产监管，携手石狮市红十字会对各公共游泳场所的相关人员进行游泳应急救护知识技能和公共游泳场所管理知识的培训。组织全市公共游泳场所参加 2016 年泉州市游泳场馆安全管理工作培训会、泉州市首届救生员培训、石狮市举办安全系列知识讲座暨消防应急演练培训会。强化暑假公共游泳场所安全巡查，确保场所安全。6—10 月，石狮市海泳协会开展海上救生培训和红塔湾和黄金海岸义务救生活动。

【体育技能培训 Sports skills training】

2016 年，举办石狮市三级社会体育指导员培训班和中国足协 D 级教练员培训班，锦峰学校董伦建参加全国羽毛球教练员培训。开展社会体育指导员（柔力球、气功）走进社区志愿活动。

2016 年“8·8 全民健身日”　（图 / 文体旅游广电新闻出版局）

表 42

2016年石狮市新建公共健身工程情况表

镇、街道	地址	建设内容
湖滨街道	曾坑社区	塑胶篮球场
灵秀镇	华山村	塑胶篮球场
灵秀镇	古宅村	塑胶篮球场
宝盖镇	后宅村	塑胶篮球场
宝盖镇	前园村	塑胶篮球场
宝盖镇	后垵村	塑胶篮球场
蚶江镇	锦亭村	塑胶篮球场
蚶江镇	锦江村	塑胶篮球场
蚶江镇	莲塘村	塑胶篮球场
锦尚镇	镇文体中心 2 个	塑胶篮球场
锦尚镇	石狮市纺织服装产业园区 2 个	塑胶篮球场
锦尚镇	厝上村	塑胶篮球场
祥芝镇	祥农村	塑胶篮球场
祥芝镇	大堡村	塑胶篮球场
鸿山镇	邱下村	塑胶篮球场
鸿山镇	福建万弘生物科技有限公司	塑胶篮球场
永宁镇	塔石村	塑胶篮球场
永宁镇	港边村	塑胶篮球场
永宁镇	永宁日东升公司	塑胶篮球场
永宁镇	金埭村	塑胶篮球场
永宁镇	永宁第二社区	塑胶篮球场
高新区	青灿兴五金工艺品有限公司	塑胶篮球场
高新区	华联服装配件公司	塑胶篮球场
市直机关	泉州海关缉私分局	塑胶篮球场
凤里街道	五星街道	笼式足球场
湖滨街道	蓓蕾足球俱乐部	笼式足球场
湖滨街道	青少年校园足球训练基地	笼式足球场
凤里街道	仁里社区	室外健身路径
凤里街道	五星社区	室外健身路径
湖滨街道	新湖社区	室外健身路径
湖滨街道	曾坑社区	室外健身路径
湖滨街道	瀚昌小区	室外健身路径
灵秀镇	华山村	室外健身路径
灵秀镇	钞坑村	室外健身路径

续表 42

镇、街道	地址	建设内容
灵秀镇	塘园村	室外健身路径
宝盖镇	仑后村	室外健身路径
宝盖镇	前园村	室外健身路径
宝盖镇	山雅村	室外健身路径
宝盖镇	后垵村	室外健身路径
蚶江镇	东垵村	室外健身路径
蚶江镇	石壁村	室外健身路径
锦尚镇	奈厝前	室外健身路径
锦尚镇	深埕村	室外健身路径
祥芝镇	祥渔村	室外健身路径
祥芝镇	赤湖村	室外健身路径
祥芝镇	古浮村	室外健身路径
鸿山镇	郭厝村	室外健身路径
鸿山镇	洪厝村	室外健身路径
鸿山镇	东二村	室外健身路径
永宁镇	浯沙村	室外健身路径
永宁镇	子英村	室外健身路径
永宁镇	沙堤村	室外健身路径
市直机关	体育中心	室外健身路径
市直机关	华侨中学	室外健身路径
市直机关	石狮八中	室外健身路径
市直机关	石光中学	室外健身路径
市直机关	石狮高速公路收费站	室外健身路径

表 43

2016 年石狮籍运动员参加省级以上比赛主要成绩情况表

运动员姓名	项目	细项	名次	参加赛事
林倩麟	蹦床	网上团体	冠军	全国蹦床冠军赛暨里约奥运会选拔积分赛
杨丽婉	铅球	F54 级	冠军	里约残奥会
杨丽婉	标枪	F54 级	第 4 名	里约残奥会
杨丽婉	铁饼	F54/F55 级	第 5 名	里约残奥会
蔡荣耀	帆板	T293 甲组长距离赛	冠军	2016 年全国青少年帆板锦标赛

续表 43

运动员姓名	项目	细项	名次	参加赛事
蔡荣耀	帆板	T293 甲组障碍赛	冠军	2016 年全国青少年帆板锦标赛
蔡荣耀	帆板	T293 甲组场地赛	冠军	2016 年全国青少年帆板锦标赛
蔡荣耀	帆板	T293 场地赛	冠军	2016 年全国帆板锦标
蔡荣耀	帆板	T293 障碍赛	冠军	2016 年全国帆板锦标
蔡荣耀	帆板	T293 甲组长距离赛	第 2 名	2016 年全国帆板锦标
郭璟琦	游泳	自由泳接力 混合泳接力	第 2 名	2016 年全国少儿游泳分区赛
郭璟琦	游泳	400 米自由泳	第 7 名	2016 年全国少儿游泳分区赛
郭璟琦	游泳	50 米蝶泳 100 米蝶泳	第 8 名	2016 年全国少儿游泳分区赛
郭璟琦	游泳	4*100 自由泳接力 4*100 混合泳接力	第 2 名	2016 年福建省青少年游泳锦标赛男子组
郭璟琦	游泳	自由泳全能	第 6 名	2016 年福建省青少年游泳锦标赛男子组
郭璟琦	游泳	蝶泳全能	第 7 名	2016 年福建省青少年游泳锦标赛男子组
蚶江、中英文学校	足球	男子甲组	第 6 名	2016 年福建省青少年足球锦标赛
石狮市实验小学蚶江校区	足球	小学组	第 5 名	2016 年中国教育科学研究院教育综合改革实验区青少年校园足球联赛
蚶江中学	足球	中学组	第 6 名	2016 年中国教育科学研究院教育综合改革实验区青少年校园足球联赛
邱诗鑫	篮球	男子丙组	第 1 名	获得 2016 年福建省青少年篮球锦标赛男子

【校园足球训练基地 Campus football training base】 2016 年 3 月 26 日，石狮市青少年校园足球训练基地揭牌暨石狮市校园志愿者服务项目启动，正式刮起石狮市校园“足球风”，市文体旅游广电新闻出版局与其他单位持续开展校园足球节，举办校园足球指导员培训班，承办石狮市校园足球联赛，校园足球嘉年华活动；推动石狮校园足球的普及与壮大；连续数年举办中国足协 D 级教练员培训班，提高全市的足球教学水平；组建石狮市校园足球志愿者服务队，深入各中小学，开展义务足球教学活动，足球进校园对全市 15 家学校进行长期的义务教学，近 800 名学生从中受益。2016 年 12 月 3 日，中国教育科学研究院教育综合改革实验区首届青少年校园足球联赛开幕式在宁波举行，来自中国教育科学研究院教育综合改革实验区的 26 支球队参赛。石狮市蚶江中学、石狮市实验小学蚶江校区足球代表队代表石狮参赛，拿下好成绩，为石狮争光。石狮的“出征小将们”奋力拼搏拿下 2016 年中国教育科学研究院教育综合改革实验区首届青少年校园足球综合能力测试赛中学组、小学组二等奖、足球联赛中学组第六名，小学组第五名以及联赛体育道德风尚奖。

（陈清良撰　董立新审）

（图/颜华杰）

人口和计划生育
Population and Birth Control

【全国计划生育优质服务先进单位 National family planning quality services advanced unit】 2016 年，石狮市计划生育政策符合率 95.19%，政策外多孩率 1.54%，出生性别比 113.08，信息准确率达 99.36%，奖励兑现率 100%，群众满意率达 100%，免费孕前优检覆盖率达 88.25%，计生指标均达到责任指标要求。未出现行政侵权或重大恶性案件发生。石狮市获“2014—2016 年全国计划生育优质服务先进单位”“泉州市 2016 年计划生育工作先进县（市、区）”。

【开展婚育新风活动 New fashion of family planning activities】 围绕中心工作，开展婚育新风活动，引导群众树立科学、文明、进步的婚育观念和健康文明的生活方式。2016 年 2 月 7 日，联合开展第 15 届“四海一家·欢度除夕”迎春影视通宵联欢晚会；3 月 5 日，联合开展“关注两孩政策 关爱妇幼健康”为主题的大型义诊宣传服务活动；7 月 11 日，举办第 27 个世界人口日暨“关心女性幸福，关爱妇幼健康”大型义诊咨询宣传服务活动；9 月 22 日，在石狮市人民广场举办“幸福家庭 关爱女孩”主题宣传活动；10 月 24 日，开展石狮市“健康中国行”主题宣传活动启动仪式。

市卫生和计划生育局组织开展新国优创建宣传活动 （图/卫生和计划生育局）

优化宣传环境，刷新两孩政策宣传标语 328 条、宣传牌 419 块、在重要交通要道或人口密集处设置大型宣传牌 16 幅。印制《福建省人口与计划生育条例》《中华人民共和国人口与计生法》《中共中央、国务院关于实施全面两孩政策改革完善计划生育服务管理的决定》、计生条例部分解读、二胎备孕、优生优育知识等各种宣传材料 33 万多份，开展进村入户宣传。

【计生补助 Family planning assistance】 全面建立计生特殊家庭基本信息档案，完成国家计生家庭基本信息系统录入。市镇村三级共投入 116.35 万元实施紧急救助项目，救助 160 户遭受重大病灾、事故的计生困难家庭。台风“莫兰蒂”期间，市计生协会投入 8.5 万元帮助 14 户灾后重建。为计生家庭办理小额贴息贷款 85 户，发放贷款 170 万元，投入贴息资金 9.4 万元。投入 86.8 万元，为 8680 户计生家庭免费办理意外伤害保险，协调保险公司开展出险理赔工作。2016 年，出险 23 起，理赔金额 34 万元。投入 12 万元对新产生的 4 户失独家庭进行一次性慰问；继续将计生特殊家庭纳入安居工程项目。2016 年，1 户失独家庭享受该项目，补助 4 万元帮助购房。

7 月 11 日，举办第 27 个世界人口日暨“关心女性幸福，关爱妇幼健康”大型义诊咨询宣传服务活动（图 / 卫生和计划生育局）

春节、中秋节期间，为计生特殊家庭发放慰问金 10.8 万元。

【计划生育优质服务 High quality service of family planning】 2016 年，推进生育全程服务，整合妇幼保健和计划生育技术服务机构，优化妇幼健康服务水平，提升婚前医学检查和免费孕前优生健康检查合并实行“一站式”服务工作，全年石狮市免费孕前优生健康检查 5870 例，为流动人口免费落实四术 85 例、免费提供双查并出具证明 2939 人次，免费技术服务率达 100%。全面落实避孕方法知情选择，规范和加强避孕药具发放管理，提高避孕药具服务可及性，减少非意愿妊娠。作为泉州市微信避孕药具免费发放的首推县（市、区）之一，石狮市创新微信预定与发放渠道，新购入 3 台避孕药具免费发放机，指定专人负责管理，做好出入库登记手续。建立孕情服务工作制度，掌握育龄妇女孕情动态，提供优生优育全程服务，重点做好高龄孕产妇的生育指导和帮助，保障高龄孕产妇的生育健康，全年石狮市孕情访视服务率 98.02%，高龄孕妇 283 人。

【流动人口信息采集 Information acquisition of the floating population】

加强流动人口计划生育服务管理体系建设。组织人员参加国家、省、泉州各级各类流动人口动态监测调查培训班，召开全市流动人口动态监测培训会议，全面部署流动人口动态监测调查工作。采取落实责任人、落实经费保障、落实村级调查员职责等措施，确保流动人口动态监测调查顺利开展。2016 年，全市流动人口动态监测涉及 7 个镇（街道）、13 个村（社区），完成调查问卷 293 份。

启动流动人口计生服务管理清查专项活动，全市清查出租户数 12407 个，用工单位 3458 个，流入人口新增登记 53505 人，注销 30852 人，进行跨省婚育信息查询 3470 例；流出人口新增登记 461 人，注销 737 人，办理电子婚育证 116 例。

【计划生育惠民政策 Preferential policy of family planning】 实施和谐促进基金帮扶制度，逐步建立完善计划生育家庭发展体系，利益导向成效渐显。2016 年，全市农村奖励扶助对象 1085 人、城镇奖励扶助对象 252 人，二女结扎奖励扶助对象 4807 人，特别扶助对象 27 人，农村贡献奖励对象 343 人，发放奖金扶助金 729.22 万元，奖扶兑现率 100%。

市、镇两级财政投入 250 万元，帮助 65 户农村独女、二女结扎户和失独家庭解决住房困难。为 328 名农村纯女户女儿办理中考加 5 分照顾；资助考上大学的农村自愿不再生育户、计划生育贫困户和一女、二女结扎户子女 258 名，发放助学金 144 万元；资助 2380 名农村自愿不再生育户、计划生育贫困户和独女、二女结扎户子女就读小学、中学和中专，发放助学金 94.8 万元。市人口计生领导小组成员单位挂钩帮扶 155 户计生困难家庭，通过资金救助、项目带动、政策扶持等措施帮助计生困难家庭脱贫致富。投入 42.5 万元提升 611 户计生低保户成员的低保金。春节期间，全市投入 112 万元，慰问计生困难家庭 1544 户，慰问基层计生协会工作者 533 人次；母亲节期间，全市慰问贫困母亲 286 人次，发放慰问金 24.86 万元。

【加强计生信息化建设 Strengthen the construction of family planning information】 推进卫计局、公安、社会工作部、教育等部门的人口信息共享工作，实现每月部门信息共享通报制度；提高“全员人口服务与管理信息系统”“泉州人口基础数据核查平台”和“福建省人口计生综合服务信息平台”使用水平；加强统计监测，开展专项清理，定期进行人口信息系统的出生统计信息与医院接生信息的部门信息比对工作，严查出生统计弄虚作假行为，提升人口信息质量。2016 年，石狮市人口信息准确率达到 95% 以上。规范村级在计生信息采集、录入、查询、统计等方面应用，提升服务与管理水平。

【计生管理员考评 Family planning administrator for examination and assessment】 2016 年，石狮市村级计生管理员 359 人，石狮市、镇（街道）两级根据《泉州市村级计生管理员绩效考评意见（试行）》的要求，组织开展

湖滨街道长福社区流动人口协管员开展流动人口信息采集

（图／卫生和计划生育局）

村级计生管理员绩效考评，经镇级初评和市级复核，确定优秀等次 68 名、合格等次 277 名、不合格等次 14 名，优秀、合格和不合格等次名额分别占村级计生管理员总数的 18.9%、77.2% 和 3.9%，并根据相关的规定运用考核结果进行奖优罚劣，调动村级计生管理员的工作主动性和积极性。

【打击“两非” Blow and overthrow "Identify the gender of a fetus without medical needs and without medicine need to abort a pregnancy"】 加强跨区域信息共享和多部门联合办案，保持打击“两非”的高压态势。2016 年，石狮市查处案件 17 起，其中破获重大案件 5 起，判刑 2 人，吊销营业执照 3 人。

（林树楠撰 李炎芳审）

民政事务 Civil Affairs

【社会救助 Social assistance】

2016 年，石狮市加强最低生活保障，提高低保标准。2016 年，市将城乡居民最低生活保障标准从 2015 年的户月人均580元提高到户月人均630元，继续居全省县级市首位。落实经济状况核对机制。2016 年，对低保申请对象进行经济状况核对，实行全面入户调查，做到应保尽保、应退尽退。全年全市纳入低保对象的有 1446 户、2992 人，发放低保金及临时生活补贴金 1574.8272 万元。

推进社会救助。修订《石狮市人民政府关于石狮市城乡贫困家庭医疗救助的实施意见》，做好医疗救助提标扩面工作。2016 年，给予 3553 人次社会困难群众发放医疗救助款 794.0201 万元。修订《石狮市人民政府关于石狮市困难群众临时救助的实施意见》，进一步调整救助对象范围，提高救助标准，将外来务工人员纳入救助范围。2016 年，给予 351 户次社会困难群众发放临时困难救助款91.67万元。编制出台《石狮市社会救助“救急难”实施方案（试行）》，建立健全社会救助工作机制。救治弃婴弃童，市社会福利中心共有弃婴弃童 42 名，其中 75% 为残障或患病儿童。参与“110 联动”工作。2016 年，救助各类求助人员 218 人次，救助费 194.41 万元。出资 117 万元与中国人民财产保险公司石狮支公司签订《石狮市自然灾害公众责任保险统保协议》和《石狮市农村住房统保协议》，建立居民因自然灾害带来的人身伤害损失和农村住房受损倒塌重建保险补偿机制。做好自然灾害救助工作，拨款 55 万元帮助祥芝镇自然灾害避灾点等 11 个避灾点进行提升；下拨自然灾害生活补助金 110 万元、“莫兰蒂”灾害应急救助资金 45 万元。编制出台《石狮市“十三五”防灾减灾专项规划》。

【优抚 Preferential treatment and pension】

落实重点优抚对象及革命“五老”人员抚恤补助标准自然增长机制，及时调整提高优抚对象的补助标准，优抚对象和革命“五老”人员抚恤补助位居全省前列。2016 年，发放重点优抚对象补助金 581.2616 万元、其他各类慰问金 78.652 万元，义务兵家属优待金 616.1622 万元，60 周岁退役人员生活补贴 124.9245 万元，未就业随军家属基本生活保障金 65.5 万元，大学生应征入伍一次性奖励金 32.2 万元，退役士兵地方经济补助金 681.98 万元，士兵（官）立功受奖奖励金 4.2463 万元。做好退役士兵的接收和安置工作，2016 年，接收 12 名营级以下干部，6 名退役士兵重点安置对象，全部安排工作；为 3 名随调家属安排工作。

【基层社区建设 Construction of community】

继续推进社区公共服务站建设。2016 年，石狮市建设省级社区综合服务站 1 个、泉州市级社区服务站 1 个、石狮市级社区公共服务站 10 个。

开展新型社区治理试点工作。根据《泉州市开展新型社区治理试点工作方案》，确定凤里街道仁里社区和鸿山镇东埔三村作为试点单位，下拨 30 万元配套资金保障试点工作。

全面推行“一定五化”社区治理机制和农村社区建设工作。制定出台《关于全面推行“一定五化”社区治理机制的指导意见》及《关于进一步加强农村社区建设工作的通知》，确定市 3—5

年城乡社区“一定五化”治理工作和农村社区建设工作的目标任务。

开展村（社区）教育培训。联合市委党校举办全市村（居）委会主任培训班，开展“两学一做”学习教育、社会主义核心价值观、中国梦、新时期下的农村发展思路、村级管理创新等专题培训。

【专项社会事务 Special social affairs】

把好审核审批关。2016年，办理社会团体成立登记21个，社会团体变更登记68个，注销登记3个；民办非企业单位成立登记19个，民办非企业单位变更登记27个，注销登记1个；办理地方性非公募基金会设立登记1件；办理养老机构设立许可2件；办结率100%。启动社会组织年检工作，并根据社会组织实际情况，指出存在问题，督促整改。2016年，参检社会团体307家（合格238家，基本合格69家），参检民办非企业单位200家（合格129家，基本合格65家，不合格6家）。加快社会组织统一信用代码赋码换证工作，完成全市734家社会组织的统一信用代码赋码上报工作。

深化婚姻登记标准化建设。2016年5月1日起，承接泉州下放的涉外婚姻登记业务，办理一方户籍地为石狮市的与港、澳、台同胞、华侨及外国人的婚姻登记事项。5月16日启用新的婚姻登记处，倡导健康文明的婚姻观念；更加注重保护当事人的隐私，设置单独的离婚登记室及婚姻家庭辅导室，并设立颁证台，为有需要的群众开展颁证服务。2016年，办理内地居民结婚登记3426对，离婚登记613对，补领结婚证498对，补领离婚证37人；办理涉外结婚登记48对，离婚登记4对，补领结婚证91对，补领离婚证1人；办理内地居民收养登记2件。

开展区划地名工作。协调确定道路命名方案，对濠江路等23条路（巷）正式命名。开展第二次全国地名普查补查工作，调整充实石狮市第二次全国地名普查工作领导小组及办公室，出台《石狮市第二次全国地名普查补查工作实施方案》，对收集的11大类地名资料进行整理和校对。完成永宁—锦尚、蚶江—祥芝、祥芝—鸿山、鸿山—锦尚等4条乡级界线联检工作，界线总长31.74千米，形成《关于2016年乡级行政区域界线联合检查工作情况的报告》。

推进殡葬管理。2016年，火化2107具遗体，办理全市村级骨灰堂寄存骨灰977个，全市村级骨灰堂共寄存骨灰13855个，火化率达100%；办理本户籍骨灰迁出其他县市64例；外县市在石狮市火化迁出办理22例；其他县市骨灰迁往石狮市永久墓园安葬43例；办理减免基本殡葬服务费1780例，共计213.995万元；办理重点项目迁墓二次火化25例，5年骨灰寄存27例，骨灰盒25个，共计费用2.475万元；永宁镇金埭村、第四社区配合市重点项目镇海城路建设征地迁墓，分别将385具、438具无主骨骸二次火化后进行海葬，分别给予一定补助。结合“十大文明新风”行动，围绕“厚养薄葬”主题，在全市推行以孝老敬老、丧事简办、文明殡葬为主要内容的厚养薄葬行动，倡导孝顺长辈，简办丧事，全年无超过5天的办丧活动（非正常死亡除外）。

（王晴莹撰 姜荣树审）

【社会工作改革创新 Social work reform and innovation】 2016年，石狮市强化社会工作调查研究，助力改革创新。前往宁波、厦门参观学习社会工作相关先进经验，并对市社会工作今后发展的方向提出切实可行的建议。以《民政在推动社会治理创新中的作用研究》为题，完成福建省民政厅2016年民政政策理论研究课题，获优秀奖；以《石狮市推动社会组织参与社会治理的实践与思考》为题，完成市重点课题调研，该课题被石狮政研室的《石狮研究》及泉州政研室的《泉州通讯》采编。

推进“三社联动”工作。以湖滨街道花园城社区、凤里街道仁里社区为试点，通过政府购买服务，由石狮市致和社工事务所、石狮市乐爱社工服务中心分别承接运营社区社工站，通过综合运用社会工作专业知识、方法和技巧，提高社区工作人员的服务质量和水平，并直接通过社会服务，努力实现居民群众困有所助、难有所帮、需有所应，进一步创新社会治理。

持续深入推进社会工作人才队伍建设，强化宣传动员。协办泉州市2016年国际社工日宣传活动，并印发《中共石狮市委社会工作部关于组织开展2016年国际社工日主题宣传活动的通知》，开展丰富多样的活动，不断营造市社工氛围。更不断强化宣传报道，全年在《石狮日报》发布10篇社工人才相关报道，并被民政部网站采编1条，泉州市民政信息采编1条。推进社会工作人才培训提升工作。举办2016年石狮市社会工作人才培训，经省民政厅推荐，邀请厦门开心社工服务中心总干事韩秀云老师为学员们授课，各镇（街道）及村（社区）干部和工作人员，社工部、公安、司法、人社、卫计、工会、残联等部门的干部职工，108人参加培训。经与市委党校协调，联系福州大学教授甘满堂作为授课老师进行授课，在市科级班培训中增设社会工作相关内容课程，并取得良好效果。组织全市社工机构负责人及各级优秀人才参加泉州市社会工作人才沙龙活动，学习先进地区经验，为市社会工作人才与各兄弟县（市）社会工作人才交流学习提供平台。推进社工职业水平考试报考和统计工作。印发《中共石狮市委社会工作部关于做好2016年社会工作者职业水平考试工作的通知》，做好社会工作者资格考试宣传动员及报名工作，全年社会工作者职业水平考试有50人报名参加考试，其中初级23人，中级27人，共有14人考试合格，其中初级11人，中级3人，合格率与全省平均水平持平。

进一步完善石狮市人才信息库社会工作人才队伍部分，对全市社会工作人才队伍建设基本情况，包括数量、分布、结构、特点和人才需求等情况进行征集，据征集结果，有社会工作人才资源283人，其中持证人员40人。做好优秀社会工作专业人才遴选工作。印发《中共石狮市委社会工作部转发泉州市民政局关于开展2016年市优秀社会工作专业人才遴选工作的通知》，面向社会征集优秀社工人才。印发《中共石狮市委社会工作部转发泉州市民政局关于转发组织开展2015年（第三批）省优秀社会工作专业人才遴选工作的通知》，推荐1名社会工作者参选省优秀社会工作专业人才。有省级优秀社工人才1名，省级优秀社工人才候选人1名；泉州市优秀社工人才2名；石狮市优秀人才3名。

（林涌涌撰　汪华晔审）

革命老区
Old Revolutionary Base Areas

【老区发展 Development of old area】

石狮是省政府认可参照享受革命老区县政策的县（市）之一。全市有老区行政村6个，即永宁镇的前埔村、子英村和沙美村，锦尚镇的卢厝村、深埕村，宝盖镇的杆头村。2016年，全市健在的革命“五老”人员11人，遗孀20人。石狮市贯彻落实上级关于加强老区建设的部署，坚持以人为本，改善老区村的基础设施条件，促进老区村经济社会持续健康发展。

【宣传老区光荣历史 Propaganda glorious history of old revolutionary villages】

加大老区宣传力度。学习宣传中共中央办公厅、国务院办公厅《关于加大脱贫攻坚力度支持革命老区开发建设的指导意见》和省委办公厅、省政府办公厅《关于加大脱贫攻坚力度支持革命老区开发建设的实施意见》，以及泉州市委办、泉州市府办《关于加大脱贫攻坚力度支持革命老区开发建设的实施意见》精神，帮助老区村群众解决生产、生活中的实际困难，改变老区村面貌，加快老区村经济社会发展步伐。围绕纪念长征胜利80周年，组织开展“学长征精神，做红色传人”系列活动，配合泉州市电视台开展“心”长征户外主题活动，宣传石狮市革命老区的新风貌。

【支持老区发展 Support the development of old revolutionary villages】

落实扶持政策，支持老区发展。抓好项目建设，完善老区基础设施。贯彻落实石狮市委、市政府《关于支持和促进革命老区加快发展的实施意见》，结合泉州市开展“美丽乡村”建设和市推进“新型社区”建设的部署，优先安排老区村的基础设施项目，全面推进村容村貌整治，改善老区群众生活环境。2016年，石狮市6个老区村实施“美丽乡村”项目9个，计划投资883万元；永宁镇沙美村路灯建设列为泉州市老促会重点支持项目。所需资金除上级补助外，市财政下拨558万元进行补助。鼓励有条件的村建设工业小区、发展休闲观光农业，不断壮大村级集体经济。前埔村把征地补偿款投资入股建设标准厂房和员工公寓，然后出租给企业，全年租金收入130万元。

【健全老区社会保障机制 Improve the social security mechanism of old revolutionary villages】

2016年，全市老区村落实城乡一体的低保政策，并随着经济发展水平逐年提高保障标准，2016年1月1日起，保障标准提高到每人每月630元，老区村低保对象85户、188人，全年共发放低保金22.98万元。落实城乡一体的新型农村合作医疗制度，每人每年投保610元（包括意外事故医疗保险），其中个人缴费150元，政府补助460元，石狮市老区村新农合的覆盖率100%、参合率100%。做好高龄老人补贴发放工作，全年共为老区村高龄补贴对象299人，发放高龄补贴20.64万元。抓好老区村居家养老服务中心规范化建设，全年下拨补助资金20万元帮助老区村完善居家养老服务软硬件设施。

【完善服务管理 Improve the service management】

2016年，完善“五老”人员服务管理，落实“五老”定补，根据省定提标文件及市自然增长机制，将革命“五老”人员抚恤补助标准提高到每人每月1437元，标准位居泉州市前列。对超过80岁的“五老”人员每年再定补500元，对特困“五老”人员每年再定补1000元。市老促会还对全市20位“五老”遗属登记造册，每人每月发放625元的荣誉金，标准位居全省前列。把以往每两年向重点优抚对象发放一次标准为180元/人的门诊费，改为每一年发放一次。

（林建雄撰　姜荣树审）

社会组织管理
Social Organization Management

【社会组织发展 Development of social organization】

全市社会组织分布在经济、政治、社会、文化、教育、科技等各个领域，特别是行业协会商会、公益慈善类、社区服务类、科技类社会组织发展速度迅猛，初步形成城乡分布、门类齐全、层次多样、覆盖广泛的社会组织体系和发展格局。2016年，全市登记注册的社会组织737个，其中社会团体442个（行业协会40个、商会18个、学术类社团44个、专业类社团49个、联合类社团129个、公益类社团162个）；民办非企业单位294个（教育类144个、卫生类4个、文化类31个、体育类50个、劳动类24个、民政类15个、科技类11个、中介类2个、其他13个），地方性非公募基金会1个。全年新登记社会组织41个，其中社会团体21个、民办非企业单位19个、基金会1个，办理社会组织变更登记68件。

全市社会组织的快速发展和不断成熟，在整合社会资源、调动社会力量、激发社会活力、提供公共服务、反映公众诉求、参与社会管理、促进经济发展、维护社会稳定等方面发挥作用，逐步成为党和政府联系群众的重要桥梁和纽带，成为构建和谐社会的基础元素，成为政府职能转变的重要载体。

【社会组织年检 Social organization yearly check】 健全社会组织年检制度，加强年检工作和日常监管，引导社会组织完善制度、规范运行。2016年4月，下发《石狮市民政局关于社会组织2015年检查事项的通知》，全面启动全市社会组织2015年检查工作。应接受2015年检查的社会组织667家（其中社会团体406家，民办非企业单位261家），参检率76%，有160家社会组织未参加年检。在参检的社会组织中合格的367家，基本合格的134家，不合格的6家，合格率、基本合格率和不合率分别为72.39%、26.43%、1.18%。

【社会组织创新发展方式 Social organization development way】 石狮市坚持培育发展与管理监督并重，强化规范引导，不断完善培育扶持和依法监管的政策措施，优化社会组织发展环境。

创新扶持发展方式。按照上级文件精神，重点支持发展公益慈善类、城乡社区服务类、行业协会类、科技类社会组织，不断优化社会组织结构，对这四类社会组织给予直接登记25家社会组织，其中，社团13家，社会服务机构（民办非企业单位）12家。

依法推进监督管理。以《中共中央办公厅 国务院办公厅印发〈关于改革社会组织管理制度促进社会组织健康有序发展的意见〉》出台为契机，2016年9月，由市委常委召集，以市委办、市府办名义印发《石狮市社会组织财务管理专项整治工作方案》，开展为期两个月的全市社会组织财务管理专项整治。重点整治四类问题：社会组织财务管理制度不健全；未规范会费管理；乱摊派、乱收费；与党政机关财务未分离，违规为公职人员支付外出学习考察等有关费用。同步印发《关于进一步规范社会组织建设及监督管理有关问题的通知》，全面规范社会组织的建设，以促进石狮市社会组织健康发展，该文件明确有关职能单位的职责，构建各司其职、协调配合，登记前审查与事中事后监管全过程衔接，行政监管与行业自律和社会监督相结合的综合监管体系。按照上级安排，逐步推进行业协会商会与行政机关脱钩工作，让社会组织“去行政化”。按照以评促建的原则，根据民政部《社会组织评估管理办法》，出台《石狮市人民政府办公室转发市委社会工作部（民政局）关于开展社会组织评估工作实施意见的通知》，委托第三方开展社会组织登记评估工作，对获评AAA以上等级的社会组织颁发等级证书和牌匾，并将评估结果作为政府购买服务的依据和条件，引导社会组织加强自身建设，提高自律性和诚信度，促进社会组织健康发展。2016年，1家社会组织获评5A，6家社会组织获评AAAA，6家社会组织获评AAA。

推进社会组织党建。2016年11月23日，采取“主会场+视频会议”的方式，召开所属10个社会组织党组织党员大会，成立全省首个县级社会组织综合党委，并对所属到届的5个社会组织党组织进行换届，进一步理顺和规范社会组织党组织管理体制。相关经验被泉州市民政局转发各县（市、区），并得到省民政厅肯定。根据《民政部关于社会组织成立登记时同步开展党建工作有关问题的通知》要求，从2016年10月开始推行新成立社会组织同步提交《社会组织党建工作承诺书》，更在社会组织等级评估中，将党组织建设所占分值在原有等级评估标准的基础上提高5分，按照应建尽建的原则，督促推动新成立的社会组织及时建立党的组织，开展党的工作，落实党建责任，推进社会组织党的组织和党的工作有效覆盖。

【社会组织发挥作用 Social organizations play a role】 2016年，石狮市探索将社会组织的活动有效转化为系统的项目，引导他们参与社会服务项目，社会组织的公益性不断增强，在服务民生中扮演了越来越重要的角色，解决公共服务制度的统一性与社会需求多样性的矛盾。

政府职能转移的承接者。社会组织承担许多市场不愿承担、政府职能部门又不能很好解决的社会职能，有效改善政府部门在进行社会管理时人手少、事务多、任务重，疲于奔波却收效甚微的局面。其中，行业协会（商会）积极发挥服务、自律、代表和协调的职能作用，为经济健康发展出力，成效显著。包装印刷行业协会抓好会员企业单位安全生产标准化达标等级申报及现场考核确认工作，承接“印刷许可证”年检工作；休闲裤同业公会等行业协会推行工资集体协商制度，解决行业内部员工跳槽、黑中介买卖员工等问题；布料同业公会、家居建材商会、服装鞋帽辅料行业协会等通过组织会员建设专业市场，扩大行业规模、促进产业聚集。而文体类社会组织积极组织各项培训、参加国内外比赛和交流活动，在推动群众性文化体育活动、开展文化体育交流方面发挥主力军的作用，成为两岸交流合作的重要角色。石狮市灯谜协会先后多次举办全国性、全省性灯谜艺术节及两岸灯谜联猜活动，发展成为全国、全省灯谜界的一面旗帜，石狮市被文化部命名为“中国民间文化艺术（灯谜）之乡”；石狮市闽台对渡文化交流协会每年承办“海上泼水节”活动。

社区民主自治的促进者。社会组织是居民参与社会服务和社会管理的重要途径，使社区居民能在有序参与各种活动。石狮市村（社区）爱心慈善会、和谐社会促进会、老年协会等城乡基层公益服务类社会组织在加强和创新社会管理、化解社会矛盾、促进社会和谐方面发挥着重要的作用。石狮市以“社区参与行动”项目为依托，通过购买社会组织服务，在社区开展“四点半”课堂、社区营造等子项目，不断增进居民社区治理参与度和获得感，外来务工人员融入度，进一步强化“我的社区”理念，提升社区自治程度。

社会和谐稳定的推动者。社会组织能发挥利益传递与表达的功能，帮助弱势群体走出困境，促进社会的公平与公正。以石狮青商会、“阳光太太”志愿者协会为代表的一批社会组织，响应市委市政府“十大文明新风”行动，开创文明新风，并参与公益事业、扶贫济困；石狮市海泳协会在组建“海上义务救生队”，先后救起数百名溺水者，被推荐参加由中宣部、中央文明办主办的“中国好人榜”评选活动。石狮慈善总会作为省内最先成立的县级市慈善总会，先后推出“慈爱学子工程”“慈爱助残工程”“慈爱老人工程”“慈爱扶贫工程”“司法救助工程”五大工程，为社会事业发展和社会和谐稳定发挥重要作用。以中小学校为依托对象的教育促进会，在开展奖教助学、稳定优秀教师队伍、改善教学环境方面发挥作用。民办幼儿园快速发展，满足广大流动人口家庭对儿童学前教育的需求，解决公办幼儿园严重不足的问题，成为社会公共服务方面的有益补充。

（郑显志、林涌涌撰　汪华晔、邱明革审）

关爱老年人
Take Good Care of the Elderly

【养老机构 Pension agency】　2016年，石狮市现辖7个镇、2个街道办事处，户籍人口33.2万人，60周岁以上老年人4.67万人，占户籍人口的14.06%，进入老年型城市。石狮市重视老龄工作，不断强化做好老龄工作的责任意识，把老龄工作摆上议事日程，把老龄事业纳入全市经济社会发展总体规划。市、镇（街道）均成立老龄委并设立办公室，市老龄委主任由分管副市长担任；市老龄办配有2名工作人员，2台电脑和一部传真机等现代办公设备；形成市老龄委统一领导、统一规划、统一协调，全市老干老龄资源共享的老龄工作新机制。石狮市有养老机构3个，分别是石狮市社会福利中心养老院、石狮市慈爱老人福利院、鸿山镇东埔三村敬老院。指导和协助养老机构“两规范一标准”进行管理。市慈爱老人福利院共入住孤寡老人54名，实现包吃、包住、包医的集中供养，每月还为每位老人发放200元零花钱。为进一步规范养老机构管理，为石狮市慈爱老人福利院颁发第一张《养老机构设立许可证》。探索社会福利中心养老院“公建民营”模式，聘请第三方机构对进行建设质量及消防安全鉴定，起草市社会福利中心养老院“公建民营”招投标方案，做好招投标准备工作。审批同意成立“石狮市东埔三村敬老院”，指导做好启用准备工作。

贯彻省政府办公厅《关于印发“十三五”社区居家养老服务补短板实施方案的通知》精神，出台《关于开展村（社区）居家养老服务中心考评工作的通知》，委托第三方机构对全市居家养老服务中心逐一进行检查，从居家养老服务中心的场地设置、设施配备、队伍管理、制度建设、服务成效等方面进行考评，并设置相应的加减分项目。经过考评，全市评出A级居家养老服务中心9个；B级居家养老服务中心18个；C级居家养老服务中心44个；D级居家养老服务中心13个；E级居家养老服务中心7个。根据实地检查考评情况下拨2016年村（社区）居家养老服务中心规范化运行补助资金，最高补助6万元，评定等级为E级的不予补助，下拨规范化运行补助资金227万元。对2016年2个新建的居家养老服务中心，经验收合格每个给予6万元的开办补助经费。

【老年人活动 The elderly activities】
2016年，石狮市在市委社会工作部部务会、各镇（街道）老龄专干工作会、老龄服务志愿者协会工作站长会、

3月16日，在石狮市宝盖镇后宅村开展学雷锋“邻里守望·情暖石狮　孝行天下·爱满人间”石狮市政府购买居家养老服务进社区活动　（图/社会工作部）

老年学学会工作会学习总书记习近平关于加强老龄工作的重要指示和在中共中央政治局第32次集体学习会上的重要讲话精神，并将总书记习近平的指示和讲话精神列入市老年大学和镇（街道）、村（社区）老年学校的课程，提高全市应对人口老龄化的意识。

依托福建老龄网、《福建老年报》、泉州老龄网、《泉州广播电视报》《石狮日报》等媒体，鼓励写稿、投搞。2016年，各级媒体共刊登市老龄工作信息182条，为全市镇（街道）老龄办、村（社区）老年协会各订阅1份《福建老年报》。

推荐石狮市慈爱老人福利院参评全国“敬老文明号”、宝盖镇郑厝村老年协会会长郑长清参评全国“敬老爱老助老模范人物”，树立典型，宣传先进，积极弘扬爱老助老的社会风尚。

发动有关养老服务组织围绕学雷锋“邻里守望・情暖石狮，孝行天下・爱满人间”“志愿助老服务进社区”等主题，先后在宝盖镇后宅村、西洋公园、湖滨街道狮城帝苑小区开展多场活动，既宣传政府购买服务项目，也开展助老服务活动，群众参与的积极性都比较高。

围绕海丝文化、红色文化主题，认真组织节目参加泉州市第二届夕阳红才艺交流展示大赛。围绕纪念中国共产党成立95周年和长征胜利80周年主题，配合组织石狮市第14届广场文化艺术节、第十届离退休干部文化艺术节，进一步丰富老年人节日生活。围绕“家和万事兴、敬老要先行”“邮爱促民生、情暖夕阳红”主题，以心理情景剧、亲子团体活动等形式，组织到各镇（街道）宣传尊老敬老文化，帮助老年人缓解心理问题。

深入开展节日慰问活动。春节期间，市领导带队走访特困老人和涉老专干205人，发放慰问金10.25万元。“敬老月”期间，实地走访市10名百岁老人，详细了解他们的生活、身体状况，下拨百岁老人、基层老龄专干、老年协会会长、困难老年人重阳节慰问金12万元。

组织石狮市老年大学艺术团参加泉州市第二届夕阳红才艺交流展示大赛
（图／社会工作部）

【老年人社会保障 The elderly social security】 2016年，石狮市实行高龄补贴制度。全市80周岁及以上老人可享受高龄补贴，其中80～89周岁老人每人每月补贴50元，90～99周岁老人每人每月补贴100元，100周岁及以上每人每月补贴300元。根据省民政厅、财政厅《关于做好全省80周岁以上低保老年人高龄补贴发放工作的通知》精神，及时将80～89周岁低保老人高龄补贴标准提高到每人每月100元，90～99周岁低保老人高龄补贴标准提高到每人每月150元。高龄补贴实行动态管理，每年分上半年和下半年两次发放。2016年上半年，为7207名高龄老人发放补贴243.97万元，下半年为6906名高龄老人发放231.35万元。

开展特困失能老人政府购买居家养老服务。贯彻省政府办公厅《关于加快推进城乡社区居家养老专业化服务的通知》精神，督促禾康智慧养老服务中心石狮服务点抓好员工教育、加强服务回访、规范服务回执单登记方式，从各方面提升服务质量，并根据市低保对象变更情况，做好服务对象更新工作，推动政府购买服务增加医疗保健项目，探索医养结合。2016年，全市享受每月20元基础信息服务的对象1096人，享受每月300元上门实体服务的对象239人，全年拨付购买服务资金108.0292万元。

【基层老年协会 Geriatrics society at the grass-roots level】 2016年，石狮市开展镇（街道）老龄专干队伍建设情况专题调研，帮助解决老龄专干待遇不平衡等问题，提高基层老龄专干工作积极性。加强老年协会规范化建设，全年新登记老年协会12个，共登记村（社区）老年协会99个，占全市基层老年协会总数的83.2%。扶持基层老年协会建设，完善基层新建老年协会基础设施，下拨建设补助资金12万元；指导镇（街道）、村（社区）老年学校示范校建设，不断扩大老年教育覆盖面。加强对基层老年协会监督指导，开展健康文明的娱乐活动，杜绝赌博行为，完善管理制度，使活动中心发挥更大作用，维护老年人身心健康，促进家庭和睦、社会和谐。

【老龄社会专题调研 Special investigation aging society】 石狮市老龄办和石狮市老年学学会员，深入开展老龄问题研究，撰写理论文章，《石狮市城乡老年人口健康状况比较研究报告》《浅谈老年人精神慰藉权益》《石狮市百岁老人状况调研报告》等 3 篇文章入选 2016 年 7 月省老年学学会编印的《健康·长寿——老龄社会战略新思维专辑》。《石狮政府购买社会组织居家养老服务研究》《强化居家养老基础的若干法治思考》《石狮市农村养老服务工作的实践与思考》《探索石狮老年健康长寿教育的思考与研究》等 4 篇文章入选 2016 年 12 月泉州市老龄委办公室、泉州市老年学学会编印的《老龄问题研究论文集（十二）》。

【老龄志愿服务 The volunteers service to older people】 2016 年，石狮市老龄服务志愿者协会关爱孤寡老人、空巢老人，本着“服务社会，共建和谐，今天我帮你，明天他帮我”的为老服务理念，继续在全市范围内开展“为结对帮扶对象过生日”活动，在 355 位结对帮扶对象生日的时候，均为他们送上鸡蛋、面线、蛋糕等生日礼物。春节、重阳节期间，组织走访全市 127 个村（社区），为结对帮扶对象送上慰问品和慰问金，投入资金 14.54 万元；对孤寡、空巢、生病和困难老年人，组织力量对其进行重点志愿服务。慰问 2016 年中央财政支持社会组织示范项目帮扶的 10 位特困失能老人，每人 3000 元慰问金，市老龄服务志愿者协会再给予每人配套 1000 元，其中 200 元用于购置油米等慰问品，其余 800 元根据老人需要再另外购置物品。

（林建雄、王晴莹撰 姜荣树审）

关心下一代
Care for Young Generation

【关爱青少年 Take care of adolescents】

“学两史、颂党恩、听党话、跟党走”老少同乐文艺汇演 （图 / 市关工委）

2016 年，石狮市关工委开展关爱“六失”青少年活动，提出六个关爱：精准关爱、“三级”关爱、跟踪关爱、代理关爱、联动关爱、滚动关爱。新春佳节，市关工委常务副主任孙进荣慰问“六失”青少年，给予每人 1000 元。

【青少年思想道德建设 Teenager ideological and moral construction】

2016 年，市关工委把青少年思想道德建设工作放在重中之中位置，开展“两史”“三爱”“学雷锋”“学党史、跟党走”等体系列活动。3 月 3 日，石狮市关工委、湖滨街道关工委、玉湖社区关工委联合举办“学雷锋”系列活动，来自玉湖小学的近百名学生参加宣誓及加入义务劳动。

【青少年社会教育活动 Adolescent social education activities】 紧扣社会主义核心价值体系以中国共产党成立 95 周年及红军长征胜利 80 周年纪念日为契机，2016 年 7 月 18 日，石狮市关工委、泉州市关工委、泉州市老年大学主办，大仑中心承办，在大仑青少年社会教育活动中心举行“学两史、颂党恩、跟党走”老少同乐文艺汇演。

（翁惠敏撰 孙进荣审）

人力资源
Human Resources

【实现就业帮扶 Employment support】

2016 年，市人力资源和社会保障局多措并举，开展人力资源服务活动，及时落实各项优惠政策。全年城镇新增就业人数 15457 人，城镇下岗失业人员再就业 182 人，其中就业困难人员再就业 63 人。城镇登记人数 202 人，登记失业率 0.28%；新增农村劳动力转移 3517 人。抓基层平台建设，将《就业失业登记证》核发的权限下放到街道镇（街道）平台，全年办理失业登记、求职登记、就业登记 15102 人。做好基础人力资源公共服务，全年办理人事代理手续 354 人，接收档案 2185 份。加强失业调控，建立失业动态监测制度，对石狮市 22 家重点企业的岗位流失情况实施动态监测，减少失业。规范职业介绍工作，推荐就业 3001 人。加强失业保险宣传，推进失业保险扩面工作。扶持高校毕业生创业项目，帮助 9 名高校毕业生申报高校毕业生创业泉州市级资助项目，其中四个创业项目入围申报省级资助项目。确定建明酒店、五洲大酒店、爱乐皇冠假日酒店为石狮市第三批研究生实验基地和高校毕业生见习基地；新增海阔职业技能培训学校、思源电子商务培训学校为石狮市“创业培训定点机构”。

【举办招聘会 Hold job fair】 以石狮市产业急需人才为突破口，开展招聘与劳务引进合作。分别举办为期十天的新春人力资源招聘会和夏季大中专毕业生公益招聘会暨首届电商人才供需对接会，提供就业岗位1.5万个，促成5000余人就业。组织通达等多家企业赴昆明、贵阳、重庆等地开展异地招聘和劳务洽谈，促成400多人到石狮市企业工作；带领100多家企业分别前往西安工程大学、江西服装学院、三明学院、三明职业技术学院和泉州师范学院进行人才招聘，引进毕业生2000多人。

【公务员招录及培训 Enroll and training of public servants】 公务员招考。2016年，石狮市政府系统面向社会公开招聘3名参照公务员法管理事业单位工作人员，其中石狮市城市建设监察大队2名、石狮市安全生产执法大队1名。3月9日，全省统一发布公告，笔试于4月23日进行。笔试和面试工作由省、泉州市公务员主管部门统一组织。体检、考察工作由石狮市人力资源和社会保障局组织。经笔试、面试、体检、考察等阶段，录用3名参照公务员法管理事业单位工作人员。

事业单位招考。2016年4月，市医院、市妇幼保健院面向社会招聘74名卫生专业技术人员。经笔试、面试、体检、考察、公示等环节，聘用44名考生。

培训工作。2016年3月，石狮市人力资源和社会保障局和中共石狮市委党校联合举办2期的“初任事业干部培训班”，培训对象共88人，主要为2014年和2015年事业单位新聘用人员。2016年9月，石狮市人力资源和社会保障局和中共石狮市委党校举办“深化改革创新 服务实体经济”机关事业干部综合业务培训班，培训对象共42人，主要为市直单位、各镇（街道）业务骨干。开展2016年全市事业单位专业技术人员继续教育公共课培训，利用石狮海峡培训平台开展网络学习培训，全市2439名专业技术人员参加培训。

【举办职业技能竞赛 Professional skill contests】 推行“以赛代训”，先后举办泉州市第二届闽菜厨艺职业技能竞赛、石狮市首届电子商务技能竞赛、泉州市叉车司机岗位技能竞赛、石狮市第二届纤维分析工技能竞赛等，254名选手参加。

【人才政策扶持 Talent policy support】 2016年，市人力资源和社会保障局在搭建校企合作平台、促进产学研成果落地和鼓励“校校合作”取得成果，实现“靶向引才”3000多人，并引进蔡涛和祝锦楼两博士加盟石狮企业。推动企业与全国各职业技术院校的沟通、交流合作，缓解企业技术人才短缺现象，先后组织39家企业参加厦漳泉第五届暨厦门市第13届校企合作对接会、厦漳泉人才交流大会；协调江西服装学院首批“校校”合作的78名学生，到鹏山工贸学校和服装纺织企业，开展为期5个月的实习实训活动；促成泉州纺织服装学院与西安工程大学、四川大学轻纺与食品学院初步达成校校合作意向。举办“市校产学研”展会，收获10余项产学研合作成果，其中西南大学纺织服装学院、四川大学轻纺与食品学院、闽江学院与石狮市达成设立研究院的初步合作意向；西安工程大学正式授牌瑞鹰（中国）科技新材料发展有限公司为“校企战略合作伙伴”。石狮市获批全国首家“中国纺织服饰专业大学生实训创业基地”。

【高层次人才优惠政策 High-level personnel preferential policies】 为杨紫明等6位设计师兑现参展办展、比赛奖励等各类优惠措施的资金补助130.21万元；向在石狮市工作的五位泉州市智能制造集群高端人才补助经费25万元；为雷欣等15位纺织服饰类毕业生发放生活补助金9万元；兑现民营企业高层次人才贡献奖励补助155.48万元；发放2015年首批民营工业人才住房和教育事业人才住房申请贷款贴息补贴253.54万元。发放石狮市产业工人职业资格等级奖70.6万元，受惠人数149人次；兑现电子商务师职业培训“见证补贴”5.2万元。

【推进储备人才培养 Promote the reserve personnel cultivating】 结合石狮市产业经济特点，加快培养紧缺技能人才。2016年，开展美容师、保育员、服装设计定制工、装饰美工、计算机操作员、叉车司机、纤维分析工、中式烹调师等十几个工种的培训鉴定546人参加。申请试用电子商务师职业技能鉴定新版考试（评）大纲、题库和鉴定平台，被列为全省试点城市单独电子商务师设立培训点和统考点，161人参加石狮市在全省率先举行的电子商务师高级工（三级）国家职业资格鉴定考试。

【加强工资管理 Strengthen the management of wages】 做好机关事业单位工资管理工作。推进养老保险改革，加强机关事业工资管理。上半年，组织做好1995年4月至2014年9月试点期间个人缴费对账工作。下半年，全面开展机关事业单位养老保险基础数据采集和参保登记工作，采集完成的数据导入养老保险信息系统。自2016年7月起，调整机关事业单位工作人员基本工资标准，涉及石狮市机关事业单位工作人员8500人，月人均增资300元。

做好机关事业单位离退休人员待遇发放和调整工作。按时足额发放机关事业单位离退休人员养老金，全市离退休人员2062 人，其中离休人员5人，退休人员2040人，退职人员17人，全年发放养老金及高龄补贴13390.72万元。对2015年12月31日前按规定办理退休（含退职）手续并按月领取基本养老金的机关事业单位退休人员，自2016年1月1日起调整基本养老金。参与调整的退休人员共1910人，其中包括2016年死亡的26人，人均月增资366元，共补发1至9月增资部分629.10万元。

【新市民积分管理 New citizens of integral management】 在全市9个镇（街道）的168家规模以上企业和8家星级酒店开展新市民积分政策实施情况调查的基础上，进一步梳理积分评分标准，优化政策受惠范围，提供更多人性化服务。兑现2016年积分服务指标，其中，兑现积分入学学位222个；兑现积分入住购房补助人员82名，发放购房补贴905万元，兑现公租房10人；兑现积分入医36人。石狮市104067名新市民在积分系统建立个人档案。通过完善新市民积分服务，让更多新市民享受到公共服务同城待遇，为石狮市吸引各类高层次紧缺急需人才、技能人才，补给劳动力资源，成为帮助企业虹吸人力资源的有效办法。新市民积分管理工作经验不仅被泉州市予以推广，而且由石狮市选送的《新政惠“候鸟”共享促融入——石狮市推进新市民积分管理典型案例》，在“2016年（第二届）全国基层人才工作创新案例”征集评选活动中，被评为“优秀案例”。

【落实职工休假制度 Implementation of holiday system for employees】

2016年，石狮市落实职工休假制度，办理请假审批手续963人次。

社会保障
Social Security

【失业保险基金支付 Unemployment insurance fund pays】 2016年，市人力资源和社会保障局做好失业保险补贴审核和发放，继续按低费率征缴失业保险金，为企业减轻负担。核发就业创业证及失业保险缴费凭证，依法发放失业保险金，全年发放失业金104人，共计56.67万元，其中医疗保险费13.21万元。

【推进社会养老保险 Promote social endowment insurance】 2016年，市人力资源和社会保障局有序推动养老保险改革，稳步推进“五险”扩面，不断扩大受惠群众。全市参加职工基本养老、医疗、失业、工伤和生育保险的人数分别为91310人、88941人、55500人、82776人、81079人。2016年，基金收入分别为29084.33万元、13873.33万元、1995.25万元、1848.3万元、997.78万元，基金支出分别为6173.07万元、7181.11万元、174.82万元、958.59万元、700万元。

2016年，石狮市城乡居民保领取养老金人数40162人，发放7076.32万元；已续保缴费人数143166人，续保率96.30%。做好被征地农民养老保障，石狮市领取被征地养老保障金的试点村有9个，为2138名人员发放养老保障金，发放765.32万元。继续推进新老农保衔接工作，3125人办理衔接过渡手续，完成率56.98%，其中退保2985人，衔接并入城乡居民保140人。

加强基本医疗和生育保险。深化医疗保险支付方式改革，完善大病补充医疗保险，进一步增加单病种付费方式试点病种。落实进一步加强生育保险有关意见，保障职工生育保险权益。2016年，城镇职工基本医疗保险参保人数达88941人次，征缴13873.33万元，支出7181.11万元。

【社保法专项检查 Special inspection of the social security law】 劳动保障直接关系到广大劳动者的切身利益，关系到社会稳定和经济发展。2016年6月15日——7月29日，在全市范围内开展用人单位遵守劳动用工和社会保险法律法规情况专项执法检查。石狮市人力资源和社会保障局组织劳动

2016年新市民及民办高校积分入住凭证发放现场（图/人力资源和社会保障局）

保障监察大队执法人员深入到劳动用工密集的用人单位进行监督检查其遵守劳动用工和社会保险法律法规情况。抽查各类用人单位278家，涉及劳动用工人数2.55万人；发出劳动监察询问通知书25份，限期改正指令书9份，责令9家企业支付员工工资及补偿106.5万元；对拒不执行劳动保障监察限期改正指令书行政处罚1起，罚款金额1万元；督促用人单位与员工补签劳动合同338份；督促未依法参加社会保险的11家企业进行社保登记，并为员工缴纳社会保险费；刷写、悬挂规范用工横幅、标语75条次，张贴宣传画册40幅，发放文字宣传资料6000余份。

【工伤认定 Identification of injury accident】 《工伤保险条例》和《工伤认定办法》实施以来，工伤职工的合法权益进一步得到保障。2016年，石狮市人力资源和社会保障局作出工伤认定474起，同比上升7.2%。

【人力资源监察 Human resource supervision】 加强主动监察。通过日常巡查、举报专查等方式，将用人单位劳动合同签订、工资发放等情况作为劳动保障监察重点，督促用人单位依法遵守劳动保障法律法规，规范劳动用工管理。2016年，监察用人单位826家，涉及劳动用工人数74736人。开展专项执法检查。根据上级人社部门的工作部署，每年相继组织开展工资支付、禁止使用童工、劳动合同签订、清理和整顿人力资源市场秩序等专项执法检查，特别在每年“两节”期间组织开展工资支付专项执法检查，加大用人单位恶意欠薪的查处力度，保障农民工能够及时拿到工资安心返乡过春节。加大行政处罚力度。2016年，依法对2家违反劳动保障法律法规的企业处以罚款，罚款金额20000元。

【加强仲裁机制建设 Strengthen the construction of arbitration mechanism】

加强裁审衔接。发挥劳动人事争议“一裁两审”功能，完善裁审衔接工作，畅通人民法院和劳动人事仲裁部门的联系沟通渠道，不定期就劳动人事争议案件仲裁工作程序性、实体性问题以及重大疑难案例进行沟通和探讨，统一裁审标准，实现法律效果和社会效果相统一，促进劳动争议案件快速、公正、高效得到处置。坚持服务前移，完善劳动争议市、镇（街道）两级处理机制，构建快速处理通道，在接到镇（街道）集体劳动争议案件信息后，劳动人事仲裁部门提前介入，组织仲裁人员到镇（街道）现场办公，并在确保规范有效的前提下推进集体争议案件的快立、快调、快裁。2016年，市劳动人事争议仲裁委处理10人以上劳动争议集体案件32件，涉及人数达716人，涉及金额达528.46万元，其中13件经调解按撤诉结案，减少集体争议案件负面影响。

（张宪僧撰　孙辉体审）

登山道　（图/颜华杰）

（图/颜华杰）

凤里街道
Fengli Neighborhood

【概 述 Generals】 凤里街道是石狮的起源地和小商品市场的发源地。总面积 3.2 平方千米，下辖大仑、五星、龙华、东村、后花、宽仁、仁里、新华、华南、华仑等 10 个社区。

2016 年，凤里街道户籍人口 3.05 万人，流动人口约 6.3 万人，旅居海外的侨胞、港澳台胞 6 万多人。凤里街道拥有各类企业 1000 多家，主要分布在服装鞋帽、联运、金融、酒店、服务等行业，辖区内鸳鸯池布料市场是福建最大、全国四大服装面料专业市场之一，香江路两侧童装生产基地聚集童装生产加工企业 300 多家，是全国三大童装生产基地之一。

【经济发展 Economic development】

2016 年凤里街道财政完成 4.53 亿元，同比下降 24%，其中，一般预算收入 3.39 亿元，同比下降 24.7%；实际利用外资 30.19 万美元，同比增长 20.9%；限额以上销售额 181.55 亿元，同比增长 20.9%；限额以上社会销售品零售额 12.1 亿元，同比增长 11%。

专业市场活跃。推进四季星座线上资源与国际儿童商城线下市场地嫁接，改造提升传统商圈。力促全球面料趋势发布中心（互联网 + 设计 + 面料 +020）落地星期 YI 服饰创意博览园星光设计师大厦，推动面料从制造向智造、从生产制造向“生产 + 服务”转变。

楼宇经济有序发展。完善城市生活配套、商业配套、交通配套和公共空间，信义华府、南洋国际、中骏世界城等房地产项目落户凤里，打造高端商住小区，提升商业格局，推动楼宇经济成为新的增长点。

【城区建设 Urban construction】

2016 年，凤里街道之镇中路一期安置楼建设完毕并顺利回迁。铜锣湾时代广场、信义华府、南洋国际、凯旋名门、宏伟首府售楼进入尾声。立足将国贸中心大厦建设外贸企业集聚区和外贸服务集聚区，70 多家企业入驻经营。镇中路二期安置楼建成，被征迁户顺利回迁。星期 YI 服饰创意博览园创新石狮市服装设计师协会和创客星天地，星期 YI 创客空间获评省级创客空间。国际轻纺城隆重开业，政府产权店面部分招商面积达 90%，现进入群众产权店面部分招商。中骏世界城南区开盘售楼，商业体进入招商阶段。华侨中学、宽仁小学、实验幼儿园分园不断完善提升。镇中路南段、宝岛路中段征迁改造工作扫尾阶段基本完成，区域交通路网将得到较大优化。

【社会事业 Social undertakings】

2016 年，凤里街道创新运作模式，城市管理再上台阶，制订十项工作举措，推进“新型社区”建设。各社区成立物业管理公司，协助社区居委会维护公共生活秩序，督促成立业主委员会，建立社区居委会、业主委员会、物业管理公司三方联席会议制度，推进社区自治管理。后花、东村社区为试点，推进社区环境美化亮化，建设居民休闲小广场、多功能运动场和停车场。推进大仑菜市场及五星、后花农贸市场整治提升。推进社区服务大厅建设，提升服务质量和整体形象。超额完成“两违”整治任务，完成目标任务 157%。落实环卫体制改革，街道、社区环卫工作位居全市前列。

创新队伍组建模式，推进城市管理提升。街道自组与购买劳务派遣相结合，成立一支 45 人的高素质城管队伍，实行军事化管理，保持活力。街道自组队伍负责组织集中执法整治；劳务派遣公司负责日常劝导和巡查维持。注重营造舆论氛围，向重点难点区域的商户分发宣传资料，晓之以理；将中心城区道路划分为一级路段九条、二级路段六条，实施分级管理；疏堵结合，对自发形成的夜市规范经营时间及经营范围；每天傍晚6:30定点集合，点评工作；主动妥善处理群众诉求，为建设宜居宜业中心城区做出坚实保障。

保障民生，社会事业日益提升。2016年，凤里街道着力发展教育事业。在保证刚性教育经费足额拨付的基础上，动员社会各界力量捐资千万元发展教育事业，实验小学、大仑中心小学、五星小学、华侨中学教育促进会换届，成立宽仁实验小学爱群教育促进会。投入专项经费，开展奖教奖学和教育设施维护；启动五星小学、实验小学、大仑中心小学拓建，着手筹建凤里第二中心幼儿园。率先试行小学行政干部公开竞聘。

促进民生保障。完成各年度保障性住房申请，低保、新农保、城居保标准和覆盖率保持全市前列；拓展医疗资源，医疗保险参保率年均达90%以上。抓好计生工作。拨付专款用于生育关怀行动和“五加二”工程项目，开通“和谐凤里计生”微平台，开展网上办证、预审及预约等特色功能，简化群众办事手续。衔接落实二孩政策，计生年度考核均居全市前列。

倡导文明新风。制订凤里街道实施“十大文明新风行动”细化方案，修订各社区居规民约和移风易俗规定，推行文明办丧，移风易俗逐渐成为新风尚。打造“一室两平台”。依托社区便民服务中心设立规范化的下居干部工作室，搭建“街道网格化服务平台”和“凤里街道We服务”微信平台，将服务触角全面向基层纵深延伸。办理“12345”群众来电，受理群众诉求500多件，全部办结，有效测评件满意率达90%，在全市便民服务联动单位绩效考评中名列前茅。

坚持改革创新，社会治理务实有效，社会管理不断细化。推行工作网格化管理，根据各社区实际情况，划分3个工作片和51个网格。每个网格配有街道干部、片警、社区两委和联防队队员，网格责任人定期入户走访，按网格工作片区建好书面台账和电子台账，做到社区各类情况即时清、动态准、处理快。出台《“创先争优”目标责任奖励办法》《社区网格化管理实施方案》《计划生育奖惩办法》等，形成竞争激励的良好氛围。

综治维稳持续深化。通过首创9本综治台账、开展“警灯闪烁巡逻工程”、开通“平安彩铃”、成立凤里街道和谐促进会、为辖区居民（常住外来人口）购买社会治安财产综合保险、聘请法律顾问进驻社区义务为群众服务等举措，提升公众安全感和满意度。综治满意率测评第一、二季度全市第一名，第三季度全市第二名。

安全生产有效保障。落实安全生产“一岗双责”和企业主体责任，建立安全生产日常抽检督办制度，每周对区域安全生产工作实行检查通报，强化对各类安全隐患的排查整治。成立石狮首支街道专职消防队，形成以创意园为核心，辐射周围市区及老城区的专业应急救援覆盖面。

突出整治重点，爱卫运动成绩显著。加强居民区卫生整治，以社区为重点，清除蚊蝇孳生地，整治背街小巷，加强垃圾堆放点管理，防止垃圾二次污染；加大扬尘污染整治力度；加强学校、公共场所卫生治理，清除垃圾污物、拆扒违章建筑、取缔占道经营、整顿施工现场。开展楼道小广告专项治理活动。加强城区居民餐饮娱乐业噪声等环境污染问题的整治，从根本上治理噪声等污染。建立长效管理机制，特别是垃圾清运、清扫保洁、绿地养护等，达到无垃圾残土、无“白色污染”、无污水溢流。组织开展城乡除四害活动。抓住秋冬季除四害的有利时机，科学开展冬季灭鼠，组织专业人员对公共场所，进行消、杀、灭工作。

（杨彬彬撰　郑天宝审）

湖滨街道
Hubin Neighborhood

【概 述 Generals】　湖滨街道地处石狮市中心城区，1993年9月由原石狮镇拆分而来，为石狮市委、市政府所在地，系全市的政治、经济、商贸及教育文化中心。辖区土地面积5.45平方千米，下辖玉湖、新湖、湖边、长福、林边、金林、曾坑、仙迹、花园城9个社区，成立玉湖社区、新湖社区两个党委。

2016年，湖滨街道户籍人口3.46万人，常住人口7.63万人，旅居海外华侨及港澳台同胞近3万人。辖区商贸繁荣，形成“花园城摩托车市场”“子芳路建材市场”“玉湖果蔬批发市场”“步行街黄金珠宝市场”“民生路婚庆用品市场”等专业商圈。服务业发展迅速，拥有绿岛国际、荣誉、豪富华、爱乐等近20家星级酒店。泰禾广场、商业步行街、德辉商场、长福商业区等商圈发展为全市配套最高端、人流最集中的生活消费集聚地。

【经济发展 Economic development】
2016年，湖滨街道财政总收入4.1777亿元，规模以上工业总产值83.53亿元，固定资产投资32.9亿元，限额以上商业销售额61亿元。湖滨街道抓经济项目建设，不断增强核心竞争力。帮扶辖区企业。建立街道领导成员挂钩服务重点企业制度，指导企业用好用足用活各项优惠政策，促进企业科学管理、提升效益。推动重点项目建设。

2016年，长福安置区交房1100多套，水、电、通信等设施管理逐步完善。富豪酒店总投资4亿元，总建筑面积5.3万平方米，完成主体结构建设和外装修荣誉酒店总投资5亿元，总建筑面积8万平方米，完成主体基础建设，A地块完成塔楼底板混凝土浇筑、裙楼底板防水铺贴，B地块完成地下室负二层模板安装。街道综合服务中心主体结构建设完成，总工程进度完成85%，其中室内装饰装修完成85%，室外工程完成地下管网建设并转入地面景观施工。

加快推进工业技改工作。四海龙标准厂房扩建和配套设施总投资4900万元，新生产设备进入调试阶段。天达五金配套设施扩建总投资4800万元，已竣工投产。加强闲置厂房摸底调查。鼓励企业利用闲置空间进行腾龙换鸟，实现从存量中找增量。霸岛鞋业公司引进利森高端电子产品项目，每年可产值3亿元，可贡献税收1000～2000万元。筹备成立“狮商返乡投资服务中心”，引进上海远舟港工程公司将注册地改签到湖滨，每年可贡献税收1000～2000万元。

【城区建设 Urban construction】

2016年，湖滨街道优化城市管理，强化市容市貌整治。坚持“五城联创”，完善城区基础设施，抓好八七路立面除险改造，完成30余栋、200多间店铺立面除险。成立城市综合管理队伍。45名城管队员以工作点为单位分成三个小组，专门负责巡查整治“两违”、环卫、占道经营等城市问题。优化停车秩序管理。在德辉广场、步行街、九二路等路段试行路面停车收费，解决停车难、乱停车等问题。推进黄标车整治，超额完成淘汰报废黄标车年度任务，完成淘汰辖区内登记黄标车239部。加快环保违规项目清理，整改备案52家，完成率100%，排名全市第一。强力推动“两违”拆除。拆除“两违”37宗，面积29101平方米，完成上级布置任务的162%。整治畜禽养殖点。强制关闭拆除历史遗留养殖场点4处。

推进民生工程。抽调人员组成专门工作队，做好仙迹渠道危房除险、新湖小学扩建动迁、新湖社区三角窗危房改造等拆迁工作，加快推进曾坑社区“四端堂”周边区域保护整治及景观提升工程、曾坑厝头回批地建设。仙迹渠道危房进入拆除阶段。新湖小学安全通道动迁工作已完成，23户对象签订安置协议书。

【社会事业 Social undertakings】

2016年，湖滨街道人大换届选举工作有序进行，依法在湖滨选区选举石狮市第七届人大代表17名，其中妇女代表3名，非中共代表6名，代表的年龄、文化结构进一步优化，完成市选委会下达的选举工作任务，为新一届人大履职打下基础。

2016年，湖滨街道保障和改善民生力度持续加大。落实优抚救助工作，发放重点优抚对象及革命“五老”人员慰问金21500元；发放社会困难群众医疗救助款280100元；发放临时困难救助款24800元；发放低保金109760元，其中街道拔付21952元；发放一、二级重度残疾人和低保残疾人 “阳光护理费”235800元；发放“精神残疾人医疗补助”169200元；发放生育关怀基金74000元，帮扶对象共22人；发放廉租住房租赁补贴金额37680元，11个符合保障条件的家庭受益；办理新型农村合作医疗保险23348人，完成市下达参保人数的99.67%，代收代缴资金2736650元；做好防汛防台风的各项工作，确保人民群众生命和财产的安全；做好森林防火和秋季重大动物疫病免疫等农业方面工作。

以全国文明城市创建为抓手，持续深化“十大文明新风”行动和十个“专项整治”行动。推进移风易俗，倡导婚丧事简办，培育良好乡风民风。推进街道综合文化站建设，设置图书阅览室、电子阅览室、多功能活动厅、室内健身用房、管理用房等；推动社区综合文化服务中心改扩建项目，按照建设标准，逐一添置或改进。依托文化惠民活动阵地，定期开展社区文化汇演、书法培训比赛、广场舞大赛、文体指导和心理咨询等活动。传承优秀传统文化，推动文化产业发展，加大“大闽府”、杨孙西文化馆等传统古建筑的建设和保护，做好北狮踢球舞、踩高跷等非遗项目的保护宣传。深入开展以纪念中国共产党成立95周年、中国工农红军长征胜利80周年的社会主义核心价值观教育活动。深化“邻里守望、情暖石狮”志愿服务活动，依托街道及各社区志愿服务站，开展公共文明引导、环境整治、关爱孤寡老人、关爱流动留守儿童、网络文明传播等活动。四个社区完成泉州市级文明社区总评检查工作，其中，玉湖社区被列为全国文明社区重点培育对象，获得“全国科普示范社区”。新湖社区成为泉州市唯一获得全国“最美志愿服务社区”称号。玉湖社区、花园城社区获得福建省文明社区的称号。

在玉湖社区、富贵鸟公司建立职工服务站，在德辉商业广场成立职工服务中心站，不断延伸职工服务点的触角和内容。落实职工医疗互助，组织13个企事业单位1540人次参加；推进职工服务卡项目的信息采集、录入发放，成功办理3017张；开展“心系职工、情暖职工”活动，帮助75名职工子女解决就学问题。

进一步健全人口计生工作机制，突出流动人口管理重点，全面落实“5+2”奖励工程，不断推动计生工作上新水平。出生政策符合率95.6%，出生统计准确率100%；出生政策符合率95.5%，出生统计准确率94.25%。湖边社区计生协会获评全国先进村（社区）计生协会。

【文明建设 Civilization construction】

2016年，湖滨街道文明建设新气象。以新湖社区为试点，将社区党员按居住位置编入网格，建立以基层党组织为核心、网格党员为骨干、多元群体为支撑的“1+1+N”党建服务体系，打造特色党建，推动党员网格管理规范化。全面实施“两新”组织“三双三联三亮”党建工作模式，强化“两新”组织党员管理。花园城社区党支部获评“泉州市先进基层党组织”。

深入贯彻实施“平安石狮”建设质量提升三年行动，推进“1+1+N”社区网格化管理，优化“民情宝”网格信息指挥软件，创新立体化社会治安防控体系，综治工作绩效考评位列第一。发生刑事案件2055起，同比下降14.8%；调处矛盾纠纷118起，成功调解113起。受理“倒会”事件6起，均得到妥善处置。

将创安日的定位由“安全生产集中行动日”转为“安全生产工作成果验收日”，每月对检查情况进行合格率排名，每次创安日部署会通报，安全生产形势总体稳定。每年组织与各社区居委会签订《安全生产责任状》和《消防安全责任状》，下达安全生产指标，实行“月分析落实、季检查汇总、半年考核评比”制度。组织各社区居委会、各责任片区与辖区内各生产、经营单位签订安全责任书，进一步明确生产、经营等基层社会单位的主体责任，形成一级抓一级，层级负责的全生产工作机制。落实网格管理，建立和完善街道、社区、网格片区三级网格安全监管体系，推行网格化安全监管。将辖区九个社区划分为3个工作点、50个的网格责任片区，由街道10名下居干部、50位片区责任人、9位派出所下片民警、131位社区两委成员和工作者具体负责50个片区的安全生产监管。

基干民兵115人调整编组为应急救援分队（35人）、公路护路分队（30人）、物资供应站（40人）、加油站分队（10人）4支队伍。落实35人常备力量建设，编强人员、配齐装备，做到快速处置应急事态。组织街道专武干部和基干民兵进行业务培训和指挥技能训练。2016年，组织7批次84人次集训，街道专武干部、基干民兵政治、军事素质得到提升。经过层层体格检查与政治审查，向部队输送优秀应征青年，其中大学学历应征青年占75%。

（施颖烽撰　施正极审）

灵秀镇
Lingxiu Town

【概 述 Generals】　灵秀镇位于石狮市西南部，地域面积16.27平方千米，下辖仕林、灵狮、灵峰、灵山、钞坑、彭田、塘园、前廊、华山、港塘、塔前、茂厦等12个行政村和曙光1个社区。

2016年，灵秀镇户籍人口约3.12万人，外来人口约2.6万人。2016年，灵秀镇财政总收入7.01亿元；规模以上工业企业总产值162.1亿元，同比增长2.1%，限额以上商业销售额333.5亿元，同比增长24%；限额以上商业零售额42.4亿元，同比增长28.2%；固定资产投资完成额93.2亿元，同比增长1.6%。工农业总产值、限额以上商业销售额等主要经济指标在高平台上实现稳增长，分别是2011年的1.1倍、3.7倍。累计完成固定资产投资359.6亿元、企业自营出口额5.88亿元，在“中国中小城市综合实力百强镇”排名第79位，列入“福建省综合实力十强乡镇”。

【经济发展 Economic development】　2016年，灵秀镇推动“中纺在线”“四季星座网批中心”“中纺联检测中心泉州实验室”“泉州市（网商）虚拟产业园石狮分园”等产业服务平台发展，海西电商园区建设阿里巴巴实力产业群示范园区、青创城与京东、苏宁等电商巨头合作联盟，服务带动服装产业加快转型升级。全省体量最大、业态最全的商旅综合体世茂摩天城建成运营，茂险王主题乐园、天幕商街、国际商业广场等项目全面开业，国际轻纺城招商融市，摩天城、服装城、轻纺城“三城”商圈已经形成，商业聚集支撑效应显现。

【城镇建设 Urban construction】　2016年，灵秀镇钞坑安置房完成交房回迁，加曾寨安置区、灵山灵峰安置区全部封顶。结合片区改造，持续推进石龙路、彭田路、花园路、石金路建设，解决服装城周边交通拥堵问题。继续推进钞坑、加曾寨、灵山灵峰片区及金相路南段后续的安征迁工作。完成灵秀山登山步道建设、容卿水库的除险加固工程、中溪水库泄洪渠、塘园溪截污改造工程，推动灵秀山森林公园管理处、泉州市森林公安局灵秀山警务室挂牌成立，全镇生态保护和群众生产生活环境得到持续提升。

【社会事业 Social undertakings】　2016年，灵秀镇发放低保、爱心助学、大病

服装城全景　（图/灵秀镇）

救助、临时救助等各类救助金118万元，受惠居民234名。做好贫困家庭精准帮扶工作，低保标准提高到每人每月630元、新农合筹资标准提高到每人每年150元，“救急难”力度不断加大。创办灵秀镇第二中心幼儿园，推动塘园小学、塔前小学、古洋小学完成新一轮扩改和鹏山工贸学校第一教学楼、八中教学楼和自然灾害避灾点建设，厦门外国语学校石狮分校开办招生。充分发动企业、华侨和社会各界力量，筹集助学奖教资金，营造重教兴学的良好氛围。参与文明城市创建，开展“十大文明新风”行动，践行“八不行为规范”，推动移风易俗、环境综合整治，通过“全国文明村镇”培育对象初评。规范金相院等宗教寺庙管理，成立管理委员会，推动传统文化的保护和传承，培育良好乡风民风。

社会治理。完善巡防运作机制，形成严防严管严查的工作格局，有效降压各类违法犯罪警情，全镇警情下降12.3%，刑事发案数下降33.5%，破案数提升4.4%，综治满意率和群众安全感明显提升。关注社会矛盾纠纷动态，落实每月信访矛盾纠纷排查、重大信访包办制度以及敏感时期、重大活动期间的“零报告”制度，对排查出的矛盾纠纷和信访问题提早预警、提前介入，调解各类纠纷125起，调解率达100%。按照“党政同责、一岗双责”工作要求，实行安全生产网格化管理。在重点行业和重点区域推行“5+1”简易消防设备的配备工作，依法整治联邦商业城重大火灾隐患，加强消防安全监管。长效开展道路交通、建筑工地、危险化学品等重点领域安全生产检查，对全镇2156家工商企业开展“拉网式”专项检查整治，防范安全生产事故。

（许富强撰　李加勇审）

宝盖镇
Baogai Town

【概 述 Generals】　宝盖镇地处城乡结合部，环绕市中心城区，辖区土地面积26平方千米，下辖坑东、杆头、龙穴、前园、前坑、塘后、塘边、松茂、仑后、后垵、山雅、铺锦、后宅、苏厝、郑厝、上浦、玉浦、塘头、雪上19个行政村和宝源居委会。

2016年，宝盖镇户籍人口4.55万人，外来人口8万人，镇机关内设11个行政、事业机构办公室，核定编制50人，现有正式编制46名（其中领导班子成员18名）。全镇设有党组织73个，其中党委3个（镇党委、企业党委、大帝党委）、党支部70个，党员1468名。辖区建成宝盖科技园、宝盖鞋业工业园、石狮辅料城等工商业载体，拥有工业企业1200多家，规模以上企业68家，上市企业4家，中国驰名商标6枚，国家、省级高新技术企业12家，涵盖纺织服装、服饰辅料、鞋业、五金塑料、包装印刷、电子机械、体育用品、食品等行业，形成以服装、服饰辅料为主，多元化产业并存的产业格局。城市公共服务日臻完善，拥有市体育场（馆）、游泳馆、图书馆、音乐厅、博物馆、市老干活动中心、市青少年活动中心、公园（龟湖公园、西洋公园）、影院等公共服务设施拥有4所公立中心幼儿园、10所小学、1所九年一贯制实验学校、2所完全中学、1所大专职院、1所本科院校等完整的教育资源。辖区交通便利、路网发达，纵向有学府路、濠江路、环湾大道、福辉路、子芳路、石泉二路，横向有石永路、八七路、东港路、宝岛路、宋塘路、香江路、东西三路、北环路、石狮大道。城东、城北、洋内亭、梧园等片区以及高速互通口、环湾大道、福辉路等一大批涵盖旧城改造、商贸服务、基础设施、民生保障、工业企业、教育事业、防洪排涝的重点建设项目落地建设，完成80多万平方米安置房建设，1000多户拆迁群众实现回迁。恒大、万科、阳光城等一批高端房地产企业纷纷落户宝盖，实现城乡结合部向城市新型社区的转型，成为石狮中心城区向泉州环湾片区拓展的重要区域和新兴城区。2016年，工业总产值165.55亿元，财政总收入10.2亿元。跻身“中国中小城市综合实力百强镇”第88位，被福建省委编办确认为第三批小城镇机构改革试点单位，获“国家级卫生乡镇”“国家级生态镇”“福建省安全社区”称号，宝盖司法所获基层司法所最高荣誉——“全国模范司法所”、2016年石狮市精神文明单位。

【经济发展 Economic development】

创新转型，经济稳中有进。2016年，宝盖镇加快实业强镇、创新转型步伐，引导金融部门支持优势企业、优势行业发展，鼓励企业加大技改投入力度，创新营销模式，经济保持较好的增长势头。冠豪、伊妮斯等企业大胆创新，引领采用新技术、新工艺，增势良好；好田和金苑等企业融入互联网+，线上线下齐发力，在电子商务等领域进步迅猛。组织企业参加“4•18”海博会、“6•18”项目成果交易会、中国国际面料及辅料博览会等展会，拓展国内外市场；组织宝盖商会理事会换届，加强政企之间良性互动，表彰纳税先进企业和优秀外来员工，评选“新宝盖人”，助推企业发展。注重发展现代商贸酒店、金融中心等高端服务业，众和国际大厦引进多家金融、证券公司，石狮市蓝盾机动车综合服务中心项目落地城北片区。以城市拓展外延为契机，发展楼宇经济，房地产业发展进入快车道，城市新区初具规模。恒大名都、卡飒明筑、万科等房企销售面积屡创新高。

【城镇建设 Urban construction】　建管并举，人居环境不断改善。2016年，宝盖镇坚持建设与管理两手抓，完善城乡配套功能，融入中心城区。安征迁工作破冰前行，学府路、蓝盾机动车综合服务中心、幸福新城等8个项目完成安征迁工作。片区改造扎实推进，洋内亭、梧园片区完成建设并分房，城北片区安置房将完工，城东片区恒大二期开工建设。基础设施不断改善，宝岛路、宋塘路、学府路道路改造工程和梧桉溪、雪上沟等河道整治工程顺利推进。承接城管下移，开展流动摊贩摆摊设点整治，消除牛皮癣和商业横幅广告，镇区实现常态化管理。整治“两违”、保护环境力度加大，拆除“两违”建筑4.1万平方米，完成违规建设项目清理整顿，取缔石材加工点2个，淘汰206辆黄标车，超额完成全部任务。新农村建设扎实推进，启动龙穴村村转社区试点工作，破解城中村管理难题。抓好《关于城市中心区域石结构和危险房屋改造工作的实施意见》的贯彻落实，向上争取移位翻建、集中翻建、土地置换安置房等政策试点，引导各村实施整村统一规划改造翻建，全年共审批危旧房改造62户。开展环境卫生整治，从组织管理、资金投入、机制创新等方面入手，着力做好“三清、四化”，镇容村貌和人居环境质量明显提升，城市卫生管理考评成绩位居全市前列。

【社会事业 Social undertakings 】

2016年，宝盖镇统筹兼顾，社会事业协调发展。学校建设全面加强，位于城北片区的宝盖镇第三中心小学、第三中心幼儿园，投入使用对外招生，后垵小学开工建设。卫生、计生工作成绩显著。深入开展爱国卫生运动，超额完成献血工作任务，计生工作年度考核名列全市第一名。持续开展“十大文明新风”活动，深化丧事简办，移风易俗蔚然成风。

民生保障更为全面。健全基层管理和服务体系，切实提升基层基础保障水平，支持各村（社区）改善办公和公共活动场所，出台《关于困难家庭临时救助的实施方案》，年支出164万元，有效解决了困难群众突发性、紧迫性、临时性的生活困难问题。做好低保户、特困户、五老户、残疾困难户、退伍士兵等保障对象的摸底、入户、核实、补助金发放等工作，医保覆盖面达100%，社保覆盖面达90%以上。推进村级居家养老服务中心建设，弘扬敬老养老的传统美德。发展慈善事业，组织开展商会、企业家挂钩联系困难户等活动。

深入排查化解矛盾纠纷，解决劳资纠纷、征迁矛盾等信访问题。安全生产、食品药品安全等工作成效明显，社会安定稳定，全年无重特大事故发生。支持民兵预备役、工会、共青团、妇联、残联、红十字会、关工委、等群众团体和社会组织工作，形成全镇上下齐心协力推进小城镇培育工作的良好局面。

依法行政，政务改革不断推进。坚持依法行政，规范、约束政府的行政行为。清理规范现有行政权力，制定权力清单，并在镇政府微信公众号和政府信息公开网站上公开发布。首创“微政务中心”，推广微信审批，简化审批事项，深化“马上就办、办就办好”。制订完善效能建设工作考评和有关奖惩措施，对镇村（居）干部实行一季度一考核，激发镇村（居）干部工作积极性。开展“戴胸卡，亮身份”行动，统一制作全体干部职工胸卡，标明干部姓名、职务等信息，要求上班时段全部佩戴，主动亮明身份。实行“一村（社区）一法律顾问”制度，推进公共法律服务体系建设规范化、常态化。

（蔡雷霆撰 上官加兴审）

蚶江镇
Hanjiang Town

【概 述 Generals】 蚶江镇位于石狮北部，泉州湾南岸，泉州跨海大桥南端，总面积38.47平方千米，被列入泉州环湾980平方千米中心城区范围，辖区内有19个行政村，是泉州市第二批小城镇综合改革建设试点镇。

2016年，蚶江镇常住人口5.46万多人，外来人口3.8万多人，海外华人、华侨及港澳台胞3万多人。拥有国家一类口岸、泉州湾中心港区——石湖港，海岸线长17千米，配套规划面积560公顷的石狮经济开发区升级为泉州高新技术产业开发区石狮园。镇区水路交通便捷，基础设施日臻完善。是“中国裤业名镇”、国家级生态乡镇。

【经济发展 Economic development 】

2016年，蚶江镇实现税收收入3.6亿元，同比增长8.6%；规模以上工业总产值150.08亿元，同比增长9%；实际利用外资8306万美元，同比增长7.5%。

优化产业结构。智能制造产业发展迅速，通达智能硬件一期投产，二期项目封顶，引进聚集嘉麟电子、卡塞尔科技等一批高新企业；永信数控科技公司拥有从机械到电控全套研发能力，产品销往30多个国家和地区。益家万博城家居建材市场开业融市，中国家居建材龙头企业——居然之家入驻，各类家具品牌达127个，石狮特跑卡丁车俱乐部正式营业。推动企业创新，申报市级科技项目企业20家，获补科技奖励扶持资金320万元。企业技改项目7个，申请奖励资金146万元。发展港口经济，石湖港口5号、6号泊位正式开工，两岸邮政海运快件处理中心、安高物流、卡宾狮子湾物流园建成投入使用。石湖港口货物吞吐量可达2700万吨，集装箱吞吐量达131万标箱。强化投资拉动，完成固定资产投资42亿元，同比增长15%。推进项目建设，攻克征安迁问题，确保木林森、膜太阳能等项目落地，新远辉化纤纺织项目投产。

【城镇建设 Urban construction 】

2016年，蚶江镇围绕小城镇综合改革建设试点工作，重新修编蚶江总体规划控制性详规，完成镇中心区、蚶江特色商业街规划和西裤基地控制性详规。2016年，辖区内学府路、港口大道交通安全整治工程基本完工，西裤基地园区道路提升工程、卡宾周边道路加速推进，启动沿海大通道锦江外线、濠江北路锦江段、共富路疏港通道、蚶江大道东延伸段的规划设计。

组建镇城市管理执法中队，开展镇容镇貌专项整治工作。深入整治占道经营、“两违”“牛皮癣”等问题，拆除两违建筑49322平方米。实施海丝申遗点、海防官署环境综合整治，拆除石湖码头海域13户42个围海养殖场，恢复海丝生态原貌。拆除镇区旧卫生院、侨联、电影院，为旧镇区改造创造条件。投入80多万元建设面积1公顷的临时经营场所，引导流动摊贩入驻，集中规范管理。

【社会事业 Social undertakings】

2016年，蚶江镇惠民政策落实到位。发放农渔业补贴150万元，保护群众生产积极性。发放村级公益事业建设“一事一议”财政奖补资金49.2万元，低保、阳光护理费、临时救助等各类救助金464万元，优抚优待金241万元。低保标准提高到每人每月630元，城居保、新农保参加率均在96%以上。

社会事业加快发展。优化教育资源配置，启动蚶江中学、青莲小学、洪窟小学改扩建项目，筹建第二中心幼儿园和市第六实验幼儿园，教育质量不断提升。继续完善卫生服务体系建设，石狮市医院新院、福乐家园建设进展顺利，蚶江卫生院获“全国群众满意的乡镇卫生院”称号。建设镇综合文体活动中心。继续推行新市民积分管理办法，登记的新市民1.25万人。创建镇便民服务中心，入驻便民事项达80项。平安建设不断深入，加强社会治安综合治理，打击各类违法犯罪活动，刑事发案数下降40%。加大交通安全违法整治和校园及周边环境综合整治，健全报警系统和视频监控网络，新装高清探头136个。排查重性精神疾病患者282人，规范管理率达92.6%。深化安全生产标准化提升工程三年行动，开展危化、消防等重点领域专项行动，抓好安全隐患排查和跟踪整改工作，加强安全教育，蚶江中心小学被评为2015—2016年安全教育实验区“全国示范学校”。建设公共法律服务平台，开设“题忠调解工作室”，全年调处各类矛盾纠纷108起，调处率、成功率均达100%，涉及人数346人、金额943.6万元，被省司法厅评为“人民调解工作先进集体”。侨台外事、民族宗教、人口计生、双拥、民兵预备役、老年老龄等各项工作都得到进一步巩固与发展。

【打造文化品牌 Create culture brand】

2016年，蚶江镇对接“一带一路”国家战略和“海丝”先行区建设，连续举办十届闽台对渡文化节暨海上泼水节，规划打造“一节一渡，一塔一碑”（海上泼水节、林銮渡、六胜塔、蚶江鹿港对渡碑）文化品牌，完成49项民俗文化保护规划方案。启动六胜塔、林銮渡申遗工作。

（杨安雅撰　邱尚木审）

永宁镇
Yongning Town

【概况 Generals】　永宁镇位于石狮市境东南部滨海地带，距离石狮中心市区8千米，镇域总面积28.6平方千米，东临台湾海峡，西倚宝盖山，南与深沪湾隔海相望，三面临海，拥有良好的自然生态景观资源优势。

2016年，常住人口4.6万人，海外及台、港、澳永宁籍侨亲5万多人，辖区内有24个行政村（居）委会。永宁作为历史文化古镇，是明代中国三大古卫城之一，具有悠久的历史和深沉的文化底蕴。永宁镇拥有宝盖山生态风景区、黄金海岸旅游度假村、梅林国家一级渔港以及古卫城城隍庙等，生态资源丰富，土地资源较多，是石狮为未来发展预留的重要战略空间。先后获“全国重点镇”“国家级生态乡镇”“福建省历史文化名镇”“福建省生态乡镇”“福建省文明镇”“福建省安全社区”“福建省计划生育依法行政示范乡镇”“泉州市十大魅力小城镇”“泉州市双拥模范镇”等称号，《永宁镇志》入选《中国名镇志》丛书，郭坑回族村获“全国民族团结进步创建活动示范村”“福建省文明村”“福建省旅游特色村”、首批“泉州市美丽乡村”称号，前埔村获“福建省文明村”、首批“泉州市美丽乡村”称号及成为石狮首个“中国淘宝村”，山边村获评2016年“泉州市美丽乡村”称号、后杆柄村被授予“泉州美丽乡村入围村”。

【经济发展 Economic development】

2016年，全镇实现生产总值82.7亿元，实现公共财政总收入19609万元，农民人均纯收入年均增长10.5%。产业集群效应日益显现，镇体育用品、电子设备、海产品加工、辅料五金等行业坚持把创新发展摆上核心位置，以创新谋转型，以转型促跨越，不断提升企业核心竞争力，逐步发展成为支柱产业，对税收贡献率逐年提高。企业扶持力度不断加大，引导企业加强与国内外高等院校、科研院所深层次合作，促进产学研深度对接，通过壮大规模、产品研发、技术改造、品牌运作、电子商务应用等途径提升企业发展水平和整体竞争力，涌现出飞通通讯、李宁球拍、黎祥食品、海星食品等一批研发科技型企业，飞通科技成功挂牌登陆新三板。

紧抓龙头发展特色商贸。中骏黄金海岸、信义豪园、星海湾三个住宅小区入住率稳步提升，聚集大量人流、物流，随着永宁综合市场投入使用，镇区核心商圈雏形凸显。发展产业经济，加快生态旅游特色型小城镇创建步伐，推动产业集聚与连片开发相融合。传统农业转型促增效，推进郭坑回族村休闲农庄、正源果蔬、下宅海阔天空果园、天农良谷农业休闲园等一批观光旅游型农业项目的建设。鼓励其引进物联网新技术，并通过无公害绿色蔬菜种植配送、采摘体验项目、亲子教育等多形式的项目拓展，实现传统农业向现代观光农业的转型增值。

海洋经济呈多元性发展。正源水产企业的台湾水产品、冷冻调理食品综合开发项目建设加快推进。海星食品有限公司全力开发生物科技产品。梅林国家一级渔港建设完成总工程量的90%。梅林外高客运、游轮、游艇码头及港后填海配套服务设施的前期工作全力推进。2016年，镇重点项目建设完成总投资13.6亿元，梅林国家一级渔港、城隍庙片区和黄金海岸8—2地块安置房，城隍庙广场、沙堤渔村、丰源水产等一批镇重大项目基本完工，陆续投入使用。

滨海文化旅游名片效应凸显。2016年，举办第五届永宁古卫城暨城隍文化节，海内外游客20多万人次参与本届文化节，聚集人气到达一个新的高度。美国国家地理杂志两次提到永宁古卫城，永宁镇入选《今日头条》评选的福建省36个最美地方之一。推进永宁（古卫城）历史文化及滨海旅游项目建设进度。城隍庙广场及中轴景观带建设将于年底竣工并投入使用。沙堤渔村完成主体和停车场施工，进行后期配套设施建设。整合永宁文化旅游资源，进行整体包装营销，结合原有的城、海、山、农等旅游资源，策划生成山海旅游、古镇旅游、朝圣旅游等多条线路。

【城镇建设 Urban construction】

2016年，狠抓镇容镇貌整治。完成《永宁镇中心镇区控制性详细规划》和《石狮市永宁古卫城控制性详细规划》。成立镇城管执法中队，以镇区永梅路综合整治为切入点，狠抓占道经营、乱靠乱停、“牛皮癣”等影响市容景观和道路交通的城镇乱象，改变“整治—回潮—再整治—再回潮”的怪圈，持续开展“两违”综合治理，全年拆除“两违”4.23万平方米。完成黄金大道、东南环路、永码路绿化及架设路灯，石永二路绿化已进场施工。

2016年，镇、村投入清扫保洁经费800多万元，海漂垃圾专项整治经费85万元，新增配备密闭式垃圾吊桶车11辆。加快推进永宁污水处理厂提标改造工程，实施梅港沟、子英溪、下宅溪等多个水系环境综合治理项目。完成拆解“三无船舶”22艘，淘汰黄标车133部，拆除漂洗碎布黑作坊10个，清理关闭历史遗留畜禽养殖16场，完成市级下达的“四绿”工程任务3.33公顷。

【社会事业 Social undertakings】

以人为本，改善社会民生。2016年，坚持教育优先战略，投入教育经费486万元，银江华侨学校和梅林小学代表石狮接受国家义务教育发展基本均衡督导检查并获得好评，银江华侨学校在初中毕业班教学质量综合评估位居全市第一。永宁中学、永宁中心校引进中国教育科学院课题，进行学本课堂教学模式改革。全面实施永宁镇便民服务工作机制，全年受理办结群众诉求176件，办结率100%，群众满意率97.5%。全面落实精准扶贫政策，全年发放低保金、低保临时补贴、电费补贴、各类慰问金等250余万元。全面推动农村土地承包经营权确权、登记、颁证工作。限时办结、简化手续，全年受理办结民房翻建114宗、放样18宗、移位3宗、换证5宗，完成困难家庭户民房修缮4宗，化解4宗“两学一做”涉及民房征迁历史遗留问题。

【永宁镇修复古卫城 Repair the ancient acropolis】 启动古卫城修复系列工程。围绕“城、海、山、农”四位一体，打造永宁滨海文化旅游品牌。初步划定四个城门旧址范围，下一步计划复建大东门、南门、北门、西门，并对部分城墙进行修复。城隍庙广场及景观工程将于年底竣工并投入使用，古卫城遗址公园前期论证工作同步进行。以上三个项目竣工后，将最大限度重现永宁古卫城原来的风貌。通过征收永宁老街及部分洋楼，由政府统一规划、修缮、运营。

着手开展海洋生态公园前期规划论证，动工建设外高客运、游轮、游艇码头及港后填海配套服务设施，力争完成一期水工工程。

从宝盖山风景区建设和保护入手，加快景区内废弃石窟改造治理，探索将废弃石窟改造成休闲公园，配套建设旱冰场、攀岩、野外拓展等项目。挖掘朝天寺、虎岫寺等宗教资源，开发宗教朝圣旅游。

以西岑村天农良谷农业休闲园和郭坑村休闲农庄为示范，鼓励各村（社区）“因村制宜”，探索富有特色的美丽乡村建设之路，将村庄的“农家味”和城市的“时尚味”相融合，倾力打造现代观光体验农业等。

【永宁镇开发海岸带 Exploit coastal zone】 2016年，率先启动海岸带建设。海岸带建设是石狮市未来发展的新增长极，现已生成的项目包括共富路交通快速通道、沿海大通道生态景观工程、宝盖山双髻山峡谷旅游路、石永二路东延伸段等都在永宁，永宁镇融入全局，率先作为，做好安征迁工作，服务保障好项目的建设，推动山海城联动发展，打造古卫城滨海文化旅游特色名镇。

【永宁镇建设渔港经济区 Build fishing port economic zone】 高起点建设渔港经济区。2016年，加快渔港经济区的项目生成，永宁镇渔业资源丰富，渔港风光秀丽，打造集生产、贸易、加工、旅游为一体的渔港经济区具有得天独厚的优势。永宁镇把握列入全省20个渔港经济区建设试点的时机，策划生成一批渔港经济区大项目，以丰源水产和海星生物科技为龙头打造海洋生物基地，在红塔湾建设海洋生态公园，在观音山打造人文生态摄影基地，在梅林建设海鲜批发市场，扩建梅林国家一级渔港进港大道，疏通渔港港池。

（陈钟铭撰　林文森审）

祥芝镇
Xiangzhi Town

【概 述 Generals】 祥芝镇位于泉州湾口，地处石狮东北部突出部，辖10个行政村，面积15.9平方千米，海岸线长12.9千米。祥芝镇是福建省渔业重镇和水产品加工基地，为全国综合实力千强镇、国家级生态乡镇、国家重点镇和福建省宣传思想文化示范镇。

2016年，祥芝镇户籍人口3.41万人，外来人口3万余人。2016年，祥芝镇实现规模以上工业产值94.66亿元，同比增长8.9%；限额以上商业销售额14.21亿元，同比增长13.9%；固定资产投资44.10亿元，同比增长30.5%；财税总收入18526万元，其中一般预算收入9220万元。祥芝镇形成“一港三区五支柱”的产业格局，依托祥芝国家中心渔港，形成集海洋捕捞、冷链物流、水产品加工、水产养殖、船舶修造等为一体的渔业产业支柱；依托高新区，壮大以加多宝饮料、泓一食品为龙头的食品饮料产业支柱和以华联配件、富兴包装为龙头的五金印刷产业支柱；依托大堡染整集控区，打造新型染整电镀产业支柱；依托海洋生物科技园区，培育以华宝生物医药为龙头的海洋科技产业支柱。

【经济发展 Economic development】

2016年，祥芝镇的企业转型升级步伐不断加快，投入技改项目资金13亿元。大堡染整电镀园区持续推进节能降耗循环化改造，淘汰落后产量，实现高效低耗生产。华宝新材料工程公司通过省高新技术企业预审，创建首个院士专家工作站，深化产学研模式。昇兴集团祥芝分公司扩容增产，年产值达2.5亿元，全年税收大幅增长。

海洋经济产业持续壮大。坚持以渔港优势为依托，向精深加工、成品制造延伸转变，着力培育带动能力强、科技含量高、环境污染小的海洋经济项目。2016年，渔业产量26.17万吨、产值18.2亿元，分别同比增长7.2%和2.2%，发放渔船柴油补贴1.87亿元。明祥食品与泰国海洋价值集团合作年产万吨鱼罐头项目正式投产，华宝海洋生物化工新项目投产在即，利成、瑞兴等水产食品加工企业积极开辟东南亚市场，实现量升税增，出口形势喜人。冷链物流业发展势头良好。

高新区祥芝片区已投产富兴包装、科达电子、富达科技等6个项目，全年创造产值近10亿元，创税超5000万元。鸿鹏五金、福诚纺织机械等5个项目建成。飞通导航、大宏光电、欧铂斯等项目加快建设。2016年，完成高新区电子信息园二期、港后物流园等4个项目征地871公顷，为项目落地提供空间。实施重点项目清障行动，推进通达电子二期落地建设，形成新的经济增长极。完成共富路排水排污工程、机械装备园土方爆破平整及主干一路等项目安征迁工作，确保项目进场施工。规划建设液氨冷冻保鲜企业聚集区，加快梳理解决征地历史遗留问题，推进液氨企业的科学健康发展。

【城镇建设 Urban construction】

2016年，祥芝镇打造“美丽乡村”。湖西村作为省级农村住宅小区示范村，完成路灯改造、临时菜市场主体工程。前山村宜居安置区基本完成土地平整，排水排污工程扫尾施工。古浮湾生态环境修复项目，完成停车场景观提升工程和沙滩修复工程，木栈道观鸟台和大山屿无线监控安装项目施工。完成造林绿化面积40公顷。

加强生态环境建设。配合进行印染污水处理厂管理体制和营运机制改革。率先超额完成122辆黄标车淘汰工作。开展环保违规建设项目清理整顿，完成130家整改备案任务。关闭7家石板材加工厂。落实全市畜禽禁养有关规定，整治10个历史遗留畜禽养殖场点。

改革创新城镇管理。加快推进“放管服”，改革环卫机制。2016年，投入环卫经费630万元，实施镇区路面保洁及海漂垃圾治理市场化运作，全面解决历史遗留的船舶修造区海漂垃圾难题。改革城管体制，探索实行社会化服务模式，加强平时管理督促考核。拆除“两违”56宗、拆违面积4.5万平方米。开展常态化治理，镇村环境质量和城镇管理水平进一步提升。

【社会事业 Social undertakings】

2016年，全镇中小学通过国家义务教育均衡发展市复检验收。引进优质

2016年8月26日，国家发改委农经司一行到祥芝中心渔港调研 （图/祥芝镇）

办学资源，古浮小学与泉州师范附小合作设立石狮校区，升格为市直公办小学。莲坂小学突出南音教学特色，成为泉州培元中学南音教学基地校。祥芝中心幼儿园第二教学楼及改建项目、紫湖小学综合楼、祥芝中心小学篮球场、大堡小学宿舍楼等相继投入使用。推进古浮小学、莲坂小学扩容提升改造工程。莲坂、赤湖两个乡村少年宫获批。

落实民生保障。审批石结构房屋改造193宗，办理131宗民房两证手续。发放低保金196.4万元，发放优待金、重点优抚对象、残疾人及子女助学等各类补助247.7万元。祥芝镇财政补助新型医疗保险76.2万元，参合率100%，城乡居民养老保险参保率95.4%，投入爱国卫生经费151万元。祥芝镇财政投入生育关怀、“5+2”工程等计生专项资金65.7万元。发放廉租房、石结构房翻建等补助259.85万元。完成湖西村、古浮村土地承包经营权确权工作。

通过2015—2017年全国文明村镇初评验收。健康广场舞、“八点开席”等文明新风得到各村响应。全方位开展“厉行节约，文明办普”宣传动员，狠刹普渡铺张浪费、大操大办之风。鼓励壮大志愿者队伍，祥芝美丽海岸志愿者协会公益项目获首届全省志愿服务项目大赛银奖，新成立的祥芝渔港义务救援服务队获2016年泉州市见义勇为志愿者先进集体。举办石狮市第八届渔民文化节。落实全面两孩生育政策，计生年度考核名列全市第二。

2016年，祥芝镇投入综治经费249万元，增设和修复监控头130个，建成大型监控室3处，主要路段实现技防全覆盖，为祥芝镇9054户村民购买社会治安综合保险，设立9个道路交通安全劝导站和1个宣教基地。在祥芝镇开展平安建设大走访活动与“平安祥芝·最美家庭”网络评选活动，全面动员部署“七五”普法工作，营造浓厚平安建设氛围。安全生产形势总体平稳，强化“网格化”监管责任，全年检查企业250家，经营性场所1021家，渔船615艘次，排查隐患98处，发出并督促整改48份。建设大堡工业区安全生产宣传走廊，创新防抗台风期间渔民家属约谈机制，处置违规作业行为。

【渔港建设 Fishing port construction】

2016年．以祥芝中心渔港扩建工程为核心，策划生成渔港经济区项目，力促传统渔业转型升级，壮大渔业产业经济。计划投资2.3亿元的祥芝中心渔港扩建工程，完成初步设计、施工图审查等工作，预算送财政审查。投入700多万元，完成祥宝路—宝狮路—高克路—镇前路道路改造工程。古浮湾生态环境修复、船舶修造区、沿海大通道祥芝外线斗尾段等一系列渔港经济区项目有序推进。

（杨松峰撰　黄荣辉审）

鸿山镇
Hongshan Town

【概 况 Generals 】　鸿山镇地处石狮市东部沿海，东临台湾海峡，下辖11个行政村，面积15.82平方千米，海岸线9.65千米。2016年，常住人口3.14万人，流动人口2.11万人，鸿山镇是石狮市纺织、面料和染整业的主要聚集地，中国休闲服装面料名镇。

2016年，鸿山镇应对经济下行压力和各种困难挑战，推动经济社会持续平稳健康发展。全年实现国民生产总值71.3亿元，同比增长3.6%；公共财政总收入6.62亿元，其中公共财政预算收入2.92亿元，同比增长3.8%；规模以上工业总产值148亿元，同比增长8.8%；全体居民人均可支配收入43512元，同比增长7.5%，主要经济指标在全市各镇（街道）中排名前列。

2016年，鸿山镇伍堡村和洪厝村通过“泉州市新型社区”验收，东园村通过“泉州市美丽乡村示范村”验收、莲厝村和郭厝村被评为“泉州市宜居环境示范村”，湖厝村和东一村通过“石狮市美丽乡村”验收。

【经济发展 Economic development 】

2016年，鸿山镇实行镇领导挂钩重点企业制度，针对企业具体困难开展帮扶，协调解决企业融资难问题，引导企业加快生产结构调整和技术改造步伐，跟踪服务企业重点生产项目、改扩建项目的落地，培育经济新增长点。全年全镇34个市级重点项目，年度投资4.1959亿元，其中，鸿山热电厂技改项目、万弘海洋生物科技项目相继完成测机并投产。高新区五金印刷基地21家企业的建设进度加快，其中美佳爽、平辉等5家企业竣工投产。主动消化处置14宗23.07公顷批而未供用地，推进早日动工建设。

热电企业生产运营情况良好，供热发电逐年增长。全年发电151.22亿千瓦时，同比增长7.87%，供汽622.1万吨，同比增长8.09%。其中石狮热电厂全年累计发电9.81亿千瓦时，供汽187.1万吨；鸿山热电厂全年累计发电60.1亿千瓦时，供气435万吨；福能神华发电厂全年累计发电81.31亿千瓦时。印染废水深度处理技术研究及示范项目完成设备安置购置和现场安装；市政污泥与煤掺混制作水煤浆技术及应用项目开始试运行试验；伍堡陆岛交通码头沉箱预制完成等待安装。搭建创客公益平台，鸿山影视基地及创客空间进入收尾阶段。扶持推动乡村电商发展，伍堡村上榜2016年淘宝村名单，电子商务年交易额超过1000万元，活跃网店数量超过100家。能源、染整、纺织、皮革和海洋生物整体发展平稳，自主创新持续增强。

【城镇建设 Urban construction 】

2016年，鸿山镇对接石狮市全域一体空间统筹规划和海岸带规划，编制《鸿山东埔渔港经济区建设概念性规划》，调整鸿山镇土地利用总体规划，优化城镇空间布局，明确生活、生产、生态功能分区。鸿山人民公园和文体中心建成并投入使用。伍鸿路绿化亮化工程完工，鸿山路路灯工程建设完成并投入使用，永祥路完成绿化亮化并全面通车，东洪路全线贯通、路灯及绿化工程进场施工，通港路招、投标。进一步完善城管协勤队伍日常巡查机制，采取疏堵结合的办法，对镇区街道、综合市场和停车场等进行综合整治，全年拆除“两违”建筑4.2万平方米。

【生态保护 Ecological protection】

2016年，鸿山镇开展伍堡工业区环保监管，推进伍堡污水处理厂的达标排放和提标改造，稳步推动污水厂国有化改制工作，打击企业非法取水，引导开展印染废水深度处理技术研究及示范项目，倒逼印染企业落实环保生产清洁生产。推进鸿山热电厂一期工程热电超低排放改造工程和石狮热电厂三号机组技术改造工程建设。重点实施32家环保违规建设项目清理整顿，超额完成黄标车淘汰任务149辆，关闭畜禽养殖全部5个场点，完成饰面石材加工厂清理整顿工作。完成伍堡溪清淤污水管道的埋设及溪岸两侧环境绿化整治，全面推进“美丽乡村”“宜居生态村”建设，开展莲湖水库清淤工程。完成32家环保违规建设项目的清理整顿，推进率100%。完成伍堡溪清淤、下游溪污水管道的埋设及溪岸两侧环境绿化整治。加大环境卫生整治投入，健全常态化卫生巡查机制，全年投入环境卫生保洁经费450万元，加大道路与海漂垃圾清理整洁力度，严格市场化承包监管，环卫保洁考核位列沿海五镇前茅。

【社会事业 Social undertakings】

2016年，鸿山镇继续推进城乡居民社会养老保险和农村新型合作医疗，落实城乡低保制度和优抚政策，抓好精准扶贫，深入慰问困难群众。全镇参保对象20127名，参保率96.55%；为全镇低保对象发放保障金额221.9万多元，实现应保尽保。提高新型农村合作医疗筹资水平和参合率，全年参合对象为28000名，镇财政补助资金为70万元，参合率达到99.51%。应对人口老龄化趋势，建成鸿山敬老院，规范化运行全镇10个居家养老服务中心。

鸿山影视创客文化园　（图/鸿山镇）

2016年，全镇财政投入教育经费315万元，加大教育投入，完成邱厦小学校园改造工程，继续支持石狮五中和山东“271”教育集团合作办学，教学环境、教学质量明显提高。丰富群众文体生活，开展多项篮球赛事和灯谜竞猜等全民文体活动，群众文体活动蔚然成风。在全市率先创建计生微信公众服务平台，先后投入100多万元，为计生困难户提供各类补助救助，卫计工作水平逐年提升。坚持开展春节慰问百户困难群众活动，全年发放慰问金58多万元。将原政府停车库改建为镇便民服务中心，规范启用新的镇便民服务中心，为群众提供更加方便的办事场所。提高便民服务，完成192宗石结构房和危旧房翻建审批手续，解决危困户的住房问题。强化“12345”政府便民服务热线办理监督，全年受理并办结各类群众诉求件163件，满意率97.6%。办理市镇人大建议和政协提案件近200件，满意率98%以上。推行一村一法律顾问，提高依法行政水平。

2016年，鸿山镇全年投入公共安全保障经费378万多元，抓好“平安鸿山”建设和安全生产工作。继续投入34万多元为全镇农户购买农村社会治安家庭财产保险，投入160万多元综治专项经费，用于加大综治宣传、增聘巡防人员、增配巡逻设备等，继续投入35万元增加80个治安高清视频监控点，加大重点区域的覆盖面。坚持“创安日”活动，全面清理“三合一”厂房，抓好危化品管理，落实渔业安全生产制度。全年排除安全隐患1123例，取缔石材加工场所11家。探索社会管理创新模式，深化“爱民固边”创建活动，超额完成年度征兵工作，为部队输送优秀青年。统计、档案、残联、民族、宗教、老龄老干等各项事业均取得一定成绩。

（吴天赐撰　蔡芳臻审）

锦尚镇
Jinshang Town

【概 述 Generals】　锦尚镇位于泉州

湾口突出部，属沿海乡镇，是著名侨乡。面积14.5平方千米，海岸线长8.4千米，辖11个建制村，16个自然村。2016年，锦尚镇户籍人口2.44万余人。全镇工业产业以纺织、服装和染整为主，工艺品、电子为辅，主要集中于锦尚工业区和纺织服装产业发展基地；农业产业以海洋捕捞为主，粮食、蔬菜种植为辅。随着镇区建设步伐加快，华锦码头1—3号泊位建成投入使用，商贸、服务、物流等第三产业迅速发展，且所占比重逐年提升，全镇产业结构不断优化，经济总量和发展质量稳步提升。先后获国家级生态乡镇、全国体育健身示范工程、省文明镇、省农村宣传思想文化示范镇、泉州市国防动员先进单位等称号。

2016年，全镇公共财政总收入1.35亿元，同比增长6.1%，其中公共财政预算收入7683万元，同比增长21.9%；规模以上工业总产值43.82亿元，同比增长10.7%；出口商品总值3527万美元，同比下降19.1%；固定资产投资完成额34.2亿元，同比增长24.4%；农村居民人均可支配收入20900元，同比增长9.75%。

【经济发展 Economic development】

2016年，锦尚镇加快纺织基地建设。推进纺织服装产业发展基地建设，完成基地一期85公顷土地征用任务，A区50万平方米标准厂房、宿舍及商业楼全面完工，道路、卫生所、警务室等配套设施进入扫尾阶段，18家企业搬迁入驻；B区进行二次平整，鹏泰服饰厂房主体封项，鼎发服饰等2家企业落地投建。

引导提升传统产业。新宏兴染整1＃车间1.8万平方米建设全面投产，杰时帝服饰、杨杰机械等5家企业正在进行办理开工建设手续。鼓励支持染整行业通过更新设备，技术改造和产品研发，提升市场竞争力。全年申报市级以上技改项目9个、科研项目3个。年产值超亿元企业13家，创新转型步伐加快。发展壮大港口经济。华锦码头全年港口吞吐量为27.34万标箱，同比增长11.55%，散货185.16万吨，带动物流等第三产业加快发展。锦东一级渔港完成勘探测量、工程可研通过行业审查。

【城镇建设 Urban construction】

2016年，锦尚镇完善基础设施。纵贯镇区西部60米宽永祥路全面完工，横穿镇中心区域3.6千米的锦南路景观提升工程路面拓宽基本完工，完成镇区5.3千米生活污水管网铺设和泵站建设，进入设备安装调试。加快镇区改造。持续推动厝上大街第三期西港路口至锦尚村委会拆迁改造工作，锦南路厝上段回批地首期公开拍挂4幢41间商住楼陆续动工建设，3幢封顶；卢厝新大街最后一幢商住楼改造已封顶。建立城镇管理队伍，加强对占道经营、户外广告及车辆违章停放等监管，推行厝上大街商店门前“三包”，提升城镇品位。

改善村容村貌。2016年，锦尚镇以美丽乡村为抓手，抓好卢厝、港东两个重点村建设。投入资金近500万元，完成道路改造3800平方米，铺设排水排污管沟近1000米，架设路灯84支，公园2处，灯光球场1个。厝上、东店、奈厝前等村投入110多万元，用于路道、水沟、绿化等村容村貌整治。投入250多万元，推进市场化管理，抓好镇区主干道路和村庄环境卫生综合整治，改善农村人居环境。

【社会事业 Social undertakings】

2016年，锦尚镇落实社会保障，居民最低生活保障实现应保尽保，167户342人，全年发放低保金145.662万元，城居保续保率95.73%，医疗合作保险参合率99.12%，厝上村纳入全市被征地农民养老保险。解决农村住房困难问题，加快农村危旧房屋改造建设，全年新建民房7座，翻建121座，房屋修缮补助41户，每户1.0391万元。

教育优先。2016年，引导鼓励海内外侨亲乡贤捐资办学，占地3公顷之市第三实验小学复光校区一期工程全面完工，秋季开学正式搬迁投入使用。启动石狮二中综合楼、中心幼儿园二期工程建设和琼山教育基金大楼建设前期工作。加快落实石狮二中和各小学标准化建设，夯实义务教育基础，加强学校管理，每年秋季颁发“新石狮少年”励教奖学基金，教育质量和办学效益稳步提高。

卫生计生。2016年，进一步完善镇卫生院医疗设备和村卫生所规范化建设，健全医疗卫生服务网络。深化新农合支付方式改革，镇卫生院住院费用纳入报销范围。完成计划生育年度目标，全面落实二孩政策，不断提高计生优质服务水平，加强生育关怀行动，全年奖励扶助51.65万元，受益计生家庭148户。

社会稳定。2016年，健全和完善派出所、边防所与巡防队治安巡逻联防机制，进一步规范村级巡防队管理，落实经费保障。新增警务室1处，在全镇主要路段、重点部位及各村增设视频监控32个，强化技防手段，构建切实有效的治安防控体系，打击各类违法犯罪活动。连续7年为全镇群众购买家庭财产意外保险，及时排查和调处各种社会矛盾纠纷，全年调解邻里纠纷28起、劳资纠纷起31起，人民群众对社会治安的知晓率和满意度持续上升。

【保护生态环境 Protect the ecological environment】 2016年，全面拆除染整园区烟囱，推动导热油炉清洁能源改造，由鸿山热电集中供汽，消除煤烟排放。投入资金8000多万元，推动污水处理厂提标改造，确保工业污水达标排放。淘汰黄标车139部，落实环保违规建设备案制113家。实施水系环境综合治理，做好厝上、卢港两条溪流常态化清淤保洁工作。

2016年，开展安全生产大检查，狠抓“三合一”建筑、危化物品、特种设备、交通安全等专项整治，全年整治隐患点38处，杜绝重特大安全事故发生。

（王鹏飞撰　蔡作为审）

领导名录

DIRECTORY OF PARTY POLITICAL LEADERS

（以2016年12月31日在职者为准）

（图/颜华杰）

中共石狮市委员会

Shishi Municipal Committee of the Communist Party of China

书　记　朱启平

副书记　黄春辉

　　　　庄玉海

常　委　林天虎

　　　　林振海

　　　　陈元生

　　　　张鸽翔

　　　　蔡天守

　　　　林希妍（女）

　　　　方章成

　　　　杨德才

办公室

主　任　曾少嵘

副主任　陈国锋

　　　　蔡荣桥

　　　　苏龙锽

　　　　邱志雄

机要局

局　长　林友生

党委综合系统党委

书　记　曾少嵘

副书记　陈世猛

组织部

部　长　杨德才

副部长　廖闽欣

　　　　王汉滨

　　　　佘日森

　　　　许宏图

直属机关工作委员会

书　记　杨德才

党群系统党委

副书记　蔡娃娃（女）

非公企业和社会组织工委

专职副书记　王礼谦

老干部活动中心

主　任　王祖德

宣传部

部　长　林希妍（女）

副部长　茅罗平

　　　　黄子仁

　　　　刘建辉

　　　　蔡迎媚（女）

　　　　孙文添

　　　　唐雪峰

宣传系统党委

书　记　龚纯华

统战部

部　长　林天虎

副部长　施剑峰

　　　　洪孝心

　　　　许新新

政法委

书　记　张鸽翔

副书记　吴宗顺

　　　　张　新

　　　　蔡世鑫

　　　　王永杰（挂职）

政治处主任　蔡文轴

政法系统党委

书　记　吴宗顺

副书记　龚怡诺

综治办

主　任　蔡世鑫

机构编制委员会办公室

主　任　张国钦

副主任　许志民

　　　　王名体

事业单位登记管理局

局　长　郑明芬（女）

社会工作部

部　长　苏金灿

副部长　汪华晔

　　　　邱明革

支援前线办公室

主　任　曾江明

老龄办

专职副主任　姜荣树

精神文明建设委员会办公室

主　任　黄子仁

副主任　许振洪

信访局

局　长　陈国锋

副局长　肖秋华

农村工作领导小组办公室

农业办公室

主　任　连伟强

副主任　邱尚攀

　　　　林纪忠

农办系统党委

书　记　连伟强

副书记　陈丽娜（女）

党校（行政学校）

校　长　杨德才

常务副校长　叶泽旺

副校长　陈鲲淼

党史研究室

主　任　黄文毅

副主任　李延安

档案局（馆）

局（馆）长　薛文华

广播电视台

台　长　蔡迎媚（女）

副台长　吴志民

　　　　王金辉（女）

　　　　邱春旭

石狮市人大常委会

Shishi Municipal People's Congress

主　任　上官跃进

副主任　施心新

　　　　吴清木

　　　　许赞成

　　　　林进全

办公室

主　任　龚金镇

副主任　蔡淑惠（女）

　　　　邱尚进

人事代表工委

主　任　林玉燕（女）

副主任　何天水

内务司法工委

主　任　佘日建

副主任　陈益世

财政经济工委

主　任　林银元

副主任　许为民

教科文卫工委

主　任　戴小芬（女）

副主任　洪明芳

环境与城乡建设工委

主　任　侯建阳

副主任　邱向阳

华侨民族宗教工委

主　任　黄金山

副主任　李灵燕（女）

石狮市人民政府

Shishi Municipal People's Government

市　长　黄春辉

副市长　蔡天守

　　　　杜举胜

　　　　张永安

　　　　施汉杰

　　　　李　斌

　　　　张汉杰

　　　　林志鹃（女）

办公室

主　任　龚一士

副主任　郭永加

　　　　邱国坪

　　　　蔡金勤

　　　　杨秋东

纪检组长　李双双（女）

政府综合系统党委

书　记　龚一士

副书记　卢崎青

经济局

局　长　林志坚

副局长　邓莲珍（女）

　　　　张子群

　　　　谢文传

纪检组长　郑明丽（女）

经济系统党委

书　记　林志坚

副书记　蔡俊清

城镇集体工业联合社

副主任　邱建仁

　　　　王翠萌（女）

商务局

局　长　林金场

副局长　洪文德

　　　　洪星炫

纪检组长　刘春色

市场发展服务中心

主　任　张江滨

副主任　庄忠庆

　　　　林秀钦（女）

教育局

局　长　周拥护

副局长　蔡育婷（女）

　　　　陈晓东

　　　　蔡钰章

纪检组长　王志春

教育系统党委

书　记　周拥护

副书记　涂夏旭

教师进修学校

校　长　许长泉

副校长　王昆仑

　　　　黄雅芳（女）

　　　　陈冬凝（女）

科技和知识产权局

局　长　陈垂汉

副局长　蔡熙达

公安局

局　长　刘南辉

政　委　杨福兴

副局长　魏夏阳

　　　　许铭坛

　　　　邹毅斌

　　　　陈建煌

　　　　庄　强

　　　　郑平仕

公安局党委

书　记　刘南辉

副书记　杨福兴

　　　　苏响应

纪委书记　黄　哲

指挥中心

主　任　刘锦添

教导员　王　涛

国保大队
大队长　廖河章
教导员　杨春风（女）
刑侦大队
大队长　邱　鑫
教导员　曾少斐
交通管理大队
大队长　戴元军
教导员　邱国泉
法制大队
大队长　蔡红生
教导员　陈传芳
治安大队
大队长　蔡建志
教导员　柯宏伟
经侦大队
大队长　施正白
教导员　邱尚坤
出入境管理大队
大队长　朱家扬
教导员　郑日新
禁毒大队
教导员　黄振东
政工室
主　任　胡俊峰
警务保障室
主　任　杨少辉
纪检监察室
主　任　李宝玉（女）
凤里派出所
所　长　陈清芳
教导员　谢　佳
湖滨派出所
所　长　阮新平
教导员　陈健伟
灵秀派出所
所　长　许峰柏
教导员　许伟雄
宝盖派出所
所　长　邱志鹏
教导员　李铭鐏
蚶江派出所
所　长　曾志忠
教导员　施养枋
永宁派出所
教导员　吕志新
祥芝派出所
所　长　王金德
教导员　张宝利
鸿山派出所
所　长　李健腾
教导员　王阿祥
锦尚派出所
所　长　王瑞荣
教导员　郑旭阳
看守所
所　长　张振友
教导员　黄昭阳
拘留所
所　长　温卫东
教导员　郑志明（女）
民族与宗教事务局
局　长　许新新
副局长　蔡连庭
监察局
局　长　王莉萍（女）
副局长　李宁韧（女）
　　　　傅　胜
司法局
局　长　李毓熙
副局长　王小斌
　　　　陈誉佳
纪检组长　洪　莉（女）
凤里司法所
所　长　邱国强
湖滨司法所
所　长　杜海鹏
灵秀司法所
所　长　谢添贵
宝盖司法所
所　长　黄艺艺（女）
蚶江司法所
所　长　林白莲（女）
永宁司法所
所　长　曾焕达
祥芝司法所
所　长　蔡凯龙
鸿山司法所
所　长　蔡加新
锦尚司法所
所　长　李文谱
财政局
局　长　傅荣辉
副局长　傅文准
　　　　李垂轩
纪检组长　陈文希
财税系统党委
书　记　傅荣辉
副书记　李美蓉（女）
会计核算中心
主　任　陈永瑞
人力资源和社会保障局
局　长　廖闽欣
副局长　黄丽雅（女）
　　　　邱尚付
　　　　王翌壮
纪检组长　邱海涛
社保系统党委
书　记　廖闽欣
副书记　邱国进
机关事业单位社会保险管理中心
主　任　纪荣喜
人力资源公共服务中心
主　任　巫菲祥
国土规划和房产管理局
局　长　陈殿魁
副局长　蔡晓智
　　　　佘明涵
　　　　蔡金郡
纪检组长　洪奇树
国土规划建设系统党委
书　记　陈殿魁
副书记　王少凡
不动产登记中心主任
主　任　佘明涵
国土资源监察大队
大队长　张国梁
教导员　傅森源
交通和城市建设局
局　长　许明忠
副局长　蔡提福

蔡志坤
颜文艺
邱尚泽
纪检组长　刘永辉

交战办

主　任　傅子斌

人防办

主　任　张基明

交通城建系统党委

书　记　许明忠
副书记　吴月明（女）

运输管理所

所　长　王志锵

交通综合行政执法大队

大队长　傅明长

城市管理局

局　长　邱建申
副局长　曾国辛
姜德勇
宋建华
纪检组长　廖赞团

城市管理综合考评中心

主　任　张志刚

文体旅游广电新闻出版局

局　长　董立新
副局长　骆旺山
蔡紫孟
纪检组长　卢俊杰

文化市场综合执法大队

大队长　曾晓敏

卫生和计划生育局

局　长　余文革
副局长　卢丽雅（女）
邱宗财
邱华巧
张金从
纪检组长　王益富

疾病预防控制中心

主　任　苏玉城
书　记　蔡亚碟（女）

卫生局卫生监督所

所　长　王建基
教导员　林清传

流动人口计划生育管理站

站　长　陈振达

审计局

局　长　黄诗建
党组书记　姚惠卿（女）
副局长　陈天取
纪检组长　林淑莲（女）

统计局

局　长　吴顺泰
副局长　施长华

社会经济调查大队

大队长　柯晓霖

生态环境保护局

局　长　王文挺
党组书记　蔡英殿
副局长　黄进成
吴　侯
陈朝晖
纪检组长　邱允阳

水务处

主　任　黄进成
副主任　蔡进强

防汛抗旱指挥部办公室

主　任　谢真固

侨台外事局

局　长　许海鸣
副局长　李志雄

安全生产监督管理局

局　长　邱建明
副局长　郑金象
邱国衍
纪检组长　蔡世博

金融工作局

局　长　张辉程
副局长　洪志胜

市场监督管理局

局　长　蔡新群
副局长　王重荣
余连捷
周龙水
食品药品总监
王建群
纪检组组长
蔡冰冰（女）

市场监督管理局党委

书　记　苏思远
副书记　龚建忠

凤里监督管理所

所　长　蔡怡适
教导员　洪华西

湖滨监督管理所

所　长　余泗水

灵秀监督管理所

所　长　黄怡毓
教导员　郑敬谋

宝盖监督管理所

所　长　吴育进
教导员　戴泉才

蚶江监督管理所

所　长　邱志宏
教导员　黄德育

永宁监督管理所

所　长　黄荣炉
教导员　郑鸿博

祥芝监督管理所

所　长　张金聪
教导员　王永松

鸿山监督管理所

所　长　林贤种
教导员　张开元

锦尚监督管理所

所　长　胡文献
教导员　张培阳

市场监督管理执法大队

大队长　龚铭峰

海洋与渔业局

局　长　丁聪岭
副局长　邱伟煌
许明艺
纪检组组长
黄圣岚

海洋与渔业执法大队

大队长　吴世纯
教导员　李荣锋

行政服务中心管委会

主　任　吴雄聪
副主任　邱尚定

供销合作社联合社

主　任　刘延钦

副主任　林力生

地方志编纂委员会办公室

主　任　李秉源

副主任　吴金旋（女）

地震办公室

主　任　卢金宗

政协石狮市委员会
Shishi Municipal Committee of the Chinese People's Political Consultative Conference

主　席　林自育

副主席　郭丽莲（女）

陈贤明

丁东福

陈东华

办公室

主　任　张子健

副主任　蔡　菁（女）

提案法制办公室

主　任　卢祖明

副主任　杨思恩

经济资源办公室

主　任　苏榕榕（女）

副主任　程育钦

教科文卫史办公室

主　任　颜福瑜

副主任　王晓明（女）

台港澳侨民宗办公室

主　任　林晓晖

副主任　蔡盈盈（女）

中共石狮市纪律检查委员会
CPC Shishi Commission for Discipline Inspection

书　记　林振海

副书记　王莉萍（女）

洪志愿

常　委　杨鸿波

陈拥护

蔡德森

颜安妮（女）

办公室

主　任　颜雯雯（女）

组织和宣传部

部　长　陈伟鹏（女）

案件监督管理室

主　任　颜安妮（女）

党风政风监督室主任

主　任　王山海

信访室

主　任　蔡一鹏

第一纪检监察室

主　任　吴月明

第二纪检监察室

主　任　陈荣坊

第三纪检监察室

主　任　叶　芃

案件审理室

主　任　庄雪峰

纪检监察干部监督室

主　任　许志强

石狮市人民法院
Shishi City People's Court

院　长　林明容

副院长　颜良伙

叶　青

吴志生

纪检组长　邱国旭

政治处

主　任　程耕轮

石狮市人民检察院
Shishi City People's Procuratorate

检察长　陈　林

副检察长　陈国兴

邱新跃

苏紫燕（女）

纪检组长　张铭毅

政治处

主　任　蔡志强

地方军警机构
Local Military and Police Organizations

石狮市人民武装部

部　长　曹军平

政　委　方章成

副部长　齐建伟

公安边防大队

大队长　李　杰

政　委　蔡文强

公安消防大队

大队长　林建忠

教导员　郭首政

武警中队

中队长　张　甜

指导员　林建福

民主党派、工商联、群团
Democratic Parties·Federation of Industry and Commerce of Shishi·Social Organizations

国民党革命委员会石狮市总支部委员会

主　委　施汉杰

副主委　蔡清淳

许雄飞

陈垂汉

王传三

民主同盟石狮市总支部委员会

主　委　蔡进强

副主委　蔡鸿鹏

洪少培

李苍握

陈艺云（女）

民主建国会石狮市总支部委员会

主　委　吕　锜

副主委　施鸿滨

王熊熊

蔡少文

杨文峰

民主促进会石狮市总支部委员会

主　委　林晓晖

副主委　陈飞跃

刘永康

邱尚辉

彭玉琪

农工民主党石狮市总支部委员会

主　委　李灿新

副主委　邱清雄

洪志向

王荣柏

致公党石狮市总支部委员会

主　委　施文坛

副主委　吴曙军

何世宁

姚道锡

九三学社石狮市基层委员会

主　委　黄　刚

副主委　郑海滨

王克锰

戴鹏章

台湾民主自治同盟石狮市支部委员会

主　委　叶心凤（女）

副主委　林宏楠

王晓艺（女）

工商业联合会（总商会）

主席（会长）　蔡建四

党组书记　施剑峰

副主席　施剑峰

陈伟祥

总工会

主　席　杨德才

党组书记　王春炜

常务副主席　王春炜

副主席　黄梅跃

共青团石狮市委员

书　记　邱雪亮（女）

副书记　陈　曦

妇女联合会

主　席　邱亚环（女）

副主席　蔡小玲（女）

科学技术协会

主　席　李圣阳

归国华侨联合会

主　席　施养谊

副主席　洪其伟

文学艺术界联合会

主　席　刘建辉

残疾人联合会

理事长　蔡民权

副理事长　卢明鹏

国际贸易促进委员会（国际商会）

会　长　林启彬

计划生育协会

会　长　卢文进

常务专职副会长　卢丽雅（女）

专职副会长　蔡文乾

红十字会

会　长　林志鹃（女）

专职副会长　洪永家

台湾同胞联谊会

会　长　佘圣尧

慈善总会

会　长　蔡志从

秘书长　龚显勤

垂直管理部门、上级驻石机构

Local Departments Directly under Central Government Organs, Provincial Organizations in Shishi

国家税务局

局　长　谢铭峰

副局长　施渊若

张祖顶

纪检组长　黄灿铭

稽查局

局　长　许志强

进出口税收管理分局

分局长　吴木赐

税源管理一分局

分局长　李华强

税源管理二分局

分局长　柯清运

税源管理三分局

分局长　吴建强

税源管理四分局

分局长　林凤添

税源管理五分局

分局长　庄清龙

地方税务局

局　长　张美雪

副局长　王文曲

林宝珠

纪检组长　柯建成

稽查局

局　长　吴清河

狮城分局

分局长　施静瑜

经济开发区分局

分局长　林志龙

东区管理分局

分局长　王朝晖

北区管理分局

分局长　郭梅攀

南区管理分局

分局长　邱尚欣

灵秀分局

分局长　陈晓生

宝盖分局

分局长　蔡海彬

永宁分局

分局长　李春王

蚶江分局

分局长　林扬波

祥芝分局

分局长　吴天德

锦尚分局

分局长　田丽雅

石狮海关

关　长　高值清

副关长　林芳礼

石狮海事处

处　长　许玉林

副处长　林国新

出入境检验检疫局石狮办事处

主　任　沈庆辉

副主任　吕国荣

泉州市公路局石狮分局

局　长　何怀海

教导员　郭晓萍

副局长　刘福土

刘亚泽

气象局

局　长　杨建东

副局长　饶灶鑫

泉州市住房公积金管理中心石狮管理部

主　任　施小云

石狮日报社

总编辑　茅罗平

副总编辑　胡毅杰

傅文忠

编委、总编辑助理

李桂芳

中国人民银行石狮市支行

行　长　陈少波

副行长　李　莎

李典棋

烟草专卖局（公司）

局　长（经理）莫远东

副局长　卢　松

副经理　庄亚军

纪检员　董弘毅

邮政局

局　长　陈少锋

副局长　林玉玺

吴育哲

石狮市企业单位（部分）

Shishi City Business Units (Part)

中国电信股份有限公司石狮分公司

总经理　吴立志

副总经理　伍佰淳

徐坚彬

移动通信石狮分公司

总经理　陈震毅

副总经理　蔡振耀

朱俊清

蔡冰冰

国网福建石狮市供电有限公司

总经理、党委副书记

林建昌

党委书记、副总经理

龚国兴

副总经理　林文键

黄文元

总会计师　颜柳达

供水股份有限公司

董事长　吴清民

副总经理　蔡清潮

各开发区

Shishi Development Zones

石狮高新技术产业开发区管理委员会

党工委

书　记　朱　贤

副书记　洪志扬

林新苗

管委会

主　任　洪志扬

副主任　林新苗

刘以欣

办公室

主　任　周加建

业务科

科　长　卢小钦

石狮高新技术产业开发区管理服务中心

主　任　邱雅容（女）

各镇、街道

Towns and Neighborhoods

凤里街道

党工委

书　　记　王清波

副 书 记　蔡文博

李铭集

林育明

纪工委书记　郑晓峰

组织委员　吴伟峰

宣传委员　蔡忠秋

统战委员　郑天宝

秘　　书　郑天宝

武装部长　汪贵丁

人大工委

主　　任　张育群

街道办事处

主　　任　蔡文博

副 主 任　蔡忠秋

蔡芳汶

吴杰雄

余雅容（女）

田　珍（女，挂职）

企业和社会组织党委

专职副书记　杨婉贞（女）

湖滨街道

党工委

书　　记　杨　韬（女）

副 书 记　卢荣斌

邱文伟

李有接

纪工委书记　李佳兴

组织委员　施青苗

宣传委员　洪光铅

统战委员　施正极

秘　　书　施正极

武装部长　洪志力

人大工委

主　　任　李少斌

街道办事处

主　　任　卢荣斌

副 主 任　洪光铅

李巨擘

施鸿礼

蔡满满（女）

李彩霞（女，挂职）

企业和社会组织党委

专职副书记　周东胜

灵秀镇

党　委

书　　记　庄国阳

副 书 记　黄明瑄（女）

吴国钦

邱培钦

纪委书记　蔡振望

组织委员　卢盛银

宣传委员　傅毓丽（女）

统战委员　李加勇

秘　　书　李加勇

武装部长　蔡林鹏

人大主席团

主　　席　陈章彬
专职副主席　王正一
镇政府
镇　　长　黄明瑄（女）
副 镇 长　吴修忍
　　　　　谢胜德
　　　　　李辉育
　　　　　林振志
　　　　　郭东玲（女，挂 职）
企业和社会组织党委
专职副书记　蔡猛龙
宝盖镇
党委
书　　记　邱永丰
副 书 记　郑文芳
　　　　　王英俊
　　　　　邱尚齐
纪委书记　郭荣芳
组织委员　谢金磐
宣传委员　蔡加勉
统战委员　上官加兴
秘　　书　上官加兴
武装部长　王安庆
人大主席团
主　　席　蔡鸿强
专职副主席　陈庆联（女）
镇政府
镇　　长　郑文芳
副 镇 长　林积沪
　　　　　蔡荣滢
　　　　　陈晓聪
　　　　　洪泉泉（挂职）
企业和社会组织党委
专职副书记　蔡荣旭
蚶江镇
党委
书　　记　刘艺波
副 书 记　李怀忠
　　　　　邱永乐
　　　　　吴激扬
纪委书记　骆文杰
组织委员　王明晓
宣传委员　蔡桦榕（女）
统战委员　邱尚木
秘　　书　邱尚木
武装部长　蔡式彪
人大主席团
主　　席　郭晓锋
专职副主席　李丽宽（女）
镇政府
镇　　长　李怀忠
副 镇 长　蔡坚定
　　　　　杨思明
　　　　　曾少君
　　　　　留锦章
企业和社会组织党委
专职副书记　李荣亮
永宁镇
党委
书　　记　邱银河
副 书 记　邱汉清
　　　　　纪华雄
　　　　　刘福全
纪委书记　林再裕
组织委员　邱竞芬（女）
宣传委员　施文静
统战委员　林文森
秘　　书　林文森
武装部长　蔡育权
人大主席团
主　　席　蔡清墩
镇政府
镇　　长　蔡世鑫
副 镇 长　施文静
　　　　　蔡文作
　　　　　王少勇
企业和社会组织党委
专职副书记　林曙燕
祥芝镇
党委
书　　记　蔡振宇
副 书 记　李迎河
　　　　　邱天生
　　　　　陈文晖
纪委书记　邱世炎
组织委员　邱天生
宣传委员　卢鸿利
统战委员　黄荣辉
秘　　书　黄荣辉
武装部长　张再生
人大主席团
主　　席　张传标
镇政府
镇　　长　李迎河
副 镇 长　孙甜甜（女）
　　　　　林建勤
　　　　　卢鸿利
　　　　　王妮娅（女）
企业和社会组织党委
专职副书记　蔡世龙
鸿山镇
党委
书　　记　蔡俊龙
副 书 记　陈增坛
　　　　　苏　斌
　　　　　傅凉凉（女）
纪委书记　洪秀劝（女）
组织委员　傅凉凉（女）
宣传委员　蔡文市
统战委员　蔡芳臻
秘　　书　蔡芳臻
武装部长　张闯
人大主席团
主　　席　邱灿飞
镇政府
镇　　长　陈增坛
副 镇 长　杜晓岚
　　　　　蔡文市
　　　　　吴金锁
　　　　　张宝葛
企业和社会组织党委
专职副书记　许支援
锦尚镇
党委
书　　记　邱华侨
副 书 记　曾国志
　　　　　林高欣
　　　　　蔡攀峰
纪委书记　邱友炳
组织委员　蔡攀峰
宣传委员　王雅凉（女）
统战委员　蔡作为
秘　　书　蔡作为
武装部长　张瑞富
人大主席团
主　　席　许经杭
镇政府
镇　　长　曾国志
副 镇 长　吴志远
　　　　　蔡泽群
　　　　　王雅凉（女）
企业和社会组织党委
专职副书记　高培榕（女）

（图/颜华杰）

石狮市 2016 年先进单位名表

Advanced Units in 2016

表 44

获奖单位	奖励名称	颁奖单位	表彰文号
石狮市人民政府	2014-2015 年度全国平安渔业示范县	农业部、国家安全监管总局	农渔发〔2016〕3 号
石狮市	全国双拥模范城	全国双拥工作领导小组、民政部、总政治部	国拥〔2016〕5 号
石狮市	2014—2016 年全国计划生育优质服务先进单位	国家卫生计生委	国卫指导发〔2016〕74 号
石狮市	2016 年度“国家级妇幼健康优质服务示范县（市、区）”	国家卫生计生委办公厅	国卫办妇幼发〔2016〕57 号
石狮市公安局刑侦大队	全国示范刑事科学技术室	公安部	公刑〔2016〕694 号
石狮市公安局	全国公安机关执法示范单位	公安部	公发〔2016〕9 号
石狮市公安局凤里派出所	全国学雷锋活动示范点	中国共产党中央委员会宣传部	—
湖滨街道玉湖社区	全国科普示范社区	中国科协、财政部	科协发普字〔2016〕62 号
湖滨街道湖边社区计生协会	全国先进村（社区）计生协会	中国计划生育协会	—
石狮市海洋与渔业执法大队	全国渔业文明执法窗口单位	农业部	农渔发〔2016〕34 号
狮城青年创新创业孵化中心	国家级众创空间	国家科技部	国科发火〔2016〕46 号
蚶江镇卫生院	“2015—2016 年度群众满意的乡镇卫生院”	国家卫生计生委办公厅	国卫办基层发〔2016〕58 号
中国移动石狮分公司	全国安康杯竞赛优胜单位	全国总工会、国家安监总局	—
石狮市总工会	2015 年全国安康杯竞赛优秀组织单位	中华全国总工会、国家安全生产监督管理总局	组委办〔2016〕3 号

续表 44

获奖单位	奖励名称	颁奖单位	表彰文号
石湖监管科	集体三等功	海关总署	总署人发〔2015〕303 号
石狮市	2011—2015 年全省法治宣传教育先进县（市、区）	省委宣传部、省司法厅、省依法治省领导小组办公室	泉治市办〔2016〕21 号
蚶江边防派出所	“福建省青年突击队”	共青团福建省委	—
石狮市人民法院	全省多元化纠纷解决机制改革示范法院	福建省高级人民法院	闽高法〔2016〕62 号
民事审判第一庭	全省法院民商事审判工作先进集体	福建省高级人民法院	—
石狮法院诉讼服务中心	全省法院诉讼服务中心建设工作先进集体	福建省高级人民法院	闽高法〔2016〕148 号
湖滨人民法庭	全省法院党建工作先进集体	福建省高级人民法院	闽高法〔2016〕212 号
石狮市人民法院立案庭	全省法院 G20 杭州峰会期间涉诉信访维稳工作先进集体	福建省高级人民法院	闽高法〔2016〕403 号
石狮市人民法院	全省法院信息化建设先进集体	福建省高级人民法院	闽高法〔2016〕410 号
石狮市公安局政工室	集体二等功	福建省公安厅	闽公令〔2016〕129 号
石狮市公安局刑侦大队	全省公安机关执法示范单位	福建省公安厅	闽公综〔2016〕371 号
石狮市公安局刑侦大队	第十三届“福建省青年五四奖章集体”称号	福建省委、福建省青年联合会	—
石狮市经济中介行业党委	福建省先进基层党组织	福建省委	—
石狮市人民检察院	第二批国家级节约型公共机构示范单位	福建省机关事务管理局、福建省经济和信息化委员会、福建省财政厅	闽机管综〔2016〕21 号
石狮市公安局凤里派出所	全省公安队伍正规化建设示范点	福建省公安厅政治部	闽公政传发〔2016〕163 号
石狮市公安局凤里派出所	全省公安机关执法示范单位	福建省公安厅	闽公综〔2016〕371 号
石狮市公安局灵秀派出所	全省公安机关执法示范单位	福建省公安厅	闽公综〔2016〕371 号
石狮市看守所	全省“五化建设”成绩突出单位	省公安厅	闽公综〔2016〕178 号
石狮市看守所	全省“五化建设”成绩突出单位	省公安厅	闽公综〔2016〕178 号
石狮市物价局（石狮市经济局）	福建省物价系统先进集体	福建省人力资源和社会保障厅、福建省物价局	闽人社文〔2016〕415 号
市委文明办	2015 年度福建省“我推荐、我评议身边好人”活动优秀集体	福建省委文明办	闽委文明办〔2016〕6 号
市委文明办	2015 年度福建省精神文明建设信息工作先进集体	福建省委文明办	闽委文明办〔2016〕5 号
蚶江镇	福建省安全社区	福建省人民政府安全生产委员会办公室	2016 年第 3 号公告
蚶江镇人民调解委员会	福建省人民调解先进集体	福建省司法厅	闽司〔2016〕10 号
石狮市种子管理站	2012—2015 年全省农业系统先进集体	福建省人力资源和社会保障厅、福建省农业厅	闽人社文〔2016〕411 号

续表 44

获奖单位	奖励名称	颁奖单位	表彰文号
石狮市公安局刑侦大队党总支	泉州市先进基层党组织	泉州市委	—
中共石狮市湖滨街道花园城社区支部委员会	泉州市先进基层党组织	中共泉州市委	泉委〔2016〕53 号
石狮市外来党员教育管理服务中心党委	泉州市先进基层党组织	泉州市委	泉委〔2016〕53 号
海西（石狮）电子商务园区党支部	泉州市先进基层党组织	泉州市委	泉委〔2016〕53 号
泉州海关驻石狮办事处通关科	“四好”科室	厦门海关	厦关人发〔2016〕27 号

2016 年先进个人名表

Advanced Individuals in 2016

表 45

姓名	工作单位	奖励名称	颁奖单位	表彰文号
王世炎	石狮青商会副会长	全国“向上向善好青年”	共青团中央	中青发〔2016〕7 号
蔡嘉盛	石狮市青年志愿分会副秘书长	全国优秀共青团员	共青团中央	中青发〔2016〕7 号
王东育	石狮团市委常委	中国青年志愿者优秀个人	共青团中央	中青发〔2016〕22 号
邱杰	石狮市公安局指挥中心	全国刑侦情报研判能手	公安部第五局	—
程耕轮	石狮市人民法院	2016 年 1 月敬业奉献类好人	中央文明办 中国文明网	—
苏雯雯	石狮市人民检察院	第四届全国检察机关 侦查监督业务能手	最高人民检察院 侦查监督厅	—
陈长沙	石狮市人民检察院	全国检察机关调研骨干人才	最高人民检察院	—
林配顺	石狮市人民法院	荣誉天平奖章	最高人民法院	FJ2015164
林少如	石狮市人民法院	荣誉天平奖章	最高人民法院	FJ2015165
龚庆丰	鸿山镇人民政府	福建省 2012—2014 年计划生育先进工作者	福建省人民政府	闽政文〔2016〕5 号
程耕轮	石狮市人民法院	全省优秀共产党员	中共福建省委	—
吴鹏鹏	湖滨街道湖边社区	从事侨联工作已超 20 年	中华全国归国华侨联合会（省部级）	—
蔡荣迁	湖滨街道湖边社区	从事侨联工作已超 20 年	中华全国归国华侨联合会（省部级）	—
林丽娜	湖滨街道玉湖社区	全国“最美家庭”林丽娜家庭	中华全国妇女联合会、中共福建省委文明办	—
黄梅跃	石狮市总工会	省五一劳动奖章	福建省总工会	闽工〔2016〕54 号
吴明晶	石狮市人民法院	福建省五一劳动奖章	福建省总工会	—

续表 45

姓名	工作单位	奖励名称	颁奖单位	表彰文号
许　春	市委组织部（市直机关工委）	福建省机关工委系统先进工作者	福建省人力资源和社会保障厅　中共福建省委省直机关工委	闽人社文〔2016〕391 号
李元强	石狮市供销社联合社	福建省供销合作社系统先进工作者	福建省人力资源和社会保障厅、福建省供销合作社联合社	闽人社文〔2016〕398 号
吴辉谊	市老干部活动中心	福建省先进老干部工作者	中共福建省委组织部、中共福建省委老干部局、福建省人力资源和社会保障局	闽人社文〔2016〕405 号
陈　曦	石狮团市委副书记	2016 年福建省优秀共青团干部	福建团省委	团闽委〔2016〕19 号
李　斌	石狮团市委副书记	2016 年福建省优秀共青团干部	福建团省委	团闽委〔2016〕19 号
王世炎	石狮青商会副会长	福建省“向上向善好青年”	福建团省委	团闽委〔2016〕4 号
杨舒磊	刑侦大队	2015 年福建省优秀共青团员	共青团福建省委	—
徐灵友	石狮市司法局凤里司法所	福建省 2013—2015 年“优秀人民调解员”	福建省司法厅	闽司〔2016〕10 号
卢锦荣	卢厝村党支部	人民调解先进个人（2013—2015 年）	省司法厅	〔2016〕10 号
陈晓围	石狮市海洋与渔业执法大队	全省海洋渔业系统先进工作者	福建省人力资源和社会保障厅、福建省海洋与渔业厅	闽人社文〔2016〕394 号
陈峰	市委文明办	2015 年福建省精神文明建设信息工作先进个人	福建省委文明办	闽委文明办〔2016〕5 号
董清海	泉州海洋职业学院	福建省高校优秀党务工作者	福建省委教育工委	闽委教组〔2016〕22 号
王梦钰	泉州海洋职业学院	福建省职业技能大赛导游服务（普通话）二等奖	福建省教育厅	—
焦猛	泉州海洋职业学院	福建省职业技能大赛导游服务（普通话）三等奖	福建省教育厅	—
孔小芳	泉州海洋职业学院	福建省职业技能大赛导游服务（英语）三等奖	福建省教育厅	—
华郁馨	泉州海洋职业学院	福建省职业技能大赛导游服务（英语）三等奖	福建省教育厅	—
张刘洋	泉州海洋职业学院	西餐宴会服务三等奖	福建省教育厅	—
黄雅惠 谢彬芳 方铭山 李博闻	泉州海洋职业学院	电子商务赛项三等奖	福建省教育厅	—
李琳欣 徐雪梅 饶　云	泉州海洋职业学院	艺术专业技能（中国舞表演）	福建省教育厅	—
侯康熙 孙文轩 王雅琪	泉州海洋职业学院	中餐主题宴会设计团体优秀奖	福建省教育厅	—

续表 45

姓名	工作单位	奖励名称	颁奖单位	表彰文号
周世业	石狮市水禽保种中心	2012—2015 年全省农业系统先进工作者	福建省人力资源和社会保障厅、福建省农业厅	闽人社文 [2016]411 号
黄文敬	石狮市公安局凤里派出所	个人二等功	福建省公安厅	—
刘振起	石狮市公安局永宁派出所	个人二等功	福建省公安厅	—
江友标	石狮市公安局出入境管理大队	2016 年清查三非外国人专项行动成绩突出个人	福建省公安厅	闽公综〔2016〕442 号
韩恩龙	刑侦大队	2015 年全省公安刑事技术现场勘验能手	福建省公安厅	闽公传发〔2016〕59 号
吴晖岑	石狮市看守所	2016 年全省公安监管业务比武标兵	省公安厅	—
蒲建利	石狮市公安局治安管理大队	2013—2015 年全省卷烟打假打私和治理真烟非法流通工作成绩突出个人	福建省烟草专卖局、福建省公安厅	—
谢凯歌	石狮市人民法院	全省政法系统优秀政法干警	省委政法委员会、人力资源和社会保障厅	闽高法〔2016〕33 号
陈书雄	石狮市人民法院	全省法院党建工作先进个人	福建省高级人民法院	闽高法〔2016〕212 号
谢清限	石狮市人民法院	全省法院党建工作先进个人	福建省高级人民法院	闽高法〔2016〕212 号
叶少波	石狮市人民法院	全省法院党建工作先进个人	福建省高级人民法院	闽高法〔2016〕212 号
傅榕坤	石狮市人民法院	第五届全省法院司法警察技能大比武男子实战防卫技能第一名	福建省高级人民法院	闽高法〔2016〕227 号
王奇烦	石狮市人民法院	第五届全省法院司法警察技能大比武男子实战防卫技能第四名	福建省高级人民法院	闽高法〔2016〕227 号
王奇烦	石狮市人民法院	第五届全省法院司法警察技能大比武男子 1000 米全装跑（36 周岁以下）第二名	福建省高级人民法院	闽高法〔2016〕227 号
王奇烦	石狮市人民法院	第五届全省法院司法警察技能大比武男子个人全能第二名	福建省高级人民法院	闽高法〔2016〕227 号
王奇烦	石狮市人民法院	第五届全省法院司法警察技能大比武男子手枪快速应用射击第五名	福建省高级人民法院	闽高法〔2016〕227 号
翁忠勇	石狮市人民法院	全省法院离退休干部老有所为先进个人	福建省高级人民法院	闽高法〔2016〕373 号
谢清限	石狮市人民法院	全省法院 G20 杭州峰会期间涉诉信访维稳工作先进个人	福建省高级人民法院	闽高法〔2016〕403 号
邱凉凉	石狮市财政局	全省财政系统先进工作者	福建省人力资源和社会保障厅、福建省财政厅	闽人社文〔2017〕14 号
郑绍扬	祥芝边防派出所	优秀共产党员	福建省公安边防总队	武闽边党〔2016〕44 号
林志龙	石狮市地方税务局石狮经济开发区分局	全省地税系统先进工作者	福建省人力资源和社会保障厅 、福建省地方税务局	闽人社文 [2016]354 号
胡珊泥	石狮市人民检察院	全省检察机关首届新媒体“十佳”编辑	福建省人民检察院政治部	—

续表 45

姓名	工作单位	奖励名称	颁奖单位	表彰文号
吴美满	石狮市人民检察院	福建省检察业务专家	福建省人民检察院	—
陈长沙	石狮市人民检察院	全省检察理论研究骨干人才	福建省人民检察院法律政策研究室	闽检政〔2016〕61 号
苏雯雯	石狮市人民检察院	全省检察机关侦查监督业务标兵	福建省人民检察院政治部	—
苏雯雯	石狮市人民检察院	全省检察机关侦查监督实务笔试优胜奖	福建省人民检察院政治部	—
苏雯雯	石狮市人民检察院	全省检察机关侦查监督业务答辩优胜奖	福建省人民检察院政治部	—
蔡均钧	石狮市人民检察院	第一届全省检察机关案件管理业务能手	福建省人民检察院政治部	闽检政〔2016〕128 号
姚道寅	石狮市人民检察院	2013-2015 年度全省检察机关“优秀接待员”	福建省人民检察院	闽检发政字〔2016〕15 号
蔡莉莉	石狮市司法局	2011—2015 年全省法治宣传教育先进工作者	省委宣传部、省司法厅、省依法治省领导小组办公室	泉治市办〔2016〕21 号
张振耀	富贵鸟股份有限公司党委副书记	泉州市优秀党务工作者	泉州市委	泉委〔2016〕53 号
许耀明	石狮市医院	科技进步奖三等奖	泉州市人民政府	—
林文琛	石狮市医院	科技进步奖三等奖	泉州市人民政府	—
林伟东	石狮市医院	科技进步奖三等奖	泉州市人民政府	—
王育新	石狮市医院	科技进步奖三等奖	泉州市人民政府	—
郑烽礼	石狮市医院	科技进步奖三等奖	泉州市人民政府	—
刘艳杰	石狮市妇幼保健院	“援疆工作先进个人”	中共昌吉回族自治州委员会昌吉回族自治州人民政府	—
刘艳杰	石狮市妇幼保健院	“荣誉市民”	昌吉市人民政府	—
安　鑫	泉州海关驻石狮办事处通关科	优秀团员	厦门海关	—
连　旭	泉州海关驻石狮办事处综合科	年度考核优秀	厦门海关	厦关人发〔2016〕28 号
李少君	泉州海关驻石狮办事处通关科	年度考核优秀	厦门海关	厦关人发〔2016〕28 号

（图/颜华杰）

表 46

石狮市 2016 年国民经济主要指标完成情况表

Shishi City National Economic Leading Indicators to Complete the Table in 2016

主要指标		单位	2016 年计划	目标增长（%）	1–12 月实际	增　长（%）	完成计划（%）
综合	石狮市生产总值	亿元	—	9.0	703.7	8.1	—
	#第一产业	亿元	—	—	24.2	2.8	—
	第二产业	亿元	—	—	376.2	7.4	—
	第三产业	亿元	—	9.5	303.3	9.5	—
	农业总产值	亿元	—	—	48.1	3.0	—
	工业增加值	亿元	—	9.0	339.1	7.4	—
	规模以上工业增加值	亿元	—	—	261.0	7.8	—
	社会消费品零售额	亿元	—	12.5	400.1	11.3	—
	限额以上社会消费品零售额	亿元	—	—	119.0	15.7	—
	固定资产投资（不含农户）	亿元	—	16.0	449.1	10.0	—
财税	财政总收入（不含基金）	万元	600000	7.0	600066	1.2	100.0
	#一般预算收入	万元	391500	5.5	403359	4.8	103.0
	中央级收入	万元	208500	—	196707	-5.4	94.3
	一般预算支出（不含基金）	万元	521922	—	486009	0.5	93.1
	国税收入	万元	272000	—	263394	4.4	96.8
	地税收入	万元	218000	—	215808	-11.6	99.0
金融	银行存款余额（本外币）	亿元	—	—	683.2	-6.7	—
	#境内住户存款	亿元	—	—	419.6	0.7	—
	银行贷款余额（本外币）	亿元	—	—	721.5	12.8	—
外经外贸	新批外商投资项目数	个	—	—	16	—	—
	合同外资额	万美元	—	—	-4793	-159.2	—
	实际利用外资（验资口径）	万美元	19000		21649	14.5	113.9
	出口商品总值〈2016 年 1-12 月海关口径〉	万美元	230860	8.0	202129	-5.4	87.6

续表 46

主要指标		单位	2016 年计划	目标增长（%）	1–12 月实际	增长（%）	完成计划（%）
水电	供水量	万吨	—	—	15346	-1.8	—
	工业用水量	万吨	—	—	10166.9	-2.0	—
	全社会用电量	万度	—	—	367250	4.5	—
	工业用电量	万度	—	—	232393	4.7	—
邮电	邮政收入（不包含速递和邮政银行）	万元	—	—	5674	7.4	—
	电信业务收入	万元	—	—	28298	-4.6	—
	移动电话业务收入	万元	—	—	59740	-2.9	—
其他	水产品产量	吨	—	—	451723	4.2	—
	居民消费价格指数	%	—	—	101.6	1.6	—
	港口货物吞吐量	万吨	—	—	3331.8	0.2	—
	石湖码头港口货物吞吐量	万吨	—	—	2692.8	1.5	—
	华锦码头货物吞吐量	万吨	—	—	639.0	-4.7	—
	集装箱吞吐量	标箱	—	—	1602279	4.9	—
	石湖码头港口集装箱吞吐量	标箱	—	—	1323668	3.5	—
	华锦码头集装箱吞吐量	标箱	—	—	278611	12.1	—
	全体居民人均可支配收入	元	—	—	43518	7.5	—

说明：三次产业比重 3.4:53.5:43.1

表 47

石狮市 2016 年地区生产总值

Shishi City Gross Domestic Product in 2016

单位：万元

指标	本月止累计	±%
一、石狮市生产总值	7037284	8.1
总计中：第一产业增加值	241690	2.8
第二产业增加值	3762114	7.4
第三产业增加值	3033480	9.5
总计中：农林牧渔业	241877	2.9
工　业	3390965	7.4
建 筑 业	374294	6.7
交通运输、仓储和邮政业	649239	5.0
批发和零售业	1054770	7.7
住宿和餐饮业	123130	0.3

指标	本月止累计	±%
金融业	309076	2.2
房地产业	222015	9.6
其他服务业	671918	24.1
二、三次产业比重（%）	本月止累计	上年同期
第一产业	3.4	3.0
第二产业	53.5	56.7
第三产业	43.1	40.3

表 48

农 业

Agriculture

单位：万元

指 标	计量单位	本月止累计	增 长（%）
农业总产值（现价）	万元	480630	3
全年农作物播种面积	亩	50093	-3.2
# 春收	亩	12497	-5.1
夏收	亩	17256	-4.1
秋收（预计）	亩	20340	-1
全年粮食播种面积	亩	20854	-3.7
# 春收	亩	3722	-6.7
夏收	亩	3019	-6.8
秋收（预计）	亩	14113	-2.1
全年粮食产量	吨	5807	-3.7
# 春收	吨	927	-6.5
夏收	吨	789	-9.8
秋收（预计）	吨	4091	-1.7
秋冬播农作物播种面积	亩	12244	-2.0
其中：粮食播种面积	亩	3590	-3.5
水果产量	吨	780	-1.1
食用菌产量	吨	64	-3.0
肉蛋奶产量	吨	1410	-19.7
水产品产量	吨	451723	4.2
1. 海水产品产量	吨	451400	4.2
海洋捕捞	吨	415654	4.4
# 远洋捕捞	吨	42507	30.2
海水养殖	吨	35746	2.2
2. 淡水产品产量	吨	323	1.9

表 49

规模以上工业产业分布情况

Shishi City Industrial Distribution

单位：万元

指 标	工业产值		工业销售产量		出口交货值	
	本月止累计	增 长（%）	本月止累计	增 长（%）	本月止累计	增 长（%）
总 计	9641922	5.4	9552453	5.3	1114443	-4.1
农副食品加工业	242073	9.7	241811	10.0	57640	7.5
食品制造业	116633	20.0	116999	20.2	—	—
酒、饮料和精制茶制造业	55200	-26.4	58975	-22.6	—	—
纺织业	1508586	8.5	1502136	8.6	13402	-8.5
纺织服装、服饰业	3249406	0.9	3230965	0.9	491908	-12.4
皮革、毛皮、羽毛及其制品和制鞋业	1146335	8.8	1120475	8.2	86124	18.0
家具制造业	3333	-27.0	3126	-27.4	—	—
造纸和纸制品业	51125	-6.6	49130	-4.5	36844	26.1

续表 49

指 标	工业产值		工业销售产量		出口交货值	
	本月止累计	增 长（%）	本月止累计	增 长（%）	本月止累计	增 长（%）
印刷和记录媒介复制业	79845	-8.6	79562	-8.9	—	—
文教、工美、体育和娱乐用品制造业	274992	5.6	269843	5.6	125344	1.0
化学原料和化学制品制造业	505339	-1.6	493113	-4.0	—	—
医药制造业	84134	0.3	84134	0.3	16802	46.6
化学纤维制造业	14539	-9.3	14539	-9.3	—	—
橡胶和塑料制品业	204691	13.0	202730	13.6	—	—
非金属矿物制品业	9983	4.9	9484	4.9	—	—
有色金属冶炼和压延加工业	75310	64.8	75310	64.8	—	—
金属制品业	87708	-2.8	87465	-6.9	12087	53.0
专用设备制造业	78391	-24.0	76939	-23.7	19889	-13.3
汽车制造业	8700	7.2	8685	7.6	—	—
铁路、船舶、航空航天和其他运输设备制造业	18967	27.3	18967	27.3	—	—
电气机械和器材制造业	86469	9.9	84433	10.7	—	—
计算机、通信和其他电子设备制造业	683183	31.1	680284	31.1	253044	-3.4
仪器仪表制造业	89736	34.0	89631	34.1	1205	-27.3
其他制造业	141938	8.3	141010	10.8	154	-37.5
电力、热力生产和供应业	742316	-1.0	729716	-0.7	—	—
燃气生产和供应业	32060	48.2	32060	48.2	—	—
水的生产和供应业	50932	5.4	50932	5.4	—	—

表 50

固定资产投资

Shishi City Investment in Fixed Assets

单位：万元

指 标	本月止累计	增长（%）
固定资产投资（不含农户）	4491462	10
一、按产业分	—	—
1. 第一产业	23466	-28.1
2. 第二产业	2114315	10.9

续表 50

指　标	本月止累计	增长（%）
# 工业投资	2109221	11.8
# 技改投资	953960	16.5
3. 第三产业	2353681	9.8
二、构成分	—	—
1. 项目投资	3855505	11.7
2. 资质房地产开发投资	635957	0.8

表 51

2016 年财政收入情况表

Shishi City Fiscal Revenue Table in 2016

单位：万元、%

项目		调整预算数	完成情况				同比				
			本月数	累计数	完成任务%	征收部门占比 %	去年同期	增减	增减 %	征收部门占比 %	比重变化
财政总收入	合计	600000	71610	600066	100.0	—	592933	7133	1.2	—	—
财政总收入	其中：国税	272000	20953	263394	96.8	44	252309	11086	4.4	43	1
财政总收入	地税	218000	35582	215808	99.0	36	244054	-28246	-11.6	41	-5
财政总收入	财政	110000	15075	120864	109.9	20	96570	24294	25.2	16	4
其中 一般预算收入	小计	391,500	58413	403359	103.0	—	385015	18344	4.8	—	—
其中 一般预算收入	其中：国税	115,000	10333	112985	98.2	28	82404	30581	37.1	21	7
其中 一般预算收入	地税	166,500	33005	169510	101.8	42	206041	12	0.0	54	-11
其中 一般预算收入	财政	110,000	15075	120864	109.9	30	96570	24294	25.2	25	5
其中 中央级收入	小计	208,500	13197	196707	94.3	—	207918	-11211	-5.4	—	—
其中 中央级收入	其中：国税	157,000	10,620	150,409	95.8	76	169,905	-19,496	-11.5	82	-5
其中 中央级收入	地税	51,500	2,577	46,298	89.9	24	38,013	8,285	21.8	18	5
基金收入		59500	4070	49408	83.0	—	42302	7,106	16.8	—	—

表 52

人口变化和年度统计报告

Changes in Population and its Statistical Year Report

2016.01.01 ～ 2016.12.31

表　　号：公业 57 表
文　　号：公办 [2003]55 号
制表机关：公安部
备案机关：国家统计局

填报单位：石狮市公安局

地区别	年末总户数（户）	年末总人口（人）									
		合计	城镇人口	乡村人口	性别		年龄				
					男	女	0–15岁	0–17岁	18～34岁	35～59岁	60岁及以上
甲	1	2	3	4	5	6	7	8	9	10	11
石狮市	93244	332172	244308	87864	169181	162991	56338	62390	95756	127339	46687
湖滨派出所	11032	34570	34570	0	17406	17164	6160	6846	9244	14150	4330
凤里派出所	9475	30478	30478	0	15427	15051	3958	4402	8972	12228	4876
宝盖派出所	12674	45483	45483	0	22381	23102	9184	9945	13410	16346	5782
灵秀派出所	8468	31196	31196	0	15361	15835	5226	5787	9729	11553	4127
永宁派出所	8302	28840	9572	19268	14623	14217	4252	4753	7977	11379	4731
蚶江派出所	8575	32642	0	32642	16892	15750	5601	6194	9564	12371	4513
祥芝派出所	2698	10136	0	10136	5218	4918	1862	2069	2871	3822	1374
鸿山派出所	3156	11607	2461	9146	6076	5531	2098	2323	3373	4388	1523
锦尚派出所	3176	12086	5707	6379	6257	5829	2071	2317	3447	4584	1738
深埕边防派出所	3293	12310	10851	1459	6290	6020	1913	2112	3684	4787	1727
东埔边防派出所	5543	19785	19785	0	10476	9309	3262	3688	5625	7723	2749
祥芝边防派出所	6232	23932	23932	0	12636	11296	4292	4789	6959	9091	3093
蚶江边防派出所	5603	21935	15178	6757	11388	10547	3835	4255	6095	8282	3303
永宁边防派出所	5017	17172	15095	2077	8750	8422	2624	2910	4806	6635	2821

地区别	本年度人口变动（人）												
	出生			死亡			迁入		迁出			区划调整	
	合计	男	女	合计	男	女	省内迁入	省外迁入	迁往省内	迁往省外	多报删除	增加	减少
甲	12	13	14	15	16	17	18	19	20	21	22	23	24
石狮市	5282	2979	2303	1525	927	598	4695	1449	3727	1551	50	3555	3555
湖滨派出所	503	273	230	96	59	37	1181	297	499	299	5	1803	1419
凤里派出所	458	234	224	216	126	90	434	207	443	252	3	504	1000
宝盖派出所	809	453	356	158	101	57	1876	325	319	165	13	82	142

续表 52

地区别	本年度人口变动（人）												
	出生			死亡			迁入		迁出			区划调整	
	合计	男	女	合计	男	女	省内迁入	省外迁入	迁往省内	迁往省外	多报删除	增加	减少
灵秀派出所	517	309	208	156	94	62	349	133	259	192	10	317	145
永宁派出所	412	234	178	108	65	43	114	78	265	135	2	89	89
蚶江派出所	540	328	212	196	117	79	141	79	340	134	2	58	58
祥芝派出所	142	86	56	32	23	9	55	22	100	25	0	1	0
鸿山派出所	189	104	85	53	37	16	63	21	142	18	0	12	13
锦尚派出所	213	116	97	73	43	30	76	31	166	29	1	0	0
深埕边防派出所	205	109	96	26	15	11	68	19	230	61	2	145	145
东埔边防派出所	285	166	119	113	68	45	85	37	316	39	2	10	9
祥芝边防派出所	424	245	179	76	46	30	124	116	244	41	3	496	497
蚶江边防派出所	331	181	150	156	90	66	75	33	201	61	4	38	38
永宁边防派出所	254	141	113	66	43	23	54	51	203	100	3	0	0

审核人：苏响应　　　　填表人：龚春燕　　　　2017 年 1 月 1 日

（图/颜华杰）

关于加大力度推进学前教育规范发展的建议

Suggestions for Intensify Efforts to Promote the Development of Pre-school Education Standard

石狮市政协课题组

2016.10.8

学前教育是终身学习的开端，是教育发展的基础，是重要的社会公益事业。近年来石狮市学前教育稳步发展，普及程度逐步提高，但总体上看，学前教育仍是教育中的薄弱环节，市区“入园难”问题突出，特别是国家放开“二孩”后，生源将增加，“入园难”问题将更加突出。为不断改善学前教育基础设施，推动学前教育的健康、持续发展，6月底，由市政协组成调研组先后深入到湖滨、宝盖、永宁等公办、民办幼儿园，通过实地考察、听取通报、召开座谈会等形式对石狮市学前教育发展情况及存在问题进行了调研，石狮市政协召开六届二十三次常委会专题听取市教育局关于学前教育情况通报。

一、学前教育基本情况

石狮市现有幼儿园154所，其中：公办园17所（另有2所今年秋季将开始招生），集体办27所，民办110所，逐步形成了多元化办园格局。全市园内外适龄幼儿数33114人，在园生数32422人(其中外来务工子女21166人)，学前三年幼儿入园率97.9%。在公办园就读的幼儿数6034人，占全市在园幼儿总生数的18.6%；全市幼儿园教职工2973人，其中专任教师1868人，在编公办教师259人。全市共有省示范性幼儿园3所（其中民办园2所），泉州市示范幼儿园10所（其中民办园6所），石狮市示范性幼儿园15所（其中民办园9所），办园格局多样化，石狮市学前教育事业总体呈现健康发展的良好态势。

二、学前教育存在的主要问题

（一）公办幼儿园严重不足，入园“一位难求”

一是社会对公办园的需求强烈。全市公办园学位仅占在园幼儿总数的18.6%。目前现有市直公办园5所，在园幼儿数只有2500人。由于市区人口密集，公办园数量少，入园“一位难求”的问题更突出。随着二孩政策的放开，预计人口出生率将提升到15‰，对学前教育特别是公办幼儿园的需求将进一步增长。二是公办园建设难度大，远不能适应需求。由于石狮市土地较为紧张，幼儿园建设用地难以保障，商品房住宅小区、安置房小区、新农村建设等配套的幼儿园建设，市政府已出台相关政策，但未得到有效落实。

（二）优质民办幼儿园成本大，生存环境堪忧

优质民办幼儿园为保证办学质量，需要投入大量资金用于租用办园场所、招聘合格教师、缴纳税收等，各类费用支出大，通常处于微利或亏损状态。特别是农村的优质民办幼儿园，收费无法提高，教师流动性大，办园难度很大。相反，较低水平的幼儿园，由于办园成本低、生数多，反而可以盈利，出现了“劣币驱逐良币”的不合理现象。

（三）公办、民办幼儿园就学条

件差异大，居民难以满意

公办幼儿园园所环境优美，师资力量强，教学质量高，但收费反而更低。而大部分民办园（含村办集体园）园舍不规范，租用或自建的建筑物不符合幼儿园建设标准，户外活动场地不足，教师持证率低，不仅保教质量水平低，甚至有的连学生的饮食质量都无法得到保证，但收费是公办园的2-3倍，一般家庭难以承担，就读民办幼儿园显失公平。

（四）村办、民办师资及管理力量薄弱，教学水平偏低

一是教师数量不足。目前，石狮市现有幼儿园教职工2973人，其中专任教师1868人，在编公办教师259人，缺编达到25%以上，按照幼儿园建设标准规定，每班需配备2名专职幼儿教师和1名保育员，民办园教师数量严重不足。二是民办教师没有建立有效的职称评聘机制，民办幼儿教师待遇偏低，导致流动性非常大。三是幼儿教师业务水平总体偏低。特别是民办、村办园幼儿教师大多未接受系统的业务训练，有的甚至没有取得幼儿教师资格。

三、推进学前教育规范发展的几点建议

（一）要认真落实学前教育规划。一是要把建设更多公办园作为政府民生工程来抓好抓实。石狮市“十三五”教育规划已确定新建和改扩建的17所公办幼儿园，政府要安排充足的财力，保证其建设顺利进行。二是根据未来人口出生状况和外来人口变化趋势，科学规划、合理布局学前教育资源，推动教育规划与城市总规、土地规划融合，确定或预留各个片区幼儿园建设地块。严格执行《石狮市学前教育第二期三年发展规划实施方案》，居住人口达3000人及以上规模的旧城改造、新建小区要有配套幼儿园，在土地招拍挂之前，由教育局提出办学规模意见，明确配置幼儿园的办学规模、建设交付时间，相关审批文件需经教育局盖章同意，建成后移交政府举办幼儿园。三是有效利用和盘活区域教育资源。充分利用全市中小学布局调整后闲置的校舍，优先举办公办普惠性幼儿园，扩大学前教育资源的覆盖面。积极支持社区居委会、村委会和有条件的商业住宅小区兴办幼儿园，扩容公益性和普惠性的幼儿园。

（二）要积极扶持优质民办幼儿园发展。一是要把民办幼儿园的管理真正纳入政府管理序列，加大普惠性民办幼儿园的建设，通过增加财政补贴（如学费或生均公用经费等）、降低收费限价等措施，拉近公、民办幼儿园的差距。二是对优质民办园在税收、土地、租金等政策和资金上给予大力扶持。三是可由政府向优质民办园购买学位，以解决公办园数量、学位不足的问题。

（三）要加强民办幼儿园师资培训。一是进一步提高幼儿教师队伍整体素质。教育部门要把民办幼儿园的师资队伍建设纳入全市教师队伍建设的大盘里，在师资全员培训、教学科学研究、队伍稳定、职称评聘等方面采取有效的措施，基本培训费用由财政支出。教育局可明文规定，参加全市教师考试录用的教师必须在学校里工作一定的年限，并对不履行合同的教师明确具体的惩罚措施，同时纳入全市诚信公众平台。二是协调人事管理部门建立职称评聘机制，由教育局组织评定确认，并明确规定聘任后的各职级工资底数，加强聘后管理。三是加大与中职学校幼教和幼儿保育专业协作力度，鼓励更多民办教师参加学习，培养更多合格的幼儿教师及保育员。四是发挥公办园辐射作用，落实“公办带民办”的片区教研、结对互动、支管支教等活动。

（四）要规范幼儿园日常监管工作。借助常规检查、年检等工作，要求幼儿园特别是民办幼儿园遵循幼儿身心发展规律，坚持保育与教育相结合原则，注重对幼儿进行情感态度、行为习惯、智力能力的培养，为幼儿提供安全、健康、丰富的生活和活动环境，保障幼儿快乐健康成长，避免和防止片面追求超前教育和幼儿教育“小学化”的倾向。

（五）要把学前教育纳入义务教育范围。学前教育是启蒙教育阶段，涉及面广，关系千家万户的切身利益，更关系国家和民族的未来。改革开放后我国一直重视普及义务教育，把学前教育纳入义务教育范围逐步得到民众的关注。学前教育时期的幼儿家长事业发展大都处于起萌阶段，经济基础薄弱，如果公共投入不够，幼儿园的运营开支就不得不转嫁由家长买单。把学前教育纳入义务教育，幼儿园三年免费就读，才能切实降低教育成本，让老百姓摆脱“生得起养不起”的现实。建议在今后五年内将户籍人口的学前教育争取纳入义务教育规划，并逐步考虑将来制订教育发展规划也适时将常住人口的学前教育纳入义务教育的规划里，这样把学前教育纳入义务教育不仅可以提高早期教育的质量，保证孩子健康成长，使孩子们在人生的初始阶段有一个良好开端，而且还能满足家长们的需要，解除他们的后顾之忧，使他们有更多的精力投入工作。

（六）要试行“弹性放学”制度。目前，幼儿园下午四点就放学，大多数家长这时候都处在紧张的工作状态，幼儿放学接送成为家长的负担。如果试行实施“弹性放学”制度，在这段时间里幼儿园能看管孩子，给孩子们安排趣味阅读以及各种游戏等丰富多彩的活动，解决了幼儿父母的后顾之忧。建议有条件的幼儿园率先试点“弹性放学”制度，同时建议纪委、财政部门积极协调解决教师非工作时间加班补贴问题。

课题指导：李丽月
课题成员：颜福瑜、纪丽卿
纪培明、曾庆宗、
王晓明
课题执笔：颜福瑜、王晓明

以市场化为导向创新推进人才强市试点工作

Take the Market as Guide
Innovation Promoting Talents Strong City Pilot Work

——石狮市人才强市试点工作专题调研报告

2016.10.20

2016年6月，石狮市被确定为福建省人才强市试点。为贯彻落实《中共福建省委组织部关于印发＜石狮市人才强市试点工作的意见＞的通知》（闽委组通〔2016〕56号）文件精神，研究制定石狮市具体实施方案，根据泉州市委常委、组织部长孔繁军同志重要指示精神和市委朱启平书记要求，石狮市委组织部抽调精干力量组成调研课题组，专题开展人才强市试点工作调研。一段时间来，调研课题组通过座谈、走访和查阅相关资料等形式，深入市委人才工作领导小组成员单位、各镇（街道）和高新区、部分重点民营企业、各级人才工作重点服务企业、各行业协会、各人才服务中介机构，以及部分国内知名人力资源服务机构、部分先进地区人才工作部门进行调研，共征集意见建议186条。在此基础上，全面总结石狮市人才工作经验做法，认真分析研究存在问题，学习了解先进地区人才工作市场化运作经验和做法，并围绕市场化主线，就创新推进人才强市试点工作提出对策和建议。现将具体情况报告如下：

一、石狮市人才工作基本情况、特色亮点及存在问题

（一）基本情况

1. 立足产业实际，不断完善人才政策体系。研究出台《石狮市中长期人才发展规划纲要（2010-2020年）》、《关于推进人才人口人气聚集的若干意见》，明确聚集人才的总体目标和办法，强化人才政策“磁吸效应”。制定实施《石狮市“东方米兰”发展战略与规划》、《关于支持纺织鞋服产业转型升级跨越发展的若干意见》“1+6”政策，着力完善纺织服饰产业人才政策。制定出台《加强青商培养创业工作的若干措施》、《关于加快推进电子商务发展的若干意见》，着力健全行业人才扶持政策。制定出台《石狮市新市民积分管理暂行规定》、《石狮市民办高校人才积分管理办法（试行）》，统筹全市人才服务项目，着力创新外来人才服务政策。

2. 紧抓领军人才，不断优化人才队伍结构。发挥领军人才示范引领作用，以点带面推进各类人才队伍建设，不断提升人才队伍总量、增量和质量。在高层次人才方面，共柔性引进院士9名，引进中组部“万人计划”赵旭、省引才“百人计划”杨健、省外专“百人计划”俄罗斯双院士涅夫斯基－亚历山大等；在专业技术人才方面，培育出杨紫明、曾凤飞、计文波等中国金顶奖设计师4名、中国十佳时装设计师12名；在高技能人才方面，荣誉酒店胡满荣、五洲大酒店蔡健康入选省优秀高技能人才；在社会工作人才方面，社会福利中心林永红入选省优秀社会工作专业人才；在农村实用人才方面，明祥食品刘鹏飞入选省优秀农村实用人才。近年来，石狮市共有3个项目入选省“海纳百川”计划，31个项目入选泉州市“海纳百川”计划。

3. 搭建聚才平台，不断提升人才载体质量。在高端人才引进载体方面，成立石狮市博士后科研工作站，获评“全国优秀博士后科研工作站”；先后建成3家企业院士专家工作站，其中冠兴皮革院士专家工作站被授予“全国先进院士专家工作站”称号；先后引进6所高校在石建立研究院、研究中心。在企业研发平台方面，现有省级企业技术中心6个、省级工程技术研究中心9个、省级产业技术创新联盟1个、省级技能大师工作室2个。在园区引才方面，建成海西电商园、海峡两岸科技孵化基地、海洋生物科技园等。在众创空间方面，现有国家级众创空间1家、省级众创空间2家。在本土高校方面，现有闽南理工学院、泉州纺织服装职业学院和泉州海洋职业学院3所高等院校；在展会活动方面，每年举办海博会、石狮国际时装周、“石狮杯”全国高校毕业生服装设计大赛等系列人才活动。

4. 坚持党管人才，不断健全人才工作机制。发挥组织部门牵头抓总、统筹协调作用，健全完善议事决策、协作落实、挂钩联系等制度，将人才工作纳入年度绩效考评。组建人才工作联络员、特派员队伍，建立重点民营企业人才服务工作制度。将人才工作经费同步纳入年度财政预算，2015年累计投入2473.68万元。设立中科招商创新创业种子基金、青商才智发展资金、人才科技奖励基金，积极探索多元化人才投入机制。

（二）特色亮点

1. 培育纺织服饰创意设计人才队伍。聚焦石狮市主导产业人才需求，出台《石狮市集聚纺织服饰创意设计人才暂行规定》等一系列政策措施，形成了较为系统的纺织服饰人才政策体系。建设星·期·YI服饰创意博览园、纺织服装发展基地等聚才平台，与江西服装学院共建中国纺织服装急缺人才培养基

地。成立全国首个县级服装设计师协会——石狮市服装设计师协会，创办“时尚学苑”，推行订单式、定制化培养模式，组织设计人才到意大利、英国、西班牙等国际知名院校进修学习。2014年，石狮市被评为泉州市纺织服饰产业人才聚集基地；2015年，服装设计师协会“时尚学苑”入选泉州市人才项目试点。

2. 在全省率先推行新市民积分管理。为吸引、留住外来人才，石狮市于2014年在全省率先推行以“积分入住”为核心的新市民积分管理，以企业经营管理服务人才、经商投资创业人员以及产业工人为重点，提供“积分入住、积分入学、积分入医、积分入保、积分培训、积分创业、积分入市民卡、积分荣誉”8大项积分服务项目。2016年，又将民办高校人才纳入积分管理范畴。两年多来，全市共有8万多名外来人才建档，累计兑现各项服务指标1000多个，发放积分入住购房补贴2556万元，有效吸引了大批优秀人才和产业工人。

3. 打响青商会特色品牌。立足新生代青年企业家培养需求，将青年企业家培养工作作为市委书记一把手工程，于2012年底成立石狮市青商会和青年商会特别党委，出台《加强青商培养创业工作的若干措施》，建立青商工作联席会议制度。打造“青商学苑”培训平台，邀请海内外知名专家学者来石为青商授课，组团到国内外高校和名企交流学习，聘请商界领袖担任青商创业导师，设立青商创业贷款贴息基金，力促青商会445名青年企业家成长、成才、成功。持续开展“八点开席”、“文明出行•利家宜业”、“莫炫嫁妆”、“米兰育苗工程”等系列活动，引导青商带头弘扬文明新风，主动承担社会责任。2015年，团中央书记处第一书记秦宜智莅石考察青商会，给予了充分肯定。

4. 全方位深化政产学研合作。积极推动企业与高校、科研院所全面对接，先后携手四川大学教授石碧、福州大学校长付贤智和中科院金属研究所研究员胡壮麒等3名院士共建院士专家工作站，与中科院生态环境研究中心共建福建广汇龙环保研究院，引进曲久辉等6名院士。强化博士后工作站建设，先后有14位博士后进站工作，取得科研成果百余项。探索校地对接合作模式，先后引进厦门大学、四川大学等6所高校在石成建制建立研究院、研究中心，与意大利米兰理工大学、英国皇家艺术学院、清华大学美院等14家国内外高校建立战略合作关系，促进产业群和学术群的融合。

5. 众创空间建设走在全省前列。出台关于推进大众创新创业的若干措施，探索形成“2+2”（创客空间、孵化器＋技术服务、项目服务）完整孵化机制和“3+1”（信息化云服务、创业辅导培训服务、投融资服务＋一系列优惠政策）创业全要素孵化体系，建成以创意设计服务为重点的星•期•YI服饰创意博览园、以创业导师团队为重点的狮城青年创新创业孵化中心等20多家众创空间。其中，海峡两岸科技孵化基地被认定为省级科技企业孵化器，狮城青年创新创业孵化中心入选泉州市人才项目试点。

（三）存在问题

虽然石狮市在特色人才队伍方面有所建树，但不管是高端人才、优秀人才还是产业人才，都还不能满足产业转型升级、现代城市发展的需求；人才队伍结构性矛盾突出，高学历和高层次的人才所占比例较小，行业领军人才、创业创新人才不多；人才外流现象严重，本地高校毕业生留石工作的不多，本地生源的高校毕业生回石就业的较少，科研人员、业务骨干、学科带头人等优秀人才不断外流，且呈上升趋势，等等。

1. 从政府层面看，人才工作存在以下问题：一是人才工作合力没有真正形成。市委人才工作领导小组共有26个成员单位，部分成员单位“党管人才”、“人才优先发展”的意识不强；有的单位还是以管理作为人才工作的重点，缺乏主动服务的意识；有的部门职责存在交叉，个别部门职责不明确，部门各自为战的现象还比较突出。二是人才工作者队伍较为薄弱。同样是省人才强市试点，南安市和晋江市人才办按正科级单位单独设置，并配有专职副主任，晋江市还下设高层次人才发展中心，而石狮市人才办主任（副科级）职位暂时空缺。大多数成员单位没有指定或明确人才工作分管领导，具体工作主要是人才工作联络员在负责。各镇（街道）没有将人才工作列入党政班子成员具体分工，有任务才临时安排给组织委员或组织干事。三是人才政策缺乏主线。除人才政策信息不对称、申报程序繁杂冗长、政策兑现不及时等共性问题外，石狮市近年来出台的人才政策，主要是依托人才工作特色或结合产业政策研究制定，不够系统、较为零散，吸引力不够、竞争力不足，特别是没有统一明确各类人才的认定评价标准，在高层次人才引进、人才工作市场化等方面的政策还是“一片空白”，急需形成一套更为完善、更为系统、更为高效、更具吸引力的人才政策体系，以在激烈的人才竞争中拔得先机。四是人才资金投入不足。从全国各地情况看，加大财政资金在人才工作方面的投入，已普遍成为一种共识，有的地方政府对单个人才项目的资助甚至达到千万级别，而石狮市2015年的全市人才工作投入不足2500万元。从周边县市情况看，去年晋江、南安人才工作投入均超过1亿元，而石狮市人才专项资金仅200万元，其他人才工作经费分散在各个部门，缺乏统筹规划使用的机制，兑现资金难以及时到位，激励扶持效果不明显。

2. 从社会环境看，人才成长存在以下问题：一是人力资源服务缺失。2016年，石狮市仅有1个人力资源市场（政府主办）、2家正规人才中介机构，求职招聘、劳动人事代理、就业指导、职业培训、劳务派遣等服务还处在低端层次，政策咨询、专业猎头、创业指导、人才测评和服务外包等专业化、市场化的服务机构基本没有，市场配置人才资源的基础性作用难以发挥。此外，石狮市人才公共服务除新市民积分管理外，大多属于“被动服务”项目，人才公共服务机制还不够健全。二是创业创新平台精品不多。近年来，石狮市培育了一批政产学研平台、科技孵化器、众创空间，但大多都是政府主导、政府牵头培育形成的，以龙头企业为主导、以产业联盟为主导、以市场化运作为主导的创业创新平台较少；缺乏整体规划，规模大多相对较小，离真正实现研发、服务、加速、产业化一条龙的科技孵化体系还存在巨大差距；有的企业平台以申请资金补助为主要目的，存在建设目标不明确、人才服务不到位的情况。三是爱才敬才氛围不浓。对引才、育才、留才、用才的认识还不够全面、不够深入，全社会真正尊重劳动、尊重人才、尊重知识、尊重创造的良好氛围需要进一步提升；社会化、市场化的人才投资机制尚未形成，人才创业环境还比较欠缺；有的企事业单位用人机制不活，择优使用、绩能考核等仍停留在理论和口头上，存在官本位和论资排辈等现象。

3．从企业自身看，人才发展存在以下问题：一是只重项目，不重人才。只重视项目技术资金的引进，忽视对人力资源的开发引进，动辄数千万甚至数亿元引进一个项目，却没有意识为项目配套人才支付较有吸引力的年薪；只重视对设备、厂房、土地等有形资产的增值，不重视人才引进、智力开发和素质提高等无形资产的投入，对更新实体设备投入不菲，却忽略企业人才的梯队建设。二是只重使用，不重服务。人才使用随意性较大，管理使用人才简单粗暴，缺乏服务人才的措施和制度，有的甚至连最基本的“五险一金”都没有缴纳，人才缺乏归属感。三是只重引进，不重培养。肯花重金从外部引进人才，不重视现有员工的培训投入；人才引进后，只顾下指标、加压力，忽视人才个人能力的培养和提升；有的家族式企业引进经营管理人才后，不肯真正放权给人才，人才使用效益不高。四是只重激励，不重评价。大多以简单的物质激励为主，没有人才评价的理念和意识，不愿为人才的专业技术职称、职业资格证书提供相应的报酬，全市仅有个别规模企业在探索建立自主评价制度，人才创业创新积极性不高。

二、先进地区人才工作市场化运作的经验和做法

1．用活机制，政策体系富有前瞻性。深圳前海作为全国人才管理改革试验区，先后出台《境外高端人才和紧缺人才认定暂行办法》、《外籍高层次人才居留管理暂行规定》等政策，提供财税补贴、执业资格互认与准入、居留与通关、安居保障等方面的优惠举措，在引进境外高端人才、促进市场化流动方面做了有益探索。杭州市高新区修订完善《关于实施海外高层次留学人才来杭州高新区（滨江）创新创业“5050计划”的办法》，改变行政主导的评审方式，通过引入第三方机构和市场评估指标，突出市场对人才、项目的直接认定，给予人才项目相应扶持。

2．开放观念，人才资金投入有保障。深圳市出台《关于实施引进海外高层次人才“孔雀计划”的意见》，对海外高层次人才团队给予1000-8000万元资助，已累计引进国家“千人计划”154人，确认“孔雀计划”人才1174名，引进孔雀团队59个，涵盖电子信息、生物医药、新材料、医疗器械、先进制造及新能源等领域。深圳市龙岗区除每年安排3亿元人才专项资金外，注重运用市场化的杠杆手段，采取政府担保贷款、风投补贴等措施，引导促使社会资本投向创新创业，摊薄人才创新创业的成本。目前，龙岗区创业投资服务广场入驻各类风投机构63家，管理风投资金800亿元。

3．创新模式，引才载体建设多样化。深圳清华大学研究院坚持“无财政拨款、依靠市场、滚动发展”的投入机制，“无事业编制、全员聘用”的用人机制，“研发团队分享技术股权、管理团队合法持有股权”的激励机制，取得了良好的经济社会效益，累计孵化企业1500多家、上市公司18家。武汉东湖高新区在巴黎、波士顿、伦敦、悉尼等城市建立人才工作联络站，建设总面积300万平米的孵化器、加速器，签约委托18家中介机构，借助招商团队、同乡会、校友会、各类商业展会进行全方位人才引进，并对成功引进人才的给予最高24万元奖励。

4．专业运作，人才服务全方位延伸。上海市推动成立上海人才服务行业协会，通过发布人才供求指数、举办人才猎头实务操作培训等措施，引导人才服务行业快速发展，协会现有会员单位331家，2014年上海市人才服务行业营业额突破1600亿元。东莞市大力发展人力资源服务产业，全市从事人力资源服务业的机构超过1000家，从业人员超过10万人，年产值超过100亿元人民币。其中，智通人才经过20年的发展，在全国30多个城市设立了50多家分支机构、员工1300多人，是第一家在国内上市的人力资源外包服务企业。

三、创新推进人才强市试点工作的对策和建议

经过这一段时间深入调研，我们深刻意识到：充满活力和竞争力的人才资源是实施创新驱动发展战略、推进供给侧结构性改革的源动力和加速器，要最大限度激发和释放人才创新创造创业活力，必须以市场化为导向，不断深化人才发展体制机制改革，为人才创造更加开放、更加灵活的人才培养、吸引和使用机制和环境。

当前和今后一个阶段，石狮市的人才强市试点工作要以市场化为导向，必须树立“人才以用为本、竞争造就人才”理念，遵循社会主义市场经济规律和人才成长规律，充分发挥市场在人才资源配置中的决定性作用，促进人才资源合理流动、有效配置；必须树立“人才服务产业、人才助推实业、人才引领发展”理念，围绕创新驱动发展战略和供给侧结构性改革，坚持以服务“创新转型、实业强市”为核心，紧扣石狮市“十三五”规划人才需求，努力促进人才规模、质量和结构与经济社会发展相适应相协调；必须树立“便捷高效”理念，树立强烈的人才意识，创新党管人才方式方法，加快构建更加科学高效的人才管理服务体制，为人才提供便捷、高效服务。通过建立市场化的引才育才机制、保障服务体系和评价激励办法，强化人才工作目标责任制等举措，创新推进人才强市试点工作，积极创建全省产业人才聚集基地，为石狮深入实施“创新转型、实业强市”发展战略，加快建设宜居宜业滨海城市提供有力的人才支撑和智力支持。

（一）建立市场化引才育才机制，确保人才引得进

建立以市场化为导向的引才育才机制，既能有效解决政府职责部分重叠、运转不够灵活的问题，又能充分发挥市场在人才资源配置中的决定性作用和企业的主体作用。

1. 推进人才管理体制改革，厘清政府、市场、企业各自定位。转变政府人才管理职能，按照政社分开、政事分开和管办分离要求，理顺人才宏观管理、政策法规制定、公共服务、监督保障等政府职能，着力解决政府部门人才管理中存在的职能重叠、职责交叉、政出多门的问题；加快人才管理部门简政放权，建立人才管理服务权力清单和责任清单，清理和规范人才招聘、评价、流动等环节中的行政审批和收费事项，进一步强化人才管理服务意识。健全市场化、社会化的人才管理服务体系，坚持简政放权、放管结合、优化服务三管齐下，围绕产业人才需求和人才创新创业需求，大力发展专业性、行业性人才市场，积极培育各类专业社会组织和人才中介服务机构，多渠道提升公共服务共建能力和共享水平。更加突出用人单位自主权和主导权，引导企业树立强烈的人才意识，进一步开阔视野眼光，主动参与国内外人才竞争，完善更加开放、更加灵活的人才培养、引进、使用、评价、激励机制，提高人才资源配置精准度，激发人才创新创业动力。

2. 优化整合人才政策体系，构建引才政策竞争优势。研究制定优秀人才认定标准，借鉴深圳“孔雀计划”成功经验，立足石狮产业实际，以高层次人才和创业团队、行业领军人才、产业技能人才、急需紧缺专业人才为重点，抓紧制定更加灵活多元的人才评价政策，规范明确各类人才、各层次人才的确认评选标准，探索建立企业经营管理人才、高层次创业创新人才、高技能人才、农村实用人才、社会工作人才及教育、科技、文化、体育、卫生等相关领域优秀人才的选拔、管理、表彰制度。梳理完善人才奖励政策措施，按照“物质奖励与精神奖励并重”、“新引进人才与现有人才并重”、“一次性安家补助与阶段性生活补贴相结合”、“奖励优秀人才与奖励用人单位相结合”的原则，系统梳理并修订完善现有人才政策，制定出台引进高层次人才和团队、引进急需紧缺专业人才、建设高端智库人才队伍、柔性引才等专项政策，给予人才富有竞争力的支持措施，探索建立以外来人才积分管理服务政策为核心的人才政策体系，着力实现人才政策与产业发展政策相衔接，形成试点市的政策优势。

3. 启动实施“人才+”系列行动，培育充满活力和竞争力的人才队伍。实现市场化的引才育才，必须瞄准产业需求、服务产业发展，瞄准民生需求、服务民生事业，依托项目运作，依托平台建设。

实施“人才+产业”行动，大力培育产业特色人才队伍。抓好纺织服饰创意设计人才队伍建设，探索设立纺织鞋服产业基金，全面实施《石狮市集聚纺织服饰创意设计人才暂行规定》，建设“全国纺织服饰设计毕业生实训创业基地”，吸引外来和本土创意设计人才聚集。抓好企业经营管理人才队伍建设，通过举办企业家创业创新能力提升培训班等举措，壮大一批“坚守实业、回归实业”的企业家队伍；深入实施《关于加强青商培养创业工作的若干措施》，持续抓好青商队伍建设；完善年薪、协议工资、股权激励等激励制度，培育一支专业化职业经理人队伍。抓好电子商务人才队伍建设，发挥海西（石狮）电子商务园集约发展优势，扶持海西（石狮）电子商务孵化器、富星电商创业（孵化）中心建设，鼓励引进、培养电子商务人才和团队。抓好产业技能人才队伍建设，完善产业工人职业资格等级奖励政策，引导社会力量投资兴办职业技术院校、技工学校和职业培训实体，培养涵盖纺织鞋服、智能制造、五金机电等产业技能人才队伍。抓好海洋经济人才队伍建设，通过与中国水产科学研究院、黄海水产研究所、中国海洋大学等科研院校建立海洋产业战略合作平台、成果转化平台和重点实验室等，吸引一批海洋产业专业技术人才。

实施“人才+民生”行动，着力培育急需紧缺专业人才队伍。抓好教育人才队伍建设，出台优秀教师引进办法，引进各类高校优秀毕业生、“骨干教师”、“学科带头人”和教学名师等。抓好医疗卫生人才队伍建设，出台公立医院高层次人才引进和培训财政补助政策，开展多点执业试点工作，重点引进和培养神经内科、骨科、内分泌科和急症医学科等特色学科的带头人。抓好社会工作人才队伍建设，做优阳光太太志愿者协会、志愿者联合会等石狮志愿服务品牌，推行“义工+社工”互动工作模式，建立一批社会工作培训基地，健全社会工作人才评价考核制度，实行社会工作专业岗位职业聘任制度，培养造就一支职业化、专业化的社会工作人才队伍。

实施“人才+项目”行动，积极引进高层次人才。抓好高端引才项目，

以引进国家“千人计划”、省“百人计划”等高层次人才为重点，制定中长期的海内外高层次人才和团队引进计划，完善人才引进方式并给予国内领先的支持政策，集聚一批高层次人才来石狮创业创新。抓好柔性引才项目，以高端创新人才为重点，建立引资、引智、引才同步推进机制，研究制定高层次人才柔性引进办法，推行“领军人才＋创新团队＋创新项目”的精准引才模式，支持园区和企业建设院士专家工作站、博士后科研工作站、重点实验室等，吸引高层次人才和团队来石开展项目研发、人才供求、成果转化“三对接”。抓好引才奖励项目，对用人单位、人力资源服务机构、创新创业投资服务机构或其他服务机构为本市成功引进、举荐国家、省和市高层次人才或团队的，给予一定奖励。

实施“人才＋平台”行动，扶持培育创新创业人才。搭建政产学研用联动平台，按照市场化、轻资产、开放式、平台化、资源整合、利益捆绑的发展思路和集科研、教育、产业、资本于一体的运作模式，继续扶持厦门大学、四川大学等6所高校在石成建制研究机构发展，探索建立政产学研用合作联盟，争取建设更多产学研对接平台、合作基地、研究中心，鼓励开展协同式创新、集群式研发，促进更多优秀科研成果转化运用。搭建新型企业研发平台，培育市场化运作、专业化服务的第三方新型科技研发组织，鼓励行业龙头企业独立运营内部研发部门或研发机构，探索市场化的运作模式和盈利模式，服务上下游企业创新发展。搭建众创公共服务平台，推动政府主导型、企业主导型、政府企业合作型和企业建设政府支持型等四种模式的众创空间、孵化器建设，引进专业服务机构，打造全要素孵化体系和全过程服务链，培育V-WORKS创客空间等一批创业创新孵化品牌。搭建实用人才培训平台，加强与国内外一线职业技术院校对接合作，利用闽南理工学院、泉州纺织服装职业学院、泉州海洋职业学院和鹏山工贸学校等石狮现有职业教育资源优势，推行校企合作、工学结合和顶岗实习，建设一批高技能人才实训基地和培养示范基地。

（二）建立市场化服务保障体系，确保人才留得住

构建以市场化为导向的服务保障体系是人才安居乐业的基础，不仅要求政府提供更优质的公共服务保障，同时要求社会、市场和企业各方积极参与。

1．建设人才服务综合体，推进公共服务保障更高效。创建“一站式”人才服务平台，汇总整合全市涉及人才资金补助、住房保障、出入境、配偶安置、子女入学、优惠政策申报等各项服务，实施“人才服务办理清单”制度，实行“专窗受理、专人转送、专人跟踪、专窗反馈”的服务模式，为人才打造从“落地”到“居住”、从“创业”到“成长”，从“生产”到“生活”的全方位服务链。创建才企无缝对接e家平台，建设石狮人才信息库、石狮籍人才信息库、专家智库等各类人才库，联合知名招聘网络机构开发e家平台系统，利用云平台信息技术，面向规模以上企业、高新技术企业、创新型企业开放人才需求端口，面向各类人才开放岗位需求窗口，推动政府公共就业服务网站与经营性人力资源服务机构网站实现联网贯通、资源共享，最大限度有效解决人才信息不对称问题。创建人才综合服务平台，依托市便民服务中心、人力资源公共服务中心、博士后科研工作服务中心、新市民积分服务中心、职业技能鉴定指导中心、城乡居民社会养老保险管理中心、医疗保险管理中心、社会劳动保险管理中心、劳动人事争议仲裁院等在石狮市人力资源大厦集中办公的优势，梳理整合各类人才公共服务项目，建立健全人才诚信体系，完善提升便捷高效的人才综合服务。

2．发展人力资源服务业，推进行业服务保障更专业。作为重要现代服务产业进行规划发展，研究出台《关于加快发展人力资源服务业的实施意见》，按照政府引导与市场动作、产业融合与服务转型、本市培育与外部引进、加快发展与依法监管相结合的原则，科学合理规划市场化、专业化、社会化、规范化发展方向。作为重大人才支撑工程进行鼓励发展，积极向上级争取人力资源服务业审批权限下放，实行人力资源服务机构登记备案制度和负面清单管理制度；积极引进国内外高端人力资源服务机构和项目，鼓励开发高级猎头、高端培训、服务外包、管理咨询、市场拓展等高端化、品牌性服务产品，鼓励引进符合石狮产业导向的紧缺专业人才，对整体引进科研大院大所或特别高端的智力项目，采用“一事一议”原则给予奖励支持；做强做大淘宝大学、速卖通大学、阿里数据学院泉州机构等社会培训机构，支持深化行业、企业深度合作，探索组建行业性、区域性教育集团，鼓励开展委托培训、订单培养；注重开展自主品牌建设，着力加大人力资源服务品牌推介力度，努力培育一批区域化、专业化的服务品牌。作为人才工作重点项目进行扶持发展，每年市财政安排专项资金，用于人力资源服务平台建设、知名机构和项目引进、重大活动举办、奖励机构引才等；研究政府购买人力资源服务指导目录，加大人才服务项目政府购买力度；鼓励有条件的园区、镇（街道）建立人力资源服务产业基地；组建人力资源服务行业协会，建立行业信用档案，加强行业自我管理。

3．提升社会化精准服务，推进服务保障主体更多元。提升行业协会服务，支持提升并总结推广服装设计师协会人才服务模式，鼓励支持各类行业协会探索各具特色的人才服务方式、服务载体、服务活动；选择1-2个条件较为成熟的行业协会，试点开展人才管理服务职能承接工作，探索将人才调查、研究、规划、培训、评价、交流、激励等部分职能有序移交专业社会组织。提升产业联盟服

务，继续推动行业龙头企业组建产业技术创新战略联盟，建设产业技术中心、公共科研平台、跨区域联合研发平台，推行网络协同研发、研发众包等新型科技研发模式，支持开展共性技术研发、制定行业技术标准，鼓励行业协同创新、共享科研成果，聚集人才创新资源。提升创新载体服务，鼓励企业、科研院所、行业协会、商会和投资机构等各类主体创办或者共建新型科研机构，建立利益补偿、后续支持机制，开放共享包括财政资金为主设立、市场主体投资建设的各类创新载体的科研设施与仪器。

（三）建立市场化评价激励办法，确保人才用得好

不拘一格、全面准确的市场化评价激励是人才资源发挥最大效益的助燃剂，要研究制定符合人才发展规律的评价激励办法，激发人才创业创新活力。

1．引进专业测评机构，建立企业人才评价制度。鼓励引进专业化的人才测评服务机构，出台具体扶持政策，通过购买人才测评系统、派遣人才测评团队等方式，为人才的选拔与聘用、员工的考核与培训、公司的诊断与优化提供专业的人才测评服务，指导促进企业建立以市场和出资人认可为核心的经营管理人才评价体系。积极探索社会化的职称评定制度，开展行业组织承接技能人才评价试点，推动以政府为主导的职称评定职能向行业组织转移，鼓励企业开展技能人才自主评价，推动企业建立以职业能力和工作实绩为重点的技能等级薪酬待遇制度，将人才评价“话语权”交给行业组织和企业。完善企业主导的技能人才竞赛选拔体系，委托专业团队承办全市产业职工技能大赛，针对不同岗位、不同层次的技能人才，有针对性地组织开展丰富多样的行业竞赛项目，常年开展企业岗位练兵、技术比武活动，丰富企业评价技能人才手段。

2．引入市场评价要素，深化新市民积分管理。调整经营管理类人才计分标准，完善优化在投资、纳税、专利等方面的分值比重，加入企业评价权重，突出人才实际工作能力和社会贡献度。改革民办高校人才计分标准，改变以教研成果为主的评价体系，引入高校人才在产学研、与企业进行联合攻关和科研成果转化等方面的贡献作为补充指标，引入专业人士开展第三方社会评价，探索将新市民积分纳入民办高校职称晋升依据，注重以能力、实绩和贡献多方位评价民办高校人才。增加急需紧缺人才梯度计分标准，完善急需紧缺人才目录发布制度，动态调整急需紧缺人才需求目录指南，加强产业人才需求预测，将积分管理规则与急需紧缺人才进行有效链接，建立人力资源筛选机制，精准引进产业急需紧缺人才。优化完善新市民积分管理办法，进一步扩大政策受惠范围，加快推行积分创业、积分挂职、积分科研项目补助、积分荣誉等公共服务项目，探索总结出带有明显示范意义和推广价值的县级外来人才融入机制工作经验。

3．引导社会多方投入，激励人才创新创业。强化政府投入杠杆，探索设立石狮市产业引导基金，作为市政府资金参股天使投资基金、股权投资基金的主体，鼓励支持并参股跟投社会资本重点投资扶持产业项目；成立种子基金，综合运用产业政策和财税杠杆，鼓励扶持以行业龙头企业为主导的各类人才创新创业平台建设，充分发挥政府投入的引导和撬动作用。强化产权要素激励，鼓励企业在人才薪资结构、保险福利等方面进行创新，采取限制性股票、股票期权、股票增值权、分红等方式，对突出贡献的人才实行股权、期权激励，推动知识、技术、管理等生产要素参与收益分配。强化创新创业氛围，支持企业和社会组织设立各类人才奖励基金，建立以政府奖励为导向、用人单位奖励为主体、社会力量奖励为补充的人才奖励体系；鼓励金融机构发展孵化贷、研发贷、成长贷、科技保险贷等金融创新产品，开展股权众筹融资试点；从优秀人才中推行产生党代表、人大代表和政协委员，不断提高人才的社会政治地位；完善线上线下人才工作宣传平台建设，定期评选表彰一批优秀人才群体和人才工作高地，大力宣传各类人才先进事迹，进一步营造尊才、重才、惜才的社会氛围。

（四）强化人才工作目标责任制，确保试点工作落到实处

科学、健全、务实的人才工作目标责任机制，既是党管人才原则得以贯彻落实的重要保障，也是各项具体人才政策措施得以有效实施的重要前提。

1．统筹机构职能，强化党管人才。加强党委对人才工作的统一领导，建议提高市委人才工作领导小组规格，由市委书记担任组长、由市长担任常务副组长，要求各成员单位、各镇（街道）、高新区明确人才工作具体分管领导，进一步完善党委统一领导，组织部门牵头抓总，有关部门各司其职、密切配合，社会力量广泛参与的人才工作新格局。改进党管人才方式方法，学习借鉴先进地区做法，理顺人才工作部门职责，将高层次人才和团队的引进、管理和服务，各类人才队伍建设规划的研究制定，人才政策措施的制定实施，人才开发的交流合作等职能整合归口市委人才办。完善人才工作运行机制，建立人才工作项目化运作制度，建设人才工作项目库，力争创建一批人才工作品牌；实行党政领导干部挂钩联系优秀人才制度，经常性听取各类人才的意见和建议，直接服务一批高层次优秀人才；落实重点民营企业人才服务工作制度，加强政企联动，实施精准扶持，积极培育一批企业人才高地。

2．统筹工作力量，强化宏观协调。充实市委人才办工作力量，按正科级规格单独核设，挂靠在组织部门，核定若干行政编制，主任由组织部分管领导兼任，并配备 1 名副科级的专职副主任。设立高层次人才发展服务中心，隶属市

委组织部管理，核定若干事业编制，负责全市高层次人才引进、管理和服务工作。构建人才工作服务网络，建立人才服务直通车制度，由高层次人才发展服务中心直接联系人才高度聚集的单位和高层次人才，主动为用人单位和人才提供贴身服务；探索在全市重点园区、部分镇（街道）建立人才服务工作站，在人才工作重点服务企业培育2-3家人才工作示范点，打通人才服务“最后一公里”；探索在异地商会、海外同乡会建立人才工作联络点，建设海外高层次人才信息库，构建国内外人才联络服务体系；强化全市人才工作联络员、重点民企特派员两支队伍建设，提升人才工作者业务水平。

3．统筹财政投入，强化资金效益。加强人才专项资金的统筹整合，将用于人才引进、培养、激励、服务以及支持人才创新创业的本级财政资金，从各人才工作部门统筹集中到市人才专项资金，由市委人才工作领导小组统一管理、统筹使用。加大人才专项资金的投入力度，根据石狮市今后一个时期人才工作发展需要，对兑现人才优惠政策、开展重点人才活动、建设人才载体平台等人才工作项目所需经费进行科学测算，市财政每年至少安排1亿元的人才专项资金，确保全市人才工作支出占当年本级财政一般预算收入不低于3%。提高人才专项资金的使用效益，研究制定人才专项资金精准支持办法，从奖励资助人才个人为主转向扶持补助平台载体建设为主，调整规范人才工程项目财政性支出；修订《石狮市人才专项资金管理规定》，简化资金审批程序，建立人才优惠政策快速反应、及时兑现机制。

4．统筹督促考核，强化责任落实。建立人才强市试点工作责任制，试点工作实行项目化运作，试点项目纳入人才工作项目库管理，项目分工要进一步细化到各牵头单位、各责任单位，明确工作目标、具体措施、进度安排和具体责任人，精心组织，狠抓落实。实行月通报、季督查、半年点评制度，根据各责任单位制定的具体计划，每月对各责任单位工作进度进行全市通报，每季度由市委组织部、市委人才办、市委督查室、市政府督查室和效能办联合开展专项督查，每半年召开一次市委人才工作领导小组成员会议，专题听取各牵头单位汇报，并由市领导逐一进行点评。完善人才工作目标责任制考评制度，细化人才工作专项考核指标，加大年度绩效考核指标权重，将考核结果作为班子评优、干部评价的重要依据，将人才工作列为落实党建工作责任情况述职重要内容。

石狮市人才强市试点工作专题调研课题组
课题组长：杨德才
课题成员：廖闽欣、王汉滨、
佘日森、许宏图、
王翌壮、巫菲祥、
颜长品

（图/颜华杰）

说 明

SEARCHING DESCRIPTION

本索引采用主题词分析法；主题词设计为两种查阅模式：

一．按主题词类别编制

COMPILED ACCORDING TO SUBJECT CATEGORY

二．按主题词首字汉语拼音字母顺序排列

ACCORDING TO CHINESE ACRONYM ALPHABETICAL ORDER

一．按主题词类别编制

COMPILED ACCORDING TO SUBJECT CATEGORY

法治建设

Legal Construction

自身建设

Self Construction

参政议政

Political Participation

服务社会
Serve the Society

平安石狮

Safety Security of Shishi City

改革创新

Reform and Innovation

文明城市
Civilized City

环境保护

Environmental Protection

经济发展

Economic Development

城市建设
City Construction

招商选资

Investment Promotion and Choose Capital

科技进步

Scientific and Technological Progress

社会民生
Social People' s Livelihood

二. 按主题词首字汉语拼音字母顺序排列
According to Chinese Acronym Alphabetical Order

A

B

C

D

E

F

G

H

J

K

L

M

N

P

Q

R

S

T

W

X

Y

Z